동이족과
동아시아
문명의 기원
: 서주편

유교철학 · 문화콘텐츠연구소 연구총서 ❷

동이족과 동아시아 문명의 기원 : 서주편

김성기金聖基 지음

성균관대학교
출판부

서문

　서주 시기, 천하라는 광대한 공간은 수많은 나라로 가득 차 있었습니다. 서주는 당시에 강력한 영향력을 가진 나라였고, 이로 인해 고대중국의 중심국으로서 후대인들의 인식에 자리잡고 있습니다. 하지만 서주시기의 사람들이 남긴 기록인 청동 예기에 남겨진 명문銘文은 당시의 천하에 수많은 나라들이 존재하였으며 서주 역시 그 중 하나에 불과하였음을 지금 우리에게 보여줍니다.

　『사기』와 같은 전래문헌은 문왕·무왕이 은나라를 정벌하여 천명天命이라는 고대 중국의 패권을 가지게 된 이후, 성왕·강왕의 치세를 거쳐 서주 말기 유왕·여왕이라는 폭군이 등장하여 결국 멸망하게 되었다고 말합니다. 그리고 그 과정 속에서 서주라는 나라에 속하지 않는 나라들은 문명文明의 국외자로서 오랑캐로 치부되기 일쑤였습니다. 하지만 청동기 명문은 서주라는 나라가 거대한 문명권 안에서 다른 나라들과 협력하고 경쟁하며 다양한 형태로 교류했던 모습을 우리에게 전하고 있습니다. 이 기록 속에서 서주는 그들이 존속했던 전 시기에 걸쳐 다른 나라와 혼인과 외교를 거듭하며, 때로는 전쟁에서 승리하기도 하고 패배하기도 합니다. 이를 통해 우리는 고대 동아시아 문명이란 서주와 같은 유력한 한 나라의 전유물이 아니며, 수많은 나라와 지역들이 함께 일궈온 것이라는 점을 새삼 확인하게 됩니다.

동이東夷, 서융西戎, 남만南蠻, 북적北狄이라는 이민족에 대한 멸칭은 화하華夏 중심의 문명 인식을 상징합니다. 하지만 동아시아 문명 전체의 시각에서 본다면, 소위 이민족으로 여겨지던 이들도 역시 문명의 창조와 발전에 깊이 관여하고 있었습니다. 이제는 더 이상 중화중심의 대일통大一統이라는 단선적 사유로 그 역사와 문화를 파악해서는 안 되는 시기가 된 것입니다. 이에 우리는 서주시기 청동기 명문 속에 보이는 동이東夷기록을 중심으로 연구를 수행하였습니다. 이 책은 그 결과물입니다.

'동이'라는 명칭은 누가 어떻게 사용하는가에 따라 크게 달라집니다. 때로는 서주 중심의 시각에서 그들의 동쪽과 동남쪽에 존재했던 나라와 종족을 가리키기도 하고, 또는 조선을 중심으로 하는 한반도를 가리키는 말로 쓰이기도 합니다. 또 다른 의미로는 대륙의 동쪽지역에 존재했던 집단만을 지칭하기도 합니다. 그럴 경우 동남쪽인 회수 유역에 존재했던 집단을 회이淮夷라고 지칭하기도 합니다. 이 책에서는 중국 대륙에서 발견된 청동 예기 중에서 지역을 특정하지 않고 동이와 회의와 관련된 것이라면 되도록 모든 자료를 선별하여 정리하였습니다. 따라서 이 책을 꼼꼼히 읽어본다면 당시 사람들의 동이에 관한 인식을 엿볼 수 있을 것입니다.

이미 수천 년이 흘러간 옛 일을 상고하는 것은 지극히 어렵습니다. 상고한 것을 교차 검증하여 확고한 견해로 만들기란 더더욱 어렵습니다. 때문에 이 책이 당시의 역사의 모든 것을 반영하고 있다고 말하기는 어려울 것입니다. 하지만 우리는 이 책이 동아시아 문명 연구에 있어 디딤대 역할은 할 수 있다고 생각합니다. 이를 위해 어떠한 사실을 판정함에 있어 섣불리 결론 내리지 않고, 관련된 견해를 가능한 많이 수집하고 소개하였습니다. 가독성의 측면에서는 다소 단점이 있겠지만, 연구의 물꼬를 트고 더 깊은 연구를 촉진하기 위함입니다. 요컨대 동아시아 문명 연구를 위한 풍부한 자료의 제시, 우리는 여기에 이 책의 의미가 있다고 여깁니다.

이 책은 한국연구재단 기초연구지원 토대연구과제인 "동아시아 문명文明의 기원起源 탐구를 위한 이족夷族 출토자료出土資料 집성"(2009. 7.~2012. 6.) 중 서주西周시기의 동이, 이족 관련 연구 성과물입니다. 본 과제를 통해 3년에 걸쳐 이夷를 비롯한 이족夷族 관련 갑골문甲骨文·금문金文·간독簡牘 등의 출토문헌자료를 역대문헌자료와 비교·검토하여 집대성(수집/분류/역주/해제)하고, 고대 동아시아의 실상과 동아시아 문명의 기원을 밝히기 위한 토대를 구축하였습니다. 서주시기 이외의 나머지 자료도 수정·보완을 거쳐 학계에 소개할 수 있을 것으로 기대합니다.

이 책의 출판을 위해 여러 사람이 노고를 아끼지 않았습니다. 먼저 이 연구가 시작되고 또 잘 마무리되도록 지원과 관심을 아끼지 않아 주신 김정열 교수, 류동춘 교수, 심재훈 교수(가나다 순)께 크나큰 감사의 말씀을 올립니다. 고재석 박사, 박재복 박사, 원용준 박사, 이은호 박사, 진성수 박사(가나다 순)의 헌신적인 노력이 없었다면 이 책은 존재할 수 없었을 것입니다. 그리고 그 헌신적인 노력을 뒷받침했던 김은영, 김혜진, 성시훈, 손정민, 안승우, 유경은, 윤상철, 윤서연 선생님(가나다 순)께도 깊은 감사를 드립니다.

모쪼록 이 책이 동아시아 문명 연구에 조금이나마 기여하기를 기원합니다.

2021년 6월
김성기

차례

범례

1. 이 책은 東夷와 관련된 서주시기 출토자료 중 '청동기 명문' 자료를 수집하고 정리하여 현재의 우리말로 번역하고 해설을 붙인 것이다.

2. 이 책은 각 청동기 명문을 Ⅰ. 東夷관련 청동기 명문, Ⅱ. 淮夷관련 청동기 명문, Ⅲ. 기타 夷族 관련 청동기 명문의 3파트로 나누어 정리하였다. 그리고 각 파트는 다시 서주초기(武王〜昭王), 서주중기(穆王〜夷王), 서주후기(厲王〜幽王)로 시대 구분하였다.

3. 각 기물에 대한 역주는 ①정리번호, ②기물명, ③탁본, ④저록, ⑤기물설명(사진), ⑥석문, ⑦현대어역, ⑧주, ⑨주제어, ⑩참고문헌으로 구성되어 있다. '정리번호'는 본래의 청동기 혹은 탁본에는 존재하지 않는 것으로 독자들이 찾아보기 쉽도록 역주자가 붙인 번호이다.

4. 청동기 명문의 탁본에 대하여 기본적으로 中國社會科學院 考古硏究所 편 『殷周金文集成』(총 18책, 中華書局, 1984년), 劉雨/盧岩 『近出殷周金文集錄』(총4책, 中華書局, 2002년)을 저본으로 사용하였고, 이 두 책에 수록되지 않은 자료에 대해서는 가장 적합한 논저에서 사진, 탁본, 모본을 선정하여 저본으로 사용하였다.

5. 【저록】에서는 기물의 사진, 탁본, 모본이 실려 있는 논저를 게재하였는데, 약칭을 사용하는 것을 원칙으로 하였다. 논저의 정확한 명칭은 부록의 〈약칭일람〉을 참조.

6. 【석문】을 작성할 때에는 기존 석문을 참고하고, 그 위에 직접 탁본, 도판을 검토하여 기물에 표기된 본래의 문자를 그대로 복원하는 것을 원칙으로 삼았다. 다만 경우에 따라서는 현행 한자를 사용하여 예정[寬式隸定]한 곳도 있다.
   異體字, 假借字, 奪字, 衍字, 誤字, 錯字는 원래 기물에 표기되어 있는 그대로 표기하고, 이체자, 가차자의 경우 그 문자 뒤의 '( )' 속에 본래의 문자를 넣고, 誤字, 錯字인 경우는 그 문자 뒤의 '〈 〉' 속에 올바른 문자를 넣어 표기하였다. 손실되어 없어진 문자나 판독할 수 없는 문자(缺字)는 1자 당 하나의 'ㅁ'를 이용하여 나타내고 그 문자가 추측 가능할 경우에는 '[ ]' 속에 문자를 넣어 표기하였다. 그리고 缺字가 2자 이상의 복수이면서 추측할 수 없는 경우는 '…'을 이용하여 표시하였다. 합문, 중문은 현재 일반적으로 사용되는 문자표기로 고쳤다. (ex. '子=孫=' ⇒ '子子孫孫')

7. 【석문】을 작성할 때 표점은 다음과 같은 원칙을 따랐다.
   1) 마침표(.) : 평서문의 문미나 어기가 약한 기원문 문미에 쓴다.
   2) 쉼표(,) : 문장 내에서 쉬는 부분에 쓴다.
   3) 가운데점(·) : 병렬된 단어나 구를 구분하는데 쓴다.
   4) 물음표(?) : 의문문 문미에 쓴다.
   5) 느낌표(!) : 감탄문 문미에 쓴다.
   6) 큰따옴표(" ") : 직접인용문을 나타낼 때 쓴다. 단 인용문 안에 다시 인용문이 나올 경우 작은따옴표(' ')로 표시한다.
   7) 작은따옴표(' ') : 강조, 함축적 의미, 풍자 등을 나타낼 때 쓴다.

8. 【현대어역】은 이해하기 쉬운 현대어로 번역하고자 노력하였지만 지나친 의역을 피하였다. 【현대어역】에서는 한글표기를 원칙으로 하였으며, 한자가 필요한 경우에는 '은상殷商'과 같이 표기하였다. 현대어역 이외의 부분에서는 한자를 혼용하였다.

9. 서책을 인용할 경우는 『 』를 사용하였고, 편명의 경우는 「 」를 사용하여 표기하였다. 청동기 명칭기물을 표기할 경우는 〈 〉 속에 기물명을 넣어 표기하였다. 주요 출토자료의 관련 논저는 그 목록과 약칭을 제시하였는데, 그 자료를 이용할 경우에는 서명 전체를 표기하지 않고 약칭을 이용하였다.
   (ex. 中國社會科學院考古研究所 編 『殷周金文集成』 1984년~1994년 ⇒ 『集成』)

10. 【주】에서는 기존 주석을 검토하여 정확한 견해를 따르거나 독자적인 견해를 세워 제시하였다. 주는 석문을 구절 단위로 끊어 대번호를 붙이고, 그 밑에 반괄호 번호를 붙여 해설하였다. 판정이 불가능한 글자는 탁본이나 모본에서 그대로 가져다가 표기하였다.
    원전을 인용할 때에는 우선 현대어역을 싣고, 그 뒤의 ( )속에 원문을 실었다.
    지명, 인명, 서명 등 고유명사는 한자로 표기하는 것을 원칙으로 하였지만, 익히 알려진 책 이름은 한글을 사용하였다. (ex. 『맹자』, 『사기』 등) 또 전래문헌자료의 주소 중에 잘 알려진 것은 약칭을 사용하였다. (ex. 孔安國傳 ⇒ 孔傳, 毛亨傳 ⇒ 毛傳)

11. 각 명문에서 [인명], [지명], [시간], [사건]을 뽑아 【주제어】로서 제시하였다.

12. 기타 표기통일일람
    1) 폰트에 없는 글자는 그림파일로 대체하였다.
    2) 누구의 注 → 人名 注 (裴駰의 注 → 裴駰 注, 段玉裁 注)
       (예외: 孔傳, 孔疏, 毛傳, 鄭箋)
    3) 페이지, p, 頁 → 쪽
    4) 『說文解字』 → 『설문』
    5) 『좌전』 「昭公」 12년 → 『좌전』 「昭公 12년」
    6) 『시경』 「大雅·桑柔」 → 『시경』 「桑柔」
    7) 『주례』 「天官冢宰·大宰」 → 『주례』 「大宰」
    8) 『書經』 「周書·洛誥」 → 『상서』 「洛誥」
    9) 『路史』 「國名紀乙·少昊後偃姓國」 → 『路史』 「國名紀乙·少昊後嬴姓國」
    10) 「釋詁」三 → 「釋詁3」: 숫자는 아라비아숫자로 표기

I.
東夷관련 청동기 명문

I-A. 東夷 초기
I-B. 東夷 중기
I-C. 東夷 후기

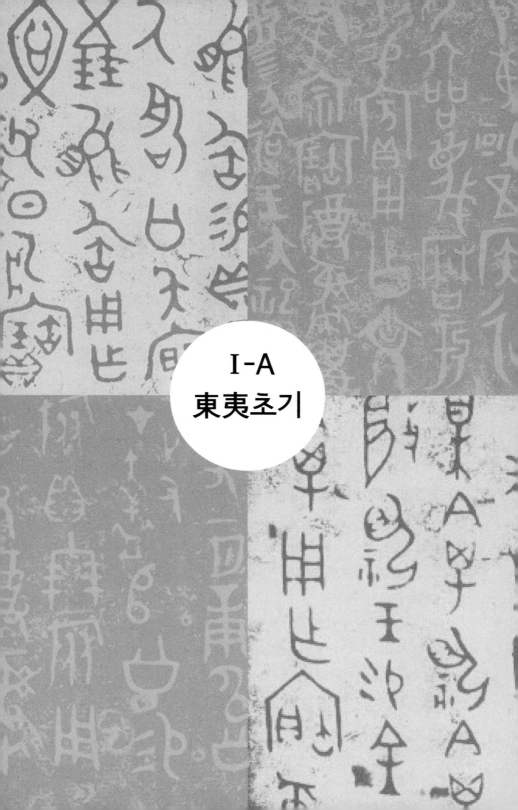

I-A
東夷초기

1. 소신선치(小臣單觶)

【저록】

『集成』12·6512, 『三代』14·55·5, 『綴遺』24·15, 『貞松』9·29·1, 『希古』5·17·3, 『小校』5·97, 『綜覽』1·圖版 344쪽·觶 85, 『文物』1981년 제9기, 文物出版社, 圖版 3·2, 『大系』錄 1, 『銘選』錄 25, 『頁觶』85.

【기물설명】

본 기물을 『文錄』은 〈單觶〉라고 하지만, 『綴遺』·郭沫若·『銘選』·『斷代』·『通釋』·『史徵』·『集成』·陳佩芬 등 거의 대부분이 〈小臣單觶〉라고 한다. 본 기물은 입이 넓게 벌어져 있고 배는 넓고 단단하며, 목 부위에는 짧은 꼬리의 용 문양이 장식되어 있다. 높이는 13.8cm, 입의 세로 지름은 9.3cm, 가로 지름은 11.6cm, 바닥의 세로 지름은 8.1cm, 가로 지름은 10.3cm다. 기물 안쪽 바닥에 명문 4행 22자가 주조되어 있고 合文은 1자이다. 劉啓益은 〈小臣

單觶〉의 形制에 대해 "殷墟 서쪽 구역 M793의 〈九銅觶〉와 寶鷄市 峪泉墓 銅觶는 서로 유사한데, M793의 〈九銅觶〉와 峪泉墓에서 출토된 銅觶의 圈足 아래에는 底折이 없고 약간의 구별만 있으며 이러한 形制의 銅觶는 婦好墓 783호의 銅觶에서도 보인다. 따라서 形制의 변화·발전 과정을 토대로 분석해 보면 주대 사람들의 이러한 銅觶들은 은나라 사람들에게서 기원한 것이다"라고 하였다. 이 기물의 연대에 대해서는 武王 설(『大系』, 『厤朔』, 『文錄』)과 成王 설(『綴遺』, 『斷代』, 『史徵』) 두 가지가 있다. 『斷代』는 方濬益의 설을 인용하여 명문에 성왕이 武庚의 반란을 평정한 사건을 기록되었다고 여기면서, 이 기물을 주나라 성왕 시기로 판정하였다. 李笙漁, 潘祖蔭이 예전에 소장하였고 지금은 上海博物館에 소장되어 있다. 서주 초기 은나라와의 전쟁을 기술하고 있기에 사료로서 매우 중요한 의의를 가진다. 하지만 그 핵심 구절인 "王後阪(返)克商, 才(在)成自(次)"의 해석이 난해하여 많은 이설이 제시되어 있다.

【석문】

王後阪(返)克商,[1] 才(在)成自(次).[2] 周公昜(賜)小臣單貝十朋,[3] 用乍(作)寶隄(尊)彝.[4]

【현대어역】

왕께서 무경武庚의 난을 평정하시고 뒤에 돌아오셔서, 성成의 주둔지에 게셨다. 주공周公이 소신小臣 선單에게 패화 10붕朋을 하사해 주시니, 이로써 보배롭고 존귀한 예기禮器를 만드노라.

【주】

1. 王後阪(返)克商
   1) 王 : 본 명문의 왕에 대하여 武王설과 成王설이 있다. 여기에서는 成

王설에 따른다.

『大系』는 이 명문의 사건에 대해 "武王이 文王 9년(武王 2년)에 동쪽으로 군대를 사열하여 孟津에 이르렀었고, 그 뒤 11년에 군사 이끌고 孟津에서 강을 건너 商을 이겼다"라고 하여 본 왕을 武王으로 본다. 반면에 『綴遺』·『斷代』·『銘選』·『史徵』·陳佩芬(「上海博物館新收集的西周靑銅器」, 『文物』1981년 제9기) 등은 모두 成王으로 본다. 명문의 사건에 대하여 『綴遺』에서는 "成王이 武庚을 이긴 사건을 말하는 것이다"라고 하였고, 陳佩芬도 "周公이 武庚의 반란을 평정한 사건을 가리키는 것이다"라고 하였다. 『史徵』은 "商邑을 공격하려 할 때, 이미 奄을 정벌하기 위해 군대를 파병하였는데, 小臣 單은 아마 이 군대에 있었음을 알 수 있다. 成王과 周公은 商의 도읍이 함락된 후에서야 비로소 돌아갔다. 成師에서 이 군대와 회합하였다"라고 하였다. 앞의【기물설명】에서 서술하였듯이 『斷代』는 본 명문의 사건을 成王이 두 번째로 商을 이긴 사건, 즉 武庚의 반란을 정벌한 일로 본다. 『銘選』은 『綴遺』·陳佩芬과 동일하게 본 기물의 왕을 成王으로 보고 아래와 같은 견해를 피력한다.

武庚 祿父를 멸망시킨 사건을 가리킨다. 『사기』 「殷本紀」에 武王이 紂의 후예를 멸망시킨 일에 대해 "紂의 아들 武庚 祿父에게 땅을 봉해주어 殷나라의 제사를 계승하도록 하였다(封紂子武庚祿父, 以續殷祀)"라고 하였다. 또한 『사기』 「周本紀」에 "(武王은) 商나라 紂의 아들 祿父에게 殷의 남은 백성들을 봉해주었다. 武王은 殷이 이제 막 평정되어 아직은 안정되지 못하였기에 자신의 동생인 管叔 鮮과 蔡叔 度으로 하여금 祿父를 도와 殷을 다스리게 하였다(封商紂子祿父殷之餘民. 武王爲殷初定未集, 乃使其弟管叔鮮·蔡叔度, 相祿父治殷)"라고 하였다. 武王이 죽은 후 周公이 成王을 도왔는데, 당시에 정권이 아직 공고하지 않아서 管叔·蔡叔과 武庚이 반란을 일으켜 동쪽 지역이 매우 혼란스러웠다. 이에 成王이 周公에게 武庚을 제거할 것을 명령하

였으며 이 사건으로 인하여 동방을 공고히 할 수 있는 일련의 조치가 취해졌다. 『尙書大傳』에서는 이 사건의 자초지종에 대해 "(주공이 섭정하여) 1년에는 亂을 막았고, 2년에는 殷을 이겼고, 3년에는 奄을 정벌했고, 4년에는 衛에 제후를 세웠고, 5년에는 成周를 경영하였다(一年救亂, 二年克殷, 三年踐奄, 四年建侯衛, 五年營成周)"라고 기술하는데, 본 명문에서 말한 "後屋克商"은 成王 2년에 殷나라를 이긴 사건을 가리켜 말한 것이다.

2) 克商 : '商'에 대해 『史徵』은 成王시기 반란을 일으킨 武庚의 商으로 본다. 『銘選』도 '克商'에 대해 "『이아』 「釋詁」에 殺의 의미를 克이라고 하였다. 여기에서 '克商'은 은나라의 임금인 紂의 아들 武庚을 죽였다는 것을 말한다"라고 한다. 『斷代』 역시 武庚의 반란을 정벌한 사건으로 보면서, "『회남자』 「齊俗篇」에 周公을 칭송하여 '蔡叔을 추방하고 管叔을 주살하였으며, 殷을 이기고 商奄을 멸하였다(放蔡叔, 誅管叔, 克殷殘商)'라고 하였는데, '克殷'은 '克商'이고 '殘商'은 '殘商奄'이다. 武王이 紂를 이긴 것은 이전에 商을 정벌한 것으로 첫 번째로 商을 정벌한 사건이다"라고 하였다. 이들 견해에 따라 본 명문의 '克商'은 武庚의 난을 평정한 것으로 본다.

3) 叚 : 이 글자를 『綴遺』는 '叚'로 석문하고 '假'자로 읽으면서, 전래문헌에서 예를 들며 이 글자가 '格'으로 쓰인 아래와 같이 말한다.

『상서』 「堯典」에 "하늘과 땅에 이른다(格于上下)"라고 하였는데 『설문』 「人部」와 『후한서』 「明帝紀」에는 모두 "假于上下"로 썼다. 『이아』 「釋詁」에서 "格은 이르는 것이다(格, 至也)"라고 하였고, 『이아』 「釋言」에서 "格은 오는 것이다(格, 來也)"라고 하였다. 商을 이기고 온 것을 말한다. 『주역』 「家人」에서 "王假有家"라고 하였는데 馬融과 虞翻의 注에서 모두 "假는 큰 것이다(假, 大也)"라고 하였다. 『주역』 「萃」, 「豊」, 「渙」괘의 「象傳」에 "王假"라는 구절에 대한 荀爽・陸績・姚信의 注도 동일하다. 『예기』 「禮運」에 보이는 '大假'의 鄭玄 注는 "假도 또한 大"라고 하였다. "王後大克商"이라고 말해도 뜻이 또한 통한다"라고 하였다.

그렇지만 『綴遺』의 이 같은 설명은 '戍'을 '戻'로 예정한 것부터 오류가 있기 때문에 따를 수 없다. 『大系』는 '戍'자로 석문하고, 坂자와 같은 자이며 '反'의 뜻, 즉 모반이라고 해석한다. 『斷代』는 아래와 같이 고증하면서 '굴복시킨다'라는 뜻으로 본다.

> 『설문』「土部」에 '圣에 대하여, 汝水와 穎水 사이 지역에서는 땅에 힘을 쏟는 것을 圣이라고 한다. 又와 土를 구성요소로 하며 兎窟의 窟과 같이 읽는다(圣, 汝穎之間謂致力於地日圣. 从又土, 讀若兎窟)'라고 하였다. 圣는 掘이다. 이곳에서는 屈·詘·絀·黜로 가차될 수 있다. 『시경』「泮水」에 '이들 추악한 무리를 굴복하게 하도다(屈此羣醜)'라고 한다. 『상서』「序」에 '이윽고 殷命을 굴복시켰다(旣黜殷命)'라고 하며, 『시경』「有客」의 鄭箋과 『사기』「周本紀」에 '이윽고 殷命을 굴복시켰다(旣絀殷命)'라고 하였다. 『전국책』「秦策」에 '적국을 굴복시켰다(詘敵國)'라고 하였는데, 注에 '詘은 굴복시키는 것이다(詘服也)'라고 하였다.

『銘選』은 『斷代』와 마찬가지로 『설문』을 인용한 다음 "'屋'는 厂을 더하여 벼랑의 가장자리를 둘러싼 흙이라는 뜻을 형상화한 것으로, 屋자는 黜로 가차된다. 『상서』「大誥序」에 '周公이 成王을 도와 은나라 임금을 絶滅하고자 하였다(周公相成王, 將黜殷)'라고 하였는데, 孔傳에 '黜은 절멸하는 것이다(黜, 絶也)'라고 하였다"라고 한다. 『通釋』은 戍으로 석문한 후 '後戍'을 부대의 명칭으로 본다. 『史徵』은 "『예기』「樂記」에 '武王이 殷을 이기고 商의 수도에 이르렀다(武王克殷, 反商)'라는 구절은 商에 이르렀다(至商)는 말과 같다. 『주역』「繫辭傳」에 '原始反終'이라고 한 것은 마지막에 도달했다는 말과 같다"라고 하여 '反'으로 읽고 '도달하다'·'이르다'로 해석한다.

이상의 설들에는 일장일단이 있지만, 고문자 자형을 가장 잘 파악한 것은 『大系』라고 판단한다. 글자의 구성요소는 '厂', '土', '又'이다. '又'의 자형은 '丑'에 가깝지만, 이러한 사례는 〈从丑叔卣〉의 叔熱과 〈叔鼎〉의 叔熱자의 구성요소 '又'에서 찾아볼 수 있다. 따라서 『大系』가 주장하듯이 '叚'으로 석문해야 할 것이다. '叚'은 구성요소로 보아 '坂'과 같은 자이며, '返'의 가차자이다. 坂은 상고음이 竝母, 元部의 글자이고, 返은 상고음이 幫母, 元部의 글자로 韻部가 동일하며 聲母가 모두 脣音으로 음이 가깝기 때문에 통가할 수 있다. '돌아오다'라는 뜻이다.

4) 王後叚克商 : 이 구절의 뜻에 대해 『大系』는 "武王은 文王 9년(武王 2년)에 동쪽으로 군대를 사열[觀兵]하여 孟津에 이르렀고, 이후에 11년에 孟津에서 강을 건너 商을 이겼다. 그래서 '뒤에 이르렀다[後反]'라고 말한 것이다"라고 하였고, 『輯考』는 『史徵』의 논리를 빌려 "『상서』「多方」에 따르면 5월 丁亥일에 성왕은 東征을 마치고 奄으로부터 돌아와 宗周에 이르렀다. 또 〈塱方鼎〉에 따르면 주공은 戊辰일에 이미 宗周에 있었다. 무진일은 정해일 보다 19일 전이니, 이는 주공이 성왕보다 먼저 종주로 귀환했음을 알 수 있다. 따라서 이 구절은 성왕이 무경의 난을 평정하고 주공보다 뒤에 되돌아 왔다고 해석할 수 있다"라고 한다. 두 견해는 모두 이 전쟁을 성왕이 무경의 난으로 보는 점이 동일하지만, "後叚"의 해석에는 차이를 보인다. 어떤 것이 옳은지는 정확히 알 수 없다. 여기서는 '왕께서 무경의 난을 평정하시고 후에 돌아오셨다'라고 해석해 둔다

2. 才(在)成自(次)

1) 才 : 갑골문과 금문에 자주 보이는 글자로 보통 지명 앞에 쓰여서 '~에 있다'는 의미로 사용된다. 이 글자는 意符인 '土'자가 더해진 '在'자와 통한다.

2) 成自 : '自'자는 '堆'의 古字로 여러 독음으로 읽힌다. '師'자로 읽어서

'군대'의 뜻으로 쓰이기도 하고, '次'자로 읽어서 군대의 '주둔지'라는 뜻으로 쓰이기도 한다. 『좌전』「장공3년」에 "무릇 군대가 하루 묵는 것을 '舍'라 하고, 거듭 묵는 것을 '信'이라 하며, 信을 넘기는 것을 '次'라고 한다(凡師一宿爲舍, 再宿爲信, 過信爲次)"라고 하였는데, 여기서는 앞에 '才(在)'자가 있는 것으로 보아 군대의 주둔지로 해석하는 것이 타당하고 본다. 한편, 『綴遺』는 成皋로 보고 아래와 같은 주장을 한다.

> 成周에 해당한다. 『이아』「釋地」에 "큰 언덕을 皋라고 한다(大陸曰, 皋)"라고 하였는데, 李巡 注에 "언덕의 토지 중에서 유독 높고 큰 곳을 皋라고 한다(陸土地獨高大名皋)"라고 했으니, 皋와 京은 같은 뜻이다. 아마도 雒邑은 본래 成皋라는 이름을 갖고 있었는데 후에 동쪽으로 도읍을 옮기고 나서 비로소 成周라 불리게 된 것 같으니, 〈克鐘〉·〈晉公盦〉에서의 京皋와 〈克鼎〉의 八皋, 〈旅鼎〉의 蓋皋가 이를 증명해 준다. 成王이 殷의 후예를 내쫓고 洛邑에 자리 잡고자 하였으며 周公과 召公이 이곳을 다스렸다. 『상서』「洛誥」에서 "成王이 새로운 도읍인 洛邑에서 烝제사를 歲의 방식으로 지냈다(王在新邑, 烝祭歲)"라고 하였는데, 처음 洛邑에 왔을 때의 사건에 해당되며, 그 후에 淮夷를 정벌하고 奄을 치고 成周로 오고 간 것은 이 사건이 아닌 다른 어느 시기였을 것이다.

『史徵』은 成師로 보고 殷八自일 가능성을 제기하였다. 『史徵』은 "郕叔武가 봉해진 郕으로 생각되며 殷의 도읍과의 거리가 가까우며 漢나라 때에는 濟陰郡 成陽縣이 된 곳으로, 지금의 山東省 鄄城縣에 있던 땅이다. 〈競卣〉에서 '白犀父가 成師를 이끌고 동쪽으로 가서 왕명에 의해 南夷를 정벌하였다(隹白犀父自成自即東命伐南尸)'라고 하였는데, 그렇다면 成自는 殷八師의 하나일 가능성이 있다"라고 하였다.

한편, 『大系』는 成에 대하여 "成皋(虎牢라고도 함)로, 고대 군사의 중심지였고 孟津과의 거리도 가까웠다"라고 하면서, 自을 屯으로 석문한다. 그리고 成師로 볼 수 없고 成屯으로 석문하는 근거에 대해 다음과 같이 설명한다.

자주 보이는 글자로 군대와 관련 있는 명문에 많다. 옛날에는 師로 해석하였다. 하지만 師와 𠂤가 동일하게 한 명문에서 보이는 경우가 있으므로 師로 보는 것이 옳지 않다는 것을 알 수 있다. 예컨대, ① 〈臤觶〉: 13월(윤 12월) 旣生霸 丁卯는 臤이 師雍父를 따라 𪥮𠂤에서 지킨 해이다(隹十又三月旣生霸 丁卯, 臤從師雍父戌于𪥮𠂤之年), ② 〈遇甗〉: 6월 旣死霸 丙寅일에 師雍父가 古𠂤에서 수비하였는데 遇가 따랐다(隹六月旣死霸丙寅, 師雍父戌在古𠂤, 遇 從), ③ 〈穈卣〉: 穈가 師雍父를 따라 古𠂤에서 방어하였으니, 공적을 격려 받고 30寽의 貝를 하사받았다(穈從師雍父戌于古𠂤, 蔑歷, 易(賜)貝卅寽) 등을 들 수 있다. 𠂤은 屯이다.

『銘選』은 成을 成周로 보고 다음과 같이 설명한다.

成周에 해당된다. 武王이 商의 후예를 죽이고 成周 洛邑에 주둔한 것이다. 『사기』「周本紀」에 武王이 殷의 후예를 절멸하고 周로 돌아오는데, 밤낮을 자지도 않고 周 왕실을 공고히 할 조치들을 생각하다가 洛水와 伊水 사이에 있던 夏나라가 정착한 곳을 따라 통치의 중심 지역으로 삼겠다는 결심을 하게 되니, "周를 경영하기 위한 도읍지를 雒邑에 자리 잡게 하고서 떠나간(『사기』「周本紀」: 營周居於雒邑而後去)" 것이다. 成王 5년에 만들어진 〈何尊〉의 명문에 "왕께서 成周를 처음으로 경영하여 자리잡으셨다(王初𠁁(雍) 宅於成周)"라고 하였으니, 洛邑은 成王이 주둔하기 전에 이미 成周라는 칭호를 가지고 있었던 것이다. 成周는 周의 거주지로 만들겠다는 뜻으로, 이곳이 정치와 군사의 중심지였기 때문에 商을 이긴 후에 군대를 成周로 돌아오게 한 것이다.

한편, 『斷代』는 "卜辭와 金文에서 ~𠂤의 𠂤는 군대가 수자리한 곳으로 이 명문에서 '才成𠂤'와 〈競卣〉에서 '白懋父가 成𠂤를 이끌고 동쪽으로 가서 왕명에 의해 南夷를 정벌하였다(隹白懋父以成𠂤卽東命戍南尸)'라고 한 것은 成 땅의 군대가 동쪽으로 南夷를 정벌한 것을 말한다"라고 한다. 그리고 이곳의 지리적 위치에 관하여 다음과 같이 설명한다.

『사기』「管蔡世家」에서 "叔武를 成에 봉하였다(封叔武于成)"라고 하는데, 주석가들마다 武王의 동생 成叔의 封地에 대한 견해는 동일하지 않다. 그 첫째로는 지금의 濮縣 동남쪽에 있었다는 설로, 『史記正義』「管蔡世家」는 "『括地志』에서 濮州 雷澤縣 동남쪽 91리에 위치한 곳으로 漢代에는 郕陽縣이었고, 고대 郕伯, 姬姓의 나라로, 그 후에 成의 남쪽으로 옮겼다(括地志云在濮州雷澤縣東南九十一里, 漢郕陽縣, 古郕伯姬姓之國, 其後遷于成之陽)"라고 『括地志』를 인용하였고, 『한서』「地理志」에서는 廩丘縣 남쪽에 成의 옛 성이 있다고 하였다. 둘째는 安丘 북쪽에 있었다는 설로 『춘추』「은공5년」에 "衛나라 군사가 郕으로 들어갔다(衛師入郕)'고 하였는데, 杜預注에서 '郕은 나라로 東平 剛父縣에 郕鄕이 있다(郕, 國也, 東平剛父縣有郕鄕)"라고 하였으며 『후한서』「群國志」에서는 成의 本國이라고 보았다. 셋째로 『좌전』「환공3년」에 "桓公이 杞侯와 郕에서 만났다(公會杞侯於郕)"라고 했는데, 지금의 寧陽 동북쪽 90리에 있었고 지리적으로는 曲阜 북쪽에 있었다. 여기에서 세 지역은 모두 지명이 郕으로 魯나라 경계에 있었다. 〈競卣〉에서 "以成自卽東"이라고 한 것으로 보아 成 땅은 동쪽에 치우치지 않았던 것이 분명하니, 아마도 濮縣의 成이라는 설이 비교적 적합하다고 생각된다. 이 成은 朝歌와 曲阜 사이에 끼어 있는 지역으로 商을 이긴 후, 奄을 정벌하러 가는 길 가운데에 있던 중간 지역이었다.

이 명문은 서주 초기 武庚의 난을 평정한 내용을 기록하고 있다. 따라서 이 시기는 아직 '成周'를 건설하기 이전으로 '成自'는 '成周六師'를 가리키는 것이 아니라 『斷代』가 말하는 것과 같이 군대의 주둔지를 말하는 것으로 '成次'라고 보는 것이 좋을 듯하다. 즉 東征을 마치고 돌아가는 중간 지점으로 魯의 경내에 속한다.

3. 周公易(賜)小臣單貝十朋

1) 周公 : 주 文王의 아들이고 武王의 동생으로 이름은 旦이다. 武王을 도와 폭군 紂를 주살하고, 商을 멸하여 주나라를 세웠다. 武王이 죽은 다음 즉위한 成王이 어렸기 때문에 周公이 섭정을 하였다. 管叔과 蔡叔이 武庚과 함께 난을 일으키자 東征을 하여 반란을 평정하였다. 殷禮를 계승하여 禮樂을 제정하고 서주초기 정권을 공고히 하는데 지대한 공헌을 하였다. 『斷代』는 주공 관련 서주 청동기를 다음과 같이 정리했다.

   여기에서 東征하러 간 周公은 文王의 아들 周公 旦이다. 西周 금문 가운데에서 周公은 다음과 같은 기물들에서 보인다.

   ① 〈小臣單觶〉 : 王後緅克商 …… 周公易小臣單貝十朋

   ② 〈塱方鼎〉 : 佳周公于征伐東夷·豐白·専古

   ③ 〈令方鼎〉 : 矢告於周公宮

   ④ 〈禽簋〉 : 王伐禁侯, 周公某

   ⑤ 〈周公方鼎〉 : 周公乍文王障彝

   ⑥ 〈沈子它簋〉 : 作怙于周公宗

   ⑦ 〈徣盤〉 : 徣乍周公彝

   ⑧ 〈井侯簋〉 : 作周公彝

   ⑨ 〈帥隹鼎〉 : 用自念于周公孫子.

   여기에서 ①~⑤는 周公 旦이 살아있을 때의 기물이고 ⑥~⑨는 후대 사람들이 周公을 추모하여 만든 것이다.

2) 小臣 : 관직명이다. 『주례』에는 冢宰에 속하는 '內小臣'과 司馬에 속하는 '小臣' 2개가 보이는데, 모두 자질구레한 일들을 담당하고 있다. 그러나 상주시기 갑골문과 금문에 보이는 小臣의 직위는 『주례』에 보이는 것과는 비교할 수 없을 정도로 상당히 높다. 이 명문에 보이는 小臣 單도 왕이 東征할 때 참가하여 공을 세우고 주공에게 하사품을

받고 있다. 『史徵』은 "商代에 존재하던 관직명이다. 伊尹이 小臣의 관직을 지냈다"라고 지적한다. 은상 시기 小臣의 용례는 〈小臣俞尊〉의 "丁巳일에 왕이 夔京을 시찰하고 왕이 小臣 俞에게 夔의 패화를 하사하였다(丁巳, 王省夔京, 王賜小臣俞夔貝)"를 찾아볼 수 있는데, 이에 대해 陳夢家는 "殷商시기의 비교적 높은 관직으로 왕의 명을 받고, 정벌을 하며, 車馬를 준비하고, 점치는 일 등을 담당한다"(『殷墟卜辭綜述』, 504쪽)라고 한다. 특히 『通釋』은 중요한 지적을 하고 있다.

> 小臣은 원래 왕족 출신에 대한 신분 칭호이고, 卜辭에도 小子, 小臣의 명칭이 보인다. 아마도 왕자인 小子의 자손을 小臣이라고 칭했다고 생각된다. 卜辭나 서주 금문에 보이는 小臣은 동방계 씨족의 귀족 반열에 있는 자이다. 小臣이라고 칭해지는 청동기에 아름다운 기물이 많은 것도 이를 통해 비로소 이해할 수 있다.

따라서 본 기물을 만든 小臣 單은 동방계 인물이며 아마도 은나라 유민, 동이족 인물일 것이다. 『通釋』은 여기에 대해 설명을 부가하고 있는데 이 설명은 후술한다.

3) 單 : 인명으로 '선'으로 읽는다. 『상서』「湯誥」의 "咎單이 「明居」(『백편 상서』가운데 한 편으로 알려짐)를 지었다(咎單作明居)"에 대하여, 孔傳은 "咎單은 신하의 이름으로 土地를 주관하는 관리였으며, 明居民法 1篇을 지었다고 하나 망실되었다(咎單, 臣名. 主土地之官, 作明居民法一篇, 亡)"라고 하였으며 그 아래 『釋文』은 "單의 音은 善이다. 卷末에도 동일하다(單音善, 卷末同)"라고 音注하고 있다. 또한 『한서』「高帝紀」第1 上에 "單父人呂公"이라 하였고, 그 아래 孟康의 말을 인용하여 "單의 音은 善이고, 父의 音은 甫이다(孟康曰, 單音善, 父音甫)"라 하였다. 『한서』「文帝紀」第4에도 "單于에게 짐의 뜻을 깨닫게 한다(以諭朕志於單于)"의 아래 顔師古 注는 "單于는 匈奴의 天子에 대한 호칭이다. 單의 音은 蟬이다(師古曰單于匈奴天子之號也單音蟬)"라고 주석하고 있다. 역대 전

적을 토대로 보면 單이 고유명사로 사용될 경우 그 음이 '선'인 것을 알 수 있다. 『史徵』은 "單은 小臣의 이름이다"라고 하였고, 『斷代』는 小臣單에 대해 "作器者로 周公에게 하사받았으니, 周公을 따라 東征했던 사람일 것이다"라고 하였다.

4) 貝十朋 : 『史徵』은 "貝는 화폐의 성격을 띠고 있으며 주대 초기는 銅과 貝가 모두 사용되던 시기였다. 朋은 貝의 수량을 세는 단위로 청동기 명문에서 가장 적게 준 상은 1朋이며 가장 많이 준 상은 100朋이었다. 圖畵文字에 貝를 사람들의 목에 걸어 주고 양 끝이 아래로 드리우게 하였는데, 꽤 긴 한 줄이 1朋이다"라고 한다. 陳佩芬은 "小臣 單이 주공을 따라 東征하였고, 武庚을 죽인 후에 주공에게서 패화 10朋의 상을 하사받은 것이다"라고 하였다.

『通釋』은 본 구절과 관련해서 다음과 같이 설명한다.

> 본 기물에서 小臣 單이 주공에게서 패화 10붕을 하사받고 있는 사실은 주의해서 볼 필요가 있다. 우선 주공이 주공 단이라면 기물을 만든 시기는 주공의 생존 중이어야 하므로, 적어도 성왕시기 전반보다 내려가지 않는다. 그러나 '克商'이라는 말로 인해 이것을 무왕시기에 속한다는 의견에 대해서는 약간의 의문이 있다. 小子·小臣이 동방계 씨족 귀족의 신분칭호로부터 나온 것이라면, 小臣 單은 동방계의 씨족이다. 이 같은 동방계 씨족이 東征에 따라가서 주공으로부터 포상을 받고 있다는 사실은 이하의 내용을 상정할 때 가장 자연스럽게 이해할 수 있다. 은나라가 이미 멸망한 후, 은의 유민을 비롯한 동방의 귀족이 成周로 옮겨왔고, 東都인 成周의 조영도 이미 이루어졌다. 그 후 殷商의 유민들이 동방에서 준동하는 것을 정벌하기 위해서 成周 등에 있는 동방계 후예가 동원되었을 것이다.

이 같은 『通釋』의 견해는 타당하다고 여겨지며 따라서 본 기물은 동방계, 즉 동이 계열 인물인 小臣 單이 성왕기 전반에 만든 것이 된다. 한 가지 더 부가하자면 殷유민, 동이족을 비롯한 동방계 씨족에 대한 서주 초기의 정책에는 대항하는 씨족에 대해서는 가차 없는 정벌을 감행하는 한편, 이적해 오는 씨족에게는 후한 포상을 내리는 등 회유책에 의한 포섭의 양 측면이 있었다. 주초의 기물 중에 패화를 하사한 것을 기록한 것은 동방계 씨족의 기물에 많다는 것이 이 사실을 방증한다. 그리고 小臣 單이 그러하였듯이 동방 정벌에도 이들 동방계 씨족을 적극적으로 활용하였다.

4. 用乍(作)寶隣(尊)彝
   1) 寶隣 : '寶'는 '보배롭다'는 뜻. 隣은 '尊'의 異體字로, '존귀하다'는 뜻이다.
   2) 彝 : '彝'는 '청동예기'에 대한 범칭이다. 특히 제사에 사용하는 禮記를 가리킨다.

【주제어】

[인명] 왕(成王), 周公, 小臣單.

[지명] 商, 成.

[사건] 왕이 후에 商을 이기고 돌아온 사건.

【참고문헌】

『大系』考2쪽, 『雙選』下3·15쪽, 『文錄』4·30쪽, 『斷代』上·10쪽, 『通釋』3·9, 『銘選』3·16쪽, 『史徵』36쪽, 44쪽

陳佩芬, 「上海博物館新收集的西周靑銅器」, 『文物』1981년 제9기, 文物出版社, 1981년 9월

王玉哲, 「周公旦的當政及其東征考」, 『西周史硏究』人文雜誌叢刊 제2집, 1984년

劉啓益, 「西周武成時期銅器的初步淸理」, 『古文字硏究』제12집, 中華書局, 1985년 10월

2. 매사토의궤(渣司土送簋)

【저록】

『集成』7·4059, 『錄遺』157, 『銘選』錄 31, 『斷代』下·574쪽

【기물설명】

기물의 명칭을 『集成』, 『銘選』 등은 〈渣司土送簋〉로, 『史徵』, 『商周金文』은
〈沬司土送簋〉로, 『斷代』, 『通釋』은 〈康侯簋〉, 貝塚은 〈檀伯達簋〉로 명명
한다. 다만 『通釋』은 〈渣司土送簋〉라고 명명해야 하지만 〈康侯簋〉 쪽이
널리 알려져 있기 때문에 옛 명칭을 따른다고 밝히고 있다. 본 역주에서
는 〈渣司土送簋〉라 칭한다.

Ⅰ型 3式의 雙耳圈足簋로, 권족궤 중에 가장 자주 볼 수 있는 형태이다.

기물의 높이는 24cm, 구경은 41cm이다. 명문 4행 24자가 주조되어있다. 배는 深腹盆의 형태를 하고 있고, 方座가 없다. 圈足 아래에 底折이 있다. 배 부분에 직선의 문양이 있으며, 권족에는 圓渦紋과 四葉紋이 고르게 장식되어 있고, 두 귀는 짐승 머리 형태로 되어 있으며 귀고리[珥]가 있다. 『斷代』는 이 기물에 대하여 다음과 같이 말하였다.

> 이 궤의 刑制와 문양(圓渦文, 直鑿文)은 安陽에서 출토된 대리석궤와 비슷하니 (『安陽遺物』, 63), 이 궤가 은나라의 刑制를 이어받았다는 증거가 된다. 그러나 이 궤의 耳 위에 솟아있는 獸角은 오히려 西周 초기의 특색으로, 〈大保簋〉와 『商周』251·249·254 등의 궤에서도 볼 수 있다. 〈大保簋〉는 成王시기의 기물이다. 『商周』249·254는 모두 耳가 4개인 簋이며, 『商周』254는 또 方坐를 가지고 있으니, 모두 武王·成王 시기의 형식이다. 『商周』249는 鳳翔 일대에서 출토되었다. 이로 말미암아 成王시기에는 한편으로 계속 殷末 청동기의 典型을 계승하면서, 한편으로는 이미 독자적인 특색을 만들어 내었음을 알 수 있다(※ 『斷代』가 인용하는 『商周』는 본 역주에서는 『通考』로 약칭함)

서주 초기의 기물임은 확실하나, 정확히 어느 왕의 재위기간에 만들어졌는지에 대해서는 이설이 있다. 본 역주에서는 성왕시기의 기물로 본다. 이에 대한 상세한 사항은 주에서 서술한다. 1931년에 '康侯', '遙'의 명문이 있는 일련의 기물이 河南省 북부에서 출토되었다고 전해진다. 구체적인 출토 지점에 대해서는 3가지 이설, 즉 輝縣 固圍村 출토설, 汲縣 출토설, 濬縣 출토설이 있다. 『通釋』은 이 세 지역이 모두 衛나라의 범위에 있음을 지적하고 있다.

기물은 영국 Neill Malcolm이 가지고 있다가, 1947년 여름 영국 런던대학교에 보관되었고, 1977년부터 대영박물관에 수장되었다.

【석문】

王朿(刺)伐商邑,[1] 征令(命)康侯啚于衛,[2] 渚(妹)嗣(司)土遙罳啚,[3] 乍

(作)厥(厥)考障(尊)彝. 🔲[4]

【현대어역】

왕이 상읍商邑을 정벌하고, 강후康侯에게 위衛에 국가를 세우라고 명령을 내었다. 매妹의 사토司土 의遾가 그 나라에 이르러 그 아버지를 위한 보배로운 제기를 만드노라. 🔲

【주】

1. 王束(刺)伐商邑

1) 王 : 전래문헌자료에 주나라 초기에 주나라가 상을 정벌한 것은 두 차례 보인다. 첫 번째는 武王이 紂를 정벌하여 은나라를 멸망시킨 것이며, 두 번째는 成王이 武庚의 반란을 진압한 일이다. 이 명문의 商邑 정벌이 그 중 어떤 것에 해당하는지에 대하여 두 가지 견해가 있다. 『通考』, 貝塚, 赤塚은 무왕시기라 보며, 『積微』, 『斷代』, 『史徵』, 『銘選』, 『通釋』은 성왕시기로 본다. 두 번째 정벌에 대한 기록은 『사기』「주본기」와 『사기』「위강숙세가」에 기록되어 있다. 그 기록은 다음과 같다.

성왕이 나이가 어리고 주가 천하를 평정한지 얼마 되지 않았기 때문에 주공은 제후들이 주를 배반할까 염려하여 성왕의 섭정으로서 국정을 담당하였다. 주공의 동생 관숙과 채숙은 주공을 의심하여 武庚과 함께 반란을 일으켜 주를 배반하였다. 주공은 성왕의 명을 받들어 무경과 관숙을 정벌하여 주살하고, 채숙을 귀양 보냈다. 그리고 微子開에게는 은의 후대를 계승시켜 宋에 나라를 세우게 하였다. 또 은의 유민을 모두 모아 무왕의 아우 封을 봉하니 그가 바로 衛康叔이다(成王少, 周初定天下, 周公恐諸侯畔周, 公乃攝行政當國. 管叔·蔡叔群弟疑周公, 與武庚作亂, 畔周. 周公奉成王命, 伐誅武庚·管叔, 放蔡叔. 以微子開代殷後, 國於宋. 頗收殷餘民, 以封武王少弟封爲衛康叔. 『사기』「주본기」)

무왕이 세상을 떠나고 그 뒤를 이어 즉위한 성왕은 나이가 어렸기 때문에 주공 단이 성왕을 대리하여 국정을 담당하였다. 管叔과 蔡叔은 주공을 의심하여 武庚祿父와 함께 반란을 일으켜 성주를 공격하려고 하였다. 주공 단은 성왕의 명령을 받아 군대를 이끌고 은나라 유민들을 정벌하여 무경녹보와 관숙을 주살하고 채숙은 귀양 보냈다. 그리고 무경 즉 은의 유민에게 강숙을 봉하여 위나라 군주로 삼고, 황하와 淇水 사이의 商墟에 거주하게 하였다(武王既崩, 成王少, 周公旦代成王治, 當國. 管叔·蔡叔疑周公, 乃與武庚祿父作亂, 欲攻成周. 周公旦以成王命興師伐殷, 殺武庚祿父·管叔, 放蔡叔. 以武庚殷餘民封康叔爲衛君, 居河·淇開故商墟.『사기』「위강숙세가」)

이상의 기록에 의하면 위나라에 강숙을 봉한 것은 무경녹보의 반란을 진압하고 나서의 일이다. 본 기물은 명문에 "강후에게 명령하여 위에 나라를 세우도록 하였다(令康侯啚于衛)"라는 내용이 있어서, 강후를 위에 봉한 다음 만들어졌음을 알 수 있다. 따라서 본 기물의 王은 성왕이라고 보아야 할 것이다. 다만, 위의『사기』 기록에 의하면 무경, 관숙, 채숙의 반란을 진압한 것은 성왕 자신이 아니라 성왕의 명령을 받든 주공이었다. 아마도 당시 주공은 성왕의 대리였기 때문에 본 명문에서도 왕이 정벌하였다는 표현을 한 것으로 여겨진다(이에 대해서는 원용준,「주공의 동이 정벌에 대하여 金文 및 清華簡을 중심으로」,『유교문화연구』제 20집, 2012 참조) 이 기물이 만들어진 곳은 강숙이 봉해진 곳, 즉 商虛라고 추정되기 때문에 "王束伐商邑"을 "상읍을 정벌하고 돌아왔다"라고 해석할 수 없다.

2) 束伐 : 이 글자에 대하여 크게 두 가지 견해가 있다. 첫 번째는 來로 보는 견해이며, 두 번째는 束로 보는 견해이다.『積微』,『史徵』,『輯考』는 來로,『斷代』,『通釋』,『銘選』,『商周金文』은 束로 석문한다. 來伐로 읽으면 '정벌하고 돌아왔다'라는 뜻이 되며, 束伐로 읽으면, 束을 刺자의 통가자로 보아서 '공격하다'·'정벌하다'라는 뜻으로 읽는다.『金文編』

에 수록된 來와 束의 자형은 각각 다음과 같다.

來(0893) : 朿, 來, 朿, 朿, 朿, 朿, 朿, 朿, 朿, 朿, 朿, 來, 𣏟

束(1143) : 朿, 朿, 朿, 朿, 朿, 朿

이를 바탕으로 살펴보면, 來와 束는 글자 중앙의 가로획이 꺾인 모양
으로 구분된다. 본 글자 𣏟는 束의 자형에 보다 가깝기 때문에 본 역주
에서는 束로 석문한다. 그 의미는 『斷代』에서 말하는 것처럼 '刺'의 뜻
이다.

3) 商邑 : 『銘選』은 武庚의 봉국으로 보지만 구체적인 지역에 대한 고증
은 하고 있지 않다. 『斷代』는 殷의 옛 수도 朝歌로 보는데, 아래와 같
이 설명한다.

> 周初에 商邑을 공격한 것은 두 번으로, 첫 번째는 武王이 紂를 정벌한 것이
> 고, 두 번째는 成王이 武庚을 정벌한 것이다. 그러나 이번에 刺伐商邑을 행
> 한 왕은 成王일 수밖에 없는데, 康叔을 衛에 봉한 것은 成王이 武庚을 정
> 벌한 후의 일이기 때문이며, 여러 전적들의 기록도 서로 같다.
>
>> 『좌전』「定公 4년」 "강숙에게 나누어주기를 …… 「康誥」로써 명하여 은
>> 의 옛 땅에 봉해졌다(分康叔以……命以「康誥」而封於殷虛)"
>>
>> 『일주서』「作雒」 "은의 무경이 반란을 일으키자 …… 강숙을 은에 봉하
>> 였다(殷大震潰 …… 俾康叔宅于殷)"
>>
>> 『사기』「위세가」 "무경 즉 은의 유민에게 강숙을 봉하여 위나라 군주로
>> 삼고, 황하와 淇水 사이의 商墟에 거주하게 하였다(以武庚殷餘民封
>> 康叔爲衛君, 居河淇間商墟)"
>
> 이 기록들의 殷, 殷墟, 商虛는 모두 같은 곳을 가리키니, 바로 명문에 "令康
> 侯圖於衛"라고 한 衛이다. 衛나라 도읍이 있었던 곳에 대해서는 여러 전적
> 이 모두 朝歌라 하고 있는데, 이와 관련된 자료를 열거하면 다음과 같다(너
> 무 번잡해지는 것을 피하기 위해 현대어 번역을 생략하였다).
>
>> 『帝王世記』 "帝乙復濟河北, 徙朝歌, 其子紂仍都焉. (『史記正義』「周本紀」)"

『한서』「地理志」"朝歌, 紂所都, 周武王弟康叔所封, 更名衛"

『括地志』"紂都朝歌在衛州東北七十三里, 朝歌故城是也. 本妹邑, 殷王
武丁始都之(『史記正義』「周本紀」)"

『史記正義』「偉世家」"衛城在衛州衛縣西二十里, 本朝歌邑, 殷都也, 不
□□□□, 康叔爲君居, 河淇間故商虛, 則朝歌是也"

『史記索隱』「衛世家」"宋忠日, 康叔從康徙封衛, 衛卽殷墟, 定昌之地"

『史記正義』「周本紀」"武庚作亂, 周公滅之, 徙三監之民於成周, 頗收其
餘衆, 以封康叔爲衛侯卽今衛州是也"

『水經注』「淇水注」"自元甫城東南逕朝歌縣北, 竹書紀年晉定公十八年淇
絶于舊衛, 卽此也. …… 其水南流, 東屈逕朝歌城南, 晉書地道記
日, 本沫邑也. 詩云爰采唐矣, 沫之鄕矣. 殷王武丁始遷居之, 爲殷
都也. …… 今城內有殷鹿臺, 紂昔自投于火處也, 竹書紀年日武王
親禽帝受辛于南單之臺, 遂分天之明. 南單之臺蓋鹿臺之異名也.
武王以殷之遺民封紂子武庚于玆邑. …… 周討平, 以封康叔爲衛.
…… 後乃屬晉. 地居河淇之間, 戰國時皆屬于趙.

『한서』「地理志」"而河內殷虛, 更屬于晉. 師古日, 殷虛, 汲郡朝歌縣也"

『좌전』「定公4년」杜預注 "殷虛, 朝歌也"

이상 각 전적은 모두 은나라 말기 紂왕 때의 도읍이 朝歌이며, 武王이 紂를
벌한 곳과 成王이 康叔을 분봉한 衛가 모두 朝歌라고 하고 있다. 武庚이 봉
해진 장소도 당연히 이곳이다. 朝歌·殷虛·商虛·沫·妹·衛·舊衛는 모두 동
일한 장소로, 妹라는 곳은 『상서』「酒誥」의 "크고 분명하게 (은나라 땅이었던)
妹國에 봉해진 강숙과 여러 관리들에게 명한다(明大命於妹邦)"의 妹와 『周
易』「泰卦」의 "제을이 妹로 돌아왔다(帝乙歸妹)"의 妹이다. 朝歌의 옛 땅은
현재 淇縣의 동북쪽에 있으며, 현재 淇縣城의 서남쪽에서 汲縣(옛 衛輝府의
행정구역)까지는 약 25km 떨어져 있다.

이 명문에서 왕이 정벌했다는 商邑은 마땅히 朝歌를 지칭하여 말하는 것이

다. 비교적 이른 시기의 저작인 『시경』・『상서』에는 모두 商邑이라는 명칭이
보이는데, 그 명칭은 四方 혹은 殷國과 대구를 이루고 있다.

『상서』「酒誥」: 그 죄가 상읍에 넘쳐흘러 은나라가 멸망에 직면했어도
　　　　　　　 걱정하는 일이 없었다(辜在商邑, 越殷國滅無罹).

『상서』「立政」: 그 상읍에서는 그 읍민에게 정치가 널리 화합하였고, 온
　　　　　　　 천하 사방에서는 훌륭한 정치가 나타나게 되었다(其在商
　　　　　　　 邑, 用協于厥邑, 其在四方, 用丕式見德).

『시경』「殷武」: 상읍이 가지런하니 사방의 표준이로다(商邑翼翼, 四方之極).

『상서』「牧誓」: 백성에게 포학한 짓을 하고, 상읍에 악행을 자행하고 있
　　　　　　　 다(俾暴虐于百姓, 以姦宄于商邑).

『사기』「주본기」: 무왕이 9목의 제후들을 소집하고 豳의 언덕에 올라 상
　　　　　　　　 읍을 바라보았다(武王徵九牧之君, 登豳之阜, 以望商邑).

『사기』의 기사는 『逸周書』「度邑」에도 보인다. 그리고 전국 말기에서 한대
의 전적에는 다음과 같이 기록되어있다.

『순자』「儒效」: 관숙과 채숙을 죽여 은나라를 멸망시켰다(殺管蔡, 虛殷國).

『회남자』「泰族」: 그러나 목야에서 주 토벌을 맹세하고 은나라 수도로
　　　　　　　　 진격하였다(而誓紂牧之野, 入據殷國).

이 명문에서 殷國은 商邑을 가리키는 듯하다.

한편, 『通釋』은 『斷代』의 견해에 대해 분석하고 나서 商邑의 위치를
비정하는 데 대하여 유보적인 입장을 취한다.

商邑이라는 지명은 『상서』「酒誥」・「立政」과 『시경』「殷武」 등에 보이는데,
陳夢家는 명문에서 말하는 商邑이란 朝歌라고 한다. 紂가 만년에 朝歌로
천도하였다는 설은 『帝王世紀』 등의 책에도 보이며, 陳夢家는 그 문헌들
을 열거하고 있다. 갑골문에는 大邑商・中商・商・丘商 등의 商을 이름으로
하는 여러 邑이 보이는데, 이 기물의 명문에서 말하는 商邑이 그 중에서
무엇을 말하는가는 분명하지 않다. 은상의 도읍이었던 땅 혹은 그 聖地가

있는 장소는 모두 商의 이름을 사용해서 불리고 있고, 또 商邑은 商邦과 동의어로 사용되는 일도 있어서, 반드시 朝歌라고만 한정하여 생각할 필요는 없다. 陳夢家는 이 기물을 成王 시기에 일어난 武庚 토벌 전쟁을 내용으로 하는 것이라 보며, 따라서 商邑이란 武庚의 居邑인 朝歌의 땅이라고 단정하였지만, 『今本竹書紀年』·『古本竹書紀年』이 말하는 바에 의하면, 紂는 역시 武丁 이래의 殷都에 도읍하였다고 되어있다. 더욱이 여러 전적에 기록된 것을 검토해보면, 汲·淇·安陽을 각각 옛 朝歌라고 하는 설이 있는데, 문헌상으로는 그 중의 어떤 것으로도 확정하기 어렵다. 『상서』의 용례에 의하면 商邑이란 여러 商의 도읍지를 말한다. 安陽 小屯으로부터는 紂王 만년 東夷 원정의 갑골문이 출현하였는데, 殷都는 武丁 이래, 이 지역에서 먼 곳으로 천도한 일은 없었던 듯하다.

이상의 연구를 통해 볼 때, 본 명문에서 정벌한 상읍은 물론 상의 도읍 중에서 어느 한 곳이었겠지만, 반드시 朝歌라고 한정할 필요는 없을 듯하다. 『通釋』의 견해를 따라 넓은 의미의 상의 도읍으로 이해한다.

4) 王束伐商邑 : 본 구절의 의미에 대하여 『通釋』은 다음과 같이 언급한다.

“王束伐商邑”은 아마 陳夢家가 말하는 것처럼 “王刺伐商邑”라는 의미일 것이다. 武王克殷 이후, 주나라의 大一統이 이루어지고, 殷에는 武庚을 봉하여 그 유업을 잇게 하였지만, 大邦 殷의 여세가 여전히 왕성하여서, 周書五誥에는 殷民을 위로하며 특히 경계하라는 것이 많이 서술되어 있다. 생각건대 은나라가 멸망한 후에도 주의 새로운 지배에 저항하는 세력은 여전히 맹렬하였고, 동쪽의 여러 이족들의 준동도 그치지 않았으니, 이 기물에서 말하는 王征도 그 반역하는 이들을 정벌하기 위해서였다고 보인다. 그러므로 이른바 克商의 전쟁이 아니다.

즉, 주나라 초기는 본 기물과 문헌자료를 통합해서 살펴보건대 주나라의 신체제에 모든 세력이 통합된 것이 아니었다. 즉, 서주초기는 동이와, 중기이후는 회이와 전쟁과 화친을 반복하였다. 이러한 사정

은 서주시대 말기까지 이어졌으며, 결국 幽王 때에 이민족의 침입에
의해 서주시대는 막을 내리게 된다.

2. 令康侯圖于衛

1) 徝 : 이 글자에 대해서는 크게 두 가지 견해가 있다. 하나는 『斷代』·
『史徵』·『銘選』·『商周金文』·『今譯類檢』의 견해로 허사인 誕으로 본다.
다른 하나는 『通釋』의 견해로 '徝令'를 '명을 내리다(出命)'라는 뜻으로
보는 견해이다. 『通釋』의 견해는 다음과 같다.

> 徝은 〈保卣〉에 보인다. 여러 학자들은 대체로 誕의 初文이며 虛辭라고 풀
> 이한다. 그래서 陳夢家는 처음에는 誕으로 석문하고 誕의 음이 旦이라는 것
> 으로부터 이것이 周公 旦의 이름이라고 해석했다(「周公旦夫子考」) 그러나 『斷
> 代』에서 이 설을 버리고 이 구절을 "乃令康侯於衛, 命圖衛侯"라고 해석하
> 고 있기 때문에, 허사설을 취하고 있는 것을 알 수 있다. …… 徝는 徏과
> 聲義가 가까운 말이다. 약간 후대이기는 하지만, 〈蟲簋〉에 "蟲가 公에게
> 나가자 공은 蟲에게 제사그릇 1肆를 내렸다(蟲徏公, 公易蟲宗彝一肆)"라 한
> 것이 있는데, 徝는 之往이나 出이나 侍라고 해석되고, 〈呂方鼎〉의 "呂徝
> 于大室"과 뜻이 가깝다. 虛詞로서의 誕에 徝를 해당시키는 것은 의문이
> 다. 그러므로 본 명문의 徝도 之往 아니면 出命의 뜻으로 보는 것이 가장
> 무난하다. 命은 물론 圖를 만드는 일을 명한 것으로, 封建의 의미는 아니
> 다. 徝, 徏 두 글자의 聲義에는 통하는 점이 있다고 생각되기 때문에, 지
> 금은 "명을 내리다"라는 의미로 해석해둔다.

이 자형은 〈盠珝尊〉에도 보이며, 동사로 쓰였다(〈盠珝尊〉 역주 참조)
따라서 『通釋』의 견해에 따르는 것이 타당하다.

2) 令 : 『斷代』는 '令'의 용례를 다음과 같이 분석한다.

> 금문의 동사 '令'자에는 세 가지 용법이 있다.
>
> (1) 命令의 命으로 쓰인 것. 〈大盂鼎〉의 "왕이 종주에서 盂에게 명령하시

었다. 왕이 다음과 같이 말씀하시기를(王才宗周令盂, 王若曰)"의 뒷부분
이 바로 명령의 내용이다.

(2) 賞賜를 한다는 뜻으로 쓰인 것. 〈考簋〉의 "왕이 考에게 붉은 슬갑을 하
사하시었다(王命考赤巿)"라는 명문을 예로 들 수 있다.

(3) 諸侯에 봉한다는 令. 〈麥尊〉의 "왕이 辟邢侯에게 坏를 떠나 井(邢)에서
侯하라고 명했다(王命辟井侯出坏侯于井)"는 것을 예로 들 수 있다.

여기에서는 '(3) 諸侯에 봉한다는 令'의 용법으로 사용되었다.

3) 康侯 : 문왕의 아홉 번째 아들이며 무왕의 동생으로 이름은 '封'이다.
처음에는 康에 봉해졌기 때문에 역사전적에서는 康叔으로 부르며, 나
중에 옮겨져서 衛에 봉해졌으므로 또한 衛康叔으로도 부른다. 본 명
문에서는 '康侯'라고 부르고 있다. 생각하기에 『상서』「康誥」에 "맹후
여, 짐의 아우, 소자 封이여!(孟侯, 朕其弟, 小子封)"라고 하는데, 이는
강숙이 衛에 다시 봉해지기 전에 이미 侯를 칭한 것으로 본 명문과
부합한다.

4) 啚 : 啚의 해석을 둘러싸고는 여러 견해가 난립하고 있는데, 『史徵』은
邊境으로 보았다. 『通釋』은 "'康侯啚'를 인명으로 하는 것은 일찍이 孫
海波의 설이 있고, 뒤이어 貝塚·陳夢家·容庚·周法高 등의 학자 모두
가 같은 견해를 가졌다"라고 지적한다. 『銘選』·『通釋』등은 衛에 관련되
는 동사로 보고 있다. 우선 『斷代』의 견해를 살펴보면 다음과 같다.

이 기물의 "徙令康侯啚於衛"는 바로 康侯를 衛에 봉하고, 啚에게 侯가 될
것을 명한 것이다.

이 康侯啚는 마땅히 康侯封이다. 古文으로 邦·封이 같은 글자이며, 啚·
鄙가 같은 글자이다. 『설문』에 "邦, 國也"라 하며, 『廣雅』「釋詁 4」에 "鄙, 國
也"라 하였다. 封과 鄙는 마땅히 하나의 명칭이며 동일한 글자이다. 서주 금
문에 康·康丰라 칭한 것이 있는데(『三代』3·3·4), 『상서』「康誥」·「酒誥」에
封이라 칭했고, 『사기』에도 康叔 封이라고 칭하였으며, 『좌전』「定公 4년」

에는 康叔이라고 칭하였고, 『주역』「晉卦」에는 康侯라고 칭하였다. 康은 바로 衛의 侯가 되기 전의 봉지로, 「衛世家索隱」에 "康은 畿內의 나라 이름이다(康, 畿內國名)"이라 한다.

『좌전』「정공4년」에 成王이 康叔을 殷虛에 봉하고, "「康誥」로써 명하였다(命以「康誥」)"고 한다. 오늘날 전해지는 『상서』의 「康誥」「酒誥」「梓材」 3편은 모두 封에게 명한 것으로, 『한비자』「說林」에는 "「康誥」에 항상 음주하지 말라(「康誥」曰, 毋彝酒)"라 하는데, 이 내용은 오늘날에는 「酒誥」에 있기 때문에 皮錫瑞는 이 점에 근거하여 위의 세 편을 실제로는 동일한 한편이라고 한다. 「書序」에서 이를 成王이 지은 것이라고 한 것은 모두 문제가 있다. 「강고」의 첫 부분(王若曰 앞의 50자)의 기록과 「강고」 본문은 관련이 없는 듯 하며, 다른 誥와 錯簡 현상이 있는 듯 하다. 『한서』「예문지」에는 "유향은 궁중 秘府에 소장되어 있던 고문경전으로 歐陽·大小夏侯 三家의 經文을 교정한 결과, ……「召誥」는 脫簡이 2매가 있고, 대략 죽간 1매에 25자인 것은 탈자도 25자이었다(劉向以中古文校歐陽大小夏侯三家經文, ……脫召誥二簡, 率簡二十五字者脫亦二十五者)"라고 한다. 「강고」의 첫머리 50자는 원래 죽간 2매로, 당연히 三家의 今文이지만, 「소고」는 원래부터 舊序가 있었다. 따라서 이 50자는 다른 편의 첫 부분이다. 예를 들면, 「康誥」는 아마도 武王이 康叔 封을 康에 봉하면서 했던 誥命이기 때문에 "孟侯, 朕其弟小子封"이라 하였을 것이다. 「酒誥」와 「梓材」는 모두 "王曰封"으로 시작하니 成王의 말투가 아니며, 武王이 명한 것이다. 이러한 추측이 만약 성립한다면, 武王시기 封의 식읍은 康에 있었으니, 이 康과 「주고」의 妹邦은 아마 동일한 범위 안에 있었을 것이며, 이것이 「강고」에서 말하는 "東土"이다.

『斷代』의 이러한 견해는 아래 문장 '湝衛土逐眔層'가 두 명의 인물이 열거된 것, 즉 '湝의 司徒인 逐와 康侯 封'이라고 생각하기 때문이다. 한편, 『通釋』은 인명으로 보지 않고 동사로 보고 있다.

그러나 제후로 봉할 때에는 〈宜侯矢簋〉의 "命侯于宜", 〈麥尊〉의 "侯于邢" 와 같은 용례가 있어서, '従令康侯啚于衛'라는 것은 문장의 용례에 합치되지 않는다. … 啚자는 口와 㐭을 구성요소로 한다. 口는 邑, 國에도 구성요소로 쓰이고, 사람이 거주하는 땅, 그 구획을 표시하고, 㐭은 창고의 상으로 곡식을 쌓아둔다는 뜻이다. 즉 『시경』 「公劉」의 "밖에도 곡식을 쌓고 창고에도 곡식을 쌓네(廼積廼倉)"라는 뜻에 해당한다. 이것과 같은 예의 문장이 『夢郼草堂吉金圖』 上·10에 보여, 赤塚도 이미 이 문장을 인용하고 있다. "王令離白, 啚于之爲宮, 離白乍寶隥彝" 제2구의 '之'는 아마도 지명으로 '啚于衛'라는 것과 동일한 문장이다. …… 宮에 鄙를 만드는 것은 보통 생각할 수 없기 때문에 이 문장은 鄙를 만들고 그 쌓아 놓은 재화로 宮을 만들게 하였다는 것을 말하였다고 해석된다. 그렇다면 啚는 단순히 농작물을 모아둔다는 의미가 아니라, 예를 들면 屯倉의 설치와 같은 제법 장기적인 행위이다. 원래부터 본 기물에서는 기존의 농경지를 접수하여 군의 보급기지로 하였다고 생각해도 좋다. …… 지금은 '啚于衛'를 '啚于之'와 같은 예로 보아 啚를 鄙로 하여 屯倉적인 보급기지의 설치라는 뜻으로 해 둔다. 즉 이 구절의 의미는 강후에게 명을 내려, 衛땅에 鄙를 만들게 하여, 이번 작전의 병참에 대응하도록 하라는 의미이다.

『通釋』의 지적처럼 '啚'는 '鄙'의 고문이다. 『廣雅』 「釋詁4」에 "鄙, 國 也"라고 하고, 『주례』 「大宰」에 "8가지 법칙으로 都鄙를 다스린다(以 八則治都鄙)"라고 하며 그 鄭玄 注는 "都가 있는 곳을 鄙라 한다(都之所 居曰鄙)"라고 설명한다. 『좌전』 「僖公 24년」 "겨울 주 천자가 사신을 우리 노나라에 파견하여 狄의 난을 고하였다. '나는 부덕하여 사랑하는 아우 帶에게 죄를 얻어 정나라 땅인 氾에서 나와 살고 있다. 그러므로 숙부(노 희공)에게 고한다(冬, 王使來告難, 曰, 不穀不德, 得罪于母弟之寵子帶, 鄙在鄭地氾, 敢告叔父)'"라고 하고, 그 杜預 注에 "鄙는 야외다(鄙, 野也)"라고 한다. 國은 都와 鄙를 포괄하는 단어로 鄭玄에 따르면 鄙는

都가 있는 곳이기 때문에 都가 있으면 반드시 鄙가 있고, 鄙를 들면 당연히 都를 포함하여 말한 것이 된다. 따라서 『광아』는 鄙를 풀이하여 國으로 한 것이다. 본 명문에서는 동사로 사용하였는데, "鄙于衛"는 "國于衛"라는 뜻으로 위에 도읍하였다는 뜻이다. 『사기』 「위세가」에 "주공 단은 성왕의 명령을 받아 군대를 이끌고 은나라 유민들을 정벌하여 무경녹보와 관숙을 죽이고 채숙은 귀양 보냈다. 그리고 무경 즉 은의 유민에게 강숙을 봉하여 위나라 군주로 삼고, 황하와 淇水 사이의 商墟에 거주하게 하였다(周公旦以成王命興師伐殷, 殺武庚祿父・管叔, 放蔡叔, 以武庚殷餘民封康叔爲衛君, 居河・淇閒故商墟)"라고 하며, 『한서』 「지리지」에 "朝歌는 은나라 임금 紂가 도읍으로 삼은 곳으로 주무왕의 아우인 강숙이 봉해진 곳이며 그 이름을 고쳐서 衛라고 하였다(朝歌, 紂所都, 周武王弟康叔所封, 更名衛)"라고 한다. 명문에 의하면 강숙을 봉하기 전에 이미 衛라는 명칭이 있었다.

3. 沬嗣(司)土逘罓嵒

1) 沬 : 이 글자에 대하여 『斷代』는 아래와 같이 고증한다.

> 이 기물의 '沬'는 '水'를 구성요소로 하고 '未'의 발음으로 하는 글자로 '沬' 또는 '沐'으로 석문하여야 한다. 복사에서 십이지의 '未'를 때때로 '木'으로 쓰는데 이것이 '沐'이 '沬'인 이유이다. 『설문』 「水部」에 "沬는 얼굴을 씻는 것이다(沬, 洒面也)", "沐은 머리를 감는 것이다(沐, 濯髮也)"라고 하는데 뜻이 거의 같고, 소리도 서로 같다. 지명 '沬'는 때로는 '妹'로 쓴다. '沬司土'가 '妹司徒'인 이유이다. 『상서』 「酒誥」에 "妹土嗣, 爾股肱"이라는 것은 "妹司土, 爾股肱"의 오류일지도 모른다. 같이 출토된 '沬白逘'가 있는 여러 기물의 逘은 또한 妹땅의 伯으로 그 사람은 문왕의 아들이다. 나머지는 고찰할 길이 없다.

沬에 대해서 살펴보면 沬는 로 쓰며, 氵와 木과 甘을 구성요소로 한다. 甘은 뜻이 없는 장식부로 渚는 沐의 고자이다. 『斷代』에서 말하는 바와 같이 본 명문에서는 妹의 가차자로 쓰였다. 『상서』 「酒誥」에 "크고 분명하게 (은나라 땅이었던) 妹국에 봉해진 강숙과 여러 관리들에게 명한다(明大命于妹邦)"라 하고, 그 孔傳에 "妹는 지명으로 은나라 임금 紂가 도읍을 삼은 朝歌의 북쪽이다(妹, 地名, 紂所都朝歌以北是)"라고 한다. 孔疏는 妹와 沐를 하나로 본다.

2) 嗣土遂 : 이 문장의 '嗣土'가 과연 어떤 위치의 관직이며, '遂'라는 인물이 과연 누구인가라는 문제는 대하여 몇 가지 설이 있다. '嗣土'에 관하여서는 『주례』 「大司徒」의 司徒로 보는 견해가 대부분이다. 그러나 『通釋』은 다른 관점으로 이에 접근하고 있다. '遂'라는 인물에 대해서 『輯考』는 『斷代』의 견해에 따라 문왕의 아들이라고 보며, 『商周金文』과 『通釋』은 주나라 계통의 인물이 아니라 은나라 유민이라 본다. 『斷代』의 의견은 다음과 같다.

> 갑골문와 서주 금문에서는 '罘'자를 명사와 명사의 사이에 들어가는 連詞로 사용하기 때문에 "渚(沐)土遂罘圖乍厥考尊彝"는 마땅히 康侯와 渚의 司徒 형제가 만든 文王을 위한 제기이다. …… 이 기물을 만약 두 사람이 만든 것이라고 한다면, 기물의 이름을 〈康侯圖沐司土遂簋〉라 해야 한다. 오늘날에는 간편하게 짧게 줄여 〈康侯簋〉라고 한다. 혹은 遂가 만든 것이라고 한다면 〈沐司土遂簋〉라 해야 한다. 그러나 반드시 지적해야만 하는 것은 沐 혹은 沐白가 만든 여러 기물에는 모두 동일한 족휘가 있지만(명문 앞 아니면 명문 뒤), 康侯가 만든 여러 기물에는 족휘가 없다는 점이다. 따라서, 이 기물은 응당 沐白이 만든 것이라 할 수 있다.
>
> 于省吾와 楊樹達(『歷史研究』, 1954, 2, 121-122쪽)은 모두 圖자를 인명으로 보지 않기 때문에 罘를 連詞로 보지 않는다. 그들의 독법은 반드시 沐司土를 기물을 만든 사람으로 보아야 하며, 厥考는 이 사람의 아버지가 된다. 나는 1937년 6월에 1937년 4월호 柏林頓雜誌에 실린 이 기물을 보았기 때

문에 위와 같이 설명하였고, 여기까지 생각하지 않았다.

그러나 『通釋』은 '嗣土'의 관직과 '遂'라는 인물에 대하여 『斷代』와는 완전히 다르게 보며, 다음과 같은 견해를 피력한다.

嗣土의 관직은 금문에서는 대체로 共王·懿王 시기 이후의 기물에 보이고 있다.

〈兎簋〉：王才周, 令兎乍嗣土, 嗣尊還散罘吳罘牧

〈散氏盤〉：嗣土逆寅 …… 凡散有嗣十夫

〈戫簋〉：王曰, 戫, 令余乍嗣土, 官嗣藉田

주초의 것에는 이런 종류의 관명은 많이 보이지 않는다. 嗣土 뿐만 아니라, 嗣工·嗣馬의 부류도 모두 후기에 이르러서야 비로소 보이는 것으로, 『좌전』의 문장으로써 금문을 보완하려고 한다면, 이런 점에 충분한 주의를 하지 않으면 안 된다.

금문의 嗣土는 후의 司徒에 해당하는 것으로 여겨지고 있지만, 〈兎簋〉 이하의 예로써 알 수 있는 것처럼 그 관직은 문자 그대로, 밭이나 삼림을 관리하는 일이었다. 그것도 극히 한정된 특정한 지역을 관장하는 것이고, 후의 六大六官의 하나인 司徒와는, 관제상에서 그 지위가 매우 달랐다. 이것으로써 말하면 '渚嗣土遂'라는 것은 어디까지나 渚 땅의 土田林牧을 관리하는 한 지방의 행정관이며, 大祝·大史·大保와 나란히 할 만한 중앙의 요직은 아니다. 즉 '渚嗣土遂'는 춘추시대에 있어서의 열국의 관직을 말할 때와 동일한 호칭으로 "渚땅의 司土의 관직에 있는 遂"이다. 遂에게는 渚伯이라 칭하는 卣·尊이 각 1개가 있는데, 遂는 후대에 伯에 해당되는 지위를 얻었을 것이다. 만약 遂가 陳夢家가 말하는 것처럼 말하는 무왕의 형제들이라면, 혹은 周初 八自의 하나인 檀伯達이라면 이 때 이 같은 관직에 있을 리가 없다.

나중일이기는 하지만 成周 八自를 관장하는 晉조차도 冢嗣土의 직에 있었다.

'渣嗣土送'가 '渣땅의 嗣土인 送'라고 해석된다면, 이것을 억지로 역사 전적 속의 인물에 비정하지 않고, 당시 강후의 職事를 보좌한 이 지방의 한 호족으로 보아도 아무 지장이 없다. 이같이 하면 문장의 뜻은 거의 막히는 곳 없이 소통된다.

嗣는 '司'의 고자이고 司土는 관명이다.『斷代』는 문헌자료의 '司徒'로 본다.『주례』「大司徒」에 "대사도의 직무는 국가 토지의 지도와 인민의 수량을 파악하고 이로써 왕을 도와 국가를 안녕케 하는 일을 관할하는 것이다(大司徒之職, 掌建邦之土地之圖與其人民之數, 以佐王安擾邦國)"라고 한다. 嗣土가『주례』의 司徒라면 당연히 주나라의 중앙관직이어야 할 것이다. 그렇지만 본 기물에서는 妹 지방의 관직을 가진 司土 送는 독특한 족휘를 쓰는 것으로 보아 중앙 귀족이라고 생각되지 않는다.『通釋』이 지적하고 있듯이 '嗣土'를 곧바로 '司徒'로 치환할 수는 없다고 생각된다. 여기에서는『通釋』의 의견을 따라 토지, 임야 등을 관리하는 지방 관직으로 본다.

3) 送는 疑의 古字로 인명이다.

4) 罙은 '淚'의 고문으로 曁의 가차자이다.『옥편』에 "曁는 이른다는 뜻이다(曁, 至也)"라고 한다. "渣嗣土送罙嗇"는 渣 땅의 司土인 送가 衛嗇에 왔다는 뜻이다.

4. 乍(作)氒(厥)考障(尊)彝.

1) 厥 : 郭沫若은 矢栝의 초문으로 본 뜻은 矢栝(화살통)이라고 한다. (『金考·釋氒氏』) 금문에서는 제3인칭 대명사로 쓰이며 전적에서는 厥로 쓴다.『이아』「석언」에 "厥, 其也"라고 한다.

2) : '䀠'으로 보는 견해가 존재한다. 䀠은『설문』「䀠部」에 "左右로 보는 것이다. 目자 2개를 구성요소로 한다. 拘와 같은 발음으로 읽고, 또 '良士瞿瞿'라 할 때의 瞿와 같은 발음으로 읽는다(左右視也. 从二目. 凡

眲之屬皆从眲. 讀若拘, 又若良士瞿瞿)"라고 한다. 그렇지만 이 글자는 目을 구성요소로 한다고 보이지 않으며, 본 명문에서는 기물을 만든 사람의 족휘로 쓰였기 때문에 眲과는 다른 글자일 것이다. 『通釋』은 이 기물의 족휘에 대하여 다음과 같이 말하였다.

> 遣의 기물이라고 생각되는 것은 본 기물을 합쳐서 12기에 이르지만, 모두 조상의 이름을 기록한 것이 없다. 단순히 '厥考'라고 칭하던지 혹은 '伯'이라고만 한다. 다만 명문 끝에 특유의 그림 표식을 사용하고 있으므로 주나라 계통의 부족이 아니라는 것을 알 수 있다.
>
> 眲는 두 눈의 형상이라고 여겨지고 있지만, 目자와는 다르다고 생각된다. 加藤常賢은 眲로써 유약한 임금 옆의 侍御者의 직을 나타낸다고 하고 赤塚은 그 설을 따른다. 이것은 征을 侍御의 職으로 풀이하는 것과 관련되는 해석이지만 금문의 예를 살펴보면 반드시 目자로 볼 필요는 없다. 于省吾가 인용하는 吳北江의 설에서는 矰繳(주살)의 형상이라 하지만, 矢繳의 형상과는 다르다. 어떤 형태를 보여준 것인지 알려진 바가 없다.

상기의 『斷代』도 지적하고 있는 것처럼 이 족휘는 沐 혹은 沐白이 만든 여러 기물에 등장한다. 따라서 『通釋』의 주나라 계통의 부족이 아니라는 견해는 일리가 있다. 妹司土 遣는 아마도 주왕이 상읍을 정벌할 때 공적이 있는 사람이었고, 妹가 은나라의 지역에 속한 점으로 생각해 볼 때, 그가 속한 부족은 동이족 계통이 아니었을까 생각된다.

【주제어】

[인명] 왕(成王), 康侯, 渣司土 遣.

[지명] 商邑, 衛, 渣(妹).

[사건] 王이 商邑을 정벌하고, 康侯에게 衛땅에 나라를 세우도록 명하였다.

【참고문헌】

『通考』259, 『積微』265쪽, 『斷代』上·11쪽, 『通釋』4·14, 『銘選』3·19쪽, 『史徵』27쪽, 『今譯類檢』 25쪽, 『商周金文』38쪽

劉啓益, 「西周武成時期銅器的初步淸理」, 『古文字硏究』제12집, 中華書局, 1985년 10월

3. 금궤(禽簋)

【저록】

『集成』7·4041, 『十六』2·3, 『積古』5·28, 『攗古』2·3·22, 『從古』10·30, 『敬吾』下42·2, 『周金』3·108·2, 『小校』7·45·1, 『大系』錄 4, 『三代』6·50·1, 『銘選』1·18

【기물설명】

배는 배가 깊은 盆 같고, 귀가 있으며, 네모 받침(方座)은 없다. 圈足은 비스듬하게 직선으로 내려온 형태이고, 배의 벽은 약간 곧은 편이다. 배의 가장 넓은 부분이 입의 지름보다 조금 작으며, 목과 권족은 夔龍의 얼굴무늬로 장식되어 있다. 刑制는 〈母簋〉, 〈祖癸簋〉, 〈子父戊簋〉 등과 매우 비슷하며, 殷末周初에 유행하던 스타일이다. 劉啓益은 "〈禽簋〉의 形制는 〈岡

簋〉와 서로 같은데, 그 형식도 은나라 말기의 청동기를 계승해온 것이다"라고 한다(『西周武成時期銅器的初步淸理』, 『古文字硏究』 제12집) 기물의 높이는 13.7cm, 구경은 18.8cm, 밑바닥 직경은 15.5cm이며, 4행 23자의 명문이 주조되어 있다. 『陳朔』은 昭王시기 기물로 보지만, 대부분의 선행연구들이 주나라 성왕 때의 예기로 보고 있다. 본 역주에서도 성왕시기 기물로 본다. 현재 중국역사박물관에 소장되어 있다. 같은 명문의 기물로 〈禽鼎〉이 있는데, 그 탁본은 『貞松』3·18, 『三代』4·2·3에 수록되었다. 행의 배열 및 자형 등은 〈禽簋〉와 동일하다.

【석문】

王伐萰(奄)侯,[1] 周公某(謀)禽祉(祝).[2] 禽又(佑)啟祉(祝).[3] 王易(賜)金百孚(鋝),[4] 禽用乍(作)寶彝.[5]

【현대어역】

왕이 엄후奄侯를 정벌할 때, 주공周公이 의례에 따라 제사를 도모하고 백금伯禽이 축도하였다. 백금은 진啟의 제사를 올릴 때 이를 도와 축도하였다. 왕이 청동 백률을 내리시니, 백금이 이것으로 보배로운 제기를 만드노라.

【주】

1. 王伐萰(奄)侯

   1) 萰 : '蓋'자로, 같은 자형의 글자가 〈㓞劫尊〉에도 보인다. 즉 國族의 이름인 奄이다. 초기의 학자들이 이 글자를 許(『十六』, 『積古』, 『攈古』) 혹은 楚로 보았다(『從古』, 『大系』, 『文錄』) 그러나 『斷代』는 이러한 설들을 모두 비판하며, 다음과 같이 설명했다.

      정벌한 나라는 아마도 蓋侯일 것이다. 蓋는 『묵자』「耕柱」와 『한비자』「說

林上」에 서술된 주공이 정벌한 商蓋이니, 『좌전』「昭公 9년」에는 商奄이라 했고, 「소공 원년」에는 奄이라고 쓰여 있다. 奄과 蓋은 모두 덮는다[覆]는 뜻이며 상고음이 서로 같다. 그래서 『사기』「吳世家」에는 공자 蓋餘라고 쓰인 것이 『좌전』「昭公 27년」에는 掩餘로 쓰였다. 蓋侯는 『맹자』에서 말한 奄君이다. 『설문』에 "郁은 주공이 정벌한 나라로 郁국은 노나라에 있다(郁周公所誅, 郁國在魯)"라고 하였고, 『후한서』「郡國志」에 "노나라는 옛 奄國이다(魯國古奄國)"라고 하였고, 『사기정의』「주본기」는 「括地志」를 인용해서 "兗州 曲阜의 奄里는 奄나라의 땅이다(兗州曲阜奄里, 卽奄國之地)"라고 하였고, 『사기집해』는 "鄭玄이 말하기를 '奄국은 회이의 북쪽에 있다"라고 하였고, 『죽서기년』에 의하면 "南庚이 奄으로 천도하였고, 盤庚이 奄으로부터 殷으로 천도했다(南庚遷于奄, 盤庚自奄遷于殷)"라고 하니, 奄은 예전에는 商의 수도였다. 이 때문에 『좌전』「定公 4년」에 "商奄의 백성으로, 백금에게 명하여, 소호씨의 옛 땅에 봉한 것이다(因商奄之民 命以伯禽而封於少皞之虛)"라고 하였고, 『좌전』「昭公 원년」의 "주나라에는 徐와 奄이 있다"는 구절의 杜預 注에 "두 나라는 모두 嬴성이다"라고 하며, 『史記正義』에 "『世本』의 글이다"라고 하였다. 이러한 책들에서 모두 주공이 奄을 정벌했다고 말한 것은 이 기물(《禽簋》)의 내용과 부합된다.

『史徵』 역시 이 글자에 대해 아래와 같이 설명한다.

埜은 蓋자인데, 갑골문에서 艸를 구성요소로 하는 자는 상당수가 林을 구성요소로 하는 글자로 변한다. …… 去자 아랫부분은 ㅂ나 凵를 구성요소로 하는데, 이는 그릇의 형상으로 皿과 같은 뜻이다. 그러므로 去와 盍은 통한다. … 蓋은 나라 이름으로, 고대 문헌자료에는 奄으로 많이 썼다. 蓋과 奄은 소리가 가까워서 통용된다. 『묵자』「耕柱」와 『한비자』「說林」에는 모두 '商蓋'이라 썼고, 『좌전』「昭公 9년」과 「定公 4년」은 '商奄'이라고 했다. 본 명문에 "왕이 蓋侯를 정벌했다(王伐蓋侯)"라고 한 것은 『상서』「序」에 보이는 成王이 奄국을 정벌한 일이다. 奄은 현재의 山東省 曲阜에 있다.

『史徵』과 『斷代』의 설이 옳다. 다만 명문의 夆자에 구성된 亼는 盍의 初文이다. 裴錫圭는 이에 대해 다음과 같이 보충설명 한다.

전국문자와 진한 전서 가운데, "盍"자에 구성되는 去는 亼 또는 亼등의 형태로 많이 쓰이는데, 확실히 그릇과 뚜껑이 서로 합쳐진 형태를 상형한 것이다. … 그러나 이 "去"자는 사실 "盍"의 初文이다. 형성자로 去를 소리요소로 구성되는데 상고음으로는 怯·狨·凥자와 같이 葉部에 속하며, 과거에는 "劫"의 생략형이 소리요소로 구성된다고 여기는 견해도 있었지만, 사실 이들 모두는 이 "去"가 구성되었다. 즉 『설문』이 회의자로 여기는 "劫" 역시 이것(즉 去)를 소리요소로 하는 형성자이다. …… (은허 갑골문에) 자주 보이는 大와 口를 구성요소로 하는 亼(『甲骨文編』230쪽)는 일반적으로 모두 去로 해석하는데, 믿을 만하다(『論集』 「說字小記」)

『銘選』은 다음과 같이 설명했다.

夆侯는 夆국의 군주다. 夆은 去가 구성요소인 동시에 소리요소이니, 蓋으로 읽어야 한다. 『설문』에서는 蓋로 쓰며, 奄國이다. 奄과 蓋은 상고음이 서로 가깝다. 『한비자』 「說林」에 나오는 商蓋은 商奄이다. 역사 기록에는 의식적으로 주공이 섭정한 내용을 강조한 것들이 있는데, 혹자는 성왕이 즉위할 때 아직 갓난아이였거나 강보에 싸여 있었다 하고, 심지어 주공이 섭정할 때 왕을 일컬었다고도 한다. 다수설은 주공이 섭정 7년을 한 뒤에 정사를 성왕에게 돌려주었고 이 때 성왕이 비로소 정식으로 왕을 일컬었다는 것이다. 명문은 "왕이 奄侯를 정벌할 때 주공이 그 아들 백금을 가르쳐서 脹祝으로 社祭를 지냈다"라고 했으니, 왕은 성왕이고 주공이 아닐 것이다. 사적에 동쪽을 정벌하면서 奄을 멸할 때 주공은 師가 되고 소공은 保가 되었다고 했으니, (신하로서) 師의 역할을 바치고 保의 역할을 바치는 대상은 당연히 성왕이다. 『書序』에 "成王이 동쪽으로 회이를 정벌해서 드디어 奄을 멸했다(成王東伐淮夷 遂踐奄)"고 했으니, 명문의 "王伐夆侯"는 바로 이 성왕이 "踐奄"한 것에 해당한다.

이상의 견해와 달리『通釋』은 奲를 蓋로 판정하고 奄으로 읽는 것에 대해 의문을 표시하지만, 주공과 백금이 '奲侯' 정벌에 따르고 있다는 점을 들어 踐奄의 전쟁과 관계가 깊은 기물임에는 틀림없다고 말한다. 그리고 백금이 魯나라에 들어가기 전의 기물이라고 한다면 기물의 제작 연대는 성왕 초기일 것이라고 본다.

이상으로 奲을 고대 국가 奄으로 보는 것이 가장 적절한 해석이라고 생각된다. 奄의 위치는 지금의 山東省 曲阜市의 동쪽으로 보는『斷代』의 견해를 따른다.

2) '王伐奲'와 관련된 기물로는 〈䵼劫尊〉이 있는데, 그 명문의 내용은 다음과 같다.

> 왕이 엄奄나라를 가보고, 강겁䵼刧에게 패화 1붕을 하사하였다. 이로써 우리 고조高祖를 위한 보배롭고 존귀한 예기를 만드노라(王徙奲, 易䵼刧貝朋. 用乍朕蓐且缶障彝)

〈䵼劫尊〉은 왕이 엄나라를 정벌한 후에 그 지역을 순시하였다는 것으로 그 내용이 본 기물과 깊은 연관성을 가진다. 기물을 만든 시대도 거의 비슷할 것이다. 또한 劉啓益은 이 기물의 形制에 대하여 다음과 같이 말하여, 이것이 서주 초기의 것임을 다시 확인할 수 있다.

> 이 기물의 몸통은 세 부분으로 나눌 수 있다. 그래서『斷代』는 三段尊이라고 하면서 동일 유형의 二段尊 보다 앞선 것으로 보았는데(『斷代』118쪽), 이 견해가 정확하다. 이 기물의 형제는 은허문화 말기의 〈亞醜季尊〉(『考古學報』1977년 2기, 도판 1-3)과 서로 유사하다. 은나라 시대 이래로 그 형제가 이어져 온 것이다.

2. 周公某(謀)禽祝(祝)

1) 周公 : 周 文王의 아들이자 武王의 동생으로, 이름은 旦이다. 武王을 도와 紂를 주살하고, 商을 멸하여 주나라를 세웠다. 武王이 죽은 다

음 즉위한 成王이 어렸기 때문에 周公이 섭정을 하였다. 管叔과 蔡叔이 武庚과 함께 난을 일으키자 東征하여 반란을 평정하였다. 禮樂을 제정하고 서주 초기 주나라를 공고히 하는데 지대한 공헌을 하였다고 전해진다. 〈小臣單觶〉 주석을 참조하라.

2) 某 : 某는 『설문』「木部」에 "신 과일이다(酸果也)"라고 하고, 徐灝 注에는 "某는 지금의 신 과일인 매실 梅자이다"라고 설명한다. 이 명문에서는 謀의 가차자로 쓰였다. 『설문』「言部」에서 "謀는 어려운 일을 해결하려고 생각하는 것을 謀라고 한다(謀, 慮難曰謀)"라고 하였으며, 『옥편』에는 "謀는 계획한다는 뜻이다(謀, 計也)"라고 하였다. 그렇지만 謀가 본 명문에서 단순히 모의·계책이란 뜻으로 쓰인 것은 아니다. 『通釋』은 아래와 같이 설명한다.

> 某는 원래 謀의 初文이지만, 단순히 모의라는 뜻이 아니다. 이 글자는 曰과 木을 구성요소로 하는데, 曰은 축문(載書)을 형상한 것으로, 이것을 神木 위에 실어서 신에게 고한다(祝告)라는 뜻을 보여주는 글자라고 생각되며, 본래 신의 뜻에 호소하고 신의 뜻을 도모하는 의미다. 본 기물의 경우 이러한 의례를 행한 것이겠다. 주공의 후계자는 〈令彝〉에 보이듯 明保·明公이라고 칭해지는데, 明은 神明을 일컫는 말이어서 성직자로서 주공 가문의 직무를 보여준다. 某자는 이 명문에서 정벌 전쟁에 임하여 어떤 祝禱 의례가 행해진 것이라고 해석해야 할 것이다.

『銘選』은 이 구절의 뜻을 "주공 단이 그 아들 大祝 백금을 훈도한 것이다. 某는 誨를 가차한 것이니, 敎誨하고 訓導한다는 뜻이다"라고 하였으나 이에 따르지 않는다. 본 역주에서는 『通釋』의 견해에 따라 본 구절을 '주공이 제사를 도모하고'라고 해석한다.

3) 禽 : 이 글자에 대해서 『斷代』는 다음과 같이 설명한다.

> 이 기물에서의 禽은 伯禽일 것이다. 『사기』「魯世家」에 "주공이 죽었으나, 아들 백금이 이미 전에 노나라에 봉해졌으니, 이 사람이 노공이 된다(周公

卒, 子伯禽固已前受封, 是爲魯公)"라고 하였고, 『시경』「閟宮」에는 '魯公' 혹은 '魯侯'라고 일컫는다. 『좌전』「昭公12년」에는 '熊繹' 등을 일컬으며 "禽父와 함께 康王을 섬겼다(禽父並事康王)"라고 하였다.

성왕·강왕 시기의 금문에서는 (백금을) '禽'(〈禽簋〉), '魯侯'(〈明公簋〉), '魯公'(〈魯侯熙鬲〉), '大祝禽'(〈大祝禽鼎〉'이라고 각각 썼다.

이들 기물의 네 가지 다른 칭호는 또 그 제작시기의 순서를 보여준다. 禽과 魯侯는 백금의 살아있을 때의 호칭으로, 성왕시기의 기물에 속한다. 〈禽簋〉의 周公은 살아있을 때의 호칭으로, 무릇 살아있을 때 호칭으로 周公이 쓰인 것은 성왕 시기에 한정될 뿐인 것은, 그가 성왕 시기에 죽었기 때문이다. 〈魯侯熙鬲〉의 魯侯熙는 백금의 아들인데, '文考魯公'은 백금이 이미 죽었음을 나타내기 때문에, 이 기물은 康王 초기 이후에 제작된 것이다. 大祝禽은 아마 백금이 제후가 된 이후에 제수된 주왕 직속 관직(王官)일 것이며, 〈大祝禽鼎〉은 大祝禽 자신이 만든 것이기에, 그것은 아마 강왕 시기에 만들어졌을 것이다. 鼎과 鬲으로 말하자면, 그것들의 形制나 장식문양은 성왕 때의 기물과 조금 차이가 있지만 크게 다른 것은 아니다.

이로써 두 가지 사실을 알 수 있다. 첫째로 성왕시기와 강왕시기 간에는 청동기의 변화가 크지 않았으므로 形制나 장식문양으로는 쉽게 구별할 수 없다는 것이다. 둘째로 앞의 사실에 의거해서 추론하면 성왕이 재위한 기간이 길지 않았다는 것이다.

서주금문에서 '魯侯'라고 일컫는 기물은 아래와 같다.

〈魯侯爵〉商周 442, 三代 16. 46. 6

〈魯侯鴉尊〉三代 6. 37. 3 "魯侯乍姜享彝"

〈魯侯壺〉三代 12. 8. 7

〈魯侯鬲〉三代 5. 17. 7

앞의 두 기물이 서주초기의 것이고 뒤의 두 기물은 그 뒤의 것이다. 〈魯侯爵〉은 爵과 유사하나 柱가 결여되어 있고, 그 장식문양과 명문은 성왕시기에 속한다. 〈魯侯鴉尊〉은 李宗岱가 소장하고 있었는데, 潘祖蔭이 말하기를 "이 기물에는 올빼미를 새겼는데 形制가 무척 기이하다. 명문은 큰 亞자형태인데 이는 뚜껑에 있는 명문이다(『綴遺 18. 28』)"라고 했다. 묘사된 形制로 추측해보면 〈鴉卣〉와 같은 종류로 서주 초기의 작품이며, 명문의 姜은 성왕의 왕비인 王姜이다. 이 기물은『十六』의 모사본이 조잡해서 그 본래의 뜻을 알 수 없다. 지금 실물 사진을 살펴보면 이 장식문양은 은나라 양식에 연유해서 성왕시대까지 성행한 것임을 알 수 있다.

한편『銘選』은 다음과 같이 말했다.

> 禽은 伯禽이다. 주공 旦의 맏아들이다. 성왕이 奄을 멸한 뒤에 엄국과 그 백성을 주공에게 봉해 주고 나라 이름을 魯라고 하였는데, 주공은 봉지로 가지 않았으므로, 백금이 제1대 魯侯가 된다.『좌전』「定公4년」에 "商奄의 백성으로 백금에게 봉함을 명했으니, 少皞氏의 옛터에 봉한 것이다"라고 하였으며,『설문』「邑部」에 "郳은 주공이 정벌한 나라로 郳국은 노나라에 있다(郳周公所誅 郳國在魯)"라고 하였다.

이상의 선행연구와『사기』「노세가」의 기록을 비교하여 살펴보면 禽은 주공의 맏아들 伯禽이라고 생각해야 할 것이다.

4) 祝 :『輯考』는 다음과 같이 말했다.

> 명문에는 𝕏로 쓰였는데, 祝자의 이체자이다. 갑골문에서 祝자는 𝕏, 𝕏, 𝕏, 𝕏 등의 자형으로 쓰였는데, 1기 복사인『甲骨文合集』13926에는 "신축일에 복점을 쳐서 貞人 殷이 물었다. '母庚에게 제를 지내도 되겠는가?'(辛丑卜殷 貞, 𝕏于母庚?)"라고 하였으니, …… 이전 학자들이 祝을 祝으로 해석한 것이 정확함을 증명한다.

『文錄』은 제사이름으로 보고, "祝은 제사이름으로 祝으로도 읽는다. 이 글자는 무릎을 꿇고 손을 모아 절하며 축도하는 사람을 본뜬 것으로, 祝의 초문이다"라고 한다.『銘選』역시 祝을 명사로 보고, 아래와 같은 의견을 낸다.

祝은 백금이 맡은 관직명이다. 축은 축사를 읊음으로써 귀신을 이르게 하는 神職이다. 『주례』 「大祝」에 "大祝은 6축의 축사를 관장하여 귀신을 현신시키는 일을 하고, 복과 상서로움을 빌고, 영원히 크게 길하고 이로울 것을 기원한다. …… 천신에게 올리는 禋祀와 종묘에 올리는 肆享祭를 주관할 때 달의 기운이 담긴 감로수와 해의 기운으로 얻은 불을 올려 축을 읊는다(大祝掌六祝之辭, 以事鬼神示, 祈福祥求永貞. ……凡大禋祀肆享祭示, 則執明水火而號祝)"라고 했다.

白川靜은 다음과 같이 말했다.

〈禽簋〉는 주공 부자의 동방정벌을 기록하고 있는데, "周公某(謀), 禽祝"라고 하여 禽도 기도한다는 뜻이다. 祝이 기도한다는 뜻일 때에는 祝(주)라고 읽지만, 禽이 아마도 그 本字일 것이다. 伯禽은 주공 집안의 장자로 大祝의 관직에 오른 자이며, 주공의 집안을 계승한 자는 明公, 明保라고 칭했다"(『字統』, 平凡社, 432~433쪽)

이처럼 白川靜은 祝의 품사를 동사로 보았는데, 이에 따른다. 즉 "周公某禽祝"은 주공이 제사를 도모하고 백금이 제사지내서 기원하였다는 뜻이다. 〈大祝禽鼎〉에 "大祝禽"이란 말이 있어서 이 당시 백금이 大祝의 관직에 있었을 것이라 추정할 수도 있다.

『通釋』은 "왕의 親征에 따라가서 주공 부자가 이처럼 의례를 행하고 있는 것은 주공 집안이 주의 성직자로서 그 종교의례를 담당하였다는 사실을 보여주는 점을 주의해야 한다. 『상서』 「金縢」의 서사 같은 것도 본래는 주공 집안이 이 같은 직무와 관련되어 생겨났을 것이다"라고 하여 주공 부자의 종교적 성격을 특히 강조한다.

3. 禽又(佑)啟祺(祝)

1) 又 : 又는 佑의 가차자이다. 又와 佑는 상고음이 모두 匣母, 之部의 글자로 그 음이 서로 같아서 통가할 수 있었다. 『옥편』에 "佑는 돕는다는

뜻이다(佑, 助也)"라고 하였다.

2) 敐 :『文錄』은 殷으로 석문하고, 성대하다는 뜻으로 풀었다.『銘選』은 특히 "脤"의 가차자로 읽으면서 다음과 같은 견해를 제시한다.

> 敐은 攴를 구성요소로 하고 辰이 소리요소이다. 辰자의 형태는 〈臣辰父乙鼎〉과 〈臣辰父癸鼎〉 및 〈臣辰父辛尊〉 등의 명문에 나오는 辰자와 유사하다. 振 또는 脤자로 가차되며, 고기를 가득 담은 제기를 가리킨다.『좌전』「閔公 2년」에 "토지신께 올릴 고기를 담았다(受脤于社)"라고 하였는데, 孔疏에 "병사를 낼 때에는 반드시 토지신(社)께 제를 올린다. ……지금 '受脤於社'라 한 것은, 틀림없이 토지신께 제사지낼 고기를 제기에 담았다는 뜻이다(出兵必祭社, ……今言受脤於社, 明是祭社之肉盛以脤器)"라고 하였다. 명문의 글은 奄侯를 정벌하려고 병사를 냄에 고기를 담은 그릇으로 축도한 것으로, 병사를 낼 때 토지신께 제를 지내는 관습과 부합한다.

한편『輯考』는 "敐"으로 읽으면서 다음과 같은 견해를 제시한다.

> 敐은『옥편』에 "타격하는 소리(擊聲)"라고 하였으니, '振'으로 읽어야 할 것이다.『주례』「大祝」에 "아홉 제사를 나누어 변별한다(辨九祭)"라고 했는데, 아홉 제사 중에서 다섯 번째가 '振祭'이다 (鄭玄 注가 인용하는) 杜子春의 說에 "振祭에서 振은 愼으로 읽어야 한다. 禮家는 振을 振旅(위세를 떨치고 군대를 거두어 돌아옴)의 振으로 읽는다"라고 했다.

『通釋』은 敐으로 읽지만 제사고기의 의미를 부가하면서 다음과 같은 견해를 제시한다.

> 생각건대, 敐을『옥편』에서 타격하는 소리라고 한 것도, 자형으로는 脤肉(제사용 고기)을 치는 것을 상형하였으며, 고대에 전쟁의례로서 행해진 주술적 행위의 하나인 듯하다. …… 이 글자는 제사고기를 치는 것을 상형한 것으로 그 주술적 행위의 방법을 보여준다. 따라서 이 구절은 〈明公簋〉의 '魯侯又□工'이라는 것과 마찬가지이다. …… 이 의례에 의해 적군을 놀라게 하였다는 뜻일 것이다. 아래 글에서 상을 내리고 있는 것은 이 의례

집행에 대한 것으로 후하게 상을 내리는 것으로 보아 이 의례가 얼마나 중요한가를 알 수 있다.

본 구절은 周王이 蓋을 정벌하러 가기 전에 백금이 振祭의 축도를 도왔다는 뜻으로 읽어야 하며, 杜子春이 인용한 禮家의 설과는 부합하지 않는다. 『通釋』이 〈明公簋〉(본 역주에서는 〈魯侯簋〉로 지칭한다. 〈魯侯簋〉 역주를 참조하라.)의 "노후가 전쟁을 위한 조공의 의례를 보좌하였다(魯侯又(右)囝(兆)工)"와 동일한 의미로 본 것은 정확하다. 아마도 전쟁 전에 행하는 의례인 듯하다.

4. 王易(賜)金百寽(鋝)

1) 寽 : 『銘選』은 무게를 다는 단위라고 하였다. 이에 대하여 『輯考』는 다음과 같이 말한다.

> 寽은 鋝의 가차자인데, 중량의 단위이다. 그 정확한 중량 값은 여러 설이 있어서 일치하지 않는데다, 그 설들이 번잡해서 일일이 인용하는 것은 생략한다. 『설문』 「金部」에 "鋝은 10鉄(1수는 1냥의 24/1)와 25분의 13수에 해당한다. 金을 구성요소로 쓰고 寽이 소리요소이다. 『주례』에 '무게가 3렬이다 '라고 하였는데, 북쪽 지역에서는 20량을 3렬이라고 한다(十鉄二十五分之十三也. 从金, 寽聲. 『禮』曰, 重三鋝, 北方二十兩爲鋝)"라고 한다. 陳仁濤는 전국시대의 寽에 대하여 여러 화폐들의 실측결과에 의거하여 "전국시대에는 1鋝이 24鉄에 해당함이 실제로 매우 명확하다. 그러나 『고문상서』에는 1鋝이 11수와 25분의 13수라고 하였으니, 대개 殷商과 주나라 초기에 해당하는 등가수일 것이다"(「釋寽」, 『金匱論古初集』, 亞洲石印局, 1952년)라고 추측한다.

2) 『文錄』은 "청동을 상으로 주는 것은 〈禽簋〉에서 처음 보인다"라고 한다.

5. 禽用乍(作)寶彝

1) 『通釋』이 지적하고 있는 것처럼, 禽이라는 칭호로 보아 이 기물은 백

금이 스스로 만든 것이며, 만약 후대인이 만든 것이라면 魯公, 혹은 魯侯라고 칭하여야 한다. 백금은 강왕 시기까지 생존한 인물이지만 본 명문에는 주공의 이름이 같이 보이고 있으므로 기물은 성왕 시기에 제작된 것이다.

【주제어】

[인명] 王(成王), 周公, 禽, 奄侯.

[지명] 奄

[사건] 王이 奄侯를 정벌하다

【참고문헌】

『大系』考11, 『靑硏』(新)75, 『文錄』226, 『雙選』下2·8, 『斷代』上·27쪽, 『通釋』3·10, 『銘選』 3·18쪽

唐蘭, 「西周銅器斷代中的康宮問題」, 『考報』1962년 제1기」

王玉哲, 「周公旦的當政及其東征考」, 『西周史硏究』人文雜誌叢刊 제2집, 1984년

劉啓益, 「西周武成時期銅器的初步淸理」, 『古文字硏究』제12집, 中華書局, 1985년 10월

王永波, 「論禽簋與魯國始封年代」, 『東南文化』2000년 제11기

杜勇, 「令簋·禽簋中的"伐楚"問題」, 『中國歷史文物』2002년 제2기

4. 강겁준(釁刧尊)

【탁본】

【저록】

『集成』11·5977, 『斷代』3, 92쪽 圖10, 『綜覽』1 圖版 觚形尊 61, 『銘選』1·29.

【기물설명】

〈釁刧尊〉은 성왕 시기에 제작된 비교적 굵은 원통형 기물이다. 배 부분이 바깥쪽으로 조금 볼록하게 나와서, 배 부분은 목·다리 부분을 아치 형태로 이은 형태이다. 배 가운데 부분은 세로줄무늬(直棱文)로 장식되었고, 그 위아래에 夔鳳 문양이 있으며, 그 위아래에 각각 2줄의 弦文이 있다. 배 부분 안쪽에 명문 3행 16자가 주조되어 있다. 명문 탁본은 中國社會科學院 考古研究所에 소장되어 있다. (이상 『輯考』)

【석문】

王征鳌(奄),[1] 易(賜)犨刦貝朋.[2] 用乍(作)朕蒿(高)且(祖)缶(寶)障(尊)彝.[3]

【현대어역】

왕이 엄奄나라에 가서, 강겁犨刦에게 패화 1붕을 하사하였다. 이로써 나의 고조高祖를 위한 보배롭고 존귀한 제기를 만드노라.

【주】

1. 王征鳌

   1) 征 : 『通考』·『斷代』·『集成釋文』은 모두 征으로 석문했다. 이렇게 하면 〈禽簋〉의 "왕이 엄후를 정벌하였다(王伐奄侯)"라는 명문과 같은 내용이 된다. 『通釋』은 征로 석문하고 가다(之往), 나가다(出)의 뜻으로 보면서, 征伐의 의미와는 다르다고 한다. 탁본을 확인해보면 본 글자는 "征"이다. 이 자형은 〈渣司土逘簋〉에도 보이지만, (〈渣司土逘簋〉역주를 참조하라.) 〈禽簋〉와 아울러 생각해보면 본 기물에서는 奄을 정벌한 뒤 그 땅에 왕이 간 것으로 이해해야 할 것이다.

   2) 鳌 : 蓋자로, 國族의 이름이며, 奄을 가리킨다. 〈禽簋〉에도 언급된 바 있다(〈禽簋〉역주를 참고하라.)

2. 易(賜)犨刦貝朋

   1) 犨 : 같은 기물제작자가 만든 〈网刦卣〉에는 "网"으로 쓰였다. "犨"자는 사전에 보이지 않는 글자이다. 그러나 "犨"자는 갑골문에 자주 보이는데, 牛를 구성요소로 하고 剛을 소리요소로 하는 글자로 현재의 犅자이다. 『설문』「牛部」에는 "犅은 特牛이다(犅, 特牛也)"라고 하였다. 犨은 羊을 구성요소로 하고, 剛을 소리요소로 하며, 발음은 犅과 같으며, 뜻은 特羊 즉 숫양일 것이다. 본 명문에서는 사람이름으로 쓰

였다. 『雙選』이 같은 기물제작자가 만든 〈网刧卣〉의 명칭을 〈岡卣〉라고 한 것은, 그의 이름을 '岡'으로 보기 때문이다. 그러나 『通考』, 『斷代』, 『通釋』은 아래 글자까지 포함시켜서 '睪刧'을 이름으로 본다. 본 역주에서는 후자의 견해에 따라 '睪刧'을 이 기물을 만든 사람의 이름으로 본다.

2) 刧 : 『輯考』는 이 글자에 대해 다음과 같이 설명했다.

> 刀를 구성요소로 하고, 佥(盍의 초문)이 소리요소이다. 劫의 이체자로 이 글자가 변하여 후대의 劫이 되었을 것이다. 『옥편』에 "劫은 강제로 취하는 것이다(劫, 强取也)"라고 한다.

3) 貝朋 : 금문에서 貝朋이라고 하는 예는 많지 않다. 보통 貝十朋, 貝卄朋 등으로 표현한다(〈小臣單觶〉 역주를 참조하라.) 본 기물의 '貝朋'은 패화 1朋인데, 패화를 하사한 사례 중 가장 적은 사례이다.

3. 用乍(作)朕蒿(高)且(祖)缶(寶)尊彝.

1) 蒿 : 『通考』는 이 글자의 석문을 만들지 않았다. 『歷朔』은 '京'으로 『斷代』는 '蒿'로 썼다. 본 기물에는 로 쓰여서 艸과 京을 구성요소로 하는데, 高자의 고문자는 京을 구성요소로 하기 때문에 『歷朔』이나 『斷代』처럼 京, 高를 어느 쪽이든 구성요소로 사용할 수 있을 듯하다. 본 역주에서는 '蒿'로 석문하기로 한다. 〈网刧卣〉에도 동일한 자형의 글자가 보이며, 역시 高祖의 高로 쓰였다. 즉 高의 이체자이다.

2) 缶 : 寶의 이체자다. 금문에서 寶는 缶가 구성되기 때문에 음운상으로 寶와 통가될 수 있다.

【주제어】

[인명] 王(成王), 睪刧(网劫).

[지명] 奄

[사건] 왕이 奄에 갔다.

【참고문헌】

『通考』395, 『麻朔』2·17, 『斷代』上·29쪽, 『通釋』5·18, 『銘選』3·19쪽, 『史徵』40쪽

劉啓益, 「西周武成時期銅器的初步淸理」, 『古文字硏究』제12집, 中華書局, 1985년 10월

5. 강겁유(网刧卣)

【저록】

『集成』10·5383, 『布倫戴奇』141·49, 『考古與文物』1982년 제5기, 考與文物編輯部, 표지, 『彙編』8·1091, 『銘選』1·30.

【기물설명】

성왕 시기의 기물이다. 총 높이는 29.8cm, 입구의 세로는 10. 8cm, 가로는 13cm이며, 바닥의 세로는 12cm, 가로는 14.2cm이다. 기물은 날씬한 몸체에 손잡이 양 끝에 큰 귀의 짐승머리가 있다. 뚜껑 꼭대기와 가장자리 그리고 기물 꼭대기와 권족 모두에 꼬리가 말린 새 무늬가 마주보고 있다. 뚜껑 꼭대기 가운데 부분과 기물 배 부분에 모두 세로 줄무늬(直棱文)가 장식되어 있다. 기물과 뚜껑의 명문이 동일하여 3행 17자인데, 다섯 번째 글자가 网인 것과 亞자가 명문 주위를 두르고 있는 것 외에는 〈爯刧尊〉 명

문과 똑같다. 현재 미국 샌프란시스코 아시아 예술박물관에서 소장하고
있다.(『輯考』) 명문 전체가 '亞' 속에 쓰인 점을 제외하면, 〈嬰刧尊〉 명문과
동일하다. 명문 해석은 〈嬰刧尊〉 역주를 참고하라.

【석문】

王征嫢(奄), 易(賜)网¹⁾刧貝朋. 用乍(作)朕蒡(高)且(祖)缶(寶)障(尊)彝.
亞.

【현대어역】

왕이 엄奄나라에 가서, 강겁网刧에게 패화 1붕을 하사하였다. 이로써 나
의 고조高祖를 위한 보배롭고 존귀한 제기를 만드노라. 亞

【주】

1. 亞

   1) 亞 : 亞는 고대의 직관명이거나 족휘일 것이다. 명문은 亞자 안에 쓰
      여 있다.

【주제어】

[인명] 왕(成王), 嬰刧(网劫).

[지명] 奄

[사건] 왕이 奄에 갔다.

【참고문헌】

『雙選』下3·9쪽,『銘選』3·19쪽,『今譯類檢』553쪽

6. 염방정(塦方鼎)

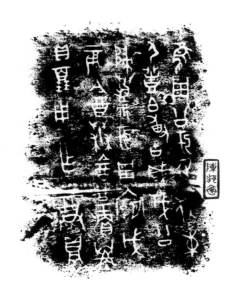

【저록】

『集成』5·2739, 『厤朔』1·10, 『布倫戴奇』1977년 圖 39, 『斷代』上·17쪽, 『彙編』4·190, 『銘選』1·26,

【기물설명】

成王 시기의 기물이다. 鼎의 배는 직사각형이고 새문양이 장식되어 있으며, 다리는 평평하면서 새의 형상을 띤다. 높이는 26.8cm이고 口徑은 가로가 12.1cm, 세로가 16cm이다. 명문은 5행 35자로 이루어져 있는데, 명문의 반은 기물 벽에, 반은 기물 바닥에 주조되어 있다. (이상 『輯考』) 『文錄』은 〈周公東征方鼎〉이라고 한다. 『斷代』는 "1924년 鳳翔縣에서 서쪽으로 40

리 떨어져 있는 靈山에서 黨毓崑(黨玉琨이라고도 한다)이 대규모 도굴을 하여 청동기 수백개를 얻었다고 전해진다. 이 鼎은 그 중 하나인 것 같다.『庥朔』은 '鳳翔 秦文公 묘에서 출토되었다'라고 하고,『金文分域編』은 '寶鷄'에서 출토되었다고 한다"라고 하였다. 이 鼎은 전에 미국의 애버리 브런디지가 입수하였는데, 현재는 샌프란시스코 아시아미술관에 소장되어 있다. 高次若/劉明科는 "黨玉琨이 1927년대 寶鷄 戴家灣에서 도굴한 후 天津을 거쳐 미국 샌프란시스코에 있는 골동품상에 팔았고, 이후 아시아 미술관에 소장되었다고 전한다. 그래서인지 당시 이 기물은 일반적으로 寶鷄에서 출토된 기물로 통했다고 한다. 陳夢家는 40년대 미국에서 이 기물을 발견한 후, 탁본과 함께 상세한 기록을 남겼다. 명문의 반은 기물 벽에 나머지 반은 바닥에 새겨져 있다. 그 중 4열만은 마지막 세 글자가 기물 바닥에 있고 나머지는 2자만 기물 바닥에 새겨져 있다"라고 한다.(「斗鷄臺墓地出土 靑銅器與周公家族問題的思考-兼談何尊原始出土地」,『寶鷄社會科學』2006년 제1기, 2006년 1월) 한편『通釋』은 이 기물 도굴 당시의 정황이 의심스러울 뿐 아니라, 명문의 글자도 다른 서주 초기 명문보다 풍격이 떨어지며, 내용 역시 잘 통하지 않는다고 설명하면서, 기물은 진품일지라도 명문은 위조된 것으로 보려고 한다. 그럼에도 불구하고 陳夢家와 같은 학자가 기물과 명문 모두 위작으로 의심하지 않는다는 점 때문에 자신의 견해를 강력하게 밀어붙이지는 않는다. 현재 이 기물과 명문이 위작이라고 주장하는 학자는 없지만,『通釋』의 지적을 음미해 볼 필요는 있다고 여겨진다.

【석문】

佳(唯)周公刊(于)征伐東尸(夷),[1] 豊·白·尃古, 咸戈(翦).[2] 公歸, 禀(祼) 于周廟.[3] 戊辰, 酓(飲)秦, 酓(飲),[4] 公賞墬貝百朋, 用乍(作)障(尊)鼎.[5]

【현대어역】

주공周公이 동이東夷를 정벌하셨으니, 풍국豊國과 백국白國 그리고 부고국尃古國을 완전히 패배시켰다. 주공은 돌아와서 주나라 종묘에서 포로를 바치는 제사를 지냈다. 무진戊辰일, 음진례飮烝禮를 거행하였는데, 음진례가 시작되자 주공께서 염嬰에게 100붕의 패화貝貨를 하사하시니, 이로써 존귀한 정鼎을 만드노라.

【주】

1. 佳(唯)周公刊(于)征伐東尸(夷)

1) 刊 : 于의 古字다. 금문에서 于를 이 자형으로 쓰는 것이 일반적이다. 여기에서는 "간다"라는 뜻으로 쓰였다. 『상서』·『시경』 등에는 于를 "간다"라는 의미로 사용한 예가 있다. 『상서』「大誥」에는 "나는 너희들 여러 邦의 군대를 이끌고 은상의 반란한 무리, 그 도망간 노예들을 토벌하러 갈 것이다(子惟以爾庶邦于伐殷逋播臣)"라는 구절이 있는데 孔傳은 "너희 여러 나라를 가지고 은나라의 도망간 신하를 가서 정벌할 것이다(用汝衆國往伐殷逋亡之臣)"라고 해석하였으며, 『시경』「棫樸」에도 "周王이 가신다(周王于邁)"는 구절이 있는데 鄭箋에 "于는 간다는 뜻이다(于, 往)"라고 하였다.

2) 東尸 : 東夷를 가리킨다. 尸는 사람이 웅크린 형상을 본뜬 것이다. 이 글자는 '東夷'라고 할 때 '夷'자의 本字이다. 『廣雅』「釋詁三」에 "夷는 웅크린다는 뜻이다(夷, 踞也)"라고 하였고, 『논어』「憲問」에 "원양이 걸터 앉아 기다렸다(原壤夷俟)"라는 문장이 있는데, 何晏의 『集解』는 馬融注를 인용해서 "夷는 걸터앉음이다. 俟는 기다림이다. 걸터앉아서 孔子를 기다린 것이다(夷, 踞. 俟, 待也. 踞待孔子也)"라고 하였다. 이로 미루어 볼 때 '夷'는 '이족'을 뜻하는 말에서, '이족의 앉음새, 즉 무릎을 굽히고 앉다, 걸터앉다' 등으로 뜻이 확장되었고, 이족이 화하족과 대치하며 중

국의 중심에서 멀어지면서 '건방지다, 예가 없다' 등으로 폄하되어 사용되었을 것이다. 갑골문과 금문에서 '夷狄'이라고 할 때의 '夷'자는 모두 '尸'자로 썼다. 갑골문에서 '尸方'·'伐尸'·'征尸'의 '尸'는 동이집단 중의 구체적 한 방국을 지칭한 것이지만, '尸(夷)'라고 하면 고대 동이집단의 범칭이다.

전래문헌의 기록에 따르면 동이족은 周나라 초기 武庚과 三監의 반란에 참여하였는데, 周公이 王命을 받아 이를 정벌하였다. 「尙書序」를 보면 "成王이 동이를 정벌하였다(成王旣伐東夷)"는 기록이 있고, 『여씨춘추』 「察微」에는 "(周公이 成王을 도와 攝政할 당시에도) 管叔과 蔡叔의 반란이 있었고, 東夷의 여덟 개 나라가 王命을 따르지 않고 二叔과 함께 배반을 도모한 일이 있었다(猶尙有管叔蔡叔之事, 與東夷八國不聽之謀)"라는 기록이 있다. 다른 문헌자료에는 이때의 東夷를 淮夷라고도 기록한다. 그 예로 「尙書序」를 보면 "武王이 돌아가시자, 三監과 淮夷가 반란을 일으켰다. 周公이 成王을 도와 殷을 치고는 「大誥」를 지었다(武王崩, 三監及淮夷叛. 周公相成王, 將黜殷作「大誥」)"라는 기록이 있고, "成王이 東으로 가서 淮夷를 정벌하여 이에 奄國을 멸하고, 「成王政」을 지었다(成王東伐淮夷, 遂踐奄作「成王政」)"라는 기록이 있다. 또 『사기』 「周本紀」에는 "召公은 太保를 맡고 周公은 太師를 맡아, 동으로 출정하여 淮夷를 정벌하고, 奄을 멸한 후 그 임금을 薄姑로 옮겼다(召公爲保, 周公爲師, 東伐淮夷, 踐奄, 遷其君薄姑)"라는 기록이 있는데, 이 기록은 淮夷를 東夷에 속하는 세력으로 여겼기 때문에 淮夷라고 기록하고 東夷라고 기록하지 않았다.

2. 豐·白·專古, 咸戈

1) 豐 : 『輯考』는 다음과 같이 설명했다.

동이의 나라이름 가운데 하나로 逄이라고도 한다. 豐國을 멸망시킨 사건은 역사전적에 기록되어 있지 않았다. 『좌전』「昭公 20년」의 기록을 보면, 晏嬰이 齊景公에게 "옛날에 爽鳩氏가 처음으로 이 땅에 거주하였고, 季蒯이 그 뒤를 이어받았으며, 또 逢伯陵이 이를 이어 받았고, 薄姑氏가 다시 이어 받았다(昔, 爽鳩氏始居此地, 季蒯因之, 有逢伯陵因之, 薄姑氏因之)"라고 말한 기록이 있는데, 이에 대해 杜預는 "逢伯陵은 殷나라 제후로, 姜씨 姓을 지녔다(逢伯陵殷諸侯, 姜姓)"라고 풀이하였다. 逢은 바로 豐으로, 두 글자의 상고음은 聲母가 각각 竝母와 滂母으로 準雙聲에 속하고, 韻部는 모두 東部로 疊韻에 해당되며, 용례에 의거하여 통가될 수 있다. 姜은 戎족의 姓에 해당하고, 逢은 東夷에 속하기 때문에 杜預가 姜姓으로 주석한 것은 아마 오류인 것 같다. 또 『사기』「齊太公世家」를 보면, "武王이 姜太公(師尙父)을 齊나라 營邱땅에 봉해 주었다(封師尙父於齊營邱)"는 기록이 있으므로, 豐의 故國은 營邱에 있었던 것으로 보인다. 『括地志』에서는 "營邱가 靑州 臨淄의 북쪽 백보 外城에 자리하고 있다(營邱在靑州臨北百步外城中)"라고 한다.

2) 白 : 伯의 가치자로 판독하여 "豐伯"으로 읽는 독법도 있고, 가차하지 않고 그대로 "白"으로 읽는 독법도 있다. 여기서는 豐과 白이 모두 東夷의 나라이름을 의미하는 것으로 본다. 『輯考』는 白에 대하여 다음과 같이 설명한다.

고본 『죽서기년』에 "임금 芬이 즉위하였다. 즉위한지 3년에 九夷가 와서 받들었으니, 九夷는 畎夷, 于夷, 方夷, 黃夷, 白夷, 赤夷, 元夷, 風夷, 陽夷다(后芬卽位, 三年, 九夷來御, 曰畎夷, 于夷, 方夷, 黃夷, 白夷, 赤夷, 元夷, 風夷, 陽夷)"라는 기록이 있고, 또 "임금 泄 21년에 畎夷, 白夷, 赤夷, 元夷, 風夷, 陽夷에 명하였다(后泄二十一年, 命畎夷, 白夷, 赤夷, 元夷, 風夷, 陽夷)"라는 기록이 있다. 『일주서』「王會」에 "백민이 승황을 바쳤다(白民乘黃)"라고 하였는데, 孔鼂 注는 "白民 역시 東南夷이다(白民亦東南夷)"라고 설명한다. 『路史』「國名紀乙」에 '少昊後李姓國'에 白이 포함되어 있는데, 그 注에 "蔡 땅 褒信 西南의 白亭이 바로 이 곳이다. 초나라 平王이 죽고 나서 아들 建의 아

들인 勝을 봉하고 '白公'이라 칭하였다(蔡之褱信西南白亭是. 楚平滅以封子建之子勝, 曰白公)"라고 하였다. 白은 바로 『좌전』에 보이는 栢이다. 『좌전』「희공 5년」에 "이때에 강·황·도·백나라가 제나라와 화목하였다(於是江, 黃, 道, 栢, 方睦於齊)"의 杜預 注는 "栢은 나라 이름이다. 汝南 西平縣에 白亭이 있다(栢, 國名, 汝南西平縣, 有栢亭)"라고 하였는데, 옛 땅은 지금의 하남 서평현 서쪽에 있었다. 이상의 서술은 춘추시기 백의 지리적 위치를 설명한 것이다. 성왕시기의 〈☐方鼎〉의 명문에 "豐國과 白國 그리고 專古國을 완전히 패배시켰다(豐白專姑咸戈)"라고 하였으니, 殷시기의 白나라는 山東省 경내에 있었다.

3) 專古 : 專古에 대해 『輯考』는 다음과 같이 설명하였다.

東夷의 나라이름이다. 典籍에서는 薄姑 혹은 蒲姑라 한다. 『좌전』「昭公 元年」의 기록을 보면, "武王이 商을 쳤는데, 蒲姑와 商의 奄은 우리나라 동쪽에 위치하고 있는 땅이다(及武王克商, 蒲姑商奄吾東土也)"라고 하였고, 杜預는 "樂安 博昌縣 북쪽에 蒲姑城이 있다(樂安博昌縣北有蒲姑城)"고 풀이하였다. 또 『사기』「周本紀」를 보면 "東으로 출정하여 淮夷를 정벌하고, 엄을 멸한 후 그 임금을 蒲姑로 옮겼다(召公爲保, 周公爲師, 東伐淮夷, 踐奄, 遷其君薄姑)"는 기록이 있고, 『史記正義』는 『括地志』를 인용하여 "蒲姑의 옛 城은 靑州 博昌縣에서 동북쪽으로 60리 떨어진 곳에 있다. 蒲姑氏는 殷나라 제후인데 여기에 봉해졌다가, 훗날 周나라에 의해 멸망당하였다(蒲姑故城靑州博昌縣東北六十里. 蒲姑氏, 殷諸侯, 封於此, 周滅之也)"라고 주석하고 있으며, 『續山東考古錄』은 蒲姑가 博興縣 동남쪽 15여리에 위치하고 있다고 하였다.

4) 咸戈(翦) : 咸에 대하여 『설문』은 "咸은 모두라는 뜻이며, 전부라는 뜻이다(咸, 皆也, 悉也)"라고 설명하였다. 戈는 "베다"라는 뜻이다. 과거에는 于省吾의 견해에 입각해 "중상을 입히다(傷也)"라는 뜻으로 많이 읽었다. 그의 견해는 다음과 같다.

갑골문의 征伐 기록에서 '戈'가 나오면 이전의 학자들은 모두 이를 해석하지 못하였다. 『설문』에는 "找는 중상을 입힌다는 뜻이다. 戈를 구성요소로 하고, 才가 소리요소이다(找, 傷也. 从戈, 才聲)"라고 풀이한다. 내가 보기에 找는 중상을 입힌다(傷)는 뜻이며, 이 傷字는 失敗의 敗와 의미가 서로 통한다(「牆盤銘文十二解」, 『古文字研究』제5집, 中華書局, 1981년 1월)

그러나 陳劍은 "戩"자에서 屮는 艸의 初文으로, 낫과 같은 쇠붙이로 풀을 벤다는 의미를 가지고 있으며, 발음요소이기도 하다고 논증하였다. 그리고 금문에서 전멸시킨다는 의미인 "翦"의 가차자로 많이 사용됨을 지적하였다(陳劍, 『甲骨金文考釋論集』「甲骨金文"戩"字補釋」및「釋造」, 綫裝書局, 2007년 4월.) 陳劍이 갑골·금문·전래문헌의 용례를 풍부하게 다루면서 일관성 있는 독법을 내놓았기에, 그의 견해에 따른다.

3. 公歸, 禜(襣)于周廟

1) 公歸 : 周公이 동쪽으로 정벌나간 후 돌아왔다는 것을 의미한다고 보는 것이 일반적이다. 그 근거로 『尙書大傳』이 주공이 攝政한 후에 "1년차는 亂을 구제하였고, 2년차에는 殷나라를 정벌하였으며, 3년차에는 奄을 멸하였다(一年救亂, 二年克殷, 三年踐奄)"라는 기록과 『시경』「東山」의 「毛詩序」에는 "周公이 동쪽으로 출정하여 3년 만에 돌아왔다(周公東征, 三年而歸)"는 기록이 제시된다. 이에 따른다면 이 명문은 주공이 성왕을 대신하여 섭정할 때의 사건이라고 할 수 있을 것이다. 그런데 주공이 동이 정벌의 주체가 되었다고 서술된 서주 청동기 명문은 이것이 유일하다. 원용준은 『通釋』의 위작설을 언급하면서 이 명문만을 근거로 주공의 동이 정벌을 사실로 확정하는 것을 유보하고 있다(원용준, 「주공의 동이정벌에 대하여: 金文 및 淸華簡을 중심으로」, 『유교문화연구』20집, 2012년.)

2) 禜 : 孫稚雛는 "襣"字로 예정하면서 다음과 같이 말했다.

示로 구성되었고, 音은 隻이다. 獲으로 읽으며, 포획한 포로를 제사에 바친다고 할 때 사용하는 전용 글자다.(「金文釋讀中一些問題的探討(續)」, 『古文字研究』제9집, 中華書局, 1984년 1월)

3) 周廟 : 周 왕실의 宗廟를 가리킨다.

4. 戊辰, 酓(飲)秦, 酓(飲). 公賞塱貝百朋, 用乍(作)障(尊)鼎

1) 酓 : 歙의 異體字로, 飲의 古字.

2) 秦 : 『通釋』은 "酓秦酓"으로 붙여 읽으면서 해석하기 어려운 구절이라고 평하였다. 그는 "秦歙이라는 이름을 가진 술을 마신다"라고 해석하는 陳氏의 독법을 소개하였지만, "秦歙"의 용례가 금문에 보이지 않으며, 의미가 통하지 않는다고 지적한다. 한편 『輯考』는 秦을臻의 가차자로 보면서 다음과 같이 말한다.

> 『설문』「至部」에서 "臻은 이른다는 뜻이다(臻, 至也)"라고 한다. 飲臻은 전래문헌에서 飮至라 한다. 『좌전』「桓公 2년」의 기록을 보면, "9월에 桓公이戎과 唐에서 맹약을 맺은 것은 예부터의 지속된 우호관계를 재확립 한 것이다. '겨울에 桓公이 唐으로부터 왔다는 것은 宗廟에 보고한 것이다'에 대하여. 대체로 임금이 타국으로 출행할 때는 宗廟에 告하고, 돌아와서는 종묘에 보고하고 종묘 안에서 잔치를 베풀었고, 그것이 끝나면 술잔을 거두고가서 세운 훈공을 策에 기록한다. 환공이 종묘에 보고한 것은 예법에 맞는것이었다(九月, 公及戎盟于唐, 脩舊好也. '冬, 公至自唐, 告于廟也.' 凡公行, 告于宗廟, 反行飮至, 舍爵策勳焉. 禮也)"라 하였고, 孔疏에서 "군주가 타국으로 가는것은 朝拜하거나 회합하고, 혹은 맹약하거나 정벌 나가는 것이 모두 여기에 해당한다. '飮至'는 그 행렬이 도착한 것을 경하하기 때문에, 이로 인해宗廟에서 飮酒를 베풀어 즐기는 것이다(凡公行者, 或朝, 或會, 或盟, 或伐皆是也 ………… 飮至者, 嘉其行至, 故因在廟中飮酒爲樂)"라고 풀이하였다.

『輯考』의 견해에 따라서 읽는다.

3) 塱 : 『輯考』의 견해는 다음과 같다.

명문에서는 ▨로 썼고, 갑골문에서는 ▨로 쓴다. 土를 구성요소로 하고, 㪔가 소리요소이다. 㪔는 갑골문에도 보인다. 屈萬里는 「釋再」(『甲釋』제1989편석문)에서 臼로 구성된 것과 爪로 구성된 것은 의미가 같다고 하였다. 『설문』「菁部」에서는 "再은 함께 드는 것이다(再, 竝舉也)"라고 하였다. 지금은 稱으로 쓴다. 『屯』866을 보면 "…… 貞, 令比 …… 舟再…… 尊?"이라 하고, 『合集』32854를 보면 "……貞, 王令舉今秋 …… 舟墲乃尊?"이라 한다. 잔결된 부분이 많기 때문에 내용을 정확히 파악하기는 어렵지만, '舟再…… 尊'과 '舟墲乃尊'은 동일 패턴이기 때문에 墲는 再으로 읽을 수 있다는 것을 알 수 있다. 본 명문의 墲는 인명이다. 이 구절은 戊辰날 歆臻禮를 거행하였는데, 歆臻이 시작되자 周公이 墲에게 100붕의 貝貨를 상으로 주었다는 뜻이다.

위에서와 마찬가지로 『輯考』의 견해에 따른다.

2) 貝百朋 : 이 기물의 명문이 위조된 것이 아니라면, 금문 중에서 가장 많은 패화를 받고 있는 예가 된다. 『通釋』은 "이 기물을 만든 사람은 패화 100붕을 받고 있지만, 금문에서 패화를 받는 것은 많아도 30붕, 50붕에 그친다. 따라서 『文錄』에서는 '아마도 5붕인데, 摹拓의 오류이다'라고 서술하였지만, 『麻朔』, 『斷代』에 실려 있는 탁본 사진은 틀림없이 100붕이다"라고 하였다.

【주제어】

[인명] 周公, 墲

[지명] 東夷, 豐(逢), 尃古(蒲姑).

[시기] 周公이 東征하고 돌아온 해 某月 戊辰일.

【참고문헌】

『文錄』1·2, 『雙選』上2·1, 『斷代』上·17쪽, 『通釋』3·10, 『銘選』3·17쪽, 『史徵』41쪽, 『今譯類檢』 373쪽

譚戒甫, 「西周墙方鼎銘研究」, 『考古』1963년 제12기, 考古雜誌社, 1963년 12월

于省吾, 「牆盤銘文十二解」, 『古文字研究』제5집, 中華書局, 1981년 1월

孫稚雛, 「金文釋讀中一些問題的探討(續)」, 『古文字研究』제9집, 中華書局, 1984년 1월

劉啓益, 「西周武成時期銅器的初步淸理」, 『古文字研究』제12집, 中華書局, 1985년 10월

高次若/劉明科, 「斗鷄臺墓地出土靑銅器與周公家族問題的思考 - 兼談何尊原始出土地」, 『寶鷄社會科學』2006년 제1기, 2006년 1월

7. 대보궤(大保簋)

【저록】

『集成』8·4140, 『三代』8·40·1, 『攈古』2·3·82, 『愙齋』7·5, 『奇觚』3·32,
『尊古』2·7, 『周金』3·47, 『小校』8·38·2, 『山東存』下7·2, 『大系』錄13, 『彙
編』4·195, 『銘選』1·36, 『考古與文物』1980 제4기 27쪽 圖2

【기물설명】

궤의 복부는 盆과 유사하고, 방좌가 없으며 권족은 아래가 낮게 꺾여 있다.
복부에는 큰 獸面紋이 장식되어 있으며 권족에는 夔龍紋이 장식되어 있다.
짐승의 머리 모양을 한 네 개의 귀가 있고, 귀고리(珥)가 있다. 張長壽의 분
류에 의하면 1型 2式(四耳圈足簋)에 해당한다. 높이는 23.5, 입구의 지름은

37.5cm이며 명문은 4행 34자가 주조되어 있다. 成王 시기의 기물이다. 청나라 道光, 咸豐 연간에 山東 壽張縣 梁山에서 출토되었다고 전해진다. 『斷代』의 견해에 따르면 양산은 지금의 山東省 梁山縣, 壽張縣 동남, 鄆城縣 동북, 東平縣 서남에 위치하는데, 이 일대 지역에는 殷, 周시기에 상당히 많은 소국들이 위치해 있었다고 한다. 梁山 7器는 이곳에서 출토된 〈大保方鼎〉, 〈大史友甗〉, 〈白憲盉〉, 〈憲鼎〉, 〈大保簋〉, 〈大保鴉卣〉, 〈魯公鼎〉이며 〈大保簋〉는 그 중 하나에 속한다. 현재 미국 워싱턴 프리어 미술관 (Washington Freer Gallery of Art)이 소장하고 있다.

【석문】

王伐彔子耴.[1] 叡厥反,[2] 王降征令(命)刊(于)大保.[3] 大保克芍(敬)亡(無) 朁(譴).[4] 王永(咏)大保, 易(賜)休余土.[5] 用丝(兹)彝對令(命).[6]

【현대어역】

왕이 록자彔子 성耴을 정벌하였다. 그 때 그들이 반란을 일으킴에 왕이 태보太保에게 정벌하라는 명령을 내렸다. 태보는 (그 명령을) 경건히 수행하여 과오가 없었다. 왕이 태보를 칭찬하고, 심余 지역의 땅을 하사하였다. 이에 이 기물로써 왕의 명령에 보답하노라.

【주】

1. 王伐彔子耴

   1) 彔子耴 : 이 인물이 누구를 지칭하는지에 대하여 상이한 견해가 있다. 첫 번째는 문헌자료에 보이는 彔을 六나라로 보아서, 六나라의 군주라고 보는 견해이며(『輯考』), 두 번째는 彔을 祿으로 보아서, 은나라 마지막 왕 紂의 아들 武庚 祿父로 보는 견해이다(『通釋』). 『大系』는 다음과 같이 말한 바 있다.

耴은 聖의 고자이자 聲의 고자로 口와 耳를 구성요소로 하는 회의자다. 聖은 壬을 소리로 삼는 글자인데 약간 뒤에 생겨났으며 聲은 聖보다도 나중에 생겨난 글자이다. 『좌전』에서 "聖姜, 公, 穀"의 '聖姜'이 '聲姜'이라 쓰인 예를 통해 두 글자가 구분되지 않다가 후에 분화되었음을 알 수 있다. 耴은 당연히 彔子의 이름이다.

『大系』는 "耴"자를 분석하고 그것이 彔子의 이름임을 지적하였지만, 구체적인 나라나 인물을 특정하지는 않았다. 그러나『輯考』는 "彔"을 六으로 보면서 다음과 같이 말했다.

고대의 나라 이름으로 문헌자료에 보이는 六나라이다. 偃姓이고 皐陶의 후예다. 현재의 安徽省 六安市 동북 지역이다.『사기』「夏本紀」에 "禹가 즉위하자 皐陶를 천거하여 그에게 정권을 넘겨주었는데 고요가 죽었다. 고요의 후손을 英, 六에 봉하였는데 아마도 그 땅은 許 지역에 있었을 것이다(帝禹立而擧皐陶薦之, 且授政焉, 而皐陶卒. 封皐陶之後于英, 六, 或在許)"라고 하였다. 또『史記正義』는『帝王紀』를 인용하여 "고요는 曲阜에서 태어났다. 곡부는 偃땅이었으므로 천제는 그로 인해서 偃이라는 姓을 하사하였다. 堯는 舜에게 禪讓하고, 명하여 고요를 士로 삼았다. 舜은 禹에게 선양하였으며, 禹는 천제의 자리에 즉위하자 고요를 가장 현명하다고 생각하여 하늘에 그를 추천하였으니, 장차 그에게 선양할 뜻이 있었던 것이다. 그러나 미처 선양을 하기 전에 고요가 죽었다(皐陶生於曲阜. 曲阜偃地, 故帝因之而以賜姓曰偃. 堯禪舜, 命之作士. 舜禪禹, 禹卽帝位, 以咎陶最賢, 薦之於天, 將有禪之意. 未及禪, 會皐陶卒)"라고 한다. 또한『춘추』「文公 5년」에는 "가을에 초나라 사람이 六나라를 멸망시켰다(秋, 楚人滅六)"라고 하였고, 그 杜預 注는 "六國은 지금 盧江 六縣이다(六國, 今盧江六縣)"라고 하였다.『좌전』「文公 5년」에 "六나라 사람이 초나라를 배반하고 東夷에 가서 붙으니 가을에 초나라의 成大心과 仲歸가 군대를 이끌고 가서 六나라를 멸망시켰다(六人叛楚, 卽東夷. 秋, 楚成大心仲歸, 帥師滅六)"라는 기록도 있다.『한서』「高帝紀」에는 "當陽君 英布는

九江王이 되어, 六을 都邑으로 삼았다(當陽君英布, 爲九江王都六)"라는 기록이 있는데, 그 顔師古 注에 "六은 縣名이다. 원래는 고대 국가였는데 皋陶의 후예이다(六者縣名. 本古國, 皋陶之後)"라고 하였다. 『한서』 「地理志」 六安國의 六의 顔師古 注에 "고대 국가다. 皋陶의 후예이며, 偃姓인데, 초나라에 의해 멸망되었다(故國. 皋繇後, 偃姓, 爲楚所滅)"라고 하였다. 『水經注』 「沘水」에 "六縣은 옛 皋陶의 나라이다. 하나라 禹가 고요의 어린 아들을 봉하여 제사를 받들도록 하였다. 지금 六縣 都城의 언덕에는 큰 무덤이 있는데, 민간에서는 '公琴은 皋陶의 무덤'이라고 전해진다. 초나라 사람은 塚을 琴이라고 말한다(故皋陶國也. 夏禹封其少子, 奉其祀. 今縣都陂中有大冢, 民傳曰, 公琴者卽皋陶冢也. 楚人謂冢爲琴矣)"라고 하였다. 子는 彔國의 군주를 가리킨다. 『예기』 「曲禮下」에 "東夷, 北狄, 西戎, 南蠻에 있는 나라는 비록 대국의 군주라 할지라도 子라 한다(其在東夷, 北狄, 西戎, 南蠻, 雖大曰子)"라고 하였다.

이와 같은 『輯考』의 견해에 따른다면, 六나라는 동이 계열 인물인 고요의 후손이 봉해진 고대 국가로서 『좌전』 「문공 5년」의 기록에도 보이듯이 춘추시대에도 동이와 깊은 관련을 맺고 있었던 나라로 볼 수 있게 된다. 그런데 『通釋』은 이와 다른 견해를 편다. 그 견해는 다음과 같다.

彔子耴은 이른바 祿父다. 耴은 그의 이름이다. …… "彔子耴"은 "天子耴"이라고도 부르는데, 그가 만든 기물로 瓿가 있어 〈天子聖瓿〉라고 하는데, 그 명문에는 "天子耴이 父丁을 위한 제기를 만들었다(天子耴乍父丁瓿)"(『窓齋』 21·9)라고 한다. 감히 天子를 칭한 것은 은나라가 이미 멸망한 뒤 그 후예를 잇는다는 뜻을 보여주는 것으로 彔子耴과 함께 생각해보면 은나라의 남은 백성으로 봉해졌다는 "王子祿父"인 것은 틀림없다.

이 祿父에 대해서는 고찰이 더 필요하다. 이하에서는 『通釋』의 견해를 중심으로 그 전반적인 사항에 대해 살펴본다. 「은본기」에 의하면 紂의 아들 武庚祿父가 봉해져서 은의 제사를 잇고 盤庚의 정치를 회복하였으나 무왕이 붕어하자 管叔, 蔡叔과 함께 난을 일으켜 성왕은 주공에게 그 誅滅을 명하고 은의 제사는 微子 啓가 宋에 봉해져서 받들게 되었다고 한다. 이 祿父의 주벌을 담당한 인물은『사기』에 의하면 주공이지만, 본 기물에 의하면 召公 奭이 된다. 본 기물의 彔子耼은『通釋』의 견해대로 祿父일 것이다. 祿父는 은의 멸망하자 그 여민을 이끌고 주에 저항을 시도하였다. 그러나 天子聖이라고 칭하고 독립을 시도하였던 彔子聖은 아마도 주공 혹은 소공의 토벌을 받아 패하고, 그 부족은 후에 멀리 陝西 扶風 지역으로 옮겨진 듯하다. 彔의 기물로는 종래의 저록에 〈彔簋1·2〉, 〈彔戒卣〉, 〈彔戒尊〉, 〈伯戒簋〉, 〈彔伯戒簋〉 등이 있고, 모두 출토지가 알려지지 않았던 것들인데, 扶風 法門에서 〈戒鼎1·2〉, 〈戒簋〉, 〈戒甗〉, 〈伯戒簋〉, 〈伯戒壺〉 등이 서주 무덤에서 출토되어 彔씨가 옮겨간 지역이 명확하게 밝혀졌다. 이것들은 모두 일족의 기물로 구저록의 〈彔簋1〉에는 文祖辛公, 〈彔簋2〉에는 文考乙公, 〈彔戒卣〉에는 文考乙公, 〈彔伯戒簋〉에는 皇考釐王의 기물을 만들고 〈伯戒簋〉에는 西宮의 寶彝를 만들었다고 되어 있다. '皇考釐王'과 같은 칭호는 彔씨가 옛 왕실 출신임을 보여준다. 또 나중에 출토된 기물들에도 〈戒鼎1〉에 文祖乙公, 〈戒鼎2〉에 文考申公, 文母日庚, 〈戒簋〉에 文母日庚의 이름이 보인다. 彔伯戒의 기물들은 昭王 穆王期에 성주의 은 여민을 이끌고 회이를 토벌할 것을 명하고 있고, 아마도 왕족의 후예로서 은의 遺民을 통솔하는 입장에 있었을 것이다(이상『通釋』)

한편『淸華大學藏戰國竹簡(參)』에 수록된『繫年』3장에는 다음과 같은 내용이 있어서 彔子耼을 武庚祿父로 보는『通釋』의 견해에 힘을 실어 주고 있다.

　周 武王이 殷을 이기고, 殷에 三監을 설치하였다. 武王이 붕어하자 商邑이
　반란을 일으켰는데, 三監을 죽이고 彔子耿을 세웠다. 成王은 商邑을 완전

히 정벌하고, 彔子 耿을 죽였다(周武王旣克殷(殷), 乃埶(設)三監于殷. 武王

陟, 商邑興反, 殺三監而立彔子耿. 成王屎(踐)伐商邑, 殺彔子耿.)

『繫年』의 서술은 은 유민이 삼감을 살해한 후 반란을 일으켰다고 서

술한다는 점에서 『사기』와 같은 전래문헌과 전혀 다른 맥락에서 이

전쟁이 서술된다. 이 전쟁의 실상을 파악하기 위해서는 다각도의 검

토가 필요하겠지만, 『繫年』의 彔子耿이라는 인물이 본 기물의 彔子

耶과 동일한 인물, 즉 武庚祿父임은 확정할 수 있다. 이에 대하여 李

學勤은 다음과 같이 말했다.

> 彔子 耿은 〈大保簋〉에 '彔子 耶'으로 기록되어 있다. '耿'은 상고음으로 見母
> 耕部이며, '耶'이 구성된 '聖'자는 書母耕部이다. 그러나 '聖'과 발음이 같은
> '聲'의 구성요소 '殸'이 溪母이기 때문에 『說文』은 杜林의 설을 인용하여 '耿'
> 자가 "火를 구성요소로한다. 聖의 생략된 자형이 발음요소이다(從火, 聖省
> 聲)"라고 하였다. 〈大保簋〉의 명문에 "왕이 彔子 耶을 정벌하였다. 그들이
> 반란을 일으킴에 왕이 太保(召公)에게 정벌하라는 명령을 내렸다(王伐彔子耶
> . 戫厥反, 王降征命於大保)"라 하였다. 白川靜은 『金文通釋』卷一上(日本白鶴美
> 術館, 1964)에서 이미 彔子 耶이 紂의 아들 武庚 錄父라고 주장하였다(李學
> 勤 주편, 『淸華大學藏戰國竹簡(參)』下冊, 中西書局, 2011년, 142쪽)

이상의 자료를 종합해 보면, 彔子耶을 武庚祿父라고 본 『通釋』의 견

해를 따르는 것이 좋다. 하지만 〈彔簋〉·〈彔戒卣〉·〈彔戒尊〉·〈伯戒

簋〉·〈彔伯戒簋〉과 같은 기물이 그 후손의 것이라고 보면서, 그들이

은 유민을 이끌었다고까지 보는 견해에 대해서는 더 많은 고찰이 필

요하다.

2. 戫厥反

1) 戫 : 『餘論』은 '徂'로 보고, 『文錄』은 及으로 보며, 『銘選』은 감탄사 嗟와

동일하다고 보며, 『輯考』는 '阻'의 가차자이며 '止'라는 뜻으로 본다. 『古

文字譜系疏證』에서는 〈大保簋〉, 〈孟鼎〉, 〈小臣裴簋〉, 〈師旅鼎〉, 〈沈子簋〉, 〈彔卣〉의 명문들에 등장하는 것과 같이 문장 앞에 사용하는 어기사[句首語氣詞]의 예로 보고 있다(黃德寬 主編,『古文字譜系疏證』, 商務印書館, 2006년, 1597~1598쪽) 戲의 용례와 연구 성과를 종합해 살펴보면, 이 글자는 갑골문에서도 자주 등장하는 글자로 갑골문에서는 통상적으로 그 의미를 군대의 주둔지나 진영으로 파악된다. 그러나 금문에서는 문장의 앞에 사용되는 어기사로 보는 것이 일반적이다. 본문에서도 어기사로 본다. 그 의미는 '이 때에' 정도일 것이다.

3. 王降征令(命)于大保.

1) 降:『설문』「自部」에 '降은 내린다는 뜻이다(下也)'라고 한다. '降征令'은 즉 정벌하라는 명령을 하달한 것이다. 이 글자에 대해『通釋』은 다음과 같이 말한다.

降은 (금문에서) 〈宗周鐘〉의 "나에게 많은 복을 내린다(降余多福)", 〈師詢簋〉의 "하늘이 포악하여 재해를 내린다(天疾畏降喪)"라는 용례처럼 신령과 연결되어 쓰이는 글자인데, 왕의 명령을 내린다는 뜻으로 사용되는 것은 드문 예이다.

2) 大保 : 召公 奭의 관직명이다. 張亞初는 "保의 지위는 매우 대단하였다. 그는 이미 국왕과 정책을 논하는 輔弼重臣이었고, 또한 최고 집정관 중의 1인이었다. 〈旅鼎〉 명문에 '公大保'라 칭하고 있으니 그 지위가 높았음을 알 수 있다"라고 하였다(「商代職官研究」,『古文字研究』제13집, 中華書局, 1986년 6월).『사기』「周本紀」에는 "召公이 保가 되고 周公이 師가 되어 동으로 淮夷를 정벌하고 奄을 멸했다(召公爲保, 周公爲師, 東伐淮夷, 踐奄)"라고 한다. 〈大保簋〉와 〈旅鼎〉 명문을 통해 成王시기에 주공뿐만 아니라 召公도 군대를 이끌고 이족을 정벌하였음을 알 수 있다.

4. 大保克苟(敬)亡(無)罰(譴)

1) 苟 : 敬의 초문이다. 본 명문에는 ▦로 쓰여 있고, 갑골문에는 ⻊로 쓰여 있다. 王襄은 "敬자의 고문이다. 〈盂鼎〉에서 敬자는 ⻊로 쓰고 있는데 본 명문의 ⻊과 동일하다"라고 한다(『類纂正編』 제9, 41쪽). 『甲骨文編』은 苟에 대하여 "口가 구성되지 않은 자형으로, 羌과 가깝다. 아마도 苟은 羌을 구성요소로 하고 또한 소리요소로도 삼은 듯하다"라고 한다(381쪽) 자형은 사람이 꿇어 앉아 있는 것을 상형한 것으로 신 앞에 꿇어앉은 경건함을 의미하는 글자이다. 『논어』 「子路」편에 "(평소) 거처할 때는 공손히 하고, 일을 처리할 때는 경건하며, 타인과 더불어 지낼 때는 진심으로 해야 한다(居處恭, 執事敬, 與人忠)"라 하는데, 그 邢昺 疏에는 "거처할 때는 공손하여 삼가며, 일을 처리할 때는 경건하고 신중하며, 충심으로 타인과 사귄다(居處恭謹, 執事敬愼, 忠以與人也)"라고 한다. 이러한 용례에 따라 '경건하다'라는 의미로 파악한다.

2) 罰 : 口가 구성요소이고 㫃(遣의 초문)이 소리요소로, 譴의 古字이다. 『설문』 「言部」에 "譴은 꾸짖어 묻는다는 뜻이다(譴, 謫問也)"라고 하였다. 『積微』는 愆으로 읽어 '亡愆'은 갑골문과 〈麥尊〉 등의 기물에서 '亡尤'라 말한 것과 같다고 하였다. 『銘選』은 "'克敬'은 항상 자신을 신중히 경계한다는 의미이고, 罰은 遣자의 다른 구조로 譴으로 읽는다. '亡遣'은 좋음을 나타내는 점사로 재앙과 허물이 없음을 가리킨다"라고 하였다. 본문의 "克敬亡愆"은 왕의 명령을 경건하고 신중히 수행하여 과실이 없게 할 수 있었다는 의미로 사용되었다.

5. 王永(咏)大保, 易休余土.

1) 永 : 명문에서는 ▦로 쓴다. 이 글자에 대해서는 여러 견해가 존재한다. 『大系』, 『斷代』는 '辰'로 석문한다. 『大系』는 그 의미를 '俾使'의 '俾'자로 보아 사역의 의미로 보았다. 『銘選』은 '▦'자로 석문하였으나 의

미는 알 수 없다고 한다. 『通釋』은 "永자의 한 자형과 매우 닮은 곳이 있다. 〈父乙簋〉의 '永寶'의 永 등이 그 예이다. 그러나 永은 대부분 부사로 사용되고, 이것을 동사로 사용하는 것은 〈曾器〉의 '則永祜福'이라는 것처럼 列國의 기물에 그 예가 보일 뿐이다. 문맥으로 보면 大保의 업적에 대하여 왕이 그것을 포상하는 행위를 보여주는 글자임에 분명하다"라고 한다. 즉 '永'을 포상하는 동사로 보아야 하지만 그 용례를 찾을 수 없다는 의견이다. 『輯考』는 永으로 석문하고 咏의 가차자로 본다. 『集韻』에 "咏은 永으로 쓰기도 한다(咏或作永)"라고 하였다. 이에 따르면 永은 歌頌, 稱頌의 의미로 볼 수 있으므로 『通釋』이 생각하는 문맥에 딱 맞아떨어지게 된다. 여기서는 이 글자를 永의 이체자로 보고 '咏'으로 읽는다. 그 의미는 칭찬, 칭송하다이다.

2) 休 : 『積微』는 〈小臣簋〉의 "休于小臣"의 '休'를 '사여하다'라는 의미로 보고 아래와 같이 서술한다.

> '休于小臣'의 '休'는 사여의 의미로 經傳에서는 이러한 해석이 보이지 않으나 好자를 가차한 것이다. 『좌전』「召公 7年」'초나라 군주가 노나라 昭公을 위해 新臺에서 연회를 베풀고 …… 大屈을 주었다(楚子享公于新臺…… 好以大屈)'라 하는데 이 문장의 '好以大屈'은 大屈을 주다(賂)와 같은 의미로 사용되었다. 『주례』「內饔」에 '왕이 육포를 하사하면 옹인이 그것을 나눈다(凡王之好賜肉脩, 則饔人共之)'라는 문장에서 '好賜'는 두 자의 숙어로 好 또한 賜다. 注에서 好賜는 왕이 좋다고 여겨 주는 것이라 말하였는데 잘못된 것이다(『積微』 64「小臣簋跋」).

『銘選』 역시 『주례』「內饔」을 예로 들어 賜로 읽고, 〈效卣〉 명문의 "公錫厥涉子效王休貝二十朋"이라는 구절을 인용하여 '休貝'는 바로 '錫貝'라 주장한다. 또한 〈易鼎〉 명문에 "休錫小臣金"의 '休錫'은 곧 '好賜'로 〈大保簋〉의 명문에서 '錫休'는 '休錫'이 도치된 문장이라 주장한다. 李學勤 역시 사여의 의미로 파악하고 있다. 이상과 같이 사여의 의미로 파악한 것은 『攈古』, 『奇觚』, 『愙齋』의 의견을 이어받은 것이다. 그러나 이들과는 다른 견해도 있는다. 『大系』는 〈作冊休卣〉의 명문을 근거로 삼아 休를 기물을 만든 사람의 이름으로 파악하지만, 〈作冊休卣〉의 명문은 알아보기 쉽지 않아서 이를 근거로 삼는 것은 적당하지 않다. Axel Schuessler는 休(xjəu)자에 대한 음을 再構하면서(*hjəw(EZ)), 이 명문에서 '은혜(grace)'의 의미로 보았다(Axel Schuessler, *A dictionary of early Zhou Chinese,* University of Hawaii Press, 1987년)

본 명문에서 休는 易休가 한 단어로 쓰이고 있으며 그것은 〈效卣〉 명문에 보이는 休易과 같은 뜻이라고 생각된다. 따라서 본 역주에서는 '易休'를 하나의 동사, 즉 '사여하다'로 본다.

3) 余 : '木'을 구성요소로 하고 '厶'이 소리요소이다. 裘錫圭는 「說字小記」(『論集』)에서 '厶'(口가 뒤집힌 모양)은 금문 중에서는 禽자 혹은 陰의 구성요소 '今'이 같은 자형을 하며(『金文編』950, 958쪽), 갑골문에서는 今日, 今夕의 합문 중의 今이 같은 자형(『甲骨文字釋林』401-402쪽, 또는 111쪽,『甲骨文編』628쪽)을 한다고 지적한다. 이것에 근거하면, 余은 木을 구성요소로 하며 今이 소리요소인 글자가 된다. 즉, '枌'으로 읽는데,『玉篇』에서 "枌은 나무 잎사귀이다(枌, 木葉也)"라고 한다. 여기서 枌은 지명이라고 생각되는데 그 위치에 대해서 현재로서는 추정하기 어렵다.

6. 用丝(茲)彝對令(命).

1) 丝 : 絲자의 고자로 지시대명사인데, '이것(此)'에 상응한다. 전래문헌 자료에서는 '茲'로 쓴다.

2) 對 :『廣韻』에 "對는 答이다(對, 答也)"라고 하였다. 금문의 상용구인 '對某某休'의 '對'이고, 보답한다는 의미다. '用茲彝對令'은 이 주조한 기물로써 왕의 아름다운 令(命)에 보답한다는 의미다.

【주제어】

[인명] 王(成王), 大保(召公 奭), 彔子 耵.

[지명] 彔, 朸.

[사건] 왕이 彔子 耵을 정벌.

【참고문헌】

『攈古』2–3·82, 『奇觚』3·32, 『周存』3·47, 『餘論』권2, 『愙齋』46, 『大系』考27, 『文錄』3·3, 『雙選』上3·2, 『厤朔』2·12, 『積微』「大保簋跋」, 『通考』340, 『斷代』上·44쪽, 『通釋』2·3, 『銘選』3·24쪽

劉啓益, 「西周武成時期銅器的初步淸理」, 『古文字硏究』제12집, 中華書局, 1985년 10월

張亞初, 「商代職官硏究」, 『古文字硏究』제13집, 中華書局, 1986년 6월

Axel Schuessler, A dictionary of early Zhou Chinese, University of Hawaii Press, 1987년

裘錫圭, 「說字小記」, 『古文字論集』, 中華書局, 1992년

8. 보유(保卣)

【저록】

『集成』10 · 5415, 『錄遺』276 · 1−2, 『上海』36, 『彙編』4 · 146, 『宗覽』272 · 132,
『銘選』1 · 33

【기물설명】

본 기물의 명칭을 대부분의 학자들이 『斷代』에 의거하여 〈保卣〉라고 부
르지만, 이 밖에도 『史徵』의 〈賓卣〉라는 주장과 夏含夷(Shaughnessy)의 〈𧻶
卣〉라는 주장이 있다. 기물의 복부는 항아리와 유사하고 양쪽의 넓은 부
분에 손잡이가 있다. 하복부는 바깥쪽을 향하여 비스듬하게 기울어져 있
고, 목 부분은 안쪽으로 오그라들지 않았다. 뚜껑과 목 부분에는 용무늬
가 장식되어 있다. 높이는 25.8cm, 입구의 가로 지름은 9.4cm, 입구의 세로
지름은 12.2cm, 바닥의 세로 길이는 11.3cm, 바닥의 가로 길이는 13.8cm이

다. 뚜껑에 기물과 동일한 명문이 있는데 각각 7행 46자가 주조되어 있다. 그러나 行의 배열 및 자형이 조금 다르다. 기물에 6행 첫 머리의 ▨(遘)자는 뚜껑에 ▨(冓)로 쓰여 있고, 기물 7행의 ▨(祓)자는 뚜껑에 6행 말미에 있다. 뚜껑에 주조되어 있는 명문의 글자가 보다 선명하다. 〈保卣〉의 연대에 관하여 두 가지 견해가 있는데 『斷代』는 기물의 모양과 명문의 설명을 통해 〈天亡簋〉와 더불어 이 기물을 武王시대의 기물로 분류했으나, 郭沫若과 黃盛璋은 成王 시기의 기물로 파악했다. 현재 통용되고 있는 일반적인 견해는 김公이 淮夷 원정을 나간 것은 성왕시기인데, 본 기물을 만든 太保는 소공이기 때문에 본 기물도 성왕 시기가 된다는 것이다. 따라서 〈保卣〉의 제작 시기도 대부분의 선행연구들은 성왕 시기로 파악하고 있다. 그렇지만 본 기물이 동이나 회이 원정과 관계가 있는지는 의문이다. 이 점에 대해서는 주에서 상술하기로 한다. 1948년 河南省 洛陽에서 출토되었고, 현재 上海박물관에 소장되어 있다. 〈保卣〉와 동일한 명문을 가진 〈保尊〉(명문은 동일하나 글자 行의 배열이 조금 다르다)이 동반 출토되었으며 〈保尊〉은 河南省박물관에 소장되어 있다.

【석문】

乙卯王令(命)保[1]及殷東或(國).[2] 五侯祉兄(貺)六品,[3] 蔑曆于保, 易(賜)賓,[4] 用乍(作)文父癸宗寶隩(尊)彝.[5] 冓于四方逌(會)王大祀祓(佑)于周.[6] 才(在)二月旣望.[7]

【현대어역】

을묘일에 왕이 보保에게 은殷의 동국東國으로 가라고 명하였다. 오후五侯 탄祉이 보保에게 6품六品을 바치고, 그 결과 保로부터 멸력蔑曆을 받자, 다시 예물을 보냈다. 이로써 문채 나는 아버지 계癸를 위한 보배롭고 존귀한 제기를 만드노라. 사방 제후들이 종주宗周에서 왕이 거행하는 대사大祀에 모여서 이를 보좌하였다. 2월 기망旣望이었다.

【주】

1. 乙卯王令(命)保

1) 保 : 郭沫若(「保卣銘釋文」, 『考報』 1958년 제1기)은 保를 召公 奭으로 이해
하지만, 이 기물을 만든 사람은 保가 아니고 명문에서 이름이 나타나
지 않은 그의 下屬이라고 주장하였으며, 平心(「保卣銘略釋」, 『文史論叢』
제4집)과 蔣大沂(「保卣銘考釋」, 『文史論叢』 제5집)는 保를 〈禽簋〉명문에 보
이는 明保라고 하고 바로 周公의 아들 伯禽이라 주장하였다. 『斷代』는
"기물을 만든 사람의 이름은 保이다. 성왕시대 주공의 아들 明保는 明
公, 明公尹라고도 불렸고 〈令方彝〉에 보이지만, 이 기물의 保와는 상
관이 없는 듯하다"라고 한다. 또한 "明保, 明公, 明公尹은 주공의 아
들로 明에 식읍이 있는 사람으로 保, 尹은 그의 관명이며, 公은 존칭
이다"라고 부연하고 있다. 『斷代』에서는 이 기물을 〈大保簋〉, 梁山七
器와 같이 武王의 시기의 기물에 비정하였다. 따라서 保를 태보 석으
로 이해하고 있는데 그의 논증을 살펴보면 아래와 같다.

　　이 기물은 무왕 시기의 기물이다. 그 이유를 살펴보면 다음과 같다. (1) 명
문에 '王令保及殷東國五侯'라 하였는데 이것은 무왕 때에 왕이 保에게 은
동국의 5侯를 추포하라고 명한 것이다. 『설문』 「及部」에 "及은 잡다(及, 逮
也)"라 하고, 『광아』 「釋詁1」에는 "及은 이르다(及, 至也)"라고 한다. '殷東國
五侯'는 薄姑와 四國이다. 『좌전』 「僖公 4년」 "옛날에 소강공(태보 소공 석)
이 제나라의 시조인 강태공에게 명하기를 '5侯 9伯에게 잘못이 있으면 그
들을 정벌하여 왕실을 보필하도록 하라'고 하였다(昔召康公命我先君大公曰,
五侯九伯, 女實征之, 以夾輔周室)"라고 하고, 또한 『사기』 「漢興以來諸侯王年
表」에는 "태공은 제에 봉해지고, 5侯의 땅까지 겸임하여 매우 부지런히 힘
썼다(太公于齊, 兼五侯地, 尊勤勞也)"라고 하며, 『한서』 「地理志」에서는 "은나

라 말기에 薄姑氏가 있었는데, 모두 제후이었고 그 나라는 이곳에 있었다. 주 성왕 때에 이르러 박고씨와 4국이 함께 난을 일으켜 성왕이 그들을 멸하였다. 그 땅에 師尙父를 봉하였는데 이가 태공이 되었다(殷末有薄姑氏, 皆爲諸侯, 國此地. 至周成王時薄姑氏與四國共作亂, 成王滅之. 以封師尙父, 是爲太公)" 고 한다. 四國 또는 四國多方은 일정한 4개의 國이 아니다. 5侯는 당연히 薄姑, 商奄, 豊伯, 東尸 등의 5國이다. (2) 이 기물에 주조된 명문의 字體는 은의 기물인 〈劃其卣〉와 가까우며, 그 款式도 殷의 스타일이다. (3) 卣와 尊의 형태와 장식은 성왕보다 늦을 수 없다.

『史徵』, 『銘選』도 대체로 이 견해에 따르고 있다. 黃盛璋(「保卣銘的時代與史實」, 『考報』 1957년 제3기) 역시 기물의 작기자 保는 召公 奭으로 이 명문의 保는 관직명이고 인명이 아니라고 한다. 그의 설명을 살펴보면 아래와 같다.

周나라 사람들이 소공을 칭할 때에는 그 앞에 자주 '保奭', '召太保', '保召公과 같이 保자를 넣었으며 또한 청동기 금문에서도 '太保', '公太保', '皇天尹太保' 등과 같이 직접 '太保'라 칭한 예를 볼 수 있는데, 이것은 모두 타인이 소공을 칭하는 것이다. 또한 소공 본인이 자신을 칭하는 것으로 太保라는 명칭을 사용한 것은 〈太保方鼎〉에 새겨진 太保라는 명문이 증명해준다.

孫稚雛(「保卣銘文彙釋」, 『古文字硏究』 제5집)는 成王 初年의 保라고 하면서, 殷 東國과 관계가 있는 사람은 소공 한 사람뿐이라고 주장한다. 夏含夷(「簡論保卣的作者問題」, 『上博集刊』 제5기)는 여러 학자들의 의견 가운데 保는 대보 소공 석이라는 주장을 수용하고 있으며 '殷東國五侯'는 무경의 반란 때에 상나라 사람들과 동맹한 薄姑, 徐, 奄, 熊, 盈과 같이 주에 반란을 일으킨 다섯 제후국의 국군이라 주장한다.

소공 석은 통상 '대보'라고 칭해진다. 〈大保簋〉, 〈堇鼎〉, 〈作冊大方鼎〉, 〈旅鼎〉, 〈叔櫃器〉 등과 같은 기물에 그러한 예가 있다. 또한 줄여서 保라고도 칭하는데 『상서』 「君奭」에 '保奭', 『여씨춘추』 「誠廉」에는 '保召公', 『사기』 「周本

記」에서는 '召公爲保' 등이라 한 예가 있다. 또한 아래에 서술할 전래문헌
도 모두 대보가 참가한 성왕 초년의 은 동국 정벌 사건을 포함하고 있다.
예를 들어 『사기』 「주본기」에 "소공이 保가 되고 주공이 師가 되어 동으로
淮夷를 정벌하고 奄을 멸한 후에 그 군주를 薄姑로 이주 시켰다(召公爲保,
周公爲師, 東征淮夷, 踐奄, 遷其君薄姑)"라는 내용과 『사기』 「自序」에서 또 말하
기를 "성왕이 나이가 어렸기 때문에 섭정하였을 뿐인데 관숙과 채숙은 주
공이 왕위를 빼앗으려고 한다고 의심하였고, 회이는 주나라를 배반하였
다. 그리하여 소공은 덕으로 이끌어 왕실을 편안하게 하였고 이에 동토를
진압하여 안정시켰다(成王旣幼, 管蔡疑之, 淮夷叛之, 于是召公率德, 安集王室, 以
寧東土)"와 같은 예가 있다. 또한 『좌전』 「僖公 4년」의 "옛날에 소강공(태보
소공 석)이 제나라의 시조인 강태공에게 명하기를 '5侯 9伯에게 잘못이 있
으면 그들을 정벌하여 왕실을 보필하도록 하라'고 하였다(昔召康公命我先君
大公日, 五侯九伯, 女實征之, 以夾輔周室)"이라는 기록 역시 이러한 예이다. 그
러므로 이 명문에서 保에게 은 동국의 다섯 명의 제후를 체포하라 명하였
다는 '保'는 당연히 大保 㲋임에 의심의 여지가 없다.

이상 여러 학자들의 의견을 종합하면 郭沫若, 『斷代』, 『史徵』, 『銘選』,
黃盛璋, 夏含夷와 같이 太保 㲋으로 보는 견해와 蔣大沂, 平心처럼
明保로 파악하는 견해 두 가지 정도로 요약된다. 이 두 가지 견해와
완전히 다른 별도의 견해가 존재하는데 바로 『通釋』이다.

陳夢家는 이미 기물을 무왕 시기의 것으로 정하고 있기 때문에 保를 〈令彝〉
에 보이는 "周公子明保"와 다른 사람으로 여기고, 무왕 시기의 인물이라고
한다. …… 〈令彝〉에 보이는 明保는 明읍의 영주로서 그 관직은 保이며, 본
기물의 保는 개인의 이름이기 때문에 양자는 다른 사람이라는 것이다. 그
러나 保가 관직명이라면, 保라고만 불러도 관직명이 될 수 있기 때문에 이
것만으로 明保와 保를 다른 사람으로 하는 논증은 근거가 불충분하다.
…… 문헌상에서는 召公은 분명 保라고 불리고 있다. …… 그러나 금문에

서는 〈大保簋〉에 ‘大保’, 〈旅鼎〉에 ‘公大保’, 〈作册大方鼎〉에 ‘皇天尹大保’
라고 하여 ‘保’라고만 칭하는 예가 없고, 따라서 保를 소공으로 보는 견해
는 이 점에서 의문이 생긴다. …… 원래 본 기물이 기록한 바가 滅商, 踐
奄이라는 대정벌에 관한 것인지가 이미 의문이고, 保의 東行에 대해서는
겨우 及이라는 동사 하나가 사용되고 있을 뿐이다. …… (금문에서) 及자를
사용하는 용례로 보아 及이 체포, 구속을 의미한다고 단정하기 어렵다.
『通釋』이 지적하듯이 保는 관직명이기 때문에 保라는 관직만 가지고
백금이니 소공 석이니 판정할 수는 없다. 더구나 금문에 소공 석을 ‘
保’라고만 칭한 사례도 없고, 본 기물이 소공의 이족 정벌과 관계가
있다고도 생각되지 않기 때문에, 본 기물의 保를 이족 정벌을 행한
소공 석으로 볼 수는 없다고 생각된다. 본 역주에서는 『通釋』을 따라
保를 특정인물로 한정하지 않는다.

2. 及殷東或(國)

1) 及 : 『광아』 「釋詁一」에 “及은 이르다(及, 至也)”라고 한다. 『斷代』(『考古學
報』9책, 1955년), 『史徵』이 連詞로 해석한 이래, 대체적으로 중국학자들
은 及자를 현재 중국어의 和나 與와 같은 연사로 보았다. 하지만 郭沫
若, 黃盛璋은 及을 追捕의 뜻으로 보았고, 陳夢家 역시 의견을 고쳐
서 中華書局 重刊本 『斷代』에서는 동사로 해석하여 ‘체포하다’라는 의
미로 사용하였다. 그 후 『銘選』, 夏含夷 등은 郭沫若, 黃盛璋의 견해
를 따라 주에 대항하여 반기를 든 동국의 5侯를 追捕, 체포하라는 의
미로 이해한다. 그렇지만 『通釋』은 금문의 及의 용례에 그러한 사례
는 보이지 않으며 따라서 ‘체포하다’라는 뜻으로 볼 수 없다고 하여
아래와 같이 논증한다.

　　及을 連詞로 사용하고 있는 것은 郭沫若, 黃盛璋 두 사람이 말하는 것처
　　럼 나중에 생겨난 용법이지만 주나라의 금문 중 及, 彶을 체포, 구속의 뜻

으로 사용한 예도 또한 존재하지 않는다. …… 方國 간의 정벌 관계를 칭하는 말에는 征, 伐, 獲, 取, 戈, 敦, 辜, 執, 往, 至, 追, 從, 涉 등 그 용어가 매우 많고, 그들과의 관계나 及자의 용례로 보아 及이 체포, 구속을 의미한다고 하기 어렵다. …… 위의 사례 중 3번은 그 전체를 해석하기 어렵지만, 及이 省과 大擧되고 있는 점에 주의해야 한다. 省이란 대개 巡撫査察을 의미하고 이미 정벌한 지역을 순시하는 행위를 말한다. 及은 追蹤 정찰이라고 생각되기 때문에 省 · 及이란 토벌 후의 정세를 사찰하여 혹은 적의 상황을 정찰한다는 의미일 것이다. …… 그러나 명문의 전체로 보아 이 문장이 대규모적인 동국 5국에 대한 토벌 전쟁을 기록한 것이라고는 보이지 않고 또한 그 전초적인 의미를 가진 정찰행위라고도 생각되지 않는다. 따라서 여기에서는 省·及의 及이라고 보는 것이 가장 타당하다고 생각되지만, 명문의 전체적인 해석은 아마도 다음의 '五侯'의 해석 여하에 달려 있다.

『通釋』의 이 견해는 기존의 학설이 선입관에 의해 잘못보고 있던 부분에 대해 명쾌하게 해명하고 있다. 郭沫若을 비롯한 기존의 학설은 保를 소공 석으로 보고, 소공 석은 동이를 정벌하였기 때문에 及자 역시 자연스럽게 정벌, 체포, 구속 등의 의미로 해석하게 된 것이다. 그렇지만 保는 소공 석이 아니며 따라서 及의 의미를 정벌, 체포, 구속으로 볼 필요도 없다. 더구나 及이 정벌의 의미로 쓰인 예도 없고, 만약 殷東國五侯을 정벌하였다고 기록하려 했다면 『通釋』이 언급하고 있듯이 征, 戈 등 다른 글자를 사용했을 것이다. 殷의 東國에 간 인물은 保로 앞에도 설명했듯이 전쟁과는 무관한 일로 갔을 것이다. 본 명문에서 及의 의미는 『通釋』이 말하는 것처럼 순시, 순찰의 의미로 보아야 할 것이다.

2) 殷 : 『斷代』는 "『逸周書』「作雒解」의 三監 징벌을 서술한 후 '강숙으로 하여금 殷의 도읍에 머무르게 했다(俾康叔宇殷)'라 하였으며, 〈康侯

簋〉(본 역주에서는 〈渣司土遼簋〉)에서 말한 '왕이 商邑을 정벌하고 돌아와, 康侯에게 명하여 衛에 국가를 세우도록 하였다(王來伐商邑, 征令康侯圖于衛)'라고 하였으니, 殷은 바로 衛이다"라고 한다. 『좌전』「定公 4년」에 "「康誥」로써 훈계하고, 은허에 봉했다(命以康誥, 而封于殷墟)"라는 기록의 杜預 注는 "은허는 朝歌다(殷墟, 朝歌也)"라고 설명한다. 지금 河南省 淇縣 동북 지역에 그 유적지가 있다. 다만, 뒤의 東國, 五侯 등이 예전 은나라의 제후국을 지칭하는 말이기 때문에 殷이라는 말이 지리적인 의미만을 지닌다고는 생각되지 않는다. 『銘選』은 '武庚祿父'라고 하는데, 이는 앞에서 설명한 바와 같은 선입견에서 비롯된 오역이다.

3) 東或 : '或'은 '國', '域' 등의 本字다. 『斷代』, 夏含夷 등 대부분의 학자들은 '東國'을 서주 초기 周에 반란을 일으킨 殷의 옛 제후국으로 본다. 즉, 奄, 豐, 白, 薄姑 등과 같은 곳으로 파악하고, 태보로 하여금 追捕하도록 명령된 대상이라고 파악한다. 〈匽工尊〉에 '東國'이라 칭했고, 〈塱方鼎〉에서는 '東夷'라고 칭했다. '王命保及殷東國'은 반란을 평정한 후에 성왕의 명령으로 保가 은의 동국에 이른 것이다. 이 문장에서 보이는 임무는 두 가지로 하나는 순시이고, 또 하나는 낙읍 건설을 위한 인력 徵集이었다고 생각된다. 『상서』「召誥」에 "태보가 은나라 사람들을 거느리고 낙수 물굽이에 터를 닦기 시작하였다(太保乃以庶殷攻位于洛汭)"라고 하는데, 太保와 保는 별개 인물이라고 하더라도 『상서』「召誥」의 이 구절은 본 명문에서 保가 東國에 간 이유를 짐작하게 만들어 준다.

3. 五侯征兄(貺)六品

1) 五侯 : 五侯에 대해 『通釋』은 五侯란 虎侯, 宜侯, 井侯 등과 마찬가지로 五의 땅을 다스리는 侯라고 한다. 그리고 〈小臣謎簋〉의 "白懋父는 왕

명을 받들어 거느린 군대에게 五齲에서 취한 패화를 사여하였다(白懋

父承王命, 易師率征自五齲貝)"의 五 혹은 五齲라고 본다.

2) 征 : 『斷代』는 이 글자를 허사로 보고, 동사의 앞에 위치하며 뜻은

乃에 가깝다고 한다. 그렇지만 『通釋』은 征을 고유 명사 즉 사람 이

름으로 보고, 다음과 같이 설명한다.

> (征은) 여기에서는 五侯의 이름으로 보아야 하고, '旣六品'의 주어는 五侯 征
> 이라는 인물이다. 保의 동국 巡撫 때 五侯 征이 일찌감치 공순의 뜻을 표
> 하여 그 일꾼[徒隸] 6品을 保에게 바치고, 이리하여 保로부터 蔑曆을 받아
> 이 기물을 만들었다고 풀이된다. 이 五侯 征은 〈征盤〉, 〈康侯簋〉에 보이는
> 주공의 아들 征과는 다른 사람으로 동방계의 인물이다. 그가 만들었다고
> 생각되는 것에 다음의 3기(〈子征尊(子父辛尊)〉, 〈征角(丁未角)〉, 〈征鼎(我鼎)〉)
> 가 있다. …… 征은 아마도 殷의 많은 자손 가운데서 나온 一家로, 亞자형
> 款識을 표하는 聖職의 가문이고, 은나라가 멸망한 후에도 殷의 큰 부족으
> 로서 상당한 세력을 가지고 있었다. 그 본관은 아마 은의 畿內에 있었지
> 만, 관계되는 여러 기물의 출토지로 보아 은나라 동쪽 방면에 있었던 듯
> 하다.

夏含夷는 『通釋』의 견해와 거의 같은 견해를 제시한다.

> 학자들은 征자에 대해 저마다 많은 해석을 내놓았는데 대부분이 虛辭의
> 의미로 파악하였으나 이러한 해석은 옳지 않다고 생각된다. 상주시기의
> 갑골문에서 征은 어떤 때에는 허사로 사용되었고, 또 어떤 때에는 동사로
> 도 사용되었는데 의미는 '之往'의 의미로 사용되었다. 그러나 征의 용법은
> 앞에서 서술한 두 가지의 용법에만 국한되는 것은 아니다. 비록 적은 예
> 이기는 하지만 명문에서 征이 명사로 사용된 예도 있다. 예를 들어 〈征
> 角〉, 〈征鼎〉, 〈征盤〉이 이와 같은 경우다. 이 세 기물의 명문에서 征은 인
> 명으로 사용되었다. 〈征角〉, 〈征鼎〉의 기형과 명문은 모두 상 말기의 특
> 징을 지니고 있다. 〈征角〉은 '父辛'을 기념하기 위해 〈征鼎〉은 '父乙'을 기

념하기 위해 제작된 것으로 당연히 征이 인명으로 사용되었고 私名이 아
닌 것을 알 수 있다.

商代 征씨에 대해 좀 더 자세히 고찰해보면 위의 기물들과 〈保卣〉의 역사
적 배경이 서로 동일한 부분이 많은 것을 알 수 있다. 『善齋』에서는 〈征鼎〉
과 〈保卣〉가 낙양에서 출토되었다고 전한다. 乙辛시대 은허복사(『存』2·974)
를 통해서도 은상 말기에는 이미 상나라 사람들이 낙양 부근에 터를 잡고
거주했음을 알 수 있는데 征은 氏의 하나였다. 무왕이 克商한 시기에 맹
진의 강가에서 낙수유역을 반드시 통과해야 했는데 분명 초기에 이미 낙
양 부근에 주나라의 臣僕이 된 상나라 사람들이 있었음을 알 수 있다. 征
은 그들 중의 한 氏였을 것이다.

이상으로 본 역주에서도 『通釋』, 夏含夷의 견해를 따라 征을 인명으
로 보기로 한다.

3) 兄 : 이 글자는 貺의 가차자이다. 『설문』「貝部」에 "貺은 하사한다는
뜻이다. 貝를 구성요소로 하고, 兄이 소리요소이다(貺, 賜也. 从貝, 兄
聲)"라고 하였으니, 貺의 성부는 兄이며, 兄과 음이 같다. 또한 음운
적으로 보아도 兄과 貺은 모두 상고음이 曉母, 陽部의 글자로 음이
같아 통가 가능하다.

3) 品 : 이 글자는 『설문』「口部」에 "品은 여러 가지라는 뜻이다(品, 衆庶也)"
라고 하며, 高鴻縉은 "口는 사물의 형태로 입을 뜻하는 口가 아니다.
三口는 여러 가지 사물이다. 그러므로 品에는 여러 가지[衆庶]의 의미
가 있다"라고 한다(『字例』4·42) 금문에서 玉, 田土, 臣僕을 사여한다
고 말할 때에는 모두 '品'을 사용한다. 〈邢侯簋〉에 "세 부류의 은 유
민 노예 주인州人, 중인重人, 용인鄘人을 하사하노라(易臣三品州人, 重
人, 鄘人)"라고 한다. 여기에서도 노역할 인력 6부류를 바친 것이라고
생각된다.

4. 蔑曆于保, 易(賜)賓

1) 蔑曆 : '蔑曆于保'는 피동구문이다. 이 문장은 五侯 祉이 保에게 공적에 대한 表彰을 받은 것을 말한다.

2) 賓 :『국어』「楚語」에 "公卿의 집에 있는 財貨는 饗贈하는데 필요한 정도면 족하다(財貨足以賓獻)"라고 하는데, 그 韋昭 注에 "賓은 饗贈이다(賓, 饗贈也)"라고 풀이한다. 이것을 인신하면 선물로 받은 물건 역시 賓이라고 말할 수 있다. 〈仲幾父簋〉에 "그 받은 선물로 丁寶簋를 만든다(用厥賓作丁寶簋)"라고 하는 것이 이것을 뒷받침해 주는 사례다.『通釋』은 이 글자에 대해 자세하게 설명한다.

> 금문에서 賓이란 使者에 대한 하사품을 말한다.
>
> 〈作册睘卣〉: 王姜이 作册 睘에게 명하여 夷白을 평안하게 하였다. 夷白이 睘에게 패화와 베를 선물하였다(王姜令乍册睘, 安夷白, 夷白賓睘貝布).
>
> 〈盂爵〉: 왕이 盂에게 명하여 鄧伯을 안녕하게 하였다. 등백이 盂에게 패화를 선물하였다(王令盂寧鄧白, 賓貝).
>
> 〈史頌簋〉: 왕이 宗周에서 史頌에게 蘇를 순시하도록 명령하였다. …… 蘇는 章과 말 4필, 吉金을 선물하였다(王才宗周, 令史頌省蘇, …… 蘇賓章·馬四匹·吉金).
>
> 이상은 모두 사자를 위로하기 위해 선물한 것을 내용으로 하는데, 이를 賓이라고 한다. 또 그 때의 선물까지도 賓이라고 칭하고 있으므로 본 명문의 賜賓이란 바로 이런 의미이다. …… 여기에서는 五侯가 保에게 蔑曆을 받고 또한 賜賓을 행하고 있다. '易賓'이라는 말에 의해 保와 五侯 祉은 신하국으로서 복종의 관계가 아니라 賓禮를 행하는 관계라는 것을 알 수 있다.

『通釋』의 의견대로 保와 五侯 祉은 賓禮를 행하고 있고, 따라서 외교적으로 대등한 관계였다고 생각된다. 이러한 예는 서주후기의 기물 〈駒父盨蓋〉에서도 찾아볼 수 있다.

왕 18년 정월에, 南仲邦父가 駒父에게 남방 제후를 만날 것을 명하였다. (구 보는) 高父를 이끌고 가서 南淮夷에 조회하자 남회이가 그 服物을 취하였다. 이족의 풍속을 삼가 존중하자 남회이도 마침내 왕명을 존경하고 두려워하지 않을 수 없어서 우리들을 맞이하여 복물을 바쳤다. 우리가 淮水에 이르자, 크고 작은 邦國들이 감히 삼가지 않음이 없이, 공손히 왕명을 받들었다. 4월에 구求로 돌아와 旅盨를 만드니, 구보는 만년토록 영원히 다복을 누릴지니라!(唯王十又八年正月, 南仲邦父命駒父, 卽南諸侯. 率高父視南淮夷, 厥取厥服. 謹夷俗, 遂不敢不口畏王命逆視我, 厥獻厥服. 我乃至于淮, 小大邦無敢不敕巽逆王命. 四月, 還至于求, 作旅盨, 駒父其萬年永用多休!)

〈駒父盨蓋〉는 주나라가 일방적으로 남회이에게서 공물을 받은 것이 아니라 오히려 먼저 선물을 보내고 있기 때문에 상호 동등한 위치에서 교류하였다는 것을 보여준다. 본 명문은 〈駒父盨蓋〉처럼 주나라 측이 먼저 선물을 주었다는 내용은 없지만, 빈례를 주고받는 내용으로 보아 아래와 같은 사실을 알 수 있다. 保가 동국에 갔을 때 방문에 합당한 예를 취하였고, 그에 따라 五侯 徙은 6품을 선물하였으며, 다시 보로부터 蔑曆을 받자 그 보답으로 선물을 주었다. 이는 서주 초기에 정벌 전쟁뿐만 아니라 주나라 중앙 정부와 동이 세력 간에 사신의 예에 입각한 교류가 존재하였다는 것을 보여준다.

지금까지 살펴본 내용을 바탕으로 작기자에 대하여 정리하면 다음과 같다. 즉, 선행연구는 작기자에 대하여 대략 네 가지의 견해를 제기한다. 『斷代』, 黃盛璋은 太保 㦱으로, 郭沫若은 청동기 명문에 이름이 보이지 않는 太保 㦱의 下屬으로 平心, 蔣大沂는 청동기 명문에 이름이 보이지 않는 明父의 下屬으로 『通釋』, 孫稚雛는 五侯 徙으로 저마다 다르게 파악하고 있다. 명문의 "保로부터 蔑曆을 받았다(蔑曆于保)"라는 구절에 따르면 작기자는 당연히 保에게서 蔑曆을 받은 사람이다. 그렇지만 본 명문에서는 작기자의 이름이 보이지 않으며, 금

문 중에 이런 케이스는 매우 드물다. 따라서 '蔑曆于保'라는 문장의 앞
에 주어(작기자의 이름)가 생략되었을 것으로 판단된다. 그래서 『通釋』과
平心은 '五侯' 혹은 '五侯 祉'이라고 보고 있는 것이다. 다만, '蔑曆于
保'의 주어를 '五侯 祉'으로 보더라도 다른 의견이 존재하는데, 예를
들면 夏含夷의 견해이다. 夏含夷는 이 부분에 대하여 "'祉兄六品于
保, 祉蔑曆于保, 祉易賓'라고 읽어야 하며 그 의미는 保가 祉에게 육
품을 하사하고, 蔑曆한 것이다. 또한 이 문장 바로 뒤에 등장하는 '易
賓' 역시 분명 피동구문일 것이며 施動者는 大保이고 受錫者는 祉이
다. 의미는 保가 祉에게 賓見하도록 한 것이다"라고 주장한다. 그리
고 이 기물의 이름을 〈祉卣〉라고 수정해야 한다는 의견을 제시한다.
6품, 蔑曆, 賓에 대한 夏含夷의 견해는 문법상 무리한 해석이 있다고
하겠다. 아무튼 기물의 작기자는 『通釋』, 夏含夷와 같이 祉으로 보아
야 한다.

5. 用乍(作)文父癸宗寶障(尊)彝.

1) '父癸' 아버지 癸라는 의미로 이러한 표현으로 보아 '五侯 祉'이 은상,
   동이 계열 인물임을 알 수 있다. 이 문장에서 夏含夷는 "用乍文父癸
   宗寶尊彝"라고 기술한 곳은 비교적 독특한 문장으로 주나라 스타일
   과는 다르며 商나라 스타일의 명문이라고 한다. 이 표현은 이 기물을
   만든 사람이 상 계열에 속하는 인물임을 나타낸다. 夏含夷의 논의를
   인용하면 아래와 같다.

   "用乍文父癸宗寶尊彝. 遘于四方迨王大祀袄于周. 才(在)二月旣望" 이 구
   문은 비교적 독특한 구문으로 상나라 스타일로 명문이 구성되어 있고 주
   나라 스타일과는 일치시키기 어렵다. "作文父癸宗寶尊彝"와 같은 완전한
   문장은 상나라 사람들이 사용하던 기념어의 스타일이다. 상나라 사람들은
   父라 칭하고, 주나라 사람들은 考라 칭했다. 또한 상나라 사람들은 선조

의 범칭으로 日干을 이용하였고, 주나라 사람들은 이름(名)을 이용하였다. 상나라 사람들은 '父某' 뒤에 '宗'이라는 글자를 덧붙여 사용하였고 주나라 사람들은 宗이라는 글자를 사용하지 않았다. 이 문장 뒤에 이어지는 구문은 大事記年을 이용한 것으로 모두 상말주초의 청동기 명문에서 사용한 방식이다. "遘于……"와 같은 서술 형식은 상나라 스타일의 명문에서 많이 보이고 주나라 스타일의 명문에서는 보이지 않는다. … 그러나 명문에서 지칭하는 왕은 주왕이고, 뒤에 보이는 "才(在)二月旣望"이라는 구문은 주나라 스타일의 문장이다. 이 기물에는 상주 스타일이 모두 보인다.

6. 遘于四方迨(會)王大祀祓(佑)于周

1) 遘 : 遘의 古字다. 『설문』「辵部」에 "遘는 만나다(遘, 遇也)"라고 한다.

2) 迨 : 이 자는 『설문』「辵部」에서 "迨은 미치다(迨, 逮也)"라 하고 會의 가차라고 하였다. 『설문』「會部」에는 會의 古文으로 '㣟'를 게재하는데, 본 글자에서 止만 없는 형태로 그 유사성이 인정된다. 따라서 여기에서는 迨를 會의 古字로 본다. 같은 예가 〈麥尊〉에 보인다. 『공양전』「隱公元年」에 "會, 及, 曁는 모두 與이다(會, 及, 曁 皆與也)"라고 한다.

3) 祓 : 佑의 古字. 『설문』「人部」에 "佑는 돕는다는 뜻이다(佑, 助也)"라고 한다.

4) 周 : 周는 宗周 鎬京이다.

7. 才(在)二月旣望.

1) 旣望 : 月相의 이름으로 달이 둥글 때 달과 해가 서로 바라보고 있으므로 '望'이라 칭한다. '旣望'은 음력 16일 혹은 17일에 해당 한다. 월상과 관련해서는 여러 가지 설이 분분한데, 黃盛璋은 〈晉侯蘇編鐘〉 명문을 근거로, 월상의 시점에 관한 기록을 새로운 출토자료와 문헌자료를 결합하여 '四點二段說'을 주장했다. 이에 대한 주요 내용을 소

개하면 아래와 같다.

　　서주 시기에는 달을 식별할 수 있는 표지와 출현 규칙으로 四定點의 월상을 이용했다. 新月 (초승달 朏), 圓月 (보름달 旣望), 上下弦月인 '方生覇', '方死覇' 이 네 가지 모양이 관찰 요소였으며, 이것이 서주 月相의 기점으로 수립되었다. 기생패는 상현 후 기망까지, 기사패는 하현 후 그믐까지다. 四定點의 월상 이외에도 두 가지 단계가 더 포함되어 완성되었다. 월상의 변화를 구체적으로 나누어 보면 朏는 달초 2~3일, 方生覇는 상현 7(8)~8(9)일, 方生覇는 7(8)일 상현 후에서 旣望 전, 旣望은 15(16)~19(20)일, 方死覇는 하현 22~23(24)일이다. 초길은 월상이 아니다. 初干 10일로 초승달이 뜨는 것을 따라 上旬 十干日, 하한 13~14일 전이다. 그러므로 월상의 시기를 나눈 것에는 포함시킬 수 없다.

이 밖에도 서주 금문에 자주 나타나는 月相인 初吉, 旣生覇, 旣望, 旣死覇와 관련된 주요 논의를 살펴보면 四分設과 定點設 두 가지로 나눌 수 있다. 첫 번째로 사분설은 王國維가 『觀堂』 「生覇死覇考」에서 제기하였는데, '初吉(1~8일의 上弦), 旣生覇(8.9~보름), 旣望(16~22·23일의 下弦), 旣死覇(23·24~그믐)'이 네 가지 용어가 각각 한 달 중 7~8일 동안 일정한 모습으로 관찰 가능한 달의 한 분기를 이르는 것으로 파악하는 것이 그 핵심이다. 두 번째로 정점설은 劉啓益이 『歷報』 「西周今文月相詞語的解釋」에서 주장하였다. 각각의 네 표시가 달린 순환 중 일정한 한 날을 가리키는 것으로 해석한다. 初吉은 음력 초하루, 旣生覇는 초이틀이나 초사흘, 旣望은 16일(혹은 17·18일), 旣死覇는 그믐과 일치한다고 주장하였다.

【주제어】

[인명] 王(成王), 保, 徙

[지명] 殷, 東國, 五, 周

[사건] 왕이 태보에게 은 동국에 갈 것을 명함. 保가 五侯 征에게 賞賜한 사건

【참고문헌】

『斷代』上·7쪽, 『通釋』4·16, 『史徵』64, 『銘選』3·22

郭沫若, 「保卣銘釋文」, 『考報』1958년 제1기

平心, 「保卣銘略釋」, 『文史論叢』제4집

蔣大沂, 「保卣銘考釋」, 『文史論叢』제5집

黃盛璋, 「保卣銘的時代與史實」, 『考報』1957년 제3기

平心, 「保卣銘新釋」, 『文史論叢』1979년 제1집

孫稚雛, 「保卣銘文彙釋」, 『古文字研究』제5집, 中華書局, 1981년 1월

王玉哲, 「周公旦的當政及其東征考」, 『西周史研究』人文雜誌叢刊 제2집, 1984년

劉啓益, 「西周康王銅器的初步淸理」, 『出土文獻研究』, 文物出版社, 1985년 6월

(美) Edward L.Shaughnessy(夏含夷), 「簡論保卣的作者問題」, 『上博集刊』제5기, 上海古籍出版社, 1990년 10월

9. 보준(保尊)

【탁본】

【저록】

『集成』11·6003, 『錄遺』204, 『斷代』1-圖版 2, 『宗覽』1-圖版 瓠形尊 112, 『銘選』1·34

【기물설명】

높이는 24.4cm, 입구 지름은 18.7cm, 바닥의 지름은 14cm이다. 기물의 형태는 扉棱이 없는 통형 尊이고, 권족은 비교적 높은 편이다. 복부에는 옅은 雷紋이 장식되어 있고 그 위로 卷角獸面紋이 주조되어 있으며, 또한 위아래에 모두 連珠紋이 더해져 있다. 기물의 내부 바닥에 8行 46字의 명문이 주조되어 있다. 글자가 상당히 조악하여 읽기 어렵기 때문에 郭沫若은 "글자의 흔적이 의심스럽다(字迹可疑)"고 하여 명문이 위조된 것이 아닌가하고 의심하고 있다. 그렇지만 기물 속에 새겨져 있기 때문에 뒤에 위각한 것이라고 보기는 힘들다. 〈保卣〉와 동시기의 기물로 보아도 될 것이다. 성왕시기의 기물이다. 1948년 河南省 洛陽에서 출토되었으며 현재 河南省 박물관에 소장되어 있다. 내용은 〈保卣〉와 동일하다. 〈保卣〉 역주를 참고하라.

【석문】

乙卯王令(命)保, 及殷東或(國). 五侯祉兄(貺)六品, 蔑曆于保, 易(賜)賓, 用乍(作)文父癸宗寶障(尊)彝. 㴴于四方迨(會)王大祀衻(佑)于周. 才(在)二月旣望.

【현대어역】

을묘일에 왕이 보保에게 은殷의 동국東國으로 가라고 명하였다. 동이족의 군주 오후五侯 탄祉이 보保에게 6품六品을 바치고, 그 결과 保로부터 멸력蔑曆을 하사받자 다시 예물을 보냈다. 이로 문채 나는 아버지 계癸를 위해 보배롭고 존귀한 제기를 만드노라. 사방 제후들이 종주宗周에서 왕이 거행하는 대사大祀에 모여서 이를 보좌하였다. 2월 기망旣望이었다.

10. 려정(旅鼎)

【탁본】

【저록】

『集成』5·2728, 『三代』4·16·1, 『攦古』2·3·80, 『綴遺』4·2, 『山東存』坿
11, 『大系』錄 12, 『銘選』1·74.

【기물설명】

예전에는 〈大保鼎〉이라고 했었다. 이 정은 分襠鼎이고, 복부는 盆과 비슷
하나 盆 보다는 얕다. 높이는 22cm, 구경은 16.9cm이다. 복부는 獸面紋으
로 장식되어, 〈獻侯鼎〉, 『貞松』1·16, 『泉屋』1·2, 1·3 등의 기물과 서로 비슷
하다. 또한 〈旅鼎〉의 형제는 〈逪鼒鼎2〉(『十二家』殷墟 4기)와 서로 비슷하기
때문에 그 형식은 殷을 계승한 것이라고 생각된다. 명문은 6행 33자, 합문
은 1자이다. 이 기물의 시대에 대해 成王, 康王, 昭王의 세 가지 견해가
있다. 『大系』, 『銘選』, 『通釋』, 劉啟益은 公大保가 바로 太保 召公이라고 하

여 〈旅鼎〉의 시대를 成王으로 보았다. 반면 唐蘭은 康王시기의 기물로 판정하였고, 『厤朔』은 昭王시대의 기물로 보았다. 기물의 시대에 관해서는 劉啟益이 비교적 자세히 분석했다. 북경 琉璃河에서 새로 출토된 〈圉方鼎〉의 銘文 중에 "休朕公君匽侯易圉貝"가 있다. 匽侯(즉 燕侯)를 公君이라고 하였는데, 公太保는 당연히 太保의 존칭으로 볼 수 있으므로, 『大系』가 주장한 太保 召公의 설은 정확하다고 할 수 있다. 太保는 장수한 것으로 유명하다. 『시경』 「江漢」 "문왕과 무왕이 천명을 받을 때 소공은 楨幹이 되었네(文武受命, 召公維翰)"라고 하는데, 成王이 죽은 후에도 그는 여전히 顧命大臣(임금이 신하에게 遺言으로 뒷일을 부탁한 신하)으로, 文, 武, 成, 康의 4대를 섬겼다. 그러나 康王 때가 되면 太保는 상당히 연로하게 되므로, 夷族 정벌 전쟁의 총사령관의 임무를 완수 할 수 있었다고 생각하기 어렵다. 따라서 『大系』 등의 주장을 채택하여 이 기물의 시대를 成王으로 정한다. 다만 太保와 관련이 있는 기물은 매우 많아서, 생전에 太保라고 칭한 것과 死後에 太保라고 칭한 것이 있어서 그 시대가 한결같지 않기 때문에 구체적으로 분석해야 한다. 『山東金文集存』에서 이 기물은 〈𥼶鼎〉, 〈遇甗〉과 함께 光緒 22년, 丙申년(1896년)에 黃縣의 萊陰에서 출토되었다고 하였고, 『貞松堂集古遺文』 4·21·1에는 甗이 黃縣에서 출토되었다고 하였다. 예전에는 福建省 長樂의 梁章鉅가 소장했었고, 현재는 중국역사박물관에 소장되어 있다.

【석문】

隹(唯)公大保來伐反尸(夷)年,[1] 才(在)十又(有)一月庚申, 公才(在)盩 自(師).[2] 公易(錫)旅貝十朋.[3] 旅用乍(作)父障(尊)彝. 屮[4]

【현대어역】

공태보公大保가 반란을 일으킨 동이를 정벌하고 돌아온 해, 11월 경신庚

申일, 공公은 주蓋의 주둔지에 있었다. 그 곳에서 공이 려旅에게 패화 10 붕朋을 하사하였다. 려는 이로써 아버지의 존귀한 예기를 만드노라. 竹

【주】

1. 隹(唯)公大保來伐反尸(夷)年

1) 公大保 : 『大系』, 『銘選』, 劉啓盆은 召公 奭으로 보았다. 그러나 『斷代』
는 〈令方彛〉에 의하면 周公의 아들 明保는 明公이라고도 하였는데, 그
는 師保의 관리면서 公의 尊號도 있었으며, 明公의 東國 정벌은 金
文에 보이므로, 公大保도 明公을 가리킬 수 있다는 견해를 피력하였
다. 〈大保簋〉에서는 "왕이 彔子 耴(祿父)을 정벌하였다. 그 때 그들이
반란을 일으킴에 왕이 太保에게 정벌하라는 명령을 내렸다. 태보는 (그
명령을) 경건히 수행하여 과오가 없었다. 왕이 태보를 칭찬하여 余 지역
의 땅을 하사하였다. 이에 이 기물로써 왕의 명령에 보답하노라(王伐
彔子耴. 馭厥反, 王降征命于大保. 大保克敬無譴. 王咏大保, 易休余土. 用兹彛對
命)"라고 하여, 太保가 夷族의 국가인 彔(즉六) 혹은 武庚이 봉해진 곳
을 정벌하였다고 한다. 『사기』 「은본기」에 의하면 紂의 아들 武庚祿
父가 봉해져서 은의 제사를 잇고 般庚의 정치를 회복하였으나 무왕
이 붕어하자 管叔, 蔡叔과 함께 난을 일으켜 성왕은 주공에게 그 誅
滅을 명하고 은의 제사는 微子 啓가 宋에 봉해져서 받들게 되었다고
한다. 이 祿父의 주벌을 담당한 인물은 『사기』에 의하면 주공이지만,
〈大保簋〉에 의하면 召公 奭이 된다. 〈大保簋〉의 彔子耴은 『通釋』의
견해대로 祿父일 것이다. 祿父는 은의 멸망하자 그 여민을 이끌고 주
에 저항을 시도하였다. 그러나 天子聖이라고 칭하고 독립을 시도하
였던 彔子聖은 아마도 주공 혹은 소공의 토벌을 받아 패하고, 그 부
족은 후에 멀리 陝西 扶風 지역으로 옮겨진 듯하다.

2) 反尸(夷) : 『斷代』는 銘文의 '反夷'를 〈小臣謎簋〉 명문과 동일하게 인

식하고 東夷라고 판단하였다. 곧 武庚과 함께 周에게 반란을 일으킨 東夷를 가리킨다.

2. 公才(在)盩自(師)

1) 才 : 갑골문과 금문에 자주 보이는 글자로 보통 지명 앞에 쓰여서 '~에 있다'는 의미로 사용된다. 이 글자는 意符인 '土'자가 더해진 '在'자와 통한다.

2) 盩 : 지명이다. 漢代에는 扶風의 오른쪽에 盩屋縣이 있었다. 그 옛성은 지금의 陝西省 周至縣 동쪽 終南鎭에 있다. 옛 盩는 마땅히 이 일대에 있을 것이다. 이 지역에 군영을 설치하여 盩師라고 한 것이다.

3) 自 : 군대가 주둔한다[師次]라고 할 때의 師의 初文이다. 본 역주에서는 주둔지라는 뜻으로 본다. '自'자는 '堆'의 고자로 여러 독음으로 읽힌다. '師'자로 읽어서 '군대'의 뜻으로 쓰이기도 하고, '次'자로 읽어서 군대의 '주둔지'라는 뜻으로 쓰이기도 한다. 『좌전』「장공3년」에 "무릇 군대가 하루 묵는 것을 '舍'라 하고, 거듭 묵는 것을 '信'이라 하며, 信을 넘기는 것을 '次'라고 한다(凡師一宿爲舍, 再宿爲信, 過信爲次)"라고 하였는데, 여기서는 앞에 '才(在)'자가 있는 것으로 보아 군대의 주둔지로 해석하는 것이 타당하다.

3. 公易(錫)旅貝十朋.

1) 公 : 公大保이다. 이 기물과 관련된 사적이 분명하지 않기 때문에 알기 어렵지만, 旅가 公大保의 東征에 따라가서 공을 세웠기 때문에 패화를 하사한 것이라고 생각된다.

2) 旅 : 인명이다. 본 명문에 의하면, '屮'를 족휘하는 씨족사람이며, 성왕 시기에 公大保(召公 奭)을 수행하여 반란을 일으킨 이족을 정벌한 인물이다. 『大系』는 "旅는 곧 〈師旅鼎〉의 師旅이다"라고 하였다.

3) 본 구문과 완전히 동일한 패턴의 구문이 〈小臣單觶〉에 보이는데 그 내용은 "周公이 小臣 單에게 패화 10朋을 하사하였다(周公賜小臣單貝十朋)"라는 것이다. 〈小臣單觶〉의 '貝十朋'에 대하여 『史徵』은 "貝는 화폐의 성격을 띠고 있으며 주대 초기는 銅과 貝가 모두 사용되던 시기였다. 朋은 貝의 수량을 세는 단위로 청동기 명문에서 가장 적게 준 상은 1朋이며 가장 많이 준 상은 100朋이었다. 圖畫文字에 貝를 사람들의 목에 걸어 주고 양 끝이 아래로 드리워지게 하였는데, 꽤 긴 한 줄이 1朋이다"라고 한다. 서주초기의 은 유민, 동이족을 비롯한 동방계 씨족에 대한 정책에는 대항하는 씨족에 대해서는 가차 없는 정벌을 감행하는 한편 이적해 오는 씨족에게는 후한 포상을 내리는 등 회유책에 의한 포섭이라는 양 측면이 있었다. 주초의 기물 중에 패화를 하사한 것을 기록한 것은 동방계 씨족의 기물에 많다는 것이 이 사실을 방증한다. 그리고 小臣 單이 그러하였듯이 동방 정벌에도 이들 동방계 씨족을 적극적으로 활용하였다.

4. 旅用乍(作)父障(尊)彝. 屮

  1) 障 : '尊'의 異體字로, '존귀하다'는 뜻이다.

  2) 屮 : 명문에는 圖로 쓰였는데, 아마도 來의 생략형인 듯하다. 갑골문에는 朱, 朱로 되어 있다. 참고로 『金文編』(383쪽)의 來의 자형을 보면 아래와 같다.

  朱(般甑), 來(宰甶簋), 朱(觚尊), 朱(趞鼎), 朱(彔簋), 朱(播盤), 朱(旅鼎), 來(舀鼎), 朱(㝬鐘), 來(召伯簋二), 朱(不嬰簋), 朱(邾來隹鬲)

  본 명문의 '來'는 族氏의 이름으로 萊人인 듯하다. 『銘選』은 朱의 本字로 보고, 초목의 꽃과 잎이 중첩된 모양으로 파악하였다. 기물 주인 旅의 族徽이다.

【주제어】

[인명] 公大保(召公), 旅

[지명] 夷, 蠡師

[시간] 公大保가 반란을 일으킨 夷族을 정벌하고 돌아온 11월 庚申일.

[사건] 公大保가 반란을 일으킨 夷族을 정벌하다.

【참고문헌】

『大系』考27, 『雙選』下1·5쪽, 『文錄』1·11쪽, 『斷代』上·19쪽, 『通釋』2·5,
『銘選』3·52쪽, 『史徵』215쪽
劉啓益, 「西周武成時期銅器的初步淸理」, 『古文字硏究』제12집, 中華書局, 1985년 10월

11. 보원궤(保員簋)

【탁본】

【탁본】

【저록】

『考古』, 考古雜志社, 1991년 제7기 649~652쪽 圖 1·圖版 6, 『上博集刊』
제6기, 上海古籍出版社, 1992년, 105쪽 圖 1·圖 2, 『近出』2·484.

【기물설명】

기물이 출토된 장소가 확실치 않으며, 홍콩으로 흘러들어갔다가 1990년 上
海博物館이 회수하여 보관하고 있다. 본 기물에 대해서는 1991년 『考古』제
7기를 통하여 張光裕가 최초로 보고하였으며, 그 보고서에서 〈保鼎簋〉로
명명하였다. 이듬해 馬承源의 논문에서는 〈保員簋〉로 불리고 있다.

기물은 입구 부분이 벌어져 있고, 입구 가장자리는 아래에는 머리를 돌려 돌아보는 鳳鳥의 문양이 새겨져 있는데 쌍쌍으로 마주하고 있으며, 가운데 하나의 부조로 된 호랑이 머리(虎頭)가 배치되어 있다. 기물의 배와 圈足에는 무늬가 없다. 양 귀 위에는 긴 뿔을 가진 짐승 머리로 장식되어 있고 귀 아래에는 짧은 귀고리가 달려있다. 전체 높이는 14.2cm, 입구 지름은 19.9cm, 배 지름은 19.6cm, 바닥 지름은 17.5cm, 양 귀의 거리는 27.1cm이다. 명문은 6행 45자이고 重文은 1자이다.

연대에 대해서는 馬承源과 張光裕의 견해가 갈린다. 馬承源은 康王시기 기물로 판정하였다. 張光裕는 "〈保員簋〉의 명문에서 '東夷를 정벌했다(伐東夷)'고 말한 달은 〈小臣諫簋〉·〈旅鼎〉과 마찬가지로 '11월(十又一月)'에 속하기 때문에 기술하고 있는 사건은 마땅히 동일한 사건을 가리키는 것으로 보아야 한다"고 한다.

〈保員簋〉와 〈旅鼎〉에서 기록하고 있는 東夷를 정벌한 사건이 같은 달에 속할 뿐만 아니라 干支 또한 연결된다. 〈旅鼎〉 명문에는 "11월 庚申에(在十又一月庚申)"라고 하였고, 〈保員簋〉에는 "11월, 公이 宗周로부터 돌아올 때 己卯일로 公이 虞땅에 있었다(在十又一月, 公反自周, 己卯, 公在虞)"라고 하였는데, 庚申일에서 19일 후는 바로 己卯일이다. 또 〈保員簋〉와 〈旅鼎〉은 글자체도 비슷하다. 〈旅鼎〉의 기물제작연대가 成王시기이므로 〈保員簋〉도 成王시기 기물로 판정한다. 현재 上海博物館에 소장되어있다.

【석문】

唯王旣尞(燎), 㞑(厥)伐東尸(夷),[1] 在十又(有)一月, 公反(返)自周.[2] 己卯, 公才(在)虞, 保(員)遷.[3] 儵公易(賜)保(員)金車, 曰: "用事"[4] 隊(施)于寶殷(簋), 殷(簋)用鄉(饗)公逆洀事.[5]

【현대어역】

왕이 요제燎祭를 지내고 동이東夷를 정벌한 해, 11월에 농공儂公이 종주宗周로부터 돌아왔다. 기묘己卯일에 공公이 로廬에 있을 때 보원保員이 도왔다. 이에 농공儂公이 보원保員에게 청동 수레를 하사하면서 말씀하셨다. "이로써 일을 수행하라." 보배로운 궤簋에 명문을 만들어 그 일을 드러내고, 궤는 공이 오고 갈 때의 연회에 사용하겠노라.

【주】

1. 唯王旣尞(燎), 叓(厥)伐東尸(夷).

   1) 尞 : 명문에는 ▓로 쓰여 있는데, 尞의 古字로『설문』「火部」에 "尞는 섶나무를 태워서 하늘에 제사지내는 것이다(尞, 柴祭天也)"라고 한다. 張光裕는 다음과 같이 말하였다.

      尞는 燎로 갑골문에서는 ✱ 또는 ▓로 쓰는데 본 명문의 燎자의 하반부는 火의 생략형으로 되어 있다. 甲骨文에서 燎자는 종종 제사 이름으로 쓰이는데 先祖와 先王에 대해 거행하는 燎祭 외에도 하늘, 땅, 강, 산에 대한 제사도 燎祭이다. 天地와 神靈에 대해 거행하는 燎祭는 당연히 求福의 뜻을 함의하고 있다. 궤의 명문에 '旣燎'라고 한 것과 다음 문장에서 '叓伐東夷'이라고 한 것을 미루어 짐작하면 제사가 이루어진 시점은 왕이 東夷를 정벌하기 전에 燎祭를 거행한 것으로 보인다.

   이 글자의 변화 과정에 대해『輯考』는 다음과 같이 말하였다.

      이 글자는 갑골문에서는 ✱, ▓로 쓰기도 하는데,(『甲骨文編』410쪽 참조) 나무를 태우는 형상을 상형한 글자로, 일반적으로 燎로 석문한다. 小篆에서는 잘못 변하여 ▓가 되었다.『설문』「火部」에 "尞는 하늘에 柴祭를 지내는 것이다(尞, 柴祭天也)"라 하였다. 예서에는 尞로 쓰고, 후에 火의 편방을 더하여 燎가 되었다.『설문』「火部」에 "燎는 불을 놓는 것이다(燎, 放火)"라고 하는데, 徐灝의 注箋에 "尞와 燎는 사실 한 글자이다"라 한다.『일주서』「世

俘」에 "때는 四月 旁生魄의 6일 후 庚戌일, 무왕이 아침에 周廟에서 燎祭를 지냈다(時四月旁生魄, 越六日庚戌, 武王朝至燎于周)"고 하였으며『백호통』「封禪」에 "하늘에 燎祭를 지내는 것은 보은의 뜻이다(燎祭天, 報之義也)"라고 하였다.

2) 叀伐東尸 : 張光裕는 다음과 같이 말하였다.

叀은 갑골문에서 대명사로 자주 사용된다. 商代 후기와 西周 초기 金文에서의 용법도 대체로 이와 같지만, 西周 중기 이후에 와서는 其와 叀이 혼용되는 현상이 나타난다. "叀伐東夷"는 당시 왕에게 東夷 정벌 전쟁을 벌인 일이 있었다는 것을 보여주는데, 여기에서는 그 사건이 일어난 연도를 표시하는 기년문장으로 쓰이고 있다.

2. 在十又(有)一月, 公反(返)自周.

1) 在十又一月 : 張光裕는 다음과 같이 설명한다.

"在十又一月"를 만일 앞 문장에 붙여서 읽으면 "東夷를 정벌한(伐東夷)" 달이 "11월에 속하였다(在十又一月)"는 뜻으로 이해할 수 있는 반면, 다음 문장에 붙여서 읽으면 "東夷를 정벌한(伐東夷)" 후에 11월에 保員에게 상을 하사했다는 것을 기록한 것이 된다. 이는 〈旅鼎〉에서 "11월 庚申일에 公이 盩의 주둔지에 있었(在十又一月, 庚申, 公在盩自)"고 그 뒤에 바로 旅에게 상을 하사한 일과 같은 맥락으로 保員에게 상을 하사한 사건은 東夷를 정벌한 후의 사례에 해당되는 것으로 보아야 할 것이다. 앞 문장에 붙여서 읽게 되면 이에 입각하여 東夷를 정벌한 사건과 東夷를 평정한 사건이 모두 11월에 일어난 일로 추론해 볼 만하다. 만약 그렇지 않다면 "唯王旣燎, 叀伐東夷"라고 하는 것은 기타 西周시기 기물의 명문들과 사건에 근거하여 연대를 기록하는 방식이 동일한 예로 볼 수 있을 것이다.

張光裕의 지적대로 이 문장은 〈旅鼎〉에 "公大保가 반란을 일으킨 동이를 정벌하고 돌아온 해, 11년 庚申일에 公은 盩의 주둔지에 있었다(隹公大保來伐反尸年, 才十又一月庚申, 公才嚨自)"와 같은 구문이다. 따라서 여기에서는 "왕이 요제를 지내고 동이를 정벌한 해, 11월에 농공이 종주로부터 돌아왔다"고 해석해야 할 것이다.

2) 公 : 다음 문장에 있는 儴公을 가리킨다.

3) 周 : 張光裕는 宗周를 가리키는 것으로 보았다.

4) 公反自周 : '反'은 '返'으로 읽는다. 儴公이 宗周로부터 東征한 최전방으로 돌아왔다는 것을 말한다.

3. 己卯, 公才(在)嚨, 保鼎(員)邎.

1) 嚨 :『輯考』는 다음과 같이 설명하였다.

명문에는 🔲로 쓰여 있으며 又를 구성요소로 하고 盧를 소리요소로 하며, 攄의 古字이다.『설문』「手部」에 "攄는 붙잡아 쥐는 것이다(攄, 挐持也)"라고 하였다. 이 명문에서는 地名인 盧로 읽으며, 이곳은 춘추시기에는 齊邑에 속하였다.『좌전』「隱公 3년」에 "齊나라와 鄭나라가 石門에서 맺은 동맹은 盧땅에서 맺었던 동맹을 되살려 지속한 것이었다(齊·鄭盟于石門, 尋盧之盟也)"라고 하고 杜預 注는 "盧는 齊나라 땅으로 지금 濟北 盧縣의 옛 땅이다(盧, 齊地, 今濟北盧縣故地)"라고 설명한다. 顧棟高는『春秋大事表』「列國都邑」에서 "지금의 盧城은 濟南府 長淸縣 서남쪽으로 25리 되는 곳에 있다(今盧城, 在濟南府長淸縣西南二十五里)"라고 고증하였다.

2) 保 : 관직명이다.『주례』「保氏」에 "保氏는 왕의 나쁜 점을 간하고 공경대부의 아들들을 道로써 양성하여 六藝를 가르치는 일을 관장한다. …… 六儀를 가르친다(保氏, 掌諫王惡, 而養國子以道, 乃敎之六藝 …… 乃敎之六儀 ……)"라고 하는데, 여기에서의 保는 太保의 附官으로 〈大保篹〉·〈旅鼎〉에서의 大保와는 다르다.

3) 員 : 人名이다. 張光裕는 "鼎자는 口를 구성요소로 하고 鼎을 구성요소로 하며, 員자이다. 이 글자는 〈員方鼎〉(『三代』4·5)과 〈員卣〉(『三代』

13·37·1)에서도 보이는데 두 기물과 〈保鼎簋〉는 모두 西周 초기 기물이지만 保鼎이 두 기물의 員과 동일인물인지 아닌지에 관해서는 경솔하게 단정할 수 없다"라 하였다. 張光裕의 말처럼 〈員方鼎〉, 〈員卣〉에는 '員'이라는 인물이 보여 夷族 정벌 전쟁에 공을 세우고 있고, 그 외에도 '員'의 이름이 등장하는 기물은 尊이 4기, 壺가 1기, 卣가 1기, 그리고 〈員父尊〉이 있다. 이들 기물에는 모두 '員'이라고만 칭하고 있고, '保員'이라고는 칭하고 있지 않기 때문에 동일인물은 아닌듯하다.

4) 邐 : 張光裕는 다음과 같이 말하였다.

> 『설문』「辵部」에 "邐는 줄지어 가는 것이다(邐, 行邐邐也)"라고 하였고, 段玉裁注에 "邐邐는 빙 둘러싸는 모양이다(邐邐, 縈紆貌)"라고 했다. 邐자는 실제 나란히 간다(幷行), 거든다(襄助)라는 뜻을 가지고 있다. 『예기』「王制」에 "처벌할 때에는 그 사람의 범죄 사실에 부합되게 해야 한다(郵(過)罰麗于事)"에 대한 注에서 "麗는 부합하는 것이다(麗 附也)"라고 하였다. 오늘날 사용하는 '덧붙이다(附麗)'라는 말에서 그 의미도 확실히 알 수 있다.

張光裕는 또한 이 글자가 〈乙亥父丁鼎〉(『三代』4, 10.2) 명문에 "王鄉(饗)酉(酒), 尹光邐(왕이 술을 흠향하심에, 윤광이 보좌했다)"라고 쓰인 용례가 있음을 지적한다. 즉 부합하다·덧붙이다라는 의미에서 상급자를 지척에서 보좌한다는 의미가 파생되었다고 보는 것이다.

4. 儠公易(賜)保(員)金車, 日, 用事

1) 儠公 : 張光裕는 犀公으로 보며, 다음과 같이 말하였다.

> 犀公에서 犀은 █로 쓰여 있는데, 우편방이 █을 구성요소로 하기 때문에 임시로 犀으로 예정할 수 있을 것 같으며, '辟'의 자형과 매우 유사하기 때문에 辟으로 해석한다고 해서 안 될 것은 없을 것 같다. 훗날의 고증을 기다려 본다. 金文 중에 다른 犀公·犀伯·犀父·犀叔이라는 인물들이 있지만 모두 西周 말기 인물들로 본 명문의 犀公과는 관련이 없다.

馬承源은 이 글자의 구성요소를 犀과 肉으로 분석하며, 儢자로 본다. 우편방인 이 〈龍母尊〉의 , 昶仲无龍鬲〉의 에서 S형의 부분을 제외한 나머지 자형이 유사하다는 것이 그 주된 근거로 들며, 『廣韻』上「董」에 "儢侗이니 그릇이 아직 완성되지 못한 것이다(儢侗, 未成器也)라는 말이 있다고 하지만, 이 글자가 확실한지 단정하지 못하고 있다. 『玉篇』에는 "儢偅은 행렬이 바르지 못한 것이다(儢偅, 行不正也)"라는 말도 보인다. 儢公은 인명으로 보아야 하지만, 구체적으로 고증할 근거는 없다.

2) 金車 : 청동으로 장식한 수레다. 于省吾 「讀金文剳記五則」(『考古』 1966년 제2期)의 설명을 참고하라.

3) 用事 : '用'은 '以'와 같은 뜻으로 '用事'는 본 명문에서는 수레를 내리니 '이로써 일을 수행하라'는 뜻.

5. 隊(施)于寶殷(簋), 殷(簋)用鄉(饗)公逆洬(般)事.

1) 隊 : 張光裕는 다음과 같이 말하였다.

> 隊는 『설문』「土部」에 "隊는 地의 籀文이다(墜, 籀文地)"라고 하였다. 〈㢝簋〉에 "墜于四方"이라고 한다. …… '墜'은 '施'로 가차되며 '墜于四方'은 '施于四方'으로 그 용례는 『상서』「洛誥」에서 "하늘과 땅에 빛나며 四方에 부지런히 드러낸다(光于上下, 勤施于四方)"라고 보이고, 『예기』「孔子閑居」에 "상복을 입지 않는 상을 치르니, 천하에 드러나며 …… 자손에 드러난다(無服之喪, 施及四國 …… 施於子孫)"라고 보인다.

『輯考』는 다음과 같이 말하였다.

> 『설문』「自部」에 "隊는 길 가장자리에 있는 낮은 담이다(隊, 道邊庳垣也)"라고 한다. 金文에서 地는 墜로 쓰이는데 隊자를 구성요소로 하며 소리요소로 한다. 상고음으로 隊와 施는 聲母가 각각 定母, 書母로 가깝고, 韻部도 元部, 歌部의 對轉관계에 있기 때문에 통가될 수 있다. 『예기』「祭統」에 〈孔

恒鼎〉의 명문 "施于蒸彝鼎"이 실려있는데, 鄭玄 注에서 "施는 드러낸다는
것과 같으니 내가 임금의 명령을 수행하면서 동시에 蒸祭에 쓰이는 彝
鼎에 새겨 王命을 드러낸다(施, 猶著也, 言我將行君之命又刻著于蒸祭之彝鼎)"
라고 풀이하였다.

2) 𣪘 : '簋'의 本字. '𣪘'자 아래에 重文 부호가 있으므로 다음 구절에도
   반복하여 읽는다.

3) 鄉 : 饗으로 읽어야 한다.『공양전』「장공4년」에 "부인 姜氏가 齊侯를
   위해 祝丘에서 향연을 베풀어주었다(夫人姜氏饗齊侯于祝丘)"라고 하였
   고 何休의 注에 "소고기와 술을 올리는 것을 犒제사라고 하고 밥과
   고깃국을 더 올리는 것을 饗제사라고 한다(牛酒曰犒, 加飯羹曰饗)"라고
   하였다.

4) 逆洀 : 逆은 迎과 뜻이 같다.『이아』「석언」에 "逆은 맞이함이다(逆, 迎
   也)"라 하였다. 洀는 般의 古字이다. 張光裕는 洀를 종래의 해석에 따
   라 造로 보며 이른다(至)는 뜻으로 해석하여, '逆洀'를 '이르러 오는 이
   를 영접한다(迎至)'라는 뜻으로 본다. 그리고〈叔趯父卣〉의 "女其用鄉乃
   辟軝侯逆造, 出入事人" 등의 용례와 연결하여 다음과 같이 분석한다.
   　'出入'이라는 것은 안팎의 일을 담당한다는 말과 같다. … '逆造'한 후에 반
   드시 서로 전송하는 절차가 있기 때문에 '出入'이라는 것은 책임이 요구되
   는 임무임을 설명해 준다. '逆造事', '逆造事人'은 '逆造出入事人'의 생략형
   으로『周禮』「司門」에 "四方의 賓客이 이르러 오면 왕에게 보고한다(凡四方
   之賓客造焉, 則以告)"라고 하였고, 鄭玄의 주에 "造는 이르러 온다는 말이고,
   告는 왕에게 보고하여 손님을 머무르게 하며 영접할 때까지 기다리게 하
   는 것이다(造, 猶至也, 告, 告于王而止客以俟迎)"라고 하였다. 金文 중에 "用鄉
   王逆造[出入]事[人]"라고 말하는 것은 왕의 擯者를 담당한 것으로 이르러
   오는 제후와 群公·大臣들을 영접하는 일을 전적으로 책임지는 것이다.
   한편 何琳儀는 다음과 같이 말하고 있다.

'逆洀'는 본래 글의 초고에서는 '逆班'으로 읽었는데 후에 동료 학자들이 제시한 의견인 '逆洀'는 '逆般'으로 읽어야 한다는 의견을 받아들였다. 『爾雅』「釋言」에 "般은 오는 것이다(般, 還也)"라고 했는데 이제 와서 생각해보면 '洀'는 '般'으로 읽는 것이 명쾌한 해석이 될 것이다. 〈叔趯父卣〉의 '出入'이 '逆般'과 대응되는 문장 관계라는 점을 참고한다면 '逆'은 '出'에 상응하고 '般(還)'은 '入'에 상응하는 것이다.

여기서는 하림의의 의견을 따른다.

【주제어】

[인물] 王, 員, 儱公.

[지명] 東夷, 周, 盧.

[시기] 11月 己卯.

[사건] 王이 東夷를 정벌한 일.

【참고문헌】

張光裕,「新見保員簋銘試釋」,『考古』1991년 제7기, 科學出版社, 1991년 7월
馬承源,「新獲西周靑銅器硏究二則」,『上海博物館輯刊』제6기, 上海古籍出版社, 1992년 10월
何琳儀,「釋洀」,『華夏考古』1995년 제4기, 1995년

12. 노후궤(魯侯簋)

【저록】

『集成』7·4029, 『三代』6·49·2, 『西淸』13·9, 『貞松』7·17, 『周金』5·8, 『小校』5·35·1, 『山東存』魯 1·1, 『大系』錄 4, 『銘選』1·58.

【기물설명】

대부분의 학자들이 본 기물의 형체가 매우 특이함을 지적하고 있는 것과 같이 그 명칭에 대해 여러 가지 이설이 존재한다. 『西淸』은 〈魯侯彝〉라 하고, 『大系』·『斷代』·『通釋』은 〈明公簋〉, 『史徵』은 〈田工簋〉라 하며, 『貞松』은 〈明公尊〉, 『韡華』·陳佩芬은 〈魯侯尊〉, 『輯考』는 〈田工尊〉이라고 하였다. 그 형체의 특이성으로 인해 簋인지 尊인지조차 정해지지 않은 상태다. 다만 그 모양이 簋와 尊의 중간 형태이나 簋에 좀 더 가깝기 때문에 簋로 본다. 기물을 만든 사람에 대하여 '明公', '魯侯', '田工'으로 보는 견해가 존재한다. 결론부터 이야기하자면 본 기물은 〈魯侯簋〉라고 해야 한다. 그 이유에 대해서는 주에서 상술하기로 한다. 배는 尊의 형태이고 귀가 있으며, 아래에는 雙座가 있고 옆구리에서 두 날개가 나와 있는데, 이러한 형태는 尊의 기물 중에서는 거의 없으며 오히려 簋에 가깝다. 그 기이한 형태에 대해서 『通釋』은 다음과 같이 말한다.

> 그 形制는 매우 기이. 四耳, 方座의 〈父癸簋〉(『通考』255), 혹은 四珥가 그대로 사족이 되는 〈圓渦夔紋四足簋〉(『通考』256, 303) 등과도 통하는 점이 있다. 민무늬. 벌어진 입구가 두드러지며, 두 귀의 짐승 머리는 입구 아래로 들어가 있다. 圈足 부분은 높고 크며, 방좌도 권족 아래에 끼어 들어가는 형태로 좀처럼 보기 힘든 형제인데, 의심스러운 부분이 대단히 많고, 도저히 진품이라고는 생각되지 않는다. 또 명문은 위작이 아닐지도 모르지만, 만약 진각이라고 한다면 혹 그 잔편에 따라 보수하여 기물의 원형을 잃어버린 것이겠다.

이 기물의 높이는 22.2cm, 구경은 20.7cm, 바닥의 세로는 11.8cm, 가로는 12.7cm이며, 기물 내부 바닥에 명문 4행 22자가 주조되어 있다. 현재 이 기물의 제작 시기에 대해서는 成王시기 기물로 보는 설(『大系』·『斷代』·『輯考』)과 昭王시기의 기물로 보는 설(『韡華』·『文錄』·『麻朔』·『史徵』·陳佩芬)이 존재한다. 원래는 청나라 황실이 소장하였는데, 지금은 상해박물관에 소장되어 있다.

【석문】

唯王令明公,[1) 遣三族伐東或(國).[2) 才(在)蹊, 魯侯又(佑)旫(兆)工,[3) 用乍(作)簋(旅)彝.[4)

【현대어역】

왕이 명공明公에게 명하여 삼족三族을 파견해 동국東國을 정벌하게 하였다. 견戩에서 노후魯侯가 전쟁을 위한 조공兆工의 의례를 보좌하였으니, 이로써 여이旅彝를 만드노라.

【주】

1. 唯王令明公

   1) 明公 : 『大系』는 〈令彝〉에 보이는 明公을 예로 들어 아래와 같이 주나라 공자 '明保'라고 한다.

   > 明公은 〈令彝〉의 明公으로, "東國을 정벌하였다(伐東國)"와 〈令簋〉의 "왕이 炎에 가서 楚伯을 정벌하였다(王于伐楚伯在炎)"라는 사건은 같은 시기의 일이다. 『사기』「노세가」에 "伯禽이 즉위한 후 관숙과 채숙 등이 반란을 일으키니, 회이와 서융도 함께 반란을 일으켰다. 이에 백금이 군대를 거느리고 가서 그들을 肹땅에서 정벌하고,「肹誓」를 지었다(伯禽卽位之後, 有管·蔡等反也, 淮夷·徐戎亦興反. 於是伯禽奉師伐之於肹, 作肹誓)"라고 한다. 『사기집해』는 徐廣이 "어떤 판본에는 鮮으로 쓰고, 어떤 판본은 獮로 쓴다(一作鮮, 一作獮)"라고 말한 것을 인용하고, 또 『상서』에 '粊'라고 쓰는 글자에 대해 孔傳이 "노나라 동쪽 교외의 지명이다(魯東郊之地名)"라고 하는 것을 인용한다. 현재의 『상서』에는 費로 쓰는데, 이는 衛包가 고친 것이다.

   『斷代』는 明保를 주공의 둘째 아들 '君陳'으로 보고, 주공의 맏아들 伯禽과는 다른 사람이라고 하면서 다음과 같이 논한다.

   > 明公은 〈令彝〉의 明公으로, 周公의 아들 明保인 明公尹이다. 명공은 주공의 아들로 그 관직은 保였고, 식읍은 明에 있었다. 그와 주공의 맏아들 伯禽은 다른 사람이다. 백금은 일찍이 大祝의 관직에 있었고, 후에 노나라에 봉해져서 魯侯 혹은 魯公이라고 불린다. 명보의 일은 〈令方彝〉에 상세하다. 君陳의 '君'은 君奭의 '君'과 같으며, 保 혹은 大保 관직이다. 『상서』「君奭」에

는 召公을 保라 하고 君이라 하니, 『상서』「顧命」에서는 소공을 大保라고 한다. 〈令彝〉는 明保를 保, 公, 公尹으로 칭하고, 〈作册大鼎〉에는 '皇天尹大保'라는 호칭이 있는데, 이것은 尹이 保가 된 것으로 君이 保가 된 것과 같다.

君陳, 明保는 그 관직이 君, 尹, 保이고, 明은 그 봉읍이며, 公은 존칭이다. 『通釋』은 郭沫若과 陳夢家의 학설을 따라 明公을 주공의 아들인 明保로 보고 있으나 이 기물의 제작 시기에 대해 이견을 보이고 있으며, 〈令簋〉와 〈班簋〉에 보이는 東征과는 분리하여 고찰해야 한다고 하였다.

明公은 …… 주공의 아들로 당시 왕명에 의해 동국 정벌을 담당하였는데, '삼족을 파견하여 동국을 정벌하게 하였다(遣三族伐東國)'라고 하기 때문에 명공이 직접 동국에 갔다고 생각되지 않는다. '遣'이란 사람을 파견한다는 뜻으로 만약 명공 자신이 직접 삼족을 이끌고 정벌 길에 올랐다면, '以三族'이라고 해야 한다. …… 이 동국 정벌을 『韓華』는 〈宗周鐘〉에 보이는 남이·동이정벌과 관련된다고 하고, 郭沫若은 〈令簋〉에 보이는 '伐楚'의 전쟁이라고 하고, 陳夢家는 〈班簋〉에 보이는 동국정벌에 해당한다고 한다. 그러나 〈令簋〉와 〈班簋〉는 모두 명공의 삼족이 참여하였다고 기록되어 있지 않기 때문에 이 기물의 명문에 보이는 동벌은 일단 위의 두 기물에 보이는 東征과 분리하여 고찰해야 할 것이다. 또 이 명문을 〈宗周鐘〉과 같은 시대로 여기는 것은 시기를 너무 끌어내린 것이다. …… 『사기』에는 이 전쟁을 三監의 모반에 앞서 이를 촉발한 것으로 보고 있는데, 郭沫若은 이 기물을 그 때의 것으로 여겼다. 내가 보기에 그 때는 주공이 살아 있어서 만약 주공의 일족에게 일을 명하였다고 한다면 이 문장은 틀림없이 '왕이 주공에게 명하였다(王令周公)'라고 해야 하고, 그 아들인 명공에게 명해서는 안된다. 명공이 주공의 아들인 것은 〈令彝〉의 기록으로 보아 분명하다. 지금 명공에게 명령을 내리고 있는 것을 보면 본 기물을 三監의 모반 이전으로 여겨 「柴誓」의 문장과 결합시키는 郭沫若의 설은 시기를 잘못 설정하였다고 해야 할 것이다.

陳佩芬(「上海博物館新收集的西周靑銅器」, 『文物』1981년 제9기)은 기존의 여러 학설을 정리하고 〈矢令簋〉과 〈令方彝〉의 내용을 들어 명공을 昭王시기의 인물로 파악하여 다음과 같은 견해를 피력하고 있다.

> 과거 어떤 학자들은 "왕이 명공에게 명하여 삼족을 파견해 동국을 정벌(王令明公遣三族伐東國)"한 것에 대하여 성왕시기에 관숙과 채숙을 토벌하고, 회이를 정벌한 것으로 여겼다. 어떤 학자들은 〈令方彝〉의 명문 중에 이미 明公이 京宮과 康宮에서 희생을 사용하였다는 내용에 의거하여 康宮은 康王의 사당이기 때문에 명공은 昭王시기에 존재한 인물로 보아야 한다고 고증하였다. 명문에 의거하면 명공은 동국을 정벌한 총사령관인데, 성왕이 동국을 정벌할 때의 총사령관은 주공이었기 때문에 본 명문 중의 "伐東國"은 다른 전쟁이다. 〈矢令簋〉의 명문에는 "乍(作)册矢令尊宜于王姜"이라고 하고, 〈令方彝〉의 명문에는 "王令周公子明保尹三事四方, 令矢告于周公宮"이라고 하는데, 이는 矢令, 王姜, 明公이 동시기의 인물이라는 것을 설명하고 있다. 어떤 학자들은 明公이 周公의 아들 明保라고 한다. 王姜과 관련이 있는 기물이 소왕시기에 많고, 명공이 삼족을 보내어 동국을 정벌한 일도 또한 소왕시기에 있을 수 있다.

본 기물의 形制는 다른 기물에서 유사한 것을 찾아보기 힘들기 때문에 현재 그 명칭과 연대 고증에 대해 다양한 해석이 존재한다. 기물을 만든 사람에 대해서도 '明公', '魯侯', '匄工'라는 이견이 있으나 여기서는 우선 기물을 만든 사람을 '魯侯'로 본다. 아래 3-4)주석 참조.

2. 遣三族伐東或(國)

1) 三族 : '族'은 단순히 씨족, 부족의 뜻은 아니다. 〈毛公鼎〉에 "너의 씨족 부대를 이끌고, 왕의 신변을 호위하라(以乃族, 干吾王身)"라고 하였고, 〈班簋〉에 "너의 씨족 부대를 이끌고, 아버지의 정벌을 따르라(以

乃族, 從父征)"라고 하였으니, 이 때의 族과 같은 뜻이다. 즉 여기에서
의 三族이란 바로 明公의 3族으로 3개 씨족에서 구성된 3부대를 말
한다. 『通釋』은 "주나라 초기의 봉건 사정을 살펴보면 주공의 자손은
문왕, 무왕의 昭穆과 나란히 그 다수에 봉지에 취임하고 있고, 그 가
문은 엄청난 大族이었던 듯하다. 族人은 氏族軍의 주력을 구성한다"
라고 한다.

2) 東或 : '或'은 '國'의 初文이다. '東國'은 동방에서 반란을 일으킨 이족
의 방국이다. 『斷代』는 청동기 명문과 전래문헌을 인용하여 백금이
정벌한 '東土'로, 淮夷를 일컫는다며 다음과 같이 피력하고 있다.

> 명문은 왕이 명공에게 명령하여 三族으로써 東國을 정벌한다고 기록되어
> 있는데, 동국은 곧 '東土'이다. 〈班簋〉에 기록된 내용도 같은 시기의 일인
> 데, 정벌된 곳이 東國某戎으로 되어 있다(뒤에 〈班簋〉를 강왕시기에 속하는 기
> 물로 수정하였다). 『국어』「吳語」의 韋昭 注에서 "동국은 서·이·오·월이다(東
> 國, 徐·夷·吳·越)"라고 하는데, 이 두 기물에서 정벌한 동국은 이것일 가능
> 성이 있으며, 그렇다면 西戎, 淮夷를 가리킬 것이다. 이 기물에서 동국을 정
> 벌한 총사령관은 魯侯 伯禽이다. 『사기』「노세가」에 "백금이 즉위한 후 관숙
> 과 채숙 등이 반란을 일으키니, 회이와 서융도 함께 반란을 일으켰다. 이에
> 백금이 군대를 거느리고 가서 그들을 肦땅에서 정벌하였다(伯禽卽位之後, 有
> 管·蔡等反也, 淮夷·徐戎亦興反. 於是伯禽率師伐之於肦)"라고 하고, 『상서』「서」
> 에 "노나라 후작 백금이 曲阜에 자리 잡았는데, 徐와 夷가 함께 일어나자
> 東郊가 개척되지 못하여서 「費誓」를 지었다(魯侯伯禽宅曲阜, 徐夷竝興東郊不
> 開, 作費誓)"라고 하며, 「費誓」에 "여기에 회이와 서융이 함께 일어났다.
> ……갑술일에 나는 서융을 정벌할 것이다(徂玆淮夷徐戎竝興, ……甲戌, 我惟征
> 徐戎)"라고 하고, 『사기』「노세가」에 "회이의 동쪽 땅을 진압한지 2년 만에
> 안정되었다(寧淮夷東土, 二年而畢定)"라고 한다. 이 사건이 〈班簋〉에 서술된
> "3년 만에 동국이 안정되었다(三年靜東國)"라는 사건이다.

본 명문의 내용은『大系』와『斷代』가 인용한『사기』「魯世家」에 보이는
백금이 관숙과 채숙 등의 반란과 회이와 서융의 반란을 진압한 것과
관련된다. 다만 明公이 직접 군대를 이끌고 간 것이 아니라 파견했다
는 점에 주의해 두고 싶다.

3. 才(在)戵, 魯侯又(佑)囝(兆)工

1) 才 : 갑골문과 금문에 자주 보이는 글자로 보통 지명 앞에 쓰여서 '~
   에 있다'는 의미로 사용된다. 이 글자는 意符인 '土'자가 더해진 '在'
   자와 통한다.

2) 戵 : 명문에는 ▨로 쓴다.『文錄』은 이 글자를 '獮邑'으로 석문하고, "'獮
   邑'은『상서』「柴誓」의 '柴'이며,『사기집해』에 '柴는 獮이라고도 쓴다(柴一
   作獮)'라고 한다"라고 설명한다.『大系』는 본 글자를 '鷙'로 쓰고 '肦', '柴'
   등의 本字라고 아래와 같이 피력하고 있다.

   본 명문의 '才'자 아래에 있는 글자는 오른쪽의 절반은 '犬'자이다. 〈召伯虎
   簋〉에 '獄'자를 이와 같이 쓰고 있는데, 좌우 구성요소인 犬자의 형태가 모
   두 이 글자와 같다. 왼쪽 상반부는 '尒'자로 옛 璽文의 尒자도 이 자형과 가
   깝다. 본 기물의 경우 깎여 훼손된 부분이 있는 것 같다. '狱'는『설문』「犬部」
   에 '玃'자의 重文인 '豩'로 자형이 조금 잘못 되었는데, 허신이 豖와 示로
   구성된다고 한 것은 잘못된 형태를 그대로 사용하여 설명한 것이다. (옛 璽에
   尒자는 또한 '爪'로 쓰니, 고문의 示자와 완전히 같다.) 왼쪽 하반부는 '邑'을 구성요
   소로 한다. 鷙는 즉 肦, 柴 등의 本字이다. 徐廣이 어떤 판본에서는 獮로
   쓴다고 한 것은 사실에 가깝다. 肦, 柴는 모두 가차자이다.

   『斷代』는 이 글자를 지명이라 하고,『大系』의 학설을 따라 '玃'로 보
   고, '費'라고 하였다. 그러나『大系』가 ▨을 '鷙'자로 예정한 것은 문
   제가 있다. 즉 이 글자는 오른쪽은 '攴'자로 구성되고, 왼쪽 상반부
   는 '臽'자 하반부는 '止'자로 구성되고 있기 때문이다. 따라서 이 글자

는 '𣪘'로 예정하여야 하며, 사전에서는 찾아 볼 수 없으나 '攴'와 '止'를 구성요소로 하고 '臽'는 소리를 나타내는 것으로 遣의 繁文일 것으로 추측된다. 본 기물에서는 지명으로 사용되었으며, 그 지역이 어딘지는 현재의 자료만을 가지고는 확정하기 어렵다.

3) 魯侯 :『大系』는 "魯厌는 즉 明公이다. 이 기물에서 '伐東國在𥱼'라고 한 것은『상서』와『사기』의 내용과 부합된다. 〈令彝〉에 근거해 보면 명공은 주공의 아들이니, 명공은 노나라의 제후 伯禽임에 틀림없다"라고 한다.『斷代』도 노후를 백금으로 여겼으나 백금은 明公과는 다른 사람이라고 한다.『通釋』은『大系』와『斷代』의 학설을 종합하여 다음과 같이 말한다.

> 魯侯를『大系』에서는 백금으로 하고, 위 글의 명공이며, 노후와 명공은 같은 사람이라고 한다. …… 〈令彝〉에 의하면 주공 사후에 그 집안을 이은 사람은 명보, 명공이라고 불린 인물로 주공 생전에 노후에 봉해진 백금과 그 사람이 동일인이라고는 생각하기 힘들다. 이 기물에서도 윗글에서는 명공이라고 하고, 여기에서는 노후라고 한다. 그래서『文錄』에는 ……명공과 노후를 다른 사람으로 할 뿐만 아니라 노후는 또한 백금이 아니라 백금의 후대 사람이라고 한다.『斷代』에는 명공, 노후를 다른 사람으로 보면서도 노후를 백금으로 여기고 있다. …… 〈令彝〉가 성왕기의 기물이라는 사실은 거의 틀림없고, 明公은 成周에서의 주공의 직을 이은 사람, 魯侯는 魯에 봉해진 사람일 것이다. 따라서 양자는 원래 한 사람이 아니고, 또한 노후는 시기로 보아 백금이라고 생각해도 좋다. 唐蘭은 백금 생존 당시에는 노후라는 호칭은 없었다고 하지만, 〈魯侯爵〉, 〈魯侯鴞爵〉 등이 昭王 시기 이후의 기물이라고는 생각되지 않는다.

『斷代』,『通釋』이 말하는 것처럼 明公과 魯侯는 동일인이 아닐 것이다. 다만 명공도 노후도 모두 주공의 자식이기 때문에 그 씨족은 동일하다. 따라서 명공이 3족을 파견했지만, 그 의례 의식은 노후가 거행하였고, 그 결과로 본 기물을 제작하였다. 이상의 사실을 바탕으로 본 기물의 작기자는 노후이며 따라서 기물명 역시 〈魯侯簋〉가 되어야 한다.

4) 又 : 唐蘭은 又를 侑의 가차자로 본다. 『주례』 「膳夫」에 "음악을 연주하여 식사를 권한다(以樂侑食)"라고 하는데, 鄭玄 注에 "侑는 勸과 뜻이 같다(侑, 猶勸也)"고 한 것을 인용한다(「論周昭王時代的青銅器銘刻」, 『古文字研究』 제2집) 〈禽簋〉에는 "伯禽이 啟의 제사를 올릴 때 이를 도와 祝禱하였다(禽又啟祀)"라고 하여 又를 佑의 가차자로 본다. 又와 佑는 상고음이 모두 匣母, 之部의 글자로 그 음이 서로 같아서 통가할 수 있다. 『옥편』에 "佑는 돕는 것이다(佑, 助也)"라고 한다. 뒤에 나오는 '田工' 역시 啟祀과 마찬가지로 제사 의식과 관련이 있는 말이고, 본 명문의 魯侯는 백금이므로 〈禽簋〉와 본 구절은 동일한 패턴의 문장이 된다. 따라서 이곳의 又도 佑의 가차지로 본다.

5) 田工 : 『大系』는 '田'자를 骨자의 구성요소인 '冎'로 보아 '過'자로 읽어 '又田工'을 '뛰어난 전공이 있다'라는 뜻으로 읽는다.

田자는 卜辭에 자주 보이는데, 매 복사의 말미에 있는 '亡田' 2자는 '亡尤'와 동일한 용례이다. 이는 곧 骨자의 구성요소인 '冎'로, 복골의 조짐의 형태를 나타낸 것이다. 복사에서는 '禍'로 읽는데, 본 명문에서는 '過'로 읽어야 한다. 過는 優越의 뜻으로 '過工'이란 뛰어난 戰功이 있음을 말한 것이다.

『通釋』은 田工의 의미가 난해하다고 하며, '工'자가 여러 금문에서 대부분 전쟁과 관련된 것에 착안하여 '田工'는 전쟁과 관련된 의례일 것으로 추측하고, '田'은 '繇'의 뜻으로 파악하였다.

田工은 난해한 말로, 郭沫若을 제외하면 거의 설명한 사람이 없다. 『韡華』는 '百工'이라고 해석하지만, 이 글자는 '百'이라고 보기 힘들고, 또한 그 의미도 '有百工'이라는 표현은 적당하지 않다. …… 금문에서 工은 대부분 전쟁과 관련되어 사용된다. 〈班簋〉의 "廣成厥工", 〈沈子簋〉의 "告剌成工"

혹은 〈虢季子白盤〉의 "不顯子白, 𣄰武于戎工", 〈不𡢁簋〉의 "不𡢁, 女小子, 女肇誨于戎工" 등이 모두 그 예이다. 따라서 𡆥工이란 전쟁과 관련된 의례일 것이다. 𡆥은 獻의 가차로 삼기보다 𡆥의 初義 대로 緐의 뜻으로 풀면 좋을 듯하다.

唐蘭은 「釋西周甲骨文的𡆥字」와 『史徵』에서 '𡆥工'을 사람 이름으로 보아 기물을 만든 사람이라고 한다. '𡆥'자에 대해서는 裘錫圭가 논문(「釋西周甲骨文的𡆥字」, 『第三屆國際中國古文字學硏討會論文集』)을 발표하여, '𡆥'을 '兆'의 초문이라고 고증한다.

은허의 복사에서 '亡𡆥', '有𡆥'이라는 표현이 자주 보인다. 대부분 학자들은 郭沫若의 학설을 따라 '𡆥'을 '㕚'로 석문하고 '禍'로 읽는다. 그러나 복사의 내용으로 보아 郭沫若의 학설은 따르기 어렵다. 『屯南』제2688에서는 '𡆥'자를 '𰁨'로 쓰는데, 명백하게 톱으로 臼角을 없앤 肩胛骨 위에 있는 卜兆의 모양과 닮았다. 따라서 '𡆥'는 卜兆의 兆의 뜻을 나타내는 初文이다. '㕚', '㸚'는 모두 훗날 생긴 形聲字이다.

글자에 대한 설명은 裘錫圭의 견해가 정확하며 따라서 여기에서는 '𡆥'을 兆의 초문으로 본다. 또한 『通釋』에 의하면 '工'은 전쟁과 관련된 말이기 때문에 '𡆥工'은 전쟁과 관련된 의식이라고 생각되며 아마도 '𡆥工'은 전쟁과 관련하여 모종의 점치는 의례이리라고 생각된다.

4. 用乍(作)𤣥(旅)彝

1) 𤣥 : 『斷代』는 이 글자가 '車'를 구성요소로 하고 있음을 지적하였으나 예정에서는 생략하였다. 이 글자는 '旅'의 고자이다. 黃盛璋은 "旅彝의 旅인데, 이 글자에는 고대에는 제사의 이름과 行旅의 두 가지 뜻이 있었다. 춘추전국시기에는 行旅의 뜻으로 주로 사용되었다"고 한다(黃盛璋, 「釋旅彝」, 『文史論叢』제2집, 1979년) 張亞初는 殷周시기 靑銅 鼎器名과 用途를 고찰하면서 아래와 같이 旅器의 '旅'가 모두 제사 이름

으로 사용되는 것은 아니라고 하였다(張亞初, 「殷周靑銅鼎器名·用途硏究」, 『古文字硏究』제18집)

旅로 칭해지는 기물은 鼎 이외에도 簋, 盨, 簠, 豆, 盂, 盆, 壺, 甁, 盃, 匜 등이 있는데, 그 중 어떤 기물은 명백하게 祭器가 아니다. 〈克盨〉는 "旅盨"라고 불리는데 '이로써 師尹·朋友·婚媾에게 바친다(用獻于師尹·朋友·婚媾)'라는 문장이 있다. 旅器의 旅는 일괄적으로 제사 이름으로 처리할 수 없는 것을 알 수 있다.

즉 〈克盨(膳夫克盨)〉(4465)는 신에게 제사를 하기 위한 기물이 아니라, 생존한 사람을 접대하기 위한 기물인데 "旅盨"라고 지칭되고 있는 것이다. 따라서 旅가 칭해졌다고 모든 기물을 제사와 관련지어 볼 수는 없다.

【주제어】

[인명] 王(成王), 明公, 魯侯
[지명] 東國, 戭
[사항] 王이 明公에게 三族을 이끌고 東國을 정벌하도록 명령함.

【참고문헌】

『大系』考 10쪽, 『文錄』2·15, 『雙選』下2·9, 『靑硏』(新)49, 『斷代』上·24쪽, 『考報』10책(1955년), 『通釋』3·13, 『銘選』3·35, 『今譯類檢』5쪽,
黃盛璋, 「釋旅彝」, 『文史論叢』, 1979년 제2집
唐蘭, 「論周昭王時代的靑銅器銘刻」, 『古文字硏究』제2집, 中華書局, 1981년 1월
陳佩芬, 「上海博物館新收集的西周靑銅器」, 『文物』1981년 제9기, 文物出版社, 1981년 9월
劉啓益, 「西周武成時期銅器的初步淸理」, 『古文字硏究』제12집, 中華書局, 1985년 10월
張亞初, 「殷周靑銅鼎器名·用途硏究」, 『古文字硏究』제18집, 中華書局, 1992년 8월
裘錫圭, 「釋西周甲骨文的卲字」, 『第三屆國際中國古文字學硏討會論文集』, 香港中文大學, 1997년

13. 괴정(𣄰鼎)

【저록】

기물 1 : 『集成』5·2740, 『三代』4·18·1, 『貞補』上 12·2, 『小校』3·9·2, 『大
系』錄 14, 『銘選』錄 72.

기물 2 : 『集成』5·2741, 『三代』4·18·2, 『貞補』上 12·1, 『小校』3·9·1.

【기물설명】

서주 초기의 기물이다. 2기가 발견되었다고 하지만, 기물은 남아있지 않고
『集古遺文補遺』에 2기의 탁본만 전한다. 기물이 남아 있지 않기 때문에 형

태와 체제 및 크기는 알 수 없다. 2기의 명문은 동일하며, 4행 35자가 서사되어 있다. 기물의 제작연대에 관해서는 주나라 成王 때라는 설(『大系』,『麻朔』,『斷代』,『通釋』등), 康王 때라는 설(『銘選』), 昭王 때라는 설(唐蘭, 劉啓益)로 나뉜다. 다만 명문에 등장하는 '史旗'라는 인물은 〈員卣〉에도 보이므로 두 기물은 같은 시기의 기물이라고 할 수 있다. 또, 〈員鼎〉의 명문 끝에 족휘 ■가 보이므로 주나라 초기 기물임을 알 수 있다. 여기에서는 성왕의 東征과 관련된 기물로 분류한다.

【석문】

隹(唯)王伐東尸(夷),[1] 溓公令䟫眔史旗曰,[2] "以師氒〈氏〉眔有司遂(後)或(國),[3] 㦄(翦)伐脈(絲)."[4] 䟫孚(俘)貝. 䟫用作饕公寶尊鼎.[5]

【현대어역】

왕王이 동이東夷를 정벌할 때, 염공溓公이 괴䟫와 사어史旗에게 명령하기를 "사씨와 유사의 예하를 이끌고 요絲를 완전히 패배시켜라"고 하였다. 괴는 (이 정벌의 공으로) 패화를 획득하였다. 괴는 이로써 관공饕公을 위한 보배롭고 존귀한 정을 만드노라.

【주】

1. 隹(唯)王伐東尸(夷)

   1) 王 : 앞에서 언급한 것처럼 주나라 成王이라는 설(『大系』,『麻朔』,『斷代』, 『通釋』등), 康王이라는 설(『銘選』), 昭王이라는 설(唐蘭, 劉啓益)이 있다. 『大系』는 "문자가 매우 오래된 서체를 하고 있으므로 분명히 성왕이 東政할 때의 기물일 것이다"라고 하고, 『斷代』는 『書序』를 인용하여 "『書序』에 성왕이 이미 동이를 정벌하였다고 하고 있으므로 이 기물에서 보이는 동이를 정벌한 왕은 당연히 성왕이다"라고 한다. 또한 『通釋』은

"아래 문장의 濂公은 〈厚趠鼎〉에 보이고 또 史旟는 〈員卣〉에 보여 이들 인물관계로 보아도 기물이 대체로 성왕기의 것임을 알 수 있다. 다만 문두에 '隹王伐東夷'라고 하였어도 반드시 왕이 직접 정벌에 나선 것이었다고는 할 수 없다. 이때에도 濂公이 旟등의 인물들에게 정벌의 명을 발하고 있다'라고 한다. 한편, 다른 의견은 '濂公'이 〈厚趠方鼎〉, 〈旟鼎〉에도 보이고, '史旟' 또한 〈旟鼎〉, 〈員卣〉에도 보이는 것에 주목한다. 특히 〈旟鼎〉은 王姜이 旟에게 토지를 하사한 일을 기록하고 있으므로, 劉啓益, 馬承源 등이 모두 王姜을 康王의 왕후로 인정한다. 그러나 馬承源이 〈寋鼎〉 등을 강왕 때의 청동기로 판정하는 반면, 劉啓益은 기물의 形制를 근거로 〈旟鼎〉을 강왕 때의 것, 〈寋鼎〉과 〈厚趠方鼎〉을 소왕 때의 것으로 판정하여 강왕, 소왕 시기에 모두 동이를 정벌하는 일이 증가한 것으로 파악한다.

그러나 본 기물과 내용상 관련이 있고 史旟이라는 동일 인물이 등장하는 〈員卣〉는 성왕 때의 기물이기 때문에 본고에서는 일단 본 기물을 성왕 시기의 것으로 판단한다.

2. 濂公令寋眔史旟曰

1) 濂公 : 濂자는 兼을 소리요소로 하는데, 兼은 '鎌'로 써서, 화살(矢) 두 개와 손(又)이 구성되었다. 『설문』에 又를 구성요소로 하고, 두 개의 禾가 있는 글자인 '鎌'과 차이가 있다. 그러나 사실은 又를 구성요소로 하고 두 개의 禾가 있는 것과 又를 구성요소로 하고 두 개의 矢가 있는 것은 모두 兼으로 볼 수 있다. 『의례』「鄕射禮」에 "활 줌통에 2개의 화살을 끼운다(兼諸弣)"의 注에 "줌통에 화살을 함께 끼운다(幷矢於弣)"라고 하였다. 고대 사회에서 두 개의 화살을 동시에 끼워 활 쏠 채비를 갖추는 것은 일반적인 일이었다. 宋代의 저록인 『薛氏鐘鼎款識』2권에 〈父丙卣〉가 수록되어 있는데, 첫 번째 글자는 鎌로 쓰는데, 활

을 잡아당겨 오른 손으로 2대의 화살을 동시에 끼우고 있는 형태를 본뜨고 있는 것으로 위의 사실을 확인할 수 있다. 따라서 두 개의 禾를 구성요소로 하는 兼과 두 개의 矢를 구성요소로 하는 兼은 소리와 뜻이 모두 같고, 글자의 형태도 비슷하다. 후세에 두 개의 화살을 동시에 끼운다는 의미가 불명확하게 되어 두 개의 矢로 구성된 兼자는 없어졌고, 오로지 두 개의 禾로 구성된 兼자만 쓰이게 된 것이다. 溓자는 『설문』「水部」에 보인다. 여기서 溓公은 인명이지만, 전래문헌을 통해 비정할 만한 인물은 찾을 수 없다. 다만 서주 금문 가운데 〈厚趠鼎〉의 "왕이 成周에 이른 해에 厚趠이 溓公에게 償를 보내었다(佳王來各于成周年, 厚趠又償于溓公)"와, 〈蒯鼎〉의 "왕이 처음 성주에 □□한 해에 溓公이 蒯를 蔑暦하였다(王初□□于成周, 溓公蔑蒯暦)"에 언급된 것을 찾을 수 있으며, 〈令鼎〉에서도 "溓仲溓宮"이라는 명칭을 찾을 수 있다. 본 기물의 명문에 의하면 동이를 정벌한 주요 장수 중 한 명으로 추정된다.

2) 窌 : '籥'로 예정하는 견해도 있지만, 탁본 도판에 의하면 이 글자는 그 구성요소가 '宀', 2개의 '厶', '十', 'ㅋ'이기 때문에 '窌'로 예정해야 한다. 『通釋』은 "'窌'는 未詳字. 임시로 吳闓生의 隷釋에 따른다"고 한다. 『輯考』는 비교적 상세한 고증을 하여 아래와 같이 설명한다.

> '䨮'(현재의 雪)은 '彗'를 소리요소로 하기 때문에, '䨮'가 구성된 글자와 '彗'가 구성된 글자는 발음이 서로 통한다. '窌'와 '䨮'는 모두 字書에는 보이지 않는데 발음으로 생각하자면 분명 廥의 古字일 것이다. 『설문』「廣部」에 "廥는 꼴과 볏짚을 저장하는 창고이다(廥, 芻稁之藏也)"라고 하고, 『광아』「釋宮」에 "廥는 창고이다(廥, 倉也)"라고 한다. '宀'와 '广'은 의미요소로 서로 통용되며, '彗'와 '會'는 성모, 운부가 모두 같기 때문에 소리요소로 바꾸어 쓸 수 있다고 여겨진다.

본고에서는 '窌'의 발음에 대하여 위의 견해를 따라 '괴' 혹은 '회'로 읽기로 한다. 이 '𡧍'라는 인물에 대하여 『通釋』은 아래와 같이 설명한다.

'𡧍'의 경우에는 관직명을 말하지 않고 旟의 경우에는 史를 칭하고 있다. 아래 문장에 의거하여 판단하면 𡧍는 師氏 등을 거느리고 있기 때문에 군사 계통의 고급관료였다고 생각된다. 溓公의 宮은 〈厚趠方鼎〉이나 〈令鼎〉에 의거하여 생각하면 아마도 成周의 땅에 있었다고 생각되는데, 𡧍 등은 溓公의 명을 받아 성주의 師氏를 거느리고 출정하고 있기 때문에 이 수명은 성주에서 이루어진 것으로 생각해도 될 것이다. 𡧍나 史旟는 成周의 여러 은나라 출신 귀족 가운데에서도 명문 귀족이었을 것이다.

이상, '𡧍'라는 인물에 대해서도 『通釋』의 견해를 따르기로 한다.

3) 眔 : 이 글자의 독음에 관해서는 많은 견해가 있다. 그러나 그 의미는 '與' 또는 '及'과 같다.

4) 旟 : 『輯考』는 다음과 같이 설명한다.

'旟'의 古字로 軍旗의 일종이다. 『설문』「㫃部」에 "깃발 위에 맹금을 그린 것으로, 여러 병사를 진군시킨다. 旟旟는 많다(衆)는 의미이다. 㫃은 구성요소이고, 與는 소리요소이다(錯革〈畫〉鳥其上, 所以進士衆. 旟旟, 衆也. 從㫃, 與聲)"라고 한다. '旟'는 '㫃'를 구성요소로 하고, '舁'(輿의 古字)를 소리요소로 하는데, '舁'(輿)와 '旟'는 성부와 운부가 동일하기에, '舁'를 구성요소로 하여 발음 뿐 아니라 의미도 취하였다. 이 명문에서 '旟'는 인명으로 그 앞에 붙은 '史'는 관직명이다.

'史旟'라는 인물은 〈員卣〉에 "員이 史旟를 따라 鄶를 정벌하였다. 員이 앞서 읍 안으로 들어갔다. 員이 金을 획득하여, 이를 가지고 旅彝를 만들었다(員從史旟伐會. 員先內邑. 員孚金, 用作旅彝)"라는 곳에 보인다. 이 '會'라는 국명에 대하여 鄶로 보는 설(『大系』)과 曾으로 보는 설(吳其昌, 陳夢家) 등이 있는데, 어느 쪽이건 史旟라는 인물은 서주측 세력으로 주변 국가와의 전쟁을 담당한 인물이었음을 알 수 있다.

3. 以師毛⟨氏⟩罘有(司)遂或

1) 以 : '與'로 읽는 견해도 있지만, '以'를 如字로 읽어도 문맥에는 아무 지장이 없다. 여기서의 以는 用의 의미이다.

2) 師氏 :『주례』「師氏職」에 "속하들에게 四夷의 노예를 거느리게 하여 각각 그 병사로서 왕의 문을 지키거나 왕의 행차 시 길을 트게 한다(使其屬帥四夷之隷, 各以其兵服守王之門, 且蹕)"라고 하였으며, 이러한 내용은 ⟨師酉簋⟩의 명문과도 부합된다. 금문의 師氏는 정벌을 담당하는 경우도 많다(이상『輯考』의 설명)

3) 毛⟨氏⟩ : 명문에는 "毛"로 쓰였으며, 대명사로 자주 쓰이는 글자다.『銘選』,『斷代』등은 그대로 해석했으나,『貞松』,『通釋』등은 "氏"를 잘못 쓴 것으로 본다. "氏"는 통상 "ᄀ"로 써서 자형에 유사점이 있기 때문이다. 명문 글자를 "氏"로 판독하면, "師氏"라는 서주 금문에 자주 나오는 직책명이 된다.『通釋』은 "毛"로 읽어도 의미가 통하지 않는 것은 아니지만, 어법적인 문제가 있음을 지적하였다. 본 역주에서도 "毛"을 "氏"를 잘못 쓴 것으로 본다.

3) 有司 :『輯考』는 관원의 범칭으로 보지만,『通釋』은 관리자라는 뜻으로 본다.『通釋』과 같이 해석한다.

4) 遂 : '後'의 古字.『집고』는 "以師氏罘有司遂"로 구두를 끊어서 "奪와 史旟에게 師氏와 有司를 데리고 후미에서 행군할 것을 명령한 것이다"라고 본다. 한편,『通釋』은 '或'을 '國'으로 해석하고 '以師氏眔有司遂或(國)'으로 구두를 끊는다. 그리고 '有司遂或'에 대하여 "遂或은 금문에 용례가 보이지 않는데, …… 뒤의 문맥으로 보아 어떤 지역에 부속된 땅을 뜻한다고 생각되며, '有司遂或'이란 관리자인 有司諸伯이 관리하는 諸地일 것이다. 이 경우 師氏에게 속하는 병력과 有司諸伯 예하에 있는 무리를 인솔하는 것을 일컫는 것으로 해석된다"고 한다. 본고에서는『通釋』의 견해를 따른다.

4. 戗(鹶)伐䐱(䐱)

1) 戗(鹶) : 『銘選』은 戔자로 글자를 파악하면서 "명확하게 알 수 없지만, 受와 我을 구성요소로 하는데, 我는 戌자와 같은 뜻일수도 있다. '戔伐'은 하나의 동사구이다"라고 하였다. 하지만 『輯考』는 '戈'의 이체자로 파악하면서 다음과 같이 말한다.

  '戈'의 이체자이다. '子'는 聲符가 되고 '又'는 意符가 된다. 『설문』「戈部」에 '戈는 傷이다(戈, 傷也)'라고 하는데, '戈伐'은 동의의 복합사로 殺伐과 같다.

『輯考』의 주장대로 이 글자는 "戈(戗)"의 이체자이다. 陳劍은 "戗"자에서 屮는 艸의 初文으로, 낫과 같은 쇠붙이로 풀을 벤다는 의미를 가지고 있으며, 발음요소이기도 하다고 논증하였다. 그리고 금문에서 전멸 시키다는 의미인 "鹶"의 가차자로 많이 사용됨을 지적하였다(陳劍, 『甲骨金文考釋論集』 「甲骨金文"戗"字補釋」 및 「釋造」, 綫裝書局, 2007년 4월) 이 글자는 명문에 좌측 상부와 우측 하부에 "屮"가 구성되어 있다. 좌측 상부는 "屮"가 뒤집어져 있을 뿐이다. 즉, 이 글자는 "屮"·"戈"·"子"로 구성되었다.

2) 䐱 : 『大系』는 䐱을 豫자로 보면서 다음과 같이 설명한다.

  豫은 肉을 구성요소로 하고, 象을 구성요소로 하니 國族의 명칭이다. 아마도 豫州의 豫일 것이다. 『설문』「象部」에 이르기를 "豫는 큰 코끼리라는 뜻이다. 象을 구성요소로 하고 予가 소리요소이다(豫象之大者. 从象, 予聲)"라고 한다. 이처럼 肉을 구성요소로 하는 글자는 대체로 그 사물의 거대함을 비유한 경우가 많다. 고대 豫州의 野에는 그 명칭이 豫라는 나라가 있었을 것이다. 그러므로 주나라 말에 전한 자가 九州를 본떠서 豫를 이름으로 삼았다. 豫자는 본래 䐱으로 썼다. 〈員卣〉에 이르기를 "史旗을 따라서 會를 정벌하였다(從史旗伐會)"라고 하는데 같은 시기의 일일 것이다. 會는 바로 鄶의 생략형이고 또한 豫州에 있으니 증거로 삼을 수 있다.

『銘選』은 䐱을 臄자로 보면서 "정벌 당한 동이의 나라 이름으로 어느 지역이었는지 알 수 없다. 아래 글에 俘貝라고 하니 바다와 가까울 것이다" 라 했고, 唐蘭은 戠을 或으로 보고, 縢을 鶊로 보면서 "'或伐鶊'는 鶊를 정벌하는 것을 도운 것이다. 鶊지역은 자세히 알 수 없다" 라고 한다. 『輯考』는 다음과 같이 설명한다.

縢는 예전에 '鶊'으로 해석했는데 (『一切經音義』는 歡의 고자로 본다) 잘못 본 것이다. 이 글자는 〈亞縢父乙爵〉의 '縢'자와 구성이 비슷하며, 그 우측 편방이 嫩자에 구성된 𧰼(貘의 初文)과도 비슷하다. 다른 점은 이 글자의 우측 편방이 단지 貘라는 짐승 모양의 뾰족한 머리, 다듬어진 몸체, 풍만한 꼬리를 묘사한 부분만을 취하고, 두 귀의 모양은 생략한 점이다. 따라서 이 글자는 '縢'로 隷定하여야 하니, 곧 貘의 古字이며 오른쪽 편방은 貘자의 초문이다. …… 결국 '貘'는 옛 나라이름이니, 『路史』에서 말하는 謠에 해당한다. …… 즉 皐陶의 후예 偃姓의 繇이다. 縢는 〈亞縢父乙爵〉, 〈希侯鼎〉, 〈尹姞鬲〉에도 보인다. 『路史』「후기7」에 고요가 "자식이 셋이 있었는데, 큰 아들은 伯翳이고, 둘째는 仲甄이다. 둘째를 偃에 봉하니 언을 성씨로 삼았다. 언씨의 후예에 州·絞·貳·軫·謠·皖·參·會·阮·棐·鬲·鄾·郾·止·舒庸·舒鳩·舒龍·舒蓼·舒鮑·舒龔가 있었는데, …… 뒤에 각기 나라 이름으로 성씨를 삼았다(有子三人, 長伯翳, 次仲甄, 次封偃為偃姓. 偃姓(匽)之後, 有州絞貳軫謠皖參會阮棐鬲鄾郾止舒庸舒鳩舒龍舒蓼舒鮑舒龔, …… 後各以國命(爲)氏)"라고 했는데, 「國名紀乙」에 열거된 '少昊後偃姓國'에 謠가 있다. 『路史』의 이 학설은 王符의 『潛夫論』「志氏姓」에 근거한 것으로, 지금의 판본에만 謠가 淫으로 잘못 쓰여 있다. 王繼培는 "淫은 『路史』「後紀」에 謠라고 썼다"고 하였다.

종합해보면 繇라고 해야 한다. 『후한서』「郅惲傳」에 서부의 독우 繇延이라는 말이 있는데, 章懷가 繇의 성씨는 偃으로 고요의 후예라는 주석을 달고 있다. 謠는 繇와 음이 같고, 繇와 貘는 상고음에서 餘母와 端母로 모두 聲母가 설두음이고, 韻部는 모두 宵部로 疊韻이다.

은나라 시대의 緐나라는 아마 山東의 定陶縣 일대에 있었을 것이다. 옛날에는 陶읍이 있었는데, 춘추시대에는 宋나라 읍이 되었고, 지금의 山東省 定陶縣의 서북에 있다. 또한 陶丘가 있었는데, 지금의 山東省 定陶縣의 서남에 있었다. 緐와 陶는 옛 음이 비슷하다. 전래문헌자료에서는 고요를 咎緐라고도 하였다.

5. 窅孚(俘)貝. 窅用作饔公寶尊鼎

1) 饔 : '餶'자이다. 『옥편』「食部」에 "餶은 콩엿이다. 엿과 콩이다. 豋로도 쓴다(餶, 餚也, 飴和豆也. 亦作豋)"라고 한다. 즉 지금의 콩소이다. 『大系』는 饔은 餶자이다. 『方言』에 "飴를 餕라고 하고, 餟를 餚라고 한다(飴謂之餕, 餟謂之餚)"라고 하는데 金文에서는 餚자로 많이 쓰인다.

2) 饔公 : 본 명문의 '饔公'은 '窅'의 선조의 이름이거나 혹은 그의 아버지이다.

【주제어】

[인명] 溓公, 窅, 史旗.

[지명] 東夷, 脿(緐).

[사건] 왕이 동이를 정벌하고, 脿를 殺伐함.

【참고문헌】

『大系』考 28쪽, 『文錄』1·29쪽, 『雙選』下1·6쪽, 『斷代』上·23쪽, 『通釋』5·19, 『銘選』3·51쪽
唐蘭, 「論周昭王時代的靑銅器銘刻」, 『古文字硏究』 제2집, 中華書局, 1981년 1월
劉啓益, 「西周昭王時期銅器的初步淸理」, 『出土文獻硏究續輯』, 文物出版社, 1989년 12월

14. 체정(憲鼎)

【모본】

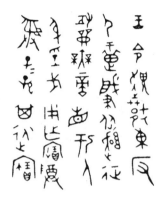

【저록】

『集成』5·2731, 『十六』1·17, 『積古』4·23, 『攗古』2·3·79, 『奇觚』16·5, 『大系』錄 8, 『銘選』錄 73.

【기물설명】

기물의 제작연대는 成王, 昭王, 康王이라는 설이 있다. 郭沫若은 成王시기로 판정하고 唐蘭은 昭王시기로 판정하였으며, 劉啓益과 馬承源 등은 康王시기로 판정하였는데 여기에서는 康王시기 설을 따른다. 〈小臣謎簋〉의 설명을 참조하기 바란다. 『十六』에 "높이는 9寸 1分, 몸통 높이는 4寸 5分, 발 높이는 3寸, 귀 높이는 1寸 6分, 입구 지름은 8寸이다"라고 하였다. 복부는 盆과 유사하고, 기둥 같은 다리가 있고, 목은 조금 안쪽으로 오그라들어있으며 복부는 비교적 깊고 약간 바깥의 鼓를 향해있다. 形制가 소박해서 口沿의 아랫부분에만 弦紋이 한 줄 장식되어있다. 명문은

5행 33자이고 두 개의 重文이 있다. 錢坫이 예전에 소장했는데 지금은 행방을 알 수 없다. 『斷代』에 이 기물과 동일인이 만든 기물을 열거하면서 그 시기가 서주 초기임을 증명하고 있는데, 이를 소개하면 아래와 같다.

卣『十六』2·19, 『泉屋』2·65

尊『十六』2·21

甗『十六』3·6

尊『攗古』1·3·23·4

觥『三代』11·21·2(蓋銘)

『通釋』은 이 霊의 여러 기물들에 대해 "霊의 여러 기물들을 보면 훌륭하게 제작된 것이 많아서 주나라 초기의 기물이라는 사실은 믿어도 좋다. 〈霊觥〉의 명문에 父丁을 칭하고 있어서 동방의 씨족임을 알 수 있는데, 그 주요 통솔자인 趞은 〈小臣父丁彝〉에서는 小臣에게서 포상을 받고 있다. 즉 趞, 霊는 은나라 유민의 하나라는 것을 알 수 있다"라고 서술한다.

【석문】

王令(命)趞戲(翦)東反尸(夷),[1] 霊肇从(從)趞征,[2] 攻開(翦)無啻(敵),[3] 眚(省)玗(于)人身, 孚(俘)戈, 用乍(作)寶障(尊)彝.[4] 子子孫孫其迷(永)寶.[5]

【현대어역】

왕이 견趞에게 명령해서 동쪽에서 반란한 이족을 완전히 패배시키도록 하셨다. 체霊가 趞을 따라 정벌함에, 맹렬한 공격을 당할 적이 없었고, 그 몸도 다치지 않았으며, 적의 꺽창을 노획했으니, 이로써 보배롭고 존귀한 제기를 만드노라. 자자손손 길이 보배롭게 여길지어다.

1. 王令趞𧽊東反尸(夷)

1) 趞 : 인명. 『十六』, 『積古』는 獵으로, 『大系』·『銘選』·『斷代』는 遣으로 석문하고, 唐蘭(「論周昭王時代的靑銅器銘刻」, 『古文字硏究』 제2집)은 𧺻로 석문하고, 邊로 읽는다. 『大系』는 〈趞尊〉의 趞이라고 했다. 『斷代』에서도 『大系』를 따라 두 글자를 모두 趞으로 석문하고 "摹本에 두 글자가 다르게 쓰여 있는데 아마도 녹을 제거하는 작업과정에서 오류가 발생한 것 같다. 錢坫이 '이 두 글자는 조금 다르게 쓰여 있다'라고 한 말이 이를 증명한다"라고 한다.

한편, 唐蘭은 "迹자로 석문해야 할 것 같고, 邊자이다. 『옥편』에서 '邊는 初와 則의 반절음이며 廁의 고자이다'라고 한다"고 하였다. 『輯考』는 다음과 같이 말하였다.

> 이 글자는 1행과 2행 두 글자의 자형이 같지 않으니, 1행의 글자는 □로 쓰여 있고, 2행의 글자는 □로 쓰여 있다. 錢坫이 "이 두 글자는 조금 다르게 쓰여 있다"고 했는데, 글자가 마모되어 녹슨 부분을 제거하고 닦을 때, 또는 상한 부분을 제거할 때 원형이 손상되었을 가능성이 있기 때문에 연구자들이 여러 견해로 갈라지게 된 듯하다.

> 서주시기 遣자는 走와 𨻫을 구성요소로 하며 〈趞叔盨〉에서 趞자는 □로 쓰여 있는데, 본 명문 1행의 자형과 유사하며, 2행의 자형의 右旁은 원래 □로 되어 있어야 하는데, 글자가 마모되어 부서져서 □의 형태를 갖게 되었을 것이다. 이 글자의 형태가 완전하지는 않지만, 글자 하반부가 □로 되어있으니, 그것이 결코 𨻫가 아님을 증명한다.

『輯考』의 견해에 따르면 唐蘭처럼 邊으로 볼 수 없다. 같은 자형의 글자가 〈趞尊〉, 〈小臣父丁彝〉, 〈孟簋〉, 〈班簋〉에 보이는데 이 중 〈趞尊〉, 〈小臣父丁彝〉에 보이는 자형과 유사하고, 〈孟簋〉, 〈班簋〉에 보이는 자형과는 다르다. 〈孟簋〉, 〈班簋〉에도 趞이 보이는데 본 기물과 동일인으로 볼 수는 없을 듯하다. 『通釋』은 〈趞尊〉, 〈趞叔彝〉의 趞은 동방계의 씨족인 반면, 〈孟簋〉, 〈班簋〉의 趞은 주나라와 同族인 毛公의 가계에 속한다고 하여 다른 사람으로 보고 있다.

2) 戬 : 『十六』은 『춘추』에 보이는 나라 이름 載에 해당한다고 하고, 『從古』는 『좌전』의 문장을 들어 그 지역을 고증하고자 한다. 이 글자는 명문에서 𢧵로 쓰고 있고, 『大系』는 "마땅히 捷자의 고자이다. 魏三體石經 중 『춘추』의 殘石에 있는 鄭伯捷이라는 글에서 捷자의 고자가 戬로 되어있다. 이 글자는 木을 구성요소로 하는데 여기서는 艸를 구성요소로 하였으나 魏三體石經의 글자와 뜻이 같다"고 한다. 『銘選』은 이 견해를 수용하고 있다. 『斷代』는 戬로 보고 截·裁로 가차된다고 하여 "예전에는 載로 석문하였고 邑과 戈를 구성요소로 하는데 『설문』「邑部」의 戬자(經籍에는 載로 쓰여 있다)이다. 여기서는 동사로 쓰인 것이니, 截 또는 裁로 가차된다. 『시경』「常武」에 '회수가의 나라를 다스리네(截彼淮浦)'라 하고, 『광아』「釋言」에 '裁는 제어하는 것이다(裁, 制也)'라고 한다"고 한다. 『輯考』는 다음과 같이 말한다.

> 陳夢家(『斷代』)가 戬로 석문한 것이 따를만 하다. 戈자는 갑골문에서 屮을 구성요소로 하기도 하고 여기에서처럼 艸를 구성요소로 하기도 하는데 屮을 구성요소로 하는 것과 같은 뜻이다. 陶文에서는 𢧵(『陶彙』3·1231)로 쓰기도 하고 𢧵(『陶彙』3·706)로도 쓴 것이 증거가 될 수 있다. 다만 截로 고쳐서 읽을 필요는 없다. 본 명문에서 戬는 戈로 읽거나 『大系』처럼 捷으로 읽어야 한다. 戈는 『설문』「戈部」에서 '傷'으로 해석했고, 갑골문에서는 정벌한 사건에 대하여 戈를 자주 사용하고 있고, 捷 역시 동일한 의미이다.

『輯考』의 자형분석에 따른다면, 戈(戈)를 翦으로 읽는 陳劍의 견해를 참조해야만 할 것이다. 이에 대해서는 〈䟒鼎〉 주석을 참조하라.

3) 反 : 『雙選』은 叛으로 읽었지만, 如字로 읽어도 무방하다. 〈旅鼎〉에는 "公大保가 反夷를 정벌한 해(佳公大保來伐反尸年)"라고 하여 '反夷'라는

표현이 보이고, 그 내용 역시 본 기물과 관련이 있다.

2. 憲肇䢔(從)趞征

1) 肇 : 문장의 처음과 중간에 쓰이는 조사로 뜻이 없다. 楊樹達은 肇를
   뜻이 없는 조사로 보고 다음과 같이 서술한다.

> 내가 요즘 주나라 금문을 거듭 살펴보았는데, 문장 중에 肇자를 쓰는 경
> 우를 많이 보았고, 글의 머리말에 있을 때에는 흔히 뜻이 없는 것을 찾을
> 수 있다. …… 내가 또 『시경』과 『상서』를 살펴보았는데 역시 그러했다. 『상
> 서』 「酒誥」에 "수레와 소를 끌고서 멀리 가서 장사하여 그대들의 부모님께
> 효도하고 봉양하시오(肇牽車牛, 遠服賈, 用孝養厥父母)"라고 했다. 肇자는 뜻
> 이 없는데도 孔傳에 肇를 始라고 풀이하였으니 잘못된 것이다. 『상서』 「文侯
> 之命」에 "그대는 文王과 武王의 道를 본받고 이 道가 그대의 임금에게 이
> 어지도록 하여 前代 문채나는 덕이 있는 조상들에게 효를 다하도록 하시오
> (汝肇刑文武, 用會紹乃辟, 追孝于前文人)"라고 했는데, "汝肇刑文武"는 "그대는
> 文王과 武王을 본받고"라는 말로, 이는 〈叔向父簋〉에서 "肇帥井先文祖"라
> 고 한 것과 〈師望鼎〉에서 "望肇帥井皇考也"라고 한 것과 같은 용법이다. 『시
> 경』 「小毖」에 "저 뱁새로 믿었는데 날갯짓하며 나는 것을 보니 맹금이로다(肇
> 允彼桃蟲, 拼飛維鳥)"라고 했는데, 肇자엔 역시 뜻이 없으니, 鄭箋에 肇를
> 始라고 풀이한 것은 잘못된 것이다(『積微居小學述林』「肇爲語首詞證」).

   반면, 『銘選』은 여전히 『광아』 「釋詁」에 근거하여 肇를 始로 본다. 본
   역주에서는 楊樹達의 견해에 따라 둔다.

2) 䢔 : 從의 古字. 같은 자형은 〈作從彝卣〉 등에 보인다. 자세한 사항
   은 『金文編』 576~578쪽 참조.

3. 攻閘(䦉)無啻(敵)

1) 閘 : 『大系』과 『銘選』은 䦉으로 본다. 『大系』는 "閘은 龠의 古字로, 묶

은 피리(編管)의 피리[管] 끝에 구멍이 있는 모양을 본뜬 것이니, 고대 피리[龠]는 실제로 묶은 피리(編管)이지 단독 피리(單管)가 아니었다. 복사와 금문에는 늘상 冊을 龠의 가차자로 쓴다. 여기에서 '攻冊'는 連文이며, 또한 躍의 가차자이다"라고 하였다. 『銘選』은 한 발 더 나아가 蹫로 보고 빼앗는다고 해석한다. 『銘選』는 "龠자로, 금문에서 龠자와 龠을 구성요소로 하는 글자는 모두 冊로 썼다. 龠은 蹫으로 가차된다. 『광아』「釋詁三」에 '蹫은 빼앗는 것이다(扷也)'라고 하였다"고 했다. 반면, 『斷代』는 蘆으로 보고 登으로 해석한다. 『斷代』는 '攻冊無啇'에 대해 "錢坫은 '攻戰無敵'이라고 해석했고, 郭沫若은 '功躍無敵'이라고 해석했다. 『方言』에 '蘆, 登也'라고 하였으니, '攻冊'은 '攻登'이다"라고 하였다. 『輯考』는 "龠의 고자로, 蘆으로 가차된다. 『집운』에 '蘆은『설문』「走部」에 '뛰는 것이다(趨蘆也)'라고 했으니 질주하는 것을 말한다"라고 했다. 이 글자를 어떻게 해석하든, "攻冊無啇(敵)"은 전투에 임한 甕의 武勇을 형용하는 말일 것이다. 그런데 『通釋』은 이와 같은 형용 구절이 금문에서 찾기 극히 어려움을 지적하면서, 적절한 해석을 찾을 수 없다고 말한다. 본 역주에서는 일단 『輯考』에 따라 읽어두지만, 『通釋』의 지적을 유념해야만 할 것이다.

2) 啇 : 『雙選』, 『輯考』 등은 敵의 가차자로 읽었다.

3) 攻蘆無敵 : 빠르고 맹렬하게 공격해서 감히 대적할 수 없다는 뜻이다.

4. 眚(省)㓅(于)人身, 孚(俘)戈, 用乍(作)寶障(尊)彝.

1) 眚 : 省으로 읽는다.

2) 眚于人身 : 『大系』는 "『이아』「釋言」에 '身은 나라는 뜻이다(身, 我也)'라고 한다. 따라서 '眚于人身'은 자기의 무예와 용맹을 남과 자신이 함께 관찰하였다는 것을 의미한다"고 한다. 『積微』「甕鼎跋」은 "相于㓅身의 相은 傷으로 읽어야 한다. '攻戰無敵'은 甕가 자신의 용기를 자

술한 것이고, 이 '相于乒身'은 전쟁에 용감히 뛰어들어 싸운 자는 적에 의해 상해를 입기 때문에 몸에 상해를 입었음을 말한 것이다"라고 한다. 반면 『銘選』은 憲 자신은 정벌하면서도 어떠한 상해도 입지 않고 몸을 잘 보존하였다는 뜻으로 본다. 唐蘭은 省을 시찰의 의미로 본다. 『輯考』는 다음과 같이 말한다.

> 『예기』「大傳」에 "대부와 士는 전쟁이 있을 때 그 임금을 잘 호위한다(大夫士有大事, 省于其君)"라고 했고, 鄭玄 注에 "大事는 외적과 전쟁하는 일이고, 省은 잘하는 것이다. '善于其君'은 큰 어려움을 면하는 것을 말한다(大事, 寇戎之事也. 省, 善也. 善于其君, 謂免于大難也)"라고 했다. '省于人身'은 여기에서 '眚于人身'의 뜻과 유사하니, 이 명문의 뜻은 『銘選』과 마찬가지로 '憲가 이 전투 진영에서 전쟁의 일을 수행하면서 전투에 용감하게 임했으나 다치거나 해를 입지는 않았다는 말이다.

본 역주에서는 『輯考』의 견해에 따른다.

3) 孚 : 俘의 초문이다. 『설문』「人部」에 "俘는 군대가 획득한 것이다(俘, 軍所獲也)"라고 했다. 『상서』「序」에 "그 보배로운 옥을 취해서(俘厥寶玉)"라고 했고, 孔傳에 "취하는 것이다(取也)"라고 했다. 전쟁 중에 사람을 잡고 물건을 빼앗는 일을 모두 '俘'라고 하는 것이다.

4) 孚(俘)戈, 用乍(作)寶障(尊)彝:『積微』「憲鼎跋」은 "주나라 시대에는 병장기로 청동기를 주조하기도 하였으므로 병기와 彝器에서 사용된 금속 성분은 동일하다. 이 구절은 憲가 동이 정벌을 통해 포획한 무기로 鼎을 주조하였다는 것을 뜻한다"라고 한다. 즉 전쟁에서 노획한 꺽창으로 본 기물을 만들었다는 것이다. 하지만 "攻開(墻)無啻(敵), 眚(省)引(于)人身, 孚(俘)戈" 전체가 전쟁에서 憲의 武勇을 형용하고 있으며, 이 구절 전체를 본 기물의 제작 동기로 해석해도 무방하다.

5. 子子孫孫其迸(永)寶

1) 迸 : 永의 고자이다. 『설문』「永部」에 "永은 긴 것이다(永, 長也)"라고 했다.

2) 子子孫孫其迸寶 : 『斷代』는 "서주시대 청동기 명문의 상용어지만 시대의 선후에 따라 많이 변화되었다. 대개 서주 초기에는 흔히 '子子孫永寶'라고 했으니 예컨대 〈班簋〉, 〈小臣宅簋〉, 〈厚趠方鼎〉 등을 들 수 있다"고 했다.

【주제어】

[인명] 王, 遣, 虘

[지명] 東夷

[사건] 王이 遣에게 배반한 동이를 정벌할 것을 명령하였다.

【참고문헌】

『大系』考 20쪽, 『文錄』1·12쪽, 『雙選』下1·9쪽, 『斷代』上·22쪽, 『積微』132쪽, 『通釋』5·17, 『銘選』3·50쪽, 『史徵』241쪽, 『今譯類檢』141쪽

唐蘭, 「論周昭王時代的靑銅器銘刻」, 『古文字硏究』, 中華書局, 제2집, 1981년 1월

王世民·陳公柔·張長壽, 『西周靑銅器分期斷代硏究』, 文物出版社, 1999년, 110쪽

劉啓益, 「西周康王時期銅器的初步淸理」, 『出土文獻硏究』, 文物出版社, 1985년 6월

劉啓益, 「西周穆王時期的初步淸理」, 『古文字硏究』제18집, 中華書局, 1992년 8월

15. 소신래궤(小臣謎簋)

【탁본】

【저록】

기물 1 : 『集成』8·4238, 『三代』9·11·1~2, 『貞松』6·6, 『善齊』8·91~92, 『小校』8·59·1~2, 『善彝』71, 『故圖』下下 172, 『彙編』3·102, 『大系』錄 10.

기물 2 : 『集成』8·4239, 『三代』9·12·1(뚜껑), 『貞補』上 38(뚜껑), 『善齊』8·90(기물), 『小校』8·59·3(기물), 『善彝』70(기물), 『故圖』下下 171(기물), 『彙編』3·103(기물·뚜껑), 『大系』錄 9(기물), 『銘選』錄 71.

【기물설명】

본 기물의 명칭을 『貞松』은 〈白懋父簋〉, 丁山은 〈田簋〉라고 하지만, 『大

系』와『斷代』등 대부분의 선행연구는 〈小臣謎簋〉라고 명명한다. 모두 두 개의 기물이 있는데, 形制와 문양 그리고 명문이 동일하다. 복부는 盂와 유사하고, 두 개의 귀는 입구 보다 높게 솟아 있다. 圈足 아래에 세 개의 짧은 다리가 있고, 발굽은 안쪽으로 말려 들어가 있다. 뚜껑의 꼭대기는 평탄하고, 윗부분에 원형의 손잡이가 있다. 목 부분에는 두 줄의 弦紋이 장식되어 있다. 총 높이는 24.5cm, 입구의 지름은 20cm, 바닥 지름은 15.3cm, 복부의 깊이는 10.9cm, 복부의 둘레는 64.3cm, 중량은 4325g이다. 기물의 본체와 덮개에는 동일한 명문이 주조되어 있으며, 명문은 8행 64자이다.『通考』는 1931년 濬縣에서 출토되었다고 하고,『斷代』는 1930년 河南省 汲縣에서 출토되었다고 전해진다고 한다. 지금은 대만 중앙박물원(국립고궁박물원)에 소장되어 있다. 이 기물의 시대는 이 기물의 시대에 대해『大系』,『通考』,『麻朔』,『斷代』는 成王,『銘選』은 康王, 唐蘭은 昭王, 劉啓益은 穆王 시기라고 하여 여러 이설이 존재한다. 王世民외 2인은 본 기물의 형제 Ⅳ型 4式(三足簋·附耳三足簋)으로 분류하였다. 여기서는 康王시기 설을 따른다.

【석문】

戲! 東尸(夷)大反,[1] 白(伯)懋父以殷八𠂤(師)征東尸(夷).[2] 唯十又(有) 一月, 遣自�𠂤(次),[3] 迷東𨺷,[4] 伐海眉.[5] 雺𣄰(厥)復歸,[6] 才(在)牧𠂤 (次),[7] 白(伯)懋父承王令(命)易(賜)𠂤(師)率征自五齵貝.[8] 小臣謎蔑曆 眔易(賜)貝,[9] 用乍(作)寶障(尊)彝.

【현대어역】

아! 동이東夷가 크게 반란을 일으켰으니, 백무보伯懋父가 은팔사殷八師로 동이東夷를 정벌하였다. 11월에 양몽의 주둔지에서 떠나 동등東𨺷을 거쳐 해미海眉를 정벌하였다. 그곳에서 복귀하여 목牧의 주둔지에서

백무보伯懋父는 왕명을 받들어 출정했던 지휘관에게 오五로부터 노획한 패화를 하사했다. 소신小臣 래謎는 공훈을 표창받고 패화를 사여 받았으니, 이로써 보배롭고 존귀한 예기禮器를 만드노라.

【주】

1. 叡! 東尸(夷)大反

   1) 叡 :『大系』는 "발어사로 '都'와 쓰임이 같다"고 하고, 『積微』는 "경전에 보이는 '嗟'와 같은 의미이다"라고 하여 감탄사로 본다. 『斷代』는 "『설문』「辵部」에 '退, 이전이다(退, 往也)'라고 하는데, '徂'로도 쓴다. 『상서』「費誓」에 '전에 淮夷와 徐戎이 함께 일어났다(徂玆淮夷, 徐戎竝興)'고 하는데, '예전'이라는 의미이다"라고 한다. 『通釋』은 다음과 같이 설명한다.

   > 叡는 발어사. …… 丁山은 문장 처음의 "叡夷"를 붙여 읽어서 夷의 종족명으로 하고, 「叡夷考」(『集刊』2/4)에서 이를 논하여 沛國의 '鄏'를 叡夷의 땅으로 삼고 있다. 그러나 〈大保簋〉의 "叡厥反", 〈彔戒卣〉의 "叡淮夷" 등의 예로 보면 叡를 종족명으로 풀이하는 것은 타당하지 못하다.

   『輯考』는 "『설문』「又部」에는 '손으로 내리는 것이다(又卑也)'라고 하는데, 본 명문에서는 문장 앞의 어기조사로 사용되었다. 『상서』「費誓」에는 '徂玆淮夷, 徐戎竝興'이라 하여, '徂玆'로 쓰였다. '叡'와 '徂玆'는 단지 短言과 長言의 차이가 있을 뿐, 모두 실제적인 의미는 없다"라고 한다. 『大系』, 『積微』 등이 보는 것처럼 감탄사로 보아야 할 것이다.

   2) 東尸 : 뒤에 "大反"이라고 서사되어 있는데다가 이를 정벌하기 위해 八師를 동원하고 있기 때문에 이때의 동이의 반란은 매우 큰 규모였다는 사실을 알 수 있다. 그래서 『斷代』는 『맹자』「등문공하」의 "주공이 奄을 정벌한지 3년 만에 그 임금을 토벌하여 나라를 멸망시킨 것

이 50개국이었고 바다 끝까지 이르렀다(周公相武王誅紂, 伐奄三年討其君, 驅飛廉於海隅而戮之, 滅國者五十, 驅虎·豹·犀·象而遠之, 天下大悅)"는 전쟁에 해당한다고 한다. 즉 踐奄의 전쟁이라고 여긴 것이지만, 伯懋父 관련 여타 기물의 시기로 보아 믿기 어렵다.

2. 白(伯)懋父以殷八㠯(師)征東尸(夷)

1) 伯懋父 : 『大系』, 『斷代』, 唐蘭, 『銘選』 모두 伯懋父를 衛 康叔의 아들 康伯髦로 여긴다.(『좌전』, 「昭公 12년」 기사에 "王孫牟"라고 함.) 그러나 청동 예기를 제작한 연대에 대한 견해는 서로 일치하지 않는다. 『大系』와 『斷代』는 成王 시기로 비정하였고, 唐蘭은 "王孫牟는 康王을 섬겼고 昭王시대에도 다시 권력을 장악하였다"라는 주장에 따라 昭王 시기의 기물로 추정하였다. 『銘選』은 伯懋父가 衛 康叔의 아들 康伯髦로, 王孫牟라고도 불리며, 周 康王을 섬겼으므로 이 기물의 시대는 康王의 시대라고 본다. 『通釋』은 다음과 같이 설명한다.

> 伯懋父에 대해서는 우선 그 관련 기물의 명문에 의해 고찰한다는 방법을 취해야 할 것이다. 伯懋父는 초기의 여러 東征 전쟁에서 한 方國의 총사령관으로 군을 이끌고 있는데, 그 휘하에 속하는 것은 대체로 成周의 師氏, 小臣, 八師의 군대이다. 은의 팔사는 또한 성주팔사라고도 불려, 성주의 庶殷을 가지고 편성된 軍旅여서 踐奄의 전쟁 당시에는 아직 동원할 수 있는 상태가 아니었다고 생각된다. 伯懋父라는 이름은 또 〈𣪘尊〉, 〈𣪘卣〉에도 보이는데, 𣪘는 소공 奭의 뒤를 이은 인물로 생각되므로 강왕 초기의 기물이다. 伯懋父 관련 기물의 器制 및 명문의 자형도 서주 초기의 양식이라기보다 오히려 강왕·소왕 시기라고 해야 할 특질을 가지고 있다. 따라서 伯懋父는 강왕 소왕 시기의 인물로 보아야 한다.

『輯考』는 다음과 같이 설명한다.

> 伯懋父는 또한 〈召卣〉, 〈召尊〉, 〈呂壺〉, 〈師旅鼎〉, 〈御正衛簋〉, 〈小臣宅簋〉에도 보인다. 劉啓益은 "伯懋父는 바로 祭公謀父이다. …… 문헌에서

祭公謀父와 穆王은 동시기에 존재하였다고 기록되었으며, 그는 穆王의 할아버지 항렬[祖輩]이다. 穆王은 그를 祖祭父라고 불렀고, 康王과는 형제의 항렬이다(『逸周書』「祭公」)〈召卣〉명문에 출현하니, 祭公謀父의 정치활동 기간은 위로 康王에 이르는 올려 잡아야 하며, 당연히 康王 후기에서 穆王 전기의 사람이다"라고 한다. 또 말하기를 "(〈小臣謎簋〉의) 명문에 伯懋父가 보이는데, 이 명문의 글자체가 서주 중기의 풍격을 띠고 있으므로 우리는 기물의 시대를 穆王 때로 판정할 수 있다"라고 하였다. 지금 생각해 보면, 伯懋父가 康伯懋이든 祭公謀父이든 관계없이, 穆王 시대에는 이미 노년의 시대를 보내고 있었기 때문에 穆王 때에는 군사 원정이 힘들었으리라고 생각된다. 또한 伯懋父에서 伯자 항렬이 쓰였으니, 분명 康伯懋이며, 기물의 시대도 역시 康王의 시대이리라고 생각된다.

吳鎭烽이 편찬한 『金文人名匯編』(中華書局, 2006년, 405쪽)에는 다음과 같이 기술되어 있다.

懋父는 〈伯懋父簋〉, 〈師旅鼎〉(『集成』02809), 〈御正衛簋〉(『集成』04044)에서 보인다. 伯懋父는 서주 康·昭 시기의 사람이다. 郭沫若은 伯懋父는 곧 康伯髦(『大系』23쪽) 衛康叔의 아들이라 하였다. 『사기』「衛康叔世家」에서는 "康叔이 죽고, 아들 康伯髦가 대신 즉위하였다"라고 하였는데, 『사기색은』에서 宋忠은 "王孫牟이다. 周의 康王을 섬긴 대부이다"라고 하며, 『좌전』「昭公 12年」에 또 "熊繹과 呂伋, 王孫牟, 燮父, 禽父는 모두 康王을 섬겼다"라는 기록을 통해 살펴보면 〈小臣謎簋〉, 〈呂行壺〉, 〈御正衛簋〉, 〈小臣宅簋〉, 〈師旅鼎〉 등의 명문을 통해 伯懋父는 일찍이 여러 차례 東夷 정벌과 北征을 위해 殷八師를 거느리고 衛國에 주둔했다는 것을 알 수 있다.

2) 𠂤 : 𠂤는 師의 初文. 白川靜은 군대가 출정할 때 사용하는 제사 고기의 형태로 원래 군대, 군사 지휘관을 의미하는 글자라고 한다(『字統』583쪽) 『사기』「周本紀」에 "성왕과 강왕이 통치하던 시기에는 천하가 평안하여 40여 년간 형벌을 사용할 일이 없었다(成康王之際, 天下安寧,

刑錯四十餘年不用)"라고 하였다. 이 기물에는 康王 시기의 重臣 伯懋 父가 동이를 정벌한 내용이 기재되어 있다. 문헌자료에는 成王 시대 에 동이를 정벌하여 완전히 평정된 것처럼 보이지만, 실제로는 서주 시기가 끝날 때까지 계속 전쟁과 화친을 반복하였다. 본 기물을 통해 康王시기에 동이와 전쟁을 벌인 사실을 확인할 수 있다.

3) 八自 : "八師"이다. 이것에 대해서 『通釋』은 다음과 같이 설명한다.

> 殷 八師는 〈禹鼎〉에도 보이며, 噩侯馭方이 이끈 南淮夷, 東夷 반란을 진압 하는데 출동하고 있다. 또 〈舀壺〉에서는 舀를 그 冢嗣土로 임명하고 〈小克 鼎〉에서는 순찰(遹正)이 행해지고 있다.

> 殷, 成周의 팔사는 위와 성주의 양 지역에 편성되었던 별개의 부대라고 해 설되고 있지만 아마도 같은 부대의 異稱일 것이다. 성주는 은이 멸망당한 후 庶殷을 이주시킨 곳으로 그 읍리로부터 징집하여 팔사를 편성한 것이 라고 생각되며 그 때문에 종종 그 지역에 순찰이 행해진 것이다. 군의 성 질상 이 같은 異族의 편성부대는 주의 직할지에 이었다고 생각해야 할 것 이다. "은팔사"에 대해 冢嗣土를 두거나 혹은 순찰(遹征)을 언급하는 기술 이 보이지 않는 것은 은, 성주의 팔사가 동일 부대의 이칭이었기 때문이 라고 생각된다. 최근 이 부대의 성질에 대하여 于省吾와 楊寬 사이에 논 쟁이 벌어지고 있다. …… 서주시대를 통틀어 부대는 오히려 씨족을 단위 로 편성되고 있으며, 八自·六自와 같은 부대는 은의 잔존세력을 재편성한 특수한 부대였다고 생각된다. …… 八自·六自는 이른바 외인부대이기 때 문에 그 지휘관은 대체로 동방계의 씨족이 담당하고 있었다. 다만 군의 총 지휘는 주에서 파견된 장군이 담당하였고, 또 때때로 이것을 순찰하고 사 찰하는 일이 행해졌다. 〈師旂鼎〉에서 師旂의 衆僕이 王의 정벌에 따라가 지 않자, 師旂는 백무보의 견책을 받고 있다. 師旂는 동방계의 부대장(部 將)이며, 그의 衆僕은 八自에 속하는 자와 마찬가지로 동방계였다고 보이 며, 그 때문에 전열을 벗어나는 사건이 일어난 것이다.

『通釋』이 소개하는 于省吾와 楊寬의 논쟁은 于省吾가 八師를 "사상최
초의 군사적 둔전제"(「略論西周金文中的六自及其屯田制」, 『考古』 1964년 제3
기)라고 주장한 것에 대해 楊寬은 "鄕遂制度를 기초로 한 군편성"(「論
西周金文中六自八自和鄕遂制度的關係」, 『考古』 1964/8)이라는 다른 견해를
제시한 것을 말한다.

3. 遣自冪自(師)

1) 遣 : 『大系』는 〈趞尊〉, 〈班簋〉 등에 등장하는 '趞'으로 인명을 가리킨
다고 하지만, 『通釋』은 『斷代』의 학설을 인용하여 다음과 같이 동사
로 보고 있다.

   『斷代』는 遣을 동사로 읽고, 인명으로 보고 있지 않다. 당시의 어법으로 말
   하자면 〈令簋〉의 "明公歸自王", 〈中甗〉의 "中省自方", 〈令鼎〉의 "王歸自諆
   田", 〈彔簋一〉의 "白雍父來自戱" 등과 같이 "自" 위에는 대개 동사를 사용하
   기 때문에 여기에서도 동일한 용례라고 생각된다. 그리고 〈趞尊〉 등에 보이
   는 趞은 走를 구성요소로 하고, 遣과는 자형이 다르다. 이 문장은 수동태로
   명령자는 왕이고, 수명자는 小臣謎가 속한 장수 백무보이다.

   이 견해대로 인명으로 쓰이는 〈趞尊〉의 趞은 본 글자와 다르다. 따라
   서 『大系』처럼 이 글자를 인명으로 볼 수는 없을 것이다. 『설문』 「辵
   部」에 '遣은 풀다(遣, 縱也)'라고 하고, 『좌전』 「僖公 23年」에 "姜氏와 子
   犯은 (重耳를) 취하게 한 뒤 떠나보냈다(姜與子犯, 醉而遣之)"라고 하는데,
   그 杜預 注에는 "遣은 떠나다(遣, 發也)"라고 한다. 여기에서도 "떠나
   다"의 의미로 해석한다.

2) 冪 : 『輯考』는 다음과 같이 설명하였다.

   이 글자는 '哭'를 구성요소로 하는데, '哭'자는 갑골문에 보인다. 금문에는
   '咢'자가 있는데, 吳大澂은 "嘂과 咢은 고대에 통했으며, 咢은 곧 嘂의 고
   문일 것으로 생각된다"고 한다(『愙齊』 7·12쪽 「咢作妣敦」). 高田忠周도 '咢'으

로 석문하고, 구성된 세 개의 口를 品의 축약형으로 보면서, "乂가 구성요소인데, 乂는 바로 고문의 '五'자이다. 五는 음양이 교차하는 것이며 또한 거스른다(忤逆)는 의미가 있으며, 古音에서 五와 屰는 동일한 部이니, 㗊자에 屰이 구성되는 것과 乂가 구성되는 것은, 형성의 측면에서든 회의의 측면에서든 차이가 없다(『古籒篇』50冊 9쪽)"라고 하였다. 이제 살펴보면 吳씨, 高田씨의 학설이 옳은 듯하다. 㗊자의 초문은 바로 "㗊"로 쓰는데, 吅으로 구성되어 있으며(『설문』「吅」놀라 부르는 것이다. 환과 같이 발음한다(驚呼也 …… 讀若讙), 乂가 소리를 나타낸다. 乂와 㗊는 韻母 雙聲, 月鐸 通轉이다. 『설문』에는 "㗊"이라 쓰여 있고, 『集韻』「鐸韻」에서는 "㗊은 예서로 咢으로 쓴다"고 하였다. 금문에서는 간혹 㗊로 쓰기도 하는데, 세 개의 口가 구성요소이고 乂가 소리를 나타낸다. 혹은 🐾(禹鼎), 🐾(䜌侯鼎)로 쓰기도 하는데, 品으로 구성되어 있고 乂(조금 변화하였음)가 소리를 나타낸다. 『설문』에 "㗊는 떠들썩하게 소송하는 것이다(㗊, 嘩訟也)"라 하고, 또 "訟은 다툼(소송)이다(訟, 爭也)"라고 하니, 爭은 爭辯이다. 嘩訟은 바로 떠들썩하게 논쟁한다는 의미이다. 두 개의 口, 세 개의 口, 혹은 네 개의 口으로 구성된 것은 차이가 없다. 卜辭에는 "丁亥卜, 古貞: 鹿㗊于滴? 鹿不㗊于滴?"(『合集』8310正), "王占曰: 㑡㗊"(『合集』8310 反)과 같은 기록을 볼 수 있는데, 㗊은 㗊으로 석문 할 수 있으며 坼으로 읽을 수 있다. 『설문』에는 㘸로 쓰여 있고, "찢는다는 뜻이다(裂也)"라고 훈고했다. 土로 구성되고 庶가 소리요소인데, 㗊과 㘸은 모두 屰이 구성되어 소리를 얻으며, 용례에 따라 통가가 가능하다. 坼을 裂으로 부터 인신하면 무너뜨리다(毁壞)의 의미로 볼 수 있다. 위에 인용된 복사는 鹿 지역이 滴(漳)水에 의해 무너질지를 점쳐 물은 것이다. 또한, "于㑡日北對? 于南陽西㗊?"(『屯』4529) "王其令塦㗊于㑡(遠)東?"(『懷』1) "在狂東址莫㗊?"(『懷』1648)의 복사에 사용된 각각의 㗊(㗊)字는 당연히 祝으로 읽어야 하고 제사 이름이다. 『集韻』에 "祝. 門祭를 祝이라 한다"라 하였다. 윗글에 덧붙인 각 복사는 어떤 지역에서 祝祭를 거행할 것인지 말 것인지를 점쳐 물은 것이다. 본 명문의 襄은 吅(誩)이 구성되었고, 象이 발음요소이니, '讓'자의 초문이다. 『설문』「言部」에 "讓은 서로 따져 밝혀서 양보하는 것이다(讓, 相責讓也)"라 하였다. 吅(誩)은 '떠들썩하게 소송한다(嘩訟)'라는 뜻이며, '서로 따져 밝혀서 양보한다(相責讓)'는 뜻에 포함된다. 명문의 襄은 襄으로 읽으며, 지명이며, 춘추시대 宋의 襄邑으로, 오늘날 河南 睢縣이다.

　　『輯考』는 상세한 논의를 통해 글자를 분석하고 이를 오늘날 河南 睢縣에 있었던 宋의 襄邑으로 본다. 하지만 『通釋』은 襄自를 군대의 기지 명칭으로 보면서, 이번의 작전 지역으로 보아 성주보다 동쪽에 있었던 기지라고 보아서, 그 위치에 있어서 『輯考』와 견해 차이를 보인다. 이 명문에서의 襄은 地名으로 군사의 기지, 주둔지일 것이다. 그 구체적인 장소는 판정하기 어렵다.

3) 自 : 師次의 '次'에 가차자이다. "遣自襄次"는 殷八師의 주둔지인 襄次에서 출발한다는 의미이다.

4. 遹東陟

1) 遹 : 『大系』는 서중서의 말을 인용하여 "遂"로 파악하고, "遂東"을 동쪽으로 갔다는 뜻으로 본다. 『斷代』는 『설문』「辵部」의 "遹은 따르다(遹, 循也)"라는 의미로 파악하며, 『銘選』도 이 『설문』의 내용을 인용하고 "順"이라는 의미로 파악한다.

2) 陟 : 이 글자는 字書에는 보이지 않는다. 郭沫若은 徐中舒가 "懲"으로 풀이한 것에 찬성하고 있고, 『斷代』는 "東陟은 泰山산맥 혹은 勞山산맥의 북쪽 기슭을 가리킨다. 『廣雅』「釋詁」에 '隥은 언덕이다(隥, 阪也)'라 하고, 『爾雅』「釋詁」에 '滕은 빈 것이다(滕, 虛也)'라고 하였으니, 隥 혹은 滕과 陟는 동음으로 서로 가차된다"라고 한다. 『輯考』는 "『爾雅』에서 '비다(虛也)'의 의미로 훈고한 滕의 本字이다. 陟과 滕은 모두 弇

이 소리요소다. 滕에는 水가 구성되었으며, 『설문』에 '물이 넘어 솟구치는 것이다(水超湧也)'라고 하였으니, 이것이 滕의 본뜻이며, 『爾雅』에서 虛(墟)라고 훈고한 것은 가차한 뜻으로, 원래 자형은 당연히 陼이다. …… 東陼은 泰山산맥 혹은 勞山산맥의 북쪽 기슭이다"라고 한다.

5. 伐海眉

1) 海眉 : 『大系』는 "眉"자를 "湄"로 읽을 수 있다고 하는데, 『廣雅』「釋詁」에 "물가(厓也)"라 한다. 『斷代』는 여러 문헌과 금문의 예를 들어 다음과 같이 海眉는 齊의 동북쪽 모퉁이에 위치한 海隅로 옛 萊夷 지역이라고 피력하고 있다.

> 海眉는 海隅·海濱으로 해안가를 일컫고, 지금의 산동반도 掖·黃·福山·榮成 등 현에 해당되며 勞山의 북쪽이니, 제나라의 연해 지역에 해당한다. 『逸周書』「大匡」에 "管叔이 殷의 監으로 반란을 일으키니, 東隅의 제후들이 모두 왕에게 사여를 받았다(管叔自作殷之監, 東隅之侯咸受賜於王)"라고 한다. 東隅의 제후는 隅夷 등을 가리킨다. 『상서』「堯典」에 "隅夷에 거주하였다는 것은 暘谷을 일컫는다(宅隅夷曰暘谷)"라 하는데, 孔傳에 "동쪽의 변두리 지역을 隅夷라 한다(東表之地稱隅夷)"라 한다. 『釋文』은 馬融의 설을 인용하여 "堣는 연해 지역이다. 夷는 萊夷이다(堣, 海堣也. 夷, 萊夷也)"라 한다. 『설문』「土部」에 "堣夷는 暘谷에 있다(堣夷在暘谷)"라 하고, 『玉篇』에 "堣夷는 해가 뜨는 곳이다(堣夷, 日所出)"라고 한다. 海隅는 동쪽 끝의 바닷가에 있고, 전설에 해가 뜨는 곳이라 하니, 成山에 있다. 『사기』「封禪書」에서 제나라의 八神을 기술하면서 "일곱번째는 '日主'이니, 成山에 사당을 지였다. 成山은 바다에 인접하니, 가장 齊의 동북쪽 모퉁이에 위치한다(七曰日主, 祠成山, 成山斗入海, 最居齊東北隅)"라 하는데, 『史記集解』에서는 韋昭 注를 인용하여 "成山은 東萊 不夜에 있으니, 바다에 인접하였다(成山在東萊不夜, 斗入海)"라 하니, 지금의 成山頭이다. 成山에서부터 서쪽의 黃縣에 이르기까지 옛 萊夷·

萊國이 있던 곳이고, 黃縣 동남쪽 20리 떨어진 곳에 萊子城이 있다. 『사기』 「齊世家」에 "營丘의 변두리에는 萊가 있으니, 萊人은 夷이다. 紂의 난리에 회합하여 周 초기에 안정하였으나 遠方까지는 모을 수 없었기 때문에 太公과 나라를 다투었다(營丘邊萊, 萊人夷也, 會紂之亂而周初定, 未能集遠方, 是以與太公爭國)"라고 한다. 이 萊는 東夷로, 〈旅鼎〉에서 "배반한 동이를 정벌하였다(伐反夷)"라고 기재되어 있는데, 이 기물은 黃縣 萊陰에서 출토되었다. 이는 周초기에 배반한 이족을 치는 것이 황현에까지 이르렀고, 일이 평정된 뒤에 周族이 이 지역에 봉해졌다는 것을 만한다. 이상에서 기술한 것과 같이 이 궤에서 "伐海眉"의 "海眉"는 제나라의 海隅로 옛 萊夷의 땅이다. 『맹자』 「滕文公 下」에도 주공이 무왕을 도와 "엄나라를 친지 3년만에 그임금을 죽이고 비렴을 바닷가에 몰아내어 죽이고, 50개 나라를 멸망시켰다(伐奄三年討其君, 驅飛廉於海隅而戮之, 滅國者五十)"라고 하니, 주공이 동쪽으로 정벌하여 海隅까지 이르렀다는 『맹자』의 기록은 이 궤의 내용을 통해 방증해 준다고 할 수 있다.

여기에 대해 『通釋』은 "海眉는 海湄일 것이다. 陳夢家는 이것을 『爾雅』 「釋地」의 '齊有海隅'에 해당시켜서 아래 문장의 五麟를 五隅로 해석하고 있다. 연해까지 달하는 작전이었다고 보이는데, 산동반도의 어느 방면에 이른 것인가는 알 수 없다. 『이아』에서 말하는 海湄는 十藪의 하나로, 초의 雲夢 등과 함께 거론되며, 子虛賦에도 둘을 대구로 열거한다. 淵藪의 땅으로서는 萊州灣에 접하는 강 하류 삼각지 지대라고 생각된다"라고 한다.

6. 霄厥復歸

1) 霄 : 『이해 II』는 전치사 于, 連詞 與, 문두 어기사 奧 등의 용법으로 쓰였다고 한다.

2) 復歸 : 『이해 II』는 "전쟁이 끝난 후 '되돌아오다'는 의미이다"라고 한다.

7. 才(在)牧自(次)

1) 牧次 : 『輯考』는 다음과 같이 말한다.

> 牧은 지명이다. 『좌전』「隱公 5年」에 "鄭人이 衛나라 牧을 침략했다(鄭人侵衛牧)"라 하는데, 杜預 注에는 "牧은 위나라 읍이다(牧, 衛邑)"라 하니, 지금의 河南省 衛輝市 동북쪽에 있다. 이전에는 殷에 속하는 지역이었으나 周 초기 반란을 평정한 뒤에 康叔을 衛에 봉했다. 牧邑은 곧 衛에 속한다. 牧自(次)도 殷 八師의 주둔지이다.

8. 白(伯)懋父承王令(命)易(賜)自(師)逶(率)征自五齵貝

1) 師率 : 『銘選』은 "逶"을 구 중간의 語詞라고 파악한다. 『通釋』은 다음과 같이 말한다.

> 생각건대 逶을 명사로 사용하는 예는 금문에 보이지 않는데, 〈師衰簋〉의 "너에게 명하노니, 제나라 군사와 眔蝥·蒘尿와 좌우의 호신을 이끌고 淮夷를 정벌하라(令女逶齊市·眔蝥·蒘尿·左右虎臣, 正淮尸)"를 참고해 보면 동사의 용례가 있고, 〈㲉羗鍾〉에는 "逶征秦, 迖齊"에 逶征이란 어휘가 있다. 본 명문도 逶征이라 썼는데, 여기에서 征은 징수하다(征取)는 의미어서 아래의 貝에 걸린다.

> 『通釋』이 근거로 삼는 〈㲉羗鍾〉은 전국 초기의 청동기로 서주시대와 시간적으로 큰 차이가 있다. 게다가 〈㲉羗鍾〉의 구두를 "敲逶征秦"로 끊으면서 "진나라 정벌을 통솔하다(敲逶)"라고 해석하는 견해가 설득력이 있다(孫稚雛, 「㲉羗鍾銘文滙釋」, 『古文字研究(第19輯)』). 『輯考』는 "師率은 軍官으로, 여기에서는 군대를 통솔하여 정벌을 떠난 殷八師의 지휘관들을 말한다"라고 하였다. 『輯考』에 따른다.

2) 征 : 『銘選』은 "『廣雅』「釋詁2」에 '征은 징수하는 것이다(征, 稅也)'라 하고, 『周禮』「司徒·閭師」에 '사시로 그 부세를 징수한다(以時征其賦)'라 한다"라고 하였다. 『輯考』는 "『맹자』「梁惠王上」에 '위아래 사람들이 서

로 이익만 취하고자 한다면 나라가 위태로워 질 것이다(上下交征利而國
危矣)'라고 하는데, 趙岐 注에는 '征은 취하는 것이다(征, 取也)'라고 한
다. 즉, 백무보가 왕의 명을 받들어 師率들에게 五䚆의 정벌에서 취한
패화를 사여하였다는 의미이다"고 한다.

3) 䚆 : "隅"자의 이체자이다. 郭沫若은 五䚆貝를 정발한 나라 이름으로
보았다. 『銘選』은 이 글자가 "鹵"로 구성되었기 때문에 그 지방에서 소
금(鹽鹵)이 생산됨을 가리킨다고 한다. 『通釋』은 다음과 같이 말한다.

> 陳夢家는 五䚆를 지명으로서 "齊의 연해 지역(海隅)으로, 옛 萊夷의 지역
> 이며, 『상서』에 보이는 嵎夷라고 하며, 五䚆는 연해 지역의 여러 모퉁이
> 로, 글자에 鹵가 구성되어서 그 지역이 소금 산지임을 바로 보여준다"라
> 고 하여, 연해 지역 여러 모퉁이의 이민족 5부족을 합하여 五䚆라고 칭한
> 다고 하였다. …… 五䚆貝를 전부 하사물로서, 鹽鹵와 조개로 보는 것은
> 徐中舒이다. …… 또 그 어법에 맞게 명문을 해석하면, '自五䚆貝'는 '五로
> 부터 노획한 조개'라는 의미가 되어서, 위의 세 자는 조개를 획득한 장소
> 를 기록한 설명부가어가 된다. 이 경우 五는 지명이다. '五는 아마도 〈保
> 卣〉에 보이는 '五侯'의 五일 것이다.

본 역주에서는 『通釋』에 따라 해석해 둔다.

9. 小臣謎蔑曆眔易(賜)貝

1) 謎 : "言"으로 구성되었고, "迷"가 소리를 나타내니, 誺의 고자이다.
『方言』에 "誺는 알지 못함이다(誺, 不知也)"라고 하였다. 본 명문에서
는 소신의 이름으로 동이를 정벌하여 공을 세워 멸력과 패화를 사여
받은 사람이다.

2) 眔 : '曁'로 읽는다. "小臣謎蔑歷曁貝"는 피동구문으로, 소신 謎가 공
적을 勉勵받고 패화를 사여 받은 것이다.

3) 蔑曆 : 공훈을 표창한다는 뜻이다. 백무보가 동정을 마친 뒤, 논공행

상을 하고, 왕명에 의해 五부터 얻은 패화를 공로를 세운 자에게 포
상하였는데, 小臣 謎는 아마 그 지휘관으로 표창을 받고 패화를 하
사받았을 것이다.

【주제어】

[인명] 伯懋父, 王, 小臣謎.

[지명] 東夷, 豪(襄)次 , 牧次.

[시간] 十一月

[사건] 동이가 대 반란을 일으켜, 伯懋父가 殷 八師를 이끌고 동이를 정벌
한 일.

【참고문헌】

『大系』考 23쪽, 『叢考』(新) 330-338, 『文錄』3·2, 『雙選』上 3·3, 陳夢家『周靑銅器斷代』1 ,『考
報』9册(1955年), 『金文說』103, 『通釋』13·63, 『積微』122쪽, 『銘選』3·50쪽, 『이해Ⅱ』132쪽
唐蘭, 『論周昭王時代的靑銅器銘刻』, 『古文字硏究』第2輯, 中華書局, 1981년 1월
劉啓益, 『西周穆王時期的初步淸理』, 『古文字硏究』第18輯, 中華書局, 1992년 8월

16. 백육사방정(白六駟方鼎)

【탁본】

【저록】

『集成』4·2337, 『三代』3·16·2, 『貞松』2·40, 『善齋』3·7, 『小校』2·50·8, 『美集錄』R358, 『彙編』6·532.

【기물설명】

명문은 2행 8자이다. 劉體智가 소장하고 있었으나 지금은 미국 Asian Art Museum of San Francisco(Brundage 소장품)에 소장되어 있다. 제작시대는 『集成』에서 西周 초기로 판정하였다.

【석문】

白六駟(司)乍(作)瀰寶尊彝.[1)]

【현대어역】

백白의 육사六司가 기灂제사에 쓰이는 보배로운 제정齎鼎을 만드노라.

【주】

1. 白六髝(司)乍(作)灂寶尊齎

1) 白 : 白은 東夷의 나라이름. 고본『죽서기년』에 "임금 芬이 즉위하였다.
즉위한지 3년에 九夷가 와서 받들었으니, 九夷는 畎夷, 于夷, 方夷, 黃
夷, 白夷, 赤夷, 元夷, 風夷, 陽夷이다(后芬卽位, 三年, 九夷來御, 曰畎夷, 于
夷, 方夷, 黃夷, 白夷, 赤夷, 元夷, 風夷, 陽夷)"라고 하고, 또 "임금 泄 21년에
畎夷, 白夷, 赤夷, 元夷, 風夷, 陽夷에 명하였다(后泄二十一年, 命畎夷,
白夷, 赤夷, 元夷, 風夷, 陽夷)"고 했다.『일주서』「王會」에 "白民乘黃"라 하
는데, 孔鼂 注는 "白民은 또한 東南夷를 말한다(白民亦東南夷)"라고 설
명한다.『路史』「國名紀乙」에 "少昊後李姓國"에 白이 포함되어 있는
데, 그 注에 "蔡 땅 褺信 西南의 白亭이 바로 이 곳이다. 초나라 平王이
죽고 나서 아들 建의 아들인 勝을 봉하고 '白公'이라 칭하였다(蔡之褺信
西南白亭是. 楚平滅以封子建之子勝, 曰白公)"라고 하니, 白은 바로『좌전』
의 栢이다.『좌전』「희공 5년」에 "이때에 강·황·도·백나라가 제나라
와 화목하였다(於是江, 黃, 道, 栢, 方睦於齊)"의 杜預 注는 "栢은 나라 이
름이다. 汝南 西平縣에 白亭이 있다(栢, 國名, 汝南西平縣, 有栢亭)"라고
하였는데, 옛땅은 지금의 하남 서평현 서쪽에 있었다.

이상의 서술은 춘추시기 백의 경내를 설명한 것이고, 성왕시기의 〈塱
方鼎〉의 명문에 "豐國과 白國, 그리고 專古國을 완전히 패배시켰다(豐
白專姑咸戈)"라고 하니, 殷시기의 白나라는 山東省의 경내에 있었다.

2) 髝 :『輯考』는 다음과 같이 설명한다.

司의 古字이다.『설문』「辛部」에서 "辤는 받지 않는 것이다. 辛과 受를 구성
요소로 하고 있다. 고통을 받으므로 마땅히 사양하는 것이다. 辤는 籒文의

辥로 台를 구성요소 한다(辥, 不受也. 从辛, 从受. 受辛宜辥之. 辝, 籒文辥从台)"고 하였다. 여기서 許愼이 "고통을 받으므로 마땅히 사양하는 것이다(受辛宜辥之)"라고 풀이한 것은 아무래도 억지스런 해석으로 보인다. 林義光은 辥를 辭의 생략형이 변화된 것이라 하였는데(『文源』) 이 쪽이 좋다. 『설문』「辛部」를 보면 "辭는 송사하는 것이다. 矞를 구성요소로 하며, 矞辛은 죄를 다스린다는 말과 같다. 嗣는 籒文의 辭로 司를 구성요소로 한다(辭, 訟也. 从矞, 矞辛猶理辜也. 嗣, 籒文辭, 从司)"라고 하는데, 金文에서 辭는 嗣로 쓰기도 하고 䚷로 쓰기도 한다. 모두 司를 나타내는 글자로 辥·辭·䚷·䚟는 모두 司의 異文이다. 『廣雅』「釋詁3」에 "司는 주관하는 것이다(司, 主也)"라고 하였다. 금문에서 䚷는 矞과 亐을 구성요소로 한다. 矞은 손으로 실을 다듬는 모습을 본뜻 것으로『설문』「受部」에서는 다스린다는 뜻으로 해석하였다. 亐는 裘錫圭가 乂의 初文으로 해석하였다.(『論集』 35쪽) 『爾雅』「釋詁下」에서도 "乂는 다스리는 것이다(乂, 治也)"라고 하였다. 䚟는 矞과 亐을 구성요소로 하며 口는 飾符이다. 『설문』「辛部」에서 "辭는 송사하는 것이다(辭, 訟也)"라고 하였고, "辥는 받지 않는 것이다(辥, 不受也)"라고 하였는데 모두 나중에 그러한 뜻이 생겨난 것이다. 금문에서는 嗣로 쓰기도 하는데 會意字가 形聲字로 변화된 것이다. 辝는 台를 구성요소로 하고 소리요소로 하고 있는데, 上古音에서 台와 司는 喩과 心의 鄰紐이고 之部 疊韻이다. 본 명문에서 䚷은 亐을 구성요소로 하고 있고, 目(以)·司는 소리요소이다. 司자의 이체자이다.

3) 六䚷 : 인명이다.

4) 瀰 : 『輯考』는 다음과 같이 설명한다.

水를 구성요소로 하고 旛을 소리요소로 한다. 옛 沂자이고 본 명문에서는 祈로 읽는다. 『正字通』「方部」에 "旛·祈·蘄은 모두 통한다(旛·祈·蘄並通)"라고 하였다. 『一切經音義』권29에서는 『설문』「示部」의 '祈'字 해석을 인용하여 "祈는 복 받기를 간청하는 제사이다(祈, 求福祭也)"라고 하였다. 기물명 앞에 '祈'자를 붙인 것은 이 方鼎이 祭器라는 것을 나타낸다.

5) 齎 :『설문』「齊部」에 "齎는 等의 뜻이다(齎, 等也)"라고 하였고, 段玉裁
注에 "齊와 等은 마땅히 이와 같이 써야 한다(齊等字當作此)"고 하였
다. 본 명문에서는 齎로 읽으며 方鼎의 기물명이다.

【주제어】

[인명] 六髀.

[지명] 白.

【참고문헌】

裘錫圭,「釋𢦏𢦏」,『古文字論集』, 中華書局, 1992년, 35쪽

17. 수구궤(須句簋)

【탁본】

【저록】

『集成』6·3034,『三代』6·4·11,『攈古』1·1·4·1,『筠淸』5·22·2,『愙齋』
7·14·4,『攀古』下 35,『恒軒』45,『綴遺』6·4·2,『周金』3·100·2,『續殷』
上 34·7,『小校』7·5·4.

【기물설명】

명문은 1행 2자로, 合文이다. 潘祖蔭이 소장하고 있었다. 『集成』은 이 기
물의 시대를 西周 시기로 판정하였다.

【석문】

須句.[1]

【현대어역】

수구須句.

【주】

1. 須句

1) 須句 : 須句는 고대 國名이다. 郭沫若이 이 글자를 "須句"의 合文으
로 해석하였다. 그의 견해는 다음과 같다.

> 吳縣 潘氏가 簋 1기를 소장하고 있는데, 명문 "𩰀"가 있다. 『攈古』1·1〈百丁
> 彝〉에는 許瀚의 "이 글자는 句彝 2字이다"라는 설을 인용하였고, 『愙齋』
> 제7册〈百柱敵〉에는 "위의 글자는 句字와 비슷하지만 아래글자는 알 수
> 없다"고 하였다. 고찰해보면, 이 글자는 "須句" 2字의 合文이다. 𩰀는 句의
> 이체자이고, 𩠐는 바로 須의 생략형이다. (중략) 須는 鬚의 初文이며, 상형자
> 이다. 오늘날의 𩠐는 頁을 생략한 것이지만, 鬚의 형태를 보존하고 있으니,
> 이 글자가 須가 되는 것은 의심의 여지가 없다. 句는 鉤帶(갈고리 띠)라고 할
> 때의 鉤字의 本字이니, 勹은 帶鉤의 모습을 형상한 것이며, 口가 발음요
> 소다. 오늘날 𩰀은 바로 발음요소 口를 象形文 안에 넣은 것일 뿐이니, 당
> 연히 한 글자여야 한다. (郭沫若, 「釋須句」, 『金考』, 新華書店, 1954년, 213쪽)

『輯考』는 다음과 같이 설명한다.

> 『좌전』「僖公 21年」에 "任·宿·須句·顓臾은 風姓의 나라로, 실제 大皞와 濟
> 水의 제사를 담당하였다(任·宿·須句·顓臾, 風姓也, 實司大皞與有濟之祀)"라고
> 하였고, 杜預 注에 "須句는 東平縣과 須昌縣 서북쪽에 위치해 있다(須句,
> 在東平須昌縣西北)"고 하였다. 『路史』「國名紀甲·太昊後風姓國」에 "須句는
> 子爵으로 成風의 나라이고, 邾나라가 정벌하고 훗날 魯나라가 취하였다.
> 일설에는 胊로도 쓴다고 한다(『公羊』)『地志』에 胊城은 壽昌 서북쪽에 자리
> 하고 있다고 하였는데, 지금의 須城 서북이 須胊 고성이다. 京相璠은 '須와
> 胊는 한 나라로 두 개의 城과 두 개의 나라이름을 지닌다.'고 하였는데 잘
> 못되었다. 아마 邿이 須城으로 돌아왔고, 胊는 예전에 거주했던 지역이었
> 을 것이다(須句, 子爵, 成風國, 邾伐而魯取之. 一作胊(『公羊』). 『地志』胊城在壽昌西
> 北, 今須城西北須胊故城者. 京相璠云 '須胊一國二城兩名', 非也. 蓋邿歸須城, 而胊

猶是故所)"라고 하였다. 須句의 옛 땅은 지금의 山東 東平縣에 위치해 있다. 魯나라 僖公 21년(B.C 639년)에 邾 나라가 須句를 멸망시켰고, 僖公 22년 魯나라가 邾를 정벌하고 須句땅을 차지하면서 魯나라에 병합되었다. 簋의 명문 須句는 이 기물이 고대 須句國의 유물이라는 것을 나타낸다.

【주제어】

[지명] 須句

【참고문헌】

郭沫若,「釋須句」,『金考』, 新華書店, 1954년, 213쪽

18. 봉백언(夆伯甗)

【탁본】

【저록】

『集成』3·894, 『三代』5·6·7, 『貞松』4·19·1, 『善齋』3·33, 『小校』3·90·6,
『善彝』50, 『山東存』下 10·2, 『故圖』下下 12.

【기물설명】

명문은 2행 6자이다. 劉體智가 소장했었으나 현재는 대만 中央博物院에
소장되어있다. 시대는 西周 초기에 속한다.

【석문】

夆白(伯)令(命)乍(作)旅彝.[1]

【현대어역】

봉백逢白이 명령하여 보배로운 여이旅彝를 만드노라.

【주】

1. 夆白(伯)令(命)乍(作)肇(旅)彝.

1) 夆 : 『설문』「夊部」에 "夆은 거스른다는 의미이다(夆, 牾也)"라고 하고, 「午部」에 "牾는 거스른다는 뜻이다(牾, 逆也)"라고 하였으며, 「辵部」에 "逆은 맞이하는 것이다(逆, 迎也)"라고 하였다. 夆은 逢의 本字로서, 國族의 이름이며, 전래문헌자료에는 逢 또는 逢으로 썼다. 본 銘文에서의 逢은 東夷 方國 가운데 하나이다. 逢은 곧 豐이라고도 하는데, 멸망된 사실은 전래문헌자료의 기록에는 없었다. 그렇지만 〈豐方鼎〉의 발견에 의해 서주 초기에 周公이 豐국을 멸망시켰음을 알 수 있게 되었다.

『좌전』「소공 20년」에 晏嬰이 齊景公에게 "옛날에 爽鳩氏가 처음으로 이 땅에 거주하였고, 季萴이 그 뒤를 이어 받았으며, 또 逢伯陵이 이를 이어 받고, 蒲姑氏가 다시 이어받았다(昔, 爽鳩氏始居此地, 季萴因之, 有逢伯陵因之, 蒲姑氏因之, 後大公因之)"고 말하고 있으며, 杜預 注는 "逢伯陵은 은나라 제후로, 姜姓이다(逢伯陵, 殷諸侯, 姜姓)"고 하고 있다. 逢과 豐의 상고음은 聲母가 각각 竝母와 滂母로 모두 脣音에 속하고, 韻은 모두 東部로 疊韻에 해당되므로 통할 수 있다. 『國語』「周語」에 "나는 皇妣 大姜의 조카이자 伯陵의 후예로서 逢公의 神明이 붙은 바이다(則我, 皇妣大姜之姪, 伯陵之後, 逢公之所憑神也)"고 했고, 韋昭 注에 "逢公은 伯陵의 후예이며 大姜의 조카이고, 殷의 제후로 齊 땅에 봉해졌다(逢公, 伯陵之後, 大姜之姪, 殷之諸侯, 封於齊地)'고 했다. 그러므로 逢은 商나라의 제후로 그 지역에 봉해지고, 후에는 蒲姑氏로 대신하게 되며 그 지역은 武王이 商을 이기면서 다시 太公에게 봉해졌다. 여기서

의 夆伯은 마땅히 殷 逢公의 후예이다. 『좌전』「成公2년」에 보이는 逢
丑父는 그 나라이름으로 성씨를 삼은 것이다. 또한 『路史』「國名紀乙」
에서는 逢을 黃帝후예 姜姓國이라 하면서, "터는 지금의 開封 逢池이
며, 逢澤이라고도 한다"고 하였다.

그러나 逢(夆)國이 己姓이라는 설도 있다. 〈夆叔盤〉의 "夆叔이 季
改를 위한 대야를 만드노라(夆叔作季改盨)"라는 銘文에 의하면, 〈夆叔
盤〉은 夆叔이 季改를 위해서 만든 기물로서, 季改는 당연히 夆國의
여자임을 알 수 있다. 즉 季는 같은 항렬을 나타내고, 改는 姓이 된
다. 『설문』「女部」에 "改는 女字이다. 女를 구성요소로 하고 己가 소
리요소이다(改, 女字也. 从女己聲)"이라 하였다. 金文에서 姓氏字 는 대
부분 女자를 구성요소로 하는데, 改 역시 성씨자임에 틀림없다. 『世
本』「氏姓篇」에 "己姓은 少皞로부터 나왔다(己姓 出自少皞)"고 하는데,
改가 己聲이므로 己와 음이 같으니, 당연히 己姓의 본자이다. 따라
서 逢國은 少皞의 후예로서 己姓이고, 姜은 戎姓이므로 杜預가 말한
姜氏姓의 설은 재고되어야 한다.
   2) 逢伯令 : 逢나라 우두머리 逢伯의 명령이라는 뜻이다.

【주제어】

[인명] 逢伯令
[지명] 逢

19. 봉막보유(夆莫父卣)

【탁본】

【저록】

『集成』10·5245, 『文物』1959년 제10기, 文物出版社, 34쪽, 『上海』39, 『彙編』7·705, 『三代補』877.

【기물설명】

전체 높이는 23.1cm이다. 손잡이에 蟬紋이 장식되어있고, 양 끝은 獸首形으로 제작되어 있다. 그릇과 뚜껑에는 모두 鳳紋에 장식되어있고, 각각 명문이 2행 6자이다. 1958년 上海 제련소의 고철에서 회수되었다. 현재 상해박물관에 소장되어 있다. 시대는 西周 초기이다.

【석문】

夆(逢)莫父乍(作)寶彝.[1]

【현대어역】

봉逢의 막보莫父가 보배로운 제기祭器를 만드노라.

【주】

1. 夆(逢)莫父乍(作)寶彝.

1) 夆 : 〈夆伯甗〉 주석을 참조하라.

2) 莫 : 『輯考』는 다음과 같이 설명한다.

명문에는 🔲로 쓰여 있고, 艸와 日로 구성되어 있다. 字形은 甲骨文 '莫'자
의 이체자(『合集』30980)와 같다. 莫은 暮의 本字이다. 『설문』「茻部」에 "莫은
날이 장차 어두워지는 것이다. 태양이 풀숲으로 지고 있는 모양으로 구성
되어 있다(莫, 日且冥也. 从日在茻中)"고 하였다. 『설문』「茻部」에 "茻은 많은
풀로 우거진 풀숲을 가리킨다(茻, 衆艸也)"고 하였다. 艸로 구성된 것과
茻로 구성된 것은 같은 의미이다. 莫父는 기물을 만든 사람의 이름이다.

【주제어】

[인명] 莫父

[지명] 逢

【참고문헌】

上海市文物保管委員會,「近年來上海市從廢銅中搶救出的重要文物」,『文物』1959년 제10기, 1959
년 10월

20. 봉방정(夆方鼎)

【저록】

『文物』1996년 제12기, 11쪽 圖 16·2,『近出』2·275.

【기물설명】

〈夆鼎〉이라고도 한다. 전체높이 19.6cm, 口徑의 길이 16.7cm, 넓이 12.7cm, 몸통의 깊이 10cm이다. 기물의 입구는 장방형이며 평평한 沿部(가장자리)에 고리형의 곧은 귀가 있으며 바닥은 평면에 가깝고 柱足이다. 기물의 몸 네 벽 중심부분은 무늬가 없고, 네 둘레에는 雲雷紋이 바탕에 깔려있다. 네 角과 중앙에 扉棱이 있고 양쪽 측면에 蛇紋과 虁龍紋이 나뉘어 장식되어 있다. 다리의 아래 부분에는 牛首紋 및 弦紋이 장식되어 있다. 器壁의 안 쪽 측면에 명문 1행 4자가 주조되어 있다. 1985년 山東省 濟陽縣 姜集鄕

劉臺子村 서쪽 6호 西周墓에서 출토되었다. 현재 山東省文物考古研究所에서 소장하고 있다. 西周 초기의 늦은 시기에 속하는 기물이다.

【석문】

夆寶尊鼎.[1]

【현대어역】

봉夆의 보배롭고 존귀한 정鼎이다.

【주】

1. 夆寶尊鼎.

  1) 夆 : 〈夆伯甗〉 주석을 참조하라.

  2) 夆寶尊鼎 : 夆國의 보배롭고 존귀한 정이라는 뜻이다.

【주제어】

[지명] 逢.

【참고문헌】

山東省文物古考研究所,「山東濟陽對臺子西周六號墓淸理報告」,『文物』1996년 제12기, 1996년 12월

21. 봉이궤(夆彝簋)

【탁본】

【저록】

『集成』6·3131, 『文物』1985년 제12기, 18쪽 圖 8 : 2.

【기물설명】

전체높이 13.9cm, 귀 사이의 넓이 26.3cm, 구경 17.7cm, 몸통의 깊이 11.3cm이다. 넓고 큰 입구, 조여있는 頸部, 북처럼 생긴 몸통에 圈足을 가졌다. 두 귀 위에는 짐승의 머리가 장식되어 있고 밑에는 (귀를 장식하는) 귀 엣고리가 있으며, 목 부분에 세 줄의 弦紋이 장식되어 있고 圈足에는 두 줄의 弦紋이 장식되어 있다. 안쪽 바닥에 銘文 2자가 鑄造되어 있다.

1982년 山東省 濟陽縣 姜集鄕 劉臺子村 서쪽 3호 西周墓에서 출토되었다. 현재 山東省文物考古研究所에서 소장하고 있다. 西周 초기의 늦은 시기에 속하는 기물이다.

【석문】

夆彝.[1]

【현대어역】

봉夆의 제기祭器이다.

【주】

1. 夆彝.

　1) 夆：〈夆伯甗〉 주석을 참조하라.

　2) 夆彝：夆國의 祭器라는 뜻.

【주제어】

[지명] 夆.

【참고문헌】

德州地區文化局文物組 외,「山東濟陽對臺子西周墓地第二次發掘」,『文物』1985년 제12기, 1985
년 12월

22. 요후정(兪侯鼎)

【탁본】

【저록】

『集成』4·2457, 『考古』1965년 제9기, 448쪽 圖 2·1.

【기물설명】

「簡報」에서는 본 기물을 〈蔡侯鼎〉이라고 하였는데 〈兪侯鼎〉으로 해야 할 것이다. 전체높이는 46.7cm, 口徑은 35.6cm, 腹徑은 34.4cm,이다. 배의 아래쪽이 약간 불룩 나왔고 입구에 둥근 테두리가 있으며 다리는 기둥모양이다. 입구 가장자리 아래에 한 줄의 弦紋이 장식되어 있는 것을 제외하면 전체적으로 아무 문양도 없다. 명문은 2행 12자이다. 1964년 陝西省 長安縣 張家坡村 부근의 서주시기 墓葬에서 출토되었다. 현재 중국 사회과학원 고고연구소 西安硏究室에 소장되어있다. 시대는 서주 초기에 속한다. 이하의 주는 『輯考』의 설명이다.

【석문】

豻(絲)侯隻(獲)巢,¹⁾ 孚𢀛(厥)金胄,²⁾ 用乍(作)肇(旅)鼎.

【현대어역】

요후絲侯가 소巢나라 사람을 포로로 사로잡고, 그의 청동 투구를 노획하
여 여정旅鼎을 만드노라.

【주】

1. 豻(絲)侯隻(獲)巢

 1) 豻 : 본 명문에는 "🦌"로 쓰여 있는데, 陳秉新은 "豻"로 예정하고, "貂"
  자의 초문이라고 풀이한다(陳秉新,「釋貂及相關字詞」,『古文字研究』제22집)
  본 명문에서는 絲로 읽는다. 絲는 고대의 國名으로 少皞氏의 후예이
  며 偃姓이다(〈害鼎〉 역주를 참조하라.)

 3) 巢 : 옛 나라 이름이다. "獲巢"는 巢나라 사람을 포로로 사로잡았다는
  뜻으로 갑골문에 보이는 "隻(獲)羌", "隻(獲)缶" 등의 용례와 같다.

2. 孚厥金胄

 1) 孚 : "俘"의 本字이다.

 2) 胄 : "金" 아래의 '🐚'에 대해 「簡報」는 석문하지 않았다. 裘錫圭가 "胄"
  로 석문하는 것을 따른다. "金胄"는 銅으로 만든 투구이다. 『字彙』「冂
  部」에 『尙書正義』에 옛 甲胄는 모두 무소(犀)나 코뿔소(兕)로 만들었
  고 금속으로 만든 것은 없었지만, 兜鍪의 글자에 모두 金이 구성되었
  으니, 이는 아마 후세에 철을 사용한 것에서 비롯되었을 것이다(書正
  義云, 古之甲胄皆用犀 · 兕, 未有用鐵者, 而鍪 · 鎧之字皆从金, 蓋後世始用鐵也)"

라고 한다. 이 鼎의 명문에 "金胄"라고 분명히 서술되어 있으니, 서
주초기에 청동으로 제작한 투구가 있었다.

【주제어】

[인명] 彔(緣)侯.

[지명] 彔(緣), 巢

[사건] 緣侯가 巢나라 사람을 사로잡다.

【참고문헌】

史樹靑, 「西周蔡侯鼎銘釋文」, 『考古』1966년 제2기, 考古雜誌社, 1966년 2월

裘錫圭, 「'□侯獲巢'鼎銘補釋」, 『考古』1966년 제2기, 考古雜誌社, 1966년 2월

陳秉新, 「釋匜及相關字詞」, 『古文字研究』 제22집, 2000년 7월

23. 능도준(能匋尊)

【탁본】

【저록】

『集成』11·5984, 『三代』11·33·1, 『寧壽』3·29, 『貞松』7·18·2, 『希古』
5·4·1, 『善齋』4·90, 『小校』5·35·3. 『雙古』上 15.

【기물설명】

명문은 5행 24자이고, 합문이 하나있다. 淸宮, 陶祖光, 劉體智, 于省吾가
소장했었는데, 현재는 故宮박물관에 소장되어있다. 『집성』에서는 서주 초
기의 기물로 보았다. 이하의 설명은 『輯考』에 따른다.

【석문】

能匋易(賜)貝于乓(厥)**曶**(詡)公攴**高**(廩)五朋.[1] 能匋用乍(作)文父日乙
寶障(尊)彝. **糞**.[2]

【현대어역】

능能나라의 도둔가 그 군주 원공諉公으로부터 측름矢廩의 패화 5붕朋을
하사받았다. 능나라의 도는 이로써 아름답게 빛나는 아버지 일을日乙을
위해 보배롭고 존귀한 제기祭器를 만드노라. 㠱

【주】

1. 能둔易(賜)貝于乑(厥)智(諉)公矢亩(廩)五朋.

1) 能 :『설문』「能部」에 "능은 곰의 종류다(能, 熊屬)"고 했으니, 能은 熊의
本字이다. 금문에서 能은 熊의 형태를 본뜬 것이다. 熊자는 火를 구성
요소로 하고 能은 소리요소이니, 본래의 뜻은 불빛이 맹렬한 것을 형
용한 것이었을 것이다.『山海經』「西山經」에 "남쪽의 곤륜산은 그 빛이
웅웅하고 그 기운이 혼혼하다(南望崑崙, 其光熊熊, 其氣魂魂)"라고 하였
고, 郭璞 注는 "웅웅과 혼혼은 모두 빛의 기운이 성대하게 타올라서
서로 빛나게 하는 모습이다(皆光氣炎盛, 相焜燿之貌)"라고 하였다. 뒷날
에 가차해서 곰을 뜻하는 글자가 되었다. 徐灝는『說文解字注箋』에서
"能은 옛 熊자이다.『大戴禮記』「夏小正」에 '곰류, 담비류, 족제비류는
칩거한다(熊羆貊貉鼮鼬則穴)'라고 하니, 能은 羆이다. 羆는 고문에 𤠙라
고 했는데 能을 구성요소로 한 것이 그 증거가 된다(能, 古熊字, 夏小正
日, 熊羆則穴, 即熊羆也. 羆, 古文作𤠙, 从能, 亦其證)"고 했다.『逸周書』「作雒」
에 "周公이 섭정을 해서 천자를 도울 때, 삼숙(管叔·蔡叔·霍叔)과 은의
祿父가 東·徐·奄·熊·盈으로 반란을 일으켰다(周公立, 相天子, 三叔及
殷東·徐·奄·及熊·盈, 以略)"라고 하였는데, 朱右曾이 주를 달아 "奄은
熊姓의 나라이니, 지금의 山東省 곡부현이다. 熊과 盈은 徐와 奄과
같은 성씨의 나라이다(奄, 熊姓國, 今山東曲阜縣. 熊盈謂徐奄之同姓國)"(朱
右曾,『逸周書集訓校釋』, 臺灣商務印書館, 1968년)라고 설명했다. 종합해보
면 徐와 奄은 모두 嬴을 성씨로 하였으니, 朱右曾이 "奄은 熊姓의 나

라"라고 했으나, 熊은 嬴의 오자일 것이다.

『路史』「國名紀乙·少昊後嬴姓國」에 "嬴은 羨이다. 翳가 그곳의 사람들을 번성시켰기 때문에 봉했다. 漢나라 때는 泰山縣에 속했고, 뒤에 魏나라 때 다시 萊蕪현을 두었고, 唐나라 때는 博城에 편입했으니 이른바 嬴博이다. 지금 兗州의 萊蕪현은 본래 齊나라의 邑이었다(魯桓公이 齊侯와 회합하던 곳이다)(嬴羨也, 翳能繁物而封, 漢縣隸泰山, 後魏復置于萊蕪, 唐入博城所謂嬴博, 今兗之萊蕪, 本齊邑(公會齊侯處)"이라하고, 또 '盈은 嬴의 후손으로, 嬴姓이다'라고 하였으며, 『일주서』「作雒」에 '熊·盈으로 반란하였다'고 했으니 熊·郯(奄)과 더불어 모두 周公所鄰이다. 어떤 판본에는 鄜성으로 되어있는데, 혹자가 嬴이라고 하니 옳지 않다(盈, 嬴之枝, 作雒云熊盈以略者, 與熊郯(奄)皆爲周公所鄰, 一作鄜姓也, 或云卽嬴者非)"라고 하였다. 지금 생각건대, 徐·奄·嬴은 모두 嬴성이다. 盈나라는 嬴의 갈래이니 역시 嬴姓일 것이다. 『일주서』「作雒」의 "熊盈"은 나눠 읽어야만 하며, 朱右曾의 견해와 같이 "徐·奄과 같은 성씨의 나라"이니, 역시 嬴姓이다. 본 명문의 "能"은 "熊"으로 읽으며, 소호씨의 후예인 영성의 나라이다.

2) 訇 : 인명이다.

3) 㤅 : 詑자의 古字이다. 『설문』「言部」에 "詑은 위로함이다(詑, 尉也)"라고 했다. 詑公은 인명이다.

4) 亩 : 廩자의 古字이다. 『通志』「六書略」에 "亩은 廩자이다. 방정한 창고를 倉이라 하고, 둥근 창고를 亩이라고 한다(亩卽廩字 方日倉 圓日亩)고 했다. 矢廩은 창고의 이름이다.

5) 能訇易貝于厥㤅公矢廩五朋 : 비교적 특수한 피동구문으로, 能나라의 訇가 詑公으로부터 矢廩의 패화 5붕을 하사받았다는 것이다.

2. 冪

1) 冪 : 于省吾는 「釋冪」(『考古』1979년 제4기)에서 이 글자를 "舉"로 해석
   하여 "商代 금문에서 冪자가 붙어 있는 이유는 그들의 조상에게 아이
   를 거둔 어떠한 형태의 고사, 혹은 아비를 버렸다가 다시 거둔 고사
   가 있기 때문이다. 그래서 자손들이 상징적 문자를 만들어내어 씨족
   의 표지로 삼았다. 이 같은 씨족 표지는 족휘 혹은 토템이다"라고 한
   다. 또한 冪라는 문양은 〈小子畬卣〉와 〈舞敄鼎〉에도 보인다. 〈小子
   畬卣〉에서는 畬의 씨족명으로 사용되었고, 〈舞敄鼎〉에서는 작기자
   인 舞敄가 人方의 수령임을 나타낸다. 이와 같은 표지가 있는 기물
   은 모두 東夷의 유물이다. 여기에서는 于省吾의 설을 따라 이 글자의
   발음을 "거"로 한다.

【주제어】

[인명] 訇, 智公

[지명] 能.

【참고문헌】

『雙選』下2·1쪽
于省吾, 「釋冪」『考古』, 1979년 제4기

24. 능계호(能癸壺)

【저록】

『古文字硏究』제19집, 78쪽 圖 2 : 5, 李白鳳, 『東夷雜考』, 河南大學出版
社, 90쪽, 『近出』3 · 954.

【기물설명】

본 기물은 사각형 壺로 목이 길고, 어깨가 흐르듯이 되어 있으며, 배의 가
장 넓은 곳은 아래쪽에 있고, 雙貫耳이며, 뚜껑과 바닥의 양 옆에 구멍이
있고, 사각형의 圈足은 낮은 편이다. 전체높이는 40cm이다. 뚜껑에는 사
각형의 손잡이가 있다. 뚜껑 안쪽 면에 2행 5자의 명문이 주조되어 있다.
1980년 山東省 煙臺市 石良鎭 莊頭村 서주 초기의 墓葬에서 출토되었다.
시대는 서주 초기에 속한다. 「簡報」에 의하면 당시 출토된 동기는 17건으

로 鼎 3, 簋 2, 壺 1, 甗 1, 爵 2, 盤 1, 觚 1, 勺 1, 戈 1, 觶 1, 卣 1, 盂 1, 및 파손되어 형태를 알 수 없는 기물 1개 이다. 그 중 4건에 명문이 있으며 명문 중에는 內(芮)公, 熊奚, 小夫 등의 이름이 있는데, 膠東반도 지역에서 여러차례 발견된 바 있다.

【석문】

能(熊)奚乍(作)寶壺.[1]

【현대어역】

웅熊나라의 계奚가 보배로운 호壺를 만드노라.

【주】

1. 能(熊)奚乍(作)寶壺.

  1) 能 : 〈能匋尊〉 주석을 참고하라.

  2) 奚 : 人名이다. 『金文人名彙編』에는 서주 중기때의 사람으로 본다.

  3) 能奚 : 能은 熊이다. 과거에는 일반적으로 남쪽의 荊楚가 곰 토템의 씨족이었는데 나라를 세우고 그 국호를 楚라고 하였다고 여겨서 본 能(熊)을 초나라와 관련시켰다. 그러나 李白鳳의 「蒲菇熊盈考」에서는 본 기물 등에서 보이는 能(熊)은 초의 선조 鬻熊과 관련이 없다고 주장하였다. 이로 보아 莊頭의 '熊奚'는 山東省 博興 일대의 蒲菇(혹은 蒲姑)와 관련이 있음에 틀림없다(李步靑 등 「槪述」 『고문자연구』 19집)

【주제어】

[인명] 奚

[지명] 能

【참고문헌】

李步青/王錫平, 「建國來煙臺地區出土商周銘文靑銅器槪述」, 『古文字硏究』제19집, 中華書局, 1992년 8월

王錫平/唐祿庭, 「山東黃縣莊頭西周墓淸理簡報」, 『文物』1986년 제8기, 文物出版社, 1986년 8월

李白鳳, 『東夷雜考』, 河南大學出版社, 2008년

25. 영계궤(嬴季簋)

【탁본】

【저록】

『集成』6·3558, 『三代』6·36·3, 『貞補』上 21·3, 『續殷』上 45·3, 『彙編』 7·672.

【기물설명】

명문은 2행 6자이다. 시대는 『集成』에서 서주 초기로 정하였다.

【석문】

嬴季乍(作)寶隣(尊)彝.[1]

【현대어역】

영계嬴季가 보배롭고 존귀한 제기를 만드노라.

1. 嬴季乍(作)寶陴(尊)彝

  1) 嬴 : 명문에는 로 쓴다. 嬴의 古字로, 𡕥가 구성된 것과 女가 구성된 것은 의미가 같다. 〈嬴霝德簋〉의 嬴은 女를 구성요소로 한다. 『춘추』 「桓公 3年」에 "桓公이 嬴에서 齊侯와 회동하였다(公會齊侯于嬴)"라고 하는데, 杜預 注에 "嬴은 제나라의 邑이니, 지금의 泰山 嬴縣이다(嬴, 齊邑, 今泰山嬴縣)"라고 하였다. 오늘날 山東 萊蕪市 서북쪽에 위치한다. 아마 그 때에 嬴은 이미 齊나라에 의해 멸망되어 齊나라의 邑으로 전락되었을 것이다. 嬴季는 嬴君의 막내아들이다. 『路史』 「國名紀乙·少昊後嬴姓國」에 "嬴은 羨이다. 翳가 그곳의 사람들을 번성시켰기 때문에 봉했다. 漢나라 때는 泰山縣에 속했고, 뒤에 魏나라 때 다시 萊蕪현을 두었고, 唐나라 때는 博城에 편입했으니 이른바 嬴博이다. 지금 兗州의 萊蕪현은 본래 齊나라의 邑이었다(嬴羨也, 翳能繁物而封, 漢縣隸泰山, 後魏復置于萊蕪, 唐入博城所謂嬴博, 今兗之萊蕪, 本齊邑)"라고 한다.

    徐·奄·嬴은 모두 嬴성이다. 盈나라는 嬴의 갈래가 되니 또한 嬴성일 것이다. 『일주서』 「作雒」의 "熊盈"은 나눠 읽어야만 하며, 朱右曾의 견해와 같이 "徐·奄과 같은 성씨의 나라"이니, 역시 嬴姓이다. 본 명문의 '能'은 '熊'으로 읽으며, 소호씨의 후예인 영성의 나라이다.

【주제어】

[인명] 嬴季

[지명] 嬴

26. 영계준(嬴季尊)

【탁본】

【저록】

『集成』11·5860, 『三代』11·23·2, 『筠淸』1·2, 『攗古』1·3·48, 『綴遺』
18·14·1, 『小校』5·22·4, 『彙編』7·688.

【기물설명】

명문은 2행 6자이다. 李方赤과 陳介祺가 소장하였으며, 현재는 일본 奈良
天理參考館에 소장되어있다. 시대는 『集成』에서 서주 초기로 정하였다.

【석문】

嬴季乍(作)寶隉(尊)彝.[1]

【현대어역】

영계嬴季가 보배롭고 존귀한 제기를 만드노라.

【주】

1. 嬴季乍(作)寶障(尊)彝.

  1) 嬴 : 명문에는 ![glyph]로 썼다. 〈嬴季簋〉 주석을 참조하라.

【주제어】

[인명] 嬴季

[지명] 嬴

27. 영령덕정(嬴霝德鼎)

【저록】

『集成』4·2171, 『三代』3·6·3, 『貞松』2·32.

【기물설명】

林萬里의 『生春紅室金石述記』에 "둘레의 지름은 3寸에 못 미치고, 높이는 耳를 포함하여 4寸에 못 미치며, 무게는 겨우 8兩이 조금 넘는다"라고 기재되어 있다. 명문은 2행 6자이다. 武進의 陶祖光(1882-1956년)이 소장하였으며, 현재는 故宮博物院에 소장되어 있다. 시대는 『集成』에서 서주초기로 정하였다.

【석문】

嬴霝德乍(作)小鼎.[1]

【현대어역】

영영덕嬴霝德이 작은 정鼎을 만드노라.

【주】

1. 嬴霝德乍(作)小鼎.

1) 嬴 : 명문에는 ▨로 쓴다. 〈嬴季簋〉 주석을 참조하라.

2) 霝 :『설문』「雨部」에 "빗방울이 떨어지다(雨零也)"라고 하였다.『廣韻』에는 霝을 "零으로 쓰기도 한다(或作零)"라고 하였다. 霝德은 사람이름으로, 〈季嬴霝德盉〉, 〈季嬴霝德盤〉에 보이는 "季嬴霝德"과 같은 사람이며, 嬴나라의 여자인 것 같다.

3) 小鼎 :『金文說』은 "『시경』「絲衣」에 '큰 세발솥과 세발솥 그리고 작은 세발솥을 보도다(鼐鼎及鼒)'라고 하였는데, 毛傳에 '큰 鼎을 鼐라 하고, 작은 鼎을 鼒라 한다(鼎謂之鼐, 小鼎謂之鼒)'라고 하였다. 이 鼎은 매우 작기 때문에 명문에서 '小鼎'이라고 특별히 기록하고 있으니,『시경』에서 말한 '鼒'라는 것이다"라고 하였다.

【주제어】

[인명] 嬴霝德
[지명] 嬴

【참고문헌】

『積微』178쪽

28. 래후궤(鶆侯簋)

【탁본】

【저록】

『集成』6·3711, 『三代』6·44·3, 『客齋』7·9, 『奇觚』3·10, 『殷存』上 18, 『小校』7·76·1.

【기물설명】

〈鶆侯簋〉를 예전에는 〈且乙告田簋〉라고 했다. 본 기물의 명문은 2행 10자 이다. 현재 상해박물관에 소장되어 있다. 기물의 제작연대를 『集成』에서 西周 초기로 판정하였다. 이하의 설명은 『輯考』에 따른다.

【석문】

乍(作)且(祖)乙鶆(萊)侯弔(淑)障(尊)彝.[1] 告田[2]

【현대어역】

조을祖乙 래후萊侯를 위하여 아름답고 존귀한 제기를 만드노라. 告田

【주】

1. 乍(作)且.(祖)乙鵝(萊)侯弔(淑)𦾟(尊)彝.

   1) 鵝 : 强運開의『說文古籍三補』권4에 "鵝의 고문이다(鵝之古文)"라고
      하였는데, 따를만 하다. 이 글자는 鳥와 虍를 구성요소로 하고, 敉를
      소리요소로 하니, 바로 鵝의 古字이다.『이아』「釋鳥」에 "鷹은 맹금이
      다(鷹, 鵝鳩)"라고 하였다. 鷹은 猛禽이니, 금문의 鵝자는 敉를 구성요
      소로 하는 동시에 소리요소로 하는데, 來를 소리요소로 하는 것과 발
      음이 같고, 意符로 虍(虎)를 위에 붙여 맹금임을 표현하고 있다. 郭璞
      注에 "鵝는 鵝가 되어야 한다(鵝當爲鵝)"라고 하였지만, 郝懿行이『爾
      雅義疏』에서 이미 그 잘못을 지적하였고, 金文의 이 글자는 郝懿行의
      설이 옳고 郭璞이 설이 잘못되었음을 증명한다. 본 명문의 鵝는 옛
      萊國을 지칭하는 萊의 다른 서사법이다. 萊는 고대 나라 이름이다.
      敉는 攴을 구성요소로 하고 來를 소리요소로 한다. 손으로 몽둥이를
      잡고 來를 치는 형상의 회의자로 來는 또한 소리를 나타낸다. 복사와
      금문의 敉는 萊라고 읽으니 고대의 나라이름이다.『상서』「禹貢」에는
      "바다와 岱山에 靑州가 있다. 嵎夷가 이미 다스려지니 濰水와 淄水가
      옛 물길을 따른다. 토질은 희고 墳起하며, 바닷가는 넓고 갯벌이다.
      田은 上에 下이고, 賦는 中에 上이다. 貢物은 소금과 갈포요, 해물은
      섞어 바친다. 岱山의 골짜기에서 나오는 生絲와 모시, 납과 소나무와
      괴이한 돌이다. 萊夷가 방목을 한다. 광주리에 담아서 바치는 폐백은
      산뽕나무에서 나오는 생사이다(海岱, 惟靑州. 嵎夷旣略, 濰淄其道. 厥土白
      墳, 海濱廣斥. 厥田, 惟上下, 厥賦, 中上. 厥貢, 鹽絺, 海物惟錯. 岱畎絲枲, 鉛松怪
      石. 萊夷作牧. 厥筐厴絲)"라 하고,『路史』「國名紀乙」에는 "萊는 少昊氏의

후손으로 李性의 나라이다"라 하고, 「國名紀丁」에는 "옛날의 萊夷는 지금의 文登의 동북쪽 80리에 있는 不夜城이다(古之萊夷, 今文登東北八十, 不夜城也)"라고 하였는데, 이러한 내용에 근거하면 옛 萊國은 지금 山東省 榮城시 북쪽에 있었다. 『춘추』「宣公 7年」에 "여름에 공이 齊侯와 회동하여 萊을 정벌하였다(夏, 公會齊侯伐萊)"라고 하였는데, 杜預 注에 "萊國은 지금의 山東省 萊黃縣이다"라고 하였다. 『通志』「氏族略」에 "萊氏는 기금 登州 黃縣 동남쪽 25리에 옛 黃城이 있으니 이것이 萊子國이다. 襄公6년에 齊나라가 멸망시키니 그 자손들이 나라의 이름으로 氏를 삼았다"라 한다.

2) 弔 : 淑으로 읽고 쓴다. 『楚辭』「橘頌」에 "선량하고 아름다우며 음탕하지 않고, 강직하고 예의 바르네(淑離不淫, 梗其有理兮)"라고 하였고, 王夫之의 『通釋』에 "淑은 아름다움이다(淑, 美也)"라고 하였다. 『文選』 권28, 「君子有所思行」에 "아름다운 외모는 안색과 더불어 고조되더니, 안색이 쇠함에 슬픈 노래 절로 나네(淑貌色斯升, 哀音承顏作)"라고 하였고, 劉良 注에 "淑은 아름다움이다(淑, 美也)"라고 하였다.

3) 淑障彝 : 아름답고 존귀한 제기라는 뜻.

2. 告田

1) 告田 : 族氏 명칭이다.

【주제어】

[인명] 鶜(萊)侯

[지명] 鶜(萊)

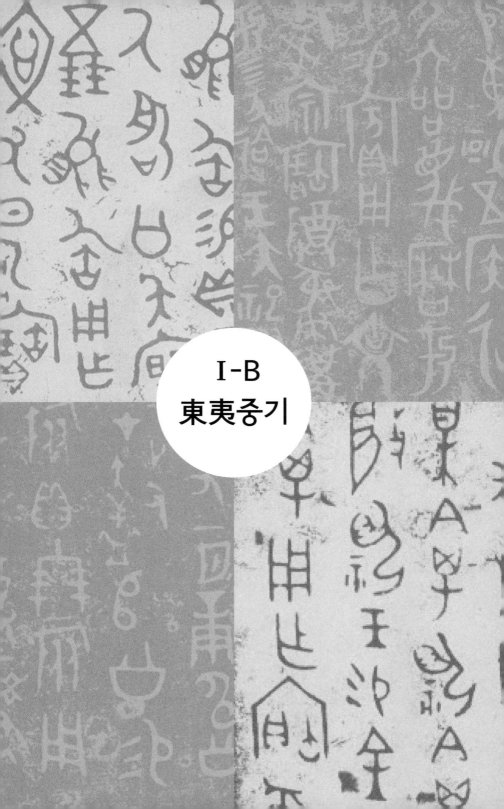

I-B
東夷중기

29. 봉백력(夆伯鬲)

【저록】

『銘選』1·379

【기물설명】

높이 12.9cm, 구경 16.3cm이다. 銘文은 19자로 입구를 한 바퀴 둘러 주
조되어 있으며, 重文이 2자, 闕文이 2字이다. 현재 上海博物館에 소장되
어 있다. 시대는『銘選』에서 西周시대 中期로 보았다.

夆(逢)白(伯)乍(作)𨝵孟姬障(尊)鬲,¹⁾ 其萬年子子孫孫永寶□□.²⁾

【현대어역】

봉백逢伯은 약맹희𨝵孟姬를 위하여 존귀한 역鬲을 만드노니, 만년토록 자자손손 영원히 보배롭게 □□.

【주】

1. 夆(逢)白(伯)乍(作)𨝵孟姬障(尊)鬲

1) 夆 :〈夆伯甗〉주석을 참조하라.

2) 𨝵 :『輯考』는 다음과 같이 말한다.

> 字書에는 보이지 않지만, 若으로 읽어야 한다.『路史』「國名紀甲·黃帝後姬姓國」의 가운데 "若水"가 있는데, 그 注에 "昌意의 출신국이니, 越嶲의 台登에 가깝다.『盟會圖疏』에서는 都으로 여겼다. 그러므로『世本』에서 允姓國이라 말한 것은 틀렸다(昌意國, 今越嶲之臺登. 盟會圖疏以爲都. 故世本云, 允姓國昌意降居爲侯, 非也)"고 했다. 台登縣은 西漢 때에 설치되었고, 治所는 지금의 四川省 冕寧縣 南瀘沽였다. 명문의 "𨝵孟姬"는 𨝵이 姬姓임을 보여주며,『路史』와 상호 증명된다. 여기서의 𨝵孟姬는 곧 逢伯의 아내이며 𨝵國 國君의 長女이다.
>
> 『좌전』「僖公 25년」에 "秦나라와 晉나라가 鄀나라를 쳤다. 그때 楚나라의 鬪克과 屈禦寇가 申과 息의 군대로 鄀나라의 도읍인 商密을 지켰다(秋秦晉伐鄀, 楚鬪克屈禦寇, 以申息之師, 戍商密)"고 하였고, 杜預 注에 "鄀나라는 본래 商密에 있으며 秦나라와 楚나라 경계에 있는 작은 나라이다. 그 후예는 南郡 鄀縣으로 이동했다(鄀本在商密, 秦楚界上小國, 其後遷於南郡鄀縣)"고 했다. 商密은 오늘날의 河南省 淅川縣 西南方이며 南郡 鄀縣은 오늘날의 湖北省 宜城縣 東南方이다. 금문 가운데 商密의 都은 虫을 구성요소로 하

는 字로도 쓰며 下蠚이라 일컫는데, 〈蠚公諓鼎〉의 명문에 "下蠚雖公諓
作尊鼎"이라 했다. 『考古圖』에 근거하면 "得於上雒(상락에서 얻었다)"라고
하는데, 上雒은 현재의 陝西省 商縣이다. 上雒과 땅이 접해있는 이 지역
이 바로 秦나라와 晉나라가 정벌한 下都으로, 나중에 晉邑이 된다. 湖北
宜城의 都은 上都이라 일컫는다. 楚나라의 昭王은 이곳으로 이동하여 도
읍으로 삼았다.

2. 其萬年子子孫孫永寶□□

1) 마지막 2자는 탁본 상으로는 보이지 않기 때문에 따로 예정을 행하
지는 않았다. 다만 금문의 용례로 보아 첫 자는 '用'이고 두 번째 자
는 族徽가 아닐까 추측된다.

【주제어】

[인명] 逢伯, 䣊孟姬.

[지명] 逢, 䣊.

【참고문헌】

『銘選』3·260쪽

30. 경강력(京姜鬲)

【탁본】

【저록】

『集成』3·641, 『博古』19·18~19, 『薛氏』160·1, 『複齋』21~22, 『積古』
7·20~21, 『攈古』2·1·61·1, 『古文審』8·11.

【기물설명】

본 기물의 명칭을 『博古』는 〈周京姜鬲〉로, 왕국유는 〈京姜庚母〉로 하지
만, 『攈古』·『薛氏』·『積微』·『集成』은 〈京姜鬲〉라고 한다.

『博古』에 의하면 높이 3寸 4分, 깊이 2寸 2分 구경 3寸 4分이라고 한다. 기

물의 입구에 11자가 한 줄로 둥글게 주조되어 있다. 『集成』은 그 시대를 서주 중기로 판정한다.

【석문】

京姜㫃女乍(作)障(尊)鬲.[1] 其永缶(寶)用.[2]

【현대어역】

경京나라의 강㫃녀姜㫃女가 존귀한 력鬲을 만드노니 영원히 보배롭게 사용할지어다.

【주】

1. 京姜㫃女乍(作)障(尊)鬲

1) 京 : 고대 국가 이름이다. 명문에 의거해 볼 때 京은 嬴姓인 것을 알 수 있다. 〈十四祀師詢簋〉와 〈元年師酉簋〉에 "京夷"란 말이 있다. 이들은 모두 京이 嬴姓을 사용하는 夷族 方國이라는 것을 명확하게 증명한다. 『좌전』「襄公 18년」에 "荀偃과 士匄가 中軍으로써 京茲를 점령했다(荀偃士匄以中軍克京茲)"라고 하는데, 杜預 注에, "(京茲는) 平陰城의 동쪽에 있다(在平陰城東南)"라고 했다. 이는 지금의 山東 肥城縣 서쪽이다. 옛날 京國이 혹시 여기에 있었다면 춘추시대에 몰락하여 齊나라 땅이 되었을 것이다. 『博古』에서는 京과 관련하여 『춘추』「은공 원년」의 공숙단이 다스렸던 鄭의 京邑으로 보고 있다. 『춘추』「은공 원년」에 "鄭나라 백작이 鄢에서 段과 싸워 이겼다(鄭伯克段于鄢)"라고 하고, 그 『좌전』에 "鄭 무공이 申의 공녀를 아내로 맞이하였는데, 이름을 武姜이라고 하였다. 무강은 莊公과 公叔段을 낳았다. …… 그녀는 동생인 공숙단을 더 예뻐하여 군주의 자리에 세우고자 자주 무공에게 청하였는데 공은 허락하지 않았다. …… 무강은 공숙단을 위

해 장공에게 京읍을 청하였다. 장공은 공숙단을 거기에 살게 하여 그
가 京城의 大叔으로 불리게 되었다(鄭武公娶于申, 曰武姜. 生莊公及共叔
段. …… 愛共叔段, 欲立之. 亟請於武公, 公弗許. ……請京, 使居之, 謂之京城大
叔)"라고 한다.

2) 姜米女 : 姜姓國의 여자로 京國 君主의 배우자이고, 米女는 그 이름
이다.

2. 其永缶(寶)用

2) 缶 : '寶'로 읽는다. 상고음의 '缶'와 '寶'는 모두 성모는 幫母, 운은 幽
部에 속하는 글자로 서로 통가할 수 있다. 또한 '寶'는 '宀', '玉', '貝'
가 구성요소이고 '缶'를 소리요소로 하기 때문에 이 두 글자의 소리
요소 역시 같다.

【주제어】

[인명] 京姜
[지명] 京

【참고문헌】

『積微』300쪽
『觀堂』3·21쪽

31. 황자노천준(黃子魯天尊)

【저록】

『集成』11·5970

【기물설명】

명문은 3행 14자이다. 현재 南京大學 考古敎硏室에 소장되어있다. 기물의 제작연대를 『集成』에서 서주 초기 혹은 중기로 판정하였다. 이하의 설명은 『집고』를 따른다.

【석문】

黃子魯天乍(作)父己寶宗彝,[1] 孫子永寶.[2]

【현대어역】

황자黃子 노천魯天이 아버지 기[父己]를 위하여 보배로운 종묘 제기를 만드니, 자손들은 영원히 보배로이 여길지어다.

【주】

1. 黃子魯天乍(作)父己寶宗彝

1) 黃 : 고대 國名으로 少皥의 후손이며 嬴姓이다. 商에서 西周까지의 黃은 지금 山西 汾水유역에 있었으며, 春秋 초기에 晉에게 멸망되었다. 黃族의 한 지류는 남쪽으로 이주하여 潢川에 나라를 세웠으니 이것이 春秋시기의 黃이다. 『고본죽서기년』「夏紀」에 "后相이 즉위하고 2년에 黃夷를 정벌하였다(后相卽位, 二年, 征黃夷)(『後漢書』「東夷傳」注)"라고 하였고, 『太平御覽』「皇王部」에 "2년에 風夷와 黃夷를 정벌하였다(二年, 征風夷及黃夷)"라 하였으며, 『太平御覽』「夷部」에 "后芬이 즉위하고 九夷가 3년에 와서 복종하였으니, 畎夷, 于夷, 方夷, 黃夷, 白夷, 赤夷, 玄夷, 風夷, 陽夷이다(后芬卽位, 三年, 九夷來御, 曰畎夷, 于夷, 方夷, 黃夷, 白夷, 赤夷, 玄夷, 風夷, 陽夷)"라 기록하고 있다. 雷學淇는 『竹書紀年義證』에서 다음과 같이 말하였다.

> 『後漢書』「東夷傳」에 "夷는 9종류로 畎夷, 于夷, 方夷, 黃夷, 白夷, 赤夷, 玄夷, 風夷, 陽夷이다(夷有九種, 曰畎夷, 于夷, 方夷, 黃夷, 白夷, 赤夷, 玄夷, 風夷, 陽夷)"라 하였는데, 이 중 黃, 白, 赤, 玄은 복식 색깔로 구별한 것이고, 方·風 등과 모두 近海의 夷이다.

이를 통해 黃夷는 동이집단에 속함을 알 수 있다. 黃의 시조는 少皥 金天氏라고 전해진다. 『좌전』「소공원년」에 "옛날 金天氏의 막내아들인

昧가 있었는데, 물을 관리하는 玄冥師가 되었으며, 允格과 臺駘를 낳았다. 臺駘는 부친의 일을 잘 하여 汾水와 洮水를 잘 통하게 하고, 큰 못의 제방을 막고서는 大原에 거처하였다. 천자가 그를 칭찬하여 汾川에 봉하였다. 沈, 姒, 蓐, 黃의 나라가 실로 그 제사를 잘 받들었는데, 지금 晉나라가 汾을 다스리면서 그 나라를 멸망시켰다(昔金天氏有裔子曰昧, 爲玄冥師, 生允格, 臺駘. 臺駘能業其官, 宣汾洮, 障大澤, 以處大原, 帝用嘉之, 封諸汾川. 沈姒蓐黃實守其祀, 今晉主汾而滅之矣)"라 하였고, 杜注에 "네 나라는 臺駘의 후예이다(四國, 臺駘之後)"라 하였다. 『古今姓氏書辯證』에는 그 글을 인용하여 "黃은 嬴姓에서 나왔다(黃, 出自嬴姓)"라 하였으며, 그 후예는 "國名으로 姓을 삼았다(以國爲姓)"라고 하였다. 여기서 말하는 黃國의 옛 땅은 오늘날 山西省 汾水유역이다. 何光岳은 "지금의 洮水 북쪽 언덕 北岸에 橫水란 지명이 있다. 絳縣 서쪽 30里에 위치하고 있고, 橫과 黃은 서로 통하므로 즉 黃國의 옛 땅이다"라고 하였다(『東夷原流史』, 41쪽)

지금의 하남성 黃川 서쪽에 위치했다는 黃國은 제일 처음『좌전』「환공8년」과『좌전』「장공19년」에서 보이는데, 杜注에는 "黃은 嬴姓의 나라다(黃, 嬴姓國)"라고 하였다. 『좌전』「희공12년」에 "黃人이 제후들이 齊나라와 화목한 것을 믿고서 초나라에 공물을 바치지 않으며 말하기를 '초나라 도읍지 郢으로부터 우리나라까지는 900리나 되는데, 어떻게 우리나라를 해칠 수 있겠는가?'라고 하였다. 그 해 여름에 초나라는 黃을 멸하였다(黃人恃諸侯之睦于齊也 不共楚職. 曰自郢及我九百里, 焉能害我. 夏楚滅黃)"라 하였다. 『한서』「地理志·汝南郡」에 "弋陽은 제후국이다"라고 기록하였는데, 應劭는 "弋山 서북쪽에 위치해 있다. 옛 황국은 오늘날의 黃城이다"라고 말하였다. 지금 생각건대, 汝南의 黃國은 淮河 남쪽에 위치하고 있으며, 商나라 도읍(安陽)에서 비교적 먼 곳에 위치하고 있었다. 뿐만 아니라 黃과 인접한 黎 또한 지금의

山西 경내의 汾河에서 멀지 않은 지역에 위치하고 있었다.

2) 子 : 작위의 명칭이다.

3) 魯天 : 黃子의 이름이다.

4) 宗 : 『설문』「宀部」에 "宗은 조묘를 높이는 것이다(宗, 尊祖廟也)"고 하
였다.

5) 宗彝 : 宗廟의 祭器이다.

2. 孫子永寶.

1) 孫子永寶 : '자손들은 영원히 보배로이 여길지어다(子孫永寶)'라는 말
과 같다.

【주제어】

[인명] 黃子魯天

[지명] 黃

32. 거소자궤(筥小子簋)

【탁본】

【저록】

기물 1(고궁박물원 소장) : 『集成』7·4036,『三代』6·51·2,『攈古』2·3·38,『山
東存』莒 2.

기물 2(상해박물관 소장) : 『集成』7·4037,『三代』6·51·3,『攈古』2·3·38,『十
二』居 9,『山東存』莒 1,『銘選』錄 330(상해)

【기물설명】

기물의 명칭은 『攈古』가 〈筥小子敦〉,『三代』가 〈筥小子彝〉라 하며, 『集
成』·『銘選』은 〈筥小子簋〉라 한다.

기물의 높이는 14.4cm, 구경은 22.2cm, 바닥의 지름은 18.4cm이다. 명문은 4행 24자이며 重文이 두 자이다. 기물이 두 개가 있는데, 하나는 고궁박물원에 소장되어 있고 하나는 상해박물관에 소장되어 있다. 시대는『集成』에서 서주 후기로 보았고『銘選』에서는 서주 중기로 보았다.

【석문】

筥小子迹家弗拜(受)邐(散).[1] 用乍(作)氒(厥)文考隌(尊)簋, 其萬年子子孫孫永寶用.

【현대어역】

거筥나라의 소자小子 부가불迹家弗이 산기散器를 받았다. 이로써 아름답게 빛나는 아버지를 위해 존귀한 궤를 만드노니, 만년토록 자자손손 길이 보배롭게 사용하라.

【주】

1. 筥小子迹家弗拜(受)邐(散)

1) 筥 :『輯考』는 다음과 같이 말한다.

『설문』「竹部」에 "筥는 밥광주리이다(筥, 籀也)"라 했다.『시경』「采蘋」에 "이것을 담는 것은 모난 바구니와 둥근 바구니(于以盛之, 維筐及筥)"라 했고, 毛傳에 "네모난 바구니를 筐이라 하고, 둥그런 바구니를 筥라고 한다(方曰筐 圓曰筥)"고 했다. 본 명문의 筥는 고대 나라 이름으로 전래문헌자료에서는 莒로 쓴다.

2) 小子 : 관직명.『주례』「小子」에 "小子는 제사의 羊肆·羊殽·肉豆를 드리는 것을 관장한다(小子掌祭祀羞, 羊肆羊殽肉豆)"고 한다.

3) 迹 : 張亞初는『殷周金文集成引得』에서 "跐"字로 석문하였다. 그러나『집고』는 "跐"字는 발등이라는 뜻으로, 辵이 구성된 것과 부합되지 않는다고 지적하며 다음과 같이 말한다.

아마 迹는 赴자의 古字일 듯싶다. 迹와 赴는 聲母가 각각 幫母, 滂母로 旁

紐이고 운부는 각각 侯部, 屋部라서 對轉관계에 있다. 迖家弗은 莒나라 小子의 이름이다.

4) 受 : 명문에는 舜로 썼다. 受의 생략된 자형이다.

5) 㪔 : 『輯考』는 다음과 같이 말한다.

> 㪔의 繁字體이다. 『설문』「攴部」에 "㪔은 나뉘어 떨어지는 것이다(㪔, 分離也)"라 했다. 『玉篇』에 "㪔은 나뉘어 떨어지는 것으로, 풀어놓음이며 散으로도 쓴다(㪔, 分離也. 放也. 亦作散)"고 했다. 『國語』「齊語」에 "그 가축들을 잃어버려 기를 수 없다(其畜散而無育)"라 하였는데, 韋昭 注에 "散은 잃어버리는 것을 말한다(散謂失亡也)"고 했다. 㪔字는 흩어져 없어지는 것을 나타내는 전용 글자이다. 본 명문의 㪔字는 아마 散으로 읽어야 할 듯하며, 옛 酒器의 이름이다. 『시경』「簡兮」에 "군주께서 술잔을 내리시도다(公言錫爵)"에서, 毛傳은 "은혜를 보임이 一散에 불과하다(見惠不過一散)"고 했다. 鄭箋은 "散은 5되를 담는다(散受五升)"라 하였고, 陸德明은 『釋文』에서 "散은 …… 酒爵이다(散, …… 酒爵也)"라 해석했다. "受散"은 다른 사람으로부터 散器를 상으로 받았음을 가리킨다. 莒나라의 小子 迖家弗이 散器를 받아 이 궤를 만들고 명문에 기록한 것이다.

한편 『銘選』은 이 문장을 달리 해석한다. "莒小子▮守弗受"를 한 문장으로 보며, 기물 2의 1행의 ▮와 2행의 ▮은 같은 글자를 잘못 주조한 것이라고 하여 이를 기물을 만든 사람의 이름으로 해석한다. 동일한 다른 기물의 명문에서 이에 해당하는 글자는 모두 판별하기 힘든 상태이다. 『銘選』의 견해에 따르면 "莒나라의 小子 ▮은 (조상의 공적을) 지키고 내주지 않았다"로 해석된다.

【주제어】

[인명] 莒 小子 迖家弗.

[지명] 莒.

【참고문헌】

『銘選』3·238쪽

33. 영령덕궤(嬴霝德簋)

【탁본】

【저록】

『集成』6·3585,『三代』7·15·1,『貞松』5·8,『善齋』8·57,『續殷』上 45,『小校』7·70·2,『善彝』85,『頌續』41.

【기물설명】

명문은 2행 6자다. 河南省 洛陽에서 출토되었다고 전해진다. 과거 陶祖光, 劉體智, 容庚이 소장했었다. 이 기물에 등장하는 "嬴霝德"과 〈嬴霝德鼎〉의 "嬴霝德", 〈季嬴霝德盉〉·〈季嬴霝德盤〉의 "季嬴霝德"은 모두 동일 인물로 파악된다. 『集成』에서는 〈嬴霝德鼎〉을 서주 초기의 기물로 파악하였고, 〈季嬴霝德盉〉·〈季嬴霝德盤〉은 서주 중기로 보았으나 어느 것이 옳은지는 더욱 구체적인 검증이 필요하다.

【석문】

嬴霝德乍(作)飤簋.[1]

【현대어역】

영嬴 영덕霝德이 재궤飤簋를 만드노라.

【주】

1. 嬴霝德乍(作)飤簋.

1) 嬴 : 명문에는 🔲로 쓰여 있는데, 嬴의 古字다. 『春秋』「桓公 3年」에 "桓公이 嬴에서 齊侯와 회동하였다(公會齊侯于嬴)"라고 하였는데, 杜預 注에 "嬴은 제나라의 邑이니, 지금의 泰山 嬴縣이다(嬴, 齊邑, 今泰山嬴縣)"라고 한다. 오늘날 山東 萊蕪市 서북쪽에 위치한다. 아마 그 때에 嬴은 이미 齊나라에 의해 멸망되어 齊나라의 邑으로 전락되었을 것이다. 전래문헌 자료에서 관련된 내용을 소개하면 아래와 같다. 『路史』「國名紀乙·少昊後嬴姓國」에 "嬴은 羨이다. 翳가 그곳의 사람들을 번성시켰기 때문에 그곳에 봉했다. 漢나라 때는 泰山縣에 속했고, 후에 魏나라 때 다시 萊蕪현을 두었고, 唐나라 때는 博城에 편입되었으니 이른바 嬴博이다. 지금 兗州의 萊蕪현은 본래 齊나라의 邑이었다(嬴羨也, 翳能繁物而封, 漢縣隷泰山, 後魏復置于萊蕪, 唐入博城所謂嬴博, 今兗之萊蕪, 本齊邑)"라고 한다.

2) 德 : 본 명문에는 '悳'으로 쓰여 있는데, 『설문』「心部」에서는 "悳은 밖으로 다른 사람에게 얻고 안으로 자신에게 얻는 것이다(悳, 外得于人, 內得于己也)"라고 하였으며, 『玉篇』「心部」에는 "悳은 지금의 '德'자와 통용된다(悳, 今通用德)"라고 하였다.

3) 霝德 : 인명이다. 『설문』「雨部」에 "빗방울이 떨어지는 것이다(雨零也)"라고 하였다. 『광운』에는 霝을 "零으로 쓰기도 한다(或作零)"라고 하였다. 霝德은 인명으로, 다음의 기물 〈季嬴霝德盉〉와 〈季嬴霝德盤〉에 등장하는 '季嬴霝德'과 같은 사람이며 嬴나라의 여자인 것 같다.

3) 𩜁 : "𩜁"의 古字이다. 『설문』「丮𩜁部」에 "𩜁는 익힌 음식을 진설하는 것이다. 丮과 食이 구성요소이며 才가 소리를 나타낸다. 載와 같이 읽는다(𩜁, 設飪也. 從丮, 從食, 才聲, 讀若載)"라고 하였다. 상고음에 才와 甾는 莊準旁紐, 之部疊韻의 관계이므로, 聲符로서 바꿔 쓸 수 있다(『古文字詁林』券 3, p.356. 于省吾의 說). 본문에서 𩜁簠는 익힌 음식을 담는 簠의 의미로 사용되었다. 이 외에도 여러 학자들이 이 글자에 대한 견해를 피력했는데, 쉬슬러는 𩜁(tsəi-)에 대한 周法高/高本漢(Karlgern)의 주장을 수용하여, 동사로 사용되었고, 그 의미는 'to serve'라고 주장하였다. 陳初生은 『金文常用字典』(陝西人民出版社, 1987년)에서 𩜁자의 구조와 의미를 보다 구체적으로 서술하였는데, 이 글자가 전래문헌에서는 모두 '載'자로 대체되었음을 말한다. 그 내용의 전문을 아래에 소개한다.

> [자형 분석] 갑골문에는 𩜁, 𩜁로 쓰였으며, 金文에는 丮·食이 구성요소이며 才가 소리인 자형이 있어서, 『설문』과 동일하다. 또 丮, 食을 구성요소로 하며 𣦵(甾)聲가 소리요소인 자형, 혹은 食이 구성요소이고 𣦵(𣦵의 變體)가 소리요소인 자형, 食이 구성요소이고 𣦵가 소리요소인 자형, 食, 貝를 구성요소로 하고 𣦵, 𣦵(모두 𣦵의 變體)가 소리요소인 자형도 있다.
> [의미 풀이] 첫째, '盛放, 放置'의 의미. 〈嬴霝德簠〉에 "嬴霝德作𩜁簠"라 하였는데 문헌에는 載로 쓰였다. 『시경』「旱麓」에 "맑은 술을 (술통에) 담아 놓았으며, 붉은 수컷짐승(희생)이 준비되었으니(淸酒旣載, 騂牡旣備)"라고 하였다. 둘째, '執行'이라는 의미. 〈師詢簠〉에 "屯(純)卹周邦, 妥立余小子, 𩜁乃事"라 하였다. 문헌에는 載로 쓰였다. 『荀子』「榮辱」에 "타인으로 하여

금 그 일을 행하게 하는 것(使人載其事)"이라 하였는데, 그 주석에 "載는 행하는 것이며, 맡은 일이다(行也, 任之也)"라고 하였다. 셋째, 어기사. 〈卯簋〉 명문에 "甗乃先且(祖)考死嗣㚒(榮)公室"이라 하였다. 문헌에서는 載로 쓰였는데, 『시경』「載馳」에 "말 달리고, 수레 몰아(載馳載驅)"라는 구절이 그 예이다. 넷째, 인명. 〈師甗鼎〉 명문에 "甗拜(拜)頴(稽)首"라는 문장이 있는데 여기서 甗는 인명으로 사용되었다.

【주제어】

[인명] 嬴霝德.

[지명] 嬴.

【참고문헌】

陳初生, 『金文常用字典』, 陝西人民出版社, 1987년

Axel Schuessler, A Dictionary of Early Zhou Chinese, University of Hawaii Press (March 1988).

34. 계영령덕화(季嬴霝德盉)

【탁본】

【저록】

『集成』15·9419, 『美集錄』R 390, 『彙編』6·605.

【기물설명】

명문은 2行 7字이다. 현재 미국 뉴욕 메트로폴리탄 박물관에 소장되어 있다. 시대는 『集成』에서 서주 중기로 판정하였다.

【석문】

季嬴霝德乍(作)寶盉.[1]

【현대어역】

영의 막내딸季嬴 영덕霝德이 보배로운 화寶盉를 만드노라.

【주】

1. 季嬴霝德乍(作)寶盉.

   1) 季嬴霝德 : 嬴姓의 막내딸 排行에 해당되는 여자로, 이름은 霝德이다.
   〈嬴霝德簋〉와 〈嬴霝德鼎〉에 등장한 霝德과 동일 인물일 것이다. 서
   주 시기 여성의 姓에 대한 연구에 관해서는 曹兆蘭의 연구가 대표적이
   다. 이 조사에 따르면 서주시기 여성의 성은 크게 4가지로 구분된다.
   첫째 王姓으로 대표적인 것은 姬姓이다. 둘째는 貴姓으로 모두 8개의
   姓이 여기에 포함된다. 셋째는 大姓으로, 6개의 姓이 포함된다. 마지막
   은 窄姓으로 모두 13개 성이 존재한다. 嬴姓은 貴姓에 속하는데, 貴
   姓은 서주 왕실과 밀접한 관계를 맺었다고 파악되며, 금문에서 24건의
   예를 찾을 수 있다.

【주제어】

[인명] 嬴霝德.

[지명] 嬴.

【참고문헌】

曹兆蘭, 「金文女性稱謂中的古姓」, 『考古與文物』 2002년 제2기

35. 계영령덕반(季嬴霝德盤)

【저록】

『集成』16·10076.

【기물설명】

명문은 2行 7字이다. 현재 상해박물관에 소장되어 있다. 시대는『集成』에서 서주 중기로 판정하였다.

【석문】

季嬴霝德乍(作)寶盤.[1]

【현대어역】

영영의 막내딸季贏 영덕靁德이 보배로운 반을 만드노라.

【주】

1. 季贏靁德乍(作)寶盤.

    1) 季贏靁德 : 〈贏靁德簋〉·〈季贏靁德盉〉 주석을 참고하라.

【주제어】

[인명] 季贏靁德.

[지명] 贏.

36. 영부정(嬴凡鼎)

【탁본】

【저록】

『集成』4·2027, 『三代』2·49·7, 『愙齋』6·14·2, 『周金』2補20·3, 『小校』2·34·1, 『夢郼』上7.

【기물설명】

과거에는 〈嬴氏鼎〉이라고 하였다. 명문은 1행 5자이며, 盛昱과 羅振玉이 예전에 소장했었다. 시대는 『集成』에서 서주 중기로 판정하였다.

【석문】

嬴凡(俯)乍(作)寶鼎.[1]

【현대어역】

영嬴의 부俯가 보배로운 정鼎을 만드노라.

【주】

1. 嬴几乍(作)寶鼎.

  1) 嬴 : 『설문』「貝部」에 "嬴은 물건을 팔고 장사하며 이문을 남기는 것이
     다(嬴, 賈有餘利也)"라고 한다. 본 명문에서는 嬴으로 읽으며 고대 國
     名이다. 〈嬴季簋〉에도 嬴과 관련된 내용의 명문이 주조되어 있다. 『春
     秋』「桓公3年」에 "桓公이 嬴에서 齊侯와 회동하였다(公會齊侯于嬴)"라고
     하였는데, 杜預 注에 "嬴은 제나라의 邑이니, 지금의 泰山 嬴縣이다(嬴,
     齊邑, 今泰山嬴縣)"라고 하였다. 오늘날 山東 萊蕪市 서북쪽에 위치한다.
     아마 그 때에 嬴은 이미 齊나라에 의해 멸망되어 齊나라의 邑으로 전
     락되었을 것이다. 『路史』「國名紀乙·少昊後嬴姓國」에서는 "盈은 嬴씨에
     서 갈라져 나온 국가라고 하였다.

  2) 几 : 『輯考』는 다음과 같이 말하였다.

     俯의 初文으로, 사람이 몸을 숙이고 있는 형상을 본떴다. 〈伯妻俯簋〉에서
     는 俯자를 𠇷라고 썼는데, 俯의 初文인 几을 구성요소로 하고, 또 府를 상
     부에 덧붙여 聲符로 삼은 것을 증거로 들 수 있다. 옛날에는 氏로 釋文하
     였으나 명확하게 보지 못한 것이다. 본 명문에서 几는 人名이다.

【주제어】

[인명] 几.
[지명] 嬴.

37. 영계유(嬴季卣)

【탁본】

【저록】

『集成』10·5240, 『三代』13·19·5-6, 『寧壽』7·10, 『貞松』8·20·1-2, 『故宮』9, 『故圖』下上137.

【기물설명】

명문은 2행 6자이다. 淸나라 황실에서 예전에 소장하였고 현재는 故宮博物院에서 소장하고 있다. 시대는 『集成』에서 서주 중기로 판정하였다.

【석문】

嬴季乍(作)寶障(尊)彝.[1]

영계嬴季가 보배롭고 존귀한 제기를 만드노라.

【주】

1. 嬴季乍(作)寶尊彝.

  1) 嬴: 고대 國名이다. 『춘추』「桓公3年」에 "桓公이 嬴에서 齊侯와 회동하
       였다(公會齊侯于嬴)"라고 하였는데, 杜預 注에는 "嬴은 제나라의 邑이
       니, 지금의 泰山 嬴縣이다(嬴, 齊邑, 今泰山嬴縣)"라고 하였다. 오늘날 山
       東 萊蕪市 북서쪽에 위치한다. 아마 그 때에 嬴은 이미 齊나라에 의해
       멸망하게 되어 齊나라의 邑으로 전락하였을 것이다.

【주제어】

[인명] 嬴季.

[지명] 嬴.

38. 래백정(敕伯鼎)

【탁본】

【저록】

『集成』4·2044, 『三代』2·49·2, 『貞松』2·27·3, 『周金』2補8·5, 『希古』2·5·1

【기물설명】

『三代』·『貞松』은 〈敕白鼎〉이라 명명하였으며 『集成』은 〈敕伯鼎〉으로 명명하였다. 여기에서는 〈敕伯鼎〉으로 명명한다.

본 기물의 명문은 2행 5자이다. 山東 黃縣 萊陰에서 출토되었다. 기물의 제작연대를 『集成』에서 西周 중기로 판정하였다.

【석문】

敕(萊)白(伯)乍(作)旅鼎(鼎).[1]

【현대어역】

래백萊伯이 여旅제사에 쓰는 정鼎을 만드노라.

【주】

1. 敕(萊)白(伯)乍(作)旅鼑(鼎)

1) 敕 : 『輯考』는 다음과 같이 말한다.

　　　　본 명문에는 🔸로 쓰였는데, 좌방 세로획 하부가 一자로 새겨진 무늬와 딱 붙어 있어(녹을 제거할 때 덩어리로 훼손된 부분일 수도 있다), 예전에는 敕로 잘못 예정하였다. 이 글자는 『英國所藏甲骨集』593片 🔸로 쓰여 있는 敕와 서로 비슷하다. 攴를 구성요소로 하며 來를 구성요소로 한다. 손으로 몽둥이를 잡고 곡식(來)을 치는 형상의 회의자이며, 來는 소리요소이기도 하다. 기물 또한 萊國의 옛 지역에서 출토되었으니, 『斷代』「過瓶」의 견해에 따라 釐자로 해석하며, 萊國의 萊로 읽는다. 『상서』「禹貢」에는 "海岱에는 青州가 있다. … (이곳의 공납품은) … 萊夷가 기른 가축, 광주리에 담긴 산뽕나무 생사이다(海岱惟青州, … 萊夷作牧. 厥篚檿絲)"라 하고, 『路史』「國名紀乙」에는 "萊는 少昊氏의 후손으로 李性의 나라이다"라 하고, 「國名紀丁」에는 "옛날의 萊夷는 지금의 文登의 동북쪽 80리에 있는 不夜城이다"라고 하였는데, 이러한 내용에 근거하면 옛 萊國은 지금 山東省 榮城시 북쪽에 있었다. 『춘추』「선공7년」에 "여름에 공이 齊侯와 회동하여 萊을 정벌하였다(夏, 公會齊侯伐萊)"라 하였는데, 杜注에 "萊國은 지금의 山東省 萊黃縣이다"라고 하였다. 『通志』「氏族略」에는 "萊氏는 지금 登州 黃縣 동남쪽 25리에 옛 黃城이 있으니 이것이 萊子國이다. 襄公6년에 齊나라가 멸망시키니 그 자손들이 나라의 이름으로 氏를 삼았다"라 하였다.

2) 鼑 : 貞의 古字. 여기에서는 鼎으로 읽는다.

【주제어】

[인명] 敕(萊)伯

[지명] 敕(萊)

39. 역작래백궤(屐作釐伯簋)

【탁본】

【저록】

『集成』6·3588, 『三代』7·13·8, 『雙吉』上·13, 『頌續』40

【기물설명】

본 기물의 명문은 2행 6자 이다. 河北 順義縣 牛狼山에서 출토되었다고 전해진다. 예전에는 于省吾, 容庚이 소장하였다. 기물의 제작연대를 『集成』에서 서주 중기로 판정하였다.

【석문】

屐乍(作)釐(萊)白(伯)寶盤(簋).¹⁾

【현대어역】

역屐이 래백萊伯을 위해 보배로운 궤簋를 만드노라.

【주】

1. 屎乍(作)釐(萊)白(伯)寶盤(籃).

1) 屎 : 『輯考』는 다음과 같이 말한다.

> 명문에는 ▨로 쓰어 있는데, 예전에는 고증하지 못했었다. 자형을 살펴보면 尸를 구성요소로 하고, 伇(『설문』 고문 役)을 소리요소로 하는데, 列이라는 뜻을 가지는 役의 本字일 것이다. 伇(役)의 초문은 회의자로 몽둥이로 몰아서 사람이 힘들여 열심히 일하게 한다는 뜻이 되며, 본뜻은 일을 시킨다는 것이다. 『시경』「生民」에 "벼의 열이 아름다우며(禾役穟穟)"의 毛傳에 "役은 줄짓는 것이다(役, 列也)"라고 하였으니 그 本字는 屎에 해당한다. 尸는 『설문』「尸部」에 "진열하는 것이다(陳也)"라는 뜻이라고 하였는데, 陳과 列은 의미가 서로 포용되므로, 列의 뜻을 가지는 役의 本字에 '尸'를 意符로 덧붙인 것이다. 뒤에 役자만 남고 屎은 없어졌을 것이다. 본 명문의 屎은 인명이다.

2) 釐 : 본 명문에는 ▨로 쓰여 있다. 〈芮伯壺〉는 2건의 기물이 있는데(『集成』9585·1, 9585·2) 각각 ▨, ▨로 쓰여 있다. 모두 옛 釐자로 木을 구성요소로 하는 것과 來를 구성요소로 하는 것은 통한다. 釐는 里를 구성요소로 하며 敕를 소리요소로 하는데, 敕는 본래 來를 구성요소로 하는 동시에 소리요소로 한다. 〈芮伯壺〉에는 敕을 생략해서 來를 구성요소로 한다. 摯는 본래 敕를 구성요소로 하는 동시에 소리요소로 하는데, 〈史牆盤〉에는 ▨로 쓰였는데, 來가 木으로 바뀌어 있다. 그러므로 ▨도 釐의 생략된 자형임을 증명할 수 있다. 본 명문의 釐는 萊로 읽는다. 『字彙補』「里部」에 "里는 萊와 같다(里, 與萊同)"라고 하였다. 萊는 고대 국명이다. 〈敕伯鼎〉 주석을 참조하라.

3) 釐白 : 萊伯으로 읽으며, 萊國의 君主이다.

4) 盤 : 금문에서는 籃를 殷로 많이 쓰는데, 이 자형(殷)에 皿을 더해 意符가 된 것으로, 盤는 殷의 번체자이다.

【주제어】

[인명] 釐(萊)伯

[지명] 釐(萊)

I-C
東夷후기

40. 교군자철호(交君子叕匠)

【탁본】

【저록】

『集成』9·4565, 『三代』10·12·1~10·11·4, 『周金』3·140·2 (뚜껑), 『小校』
9·8·1~2, 『貞松』6·28·2~6·29·1, 『希古』4·5·2~4·6·1 (4·5·3에도 나옴)

【기물설명】

기물명에 대하여 『貞松』은 〈交君子簠〉라고 했고 『集成』은 〈交君子屰簠〉라
고 했다. 하지만 高明의 설에 근거하면 명문의 "屰"는 簠가 아닌 匠로 석
문해야 하므로(주석 1-4)참조) 여기에서는 〈交君子叕匠〉를 기물명으로 본
다. 명문은 4행 16자이다. 그릇과 뚜껑에는 동일한 명문이 새겨져 있다.
본 석문에서는 그릇의 명문에 새겨진 글자의 배열을 따랐다. 뚜껑의 명문
도 4행이지만 각 행마다 4개의 글자로 배열되어 있다. 기물의 시대에 대
해서 『集成』은 西周 말기로 판정하였다. 丁樹楨이 예전에 소장했으며 현

재 中國歷史博物館에 소장되어 있다.

【석문】

交君子𢽌肇乍(作)寶鄙(匜),[1] 其覬(徽)壽萬年,[2] 永寶用.

【현대어역】

교交의 군주 자철子𢽌이 보배로운 호匜를 만드노니, 만년토록 장수를 누리고, 영원히 보배롭게 사용할지어다.

【주】

1. 交君子𢽌肇乍(作)寶鄙(匜)

1) 交 : 『輯考』는 다음과 같이 말한다.

고대 國名으로, 典籍에서는 絞로 썼다. 『路史』「國名紀乙·少昊後偃姓國」에 "絞는 佼이다. 楚나라가 정벌하여 취하였다(桓公12年) 邾邑에 絞가 있었다(絞, 佼也. 楚伐取之(桓十二年). 邾邑有絞)"라고 하였다. 邾邑의 絞 땅은 山東 滕縣에 위치해 있었다. 반면 楚나라가 정벌하여 차지한 絞 땅은 湖北 鄖縣에 위치해 있었다. 何光岳은 "絞는 동족인 徐人과 서로 이웃하고 있었는데, 후에 徐人과 함께 남쪽으로 옮겨갔다"고 하였다.

2) 子𢽌 : 𢽌은 명문에 🔲로 썼다. 湯余惠는 睡虎地 秦簡에 𢽌자를 🔲로 쓴 것에 의거하여 交君子🔲의 🔲도 𢽌자로 고증하고 다음과 같은 견해를 피력한다.

『설문』「𢽌部」에 "𢽌은 연계하는 것이다. 형상을 본뜬 것이다(𢽌, 綴聯也. 象形)"라고 했다. 땅 속에서 출토되어 후대사람들이 수정하거나 편집하는 과정을 겪지 않은 秦簡의 서법을 보면 𢽌자는 본래 大를 구성요소로 한 글자임이 분명한데, 손과 발 부분에 🔲을 첨가하여 속박당하고 있는 형상을 본뜬 것 같다. 글자의 뜻은 인신하여 연합한다(連𢽌)는 뜻이 된다. …… 交君

子夨의 夨자는 大를 구성요소로 하고 어깨부분이 평평한데, 금문에서 矩자를 [illegible]로 쓰거나(〈矩尊〉) [illegible](〈伯矩卣〉)로 쓰는 것과 동일하니 분명 叕자이다.

(「略論戰國文字形體硏究中的幾個問題」,『古文字硏究』제15집, 中華書局, 61~62쪽)

3) 肇 : 말머리에 쓰이는 助詞로 뜻은 없다.

4) 䠒 :『輯考』는 다음과 같이 말한다.

害와 五를 구성요소로 한다. "胡簋"의 胡의 古字 중 하나이고, 害는 "胡簋"의 胡의 初文이며 五는 聲符를 중첩시킨 것이다(陳秉新의「害卽胡簋之胡本字說」『考古與文物』1990년 제1기 참고.) 이러한 종류의 기물은 이름에서부터 이체자가 매우 많다. 다수의 학자들은 [illegible]라고 기물을 명명했기에 여기서도 衆論을 따른다.

명문의 [illegible]을 [illegible]로 보아야 하는 근거에 대해 高明은 아래와 같이 말한다.

瑚 또한 胡로 쓰는데 문헌 중에 기재된 고대 예기의 명칭이다. 실물로 고찰해 보면 명문에서 언급하는 기물명(自名) 대부분 [illegible]로 쓰여 있다. 이러한 종류의 예기들은 일반적으로 모두 斗와 같이 장방형으로 만들어졌고 큰 입과 두 귀로 되어 있으며 그릇과 뚜껑은 동일한 형태로 서로 꼭 맞게 닫을 수 있다. …… 기물들은 이름에서부터 이체자가 매우 많은데 초보적인 통계에 근거해 보면 繁字와 簡字의 글자체는 아래와 같이 십 여 종에 그치지 않는다. 논의의 편리성을 위해 여기에서는 각종 다양한 글자체를 하나로 모아 아래의 표로 만들어 참고자료로 제시한다.

표에서 나열한 모든 글자들은 각각 다섯 종류의 다른 聲符들을 채택하고 있는데, 그 중 우연으로 보이는 朱의 발음요소가 구성되어 발음을 고증하기 어려운 예를 제외하고, 다른 것들은 𣪘가 구성되어 소리요소를 얻은 [illegible], [illegible]이 구성되어 소리요소를 얻은 [illegible], 黃이 구성되어 소리요소를 얻은 [illegible], 그리고 古가 구성되어 소리요소를 얻은 [illegible], 이들은 모두 동일하게 胡자 발음을 읽어서 서로 대응할 수 있다. …… 上古音韻을 확인해 보면, 각 자형은 비록 성부가 일치하지 않지만 고대 발음은 완전히 동일하여, 모

두 胡자 聲韻에 대응하며, 동일하게 예기의 명칭이니, 경전에 기재된 "胡簋"의 "胡"이다. 胡자가 예기의 명칭으로 쓰이는 것도 가차에서 나온 것이지, 결코 胡자의 본래 의미는 아니다. …… 송대 학자들은 문헌에 나오는 胡와 청동기에 나오는 匿를 모두 簠로 해석하였다. 예컨대 薛尙功이 〈杜嬬鋪〉 명문 고석에서 "어리석은 내가 살펴보건대, 簠를 鋪로 쓰지만, 鋪는 기물의 명칭이 아니다. 簠자는 小篆으로는 𥳑로 쓰고 籀文으로는 𠤱로 쓴다" 라고 하였다. 더 나아가 薛尙功은 다시 『주례』 「舍人」의 鄭玄注에 "방형의 기물을 簠라고 한다(方曰簠)"라고 한 견해에 근거하여 명문에서 언급한 기물명(自名)이 匿로 되어 있는 방형의 기물들을 簠로 考訂하고 있는데 당시의 관점에서 보면 확실하여 의심할 여지가 없었던 것 같다. 하지만 이는 기물명을 오인한 것일 뿐만 아니라 실제 기물명을 감춰버린 것이다. 송대로부터 지금에 이르기까지 각지에서 출토되어 저록에 보이는 銅匿는 대략 120여 개이며, 명문 속에서 기물명칭을 스스로 언급한 예는 위의 표와 같은데, 모두 胡의 同音字이며, 簠를 기물명으로 하는 경우는 한 건도 발견되지 않았다. 반대로 명문 속에서 기물을 스스로 甫·笛·匬·鋪라고 언급한 예기는 모두 원형이며, 또한 匿와 유사한 방형의 기물은 아직 한 건도 발견되지 않았다. 이러한 현상은 匿와 簠가 명칭이 다를 뿐 아니라, 이 기물들이 완전히 다른 기물 종류로, 송대 학자가 억지로 이 기물들을 한데 묶어버린 것은 분명 실

수였음을 보여준다(「鹽簠考辨」, 『文物』1982년 제6기, 文物出版社, 71~72쪽)

따라서 ▓자는 匼로 석문해야 하며, 기물명 또한 〈交君子叕匼〉로 보

아야 한다.

2. 其頮(徽)壽萬年

1) 頮 : 沬의 고자로 본 명문에서는 徽로 읽는다.

2) 頮壽 : 徽壽로, 장수를 누리는 것이다.

【주제어】

[인명] 交君子叕

[지명] 交

41. 교군자철호(交君子叕壺)

【탁본】

【저록】

『集成』15·9662, 『善齋』4·51, 『小校』4·83·3, 『善彝』102, 『彙編』5·374.

【기물설명】

『彙編』은 〈交君子夫肇壺〉라고 했고, 『集成』은 〈交君子叕壺〉라고 했다. 명문은 4행 16자이다. 기물명 한 글자 이외에 나머지는 交君子叕匜와 전부 동일하다. 劉體智가 예전에 소장했었다. 시대는 『集成』에서 西周 말기로 판정했다. 〈交君子叕匜〉 주석을 참조하라.

【석문】

交君子叕肇乍(作)寶壺, 其鬜(徽)壽萬年, 永寶用.

【현대어역】

交교의 군주 자철子簽이 보배로운 예기 호壺를 만드노니, 만년토록 장수를 누리고, 영원히 보배롭게 사용할지어다.

【주제어】

[인명] 交君子簽
[지명] 交

42. 교군자철정(交君子𣪘鼎)

【탁본】

【저록】

『集成』5·2572, 『三代』3·35·1, 『周金』2 補, 『貞松』3·3·1, 『希古』2·15·1, 『小校』2·67·2.

【기물설명】

예전에는 〈交君子鼎〉이라고 했었다. 『貞松』과 『集成』은 모두 〈交君子鼎〉이라고 하였다. 기물명 한 글자 이외에 나머지는 〈交君子𣪘壺〉·〈交君子𣪘匜〉와 모두 같다. 이 기물의 시대에 대해 『集成』은 春秋시기로 판정했다. 반면 〈交君子𣪘壺〉과 〈交君子𣪘匜〉에 대해서는 西周 말기로 판정했다. 그러나 이 기물과 〈交君子𣪘壺〉, 〈交君子𣪘匜〉는 동일인이 만든 것이므로 또한 西周 말기로 보아야 한다. 邱崴生과 劉鶚이 예전에 소장했었다. 〈交君子𣪘匜〉 주석을 참조하라.

【석문】

交君子㽙肇乍(作)寶鼎,[1] 其鬢(徽)壽萬年,[2] 永寶用.

【현대어역】

교交의 군주 자철子㽙이 보배로운 예기 정鼎을 만드노니, 만년토록 장수를 누리고, 영원히 보배롭게 사용할지어다.

【주제어】

[인명] 交君子㽙

[지명] 交

43. 량계정(良季鼎)

【저록】

『集成』4·2057.

【기물설명】

銘文은 2行 5자이다. 이 기물의 시대에 대해『集成』은 西周 후기로 판정했
다. 函皇父 관련 여러 기물과 함께 陝西省 扶風과 岐山 사이에서 출토된
것으로 전해진다.

【석문】

良季乍(作)寶鼎(鼎).[1]

양계良季가 보배로운 정鼎을 만드노라.

1. 良季乍(作)寶鼎(鼎)

   1) 良 : 고대 國名이다. 『路史』「國名紀乙·少昊後嬴姓國」에 "將良은 본래
      良이라고 불렀다. 지금의 淮陽軍에 古良城이 있다(杜預는 下邳 良城縣이
      라고 했다) 哀公 15년에 良 땅은 吳에 속했다. 史書에서는 將良이라고
      쓴다(將良, 本曰良. 今淮陽軍有古良城. (預云, 下邳良城縣.) 哀十五年良地屬吳.
      史作將良)"고 했다. 杜預 注에는 『좌전』「昭公 13년」 "晉侯가 吳子와
      良땅에서 회합하였다(晉侯會吳子于良)"라는 문장 아래 보인다. 춘추시
      대 吳 땅의 良은 지금의 江蘇省 邳縣 동남쪽이며 고대의 良國이 바로
      여기에 있었다.

   2) 季 : 『설문』「子部」에 "季는 젊은이를 일컫는다(季, 少稱也)"라고 했다.
      예전에는 伯·仲·叔·季의 순서로 항렬을 정했는데 季는 同輩 중 서열
      이 가장 마지막에 있는 사람이다.

   3) 良季 : 良君의 막내아들이다.

   4) 鼎 : 貞의 古字이며 鼎으로 읽는다.

[인명] 良季

[지명] 良

44. 경숙반(京叔盤)

【탁본】

【저록】

『集成』16·10095, 『三代』17·4·4, 『山東存』邾 3.

【기물설명】

명문은 3행 13자이고 重文은 한 자이다. 현재 中國歷史博物館에 소장되어있다. 기물의 시대는 『集成』에서 西周 후기로 판정했다.

【석문】

京弔(叔)乍(作)孟嬴媵(媵)[盤], 子子孫永寶用.[1]

【현대어역】

경숙京叔이 맹영孟嬴을 위해 잉반媵盤을 만드니, 자자손손 영원히 보배롭게 사용할지어다.

【주】

1. 京弔(叔)乍(作)孟嬴縢(媵)[盤]

1) 京 : 고대 國名이다. 명문에 의거해 볼 때 京이 嬴姓이라는 것을 알 수 있다. 〈十四祀師詢簋〉와 〈元年師酉簋〉에 "京夷"란 말이 있다. 이들은 모두 京이 嬴姓을 사용하는 夷族 方國이라는 것을 증명해 준다. 『좌전』 「襄公18年」에, "荀偃과 士丐가 中軍으로써 京玆를 점령했다(荀偃士丐以中軍克京玆)"라고 했고, 杜預 注에, "(京玆는) 平陰城의 동쪽에 있다(在平陰城東南)"라고 했다. 지금의 山東 肥城縣 서쪽이다. 고대 京國이 여기에 있었다면 춘추시대에 몰락하여 齊나라 땅이 되었을 것이다.

2) 縢 : 『설문』 「土部」에, "縢은 논 두둑이다(縢, 稻中畦也)"라고 했고 본 명문에서는 媵으로 읽는다. 『廣韻』 「證韻」에 "媵은 시집갈 때 여동생과 여종을 딸려 보낸다는 뜻이다(媵, 送女從嫁)"라고 했는데, 인신하여 시집갈 때 예물을 딸려 보내는 것도 媵이라고 할 수 있으며, 현대어로는 혼수품이라는 말과 같다.

3) 盤 : '盤'은 탁본에서는 보이지 않지만, 본 기물이 盤이기 때문에 이곳에 '盤'이 들어가야 한다. 媵盤은 혼수품으로 보내는 盤이다.

【주제어】
[인명] 京叔, 孟嬴
[지명] 京

45. 경숙수(京叔盨)

【모본】

【저록】

『集成』9·4381, 『博古』18·11, 『薛氏』149, 『嘯堂』62·4.

【기물설명】

『博古』는 〈周京杶簠〉라고 했고, 『薛氏』는 〈京杶簠〉라고 했고, 『嘯堂』은 〈周京叔簠〉라고 했다. 반면 『集成』은 〈京叔盨〉라고 했다. 명문은 3행 11자이다. 기물의 시대는 『集成』에서 서주 말기로 판정했다. 송대 저록에만 남아있을 뿐 현재 기물의 소재는 알 수 없다.

【석문】

京弔(叔)乍(作)彝(䅾)盨,[1] 其萬壽永寶用.[2]

【현대어역】

경숙京叔이 분䅾제사에 사용하는 예기 수盨를 만드노니 만년토록 영원히 보배롭게 사용할지어다.

【주】

1. 京弔(叔)乍(作)䕞(禣)盨

1) 京叔：〈京叔盤〉의 京叔과 동일 인물이다.

2) 䕞：『薛氏』는 '䕞'로 쓰는데, 饙자의 繁文이다. 『설문』「食部」에 "饙는 滫飯이다(饙, 滫飯也)"라고 하였다. 滫飯은 쌀을 반숙으로 익혀 씻어서 다시 삶은 것이다. 본 명문의 䕞은 제사 명칭이며, 禣으로 읽는다. 『合集』36482 탁본에는 "奉"이 있는데, 이것도 "禣"으로 제사 명칭이다. "禣"자는 〈矢尊〉과 〈矢方彝〉에 보이는데, 『설문』「食部」에는 饇으로 썼다. 容庚이 말하기를 "饇은 제사의 이름이니, 기도하여 구하는 뜻이 있다. '奉年(풍년을 위해 奉 제사를 지냈다), 奉雨(비를 기원하여 奉 제사를 지냈다), 奉于某祖某妣(할아버지, 할머니에게 奉 제사를 지냈다)'는 표현이 卜辭에 자주 보인다"라고 하는 것도 참고가 된다.(『善圖·37쪽 및 〈令尊〉』)

3) 禣盨：조상에게 禣 제사를 지낼 때 사용하는 그릇[盨]이다.

2. 其萬壽永寶用

1) 壽：『呂氏春秋』「尊師」에 "학문이 높았기 때문에 천하의 유명한 名士가 되어 그 수명을 온전하게 마쳤다(由此爲天下名士顯人, 以終其壽)"라고 했고, 高誘 注에 "壽는 年이다(壽, 年也)"라고 하였다.

2) 萬壽：萬年이라는 말과 같다.

【주제어】

[인명] 京叔 [지명] 京

【참고문헌】

『雙選』下3·4쪽

46. 격숙흥보수(鬲叔興父盨)

【탁본】

【저록】

『集成』9·4405, 『三代』10·32·3 (그릇), 『積古』7·11·2~3, 『攈古』2·2·21·1~2, 『奇觚』17·29·2~3, 『小校』9·31·2 (그릇), 『周金』3 補 (그릇).

【기물설명】

『積古』·『攈古』·『奇觚』는 〈鬲叔興父簋〉라고 했고, 『集成』은 〈鬲叔興父盨〉라고 하였다. 명문은 3행 15자, 중문은 2자이다. 그릇과 뚜껑에는 동일한 명문이 새겨져 있다. 기물의 시대는 『集成』에서 西周 후기로 판정하였다. 南海 李少韓이 예전에 소장했었다.

【석문】

鬲弔(叔)興父乍(作)旅須(盨),[1] 其子子孫孫永寶用.

【현대어역】

격숙鬲叔 흥보興父가 여旅제사에 쓰는 예기 수盨를 만드노니, 그 자자손손 영원토록 보배롭게 사용할지어다.

【주】

1. 鬲弔(叔)興父乍(作)旅須(盨)

1) 鬲 : 『輯考』는 다음과 같이 말한다.

　　　고대 國名으로 偃姓이다. 『水經』「河水注」에는 應劭를 인용하여 "鬲은 偃성의 나라로 咎繇(皐陶)의 후예이다(鬲, 偃姓國, 咎繇後)"라고 한다. 『路史』「國名紀乙·小昊後偃姓國」에 "鬲은 『郡國縣道記』에 옛 鬲國으로 郾성이며 皐陶의 후예이다. 漢나라 때 縣이 되어다. 齊 天保 7년에 安德에 편입되었다. 현재의 예덕주 서북쪽에 옛 격성이 있다(鬲, 『郡國縣道記』古鬲國, 郾姓, 皐陶後. 漢爲縣. 齊天保七倂入安德. 今隷德州, 西北有故鬲城)"라고 한다. 현재 山東德州市 동남쪽에 있다.

2) 鬲叔 : 鬲國 군주의 아들이며 興父가 이름이다.

3) 須 : 盨로 가차되며 기물 명칭이다.

【주제어】

[인명] 鬲叔興父

[지명] 鬲

47. 황중이(黃仲匜)

【탁본】

【저록】

『集成』16·10214, 『三代』17·29·5, 『從古』16·16·1, 『攈古』2·1·55·4, 『憨齋』
16·24·1, 『綴遺』14·6·2, 『奇觚』8·30·1, 『周金』4·30·2, 『簠齋』3 匜 4, 『小
校』9·59·5.

【기물설명】

명문은 2행 10자이다. 『集成』에서는 서주 후기로 판정하였다. 陳介祺가
예전에 소장했었다.

【석문】

黃中(仲)自乍(作)𦥑它(匜),[1] 永寶用享.[2]

【현대어역】

황중黃仲이 스스로 𦥑匜를 만드노니 영원토록 보배롭게 향제享祭에 사용할지어다.

【주】

1. 黃中(仲)自乍(作)□它(匜)

　1) 黃 : 고대 國名으로 少皞의 후손이며 嬴姓이다. 商과 西周의 黃은 지금의 山西 汾水유역에 있었으며, 春秋 초기에 晉에게 멸망당했다. 黃族의 한 지류는 南으로 이주하여 潢川에 나라를 세웠으니 이것이 春秋시기의 黃이다. 〈黃子魯天尊〉 주석을 참조하라.

　2) 中 : 仲으로 읽는다. 고대 사람들은 伯·仲·叔·季로 항렬을 매겼다. 黃仲은 黃君의 차남일 것이다.

　3) □ : 어떤 글자인지 확실치 않다.

　4) 它 : 匜로 가차되는데 古音에서 它와 匜는 透喻 準旁紐이고 歌部 疊韻이니 통상적으로 통가될 수 있다. 匜는 고대에 세수할 때 물을 담고 물을 붓는 용도로 쓰던 생활용기이다. 모양은 타원형으로 길며 앞부분에는 물 따르는 곳이 있고 뒷부분에는 손잡이가 있는데 서주시기에는 네 개의 발이 달린 것이 많았고 춘추시기에는 발이 있는 것과 없는 것 모두 보이며 전국시기에는 모두 발이 없었다. 『좌전』「僖公 23년」에 "匜를 받들어 盥에 부었다(懷嬴奉匜沃盥)"이라고 하였고 杜預注에 "匜는 물을 채우는 용기이다(匜, 盛水器也)"라고 하였다.

2. 永寶用享

1) 用享 : 제사를 지낼 때 사용하는 것이다.

【주제어】

[인명] 黃仲

[지명] 黃

48. 황군작계영궤개(黃君作季嬴簋蓋)

【탁본】

【저록】

『集成』7·4039, 『三代』8·21·2, 『貞松』5·35, 『希古』3·24, 『周金』3·59, 『大系』錄 187·3.

【기물설명】

『貞松』은 〈黃同簋〉라고 했고, 『集成』은 〈單同簋〉라고 했지만 『大系』는 〈黃君簋〉라고 했다. 명문은 4행 24자이고 중문은 2자이다. 기물의 시대는 『集成』에서 서주 후기로 판정하였다. 歸安 姚覲元이 예전에 소장하고 했었고 지금은 故宮博物院에 소장되어 있다.

【석문】

黃君乍(作)季嬴🐚䐣簠,¹⁾ 用易(賜)匜(竉)壽·黃耇萬年,²⁾ 子子孫孫永
寶用享.

【현대어역】

황黃나라 군주가 계영季嬴 삼𩫏을 위해 잉궤䐣簠를 만드니, 이로써 아름
다운 수명과 장수를 받고, 자자손손 영원히 보배롭게 향제享祭에 사용할
지어다.

【주】

1. 黃君乍(作)季嬴🐚䐣簠

   1) 黃 : 고대 國名으로 少皞의 후손이며 嬴姓이다. 商과 西周의 黃은 지
      금의 山西 汾水유역에 있었으며, 春秋 초기에 晉에게 멸망당했다. 黃
      族의 한 지류는 南으로 이주하여 潢川에 나라를 세웠으니 이것이 春
      秋시기의 黃이다. 〈黃子魯天尊〉 주석을 참조하라.

   2) 黃君 : 명문에는 🔳🔳로 쓰여 있는데 여기에서는 黃君으로 본다.『大
      系』도 黃君으로 보고 아래와 같은 견해를 피력한다.

      > 원래 🔳🔳로 쓰여 있는데 옛날에는 "黃同"으로 해석하였다. 黃은 고대 佩
      > 玉의 형태를 본 뜬 글자로 생각되는데 〈買簠〉에 🔳로 쓰여 있고, 〈伯家父
      > 簠〉에 🔳로 쓰여 있고, 〈趙曹鼎〉에 🔳로 쓰여 있으니 이 글자가 黃자라는
      > 것을 증명해 주는 것이다. 또한 同자는 〈同卣〉에 🔳로 쓰여 있고, 〈不娶
      > 簠〉에 🔳로 쓰여 있고, 〈姑馮句鑃〉에 🔳로 쓰여 있는데 冂를 구성요소로
      > 하는 글자는 두 직선이 모두 위로 나와 있고 同을 구성요소로 한 글자도
      > 그러하므로 🔳자와는 구분이 된다. 🔳자는 君자의 생략형일 뿐이다.

   3) 🐚(𩫏) :『輯考』는 다음과 같이 말한다.

      > 인명이다. 李孝定은 "寫로 예정해야 할 것 같다"라고 추측했지만(『金文詁

林附錄』3613) 字形과 부합하지 않으므로 마땅히 鄩으로 예정해야 할 것이다. 안쪽 글자가 米가 되고 바깥쪽 글자가 尋이 되며 米 위에 하나의 가로획은 飾筆이다. 鄩자는 字書에는 보이지 않는데 糂의 고자의 이체자인 것 같다. 尋과 甚은 邪心旁紐이고 侵部疊韻이므로, 糂의 고자는 尋을 소리요소로 하였다. 『설문』「米部」에 "糂은 쌀로 양념하여 끓인 국이다. 일설에는 낱알[粒]이라고도 한다. 米를 구성요소로 하고 甚을 소리요소로 한다. 糂의 籒文은 糣으로(糣은 糂의 籒文으로) 朁을 구성요소로 한다. 糂의 古文은 糝으로 參을 구성요소로 한다(糂, 以米和羹也, 一曰粒也. 从米, 甚聲. 糣, 籒文糂从朁. 糝, 古文糂从參)"라고 하였다. 본 명문에서 鄩은 季嬴의 이름이다.

4) 季嬴 : 黃君의 딸이다.

5) 朕 : 『설문』「貝部」에 "朕은 물건을 서로 보태주는 것이다. 貝를 구성요소로 하고 朕을 소리요소로 한다. 보낸다[送], 더한다[副]라고도 한다(朕, 物相增加也. 从貝, 朕聲. 一曰送也, 副也)"라고 하였다. 본 명문에서는 媵으로 읽는다. 『廣韻』「證韻」에 "媵은 시집갈 때 여동생과 여종을 딸려 보낸다는 뜻이다(媵, 送女從嫁)"라고 하였다. 인신하여 시집갈 때 예물을 딸려 보내는 것도 媵이라고 할 수 있으며, 현대어로는 혼수품이라는 말과 같다.

2. 用易(賜)靧(沬)壽黃耇萬年

1) 靧 : 沬의 생략된 글자[省文]이고 靧는 湏의 고자이다. 『설문』「水部」에 "沬은 얼굴을 씻는 것이다. 湏는 沬의 고자로 頁을 구성요소로 한다(沬, 洒面也. 湏, 古文沬从頁)"라고 하였다. 본 명문에서는 徽로 읽는다.

2) 靧壽 : 徽壽로, 美壽이다. 李孝定은 『의례』「士冠禮」에 "眉壽萬年"에 대한 鄭玄注에 "古文에 眉는 麋로 쓴다(古文眉作麋)"라고 한 것과 『의례』「少牢饋食禮」"眉壽萬年"에 대한 鄭玄 注에 "古文에서 眉는 微로 쓴다(古文眉作微)"라고 한 것, 금문에서 "𩁕壽"는 "魯壽"라고도 하는 것, 『주

례』鄭司農注에 세 번 釁를 읽을 때 徽로 읽은 것에 근거하여 釁壽의
釁를 "마땅히 徽로 읽어야 하며 아름답다는 뜻이고, 아름답고 좋은 장
수[美善之壽]는 多壽·魯壽·永壽와 같은 말이다"라고 하였다.

3) 黃耇 : 노인이 장수하는 형상이다. 『釋名』「釋長幼」에 "90살을 鮐背라
고도 하고 黃耇라고도 하는데 귀밑털과 머리카락이 모두 황색으로
변했기 때문이다(九十日鮐背, 或曰黃耇, 鬢髮盡變黃也)"라고 하였다.

【주제어】

[인명] 黃仲

[지명] 黃

【참고문헌】

『大系』考 172쪽,『雙選』下2·25쪽,『通釋』40·227

49. 황계작계영정(黃季作季贏鼎)

【탁본】

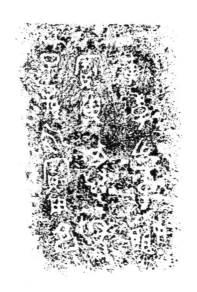

【저록】

『集成』5·2565, 『文物』1973년 제5기, 文物出版社, 22쪽 圖 2, 『湖北』81, 『三代補』894.

【기물설명】

『集成』과 劉彬徽는 〈黃季鼎〉이라고 하였다. 높이는 32.4cm, 입구 지름은 31.6cm이다. 立耳와 半筒 모양의 蹄足, 복부에는 두 바퀴 둘러싼 竊曲紋이 장식되어 있으며, 복부 안 쪽 벽에 주조된 명문은 3행 16자이다. 기물의 시대는 黃錫全과 劉彬徽가 서주 후기로 판정하였다. 劉彬徽은 立耳와 半筒 모양의 蹄足이 서주 후기부터 춘추 초기까지 유행하던 스타일이었으며 竊曲紋이 서주 후기에 자주 보이고 함께 출토된 기물의 특징을 결부시켜 이 기물의 연대가 서주 후기 중 말기에 해당된다고 보았다. 1970년 湖北省 隨州市 均川熊家 老灣에서 출토되었는데 〈曾仲大父螽(蛑)簋〉도 함께 출토되었다. 현재는 湖北省博物館에 소장되어 있다.

【석문】

黃季𠂤(作)季嬴寶鼎,[1] 其萬年子孫永寶用享.

【현대어역】

황계黃季가 계영季嬴을 위한 보배로운 정鼎을 만드노니, 만년토록 자손들이 영원히 보배롭게 향제享祭에 사용할지어다.

【주】

1. 黃季𠂤(作)季嬴寶鼎
   1) 黃 : 고대 國名으로 少皞의 후손이며 嬴姓이다. 商과 西周의 黃은 지금의 山西 汾水유역에 있었으며, 春秋 초기에 晉에게 멸망당했다. 黃族의 한 지류는 南으로 이주하여 潢川에 나라를 세웠으니 이것이 春秋시기의 黃이다. 〈黃子魯天尊〉 주석을 참조하라.
   2) 黃季 : 黃君의 막내 아들이다.
   3) 季嬴: 黃君의 작은 딸이다. 〈黃君作季嬴簋〉의 季嬴과 동일 인물인 듯하다. 劉彬徽는 이 기물을 黃國이 딸을 曾나라에 시집보낼 때의 기물로 보고 "이 여성은 함께 출토된 〈曾仲大父蛑簋〉의 妻室인 것 같다"라고 하였다.

【주제어】

[인명] 黃季, 季嬴

[지명] 黃

【참고문헌】

鄂兵,「湖北隨縣發現的曾國銅器」,『文物』1973년 제5기, 文物出版社, 1973년 5월
劉彬徽,「湖北出土兩周金文國別考述」,『古文字研究』제13집, 中華書局, 1986년 6월
黃錫全,「湖北出土商周文字輯證」,武漢大學出版社 , 1992년, 80쪽

50. 황주탁력(黃聿柁鬲)

【탁본】

【저록】

『集成』3·609, 3·610, 『文物』1972년 제2기, 文物出版社, 47쪽 圖 2, 『湖北』
242.

【기물설명】

『集成』은 〈黃市鬲〉라고 했고, 劉彬徽은 〈朱柢鬲〉이라고 했다. 기물은 두 개이며, 모두 동일한 형태이다. 입구 가장자리는 넓고 입술부분은 얇다. 복부는 이중 고리모양의 무늬로 한 바퀴 빙 둘러 장식했다. 높이는 20.5cm이고, 입구 지름은 25.5cm이다. 입구 가장자리에 고른 간격으로 동그랗게 1행 9자의 명문이 주조되어 있다. 1966년 7월, 湖北省 京山縣 坪壩蘇家嶺에서 출토되었다. 현재는 湖北省博物館에 소장되어 있다. 기물의 시대는 여러 학자들이 모두 서주 후기로 판정했다. 劉彬徽는 이 기물의 시대를 서주 후기로 보고 다음과 같은 견해를 밝혔다.

> 〈〈朱柢鬲〉〉은 〈曾中斿父鼎〉과 함께 출토되었으며 두 기물의 形制와 크기가 서로 똑같다. …… 이 두 기물 형태는 춘추 초기 〈樊夫人龍嬴鬲〉와 동일한 형식의 것이지만 가랑이 부분[襠部]이 후자(〈樊夫人龍嬴鬲〉)와 비교했을 때 움푹 들어가 있어 자루모양의 발[袋足]이 비교적 깊으며, 전자(〈朱柢鬲〉·〈曾中斿父鼎〉)는 이중 고리모양이 있고 후자는 竊曲紋으로 장식되어 있다. 시대상으로는 시기의 분기점에 놓여있는 것으로 함께 출토된 기물들과 결부시켜 고찰해 보았을 때 이 두 기물의 연대를 서주 후기로 보는 것이 타당하다.(劉彬徽, 「湖北出土兩周金文國別考述」, 『古文字研究』제13집, 中華書局, 1986년 6월, 266쪽)

【석문】

隹(唯)黃𤔲柂用吉金乍(作)鬲.[1]

【현대어역】

황黃나라의 주탁𤔲柂이 길금吉金으로 력鬲을 만드노라.

【주】

1. 隹(唯)黃𤔲柂用吉金乍(作)鬲

1) 黃 : 고대 國名으로 少皥의 후손이며 嬴姓이다. 商과 西周의 黃은 지
   금의 山西 汾水유역에 있었으며, 春秋 초기에 晉에게 멸망당했다. 黃
   族의 한 지류는 南으로 이주하여 潢川에 나라를 세웠으니 이것이 春
   秋시기의 黃이다. 〈黃子魯天尊〉 주석을 참조하라.

2) 朱 : 정확히 판독하기 어렵다. 黃錫全은 朱자일 것이라고 추정하였으
   며, 劉彬徽도 朱로 석문하여 본 기물명을 〈朱柢鬲〉이라고 했다.

3) 柂 : 黃錫全은 柂자로 석문했다. 柂자는 字書에는 보이지 않은 글자
   인데 柂의 고자인 것 같다.『집운』「鐸韻」에 "柂은 柂櫨니 나무 이름
   이다(柂, 柂櫨, 木名)"라고 했다.

4) 鬲 : 羊자를 거꾸로 세운 것과 비슷한데, 鬲자를 거꾸로 뒤집어 놓은
   자형이 손상된 것 같다. 여기서는 黃錫全과 劉彬徽가 鬲으로 석문한
   것을 따른다.

【주제어】

[인명]黃朱柂

[지명]黃

【참고문헌】

湖北省博物館,「湖北京山發現曾國銅器」,『文物』1972년 제2기, 文物出版社, 1972년 2월
黃錫全,『湖北出土商周文字輯證』, 武漢大學出版社 , 1992년, 121쪽
劉彬徽,「湖北出土兩周金文國別考述」,『古文字研究』제13집, 中華書局, 1986년 6월

51. 차의임궤(戲𡥌妊簋)

【탁본】

【저록】

『集成』7·3785,『三代』7·26·6,『積古』6·2·4,『攈古』2·1·72·1,『周金』
3·89·4,『夢鄣』上 26,『小校』7·83·7.

【기물설명】

『積古』와『攈古』는〈𡥌妊敦〉이라고 했고,『集成』은〈戲𡥌妊簋〉라고 했다.
명문은 2행 13자이고 중문은 1자이다. 왼쪽에서 오른쪽으로 읽는다. 기물
의 시대는『集成』에서 서주 후기로 판정했다. 羅振玉이 예전에 소장했었다.

【석문】

戲𡥌妊乍(作)寶簋,[1] 子孫孫永寶用享.

【현대어역】

차虘나라의 의임妊任이 보배로운 궤를 만드노니, 자자손손 길이 보배롭게 향제享祭에 사용할지어다.

【주】

1. 虘𡥏妊乍(作)寶簋

1) 虘 : 『輯考』의 견해는 다음과 같다.

> 고대 國名이며 少皥氏의 후예이다. 虘는 虘·盧로도 쓰는데 劉士莪·尹盛平·錢伯泉는 모두 〈史牆鄘盤〉 명문의 "虘·髟을 내쫓으시고 夷·東을 정벌하셨다(逷虘髟, 伐夷童)"의 虘가 갑골문의 虘·虘·盧를 가리킨다고 하였다. 錢伯泉도 "上古시기의 鄘나라는 지금의 河南省 永城縣 서쪽의 贊陽集에 있었다"라고 했다. 鄘는 본래 秦縣이지만, 옛 나라 이름이라는 말은 찾을 수 없다. 하지만 山東 費縣에서 출토되었다고 전해지는 〈虘鼎〉에서는 冀를 씨족 명칭으로 삼았고, 人方의 수령인 舞玫가 주조했던 〈舞玫鼎〉에서도 冀를 씨족 명칭으로 썼다. 이를 통해 보면 虘가 동이집단에 속하는 方國이었다는 것을 알 수 있다. 『노사』「後紀七·少昊」에서는 少昊 靑陽氏는 姓이 紀이고, 그 후예로 且于가 있다고 말한다.(少昊靑陽氏, 紀姓, 名質, 是為摯.) 少昊는 동이 집단 시조 가운데 하나로 전해지며, 虘·虘와 盧는 모두 且가 聲部에 해당하니, 같은 발음은 반드시 同部라는 용례에 준하여 且라고 읽는 것은 의문의 여지가 없다. 且와 于는 모두 魚部에 해당하고, 且于는 且를 길게 늘려 읽을 때의 발음이다. 『좌전』「양공23년」의 기록을 보면, "齊나라 諸侯 莊公이 晉나라에서 돌아오면서 본국으로 들어오지 않고 그 길로 莒나라를 습격하여 且于의 성문을 공격하였다(齊侯還自晉, 不入, 遂襲莒, 門于且于)"라 하였고, 杜注에 "且于"를 莒國의 邑 이름이라고 풀이하였는데, 지금의 山東省 莒縣 북쪽에 자리하고 있는 지역을 가리킨다. 고대 虘國은 지금의 山東省 莒縣 일대에 해당된다.

2) 㬜 : 晉의 고자이다. 『설문』「子部」에 "㬜는 성대한 모양이다 …… 㬜(🅵)는 籒文의 㬜자로 두 개의 子자를 구성요소로 한다(㬜,盛貌 …… 🅵, 籒文㬜从二子)"고 했다.

3) 妊 : 姓으로 나중에 任으로 썼다.

4) 㬜妊 : 戲國으로 시집 간 任姓의 여인이다.

【주제어】

[인명] 㬜妊

[지명] 戲

52. 래백력(釐伯鬲)

【탁본】

【저록】

기물 1 : 『集成』 3·663, 『考古』 1984년 제7기, 596쪽 圖 6.

기물 2 : 『集成』 3·664.

기물 3 : 『集成』 3·665.

【기물설명】

4건으로 形制나 크기는 똑같다. 높이는 19.5cm, 복부 깊이는 9cm, 입구 지름은 16cm이다. 잘록한 목[束頸], 꺾어진 입구 가장자리[折沿], 弧形의

襠部이며, 발과 함께 대응되는 복부의 壁에 각각 한 줄의 扉棱이 있으며, 半圓 기둥 모양의 발이 있다. 입구 가장자리 아래에 이중 고리 모양의 무늬가 장식되어 있으며, 복부에는 허리띠 모양의 무늬가 장식되어 있다. 잿빛을 띤 도자기 질감의 뚜껑과 뚜껑위에는 원형의 손잡이[捉手]가 있으며 훗날에 뚜껑에 부합되는 청동기를 만든 것이 분명하다. 모든 기물의 입구 가장자리에 한 바퀴 명문이 주조되어 있으며 각각 13자이다. 그 가운데 1건의 명문은 명확하지 않으며『集成』에 수록되지 않았다. 1976년 山東省 日照市 崗河崖 1호묘에서 출토되었으며 현재는 山東省 日照縣圖書館에 소장되어 있다. 기물의 시대는『집성』에서 서주 후기로 판정했다.

【석문】

釐白(伯)纍母子剌(烈)乍(作)寶鬲,[1] 子孫永寶用.

【현대어역】

래백釐伯 박모자열纍母子烈은 보배로운 鬲을 만드노니, 자자손손 영원히 보배롭게 사용할지니라.

【주】

1. 釐白(伯)纍母子剌(烈)乍(作)寶鬲

   1) 釐 : '萊'로 읽는다. 고대 國名이다.『輯考』는 다음과 같이 말한다.

      갑골문으로는 敖로 쓰여 있는데 사람의 머리 꼭대기에 來[小麥, 밀]를 모아놓고 또 다른 한 사람이 又[손의 형상을 나타낸 것이며 사람 형상의 생략형임]로 막대기를 쥐고 來를 치는 것으로, 嫠로 예정된다. 금문에는 釐로 쓰이기도 해서 里가 聲符로 추가되기도 하며, 예서로 변화되어 釐가 되었다.『설문』「攴部」에 "嫠는 쪼개지는 것이다(嫠, 坼也)"라고 했다. 坼은『설문』「土部」에 쪼개지는 것[裂]이라고 해석했다. 또『설문』「里部」에 "집안에 복이 들어오는 것이다(釐, 家福也)"라고 했다. 麰·釐는 또한 다스린다[治]고 해석하기도 한다. 圫·治의 뜻은 모두 "小麥에서 낟알을 탈곡시킨다(爲小麥脫粒)"라는 본뜻에서 인신하여 나온 것이다. 고대 농업 사회에서 양식을 소유하고 있다는 것은 복이 있다는 것이기 때문에 인신하여 "집안에 복이 들어온다(家福)"라고 한 것이다. 卜辭에서 救는 萊로 읽으며 고대 國名이다. 『상서』「禹貢」에 "海岱에는 靑州가 있다. … (이곳의 공납품은) … 萊夷가 기른 가축, 광주리에 담긴 산뽕나무 생사이다(海岱惟靑州, … 萊夷作牧. 厥筐檿絲)"라고 했고 『路史』「國名紀乙」에는 "萊는 少昊氏의 후손으로 李性의 나라이다"라 하고, 「國名紀丁」에는 "옛날의 萊夷는 지금의 文登의 동북쪽 80리에 있는 不夜城이다"라고 하였는데, 이러한 내용에 근거하면 고대 萊國은 지금 山東省 榮城市 북쪽에 있었다. 『춘추』「선공7년」에 "여름에 공이 齊侯와 회동하여 萊을 정벌하였다(夏, 公會齊侯伐萊)"라 하였는데, 杜預注에 "萊國은 지금의 山東 萊黃縣이다(萊國, 今山東萊黃縣)"라고 하였다. 『通志』「氏族略」에 "萊氏는 지금의 登州 黃縣 동남쪽 25리에 옛 黃城이 있으니 이것이 萊子國이다. 襄公 6년에 齊나라가 멸망시켜서 그 자손들이 나라의 이름으로 氏를 삼았다(萊氏, 今登州黃縣東南二十五里有故黃城, 是萊子國. 襄公六年, 齊滅之, 子孫以國爲氏)"라고 했다.

2) 薛 : 인명이다. 溥의 古字이다. 薛母子剌(烈)은 釐(萊)伯의 이름이다. 『大系』는 다음과 같이 말한다.

> 薛자는 예전에는 모두 熊으로 잘못 고석하였다. 唐蘭은 "薛은 泉을 구성요소로 하고 仓가 소리요소이다. 발음은 마땅히 『설문』「木部」의 木을 구성요소로 하고 仓가 소리요소인 集과 같으니, 薛은 薄과 같이 읽어야 한다"라고 했는데 매우 옳은 설이다. …… 〈士父鐘〉에서는 薛자를 薛으로 썼다. 薛은 石鼓文에서는 庶·博과 韻을 삼고 있으므로, 발음이 魚部에 속하는 薛자로, 紐는 數에 속하고, 聲은 博에 속하니, 바로 薄의 발음이 된다.

『大系』의 설을 따른다. 薛는 확실히 溥의 古字로, 『집운』「鐸韻」에는 "溥

湨은 물의 모양이다(溥湨, 水貌)"라고 하였고, 『광운』「緝韻」에는 "湨은 샘이 솟는 것이다(湨, 泉出)"라고 하였으며, 또 "淯湨은 용솟는 모양이다(淯湨, 沸貌)"라고 하였다.

【주제어】

[인명] 釐(萊)伯㬥母子剌(烈)

[지명] 釐(萊)

【참고문헌】

楊深富, 「山東日照菌河涯出土一批靑銅器」, 『考古』 1984년 제7기, 科學出版社, 1984년 7월

53. 효백반(囂伯盤)

【탁본】

【저록】

『集成』16·10149, 『三代』17·15·1, 『貞松』10·29, 『日精華』4·334, 『彙編』
5·254.

【기물설명】

『貞松』과 『集成』에서 모두 기물명을 〈囂伯盤〉이라고 했다. 명문은 4행 25
자이고 중문은 2자이다. 기물의 시대는 『집성』에서 서주 후기로 판정했다.
현재 일본 東京都 藤井有隣館에 소장되어있다.

佳(唯)正月初吉庚午, 鼍白(伯)朕(媵)嬴尹母盥(沬)盤,¹⁾ 其萬年子子孫孫永用之.

【현대어역】

정월 초길 경오, 효백鼍伯이 영윤모嬴尹母의 세면용 반沬盤을 혼수품으로 보내니, 만년토록 자자손손 영원토록 사용할지어다.

【주】

1. 鼍白(伯)朕(媵)嬴尹母盥(沬)盤

   1) 鼍 : 고대 國名이다. 『輯考』는 다음과 같이 말한다.

      『사기』「殷本紀」에 "임금 仲丁이 隞로 옮겼다(帝中丁遷于隞)"라고 하였는데, 『사기색은』「殷本紀」에 "隞는 '鼍'로도 쓰는데, 모두 발음이 敖자이다(隞亦作鼍, 並音敖字)"라고 했다. 『사기정의』「殷本紀」에 "『括地志』에서 '滎陽 故城은 鄭州 滎澤縣의 서남쪽으로 17리 떨어진 곳에 위치하는데 殷나라 때의 敖땅이다(括地志云, 滎陽故城在鄭州, 滎澤縣西南十七里, 殷時敖地也)'"라고 했다. 『路史』「國名紀丁」에 商氏의 후예 나라라고 했다. 지금에는 명문으로 고증해 보았을 때, 鼍도 동이인 嬴姓의 나라이다.

   2) 朕 : 朕은 『설문』「土部」에, "朕은 논 두둑이다(朕, 稻中畦也)"라고 했는데, 본 명문에서는 媵으로 가차된다.

   3) 嬴尹母 : 嬴尹母는 鼍나라 여자의 성과 이름이다.

   4) 盥 : 沬자의 고자이다. 『설문』「水部」에 "沬는 얼굴을 씻는 것이다. 水를 구성요소로 하고 未를 소리요소로 한다(沬 洒面也. 从水, 未聲)"고 했고, 『설문』「水部」에 "湏는 沬자의 古文인데 頁을 구성요소로 한다(湏 古文沬 从頁)"라고 했다. 洒는 『설문』「水部」에서 "씻는다는 것이다(滌也)"라고 해석했고, 지금은 洗로 쓴다.

5) 靧盤 : 沫盤으로, 세수할 때 쓰는 盤이다.

【주제어】

[인명] 釐(萊)伯鸞母子剌(烈)

[지명] 釐(萊)

II
淮夷관련
청동기 명문

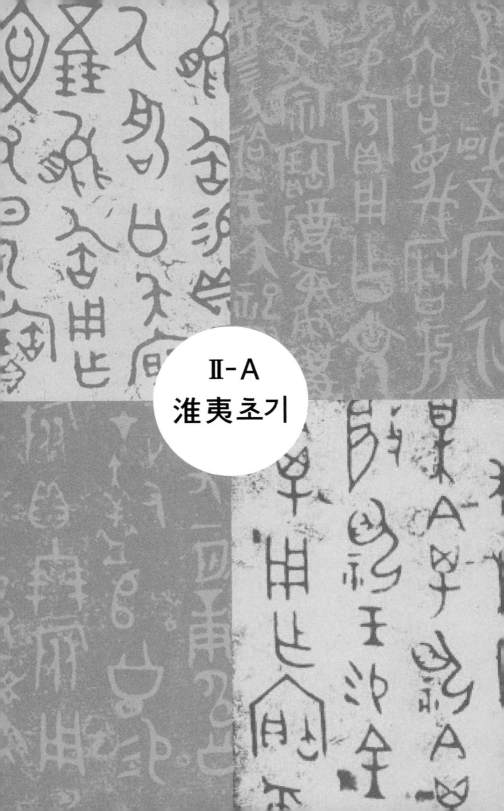

II-A
淮夷초기

54. 중방정2(中方鼎2)

【모본】

【저록】

기물 1 : 『集成』5·2751, 『博古』2·18, 『薛氏』90·2. 『嘯堂』11, 『大系』錄 6, 『銘選』錄 107.

기물 2 : 『集成』5·2752, 『博古』2·19, 『薛氏』90·3, 『嘯堂』11, 『復齋』29, 『積古』4·21, 『攗古』3·1·14, 『奇觚』16·9, 『大系』錄 7.

【기물설명】

예전에는 〈南宮中鼎二〉, 〈中齋〉라고도 하였다. 『金石錄』에 송나라 徽宗 重和 戊戌年(1118년)에 安州 孝感縣 경작지에서 출토되었다고 전한다. 함께 출토된 유물로 方鼎 3점, 鼎 1점, 甗 1점, 觶 1점 등 모두 6점이 있었는데, 이들을 安州 6器라 한다. 본 기물은 그 중 같은 명문이 새겨져 있는 方鼎 2점 가운데 하나이다. 두 기물은 각각 39자이고, 배열이 조금 다르다. 시대는『集成』은 서주초기로 판단하였고,『史徵』과『銘選』은 昭王시기의 기물로 보았다.

【석문】

佳(唯)王令(命)南宮伐反虎方之年.[1] 王令(命)中先, 眚(省)南國貫行,[2] 埶王应. 在夒陫眞山,[3] 中乎(呼)歸生鳳于王, 執于寶彝.[4]

【현대어역】

왕王이 남궁南宮에게 반란을 일으킨 호방虎方을 정벌하라 명령한 해이다. 왕이 중中에게 선두에서 인도하여, 남국南國으로 가는 길을 살피고, 왕의 임시 거처를 설치하기를 명했다. 노호진산夒陫眞山에서 중中은 부름을 받아 생봉生鳳을 왕에게 하사받으니, 이 일을 보배로운 예기에 명문으로 드러내노라.

【주】

1. 佳(唯)王令(命)南宮伐反虎方之年

   1) 南宮 : 南宮에 대하여『銘選』은 昭王시기 荊楚를 정벌했던 장수라고 하였지만, 唐蘭은「論周昭王時代的靑銅器銘刻」(『古文字硏究』, 中華書局, 제2집, 1981년 1월, 이하동일)에서 아래와 같이 비교적 자세히 설명하고 있다.

      "南宮"은 씨명으로, 주나라 초기에 "南宮括"이라는 사람이 있어,『상서』「君奭」에 보이고,『漢書』「古今人表」에서는 南宮括의 括자를 适자로 적고 있다. 『逸周書』「克殷解」에도 南宮忽과 南宮伯達이라는 인물이 보인다.『논어』「미자」에는 "주나라에는 8士가 있으니, 伯達·伯适·仲突·仲忽·叔夜·叔夏·季隋·季騧이다"라는 기록이 있다. 여기서 말하는 "伯達"은 아마 "南宮伯達"일 것이며, "伯适"은 "南宮括"일 것이며, "仲忽"은 "南宮忽"일 것이다. 그

렇다면 주나라의 8士들의 氏는 南宮氏가 되어야 한다. 그러므로 명문에
보이는 "中"은 南宮氏의 사람이다.

　南宮은 〈中方鼎2〉외에 〈中觶〉(『集成』06514), 〈叔𪊗鼎〉(『集成』02342) 등에
도 보인다.

2) 虎 : 『輯考』는 다음과 같이 말한다.

　　『集成』2751에 기록된 宋人 摹本에는 "𧆞"자로 쓰여 있는데, 이것은 〈師酉
簋〉의 명문에 적힌 "虎臣"의 "𧆞"자와 유사하다. 唐蘭은 荊楚의 "荊"자로 풀
이하였으나 字形이 같지 않다. 郭沫若은 "虎方은 복사에도 보이는데(『銘刻
彙考』10쪽 綴合例第 3), 이것은 남국에 속하며, 江淮 유역에 위치하며, 아마
도 徐方일 것이다"라고 한다. 殷代 卜辭에서는 "國"을 "方"이라고 불렀는
데, 본 명문에서도 "虎方"이라고 칭하고 있다. 이는 아마 周初에도 여전히
殷代의 유풍이 많이 남아 있었다는 방증일 것이다.

2. 王令(命)中先, 省(省)南國貫行,

1) 先 : 『주례』「大司馬」에 "오른손으로는 鉞을 잡고 인도한다(右秉鉞以先)"
라고 하는데, 鄭玄 注에 "先은 道(導)와 같다(先, 猶道也)"라 하고, 『초사』
「離騷」에서 "오라! 내 앞길을 인도하리라(來, 吾道夫先路)"라고 하니, "王
令中先"은 왕이 中에게 선두에서 길을 인도하라고 명령한 것이다.

2) 省 : "省"으로 읽는다. 『설문』「眉部」에 "省은 본다는 것이다. 眉의 생략
된 자형과 屮가 구성되었다(省, 視也. 从眉省, 从屮)"라고 하였다.

3) 貫 : 명문에 "𤔌"로 썼는데, 조개를 꿰고 있는 모양이다. 唐蘭은 아래
와 같이 말한다.

　　『설문』에 串자는 탈락되었고, 患자에서 "心 위에 毌을 꿴 자형이 구성되었
으며, 毌은 소리를 나타낸다"라고 하였지만, 이는 잘못된 설명이다. 마땅
히 心이 구성요소이고 串은 소리요소이다. 古文에서는 㥈으로 썼는데, 毌
을 구성요소로 하였으니, 𤔌 형태가 변화된 것이다. 『이아』「釋詁」에서는

"串은 習이다"라고 하였다. 이것이 바로 "慣"의 본 글자이다.

그러나 『輯考』는 이에 대하여 비판하여, "貫과 串은 본래 한 글자에서 분화된 것으로, 『爾雅』의 "串은 習이다"의 串자는 慣자로 가차된 것이지, 본자가 串인 것은 아니다"라고 하였다. 『大系』는 이 글자를 지명으로 파악하면서 다음과 같이 말한다.

〈宗周鐘〉에서 "南國反蟲"이라고 한 것이 그 예인데, 蟲은 國族名에 해당되고 行은 그 國族 수장의 이름이다. 〈晉姜鼎〉에도 "俾蟲徧㠲, 征鯀湯䤾"라고 하였는데, 모두 南國名이라는 것이 서로 증거가 될 수 있다. 『춘추』「喜公 2년」에 "齊나라 侯와 宋나라 公, 江나라 사람과 黃나라 사람이 貫에서 맹서를 하였다(齊侯宋公江人黃人盟于貫)"라고 하였는데, 『公羊傳』에는 貫澤으로 되어 있으니, 아마도 고대 蟲國일 것이다. 杜預는 "貫은 송나라 땅이고 梁國 蒙縣 서북쪽에 貫城이 있는데, 貫와 貫자는 매우 유사하다(貫, 宋地, 梁國蒙縣西北有貫城, 貫與貫字相似)"라고 하였는데, 이 설은 견강부회한 것으로 아마도 자형이 서로 유사하여 와전되었던 것이 분명하며 貫은 『춘추』의 세 가지 傳에 모두 똑같이 쓰여 있으므로 와전된 글자는 아닐 것이다. 貫와 貫의 음은 가깝지 않은데 지명이 전해지면서 와전되려면 당연히 음이 가까운 글자이어야 조리에 맞을 것이므로 貫도 당연히 와전된 글자는 아닐 것이다. 杜預가 아마도 貫에 대한 정보를 찾을 수 없었기 때문에 우선 齊나라와 宋나라가 모두 貫(지금의 山東 曹縣에서 남쪽으로 10리에 위치한 곳)에 가까웠다는 사실만을 가지고 貫에 해당된다고 한 것일 뿐이다. 지리적으로 江나라와 黃나라에 가까웠을 것이며 『좌전』에서 "貫에서 맹서를 한 것은 江나라와 黃나라를 복속시킨 것이다(盟于貫, 服江黃也)"라고 한 해설이 『공양전』(齊侯·宋公·江人·黃人盟于貫澤. 江人·黃人者何? 遠國之辭也. 遠國至矣, 則中國曷爲獨言齊·宋至爾? 大國言齊·宋, 遠國言江·黃, 則以其餘爲莫敢不至也)과 『곡량전』(貫之盟, 不期而至者江人·黃人也. 江人·黃人者, 遠國之辭也. 中國稱齊·宋, 遠國稱江·黃, 以爲諸侯皆來至矣)에 비해 옳은 것 같고, 齊와 宋이 군사를

연합하여 江나라와 黃나라를 정벌하여 이겼기에 이 동맹을 맺은 것인 듯
하다. 江나라와 黃나라의 옛 터는 지금의 河南 潢川 息縣 경계에 위치해
있다. 『漢書』 「地理志」 廬江郡 雩婁 아래의 注에 "灌水가 있는데 북쪽으로
蓼에 이르러서는 決로 유입된다(有灌水, 北至蓼入決)"라고 한다. 貫은 貫澤
혹은 灌水의 하류 지역이다. 灌水라는 이름은 오늘날에도 남아있는데, 商
城縣 경계에 있으며 潢川 息縣과 인접해 있다.

『大系』처럼 貫을 지명으로 파악하는 편 보다, 뒤의 行자와 붙여 "貫
行"으로 읽는 편이 좋다.

4) 行 : 行은 갑골문에는 '✚'으로 쓰며, 十자로 교차된 길을 본뜬 것이
다. 본래의 뜻은 도로이다. 『시경』 「鹿鳴」에 "나에게 周나라로 가는 길
을 보여주었네(示我周行)"라고 하는데, 毛傳에 "行은 길이다(行, 道也)"
라고 한다.

5) 貫行: 『大系』는 貫을 국명으로 보고, 行은 그 貫國의 추장의 이름으
로 파악하였다. 『輯考』는 이를 비판하며 다음과 같이 말한다.

唐蘭은 "南國貫行은 바로 남국에 이르는 일반적으로 가는 길이다"라고 하
였다. 대체로 貫은 통과의 뜻으로 풀이된다. 『戰國策』 「楚策」에 "禍와 福은
서로 통하고, 生과 死는 서로 이웃하고 있다(禍與福相貫, 生與亡爲鄰)"라고 했
는데, 鮑彪 注에 "貫은 通과 같다(貫, 猶通)"라 한다. 『이아』 「釋宮」에 "行은
道이다"라 하였다. 貫行은 사방으로 통하는 큰 도로를 말한다. 본 명문에
"王令中先, 眚南國貫行, 埶王应, 在夔陣真山"이라 하고, 〈中甗〉에 "王令中
先 省南國貫行, 埶应, 在曾"라고 하였으니, "省南國貫行"은 남국으로 가는
도로를 살펴보는 것으로, 〈廏鼎〉의 '省道'와는 동일한 성질이지, 관국의 추
장을 살펴보는 것이 아님을 증명할 수 있다.

3. 埶王应. 在夔陣真山,

1) 埶 : '藝'의 고자이다. 『廣雅』 「釋詁三」에 "藝는 治이다"라고 하였다. 『銘

選』은 '𣪊'로 예정하고, '𠬶'와 '坴'로 구성된 한 글자로 사람이 땅에 나무를 심는 형상을 본뜬 것이니, 樹蓺의 "蓺"이고 인신하여 "수립한다 (樹立)" 또는 "세운다(建樹)"는 뜻으로 보았다. 『상서』 「禹貢」에 "岷山과 嶓冢에서 이윽고 곡식을 심어 기를 수 있게 되었다(岷嶓旣藝)"라고 한다.

2) 庱 : 금문에서는 '𡪌'으로도 쓰는데, 吳大徵(『古籀補』84쪽)과 郭沫若(『大系』)은 "居"라고 해석하였다. 『대계』는 다음과 같이 설명한다.

　　𡪌으로 쓰기도 한다. 〈師虎簋〉와 〈暢簋〉에도 보이는데, 예전에는 居로 해석하였지만 정확하지는 않은 것 같다. 『隸古定尙書』의 殘卷 「般庚篇」과 敦煌本, 日本에 보존되어 있는 唐代 필사본에 居자가 어떤 부분에서는 "屈"로 쓰였다. 『汗簡』에도 屈자가 나오는데 "『설문』을 참고해 보기 바란다(見說文)"라고 되어 있지만 정작 『설문』에는 이 글자가 없으니, 참고해 보라고 한 『설문』은 古本인 것 같다. 『설문』 「尸部」에 居를 웅크리고 앉는다는 뜻의 글자로 보았고 重文으로는 "㞐"로 쓴다. 거처한다는 뜻의 글자는 "尻"로 쓴다. 居자에 대해 "웅크림이다. 尸를 구성요소로 한다. 옛날에는 居에 古가 구성되었다(蹲也·从尸·古者居从古)"라고 하였지만, 段玉裁本에서는 "尸를 구성요소로 하고 古를 소리요소로 한다(从尸古聲)"로 고쳤으니 "尸를 구성요소로 하고 古를 소리요소로 하며, 㞐의 古字인 居는 立을 구성요소로 한다(从尸古聲, 㞐古文居从立)"라고 해야 합당할 것이다. 尸는 실제로는 廣이 와전된 것이다.

『斷代』는 다음과 같이 말한다.

　　복사의 羽日과 翌日은 『상서』 「大誥」·「召誥」·「顧命」에는 翼日로 쓰여서, 立과 翼은 同音임을 증명한다. 『廣韻』 「職韻」에 昱·翊·廙·翼 등은 모두 與와 職의 반절음이니, 금문의 庱은 바로 『說文』의 廙자로, 行屋이다. 은주교체기의 금문 〈后且丁尊〉(『三代』13·38·5-6)에도 "辛亥日에 왕이 廙에 있다"라는 명문이 있다.

즉 『斷代』는 왕의 임시거처라고 해석한 것이다. 여기에서는 『斷代』의 설을 취한다. 廎은 『설문』에 "行屋"이라고 풀이하였는데, 段玉裁 注에는 "行屋은 천막이다. …… 예컨대 지금 蒙古包와 같다(行屋, 所謂幄也. …… 如今之蒙古包之類)"고 하였다.

3) 在 : 唐蘭은 "土를 구성요소로 하고 才를 소리요소로 하는데, 〈盂鼎〉과 동일하며 商과 周 초기에는 才자만 썼고 康王 말년의 〈盂鼎〉에서 가장 처음으로 在자가 보이므로, 이 기물의 제작연대가 康王 이후에 해당한다는 것을 알 수 있다"고 하였다.

4) 夒隥 : 『大系』는 『嘯堂集古錄』(宋刊本)을 근거로 하여 제 2器에 🔲🔲로 쓴 것을 夒隥(『설문』에 나오는 塝의 이체자)로 풀이했다.

> 두 글자는 모두 새길 때 이상하게 변형되어 실제 글자와 부합하지 않게 된 것으로 『嘯堂集古錄』〈南宮中鼎〉에만 자형이 명확하게 '🔲🔲'로 되어 있는데, "🔲"자는 〈大盂鼎〉의 "🔲"와 우측 편방과 매우 비슷하니, 夒자에 해당할 것이다. "🔲"자는 『설문』 「土部」 塝자의 이체자인 隥에 🔲가 구성된 번체자(繁文)이다.

한편 唐蘭은 "弟隥"로 석문하고 다음과 같이 설명한다.

> 弟는 예전에는 射로 해석하였는데, 弟자인 것 같고 주살로 사냥하는 모습을 본뜬 것이다. 隥는 두 개의 阜를 구성요소로 하는데, 『설문』에는 "隥, 坏也"라고 하였으며, 혹은 阜를 구성요소로 하여 隥로 쓰기도 한다. 이 기물과 〈啓卣〉·〈啓尊〉은 모두 南征할 때 거쳐 간 산 이름을 기술하고 있으니, 昭王이 南征하던 노선을 증명해 주며, 武關에서 河南 서남부로 갔음을 알 수 있다.

자형 분석은 『大系』를 따라두지만, 아마도 唐蘭의 설대로 地名일 것이다.

4. 中乎(呼)歸生鳳于王, 執于寶彝

1) 乎 : 唐蘭은 "評"와 같이 읽으며, 『설문』「言部」의 "부르는 것이다(召也)"
   에 입각하여 해석한다.

2) 歸 : 『광아』「釋詁3」에 "歸는 遺이다"하였는데, 朱駿聲 은『說文通訓
   定聲』에서 "歸는 가차하여 饋가 되었다"라 한다.

3) 生鳳 : 살아있는 鳳이다. 『大系』는 "옛사람들에게 鳳은 南洋의 極樂
   鳥이다"라 하였고, 아울러 "'中呼歸生鳳于王'라는 말은 피동형으로 '왕
   이 中을 불러 살아있는 봉을 주었다'라는 뜻이다"라고 했다.

4) 執于寶彝 : 도로를 살펴보고서 하사받은 일을 기물에 명문으로 쓴다
   는 뜻이다.

【주제어】

[인명] : 王, 南宮, 中.

[지명] : 虎方, 夒陸真山

[사건] : 虎方을 정벌함.

【참고문헌】

『大系』考 17쪽, 『金選』249쪽, 『銘選』3·75쪽, 『史徵』283쪽, 『雙選』上2·1쪽, 『通釋』14·71
唐蘭, 「論周昭王時代的靑銅器銘刻」, 『古文字硏究』, 中華書局, 제2집, 1981년 1월

55. 중방정1(中方鼎1)

【모본】

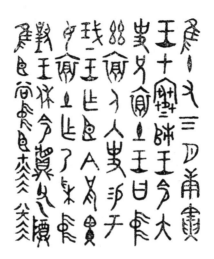

【저록】

『集成』5·275, 『博古』2·17, 『薛氏』89·2, 『嘯堂』10, 『大系』錄6, 『湖北』20

【기물설명】

昭王 시기 기물. 〈南宮中鼎一〉(『博古』, 『薛氏』, 『嘯堂』), 〈南中鼎〉, 〈中齋〉(『大系』)로 불렸다. 명문은 8행 67자. 『금석록』의 기록에 의하면, 北宋 徽宗 重和 무술년(1118년) 安州 孝感縣 농가의 경작지에서 출토되었다. 方鼎 3점, 圓鼎 1점, 甂 1점, 觶 1점이 함께 출토되었는데, 이를 합해 安州 6器라 부른다. 이 方鼎은 그 중 하나이다. 『博古』에 의하면 본 기물의 높이는 8寸 5分, 귀의 높이는 1寸 8分, 깊이는 5寸4分, 구경은 길이가 7寸 2分, 폭이 5寸 4分이라고 한다. 『薛氏』는 "〈중방정〉 3기는 모두 南宮中이 만든 것으로

南宮이 성씨이고 中은 그 이름이다"라고 한다.

【석문】

隹(唯)十又(有)三月庚寅[1], 王才(在)寒師(次).[2] 王令(命)大史兄(貺)福
土.[3] 王曰, "中! 丝(玆)福人入事易(賜)于珷(武)王乍(作)臣.[4] 今兄(貺)畀
女(汝)福土, 乍(作)乃采"[5] 中對王休(好)令(命),[6] 鼄(鼄)父乙尊. 隹(唯)
臣尙中臣. 𣂪𣂪[7]

【현대어역】

13월 경인庚寅일, 왕은 한寒의 주둔지에 계셨다. 왕이 태사에게 명하여
중中에게 격福의 봉토를 하사하게 하였다. 왕이 말하였다. "중이여! 이
격福의 사람은 주나라를 찾아와서 무왕에게 자신을 바쳐 신하가 되었었
다. 지금 너에게 격의 봉토를 하사하니, 너의 채읍采邑으로 삼으라" 중은
왕이 내리신 명령을 찬양하고, 부을父乙을 성대히 제사하는 그릇을 만들
었다. 신하인 격 사람이 바라건대 중에게 신하로 복종하기를. 𣂪𣂪

【주】

1. 隹(唯)十又(有)三月庚寅

1) 十有三月 : 연말의 윤달이다. 李學勤은 「中方鼎與周易」(『文物研究』총
   제6집, 黃山書社, 1990년 10월)에서 다음과 같이 설명하고 있다.

   > 이 방정의 명문은 "隹十又三月庚寅"으로 시작한다. 선행연구(즉『大系』)는 이
   > 명문 내용이 〈趞尊〉의 내용보다 하루 빠르고, 방정의 명문 "王在寒次"와
   > 尊의 명문 "王在斥"이 모두 채읍을 내려준 일을 기록한 것임을 지적하고 있
   > 다. 그 이외에도 "王在斥"을 기록한 것으로 〈作冊折尊〉, 〈作冊方彝〉, 〈作
   > 冊觥〉 및 〈作冊睘尊〉이 있는데, 전자는 봉토를 하사한 것을 기록하고 있
   > 으며 그 시기는 모두 19년이다. 이로 판단한다면 〈中方鼎〉은 昭王 18년

13월, 즉 연말의 윤월에 만들어졌을 가능성이 크다.

〈趙尊〉에는 "隹十又三月辛卯, 王才斥"이라고 하여 그 기년이 본 기물과 하루 차이이다. 여기에서는 위의 李學勤의 견해에 따라 昭王 18년의 윤달로 본다.

2. 王才(在)寒師(次)

1) 寒 : 지명이다. 『시경』 「凱風」에 "이에 차가운 샘물이 浚邑의 아래에 있도다(爰有寒泉, 在浚之下)"라 하였다. 朱右曾의 『詩地理徵』에는 "『通典』에 寒泉은 濮州 濮陽縣 동남쪽 澶城에 있다(『後漢書』注同)는 내용이 기재되어 있다. 내가 살펴보니, 『宋書』 「索虜傳」에 '황하를 건너 濮陽 남쪽 寒泉에 주둔했다(渡河屯濮陽南寒泉)'라고 하는데, 그 寒泉이 이곳이다"라고 한다. 『大系』는 이곳에 대해 "이것은 〈趙尊〉의 간지와 하루 차이다. 거기에서는 '王在斥'라고 하고, 여기에서는 '王在寒倈'라고 한다. 寒과 斥은 상고음이 모두 元部이며, 喉音과 牙音은 비슷하여 전환될 수 있다. 따라서 양자가 필시 같은 지역임을 알 수 있다. 寒은 寒促의 옛 땅으로 현재의 山東省 濰縣 경내에 있다"라고 하였다.

2) 師 : 군대가 주둔한다[師次]라고 할 때의 次의 本字이다. 이 글자에 대한 해설로는 다음과 같은 于省吾의 것이 좋다.

제5기 복사에서 王이 '某師'에 있다고 하고, 某가 지명인 경우를 자주 본다. 예를 들면 "在馭師", "在齊師", …… 주나라 기물인 〈中鼎〉(본 기물)의 "王在寒師"이다. 이들 師자는 모두 "次"로 읽어야 한다. 『穆天子傳』의 "五里而次"의 郭注는 "次는 머무르는 것이다(次, 止也)"라고 기록하며, 『廣雅』 「釋詁4」에는 "次는 숙영하는 것이다(次, 舍也)"라는 기록이 있다. 次를 "止" 혹은 "舍"로 풀이하는 것은 전래문헌자료에서는 일반적인 훈고이다. 이것을 통해 갑골문에서 말하는 왕이 "某師"에 있었다는 말은 모두 왕의 외출 시에 임시로 모 지역에 주둔하였음을 말한다는 것을 알 수 있다. 금문에서도 완

전히 동일하다(「釋先·彤」, 『甲骨文字釋林』, 中華書局, 1979년, 418쪽)

『상서』 「泰誓中」에 "戊午일에 왕은 河朔에 주둔하였다(惟戊午, 王次于河朔)"라는 기록이 있으며, 孔傳에서는 "次는 머무르는 것이다(次, 止也)"라고 한다. 동사로는 모두 여정 중에 임시로 유숙한다는 뜻으로 사용되고, 또한 명사로는 특별히 도중에 임시로 유숙하는 주둔지, 막사를 나타낸다.

3. 王令(命)大史兄(貺)福土

1) 大史：太史로, 사관과 曆官의 수장이다. 『예기』 「曲禮下」에 "천자는 관제를 설정하는데, 우선 6대 관직을 정한다. 그것은 大宰, 大宗, 大史, 大祝, 大士, 大卜으로 이들이 6典을 관장한다(天子建天官, 先六大. 曰大宰, 大宗, 大史, 大祝, 大士, 大卜, 典司六典)"라고 하고, 『주례』 「大史」에 "대사는 왕이 제정한 나라의 6전을 세워 각 제후국의 정치를 감찰하는 일을 담당하고 8법을 관장하여 관부의 직무를 감찰하고 8칙을 관장하여 지방행정기구의 직무를 감찰한다. …… 일년의 달력을 바로잡아 이로써 올바르게 일의 순서를 정하고, 이것을 관부 및 지방행정기구에 분포한다. 내년 12개월간의 달력과 정령을 각 제후에게 분포한다(掌建邦之六典, 以逆邦國之治, 掌法以逆官府之治, 掌則以逆都鄙之治. …… 正歲年以序事, 頒之于官府及都鄙. 頒告朔于邦國)"라고 한다.

2) 兄：『大系』는 인명으로 파악하여 "'大史 兄'은 〈中觶〉의 南宮兄으로 南宮括의 아들이거나 손자이다. 中은 아마도 그의 신하였을 것이다"라고 한다. 그러나 여기에서는 貺의 本字로 보아 하사한다는 의미로 파악한다. 兄과 貺은 상고음이 모두 曉母, 陽部에 속하는 글자다. 『이아』 「釋詁」에 "貺는 하사한다는 뜻이다(貺, 賜也)"라고 한다.

3) 福：금문에서는 "帚"으로도 쓰는데 『옥편』에 "福은 갖옷의 안이다(福, 裘裏也)"라고 한다. 본 명문에서는 나라 이름으로 쓰였다. 『水經』 「河水

注」에 應劭를 인용하여 "鬲은 偃姓의 나라이고, 고요의 후예이다(偃姓國, 咎繇後)"라고 한다. 『路史』「國名紀乙·小昊後偃姓國」에 "鬲은 『郡國縣道記』에 옛 鬲國으로 偃姓이며 皐陶의 후예이다. 漢나라 때 縣이 되었다. …… 齊 天保 7년에 安德에 편입되었다. 현재의 隷德州 서북쪽에 옛 鬲城이 있다(鬲, 『郡國縣道記』古鬲國, 偃姓, 皐陶後. 漢爲縣. 齊天保七併入安德. 今隷德州, 西北有故鬲城)"라고 한다. 현재 山東省 德州市 동남쪽이다. 또 『좌전』「襄公 4년」에 아래와 같은 문장이 있다.

> 晉侯가 물었다. "后羿가 어떻게 했는가?" 魏莊子가 대답하였다. "옛날에 하 왕조가 쇠하였을 때 후예가 鉏에서 窮石으로 옮기고 하나라의 백성들 위에 군림하여 하왕에 대신하여 정치를 하였습니다. …… 예는 여전히 태도를 고치지 않았고, 사냥에 돌아올 때 예의 가신들이 예를 죽여 그 고기를 삶아 그의 아들에게 먹이려 하였습니다. 아들은 도저히 먹을 수 없어서 도읍인 窮의 문에서 자살하였습니다. 그러자 하의 옛 신하로 예를 섬기던 靡는 有鬲氏로 달아나 망명하였습니다. ……"(公曰, "后羿何如?" 對曰, "昔有夏之方衰也, 后羿自鉏遷于窮石, 因夏民以代夏政. ……羿猶不悛, 將歸自田, 家衆殺而亨之, 以食其子, 其子不忍食諸, 死于窮門. 靡奔有鬲氏. ……")

그리고 그 杜預 注에 "有鬲은 나라 이름으로 지금 平原 鬲縣이다(有鬲, 國名, 今平原鬲縣)"라고 한다.

『大系』는 禣 지역에 대해 아래와 같이 말한다.

> 畏은 有鬲氏의 鬲으로 그 고성이 현재 山東省 安德縣 북쪽에 있다. 왕이 형에게 畏의 토지를 하사하였음에도 아래 문단에서 다시 "令兄畀女(汝)畏土"라고 한 것은 다음과 같은 이유일 것이다. 畀는 아마도 鬼자의 이체자로 여기에서는 "歸"로 읽는다. 형은 다시 자신의 채읍을 중에게 양보하였지만 사사로이 주고받을 수 없었기 때문에 왕명에 의해 바꾸어 하사하게 하였다. 〈中鼎〉 기물들은 송나라 때 麻城에서 출토되었는데 하사받은 채읍이 산동에 있는 이유는 우선 여기에 식읍을 삼았다가 나중에 바뀌어 봉

해졌기 때문이다. 마치 위 강숙이 처음에 康에 식읍이 있다가 후에 衛에 바뀌어 봉해진 것과 같다.

4) "畀" 위에는 목적어로서, 토지를 사여받는 자인 "中"이 있어야 하지만 아래 구절과 중복되므로 생략되었다.

5) 兄(貺)畀土: 中에게 畀國의 토지를 하사한다는 뜻. 『大系』는 "'王令大史兄 䵱土'는 왕이 태사 兄에게 䵱의 봉토를 하사한 것을 말한 것이다. 청동기 명문은 令을 하사하다[錫]의 의미로 많이 사용한다"라고 하여서 兄을 인명으로 보고 해석하였지만, 본 역주에서는 兄을 동사로 본다.

4. 王曰, "中! 茲(兹)褔人入事易(賜)于珷(武)王乍(作)臣.

1) 茲褔人入事易于珷王乍臣: 『大系』는 "𢼸"를 "史"로 파악하면서, "'入史易'은 '納使錫'으로 읽어야 하며 사신을 보내 공물을 바친다(遣使入貢)고 한 것과 같다"라고 말한다. 한편 李學勤은 "𢼸"를 "事"로 파악하면서 다음과 같이 말한다.

> 昭王이 "茲褔人入事, 錫于珷王作臣"라고 한 것은 武王때의 일을 언급한 것이다. 武王이 商을 이기고, 사방을 정벌하여, "모두 652국을 복속시켰다(凡服國六百五十有二)"라고 하니, 褔人이 들어와 무왕에게 신하로 복종하였던 일은 아마 당시일 것이다. "錫"의 의미는 바치다[獻]이니(楊筠如, 『尙書覈詁』卷1『堯典』), 자신을 武王에게 바쳐서 신하가 되었다는 것은 바로 신하로서 복종한다는 뜻이다"라고 한다.

본 역주에서는 李學勤의 설에 따른다.

2) 珷王: 『大系』는 武王으로 보고 "〈大盂鼎〉 및 〈䇂伯簋〉의 文, 武가 모두 王을 구성요소로 하여 玟, 珷로 쓰인 것이 그 증거가 된다. 이 기물은 성왕 때의 것인데 무왕을 칭한 이유는 이때에 성왕이 아직 개원을 하지 않았거나 임금의 아버지로 號召를 삼았기 때문이다"라고 한다. 본 역주에서는 이 견해에 따라 "珷王"을 "武王"으로 본다. 참고

로 『薛氏』는 "錫于踐玉"으로 석문하여 "『集韻』은 "踐玉은 작은 술잔
이다(踐玉, 小杯也)'라고 한다"고 하지만 따르지 않는다.

5. 今兄(貺)畀女(汝)福土, 乍(作)乃采

1) 畀 : 『輯考』는 다음과 같이 말한다.

> 명문에는 "🏹"로 쓰는데, "鎞"의 初文으로 『방언』에는 "화살촉이 넓고 길며
> 얇게 모난 것을 鎞라 한다(其廣長而薄鐮(者)謂之鎞)"라고 한다. 初文은 그 형
> 태를 모방하였는데, 후에 준다는 뜻으로 쓰게 되었다. 『이아』 「釋詁」에 "畀는
> 준다는 뜻이다(畀, 賜也)"라고 한다. 兄(貺)과 畀는 같은 뜻의 말을 겹쳐 쓴
> 것으로 하사한다는 뜻이다.

2) 采 : 采地이다. 『예기』 「禮運」에 "대부는 采地를 소유하여 그 자손을 살
게 한다(大夫有采以處其子孫)"고 하고, 그 孔疏는 "대부는 采地의 祿으
로 그 자손을 기르기 때문에 '그것으로 자손을 살게 한다'고 한다(大夫
以采地之祿養其子孫, 故云以處其子孫)"라고 한다. 顧詰剛은 아래와 같이
서술한다.

> 『국어』 「鄭語」에 "祝融八姓"에 대해 말하기를 "妘姓의 鄔, 鄶, 路, 偪陽과
> 曹姓의 鄒, 莒는 모두 采服, 衛服이 되니, 왕실을 섬기는 부족도 있거니와
> 夷狄 중에 있는 부족도 있어서 일일이 헤아릴 것 없다(妘姓鄔鄶路偪陽, 曹姓
> 鄒莒, 皆爲采衛, 或在王室, 或在夷狄, 莫之數也)"라고 한다. 이른바 采, 衛를 분
> 명하게 해석하기는 쉽지 않지만 "或在王室, 或在夷狄"이라는 말을 보면
> 그 지역은 아마 五服 중 賓服과 要服의 사이인 듯하고, 이처럼 제법 떨어
> 져 있는 종족은, 비록 王朝와 밀접한 관계를 맺으면서도, 한편으로는 고
> 유한 세력을 유지할 수 있었던 것으로 보인다. 살펴보니 采 , 衛의 '采'와
> 卿大夫의 采邑은 이름은 같지만, 내용은 다르니, 卿大夫의 采邑은 王畿에
> 있지만, 采服, 衛服은 王畿에 있을 수도 있고, 또한 변방에 있을 수도 있
> 다.(『史林雜識初編』1 「畿服」, 中和書局, 1963)

李學勤은 "고대의 '采'에는 두 가지 뜻이 있는데, 하나는 畿內의 采地이고 하나는 멀리 畿外에 있다. …… 安州 6器는 中이 명문을 지어 선조에 보고한 祭器로 출토된 지점은 孝感縣인데 분명 中이 봉해진 福 지역일 것이다"라고 한다. 참고로 『薛氏』는 "采는 일[事]의 뜻이다. 명을 받아 일을 수행하였기 때문에 이 정을 만들고 명문을 새겼다"라고 하지만 따르지 않는다.

채지 하사에 대하여 『通釋』은 다음과 같이 말한다.

> 남쪽 지역 경영을 끝마치고 中에게 采地를 하사한 사실을 말한 것이다. 이상 中氏 기물들에 나타나는 南征에는 大保라는 명칭이 보이지 않고, 앞에 서술한 〈玉戈〉의 명문에 보이는 것과는 또 다른 정벌이었다고 생각된다. 성왕 시기의 〈令簋〉에는 "隹王于伐楚白, 才炎"이라고 하기 때문에 이것 또한 남국 혹은 虎方을 친 사실을 보여주는 〈玉戈〉 명문 및 中氏 기물들과는 별개의 정벌일 것이다. 이에 의거하여 말하자면 성왕 시기의 남정이라고 하더라도 수차에 걸친 정벌이 있었다고 여겨진다. 中氏 기물들 소위 安州 6器는 아마도 성왕후기의 기물이라고 생각되는데, 성왕 시기 남국 경영의 실정을 살펴볼 수 있다.

6. 中對王休(好)令(命)

1) 休 : 『輯考』는 다음과 같이 말한다.

> 好로 읽고, 내려준다(賜)는 뜻이다. 『積微』(「小臣簋跋」)는 "'休于小臣'의 '休'는 아마도 '내려준다'라는 뜻이겠지만 경전에는 이런 뜻으로 쓰이는 예가 보이지 않는다. 아마도 好자의 가차자인 듯하다. 『좌전』「소공7년」에 '초나라 군주가 노 소공에게 새로운 궁대에서 향연을 베풀었는데, …… 대굴(大屈)이라는 활을 선사하였다(楚子享公于新臺. …… 好以大屈)'라고 하는데, 이는 대굴을 선물하였다(賂以大屈)고 한 것과 같은 뜻이다. 『주례』「內饔」에 '왕이 고기와 육포를 내리면 饔人은 그것을 공급한다(凡王之好賜肉脩, 則饔人共之)'라고 하

는데, 好賜는 연어로 好도 준다[賜]는 뜻이다. 鄭玄 注에서 好賜를 왕이 좋다고 여겨 내려준다고 설명한 것은 잘못이다"라고 한다.

2) 令 : 고대의 命과 令은 같은 글자였다. 여기에서는 命으로 읽는다. 休命은 休賜의 命이다.

7. 鷺(鷺)父乙尊. 佳(唯)臣尙中臣, 𣏟𣏟

1) 鷺 : "鷺"의 고자로 제사의 명칭이다. 문헌자료에서는 "將"으로 많이 쓴다. 『시경』 「我將」에 "나는 받들어 올리고 제향한다(我將我享)"라고 하고, 그 鄭箋에 "將은 받들어 올린다는 뜻이다(將, 奉也)"라고 한다. 鷺위에 "作"자가 빠진 듯하다. 『薛氏』는 鷺을 "大鼎"이라고 한다.

2) 父乙 : 『薛氏』는 "父乙이라고 한 것은 이 기물이 서주 초기의 것으로 상나라 때와 비슷한 시기의 기물이기 때문이다"라고 한다. "父乙"이라는 명칭으로 보아 中의 조상은 은나라 사람이었으리라 생각된다.

3) "佳臣" 이하는 筮辭이다. "佳臣尙中臣"은 筮辭 중에서 命辭이다. 숫자부호는 筮占으로 얻은 卦爻의 기록이다. 李學勤은 "佳臣尙中臣" 구절 속의 앞의 "臣"자는 禍人을 가리키며, 뒤의 "臣"자는 동사로 "中臣"은 "臣中"이 도치된 글이라고 한다. 또 "尙"자는 『좌전』, 『국어』의 卜筮에서 흔히 보이는 허사로 "바라건대(庶幾)"의 뜻이라고 하고 아래와 같은 설명을 붙인다.

> 이 구절 속의 뜻은 禍人이 中에게 복종할 수 있다는 것으로 筮辭 중의 命辭이다. …… 숫자부호는 張政烺(「試釋周初靑銅器銘文中的易卦」, 『考古學報』 1980年 第4期)이 이미 『주역』을 이용하여 풀이하였는데, "七八六六六六"은 坤下艮上의 剝卦이며, "八七六六六六"은 坤下坎上의 比卦로 둘의 관계는 卦變이니 『좌전』, 『국어』의 사례에 의하면, 剝이 比로 가는 괘를 얻었다고 할 수 있다. …… 〈方鼎〉의 명문은 中이 昭王의 은총을 입어 采地를 하사받고, 采地 사람들이 복종할지의 여부를 점쳐 물은 것이니, 이는 상술

한 『주역』 효사를 이용하여 점친 것으로 이보다 더 적합한 것은 없다. 剝卦 六五 爻辭에 총애를 받아서 마땅함을 얻으면 이롭지 않음이 없다고 하고, 剝卦의 上九 爻辭 또한 군자가 거처하면 백성이 의지하여 편안할 수 있으니 수레를 타는 것과 같다고 하는데, 命辭와 대조해 보아도 크게 길하고 크게 이롭다.

【주제어】

[인명] 王, 中
[지명] 寒, 褔
[사건] 왕이 大史에게 명령하여 中에게 褔土를 하사하였다.

【참고문헌】

『大系』考16, 『雙選』上2・1, 『通釋』14・71
李學勤, 「中方鼎與周易」, 『文物硏究』總第6輯, 黃山書社, 1990년 10월
黃錫全, 『湖北出土商周文字輯證』, 武漢大學出版社, 1992년, 19쪽

56. 양사준(兼史尊)

【저록】

『集成』11·5811, 『攈古』1·3·50, 『筠淸』2·21, 『綴遺』18·14·2, 『小校』
5·19·1.

【기물설명】

문화대혁명 기간 동안 湖北의 襄樊, 天門, 江陵 일대에서〈兼史尊〉외에〈兼
伯受瑚〉,〈兼戈〉등 3기의 청동기가 출토되었다. 그 가운데〈兼史尊〉이 가
장 이른 시기의 기물이고,〈兼伯受瑚〉는 서주말기에서 춘추초기,〈兼戈〉
는 춘추시대의 기물로 보고 있다.〈兼史尊〉에 대한 저록은『筠淸』,『綴遺』,
『攈古』에는 모본만 전하다가,『小校』에서 처음 탁본이 수록되었다.『筠

淸』,『綴遺』는 모두 예전에는 姚聖常이 소장했었다고 전하고, 출토시기와 출토지에 대해서는 기록이 없다. 본 기물의 명문은 2행 5자이다. 명문과 명문의 배열을 볼 때, 서주초기의 기물로 판단된다. 『集成』도 서주 초기의 기물로 분류한다.

【석문】

羕史乍(作)肇彝.¹⁾

【현대어역】

양羕의 사관史官이 여이旅彝를 만드노라.

【주】

1. 羕史乍(作)肇彝

　1) 羕 :『輯考』는 다음과 같이 말한다.

　　　『설문』「永部」에 "羕은 강이 긴 것이다. 永으로 구성되었고 羊을 소리요소로 한다(羕, 水長也. 从永, 羊聲)"라고 한다. 본 명문의 "羕"은 옛 나라 이름이다. 金文에서는 鄴으로도 쓴다. 〈鄴伯受匜〉의 명문에 의하면 鄴은 嬴姓이다. 黃盛璋은 「鄴器與鄴國地望及與楚之關係考辨」에서 鄴國은 춘추초기에도 존재했었고 이후에 楚에게 멸망당해 영토가 楚나라에 편입되어 楚의 귀족이 되었다고 하였다. 그리고 鄴의 지명에 대하여 아래와 같이 자세히 설명하고 있다.

　　　『水經』「汝水注」에는 養水가 지나는 곳에 養陰里가 있는데, 초기에는 縣이 었다가 후에 폐기되고 里가 되었다고 한다. 『좌전』「昭公 30년」에는 吳나라의 일을 기록하면서 "두 공자는 楚로 달아났다. 楚子는 두 사람을 넓은 토지에 봉하고 거주지를 정하게 하였다. …… 두 사람을 養에 살게 했다(二公子奔楚. 楚子大封而定其徙.……使居養)"라고 하는데, 熊會貞은 『水經注疏』

汝水 注에서 말하길, "지금 沈丘 동쪽에 養城이 있는데, 오나라 공자가 살았던 곳이다(今沈丘東有養城, 當是吳公子所居)"라고 한다. 滕壬生은 鄴이 바로 이곳이라고 하였는데 정확하다.

何浩는 "養國의 옛 땅은 東養에 있다고 했는데, 지금의 河南省 沈丘縣 沈丘城의 동쪽으로 安徽省 界首縣의 경계와 인접한 곳이다. 그 나라는 대략 초의 康王에서 靈王 즉위 초기(춘추 중기 후반)에 초에게 멸망당해 초의 읍이 되었다"고 하였다.

2) 史 : 『설문』「史部」에 "史는 사실을 기록하는 자이다. 손(又)이 中을 잡고 있는 모양을 구성요소로 한다. 中은 방정함(正)이다. 대체로 史에 등속에 속하는 글자는 모두 史가 구성된다(史, 記事者也. 从又持中. 中, 正也. 凡史之屬皆从史)"고 하였다. 史는 "君擧必書"의 원칙아래 군주가 거동하는 것을 반드시 기록해야만 했던 사관을 지칭하며, 사실을 올바르게 기록해야만 했음을 알 수 있다. 兼史는 곧 兼國의 史官이다. "兼史"와 같은 구절은 〈史牆盤〉의 명문인 "微史剌祖迺來見武王"에도 보인다.

3) 肇 : 이 글자는 '旅'의 고자이다. 黃盛璋(「釋旅彝」, 『文史論叢』, 1979년)은 〈旅彝〉의 "旅"로 보아 고대에는 "제사의 이름"과 "行旅"의 두 가지 뜻이 있었는데, 춘추전국시기에는 行旅의 뜻으로 주로 사용되었다고 말했다. 張亞初는 殷周시기 靑銅 鼎器名과 용도를 고찰하면서 아래와 같이 旅器의 '旅'가 모두 제사 이름으로 사용되지 않는다고 하였다(「殷周靑銅鼎器名·用途硏究」, 『古文字硏究』 제18집)

旅라고 불리는 기물은 鼎 이외에도 簋, 甗, 簠, 豆, 盂, 盆, 壺, 瓶, 盉, 匜 등이 있는데, 그 중 이러한 기물은 명백하게 祭器가 아니다. 〈克盨〉는 〈旅盨〉라고 불리는데 "이로써 師尹·朋友·婚媾에게 바친다(用獻于師尹朋友婚媾)"라는 문장이 있다. 旅器의 旅는 일괄적으로 제사 이름으로 처리할 수 없는 것을 알 수 있다.

【주제어】

[인명] 養史

[지명] 養

【참고문헌】

滕壬生,「鄬氏考」,『楚史硏究專輯』, 湖北楚史硏究會·武漢師範學院學報編輯部 合編, 1982년

何浩,「養器, 養國與楚國養縣」,『江漢考古』1989년 제2기, 1989년

黃盛璋,「鄬器與鄬國地望及與楚之關係考辨」,『江漢考古』1988년 제1기 , 1988년

57. 각자언(龏子甗)

【저록】

『集成』3·874, 『錄遺』100.1·30.

【기물설명】

본 기물의 명문은 2행 5자이다. 『集成』은 기물의 시대를 서주초기로 판정
한다.

【석문】

龏(角)子乍(作)肇獻(甗).[1]

【현대어역】

각罶의 군주가 여언旅甗을 만드노라.

【주】

1. 罶(角)子乍(作)肇獻(甗)

1) 罶 : 『輯考』는 다음과 같이 말한다.

> 갑골문에도 보이는데,(『합집』18387, 18388) "敿" 또는 "捔"의 초문이다. 『玉篇』과『廣韻』에는 모두 敿을 捔의 異體字라고 하고, 金文에서는 毃으로도 쓴다. 『廣雅』「釋言」에 "捔은 뽑아낸다는 뜻이다(捔, 捔也)"라고 하였다. 『漢語大字典』은 이것을 "짐승의 뿔을 잡은 채 치고 받으며 싸우는 것이다(捉住獸角搏鬪)"라고 해석하였다. 罶는 臼와 牛와 角을 구성요소로 하니, 바로 짐승의 뿔을 취한다는 뜻일 것이다. 罶 또는 捔, 毃의 본래의 뜻은 짐승의 뿔을 잡고 서로 치고 받고 싸움으로, 이로 말미암아 角力과 角逐의 뜻이 파생되었으며, 지금은 角으로 통용된다. …… 예전에는 觧나 牴(觸)로 석문 하였는데 모두 정확하지 않다.

본 명문의 罶은 고대 國名이니, 갑골문과 금문에는 角으로도 쓴다. 〈噩侯馭方鼎〉과 〈翏生盨〉에도 보인다. 〈翏生盨〉의 명문에 "王이 南淮夷를 征伐하고 角과 艅(津)을 정벌하고, 桐과 遹을 정벌하였다(王征南淮尸, 伐角·艅, 伐桐·遹)"고 하였으니 이것으로 角이 서주시기에 南淮夷에 속했음을 알 수 있다. 『銘選』은 "角은 아마도 角城일 것이다. 『水經注』「淮水」에 '淮水와 泗水가 모이는 곳이 바로 角城일 것이다'라고 하였다. 『太平寰宇記』「河南道 淮陽郡 宿遷縣」에 '角城은 今縣 東南쪽 110리에 있다'라고 하였다"(『銘選』3·290)라고 말한다. 그 지역은 지금 江蘇 淮陰市 서남쪽 옛 淮河와 泗水가 만나 모이는 곳이다.

2) 罶子 : 罶(角)國의 군주이다.

3) 肇 : '旅'의 고자이다. 黃盛璋(「釋旅彝」,『文史論叢』, 1979년)은 "旅彝"의

"旅"로 보아 고대에는 제사의 이름과 行旅의 두 가지 뜻이 있었는데, 춘추전국시기에는 行旅의 뜻으로 주로 사용되었다고 말했다. 張亞初는 殷周시기 靑銅鼎器名과 用途를 고찰하면서 아래와 같이 旅器의 '旅'가 모두 제사 이름으로 사용되지 않는다고 하였다(「殷周靑銅鼎器名·用途研究」,『古文字研究』제18집)

旅라고 불리는 기물은 鼎 이외에도 簋, 盨, 簠, 豆, 盂, 盆, 壺, 瓶, 盉, 匜 등이 있는데, 그 중 이러한 기물은 명백하게 祭器가 아니다. 〈克盨〉는 〈旅盨〉라고 불리는데 "이로써 師尹·朋友·婚媾에게 바친다(用獻于師尹朋友婚媾)"라는 문장이 있다. 旅器의 旅는 일괄적으로 제사 이름으로 처리할 수 없는 것을 알 수 있다.

4) 獻 : "獻"의 고자이고, "甗"으로 가차되었다.

【주제어】

[인명] 瞿(角)子
[지명] 瞿(角)

58. 각자정(毃子鼎)

【탁본】

【저록】

『集成』10·5383,『布倫戴奇』141·49,『考古與文物』1982년 제5기, 考與文物編輯部, 표지,『彙編』8·1091,『銘選』1·30.

【기물설명】

본 기물의 명문은 2행 8자이다. 전에 陳邦懷가 소장했었다. 『集成』은 시대를 서주초기로 판정하였다.

【석문】

毃子乍(作)厥冕(宄)團宮鼎.[1]

【현대어역】

각毃의 자작子爵이 포궁의 역귀疫鬼를 쫓아내기 위한 제사를 지낼 정을 만드노라.

【주】

1. 䍙子乍(作)厥寬(宄)團宮鼎

   1) 䍙 :〈䍙子甗〉주석을 참조하라.

   2) 寬 : "宄"의 고문이다. 갑골문에는 "寇"로 쓰였는데, 于省吾는 金文의
      寬가 寇·宄와 같은 글자라고 하였다(『駢枝』3. 26-27) 또 "갑골문의 '寇
      寢'의 '寇'는 모두 동사로 쓰였고, 寇寢을 하면서 사람 희생 혹은 동
      물 희생을 쓰는 것은 집안을 뒤져서 疫鬼를 몰아내는 제사로, 周나라
      사람들의 儺가 방을 뒤져 疫鬼를 몰아내는 것과 상호 검증된다"라고
      하였다(『釋林·釋寇』)

   3) 團宮 : 『輯考』는 다음과 같이 말한다.

      『集韻』「遇韻」에 "채소를 심는 것을 團라 한다(樹蔬曰, 團)"라고 한다. 團는
      바로 圃의 이체자이다. …… 張亞初는 "'宄團宮'과 卜辭의 '宄寢'의 예는 서
      로 완전히 부합한다. …… '宄團宮鼎'은 오직 전염병을 몰아내는 宄제사를
      행하기 위해 만들어진 祭器이다. 儺제사라고 일컬어지는 것은 東周시기에
      이르러서야 비로소 나타난 제사이름일 것이다"(「殷周靑銅鼎器名用途硏究」, 『古
      文字硏究』 제18집)라고 한다. 지금 생각건대, 團宮은 宮名이다. '宄團宮鼎'은
      團宮에서 실내를 뒤져서 귀신을 몰아내기 위해 만들어진 祭器이다.

【주제어】

[인명] 䍙(角)子 [지명] 䍙(角)

【참고문헌】

張亞初, 「殷周靑銅鼎器名用途硏究」, 『古文字硏究』 제18집, 中華書局, 1992년 8월.

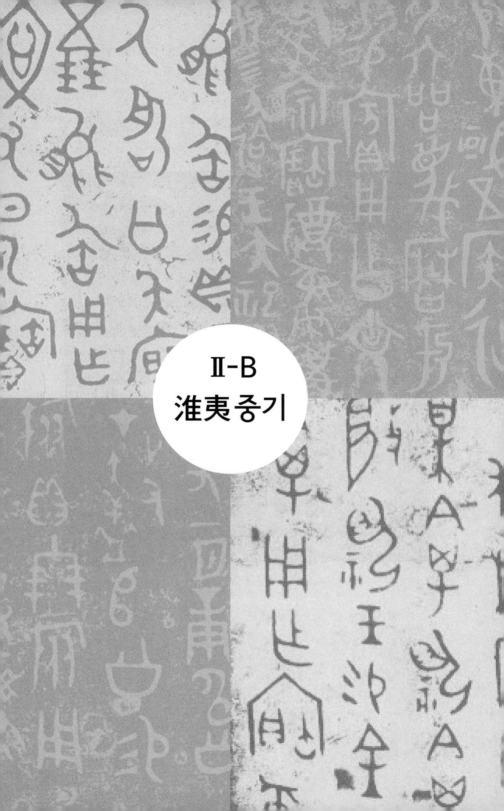

II-B
淮夷 중기

59. 사장반(史牆盤)

【저록】

『集成』16·10175, 『文物』1978년 제3기, 14쪽 圖 21·15쪽 圖 22, 『考報』1978
년 제2기, 140쪽 圖 1, 『陝靑』2·24, 『銘選』錄 225, 『總集』8·3705, 『銅器全
集』75쪽.

【기물설명】

본 기물의 명칭을 『銘選』, 『史徵』, 李學勤 등은 〈牆盤〉이라 칭하고, 裘錫圭, 『通釋』, 전광진 등은 〈史牆盤〉으로 칭하지만, 모두 같은 인물을 지칭하는 것이며, 기물명에 "史"라는 관직명을 포함시키는가만 다를 뿐이다. 원형의 腹部에 2개의 귀가 있으며, 方脣과 圈足으로 되어 있다. 복부에는 鳥紋이 장식되어 있고, 圈足에는 상하 2단으로 이루어진 구불구불한 雲紋이 장식되어 있으며, 바탕에는 雷紋이 장식되어 있다. 전체 높이는 16.2cm, 구경은 47.3cm, 깊이는 8.6cm이다. 기물 안쪽 바닥에 명문 18행 284자가 주조되어 있으며, 합문은 3개, 중문은 5개이다. 명문의 탁본이 여러 저록에 수록되어 있으며, 탁본을 한 시기와 판독 여건에 따라 석문된 자형에도 차이가 있다. 여기서 고석의 저본으로는 가장 선본으로 판단되는 『集成』을 선택한다. 기물의 제작 시기는 李仲操, 吳仕謙이 穆王시기로 보고 있으나, 대부분의 학자들이 共王시기로 보고 있다. 1976년 12월 陝西省 扶風縣 莊白村 1호 西周시기 청동기교장에서 출토되었다. 현재 陝西省 周原박물관(법문사안)에 소장되어 있다. 〈史牆盤〉에 대한 역주는 매우 많다. 여기에서는 『輯考』의 정리를 소개한다.

【석문】

曰古文王, 初敫龢于政, 上帝降懿德大屛, 匍有上下, 迨受萬邦.[1] 愍圉武王, 遹征四方, 達殷畯民, 永不巩, 狄虐‧髟, 伐尸(夷)‧童(東).[2] 憲聖成王, 左右綏敫剛鯀, 用肇徹周邦.[3] 淵哲康王, 分尹諆彊(疆).[4] 宖魯卲王, 廣能楚荊, 佳(唯)奐南行.[5] 祇覯穆王, 井帥宇誨.[6] 繭寧天子, 天子圛𤲊文武長剌,[7] 天子甗無丂, 顙祁上下,[8] 亟獄逗慕昊鉊, 亡昦上帝, 司夒尤保,[9] 受天子綰(緺)令(命)厚福豐年, 方緣亡不覛見.[10] 靑幽高且(祖), 才(在)微靁處.[11] 雩武王旣戈殷, 微史剌且(祖)迺來見武王, 武王則令(命)周公舍圍于周, 卑處甬.[12] 曳乙且(祖)迣匹厞(厥)

辟, 遠猷腹心子鳳.[13] 𩰲明亞且(祖)且(祖)辛, 竷毓子孫, 纘戩多縶, 檣角礜光, 義其𡔾祀.[14] 𡧱犀文考乙公, 𠗂趡得屯無諌, 農嗇(穡)戉㜽佳(唯)辟.[15] 孝友史牆, 夙夜不缺(墜), 其日蔑曆.[16] 牆弗敢取, 對揚天子不(丕)顯休令(命), 用乍(作)寶尊彝.[17] 刺且(祖)·文考弋竈受牆爾虥福, 褱戩彔·黄耇·彌生, 龕事卑(厥)辟, 其萬年永寶用.[18]

【현대어역】

옛날에 문왕文王께서는 처음으로 화합과 이로움을 이루는 정치를 하셨으니, 상제께서는 아름다운 덕과 믿음직한 신하를 내려주시어, 널리 신민을 소유하시고, 만방을 두루 소유하셨다. 날래고 굳센 무왕武王께서는 사방을 바로잡으셨으니, 은나라를 쳐서 백성을 바로잡아 영원토록 크게 군건히 하셨으며, 차虘와 표彲를 내쫓으시고 동이東夷과 이東을 정벌하셨다. 밝고 지혜로우신 성왕成王께서는 충성스럽고 지혜로운 대신들의 보필을 받아 주나라는 넓히셨다. 깊고 지혜로우신 강왕康王께서는 만방을 나누어 다스리셨다. 위대하며 아름다우신 소왕昭王께서는 초楚와 형荊을 널리 징벌하셨으며, 성대히 남방을 정벌하셨다. 공경스럽고 밝으신 목왕穆王께서는 큰 법도를 본받아 따르셨다. 부드럽고 편안하신 천자이시여. 천자께서는 문왕文王과 무왕武王의 장구한 사업을 힘써 계승하셨도다. 천자께서는 아름답고 착함이 끝이 없으시고, 위아래를 안정시키시고, 공경히 원대한 지모를 장악하여, 밝게 빛나고 뚜렷하시니, 상제께서 싫어하지 아니하시어 어루만져 주시고, 감싸서 보호해 주시니, 천자께 긴 수명과 많은 복, 풍년을 내리시며, 사방의 오랑캐가 잇따라 와서 알현하지 않음이 없노라.

고요하고 그윽하신 고조高祖께서는 미微에 편안히 거처하셨도다. 무왕武王께서 은나라를 물리치신 후에, 미微의 사관史官이신 열조께서는 무왕武王을 알현하셨다. 무왕武王께서 주공周公에게 주周에 거처할 땅을 주라고 명하시니, 용甬에 머무르게 되었다. 을조乙祖께서 군주를 보필하심에 지혜를 다하고 마음을 다하셨다. 맑고 밝으신 아조亞祖 조신祖辛께서는 자손을 잘 기르고 가르치시어 많은 자손을 번창시키셨으며, 아름답고 착하시며 성대하게 빛나시며, 그 제사를 지냄에 각각 그 마땅함을 얻게 하셨다. 편안하며 여유로우신 문고文考 을공乙公께서는 강직하고 굳세시며 순미한 덕행을 갖추시고 원망하고 나무람이 없으셨으며, 농업을 잘 다스리시어 멀리서도 본받는 방식이 되었다. 효성스럽고 우애로운 사장史牆은 아침 일찍부터 밤늦게까지 태만하지 않고 매일 공적에 힘쓰노라. 나 장牆은 감히 멈추지 않겠노라. 천자의 크고 빛나는 아름다운 명을 받들어 이 보배롭고 존귀한 제기를 만드노라. 열조烈祖와 문고文考께서 나 장牆에게 성대하고 선명한 복을 주주시니, 많은 봉록과 장수長壽를 내려 받고 군주를 모셨으니, 만년토록 영원히 보배롭게 사용할지어다.

【주】

1. 曰古文王, 初敤龢于政, 上帝降懿德大甹, 匍有上下, 迨受萬邦.

   1) 曰 : 발어사이다. 『상서』「堯典」에 "옛 요임금을 상고해 본다(曰若稽古帝堯)"라 하는데, 이 구절의 형식과 비슷하다.

   2) 初 : 『설문』「刀部」에 "시작이다(始也)"라고 한다.

   3) 敤 : 『集韻』「霽韻」에 "盭"가 생략된 자형이라 하고, 『설문』「弦部」에 "盭는 어그러짐이다. …… 戾와 같이 읽는다(盭, 弼戾也.……讀若戾)"라고 하는데, 段玉裁 注에 "이것은 어그러짐(乖戾)의 正字이다. 오늘날에는 '戾'가 쓰이고 '盭'는 폐기되었다(此乖戾正字, 今則戾行而盭廢矣)"라고 한다. 〈史牆盤〉과 함께 출토된 〈癲鍾〉에 "敤龢"가 "盭龢"로 쓰여 있다.

   4) 盭龢 : 于豪亮은 "利和"로 읽고, 아울러 "于"를 "爲"로 읽었는데, 『관자』「君臣下」에 "군주가 이익으로 화합하게 한다(君以利和)"라 하고, 『국

어」「周語下」에 "백성들이 화합하며 이롭다(人民和利)"라고 한 것을 예로 들어, "옛 사람들은 항상 利와 和를 같이 말하였다"라 설명하고, 또 『逸周書』「大聚」에 "화덕(和德)"과 "그 이익을 먼저 베풀어 주면, 백성은 저절로 이른다(先設其利, 而民自至)"라 하고, 『좌전』「昭公4년」에 "商紂는 음란하고 포악하며 文王은 은혜롭고 온화하여 은나라는 이로 인해 쇠망하고 주나라는 이로 인해 흥성하였다(紂作滛虐, 文王惠和, 殷是以隕, 周是以興)"라고 한 것을 예로 들면서, "옛 기록에 文王이 사람을 이롭게 해주며 온화하였다는 기록이 매우 많이 있으니, '敫穌于政'은 마땅히 '利和爲政'으로 읽어야 한다"라고 한다.

于豪亮의 설이 근거가 있으며, 문장의 의미에도 맞는 듯하다. "利和爲政"은 곧 "爲政利和"로, 이 명문은 協韻을 맞추기 위해 말을 도치한 것이다.

5) 懿德 : 아름다운 덕(美德)이다. 『주역』「小畜」에 "君子는 이를 본받아 문덕을 아름답게 한다(君子以懿文德)"라고 하는데, 孔疏에 "懿는 아름다움이다(懿, 美也)"라고 한다.

6) 大甹 : 裘錫圭는 "甹"을 "屛"으로 보아야 한다고 아래와 같이 피력하고 있다.

> 이 명문의 "甹"자는 또한 마땅히 "屛"으로 읽어야 하니, 大屛은 마땅히 힘 있게 보좌함을 지칭한다. "屛"자의 쓰임새는 『尙書』「康王之誥」에 "제후들을 분봉하여 울타리로 삼았다(建侯樹屛)"라 하고, 『시경』「大雅·板」에 "큰 방국은 울타리와 같다(大邦維屛)"라 하는 "屛"과 비슷하다.

7) 匍 : "敷"로 가차된다. "匍有"는 "迶受"와 대구가 된다. 『尙書』「皐陶謨」에 "모아서 받고 펴서 베푼다(翕受敷施)"라고 하는데, 여기에서도 "敷"와 "翕"이 대구가 된다. 孔疏에 "翕은 合으로, 『이아』「釋詁」에 글이 있다"라고 한다. 『시경』「賚」에 "두루 이 생각을 펼치다(敷時繹思)"라고 하는데, 鄭箋에 "敷는 遍과 같다(敷, 猶遍也)"라 하였다. "匍有上下"는 "널

리 신민을 소유하다(廣有臣民)”라는 말이다.

8) 迶 : 陳世輝는 “迶”은 곧 “匋”자와 통한다고 아래와 같이 피력하고 있다.

　　“迶”은 “匋”과 통한다. 『설문』 「勹部」에 “匋은 두름이다(匋, 帀也)”라 하는데, 帀은 곧 둘레(周帀)의 “帀”으로, 온전하다(全)·두루(遍)라는 의미로 파생된다. “匋受”는 두루 소유한다는 말이다. 〈史牆盤〉과 함께 출토된 〈癲鍾〉의 명문에는 “만방을 두루 소유한다(匋受萬邦)”라 되어 있다. 迶자를 바로 匋로 씀을 증명할 수 있다.

　　살펴보건대, 陳世輝의 설이 맞다. 『廣雅』 「釋詁」에 “受는 얻음이다(受, 得也)”라 한다.

9) 萬邦 : 일반적으로 많은 方國을 가리킨다. 『상서』 「泰誓下」에 “우리 文考께서는 마치 해와 달이 내리 비친 것 같으시며, 사방에 빛나시어, 서쪽 땅에서 드러나셨으니, 우리 주나라는 진실로 여러 방국을 받을 것이다(惟我文考, 若日月之照臨, 光于四方, 顯于西土, 惟我有周, 誕受多方)”라고 한다. 이 명문의 “匋受萬邦”은 「泰誓」와 부합한다. 『논어』 「泰白」에 文王이 “천하를 셋으로 나눈 것 중에 둘을 소유했다(三分天下有其二)”라고 하는데, 文王이 비록 은을 멸망시키지는 못했으나 이미 왕업의 기초를 닦아놓았음을 설명한 것이다.

2. 纞圉武王, 遹征四方, 達殷畯民, 永不巩, 狄虘·髟, 伐尸(夷)·童(東).

1) 纞 : 이 명문에 “”로 쓰여 있는데, 裘錫圭는 아래와 같이 “訊”으로 풀고, “迅”으로 읽는다.

　　金文의 “訊”자는 일반적으로 좌변에 “口”가 구성되었으며, 우변은 “糸”로 사람의 손을 묶은 형상이다. “糸”와 사람을 묶은 형상은 나누어서도 쓸 수 있다. 〈虢盤〉에는 “”으로 쓰여 있다. 본 명문의 이 글자가 “索”으로 구성된 것은 “糸”로 구성된 것과 같은 뜻이며, 글자를 구성하는 “㐺”이 일반적으로 사람이 양손을 뻗고 있는 "丮"과 차이가 있지만, 실제 자형이 실로 양손을 묶은 사람의 형상이기 때문에 "訊"자로 확정한다. …… "訊圉"는 "날래고 강인하다(迅猛强圉)"는 뜻이다. "强圉(힘이 셈)"라는 말은 후세에 폄하하는 의미로만 사용되었지만, 고대에 반드시 그러했던 것은 아니다. 예를 들면 『좌전』「召公12년」에 晉나라의 中行穆子가 자신의 군대를 칭찬하여 "우리 장수는 강하다(吾軍帥彊禦)"("彊"은 "强"과 통하며, "禦"는 "圉"와 통한다)라 하고, 『周書』「諡法」에 "위엄 있는 德과 강한 武를 圉라 한다(威德剛武曰圉)"라고 한다.

2) 通征四方 : 連劭名은 "征"을 "正"으로 읽고, "定"이라는 뜻이라 하며, 『상서』「多士」에 "이에 네 선조이신 成湯에게 명하여 하나라를 개혁하시고, 백성을 바로잡으시며, 사방을 안정시켰다(乃命爾先祖成湯, 革夏俊民, 甸四方)"라고 한 것을 인용해 증명하는데, 다른 해석보다 나은 것 같지만 通자에 대해 해석하지 않았다. "通征四方"은 마땅히 "律正四方"으로 읽어야 한다고 생각한다. 通(律)正은 서주시대에 자주 사용되는 말이다. 〈善夫克鼎〉에 "왕이 善夫 克舍에게 명령하여 成周에서 八師를 다스리게 한 해이다(王命善夫克舍令于成周通征八師之年)"라고 하는 "通征" 또한 마땅히 "律正"으로 읽어야한다. 律은 法으로, 구속이라는 뜻으로 인신되며, 법에 의거하여 처리한다는 의미이다. 律正은 올바르게 바로잡다(飭正)는 말과 같다. 『상서』「微子之命」에 "백성들을 다스린다(律乃有民)"라고 하는데, 孔箋에 "법도로써 네가 가진 사람을 다스려라(以法度齊汝所有之人)"라고 하는 "律正"의 "律"과 용법이 같다. 于豪亮은 "通征"을 "遂征"으로 읽었으며, 어떤 주석가는 通을 발어사라 하였는데, 모두 "通征八師"의 "通征"을 해석할 수 없으니, 적절한 주석이라고 할 수 없다.

3) 達殷畯民 : "畯"은 갑골문과 금문에 "敗"으로 썼는데, 裘錫圭는 다음과 같이 말하였다.

"達殷"은 『상서』에 보인다. 『상서』「顧命」에 "옛날 군주이신 文王과 武王께서 …… 능히 은나라를 정벌하시고 큰 명을 모으셨다(昔君文王·武王 …… 用克達殷集大命)"라고 하는데, 최근 『尙書』를 연구하는 학자들이 "達"을 撻伐의 "撻"로 많이 읽고 있으니, 정확한 듯하다. "畯民"도 『상서』에 보인다. 『상서』「多士」에 "…… 成湯에게 명하여 하나라를 개혁하여, 준걸스러운 백성으로 사방을 다스리게 하였다(……成湯革夏, 俊民甸四方)"라고 한다. "俊"과 "畯"은 소리가 같으므로, "俊民"은 "畯民"이다. 〈大盂鼎〉에 武王이 "그 백성을 바로고치다(畯正厥民)"라 한 것도 畯民과 같은 뜻이다. "畯"은 마땅히 "悛"으로 읽어야 할 것 같다. 『國語』「楚語」에 "잘못이 있으면 반드시 고친다(有過必悛)"라고 하는데, 韋昭 注에 "悛은 고침이다(悛, 改也)"라고 한다. "畯民"과 "畯正厥民"은 바로 백성을 올바르게 고쳐서 선으로 향하게 한다는 뜻이며, 『상서』「康誥」의 "백성을 새롭게 한다(作新民)"의 의미와 비슷하다. 裘錫圭의 설이 타당하며, 『상서』「多士」에 "하나라를 개혁하며 백성을 고치다(革夏悛民)"라고 하는 "革"은 "悛"과 대구가 되니, 또한 變革이란 의미이다. 悛民은 殷民을 개혁하고 교화한다는 뜻이다.

4) 永不巩 : "永巩"과 "不巩"은 〈毛公鼎〉에 보이는데, 西周시기에 자주 쓰이는 말로, 『시경』「大雅·瞻卬」에 또한 "공고히 하지 못함이 없다(無不克鞏)"라는 구절이 있다. 따라서 "永不巩"은 마땅히 〈毛公鼎〉의 "不巩"과 같은 뜻이다. "不"은 마땅히 "丕"로 읽어야 하며, "大"라는 뜻이다. "巩"은 『玉篇』에 "巩은 안는 것이다(巩, 抱也)"라고 한다. 이 명문의 巩은 "鞏"으로 읽어야 하며, 『이아』「釋詁上」에 "鞏은 굳은 것이다(鞏, 固也)"라고 한다. "永不巩"은 윗 문장 "遹正四方, 達殷畯民"을 이어 말한 것이니, "사방을 바로잡고, 은나라를 쳐서 백성을 바로잡은(遹正四方, 達殷畯民)" 기반을 영원토록 크게 공고히 하셨다는 뜻이다.

5) 狄 : 裘錫圭는 "逖"으로 읽고, "몰아서 내쫓는다(驅逐)"라는 뜻이라 한다.

6) 盧 : 裘錫圭는 "盧"가 아마 갑골복사의 "盧方"일 것이라 한다. 盧는

夷族 方國이다. 盧는 『설문』 「虍部」에 "호랑이는 포악하고 교활하다. 虎로 구성되었고, 且는 소리를 나타낸다(虎不柔不信也. 从虎且聲)"라 하는데, 段注에 "不柔不信"을 "포악하고 교활하다(剛暴儔詐)"라는 의미라고 한다. 갑골문에서의 "盧"는 나라이름을 가리키며, "獻"나 "盧"로도 쓴다. 劉士莪·尹盛平·錢伯泉 등이 이 명문의 "逑盧髟, 伐夷童"의 "盧"가 갑골문의 "盧"나 "獻", 혹은 "盧"를 가리킨다고 한다. 錢伯泉은 "上古시기의 "酅"나라는 지금의 河南省 永城縣 서쪽의 贊陽集에 있었다"라고 한다(「史牆盤考釋」) 酅는 본래 秦縣이었으나 옛 나라이름이라는 것은 들어보지 못했다. 또 山東 費縣에서 출토된 〈獻鼎〉에서는 "冀"를 씨족 명칭으로 삼았고, 人方의 수령인 舞犮가 주조했던 〈舞犮鼎〉에서도 "冀"를 씨족 명칭으로 썼다고 전해진다. 이를 통해 보면 盧가 동이집단에 속하는 한 씨족국가였음을 알 수 있다. 『路史』 「後紀七·少昊」에서는 少昊 青陽氏는 姓이 紀이고, 그 후예는 "且于"라고 하였다. 少昊는 동이집단 시조 가운데 하나로 전해지며, 盧나 獻, 盧는 모두 且가 聲部에 해당되고, 準同聲은 필히 同部에 해당하므로, 且라고 읽는 것은 의문의 여지가 없다. 且와 于는 모두 魚部에 해당하고, 且于는 且를 길게 늘려 읽을 때의 발음이다. 『좌전』 「襄公23년」에 "齊나라 諸侯 莊公이 晉나라에서 돌아오면서 본국으로 들어오지 않고, 그 길로 莒나라를 습격하여 且于의 성문을 공격하였다(齊侯還自晉, 不入, 遂襲莒, 門于且于)"라고 하는데, 杜注에 "且于"를 莒國의 邑 이름이라고 풀이하니, 지금의 山東省 莒縣 북쪽에 자리하고 있는 지역을 가리킨다. 따라서 옛 盧國은 지금의 山東省 莒縣 일대에 해당된다.

7) 髟 : 명문에 "🖾"으로 쓰였다. 林澐은 "髟"로 해석한다. 〈莫父乙瓠〉에 "🖾"로 썼고, 갑골문에 "🖾"등의 자형으로 썼다고 하면서 다음과 같이 피력하고 있다.

陳世輝가 "髟"로 해석한 것은 정확하다. 『설문』 「髟部」에 "髟은 긴 머리를 하고 빠르게 감이다(髟, 長髮森森也)"라고 한다. 이 자의 원시자형은 확실히 사람이 긴 머리카락을 나부끼는 모양을 본뜬 것이다. …… 상말주초의 髟人은 요서의 大淩河 유역과 河北 唐山지구의 欒河 유역에서 주로 활동하였다. 어쩌면 髟人을 髟이라고 지칭한 것은, 그들이 오고 가는 것이 마치 회오리 바람(飄風)과 같은 기마 유목민이기 때문일 수도 있다.

8) 伐夷·童 : "尸"는 사람이 웅크린 형상을 본뜬 것으로, "夷踞"라고 할 때의 "夷"의 본 글자이다. "童"은 대부분의 학자들이 옛 方國인 "東"으로 보고 있다. 李學勤은 아래와 같이 피력하고 있다.

"童"자를 쓴 방식이 〈番生簋〉와 같다. 이 글자는 "東"으로 구성되었고 소리를 나타내기도 한다. 『일주서』 「作雒」에 武王이 은나라를 이기고, "관숙을 동에 세웠다(建管叔于東)"라고 하고, 周公이 동쪽을 정벌한 후에 "중모보를 동에 살게 하였다(俾中旄父宇于東)"라는 내용이 실려 있다. 이 명문의 "尸童"은 마땅히 "夷"·"東"으로 읽어야 하며, 모두 周代 동부 지역의 이름이다.

裘錫圭는 무왕이 은나라를 멸망시키고 다시 "夷"와 "東"도 정벌하였을 것이라고 아래와 같이 피력하고 있다.

일반적으로 古書에 기록된 周初의 征伐은 단지 武王 사후 周公의 섭정시기에 淮夷·東國을 정벌한 일만을 언급할 뿐이다. 그러나 『일주서』 「世俘」에 武王이 은나라를 이긴 후에 "마침내 사방을 정벌하니, 무릇 惡國이 99국이다.… 무릇 복종한 나라가 652국이다(遂征四方, 凡憝國九十有九國…凡服國六百五十有二)"라고 한다. 그 중에 아마 어떤 동쪽의 방국이 포함되어 있을 것이다. 『일주서』 「作雒」에 武王이 "관숙을 동에 세웠다(建管叔于東)"라고 하니, 곧 東國에 대한 用兵의 결과이다. 따라서 武王이 완전히 "夷"·"東"을 정벌하였을 것으로 여겨진다. 武王이 붕어한 후 "동에 분봉되었던(建于東)" 관숙 조차도 주를 배반하였으니, "夷"·"東"도 당연히 다시 반역한 것이다.

3. 憲聖成王, 左右綬斂剛斂, 用鼙觑周邦.

1) 憲聖 : “憲”은 본 명문에 “害”으로 쓰여 있는데, “憲”의 고자이다. 于省吾는 〈妄人鍾〉의 “忻忻聖爽”을 인용하여 “〈牆盤〉 명문의 “憲聖成王”은 마땅히 “忻聖成王”으로 읽어야 하니, 이는 “밝으며(開朗) 성스럽고 지혜롭다(聖智)”는 의미로써 成王을 칭송한 것이다”라고 한다.

2) 左右 : 成王을 보좌하는 대신을 가리킨다.

3) 綬斂 : “”는 “綬”의 고자이다. “斂”는 “會”의 이체자이다. 于豪亮은 “綬會”를 “周慧”로 읽고, “忠厚하고 正直하며(忠信) 총명하며 슬기롭다(聰慧)”는 뜻이라 한다.

4) 剛斂 : 李學勤은 “剛禦”로 읽었으니, 또한 강함(强圉)이다.

5) 鼙 : 唐蘭은 “𩫏로 구성되며 戕는 소리를 나타낸다. 𩫏는 옛 墉자로, 이는 마땅히 ‘국가를 정한다(肇域)’라는 肇의 전용자이다”라고 한다.

6) 肇 : 발어사로 뜻은 없으며, 〈疐鼎〉에도 보인다. 楊樹達은 아래와 같이 “肇”는 문장의 처음과 중간에 쓰이는 조사로 뜻이 없다고 피력하고 있다.

> 내가 요즘 주나라 금문을 거듭 살펴보았는데, 글 가운데에서 肇자를 쓰는 경우를 많이 보았다. 글의 처음에 있을 때는 종종 뜻 없이 말한 것이다. …… 내가 또 『시경』과 『상서』를 살펴보니, 역시 그러한 경우가 있었다. 『상서』「酒誥」에 “수레와 소를 끌고서 멀리 장사하는 일에 종사함으로써 너희 부모를 봉양하라(肇牽車牛, 遠服賈, 用孝養厥父母)”라고 하으니, 肇자에는 뜻이 없는 것인데, 孔傳에 “肇”를 “始”라고 풀이하였으니 잘못된 것이다. 『상서』「文侯之命」에는 “네가 문왕과 무왕을 본받아 너의 임금을 모으고 이었으니 이전의 문인(당숙)을 따라 효도한 것이다(汝肇刑文武, 用會紹乃辟, 追孝于前文人)”라고 하는데, “汝肇刑文武”는 “네가 문왕과 무왕을 본받았다”라는 말로, 이는 〈叔向父簋〉에서 말한 “肇帥井先文祖”와 〈師望鼎〉에서 말한 “望肇帥井皇考也”와 같은 용법이다. 『시경』「周頌·小毖」에 “저 뱁새로

믿었는데, 나래짓하며 나는 것 보니 맹금이로다(肇允彼桃蟲 拚飛維鳥)"라고
하니, 肇자엔 역시 뜻이 없는 것인데, 鄭箋에 肇를 始라고 풀이한 것은 잘
못이다(『述林』「肇爲語首詞證」)

7) 癹: 陳世輝는 대부분의 학자들이 이 글자를 "撤"로 해석하고 있으나,
본 명문의 이 글자는 "歊"으로 예정해야 하고 "灰"의 본 글자라고 아
래와 같이 피력하고 있다.

"癹"은 대다수의 사람들이 모두 "撤"로 해석하는데, 이는 토론할 여지가 많
다. 金文에서 "撤"자는 "歊"으로 쓰이며(《何尊銘文》에 보인다), 鬲과 又로 구
성되는데, 이 명문의 癹은 "歊"와 "火"로 구성되니, 명백히 그것들이 같은
글자라고 할 수 없다. 이 글자는 마땅히 "歊"으로 예정해야 하며, "灰"의
本字이다. 『설문』「火部」에 "灰는 불타고 남은 것이다. 火와 又로 구성된다.
又는 손이다. 불이 다 꺼지면 집을 수 있다(灰, 餘叓也. 从火从又. 又, 手也. 火
旣滅, 可以執持)"라고 하는데, 灰자가 왜 火와 又로 구성되는지 그 글자가 만
들어진 뜻은 예전부터 답을 얻을 수 없었다. 〈史牆盤〉 명문의 출현으로 겨
우 이 의문점이 얼음이 녹듯이 완전히 풀리게 되었다. 歊자는 손을 사용
하여 불 위에서 식기(鬲)를 거두어들이는 모습을 상형하여 불이 이미 잿더
미가 되었음을 나타내었지만, 小篆에서는 "鬲"을 생략해 버리고 灰로 썼
다.…… 이 명문의 歊자는 "恢"로 읽어야 하며 넓고 넓다(恢弘)·光大라는
의미이다. 『좌전』「襄公4년」에 "하나라를 넓히지 못했다(用不恢于夏家)"라
고 하는데, 杜注에 "비록 하나라를 소유했으나 나라를 넓히지 못하였다(雖
有夏家而不能恢大之)"라고 한다. 夏家의 家는 또한 邦國의 의미이다. 이 명
문의 단어사용과 문장형식이 『좌전』과 완전히 일치한다.

4. 淵哲康王, 分尹奮彊(疆).

1) 淵哲 : 淵은 본 명문에는 "󰀀"으로 썼는데, "淵"의 고자이다. "哲"은 본
명문에 "蠶"로 썼는데, "哲"의 고자이다. 李學勤은 아래와 같이 피력하

고 있다.

고서에 "睿哲"이라는 말이 자주 보이는데, 『爾雅』「釋言」에 "睿는 깊음이다(睿, 深也)"라고 하니, 淵·睿는 의미가 같을 뿐만 아니라, 상고음으로 모두 眞部 合口에 속하기 때문에 이 명문의 淵哲은 睿哲과 같다. 『상서』「舜典」에 "깊고 명철하며 문채나고 밝으시다(濬哲文明)"라고 하는데, 孔傳에 "濬은 깊은 것이고, 哲은 지혜로운 것이다(濬, 深. 哲, 智也)"라고 하였으며, 蔡沈傳에 "깊으면서 지혜가 있다(深沈而有智)"라고 하였다.

2) 分尹奮疆 : 李學勤은 아래와 같이 "分"을 "賓"이라고 피력하고 있다.

〈師望鼎〉에 "부지런히 아침 일찍부터 저녁 늦게까지 왕명을 출납함에 감히 공경히 하지 않음이 없고 법도대로 하지 않음이 없다(虔夙夜出內王命, 不敢分不娶)"라는 구절은 마땅히 "不賓不規"로 읽어야 하며, "賓"은 "敬"의 의미이다. 이 명문의 "分" 또한 "賓"으로 읽어야 하는데, 『국어』「楚語上」에 "蠻·夷·戎·翟이 복종하여 빈객으로 오지 않은지가 오래되었다(蠻·夷·戎·翟, 其不賓也久矣)"라고 하였으며, 韋昭 注에 "賓은 복종하는 것이다(賓, 服也)"라고 한다. "尹"은 『설문』「又部」에 "다스림이다(治也)"라고 한다.

裘錫圭는 이 구문을 '分尹億疆'으로 보면서 다음과 같이 피력하고 있다.

"分尹億疆"은 또한 "分尹億疆"으로 읽을 수 있을 것 같으며, 제후를 분봉하여 周의 강토를 공고히 한다는 의미이다. 『좌전』「昭公26년」에 "옛날 武王이 은나라를 정벌해 승리하고, 成王이 사방을 안정시키고, 康王이 백성을 휴식시키고서 모든 母弟들을 제후로 세워 주나라의 울타리로 삼았다(昔武王克殷, 成王靖四方, 康王息民, 並建母弟, 以蕃屏周)"라는 구절이 있으니, 명문의 의미가 『좌전』과 부합하는 듯하다.

黃錫全은 湖北 隨州市 東郊에서 출토된 〈敔盍〉銘文에 보이는 "賒"를 "賓"자로 보았다(『湖北出土商周文字輯證』88쪽) 곧 賓은 賒으로 쓸 수 있으니, 李學勤이 分을 賓으로 해석한 것이 정확하다고 할 수 있다. 이 명문 分(賓)은 分으로 읽을 수 있으며, 賓·分은 상고음으로 幫紐 雙

聲·眞文 旁轉의 관계이다.

"𢝊"는 "意"의 고자이다. "言(𢝊)"으로 구성되었고, "○"은 말의 속이라는
것을 나타내는 지사자이다. 본 명문에서는 "億"으로 가차된다. "億疆"
은 "萬邦"을 말한다. 分尹億疆은 億疆을 나누어 다스린다는 뜻이다.

5. 宖魯卲王, 廣斂楚荊, 隹(唯)寏南行.

1) 宖魯卲王 : "宖"은 대부분의 학자가 "宏"으로 해석했다. "卲王"은 "昭王"
   이다. 于省吾는 "魯는 旅·嘉와 옛날에 통용되었다. …… "宖魯卲王"은
   바로 크고 위대하며(宏偉) 아름답고 선량함(嘉善)으로써 소왕을 칭송
   한 것이다"라고 한다.

2) 廣斂楚荊 : 이 구문에 대해 陳世輝는 아래와 같이 피력하고 있다.

   "斂"은 "懲"의 고자이다. 『설문』「支部」에 "攴은 작게 때림이다(攴, 小擊也)"
   라고 하는데, 징벌한다는 의미와 일치한다. 能은 곰(熊)을 상형한 글자로,
   古韻은 蒸部에 속하는데, 懲자의 古韻도 蒸部에 속한다. 能자의 성모는 옛
   날에 態자의 성모와 같은 발음이었으며, 透紐에 속한다. 懲은 澄紐에 속
   한다. 옛날 知·徹·澄의 성모는 端·透·定과 같이 읽는다. 그러므로 能과
   懲은 雙聲 疊韻의 관계로 독음이 완전히 같았다. …… 『시경』「魯頌·閟宮」
   에 "荊과 徐를 징계하다(荊舒是懲)"라고 하는데, 舒는 곧 徐楚의 徐이다. 荊
   徐와 이 명문의 楚荊은 넓은 의미에서 구별이 없다. 이것은 斂·懲이 같다
   는 좋은 방증이다.

3) 隹寏南行 : 唐蘭은 사진에 근거하여 "寏"을 "狩"로 석문하고, 徐中
   舒·裘錫圭는 "寏"로 석문하였다. 『설문』「宀部」에 "院은 둥근 담이
   다. "宀"으로 구성되었고 '奐'이 소리를 나타낸다. 院은 '寏'이라고도
   하고 "𨸏"로 구성되기도 한다(院, 周垣也. 从宀奐聲. 院, 寏或从𨸏)"라고 한
   다. 于省吾는 실제로 기물을 확인하고 "寏"으로 해석하는 것이 정확
   하다고 인정하였다. 아울러 寏은 奐으로 읽어야 하는데, 『설문』「収

部」의 "奐은 빛남을 취한 것이다. 일설에 크다고 한다. '廾'로 구성되었고 '夐'의 생략형이 소리를 나타낸다(奐, 取奐也. 一曰大也. 从廾, 夐省)"라 하고, 『한서』「韋玄成傳」의 顔師古 注에는 "盛"이라 해석하고, 『예기』「檀弓」의 鄭注에는 "多衆"이라 해석하며, 『시경』「溱洧」의 毛傳에는 "盛"이라 해석한 것을 인용하여 "奐이 大·盛·多衆라는 의미를 포함하고 있다"라고 지적하였다. 이 명문의 "佳奐南行"은 邵王이 六師를 거느리고 남쪽을 정벌한 일을 묘사한 것으로, 그 사졸들이 매우 많았으며, 규모가 盛壯하였음을 상상하여 알 수 있다. 그러나 이 명문의 의의는 나쁜 것을 감추고 좋은 것을 드날리는데 있으므로, 그 출정의 성대한 모습을 드러낼 뿐이며, 『사기』「周本記」에 보이는 "물에 빠져 붕어하셨다(沒于水中而崩)"라는 일은 감추었다. 楊伯峻은 또한 아래와 같이 피력하고 있다.

> 『初學記』7에서 『紀年』을 인용하여 "昭王 16년에 荊楚를 정벌하려고 漢水를 건너다 큰 외뿔소를 만났다(昭王十六年, 伐楚荊, 涉漢, 遇大兕)"라 하고, 또 "19년에 漢水에서 六師를 잃었다(十九年, 喪六師于漢)"라고 한다. 『御覽』874에서 『紀年』을 인용하여 "昭王 末年에 왕이 남쪽을 순수하였으나 돌아오지 못했다(昭王末年, 王南巡不反)"라고 하는데, 아마도 소왕이 일찍이 두 번의 南征을 하였는데, 16년의 南征에서는 자못 성과를 거두었던 것 같다. 〈𡩡駿簋〉의 명문에 "𡩡駿가 왕의 남정을 따라가 형초를 정벌하고, 전리품을 얻었다(𡩡駿(御)從王南征, 伐荊楚, 又(有)得)"라 하고, 〈過伯簋〉의 명문에 "過伯이 왕을 따라 荊의 반란을 정벌하여 청동을 노획하였다(過伯從王伐反荊, 孚(俘)金)"라 하고, 〈䚓簋〉에 "䚓가 왕을 따라 荊을 정벌하였다(䚓從王伐荊)"라 한 것으로 모두 증명할 수 있다. 19년에 다시 荊楚를 정벌하는데 이르러서는 돌아오지 못했다(『春秋左傳注』「僖公四年」"昭王南征而不復"注)

본 명문에서 소왕이 "楚荊을 널리 정벌하셨다(廣懲楚荊)"라고 하니, 양백준의 학설을 뒷받침해 주고 있다.

6. 祗覞穆王, 井帥宇誨.

1) 祗覞穆王 : "祗"는 본 명문에 "䃜"로 썼는데, 예전에는 "抵"로 많이 해석했으나, 張亞初가 "祁"의 초문이며, 성대한 모양이라 풀었다(『甲骨文金文零釋』,『古文字研究』제6집) 본 명문에서는 "祗"로 가차되었으며, 공경(敬)이라는 뜻이다. "覞"은 "尹"으로 구성되었고, "睍"이 소리를 나타내는데, 尹에는 大의 뜻이 있다.『설문』「日部」에 "睍은 해가 나타난 것이다. "日"과 "見"으로 구성되었고, "見"은 또한 소리를 나타낸다(睍, 日見也. 从日从見, 見亦聲)"라고 하는데, 음이 顯과 같다. "覞"은 회의이면서 형성자로, 마땅히 존귀하게 드러난다(尊顯)의 "顯"의 전용글자이며, 쓰임새가 顯과 같다. 금문에는 간혹 "君"이 구성되기도 하는데, "尹"으로 구성된 것과 의미가 같다. "祗顯穆王"은 공경스럽고 밝으신 穆王이라는 뜻이다.

2) 井帥宇誨 : "井"은 "型"으로 읽으며, "型帥"는 "법을 본받아 따른다(效法遵循)"라는 의미이다. "宇誨"에 대해 裘錫圭는 아래와 같이 말하고 있다.

   "誨"·"謀" 두 자는 옛날에 서로 통하였다(『金文編』110쪽 참고)『시경』「大雅·抑」에 "계책을 크게 하고 명령을 살펴 정한다(訏謨定命)"라고 하는데, 毛傳에 "訏는 큼이요, 謨는 계책이다(訏, 大. 謨, 謀)"라고 하니, "宇誨"는 마땅히 "訏謀"로 읽어야 하며, "커다란 계책(訏謨)"과 같은 의미이다.

7. 纘寧天子, 天子圉厤文武長剌,

1) 纘寧天子 : "纘"은 金文에서 "纘"로 많이 쓰이는데, 裘錫圭는 "申"으로 해석하고, 「談曾侯乙墓鍾磬銘文中的幾個字」에서 "纘"자를 구성하는 "緟"자에 대하여 아래와 같이 말하고 있다.

   양 손으로 실 혹은 밧줄을 가진 모양인 "叜"이 形旁이 되고, "申"과 음이 가까운 "田"이 聲旁이 되므로, 마땅히 申束한다는 "申"의 本字이다. …… "緟

"이 변하여 "矗"이 되었는데, "叟"이 "矞"으로 변하는 것 외에도 "東"旁이 덧붙여진다. 고문자의 "東"자는 본래 전대 양 끝을 밧줄로 묶은 형태를 상형한 것으로, 林義光은 "東"과 "束"이 옛날에 같은 글자라 하였는데,(『文源』6 · 50) 그의 견해를 따를만하다. 과거에 우리들은 일찍이 "矗"자에 "東"이 구성되는 것이, 그것과 음이 비슷한 "陳"자에 "東"이 구성되는 이 두 사실과 마땅히 관계가 있는 것이 아닌가 하였다. …… 현재 우리들은 '矗'에 '東'이 구성되는 것이 音符를 덧붙인 것이 아니라, 意符를 덧붙인 것이라 생각한다. 때문에 "東"은 본래 "束"의 의미를 가지고 있으며, 바로 "紳"의 本義와 부합한다.

생각하건대, 裘錫圭가 "紳"으로 해석한 것은 확고하여 바꿀 수 없지만, "矗"자의 구성요소인 "矞"자는 또 다른 글자로 보아야 할 것이다. 그 글자는 "矞"와 "田"로 구성된 회의자로, 田은 또한 소리를 나타 낸다. 矞은 治라는 의미를 가지니, 矞자는 아마도 『설문』「支部」에 "밭을 고르다(平田)"라 하고, 『상서』「多方」에 "너의 밭을 다스리라(畋爾田)"라고 하는데, 孔疏에서 "밭을 다스리다(治田)"라고 해석한 "畋"의 초문일 것이다. 畋獵의 畋은 金文에서 간혹 斁로 쓰이는데, 支로 구성되었고 矞의 생략형으로 구성되는 동시에 소리를 나타내니, 곧 矞 · 畋이 같은 음이라는 좋은 증거이다. 矗자는 東으로 구성되며,(즉 束으로 구성되는 것으로, 옛날에는 東 · 束의 字源이 같았다) 矞는 소리로, 紳束의 紳의 초문이며, 이 銘文에서는 申으로 읽는다(陳秉新의 『壽縣蔡侯墓出土銅器銘文通釋』, 『楚文化硏究論執』2집을 참고하라) 『전국책』「魏策4」에 "옷이 구겨져 펴지지 않다(衣焦不申)"라고 하는데, 吳師道의 補註에 "申은 폄이다(申, 舒也)"라 하고, 『논어』「述而」에 "공자께서 退朝하시고 거처하심에 모습이 편안하셨다(子之燕居, 申申如也, 夭夭如也)"라 하는데, 『論語集解義疏』에서 馬融 注를 인용하여 "申申夭夭는 편안한 모습이다(申申夭夭, 和舒貌)"라고 한다. "申寧天子"는 "和舒하시

고 安寧하신 천자"라는 의미이다. 위아래 문장의 뜻과 文例로 보면,
이 천자는 당시 재위하는 천자일 수밖에 없고, 穆王 이후의 다른 왕
이니, 바로 恭王이다. 徐中舒는 아래와 같이 穆王시기라고 주장하고
있다.

> 䰙는 東으로 구성되었으며 東이 소리를 나타내므로, 마땅히 "董"으로 읽
> 어야 한다. …… "䰙寧天子"는 (穆王이) 자기의 착오를 감독하여 바로잡는
> 다는 뜻으로, 천자의 지위를 안정시킴이다.

그러나 이러한 해석은 자형과 부합하지 않을 뿐 아니라 문법에도 위
배되니, 그 설은 자연히 성립되기 어렵다.

2) 圝 : 口로 구성되었으며, 貁은 소리를 나타내는데, 『설문』 「豸部」에 "여
우와 비슷하며, 잠자기를 좋아하는 짐승이다. "豸"로 구성되었며
舟는 소리를 나타낸다(狐, 善睡獸. 从豸舟聲)"라고 한다. 청대 『설문』을 연
구한 학자들은 貁자의 음독에 대하여 이미 의문을 던졌다. 금문에 자
주 보이는 圝자에 대해 고문자학계는 오늘날까지 만족스러운 해석을
내놓지 못하였다. 唐蘭은 "匋"로 해석하였지만 근거가 부족하며, "圝
厬"을 "치밀하게 계승하다(周到地繼承)"로 해석하는 것도 또한 견강부
회한 것이다. 張政烺이 "貁"을 "貂"로 해석하여, 〈九年衛鼎〉의 "圝
裘"를 "담비가죽옷(貂裘)"으로 해석한 것은 견해에 깊이가 있지만, 그
가 천여년의 옛 학설을 뒤집어 엎을만한 유력한 증거를 내놓은 것은
아니며, 圝자가 후세의 어떤 글자에 상당하는지, 그리고 다른 명문에
서의 의미에 대하여서도 확실히 해석하지 못한 것이 아쉽다. 1982년
陝西省 周至縣에서 출토된 〈敔簋〉의 명문에 "왕께서 敔에게 담비가
죽옷을 하사하셨다(王賜敔貁裘)"란 구절이 있는데, 貁자가 "㗊"로 쓰
였으니, 바로 "貂"의 고자이다. 그 獨體의 初文을 "㸚"로 쓴 것은, 담
비의 길쭉한 몸통, 풍성한 꼬리, 삼각형의 귀 모양을 상형한 것인데,
〈乖伯簋〉에는 "㗊"로 쓰여 刀가 성부로 첨가되었으며, 훗날 예변되

어 "貈"로 쓰였다. 〈父乙爵〉·〈敄簋〉에는 "𤟥"과 "𧮫"로 쓰였는데, 훗날 예변되어 "貈"(『字彙補』에는 貉의 이체자로 되어 있다)·"貈"로 쓰였으며, 舟로 구성된 것은 月(肉)이 訛變된 것이다. 圝자는 口로 구성되었으며 貈(貈)가 소리를 나타내기 때문에 "圝"의 고자이다.『설문』「口部」에 "囮는 譯이다. 口와 化로 구성된다. 새를 잡으려 함에 살아있는 새를 묶어 오게 하는 것을 囮라고 한다. 訛로 읽는다. 또 음이 由이다. 圝, 囮는 혹은 繇로 구성된다. 五와 禾의 반절음이다(囮, 譯也. 从口化. 率鳥者繫生鳥以來之, 名曰囮, 讀若訛. 又音由. 圝, 囮或从繇. 五禾切)"라고 한다.『字林』에는 음이 由라고 한다.『설문』은 囮와 圝가 원래 다른 글자로, 囮는 訛로 읽히며 譯이라는 뜻이며, 圝는 由를 발음으로 하고, 새를 유혹하는 뜻이라고 하는데, 후대 사람들이 오해하여 하나로 합쳤다. 圝은 본래 고문의 貈로 구성되며 소리를 나타내기도 하지만, 후대에 繇로 구성되어 소리를 나타낸 것으로 변하였다(繇 또한 고문의 貈로 구성되고 소리를 나타낸다) 금문의 圝가 貈으로 구성되며 소리를 나타내니, 곧 圝의 古文이다. 이 명문의 圝는 '劭'로 가차되는데, 상고음에서 圝와 劭는 喩禪 旁紐·幽宵 對轉의 관계로 사례에 의거하여 통가할 수 있다.『설문』「力部」에 "劭는 부지런함이다(劭, 勉也)"라고 한다.

3) 屓 : 모든 학자들이『玉篇』과『集韻』에 의거하여 고문 "饡"으로 해석하고, "纘"으로 읽었다. 그러나 饡의 본뜻은 "국에 밥을 말다"이다. 屓자가 尸와 食으로 구성된 것과 "국에 밥을 말다"는 뜻은 연관이 없다. 屓은 "饌"의 고자라고 생각된다.『설문』「食部」에 "饡은 음식을 갖추는 것이다. 食으로 구성되었고 算이 소리를 나타낸다. 饡은 혹은 巽으로 구성되기도 한다(饡, 具食也. 从食算聲. 饡或从巽)"라고 한다. "尸"는 늘어놓다(陳)는 뜻으로, 屓은 尸와 食으로 구성되니, 바로 음식을 모아서 갖춘다는 뜻이다. 이 명문에서 屓은 "纘"으로 읽는다.『설문』「糸部」에 "纘은 이음이다(纘, 繼也)"라고 한다.

4) 天子圖厥文武長刺 : (지금) 天子가 文王과 武王의 장구한 사업을 힘써 계승하셨음을 말한 것이다.

8. 天子𩬱無丏, 虁祁上下,

1) 𩬱 : "沬"의 고자로, "徽"로 읽는다. 『시경』「小雅·角弓」에 "군자가 아름다운 도를 가지다(君子有徽猷)"라고 하는데, 毛傳에 "徽는 아름다움이다(徽, 美也)"라 하고, 『爾雅』「釋詁」에 "徽는 아름다움이다(徽, 美也)"라고 한다.

2) 丏 : 于豪亮은 "介"로 읽으면서, 疆과 介는 의미와 같다고 한다.

3) 𩬱無丏 : "아름답고 착함이 끝이 없다(美善無邊)"라는 의미이다.

4) 虁祁上下 : 李學勤은 虁가 "褰"자의 古體인 것 같다하여, "褰祁"를 '虔諟'로 읽으며 다음과 같이 말하였다.

諟는 『예기』「大學」의 주석에 "바로잡다와 같다(猶正也)"라 한다. 上下는 군신을 가리킨다. 이 구절은 "上下虔諟"가 도치된 것이다.

于豪亮은 "褰祁"를 "衍諟"로 읽으면서, 『方言』13의 "衍은 정함이다(衍, 定也)"의 주석에 "衍은 안정된 모양이다(衍, 安定貌也)"라는 것을 인용하여 이 구절의 의미를 "상하가 안정되어 복을 받는다"라고 해석하고 있다. 살펴보건대, 李學勤의 설이 믿을만하다. 『설문』「衣部」에 "褰은 바지이다. 衣로 구성되었고 寒의 생략된 형태가 소리를 나타낸다(絝也. 从衣, 寒省聲)"라고 하는데, 여기에서 "𡨴"로 구성된 것과 "糸"로 구성된 것은 의미가 같으며(고문자에서 糸로 구성되는 자는 간혹 𡨴로 구성되기도 한다), 寒은 소리를 나타낸다. 편방에서 糸와 衣는 의미가 가까워 종종 바뀔 수 있다. 그러므로 虁는 확실히 "褰"의 고자이다. 이 명문에서는 "衍"으로 읽히며, 定·安이라는 뜻이다. "祁"는 "提"자로 가차된다. 『玉篇』의 "提는 복이며, 안정이다(提, 福也, 安也)"라 하고, 『한서』「司馬相如傳」에 "가깝고 먼 곳이 일체가 되어 중국과 외국이 안정되고 복 받으니, 또한 편안하지 않겠는가?(邇邇一體, 中外提福, 不亦康乎?)"라고

하는데, 顔師古 注에 "禔는 안정이다(禔, 安也)"라고 한다. 衎禔上下는
위아래를 안정시켰다(安定上下)는 뜻이다.

9. 亟獄逗慕昊䎱, 亡㬎上帝, 司㥑九保,

1) 亟獄逗慕昊䎱 : 亟는 『廣雅』「釋詁」에 "공경이다(敬也)"라고 한다. 獄
은 『玉篇』에 "伺"자의 或體라 하는데, 이 명문에서는 "司"로 읽는다.
"逗"은 '趄'의 고자로, "桓"으로 읽히며, 크다는 뜻이다. "慕"는 "謨"
로 읽는다. "昊"는 "皓"로 읽히며, "光"의 의미이다. "䎱"는 "照"의 고
자이다. 『국어』「晉語」"명확하게 하여 밝히다(明耀以炤之)"라고 하는
데, 韋昭 注에 "炤는 照와 같으며, 밝음이다(炤, 同照, 明也)"라고 한다.
이 구절은 천자가 공경히 원대한 지모를 장악하여, 밝게 빛나고 뚜렷
하다고 말한 것이다.

2) 亡㬎上帝 : "㬎"은 이 명문에 "㬎"로 썼지만, 갑골문에서는 "㬎"로 썼으
니, 이것은 갑골문이 변화한 자형이다. "㬎"은 "罜"의 初文이며, "殬"이
나 "斁"의 本字이기도 하다. "殬"과 "斁"은 모두 "敗"의 뜻이다. 그 初
文은 "矢"와 "目"으로 구성되었으며, 합쳐져 눈을 다쳤다는 뜻이 된다.
傷과 敗는 의미가 완전히 같다. 금문에는 간혹 訛變되어 "㬎"로 쓰이
는데(〈王孫壽甗〉의 "罜"자의 구성요소), 『설문』에 실린 大篆의 자형 "㬎"
의 근원이 된다. 『설문』「幸部」에 "罜은 눈으로 봄이다. 옆으로 뉘인
눈과 幸으로 구성된다. 관리로 하여금 죄인을 눈여겨 사로잡게 하는
것이다(罜. 目視也. 从橫目, 从幸. 令吏將目捕罪人也)"라고 하는데, 㬎(罜)의
본뜻이 아니다. 이 명문에서 "亡㬎"은 문헌에서 "無斁"으로 쓰인다.
『설문』「攴部」에 "斁은 풂이다. 『시경』「國風‧葛覃」에 '입음에 싫증나
지 않도다'라고 한다. 斁은 싫증이다. 일설에는 끝이라 한다(斁, 解也.
『詩』云 服之無斁. 斁, 猒也. 一曰終也)"라고 한다. 살펴보건대, "無斁上帝"
는 "上帝無斁"이 도치된 문장이다. 〈毛公鼎〉의 "肄皇天無斁"을 吳大

斁은 "하늘이 주나라를 싫어하지 않음"(『字說』 p.22, 「斁字說」)이라 한다. 이 명문에서 "上帝無斁"이라는 말은 〈毛公鼎〉의 "肆皇天無斁"이라는 말과 의미가 가깝다.

3) 司嬰九保 : "司"는 "思"로 읽으며, "懷"와 같다. "嬰"는 『설문』 「夊部」에 "嬰는 탐욕스러운 짐승이다. 일설에 母猴라 하며 사람과 비슷하다고 한다(嬰, 貪獸也. 一曰母猴, 似人)"라고 한다. 이 명문에서는 "柔"로 가차 되는데, 상고음으로 泥日 準旁紐, 幽部 雙韻의 관계로 통가될 수 있 다. "九"을 裘錫圭는 "尢"으로 읽었는데, 『좌전』 「昭公원년」에 "吉은 내 몸도 보호하지 못하는데, 어찌 종족을 보호할 수 있겠습니까?(吉 不能尢身, 焉能尢宗?)"라고 하였으며, 杜預 注에 "尢은 가림이다(尢, 蔽 也)"라는 것을 인용하여 "尢保"라 하니, 뜻은 감싸서 보호한다(蔽護)는 것이다. "無斁上帝思柔尢保"는 상제가 싫어하지 아니 하사 어루만져주 시고(懷柔) 감싸서 보호해 주신다는 말이다. 이 구절을 아래 문장 "受 天子綰命·厚福·豐年"과 함께 생각해보면, 목적어인 "天子"가 생략되 었다는 것을 알 수 있다.

10. 受天子䯒(綰)令(命)厚福豐年, 方繎亡不敃見.

1) 受天子綰令·厚福·豐年 : "受"는 "授"와 같은데, 옛날에 受·授는 모 두 受로 썼다. "綰令"은 "寬命"으로 읽는다. 徐中舒는 금문에 자주 보 이는 "綰綽"에 대해 다음과 같이 피력하고 있다.

『상서』와 『시경』에는 "寬綽"으로 쓰여 있다. …… 寬綽은 유예하다(寬緩)·너 그럽다(寬裕)라는 의미이다. …… 인신하여 또 연장이라는 의미를 가진다. …… 금문에서 寬綽·寬綰이라 말한 것은 모두 연장하여 끊어지지 않는다 는 의미이다. "寬綽永命"·"寬綽眉壽"·"寬綰永命"·"寬綰眉壽"이라는 말에 서, "寬綽"·"寬綰"은 永이나 眉의 부사이다(「金文嘏辭釋例」, 『史語集刊』六本一 分冊)

"寬"은 "裕"라는 뜻으로, "寬裕"는 "永長"과 의미가 통하니, "寬命"은 바로 "永命"·"長命"라는 의미가 들어있다. "厚"는『周禮』「考工記·弓人」의 "때문에 적시는 것을 많이 하고 덧대는 나무를 절약한다(是故厚其液而節其㪍)"라고 하는데, 鄭玄 注에 "厚는 많음과 같다(厚, 猶多也)"라 하니, "厚福"은 바로 "多福"이다.

2) 方蠻亡不𣄰見 : "方"은 殷周시기에 邦國을 지칭하는 方이다. 楊樹達은 "方은 殷·周시기에 邦國을 지칭하는 말이다. ……그러므로 干寶가 '方은 國이다(方, 國也)'라고 한 것 옳다"라고 한다. "蠻"은 "蠻"으로 가차되며, 명문에서는 일반적으로 사방의 "夷蠻"을 가리킨다. "亡"은 '無'로 읽는다.

3) 𣄰: "𠬝"과 "戈"로 구성되었고 "戈"는 소리를 나타내는 회의자로, 果侍하다는 "果"의 本字이다.『설문』「𠬝部」에 "복사뼈에 부딪치다(擊踝)"라고 풀었는데, 이미 "𣄰"의 본의가 불명확해졌다. 于省吾는 "이 명문에 '方蠻(蠻)亡(無)不𣄰見'라 하였는데, 𣄰는 踝로 읽으며 踵이란 뜻으로, 예증이 구비되어 있다. 이 명문은 사방의 오랑캐가 잇따라 와서 뵙지 않음이 없다는 말로, 말의 뜻이 적절하다"라고 하는데, 따를 만하다.

11. 靑幽高且(祖), 才(在)微靁處.

1) 靑幽高祖 : 李學勤은 "靑幽"를 "靜幽"로 읽으며 다음과 같이 말하고 있다.

> 『설문』「絲部」에 "幽는 은미함이다(幽, 隱也)"라 하는데, 두 자의 뜻이 가까우며, 모두 「諡法」에 보인다. 幽는 원래 나쁜 시호가 아니라는 것을 금문을 연구한 몇몇 책들에서 이미 제기하였다.

2) 在微靁處 : "微"는 본 명문에 "散"로 썼다.『설문』「人部」에 "散는 妙이다(散, 妙也)"라 하는데, 段玉裁가 "眇也."로 고치고, 그 주석에 "옛날에

는 '散眇'라고 말한 것은 오늘날의 '微妙'이다. 眇는 작음이다. ……
微는 사용되고 散는 사용되지 않았을 것이다(凡古言散眇字, 卽今之微妙
字. 眇者, 小也. …… 微行而散廢矣)"라 한다.

3) 霝 : 趙誠은 "寧"으로 읽고, "在微霝處"에 대하여 아래와 같이 피력
하고 있다.

> 高祖께서 일찍이 文王시대에 이미 암암리에 周로 귀순했기 때문에, 생전
> 에 "微에서 편안히 거처하셨다(在微霝處)"라 하고, 사후에는 "고요하고 그
> 윽하시다(靜幽)"라고 설명하였다.

4) 微 : 본 명문의 "微"에 관하여 크게 3가지 설이 있다.

(1) 西微說 : 微가 武王을 따라 紂를 정벌한 微라는 설(唐蘭, 李仲操)

(2) 東微說 : 微子 啓의 微子國이라는 설(徐中舒)

(3) 微伯說 : 微史의 선조는 갑골문에 나오는 微伯이다. 〈叔㚤父簠〉
에 있는 '微姚'로 微가 姚姓이며, 전설의 姚姓이 순의 후
손으로, 殷 동방의 異姓의 속국임을 증명할 수 있다는 설
(黃盛璋)

12. 雩武王伐殷, 微史剌且(祖)迺來見武王, 武王則令(命)周公舍㝢于
周, 卑處甬.

1) 雩武王伐殷 : 雩는 발어사로 뜻이 없다. 于省吾는 아래와 같이 이 구문
을 풀이하고 있다.

> 갑골문에 征伐에서 "伐"를 언급하는데, 예전에는 모두 해석을 하지 못했
> 다. 『설문』 「戈部」에 "伐는 傷이다. 戈로 구성되었고 才는 소리를 나타낸다
> (伐, 傷也. 从戈才聲)"라고 한다. 살펴보건대, 伐는 傷이라는 뜻이며, 傷은 "失
> 敗"의 "敗"와 의미가 서로 연관 된다. …… 이 명문의 "雩武王伐殷"은 武
> 王이 이미 殷을 패배시켰음을 뜻한다.

2) 微史剌祖迺來見武王 : "微史"는 微國의 史官이다. "剌"은 "烈"로 가

차된다. "烈祖"는 선조에 대한 敬稱이다. 『시경』「商頌·那」에 "북을
연주하기를 簡簡히 하니, 우리 烈祖를 즐겁게 하도다(奏鼓簡簡, 衎我烈
祖)"라고 하는데, 毛傳에 "烈祖는 湯이니, 功烈이 있는 조상이다(烈祖,
湯, 有功烈之祖也)"라고 한다. 본 명문에서는 史牆의 高祖를 가리키며,
당시 微國의 史官이었다. "迺"는 "乃"이다.

3) 武王則命周公舍圖于周, 卑處甬 : "舍"는 수여하다(授予)·하사하다(賜
予)의 뜻이 있다. 王引之의 『經義述聞』에 "상고음으로 舍와 予는 소리
가 가까우며, 베푸는 것을 賜予라고 한다. 『좌전』「宣公12년」에 '나그
네에게 은혜를 베풀다(旅有施舍)'라고 하니, 하사해 준 것이 있어 피곤
하지 않게 한다는 것이다"라고 한다.

4) 圖 : 본 기물과 함께 출토된 〈癲鍾〉의 명문에는 "寓"로 쓰여 있으니,
唐蘭은 아래와 같이 피력하고 있다.

　　"圖"는 "寓"로, 『설문』「宀部」에 "字자의 籒文이 '寓'로 되어 있다"라고 한다.
　　『시경』「大雅·綿」에 "이에 姜女와 더불어 와서 집터를 보시니라(爰及姜女, 聿
　　來胥宇)"라고 하는데, 毛傳에 "胥는 봄이요, 宇는 거처함이다(胥, 相. 宇, 居也)"
　　라고 한다. "舍宇于周"는 周邑에서 거처할 땅을 주었다는 의미이다.

5) 卑 : "俾"로 가차되며, "使"로 가차된다.

6) 甬 : 본 명문에 "𩰚"으로 쓰였는데, 唐蘭·裘錫圭·陳世輝는 모두 "甬"
으로 석문하였다. 裘錫圭는 "甬"은 "頌"으로 읽어야 하며, "頌"은 "容"
의 本字로, 容은 容을 관장하는 관직이라고 하며 아래와 같이 피력하
고 있다.

　　〈癲鍾〉의 명문에 보이는 "以五十頌處"는 50종의 威儀를 관장한다는 의미
　　이다. 이 명문의 "卑處甬"의 "甬"은 "頌"(容)으로 읽는데 문제가 없다. "處"자
　　의 쓰임새는 處官의 "處"와 같다.

陳世輝는 아래와 같이 상말 주초의 지명이라고 피력하고 있다.

　　"𩰚"는 商末 周初의 지명이다. 〈宜子鼎〉의 명문에 "정묘에 왕이 의자에게

명하여 성에서 서방을 회합하게 하였는데, 무사히 돌아왔다. 왕께서 戉에게 甬의 패화 1붕을 하사하니, 이로써 부을을 위한 제기를 만드노라(丁卯, 王令宜子合西方于省, 惟反(返), 王商(賞)戉甬貝一朋, 用作父乙齋(齎)"라고 한다(『三代』4·7) 이 1점의 상대 기물에 쓰여진 甬이 바로 이 명문의 甬이다. 甬은 원래 商의 소유였으나, 武王이 商을 멸한 후에 微부족을 이용하여 그 땅을 점령했음을 알 수 있다.

13. 叀乙且(祖)迪匹乓(厥)辟, 遠猷腹心子鳳.

1) 叀 : "惠"로 읽으며, 문장의 앞에 놓이는 조사로 뜻이 없다.

2) 迪 : 본 명문에는 "徒"로 쓰여 있는데, 黃德寬은 아래와 같이 피력하고 있다.

> 이 글자를 "迪"로 풀어야 한다고 하였다. 『설문』「辵部」에 "迪는 가는 모습이다. 辵을 구성요소로 하며 市는 소리요소이다(迪, 行貌. 从辵, 市聲)"라고한다. 금문에 "迪匹"이란 말은 張政烺을 따라 "弼匹"로 읽어야 하며, "補佐"의 뜻을 나타낸다(「釋金文迪字」,『容庚先生百年誕辰紀念文集』)

3) 匹 : 于省吾는 '匹'은 전래문헌에 보이는 "配"와 "偶"라는 뜻이라고 아래와 같이 피력하고 있다.

> 전래문헌 중에 "匹"자는 "配"라는 뜻이며, 또한 "偶"라는 뜻으로, 『시경』「大雅·文王有聲」에 "豐邑을 만들되 걸맞게 하시다(作豐尹匹)"라고 하는데, 毛傳에 "匹"을 "配"이라 하고, 『예기』「三年問」에 "그 동료와 짝을 잃는다(失喪其群匹)"라고 하는데, 鄭玄 注에 "匹"을 "偶"라 한다. 匹配와 匹偶는 모두 서로 도와주고 협조한다는 뜻이 있다. 『이아』「釋詁」에 "猷"는 "謀"라는 뜻이라 한다. 이 명문의 "叀乙祖迪匹厥辟, 遠猷腹心"은 "乙祖가 그의 군주를 보필함에, 계책이 심원하여 군주가 가까이하여 신임하는 심복 신료가 되었다"라는 뜻이다.

4) 辟 :『이아』「釋詁1」에 "辟은 군주이다(辟, 君也)"라고 한다.

5) 复 : "復"의 고자로, 『설문』에는 뜻을 "重"이라 하였으며, 본 명문에
서는 "腹"으로 읽는다.

6) 子厵 : 唐蘭은 "子厵"을 윗 구절에 속하는 것으로 보며, "子"가 "兹"
로 통한다고 하며 아래와 같이 피력하고 있다.

"厵"자는 "夒(蠹)"로 구성되었고 "仄"이 소리를 나타내는데, "仄"이 "入"로
구성되어 있으니 이는 "內"의 이체자이다. "安"을 "庝"으로 쓰며 "宲"을 "庢
"으로 쓰는 것과 같은 예이다. "人"으로 구성되는 "仄"자가 아니다. "夒"은
"糸"이다. 이것은 "納"자이다.

"腹心子厵"은 심복하는 신하을 납입한다는 의미이다. 지금 생각해 보건
데, 唐蘭이 "厵"을 "納"으로 해석한 것은 따를만하지만, 구절의 의미를 해
석한 것은 어색하다. "子"는 "兹"로 읽히며, 이(是), 여기(此)라는 뜻으로,
納은 나아가 바친다(進獻)는 의미이다. "遠猷腹心子納"은 "遠猷腹心是獻"
으로, "遠謀"와 "腹心"을 바친다는 뜻이니, 후세에 "지혜를 다하고 마음
을 다한다(竭智盡心)"라는 말과 같다.

14. 蠿明亞且(祖)且(祖)辛, 甄毓子孫, 鑾猷多孷, 檮角甗光, 義其𥝌祀.

1) 蠿明亞祖祖辛 : "蠿"는 "嶙"의 고자이다. 『集韻』에 "𧮫은 𥧌𧮫이니, 말
이 바르지 않음이다. 혹은 嶙로도 쓴다(𧮫, 𥧌𧮫. 言不正. 或作嶙)"라고 한
다. 본 명문에서는 "粼"으로 읽는데, 『시경』「唐風·揚之水」에 "흰 돌이
맑고 맑도다(白石粼粼)"라고 하는데, 毛傳에 "粼粼는 맑고 맑음이다(粼
粼, 淸澈也)"라고 한다. "粼明"은 淸明하다는 의미이다.

2) 甄毓子孫, 鑾猷多孷 : "甄"는 "瓦"로 구성되었고, "𡑞"(『설문』「火部」에
煙의 古文이라 하였다)이 소리를 나타내니, 마땅히 "別"의 뜻과 "陣"의
뜻을 이름한 "甄"자의 本字일 것이다. 『설문』「瓦部」에 "甄은 질그릇
이다(甄, 陶也)"라고 한다. "毓"은 "育"의 고자이다. 裘錫圭는 ""甄毓"
은 '기르고 교육한다(甄陶敎育)'라는 의미이다"라고 한다. "鑾"은 景宋

本 『설문』「泉部」에 "灥은 샘물이다. '泉'으로 구성되었고 '緜'은 소리를 나타낸다. '飯'과 같이 읽는다(泉水也. 从泉緜聲. 讀若飯)"라고 하는데, 이 명문에서는 "繁"으로 가차되었다. 唐蘭은 "皵"에 대해 아래와 같이 피력하고 있다.

> "皵"는 "髮"의 或體이며 "被"과 통한다. 『爾雅』「釋詁」에 "被은 복이다. (被, 福也)"라 한다. …… "赘"는 "釐"와 통한다. 〈叔向簋〉에 "나에게 많은 복을 내려준다(降余多福繁赘)"라 하였는데, 이것과 같은 의미이다.

지금 생각해 보건대, 『설문』「里部」에 "釐"를 "家福"이라 하였고, 段注는 釐는 福인데, 家을 말한 것은 里로 구성되었기 때문이라고 하였다. 釐는 제주가 제물로 쓰이는 고기를 받는 과정에서 조상에게 복을 받기 때문에 家福이라 하였다. 금문에 쓰여진 赘·釐를 복에 대응하는 말로 보면, 赘와 福에는 작은 차이가 있다. 『이아』「釋詁」에 "赘"의 뜻이 "孿"라 하였고, 『방언』에는 "陳과 楚에서 사람과 짐승이 쌍둥이를 낳는 것을 "赘孿"라 한다(陳楚之間, 凡人獸乳而雙産, 謂之赘孿)"라 하니, 인구가 많음을 지칭하는 것으로 인신된다. "多赘"는 마땅히 자손이 번창한다는 말이며, 나누어 읽을 필요가 없다.

3) 檮角齌光, 義其䄖祀 : "檮"는 "齊"로 읽는데, 『순자』「王覇」에 "다른 까닭이 없으니, 네 가지가 고르기 때문이다(無它故焉, 四者齊也)"라고 하였으며, 楊倞 注에 "齊는 빠진 것이 없는 것이다(齊, 謂無所厥也)"라고 한다. "角"은 "穀"으로 가차되었으니, "角"과 "穀"은 상고음에서 見紐 雙聲, 屋部 疊韻의 관계이니, 선례에 의거하여 통가할 수 있다. 『시경』「小雅·甫田」에 "우리 士女를 잘 기르리로다(以穀我士女)"라고 하는데, 毛傳에 "穀은 善이다(穀, 善也)"라고 한다. "齊穀"은 아름다움과 착함을 완비했다는 뜻이다. "齌"에 대하여 裘錫圭는 아래와 같이 피력하고 있다.

> "翼(飴)"자에 "皵"가 소리로 덧붙여져 만들어진 듯한데, 마땅히 "熾"로 읽

어야 할 듯하니, "熾光"은 성대하게 빛난다는 의미이다.

"義"는 "宜"로 가차되는데, 『설문』에 "宜는 편안한 곳이다(宜, 所安也)"라 하고, 『蒼頡編』에 "宜는 그 마땅함을 얻음이다(宜, 得其所也)"라고 한다. "禋"는 『설문』「示部」에 "禋의 籀文이다(禋, 籀文) "禋祀"는 일반적으로 제사를 지칭한다. "宜其禋祀"는 그 제사로 하여금 마땅함을 얻게 했다는 뜻으로, 또한 그 선조가 물려준 기업을 능히 공고히 한다는 의미이다.

15. 害犀文考乙公, 燫趣得屯無諫, 農嗇(穡)戉替隹(唯)辟.

1) 害犀文考乙公 : 于省吾는 〈曾侯乙編鍾〉에 "姑洗"를 "割犐"로 쓴 것을 근거로, "害"자는 원래 "余"로 구성되는 동시에 소리를 나타내며, "犀"는 "遲"와 통가되는데, 금문의 "害犀"는 "猷犀"로도 쓰고 있으니, "猷"자는 원래 "害"로 구성되는 동시에 소리를 나타내며, 또 "夫"를 音符로 덧붙였다고 하면서 아래와 같이 피력하고 있다.

> 금문의 "猷犀" 혹은 "害犀"는 전적의 "舒遲"이다. 『廣雅』「釋詁」에 "舒"의 뜻이 "遲"라 하였는데, "舒"와 "遲"는 雙聲 疊韻의 관계이다. 『爾雅』「釋詁」에 "余는 몸이다(余, 身也)"라고 하는데, 孫炎 註에 "余는 여유롭고 침착한 몸가짐이다(余, 舒遲之身也)"라고 한다. 『예기』「玉藻」에 "군자의 용모가 한가롭고 아취가 있다(君子之容舒遲)"라고 하는데, 孔疏에 "舒遲는 한가롭고 아취가 있는 것이다(舒遲, 閑雅也)"라고 한다. 본 명문에서 "害犀文考乙公"의 "害犀"는 마땅히 "舒遲"로 읽어야 한다. 이는 史牆이 그 文考乙父가 조용하고 편안하며 여유로운 것을 찬양한 것이다.

상고해 보면, 于省吾의 말이 맞다. 害자에 대하여 우리는 원래 자형이 아래쪽에 기물, 위쪽에 뚜껑, 가운데에 器實을 상형한 것이라고 생각하며 이것이 〈胡簋〉의 "胡"의 초문으로, "余"가 소리요소로 구성된 것이 아니다.

2) 攄趆得屯無諫 : "攄趆"는 "遽"의 고자이다. "趆"은 喪亡(逃亡)한다는 "喪"의 고자이다. 于省吾는 "攄趆"을 "遽爽"으로 읽으니, "遽爽"은 옛 諺言로 전적의 "競爽"과 같다고 하며 아래와 같이 피력하고 있다.

"遽"와 "競"은 雙聲이다(同屬『群三』). 競을 해석하면 强이 음과 뜻이 되는데, 競자는 옛날에 陽部에 속했다. "競爽"는 疊韻 諺言이다. 본 명문의 "攄趆"은 이에 『좌전』에 보이는 "競爽"의 초문이다. …… 이는 史牆이 文考乙公의 성격이 강하고 밝다고 칭송한 것이다.

"得"은 본 명문에 "旱"으로 쓰여 있으며, "得"의 고자이다. "屯"은 "純"으로 읽는다. "諫"은 『爾雅』「釋詁」에 "원망이다(怨也)"라고 한다. "得純"은 금문의 成語로, 徐中舒는 아래와 같이 피력하고 있다.

"得屯"은 "得全"과 비슷한 말이다. 『사기』「田完世家」에 淳于髡이 "온전한 것을 얻으면 온전한 것이 번창하고 온전한 것을 잃으면 온전한 것이 없어진다(得全全昌, 失全全亡)"라고 한다. …… 이 말과 금문의 "得屯"이란 말은 "亡斁", "永終于吉"에 상당한다. 또 사례로 말해보면, 이 屯·全은 모두 타동사 "得" 다음에 오는데, 모두 마땅히 명사이니, "純德"·"全德"이 생략된 문장이다(「金文嘏辭釋例」, 『史語集刊』6本1分冊)

"競爽得純無諫"은 을공이 강직하고 굳세며 시원시원 하다고 말한 것이다. 순미한 덕행을 갖추시고 원망하고 나무라는 말이 없다. 이 명문에서 "得純無諫"은 〈師望鼎〉·〈大克鼎〉·〈虢叔鍾〉의 "得純無斁"과 의미가 가깝다.

3) 農嗇戉瞀佳辟 : 唐蘭은 "戉"을 "粵"로 읽고, "瞀"을 "歷"으로 읽고 다스림(治)이라는 뜻이라 하며, 아울러 瞀 아래에서 구절을 끊었다. "農嗇戉瞀"는 "밭 갈고 씨 뿌리고 수확하는 것을 경영하고 관리한다"라 해석하고, "唯辟孝友"는 "군장께서 부모에게 효도하고 형제간에 우애롭다."라고 해석하는데, 자못 잘못되었다. 于豪亮은 다음과 같이 말하고 있다.

"戉"은 "越"의 가차자로, 여기에서는 "揚"으로 읽는다.······ "越歷"은 곧 "揚歷"이다. ······ "農嗇戉歷"은 "農嗇揚歷"이니, 농업을 관리하는 중요한 관원으로 임명되었다는 뜻이다.

그는 아울러 "佳辟孝友"를 한 句로 보고, "史牆夙夜不夅(隆)"를 다른 절의 시작으로 읽었다. 지금 생각하기에 "農嗇揚歷"는 매우 알기 난해하며, "佳辟孝友"와도 이어지지 않는다. 여기서는 "農嗇戉歷佳辟" 아래에서 끊어 읽어야하며, "孝友"와 "史牆"을 이어 읽어야 하며, 아래 절에서 구가 시작한다고 생각한다. 이렇게 구를 끊어야 맞을 뿐 아니라, 또이 명문의 韻讀이 합치되어, 諫·辟·歷이 錫韻으로 음이 맞게 된다. "嗇"은 "穡"의 初文으로, 『좌전』「襄公9년」에 "그 서인들이 농사에 힘쓴다(其庶人力于農穡)"라고 하는데, 杜注에 "씨 뿌리는 것을 農이라 하고, 거두는 것을 穡이라 한다(種曰農, 收曰穡)"라고 하니, 農穡은 일반적으로 農事를 가리킨다. "戉"은 "鉞"의 初文으로, "越"로 읽는다. 『廣雅』「釋詁」에 "越은 멂이다(越, 遠也)"라고 한다. "暜"은 田으로 구성되었고 秝로 구성되고 소리를 나타내니, 마땅히 "秝"의 古字이다. 『설문』「秝部」에 "秝은 드문드문 뚜렷하다는 뜻이다. 두 개의 禾로 구성되었다. 歷과 같이 읽는다(秝, 稀疏適也. 从二禾. 讀若歷)"라고 한다. "秝"은 벼 이삭이 드믄 드믄 알맞은 형상으로, "田"이 덧붙어 義部가 되었으며, 명백하다는 의미로, 갑골문에는 田·秝로 구성되거나 田·秝으로 구성되는데, 모두 밭에 벼 이삭이 드믄 드믄 알맞다는 뜻을 가지고 있으니, 옛 秝자임에 의심의 여지가 없다. 이 명문에서 暜는 歷으로 가차되었는데, 『상서』「盤庚」에 "너희 백성들에게 짐의 뜻을 다 고하다(歷告爾百姓于朕志)"라고 하는데, 蔡沈注에 "歷은 두루이다(歷, 遍也)"라고 한다. 越歷은 遠遍이라는 뜻으로, 넓고 멀리 두루 미침이다. "佳"는 "唯"로 읽으며, 불완전 內動詞로 "是" 혹은 "爲"에 해당한다. "辟"은 본받는다는 의미이다. 『일주서』「祭公」에 "천자는 삼공과 상제로부터 문왕과 무왕을 본받는다(天子, 自三公上下辟于文

武)"라고 하는데, 孔晁 註에 "辟은 본받음이다(辟, 法也)"라고 하니, "農穡越歷隹辟"은 乙公이 농업을 잘 다스렸고, 그가 관리하는 농업이 멀리서 본받는 모범이 되었다는 뜻이다.

16. 孝友史牆, 夙夜不彘(墜), 其日蔑曆.

1) 孝友史牆 : "友"는 명문에 "𠬪"로 쓰어 있는데, "友"의 繁文이다. 『시경』「小雅·六月」에 "장중이 효성스럽고 우애롭도다(張仲孝友)"라고 하는데, 毛傳에 "부모에게 잘 하는 것이 孝이며, 형제에게 잘 하는 것이 友이다(父母爲孝, 善兄弟爲友)"라고 한다. "孝友"는 史牆이 스스로 칭한 것이다. 史는 관직 이름이며, 牆은 기물을 만든 사람의 이름이다.

2) 夙夜不彘 : "彘"는 본 명문에 "彘"로 쓰여 있는데, 돼지에 화살이 드러난 형상으로 "彘"의 초문으로, 본 명문에서는 "墜"로 가차되었는데, 고음에서 "彘"와 "墜"는 상고음으로 定紐 雙聲, 質物 旁轉의 관계로 선례에 의거하여 통가할 수 있다. 『廣雅』「釋詁」에 "墜는 잃음이다(墜, 失也)"라고 한다.

3) 其日蔑曆 : "蔑"은 "勉"으로 읽는다. "曆"은 공적을 가리킨다. "其日蔑歷"은 매일 공적에 힘쓴다는 말이다.

17. 牆弗敢取, 對揚天子不(丕)顯休令(命), 用乍(作)寶尊彝.

1) 牆弗敢取 : "取"는 "沮"의 고자로, "沮"와 같이 읽는데, 『시경』「小雅·巧言」에 "군자가 만일 노한다면, 어지러움이 빨리 그칠 것이다(君子如怒, 亂庶遄沮)"라고 하는데, 毛傳에 "沮는 그침이다(沮, 止也)"라고 한다. "弗敢沮"는 "弗敢止"이니, 감히 멈추어 태만하지 않는다는 뜻이다.

18. 剌且(祖)·文考弋窴受牆爾𪓐福, 褱髮彔·黃耇·彌生, 龕事氒(厥)

辟, 其萬年永寶用.

1) 烈祖文考弋竈受牆爾黼福 : "弋"을 裘錫圭는 ""弋"은 마땅히 『시경』에 자주 보이는 허사 '式'으로 읽어야 한다. 丁樹聲은 "式은 권하여 명령하는 말이다"라고 한다. "竈"를 李學勤은 "貯"의 繁文으로 해석하고, "子"로 읽었다. "受"는 "授"로 읽는다. "子授"는 "授子"와 같다. "黼"는 『설문』「黹部」에 "黼는 오색을 머금은 고운 빛이다. 黹로 구성되며 盧는 소리를 나타낸다. 『시경』에 '옷의 색깔이 곱다'라는 말이 있다(黼, 含五采鮮色. 从黹盧聲. 『詩』曰 "衣裳黼黼")"라고 한다. 지금의 『시경』「曹風·蜉蝣」에 "옷의 색깔이 선명하도다(衣裳楚楚)"라고 하는데, "楚楚"는 가차자로, 毛傳에는 "선명한 모습이다(鮮明貌)"라고 한다. "爾黼"를 于省吾는 화려하고 성대하며 선명하다고 풀이했다. "黼"는 〈癲鍾〉에 "黼"로 쓰여 있으니, "黼"와 같은 글자이며, 종의 명문에 "懷受余爾黼福, 癲其萬年㝗角熾光"라 한 것은 "爾黼"로 福을 형용한 것이다. 때문에 이 명문 또한 마땅히 "福"아래에서 구를 끊어야 한다. '爾黼福'은 성대하며 선명한 복이라는 뜻이다.

2) 襄敱彔·黃耇·彌生 : 裘錫圭는 ""襄"는 마땅히 '懷'로 읽어야 하는데, 『시경』「檜風·匪風」에 '좋은 소리로 돌아간다(懷之好音)'라고 하는데, 毛傳에 '懷는 돌아감이다(懷, 歸也)'라 하니, 준다는 의미이다"라고 한다. "敱"을 唐蘭은 "茀"로 읽는데, 『시경』「大雅·卷阿」에 "많은 녹으로 그대가 편안하도다(茀祿爾康矣)"를 인용해 말했다. 생각하건대, 「大雅·卷阿」의 毛傳은 "茀은 작음이다(茀, 小也)"라 하고, 鄭箋은 "茀은 복이다(茀, 福也)"라 하는데, 모두 적절한 주석이 아니다. "茀"은 『설문』「艸部」에 "길에 풀이 많음(道多草)"이라는 뜻이라 하고, 『廣韻』에 "풀이 많다(草多)"라는 뜻이라 하며, 『廣雅』「釋訓」에 "茀은 무성함이다(茀, 茂也)"라고 되어 있다. "茂"와 많다는 의미는 상관이 있다. 『설문』「示部」에 "祿은 복이다(祿, 福也)"라 되어있다. "茀祿"은 마땅히 많은 녹이라

는 뜻이다. "黃耇"는 노인의 모습이다. 『爾雅』 「釋名 · 釋長幼」에 "90
살을 鮐背라 하며, 혹 黃耇라고도 하는데 귀밑털과 머리카락이 모두
황색으로 변했기 때문이다(九十日鮐背, 或曰黃耇, 鬢髮盡變黃也)"라고 한
다. "彌"는 『설문』 「長部」 "彌는 장구함이다(彌, 久長也)"라고 하는데, 段
玉裁 注에 "지금은 彌로 쓴다(今作彌)"라고 한다. "彌生"은 "長生"이라
는 뜻이다.

3) 龕事厥辟 : "龕"은 오늘날의 "龕"자로 "堪"자이다. 원래 "今"으로 구
성되었고 "今"이 소리를 나타내나, 후세에 잘못되어 "合"으로 구성되
었다. 이 명문에서는 "堪"으로 읽는다. 『國語』 「魯語」에 "입이 이길 수
없다(口弗堪也)"라고 하는데, 韋昭 注에 "堪은 이김이다(堪, 勝也)"라고
한다. 『爾雅』 「釋詁」에 "辟은 임금이다(辟, 君也)"라고 한다. "堪事厥
辟"은 그 군주를 모실 수 있다는 뜻이다.

【주제어】

[인명] 文王, 武王, 成王, 康王, 昭王, 穆王, 天子(共王), 師牆
[지명] 殷, 虘, 髟, 尸(夷), 童(東), 楚荊, 微, 周, 甬(?)
[사건] 무왕이 은나라를 치고 백성을 바로잡은 일, 虘 · 髟을 내쫓고 夷 ·
東을 정벌한 일

【참고문헌】

唐蘭, 『略論西周微史家族窖藏銅器群的重要意義-陝西扶風新出牆盤銘文解釋』, 『文物』1978年
第3期
裘錫圭, 『史牆盤銘解釋』, 『文物』1978年 第3期
李仲操, 『史牆盤銘文試釋』, 『文物』1978年 第3期
洪家義, 『牆盤銘文考釋』, 『南京大學學報』1978年 第1期
段熙仲, 『扶風出土微器牆盤初探』, 『南京師院學報』1978年 第1期
徐中舒, 『西周牆盤銘文箋釋』, 『考報』1978年 第2期
李學勤, 『論史牆盤及其意義』, 『考報』1978年 第2期

劉啓益,『微氏家族銅器與西周銅器斷代』,『考古』1978年 第5期

杜迺松,『史牆盤銘文幾個字詞的解釋』,『文物』1978年 第7期

黃盛璋,『西周微家族窖藏銅器群的初步研究』,『社會科學戰綫』1978年 第3期

戴家祥,『牆盤銘文通釋』,『上海師大學報』1978年 第2期

陳世輝,『牆盤銘文解說』,『考古』1980年 第5期

于省吾,『牆盤銘文十二解』,『古文字研究』第5輯

趙誠,『牆盤銘文補釋』,『古文字研究』第5輯

伍士謙,『微氏家族銅器群年代初探』,『古文字研究』第5輯

李仲操,『再論牆盤年代.微族國別』,『社會科學戰綫』1981年 第1期

于豪亮,『牆盤銘文考釋』,『古文字研究』第7輯 連劭名,『史牆盤銘文研究』,『古文字研究』第8輯

黃盛璋,『牆盤年代與微族國別辨正』,『文物研究』(皖) 第2期

錢伯泉,『從史牆盤銘談周武王伐淮夷』,『文物研究』(皖) 第2期

裘錫圭,『談曾侯乙墓鐘磬銘文中的幾個字』(與李家浩合作),『論集』;

林澐,『釋史牆盤銘中的「逖虘髟」』,『陝西歷史博物館館刊』第1輯, 1994年

『銘選』3・153頁.

전광진,「중국 청동기〈사장반〉명문에 대한 문헌학적 연구」,『중어중문학』제24집, 한국중어중문학회, 1999년

김두희,「서주 중기〈사장반〉연구」, 숙명여자대학교 석사학위 논문, 2008년

『이해Ⅱ』281쪽

60. 록유(彔卣)

【저록】

1. 臺灣中央博物院 소장 : 『集成』10 · 5419, 『三代』11 · 36 · 1, 『貞松』8 · 32, 『善齋』4 · 『小校』5 · 38 · 3, 『善彝』127, 『故圖』下222, 『彙編』4 · 139

2. Princeton University Art Museum 소장 : 『集成』10 · 5420, 『三代』13 · 43 · 1– 2, 『陶齋』2 · 39, 『周金』5 · 82 · 1–2, 『小校』4 · 65 · 1–2, 『日精華』1 · 76(蓋), 『彙編』4 · 138, 『綜覽』282 · 199, 『大系』錄33 · 34, 『銘選』錄3174

【기물설명】

본 기물은 『陶齋』에서는 〈戎卣〉라 하고, 『集成』 · 『大系』 · 『通釋』 · 『銘選』은 〈彔戎卣〉라 하며, 『貞松』 · 『陶齋』 · 『彙編』 · 『雙選』은 〈彔卣〉라 한다. 1975년

3월 陝西省 扶風縣 法門鄕 莊白村에서 伯㦰墓가 발굴된 후 출토된 〈㦰方鼎〉·〈㦰簋〉·〈㦰盤〉에 수록된 㦰·父乙·伯雍父 등의 인명을 두고, 李學勤(「從西周穆王時期銅器的初步淸理」, 『古文字硏究』 제18집)은 㦰이 師雍父와 같은 사람이고 〈彔伯㦰簋〉의 彔伯㦰과는 다른 사람이라 여겼다. 『輯考』도 본 명문의 彔이 彔伯㦰의 伯㦰과 다른 인물이므로 〈彔卣〉라 일컫는 것이 타당하다고 주장하였다. 辛怡華(「扶風縣莊白㦰墓族屬考」, 『考古與文物』 2001년 제4기)는 伯㦰墓에서 출토된 청동기의 명문을 분석하여 彔과 㦰이 부자관계라고 고증하였다. 반면 『通釋』과 『銘選』은 彔과 㦰이 동일인물의 이름이고 〈彔伯㦰簋〉의 彔伯㦰과 동일인물 이므로, 〈彔㦰卣〉라 하였다. 여기서는 李學勤 등의 견해에 따라 彔과 㦰을 구분하고, 彔이 伯雍父의 덕을 기리기 위해 제작한 기물로 판정하여 〈彔卣〉라고 한다. 『陶齋』에 의하면, 기물의 배는 항아리(罐)와 같고, 목은 약간 안쪽으로 오그라들었으며, 뚜껑 꼭지 손잡이는 네모 형태를 띠고 있고, 아래 배는 비스듬히 바깥을 향하여 나와 있다. 목 부분에는 짐승의 머리와 꼬리 짧은 새의 문양이 장식되어 있는데, 뒤에 꼬리 장식을 덧붙여 위로 말아 올린 것이 있고, 이는 기물 몸체와 분리되어 있다. 높이는 8寸 7分, 입구 가로지름은 4寸 7分, 새로 3寸 7分이다. 총 6행 49자이고, 1개의 合文이 있으며, 그릇의 뚜껑에도 동일한 명문이 있다. 기물의 제작연대를 『通考』는 성왕, 『大系』·『銘選』·『通釋』·李學勤은 목왕, 『厤朔』은 선왕시기로 판정하고 있다. 劉啓益(「西周穆王時期銅器的初步淸理」, 『古文字硏究』 제18집)은 기물형태를 토대로 "彔器 명문의 伯雍父가 伯㦰墓에서 출토된 銅器의 師雍父이고, 〈彔簋〉腹部의 형태가 목왕시기 제작된 〈長由簋〉나 〈㦰簋〉와 유사하므로 목왕시기로 보는 것이 마땅하다"고 하였다. 『貞松』에서 "이 기물을 예전 都肆에서 보았는데, 澠陽 端氏가 소장한 것과 다르다"라고 하였다. 두 기물은 현재 臺灣中央博物院과 Princeton University Art Museum에 각각 소장되어 있다. 『集成』 5419 「說明」에 의하면, 출토 당시 기물 바닥부분이 손상되어 불명확한 부분이 있었는데, 동일한 명문이 수록된 〈彔尊〉을 토대로 보충하여 채웠다고 한다. 〈彔尊〉의 명문과 기물사진은 『善彝』에 수록되어 있다.

【석문】

王令(命)彧¹⁾曰："叡! 淮尸(夷)敢伐內國²⁾, 女(汝)其以成周師氏戍于砧自(次)"³⁾ 白(伯)雍父蔑歷,⁴⁾ 易(賜)貝十朋. 彔拜頴首, 對揚白(伯)休,⁵⁾ 用乍(作)文考乙公寶尊彝.

【현대어역】

왕이 종彧에게 명하여 말하였다. "아! 회이淮夷가 감히 우리나라內國를 침범하였으니, 그대는 성주成周 사씨師氏를 이끌고 고차砧自에서 방어토록 하라" 백옹보伯雍父가 록彔의 공훈을 격려 패화 10붕朋을 하사하였다. 록彔이 절하고 머리를 조아리며 백옹보伯雍父의 은혜를 찬양하고, 이로써 문채 나는 아버지 을공乙公을 위해 보배롭고 존귀한 예기를 만드노라.

【주】

1. 王令(命)彧¹⁾

   1) 令 : 『通釋』에서는 令을 피동의 뜻이 아니라 명령하다는 "命"으로 보고, "아래 문장에 貝貨 10붕을 하사하는 것은 伯雍父이지만, 淮夷의 침략을 방어하도록 한 것은 왕이므로, 왕의 親命을 기록한 것이다"라고 하였다.

   2) 彧 : 吳大徵은 端方이 『陶齋』에서 예정한 것에 따라 "戌"을 "戎"으로 석문하였다. 孫詒讓(『古籀餘論』권2)도 "戌은 戈로 구성되었고 夋을 소리요소로 삼는다. 『설문』夊部의 '夋'은 古文의 '終'이다. 終자는 또 '𦥑'로도 쓰는데, 아마 戎의 異文인 것 같다. 『설문』에서는 戎이 '𠂤'로 구성되어 있는데, 이는 夋에서 변화된 것으로 서로 통할 수 있다"라고 하

였다. 劉心源(『奇觚室吉金文述』권4)은 𢦏의 구성요소인 ∩이 古文의 終자이므로 戎이나 戒로 예정할 수 없다고 하였다. 『大系』·『銘選』·『通釋』·唐蘭·劉啓益·王輝 등도 모두 𢦏으로 예정하고 있다. 반면, 『古文字譜系疏證』은 𢦏이 戈로 구성되었고, 冬을 소리요소로 삼고 있다. 아마도 戎·𢦏·戱의 異文이다"라고 하였고, 『輯考』도 "𢦏은 아마도 옛 戱자인 듯싶다. 『玉篇』 戈部에 '戱는 𢦏이다(戱, 𢦏也)'라고 하였는데, 戱은 창에 속하는 兵器로 𢦏의 별칭임을 알 수 있다. 上古音에서는 東과冬이 구분되지 않았으므로, 옛 戱자는 舟(옛 終자)을 따른 것이다"라고하였다. 여기서는 劉心源 등의 견해에 따라 𢦏으로 예정한다.

𢦏이란 인물에 대해서는 학자들마다 의견이 분분하다. 1975년 3월陝西省 扶風縣 莊白村에서 伯𢦏墓가 발굴된 후, 일반적으로 "伯𢦏"을 㿝 관련 기물의 "㿝"이라고 보았다. 馬承源(『銘選』)은 "𢦏은 㿝을낮춰 부른 것이다. 다른 기물(〈㿝伯𢦏簋〉)에 㿝伯𢦏을 합쳐 부른 것이있다. 㿝은 國族이며, 𢦏은 그의 이름이다"라고 하였다. 吳其昌(『麻朔』)과 唐蘭(「用靑銅器銘文來硏究西周史」, 『文物』1976년 제6기)도 𢦏은 㿝伯𢦏과 한 사람으로, 成周의 군대를 이끌고 伯雍父를 따라 珉自로 淮夷의 난을 막아낸 용맹스런 신하의 한 사람이라고 하였다. 또한 白川靜은 『通釋』에서 "㿝은 成周의 師氏들을 통솔하는 자이므로, 권위와명망이 가장 높은 명문가의 인물로 보아야 하는데, 아마도 天子聖이라고 칭했던 㿝父의 후손일 것이다. 그래서 成周師氏를 이끌고 淮夷를 토벌할 때 왕이 직접 명하여 그를 송별해 준 것이다"라고 하였고, 周나라가 㿝을 친 시기가 周公이 아니라 검公 奭임을 밝히면서다음과 같이 말한다.

〈大保簋〉에 "왕이 㿝子聖을 정벌하였다. 여기에 그 반란이 일어나자 왕이大保에게 정벌하도록 명하였다. 大保가 경건하게 처리하여 과오가 없었다(王伐㿝子聖, 叡厥反, 王降征令于大保, 大保克敬亡𨤲)"라는 말이 있다. 㿝子聖은

祿父이고, 은의 멸망 후 스스로 天子聖이라 칭하며 그 餘民을 이끌고 周에 저항을 시도하였는데, 소공의 공격을 받아 패하고 그 부족은 멀리 陜西省 扶風縣까지 이주한 것으로 보인다. 彔의 기물로는 〈彔簋1〉·〈彔簋2〉·〈彔戜卣〉·〈彔戜尊〉·〈伯戜簋〉·〈彔伯戜簋〉 등이 있는데, 모두 출토지가 알려지지 않았지만, 근래 扶風 法門에서 〈戜鼎1〉·〈戜鼎2〉·〈戜簋〉·〈伯戜壺〉 등이 출토되어 彔씨가 옮겨진 지역이 명확하게 밝혀졌다. 이것들은 모두 한 國族의 기물로, 〈彔簋1〉에는 文祖辛公, 〈彔簋2〉에는 文考乙公, 〈彔戜卣〉에는 文考乙公, 〈彔伯戜簋〉에는 皇考釐王을 위해 기물을 만들었다고 기록이 있고, 〈戜鼎1〉에는 文祖乙公·〈戜鼎2〉에는 文考申公과 文母日庚·〈戜簋〉에는 文母日庚의 이름이 보인다. 皇考釐王과 같은 칭호는 彔씨가 옛 왕실 출신임을 나타내며, 아마도 왕족의 후예로 은의 餘民을 통솔하는 입장에 있었던 것으로 보인다.

반면, 李學勤(「從西周穆王時期銅器的初步淸理」, 『古文字硏究』 제18집)은 戜을 〈彔伯戜簋〉의 彔伯戜과는 다른 사람으로 보면서 다음과 같이 말한다.

戜과 伯雍父는 동일인물이다. 왕은 그 이름을 부르지만, 스스로는 자신의 字를 부른다. 扶風縣 莊白村 伯戜墓에서 출토된 〈戜方鼎〉·〈戜簋〉에 戜과 伯雍父가 나오는데, 같은 戜器組인 盤에 "伯雍父가 스스로 기물을 제작하였다(伯雍父自作用器)"는 기록이 있는 것으로 보아, 戜은 終으로 읽어야 하며, "다하다(盡)"·"멈추다(止)"의 뜻이다. 또 雍은 "닫다(閉)"·"막히다(塞)"의 뜻이다. 그러므로 戜과 雍은 같은 사람과 같은 사람의 字이다.

『輯考』도 이 견해를 따라 彔이 〈彔伯戜簋〉의 伯戜과 다른 인물로 판단하고 다음과 같이 말한다.

〈戜方鼎〉과 〈戜簋〉의 銘文을 따라서 알 수 있듯이, 戜는 穆王시기에 淮夷의 침입을 막아낸 주요 장수 가운데 한 사람이다. 이 명문에서 왕은 戜에게 古自에서 지키도록 명하였는데, 〈遇甗〉·〈㪤尊〉·〈㪤卣〉에 똑같이 師

雍父가 古自에서 수비하였다는 기록이 있다. 따라서 伯雍父가 彔에게 滅 歷한 것은 마땅히 戒(伯雍父)가 古自에서 지켰던 일 이후의 일이어야 하고, 戒과 彔은 상하계급의 관계이다. 그러므로 예전에 이 기물을 〈彔戒卣〉라 부른 것은 잘못된 것이다.

辛怡華(「扶風縣莊白戒墓族屬考」,『考古與文物』2001년 제4기)는 伯戒墓에서 출토된 청동기물의 명문을 분석하여 彔과 戒이 부자관계라고 고증하면서 다음과 같이 말하였다.

彔은 부친을 "文考乙公"(〈彔卣〉)라 하고, 그 조부를 "文考辛公"이라 한다. 戒은 그 조부를 "文考乙公"이라 하고, 모친을 "文母日庚"이라고 한다. 서주 금문 중에 大臣을 公으로 칭하는 것은 두 가지 경우가 있다. 하나는 살아 있을 때 公이라 하는 것이고, 하나는 사후 자손들이 그 諡號를 公으로 부르는 것이다. 商周인의 습관상 이것은 시호(廟號)이다. 〈戒鼎2〉에 文考 申公이 있는 것으로 보아, 彔의 시호가 申公이었던 것으로 보인다.

[彔과 戒의 家系表]

이름	諡號(廟號)	기물
	辛公	
	乙公-日戊	〈子父乙爵〉
彔	申公-日庚	〈彔簋〉·〈彔卣〉
戒		〈戒簋〉·〈戒方鼎2〉

여기서는 戒을 成周의 師氏들을 통솔하는 권위와 명망이 높은 왕실의 후예로 彔伯戒이라 하기도 하며, 彔은 國族이고 戒은 그의 이름이라는 관점을 취하지 않고, 李學勤·『輯考』·辛怡華의 견해에 따라 彔을 彔伯戒과 다른 인물로 판정한다. 다만, 戒이 『輯考』와 李學勤의 주장대로 伯雍父와 동일인물이며 彔의 직속상관인지, 아니면 辛怡華 주장대로 彔의 아들인지에 대해서는 여지를 남겨둔다.

2. 𢼸淮尸(夷)敢伐內國

1) 𢼸 : 감탄사이다. 〈也簋〉·〈縣改簋〉 등에도 보인다.

2) 淮夷 : 長江 하류지역 淮水지역과 〈㝬鐘〉의 "南國"처럼 황하유역에 분포하고 있던 여러 夷族들을 가리킨다.『路史』「淮夷」注를 보면, "『世本』에서 嬴姓이라고 하였는데, 아마도 하나가 아닐 것이다. 武王이 그 가운데 하나를 정벌한 것이다(『世本』云: "嬴姓" 蓋非一, 武王所伐其一也)"라고 하였다.『後漢書』「東夷列傳」에 徐淮지역 夷族과 관련된 기사가 상세하다.

> 훗날 徐夷가 참람되게 스스로를 왕으로 부르고 九夷를 이끌고 宗周를 쳐서 서쪽 黃河 유역까지 이르렀다. 穆王이 그들의 기세를 두려워하여, 이에 동방 각국의 제후에게 분할하고 徐偃王으로 하여금 그곳을 주관하도록 하였다. 偃王이 黃池 동쪽에 거처하였는데 통치지역이 500여리나 되었고, 인의를 베풀어 경계를 이어가면서 조공을 바치는 자가 36개국이나 되었다. 목왕이 훗날 驥馬와 騄馬 같은 천리마을 얻자 造父에게 말 타고 가서 초나라에 이러한 상황을 보고하고 초나라가 徐國을 정벌하도록 명하였다. 造父는 하루 만에 초나라에 도달하였다. 이에 초문왕은 크게 병사를 일으켜 徐國을 멸하였다. 偃王은 인자하지만 권변이 부족하고, 楚國의 군대와 전쟁하는 것을 차마하지 못하였기 때문에 실패하기에 이르렀다. 이에 북쪽으로 도주하여 彭城의 武原縣 東山 아래에 이르렀는데 백성들이 그를 따라 도망간 자가 수 만명이었다(『後漢書』「東夷列傳」:徐夷僭號, 乃率九夷以伐宗周, 西至河上, 穆王畏其方熾, 乃分東方諸侯, 命徐偃王主之. 偃王處潢池東, 地方五百里, 行仁義, 陸地而朝者三十有六國. 穆王後得驥騄之乘, 乃使造父御以告楚, 令伐徐, 一日而至. 於是楚文王大舉兵而滅之. 偃王仁而無權, 不忍鬪其人, 故致於敗. 乃北走彭城武原縣東山下, 百姓隨之者以萬數)

『今本竹書紀年』에도 다음과 같은 기록이 있다.

> 穆王14年 가을 7월, 徐戎이 洛水를 침입하였다. 겨울 10월에 造父가 임금

을 수레에 태우고 宗周로 들어갔다(『竹書紀年』: 穆王14年秋七月, 徐戎侵洛. 冬
十月, 造父御王入於宗周)

본 명문의 "淮夷가 감히 우리나라를 침범하였다(淮夷敢伐內國)"는 기
록은 徐戎이 九夷를 거느리고 침입해 온 일을 가리키는 것으로 보인
다. 목왕이 이에 彧에게 명하여 成周의 무장병사를 이끌고 방어하라
고 지시한 것이고, 珇自 지역에서 싸워 승리한 것이다. 물론 목왕이
徐國을 멸하고 淮夷를 다스린 일은 잠시였다. 서주말기 勵王시기 왕
조가 쇠약해져 淮夷가 또 위협을 가하였고, 宣王이 昭穆公을 파견하
여 남쪽을 정벌하도록 하였지만, 오래 지나지 않아 서주가 멸망하였
다. 이때부터 왕조의 세력이 徐淮 지역에 미치지 못하였다.

3) 內國 : 왕의 직접적인 통치영향이 미치는 近畿로 內地의 의미이다. 『逸
周書』에도 "邊은 內地를 침범하지 않는다(邊不侵內)"라는 기록이 있고,
『通釋』은 "淮水지역 상류의 땅은 成周 서남쪽에 해당하므로, 伊水와
洛水 지역은 회이의 침투를 받을 위험이 있었다"라고 풀이하고 있다.

3. 女(汝)其以成周師氏戍于珇自(次)

1) 成周師氏 : 『大系』는 成周師氏를 伯雍父(즉 師雍父)로 보았다. 이에 따
르면, 왕은 彔伯彧에게 명하여 伯雍父와 함께 회이의 침입을 방어하
라고 명령하였고, 彔伯彧은 동급 서열의 伯雍父에게 격려받고 貝
貨를 받은 셈이 된다. 하지만 同列의 계급에게 격려받는 것은 이해하
기 어렵다. 여기서는 成周지역의 수비를 담당하던 "八師"로 판정한
다. 다만, 于凱(西周金文中的'自'和西周的軍事功能區」, 『史學集刊』, 2004년 7
월 제3기)의 분석에 의하면, 成周 八師를 殷 八師로 보느냐 독립된 군
대 조직으로 보느냐에 따라 학자들마다 견해가 다름을 알 수 있다.

서주 금문 속에 "自(師)"로 명명된 군대조직은 '六師'·'八師' 혹은 '×師' 등
이 있다. 그 중 郭沫若·徐中舒·楊寬·劉雨 등은 成周 八師와 殷 八師가

서로 다른 군대이고, 각각 成周 부근을 지키는 것과 殷나라 옛 지역을 지키는 군대로 판단하였다. 于省吾·王玉哲·李學勤은 殷 八師와 成周 八師가 같은 군대임을 지적한다. 왜냐하면 成周를 근거지로 삼고 있기 때문에 成周 八師라 하고, 또 그들은 본래 주나라가 은나라를 친 후 은나라의 투항한 군대를 개편하여 만든 것이기 때문에 殷 八師라 한다는 것이다. 아직 누가 옳은지는 명확지 않아 당분간 결론 내리기가 쉽지 않을 것이다. 하지만 왕이 통치하고 있는 지역 속에서 서토와 동토지구를 주왕의 직접적인 통제를 받는 군대가 있어 분별하여 주둔하여 지키는 것은 따를 만하다. "六師"와 "八師" 이외에 "×師"의 형식으로 명명한 것이 무엇인지 연구할만한 가치가 있다. 于省吾는 "금문 속에 보이는 '某師'에서 '某'는 지명을 가리키며, 師는 군대가 주둔하고 있기 때문에 붙여진 이름이다"라고 하였다. 일반적으로 서주 왕조의 직속 군대의 주둔지 혹은 군사상 방어 요충지이다. 즉, 육사·팔사가 주왕 직속 구역 내에 각각 주둔하던 지명의 구체적 이름이다. 〈小臣謎簋〉의 명문 속에 "殷 八師"의 명칭이 있고, 또 "遣自𩁹師, 述東陕, 伐海眉. 厥復歸才牧師"라는 기록이 있어서, 𩁹師·牧師는 실제로 은 팔사가 당시에 주둔하거나 방어하던 지역임을 잘 증명해 준다.

3) 㓞自 : 『銘選』에서는 "成周의 師氏가 회이의 침입을 막는 곳으로, 古自라고도 한다"고 하였다.

4. 白(伯)雍父蔑歷

1) 伯雍父蔑歷 : 伯雍父가 彔의 전공을 치하하였다는 뜻이다.

5. 對揚白(伯)休

1) 休 : 『廣韻』「尤韻」에서 "훌륭함이다. 좋은 것이다(美也, 善也)"라고 하였다. 伯雍父의 훌륭한 덕을 찬양하였다는 뜻이다.

【주제어】

[인명] 王(穆王), 彧, 伯雍父, 彔, 文考乙公

[지명] 淮夷, 玷㠯, 五, 周

[사건] 왕이 彧에게 淮夷의 침임을 玷㠯에서 지킬 것을 명함. 彔이 伯雍父의 덕을 찬양하고 기물을 제작한 사건.

【참고문헌】

『大系』考61, 『文錄』4·16, 『雙選』上3·27, 『通釋』17·202, 『銘選』3·113, 『輯考』, 『厤朔』, 孫詒讓, 『古籒餘論』권2, 劉心源, 『奇觚室吉金文述』권4, 『古文字譜系疏證』, 『後漢書』「東夷列傳」, 『逸周書』, 『竹書紀年』

李學勤, 「從西周穆王時期銅器的初步清理」, 『古文字研究』 제18집

劉啓益 『西周穆王時期銅器的初步清理』, 『古文字研究』제18집

于凱, 「西周金文中的'㠯'和西周的軍事功能區」, 『史學集刊』, 2004년 7월 제3기

辛怡華, 「扶風縣莊白墓族屬考」, 『考古與文物』2001년 제4기

61. 예유(穧卣)

【모본】

【저록】

『集成』10·5411, 『博古』10·33, 『薛氏』106·1~2, 『嘯堂』38·1~2, 『大系』錄 32, 『銘選』錄182, 『積古』5·7·3 (뚜껑), 『攈古』3·1·15·1 (뚜껑), 『復齋』18·1 (뚜껑),

【기물설명】

본 기물은 전해져 내려오는 기물이다. 기물의 이름은 『博古』·『嘯堂』에 〈周 淮父卣〉로 명명되어 있으며, 『大系』·『雙選』·『銘選』·『集成』은 〈穧卣〉라 하 였다. 기물의 배(腹)는 항아리(罐)과 비슷하고, 목(頸)은 약간 안으로 오그라들어있으며, 아래 배 부분은 밖으로 비스듬이 나와 있고, 몸체(體)가 약간 납작하다. 목 부분에 꼬리를 바라보는 용무늬가 새겨져 있는데 긴 꼬리는 말아 올려져 있다. 『博古』에 "뚜껑을 합한 전체 높이는 6寸 8分, 깊이는 4寸 4分, 입구 지름은 길이 3寸 9分, 배 지름은 길이 5寸 8分, 넓이 4寸 7分이다. 용량은 2升3合, 중량은 5斤 1兩이며, 양쪽 귀에는 들 수 있는 고리가 있다. 명문은 모두 82자이다"라고 기록되어 있다. 그릇과 뚜껑에는 동일한 명문이 새겨져있고, 그릇의 명문은 4행 42자, 뚜껑의 명문은 6행 42자이며, 2개의 중문이 있다. 명문의 마지막 글자는 족휘이다. 『輯考』는 기물의 명문에 기록된 師雍父가 古自를 방어하는 일이 〈彔卣〉와 같은 시기의 사건이므로, 시대도 목왕시기에 해당한다고 보았다. 현재 소장처는 알려지지 않고 있다.

【석문】

穆從師雍父戍于古自(次)[1], 蔑曆, 易(賜)貝卅寽[2]. 穆拜頴首, 對揚師雍父休, 用乍(作)文考日乙寶尊彝. 其子子孫孫永寶. 𠂤[3]

【현대어역】

예穆가 사옹보師雍父를 따라 고차古自에서 방어함에, 공적을 격려 받고 30률寽의 패화貝貨를 하사받았다. 예穆가 절하고 머리를 조아려 높으신 사옹보師雍父의 아름다움을 찬양하였다. 이에 문채나는 아버지 일을日乙을 위해 보배롭고 존귀한 제기를 만드노라. 자자손손 영원히 복을 누릴지어다. 𠂤

【주】

1. 穆從師𤔲(雍)父戍于古自(次)

  1) 穆 : 『博古』는 穆이라 하였으며, 『大系』・『雙選』・『銘選』・『集成』은 '穆

'로 예정하였다. 『博古』는 "穆이라는 인물을 전적에서 찾을 수 없다"
라고 하였다. 稑의 구성요소인 秝는 埶의 옛 자형이다. 『集韻』「祭韻」
에 "埶자. 『설문』에 '심는다는 뜻이다'라고 하였다. …… 예전에 秇로
썼다(埶, 『說文』"種也" …… 古作秇)"라 하고, 『관자』「臣乘馬」에는 "동지가
지난 지 75일째면 땅 속의 얼음이 녹아 곡식을 심을 수 있고, 100일 이
후에는 다시 심을 수 없다(陰凍釋而秇稑百日不秇稑)"라고 한다. 『史徵』은
다음과 같이 말하였다.

秇는 송나라 판본에는 杌로 썼는데, 지금 살펴보면 秝으로 써야 마땅하
다. 복사에도 보인다. 秝는 埶의 본래 글자이다.

『輯考』는 다음과 같이 말한다.

"곡식을 심어 가꾼다(種埶)"는 뜻의 埶는 갑골문에 "**埶**"로 쓰이며, 秝로 예
정된다. 나무(木)를 붙들고 있는 丮로 구성되었기 때문에, 심는다는 뜻의 회
의자가 된다. 秝도 곡식(禾)을 붙들고 있는 丮로 구성되어 있으니, 나무(木)
를 붙들고 있는 丮와 같은 의미이며, 옛 埶자의 이체자이다. 편방의 丮은
해서에서 대부분 丸로 訛變되었다. 따라서 『집운』과 『관자』의 秇는 본래 稑
로 써야 마땅하니, 『집운』에서 埶의 古字라고 한 것은 타당한 근거가 있었
다. 秝는 금문에서 土가 붙어 "**埶**"의 자형으로 쓰이며, 埶로 예정된다. 〈毛
公鼎〉의 명문에 "밖으로 政令을 펼치고 각종 負役과 賦稅를 제정한다(敷命
敷政, 埶小大楚(胥)賦)"라고 하는데, 吳大澂은 『광아』「釋詁」의 "埶는 다스리
는 것(治)이다"(『愙齋』4冊, 제7쪽「毛公鼎」)라는 풀이를 인용하여 埶자를 해석
하였고, 錢大昭는 『광아소의(廣雅疏義)』의 "蓺는 곡식을 심고 가꾸는 일을
다스리는 것이다(蓺(蓺)者, 治種植之事也)"를 인용하여 풀이하였다. 하지
만 이 명문의 稑은 다스린다는 뜻의 蓺와 구별되는 글자이다. 아래 문장
과 뚜껑의 명문에는 "**埶**"로 쓰여 있는데, 乙은 의미 없이 꾸미는 부호이거
나, "彐"의 잔결된 부분일 수도 있다. 모사본에 근거해서 판정하기는 어렵다.
2) 師**眔**(雍)父 : 『博古』는 雍父를 淮父로 읽었으며, 이 인물을 전적에서

찾을 수 없다고 하였다. 『大系』는 다음과 같이 말하였다.

師雖父는 곧 〈癲鼎〉과 〈遇甂〉에서 나온 師濉父로, 모두 雝자의 異文이다. 雖과 淮자는 완전히 동일하지만, 다른 기물과 함께 살펴보면, 淮자로 해석할 수 없다.

『大系』가 "다른 기물을 통해 살펴보면, 淮자로 해석할 수 없다"라고 한 것은 〈彔卣〉·〈遇甂〉에 師雝父가 언급되는데, 자형이 거의 비슷하기 때문이다. 『輯考』 역시 다음과 같이 말한다.

雝자는 〈彔卣〉·〈遇甂〉에서 오른쪽은 "隹"로 구성되었고, 왼쪽 상단은 "水"로, 하단은 "口"로 구성되어 있다. 〈稇卣〉의 摹本에는 "水"와 "隹"로만 구성되었는데, 분명 빠뜨리거나 잘못 예정한 부분이 있을 것이다.

여기에서도 雝를 雝의 誤寫로 보고, 이 인물을 師雝父라고 확정한다. 陳夢家는 師雝父와 伯雝父를 동일인물이라 판정하면서 다음과 같이 말한다.

…… 師雝父와 中競父·競父는 〈臤尊〉의 명문으로부터 동시대의 인물이라는 것을 알 수 있고, 競과 白犀父는 〈競簋〉의 명문으로부터 동시대의 인물이라는 것을 알 수 있으며, 白雝父와 彔은 〈彔簋〉와 〈彔戜卣〉·〈彔戜尊〉의 명문으로부터 동시대의 인물이라는 것을 알 수 있기 때문에 師雝父와 白雝父가 실은 동일 인물임을 알 수 있다. 雝父를 "師"로 칭하는 것은 그 관직으로 인한 것이고, "白"으로 칭하는 것은 그 존칭으로 인한 것이다. 〈彔簋〉의 명문을 보면 앞에서는 "白雝父"라 하고 뒤에서는 "白"이라고 하였으므로 "雝父"는 獨稱할 수 있다는 것을 알 수 있다. 〈遇鼎〉의 명문을 보면, 앞에서 "師雝父"라고 하고, 뒤에서 두 번 "其父"라고 한 것을 통해 "其"는 "雝"을 가리킨다는 것을 알 수 있고, "父"도 "白"과 같은 존칭임을 알 수 있다. 같은 예로 競, 競父, 中競父, 中競 등은 마땅히 한 사람이며, 구분하자면 자칭일 경우는 "競"(직접 만든 기물에서는 모두 "競"이라고 하고 있다), 타인이 존칭할 경우는 "競父"가 된다. "師雝父", "白雝父"는 모두 타

인에게서 불리는 명칭으로 자칭할 경우에는 "雍"이라고만 쓴다.

한편 『通釋』역시 師雍父와 伯雍父를 동일인물로 보지만, 伯과 師가 다른 이유는 시기가 다르기 때문이라고 보았다.

3) 戍 : 『博古』는 다음과 같이 말하였다.

　『시경』에서 "수자리의 임무로 파견되다(遣戍役)"라고 할 때에 戍와 같으니, 穆이 淮父를 따라서 古로 수자리하러 갔다(戍役)는 것을 말하는 것이다.

4) 古自 : 『銘選』은 〈馭尊〉 명문의 "馭이 사용보를 따라 䚮自에서 지키던 해이다(馭從師雍父戍于䚮自之年)"를 근거로 하여, 〈馭尊〉의 䚮自를 이 명문의 古自로 보았다.

2. 蔑曆, 易(賜)貝卅孚

1) 蔑曆, 易貝卅孚 : 피동구로, 稫가 세운 공적을 격려 받고 30孚의 패화를 하사받은 표창에 대해 말한 것이다.

3. 稫拜頴首, 對揚師雍父休, 用乍(作)文考日乙寶尊彝.

1) 文考 : 『博古』는 다음과 같이 말하였다.

　『예기』「曲禮」에 따르면 살아계실 때에는 "父"라고 부르고, "母"라고 부르지만 돌아가셨을 때에는 "考"라고 부르고, "妣"라고 부르니, 곧 여기에서 "文考"라고 하는 것으로 보아 아마도 후대 자손들이 돌아가신 부모님을 추모하고 흠향하던 기물이기 때문인 듯하다. 대저 卣는 연회와 잔치(燕饗) 때 사용하는 기물이 아니라 오직 宗廟의 神들게 제사지낼 때에만 이를 사용하였다. 그 卣에 담는 것은 秬鬯酒이다. 또한 군주가 신하에게 강신제 지낼 때 거창주를 하사하면 처음에는 卣에 담았다가 제사의 마지막에는 제기에 담아 강신제(祼)를 지냈으니 陰에서 신을 부르는 방법인 것이다.

금문의 용례에서의 文은 조상이나 임금을 형용하는 일반적인 수식어이다. 〈史密簋〉에는 "나의 문채나는 아버지 乙伯을 위하여 존귀한 궤를 만드노라(用作朕文考乙伯尊簋)"라 하였고, 〈史牆盤〉에는 "편안하며 여유로우신 문채나는 아버지 乙公이다(害犀文考乙公)"이라 하였으며, 그 밖에도 많은 예를 찾아 볼 수 있다.

2) 日乙 : 『博古』는 다음과 같이 말하였다.

> 날의 길함을 택하는 것이다. 또한 〈大夫始鼎〉의 명문에 있는 "日己寶鼎"과 〈文考尊〉의 명문에 있는 "日癸尊彝"와 같은 종류이다. 날의 길함을 택하는 것은 그 일을 엄중하게 다스리는 방법이다.

그러나 앞에 文考라는 말이 있으므로, 日乙을 아버지를 가리키는 말로 본다. 干支로써 조상을 지칭하는 것은 은나라의 습속으로, 갑골문에서 이미 증명되었다.

4. 其子子孫孫永福

1) 福 : 『大系』은 다음과 같이 말하였다.

> 福는 곧 "福"의 繁文이니, 〈邾大宰編鍾〉에 "장수하고 많은 복을 받으라(眉壽多福)"라고 하는 것으로 증명할 수 있다. 이 단락에서 寶가 되는데, 상고음에서는 輕脣音과 重脣音이 구별이 없어서 福과 寶는 雙聲의 관계가 되고, 또한 之部와 幽部는 소리가 서로 유사하기 때문에 서로 통용될 수 있다.

『설문』에 "福은 보우하는 것이다(祐也)"라고 하였으므로, 永福은 영원히 복과 보우를 받는다는 의미이다.

2) 𢓏 : 『博古』는 "창을 세운 모양의 글자이다"라 하였다. 기물을 만든 자의 族徽이다.

【주제어】

[인명] 秱, 師雍父

[지명] 古𠂤(次)

[사건] 師雍父가 古𠂤(次)에서 수자리하는 일

【참고문헌】

『大系』考 60쪽, 『銘選』3·120쪽, 『文錄』4·16쪽, 『史徵』393쪽, 『雙選』下3·11쪽, 『通釋』17·90

劉啓益, 「西周穆王時期的初步淸理」, 『古文字硏究』제18집, 中華書局, 1992년 8월

62. 우언(遇甗)

【탁본】

【저록】

『集成』3·948, 『三代』5·12·2, 『周金』2·31·1, 『貞松』4·21·1, 『希古』3·10·3,
『海外吉』14, 『小校』3·12·2, 『山東存』下 12·3, 『泉屋』1·12, 『彙編』4·174,
『大系』錄 32a, 『銘選』錄 183, 『斷代』(5) 60 (107쪽).

【기물설명】

본 기물의 명칭은 『三代』·『貞松』·『大系』 등에서 모두 〈遇甗〉이라 쓰고, 이
후 학자들도 이를 그대로 사용하고 있다. 기물 형제는 鬲과 甑이 합쳐져 있
는 형태로, 鬲부분에는 獸面文이 장식되어 있다. 높이는 40.8cm, 口徑은
27.6cm이다. 명문은 7行 38字이며, 重文이 하나 있다. 기물의 연대는 穆王시
기에 속한다. 劉啓益은 干支 배열에 의거하여 이 기물은 〈毀尊〉과 같은

해에 만들어졌다고 하였다. 『貞松』의 기록에 의하면 光緖 22년(1896년)에 山東 黃縣 萊陰에서 출토되었다고 한다. 예전에는 丁樹楨이 소장하였고, 현재는 일본 京都 泉屋博物館에서 소장되어 있다.

【석문】

隹六月旣死霸丙寅,[1) 師雍父戍在古自(次),[2) 遇從.[3) 師雍父肩史(使)遇事(使)于獸侯.[4) 侯蔑遇曆, 易(賜)遇金,[5) 用乍(作)旅鬳(甗).[6)

【현대어역】

6월 기사패旣死霸 병인丙寅일에 사옹보師雍父가 古의 주둔지에서 수자리하는데, 우遇가 따랐다. 사옹보가 우遇로 하여금 호후獸侯를 섬기게 하였다. 후侯가 우遇를 공적을 격려하고, 우遇에게 청동을 하사하니, 이로써 여언旅甗을 만드노라.

【주】

1. 隹六月旣死霸丙寅

   1) 旣死霸: 月相을 나타내는 고유명사다. 『설문』「月部」에 "霸는 달이 처음 생겨나서 빛나기 시작하는 것이다. 큰달의 다음 달은 첫 2일이고, 작은 달의 다음 달은 첫 3일이다(霸, 月始生霸然也, 承大月二日, 承小月三日)"라고 한다. 전래문헌에는 '魄'으로 많이 쓴다. 서주 금문에 자주 나타나는 月相은 初吉·旣生霸·旣望·旣死霸이고, 月相에 관한 주요 논의는 크게 四分說과 定點說로 나뉜다. 四分說은 王國維가 정립한 것으로, 初吉(1~8일의 上弦)·旣生霸(8/9일~보름)·旣望(16~22/23일 下弦)·旣死霸(23/24~그믐) 이 네 가지 용어가 각각 한 달 중 7~8일 동안 일정한 모습으로 관찰 가능한 달의 한 분기를 이르는 것으로 파악한다(왕국유,「生霸死霸考」『觀堂集林』) 定點說은 劉啓盆 등의 학자들이 제

창하는 것으로, 각각의 네 표시가 달의 순환 중 일정한 한 날을 가리키는 것으로 해석한다. 즉 初吉은 음력 초하루, 旣生霸는 초이틀이나 초사흘, 旣望은 16일(혹은 17, 18일), 旣死霸는 그믐과 일치한다고 주장한다(劉啓益,「西周金文月相詞語的解釋」『歷史學報』1979[6])

2. 師雍父戌在古自(次)

1) 師雍父:〈彔卣〉·〈稘卣〉주석을 참조하라.

3. 遇從

1) 遇 : 字書에 없는 글자로, "踽"자의 고자이다. "辵"과 "足"은 뜻을 나타내는 부수로 사용되었는데 고대에는 서로 통용되어 구별이 없었다. 『설문』「足部」에 "踽는 외롭게 가는 모습이다. 足을 구성요소로 하고 禹는 소리요소이다(踽, 疏行貌. 从足, 禹聲)"라 하고, 『시경』「唐風·杕杜」에 "홀로 가는 것이 외롭고 외롭구나(獨行踽踽)"라고 한다. 본 명문에서 "遇"는 인명으로 〈嬴鼎〉의 "嬴"와 동일 인물일 것이다.

4. 師雍父肩史遇事于默侯

1) 肩 : 『大系』는 "'肩'자는 아마도 '夗'자의 異文일 것이다. 고문 '月'과 '夕'은 구별이 없었다. '尸'와 '巳' 또한 같은 뜻이다. 다만 좌우가 바뀌었을 뿐이다. 이 글자는 여기에서 당연히 '妥'으로 읽어야 한다"라 하였고, 陳夢家는 "尸와 月로 구성된 글자로 정확하게 알기 어렵지만 분명히 일종의 관직명일 것이다"라고 하는데, 정확한 해석이 아니다. 이 글자는 "月"로 구성되어 있고 "尸"가 소리를 나타낸다. 이는 『玉篇』「大部」에서 "밝다(明也)"라고 풀이한 '夷'자의 本字로 보아야 한다. 于豪亮은 다음과 같이 옛 尸자와 尸자를 발음요소로 하는 글자는 夷로 읽을 수 있고, 夷는 어조사라고 피력하고 있다.

'肩'자는 〈遇甗〉·〈沔其鐘〉·〈中甗〉에도 보인다. 〈遇甗〉에는 "師雝父肩史(使)事於獣侯"라고 하고, 〈沔其鐘〉에는 "天子肩事(使)沔其身邦君大政"이라고 하는데, 肩자의 용법은 모두 본 명문과 같다. 〈中甗〉에는 "緯肩又羞余□□兵"이라고 하느데, 문장에 결손이 심하고 의미가 불명확하지만, 그 뜻은 본 명문과 서로 가깝다. 郭沫若은 "肩자는 아마도 夗자의 異文일 것이다. 고문 月과 夕은 구별이 없었다. 尸와 已 또한 같은 뜻이다. 다만 좌우가 바뀌었을 뿐이다. 이 글자는 여기에서 당연히 爰으로 읽어야 한다"라고 한다. 내가 보기에 郭沫若의 설은 틀렸다. 금문에서 饗은 자주 보이는데, 〈臣辰卣〉·〈臣辰盉〉·〈呂鼎〉의 "饗"은 "之"와 "夗"로 구성되어 있어 肩자와는 완전히 다르다.

肩자는 자서에 없는데, 尸자가 발음을 나타낸다. 옛 尸자와 尸자를 발음 요소로 하는 글자는 夷로 읽을 수 있다. 예를 들면 『좌전』 「성공 17년」에 "하루아침에 3경을 죽여 기시하였다(一朝而尸三卿)"라 하고, 『국어』 「晉語」에도 "尸三卿"이라고 쓰지만, 『한비자』 「內儲說下」에는 "내가 하루아침에 3경을 죽여 기시하였다(吾一朝而夷三卿)"라고 쓴다. 마왕퇴 백서 『春秋事語』 「衛獻公出亡章」에는 "寧子를 쳐서 이를 죽여 조정에 기시하였다(伐〔寧〕子而尿之朝)"라고 한다. 『좌전』 「襄公 27년」에는 "甯喜와 右宰 穀을 죽여 그것을 조정에 기시하였다(殺甯喜及右宰穀, 尸諸朝)"라고 한다.(于豪亮은 이 기사를 '애공 27년'이라고 오기하였다.) 尿와 尸 역시 夷와 같다. 『예기』 「喪大記」에 "남녀는 유해를 받들어 당 위에 안치한다(男女奉尸夷于堂)"라고 하는데, 정현 주에 "夷는 둔다는 뜻이다(夷之言尸也)"라고 한다. 또 雲夢 睡虎地秦簡 『日書』에 초나라의 月名이 실려 있는데, 정월을 "披夷"라 하자만 때로는 "披尸"·"披尿"라 쓰고, 2월을 "夏尿"라고 하지만 때로는 "夏尸"·"夏夷"라고 한다. 〈鄂君啓節〉은 "夏尿"라고 쓴다.

이상은 모두 尸자와 尸를 구성요소로 하는 글자가 夷로 읽히는 예이다. 따라서 肩자는 肩夷로 읽을 수 있다. 夷는 어조사다. 『周禮』 「行夫」에 "[行父는 行

人이] 타국으로 사신으로 가는데 수행하면, 행인의 잡무를 담당하고, 사신 일을 할 때 仲介 역할을 담당한다(居于其國, 則掌行人之勞辱事焉. 使則介之)"라 고 했는데, 그 鄭玄 주에 "고서에 夷使라는 표현이 있는데, …… 夷는 발 어사이다(故書曰夷使……玄謂夷發聲)"라고 하였다. 『주례』의 "夷使"는 〈遇 甗〉의 "肩吏(使)"와 〈沋其鐘〉의 "肩事(使)"와 꼭 같다. 이것으로 肩 또한 발 어사임을 알 수 있다. 夷를 어조사로 쓰는 것은 전래문헌에 종종 보이는 데, 여기에 대해서는 王引之의 『經典釋詞』에 상세히 보인다.

2) 獣 : 이 글자는 자서에는 보이지 않는다. 陳秉新은 "이 글자는 '害'로 구성되었는데, 害는 〈胡簋〉에 보이는 胡의 本字이다. 夫는 疊加聲符이 니, 당연히 '胡'로 읽어야 한다"라고 한다. 주나라 厲王의 이름이 胡인 데, 〈獣鐘〉과 〈獣簋〉가 모두 獣로 쓰고 있으니, 이를 증명하고 있는 것이다. 劉啓益은 "1978년 陝西省 武功縣 任北村에서 〈獣叔簋〉가 출 토되었는데, 그 명문에 '獣叔과 獣姬가 伯媿滕簋를 만들었다(獣叔獣 姬乍伯媿滕簋)'라고 하니, 獣叔이 큰딸을 시집보내고 만든 것으로 그 의 큰 딸은 '伯媿'라고 불렸다. 이것은 獣가 媿의 姓이지, 嬀의 姓이 아니며, 지금의 安徽省 阜陽에 위치한 舜의 후예의 胡國과는 관련이 없다는 것을 설명한다"라고 한다. 劉啓益의 견해는 검토해 볼 필요 가 있다. 『좌전』「襄公 31年」에 "胡女 敬歸가 낳은 아들 子野를 임금 으로 세웠다(立胡女敬歸之子子野)"라고 하는데, 杜預 注에 "胡는 歸 姓의 나라이다. 敬歸는 양공의 妾이다(胡, 歸姓之國. 敬歸, 襄公妾)"라고 한다. 『春秋』「召公 4年」에 "가을 7월에 楚子·蔡侯·陳侯·許男·頓子· 胡子·沈子·淮夷가 吳를 정벌하였다(秋七月, 楚子蔡侯陳侯許男頓子胡子 沈子淮夷伐吳)"라고 하는데, 杜預 注에 "胡國은 汝陰縣 서북쪽에 胡 城이 있다(胡國, 汝陰縣西北有胡城)"라 하니, 지금의 阜陽市 서북쪽에 있다. 媿와 歸는 모두 見母, 微部이니, 金文에서 媿姓의 獣라는 것은 전래문헌에서 歸姓의 胡라고 하는 것이다. 劉啓益은 지역이 지금 阜

陽에 있는 胡라는 것을 근거로 하여 舜의 후예인 嬀姓이라 여겼는데, 이는『春秋分記』와『春秋傳記彙纂』「爵姓篇」의 잘못된 설을 믿었기 때문이다. 胡가 嬀姓이 된다는 견해에 대하여 何浩가『楚滅國研究』「姬姓胡國與歸姓胡國」에서 자세히 辨正하였는데, 여기에서는 세세하게 인용하지 않겠다. 馬承源 등은 "古의 주둔지에서 수자리하는 師雍父가 遇를 보내서 龡侯를 섬기게 한 것은 당연히 군사상의 연락을 취한 것이다. 龡(胡)國은 회이를 막는 서쪽 수비였기 때문에 전략상의 지위가 중요했다"고 하였는데, 이 말이 옳다. 여기에서 遇가 龡에 간 임무는 道를 순찰하는 일을 의논하는 것이었다.("省道"의 일은〈廞鼎〉에 자세히 보인다.)

5. 侯蔑遇曆, 易(賜)遇金
1) 龡侯가 遇를 蔑曆했다는 것은 龡侯가 遇의 공적을 격려한 것이다.

6. 用乍(作)旅獻(獻)
1) 獻: 고자 獻의 이체자로, 가차해서 甗으로 쓴다.

【주제어】

[인명] 師雍父, 遇, 廞侯.

[지명] 古自(次), 龡

[일시] 六月旣死霸 丙寅

[사건] 師雍父使遇使于龡侯

【참고문헌】

『斷代』上・115쪽, 『大系』考 60쪽, 『銘選』3・120쪽, 『文錄』4・23, 『雙選』下3・5, 『通釋』17・89

于豪亮, 「陝西省扶風縣强家村出土虢季家族銅器銘文考釋」, 『古文字硏究』, 제9집, 中華書局, 1984년 1월

劉啓益, 「西周穆王時期的初步淸理」, 『古文字硏究』제18집, 中華書局, 1992년 8월

陳秉新, 「害卽胡簋之胡本字說」, 『考古與文物』, 1990년 제1기

63. 우정(齲鼎)

『集成』5·2721, 『三代』4·13·3, 『愙齋』6·11·2, 『周金』2·31·2, 『夢郼』續6, 『小校』3·6·2, 『山東存』坿12·4, 『大系』錄31, 『銘選』錄184

【기물설명】

복부는 동이[盆]같고 기둥[柱足] 같은 발이 있다. 상복부 보다 하복부가 약간 바깥으로 확장되어 있고, 복부는 비교적 깊다. 경부는 짧은 꼬리를 가진 새의 문양으로 장식되었는데, 긴 꼬리가 위로 둘려져 있어서 새의 몸통과 분리되어있다. 『善齋吉金錄』의 기록에 의하면 몸체의 높이는 9촌 5푼, 발의 높이는 3촌 7푼, 귀의 높이는 1촌 8푼, 구경은 9촌 7푼이다. 명문은 6행 31자이다. 〈遇甗〉과 동일한 전쟁을 기록하고 있으며, 목왕 때의 기물이다. 『商周彝器通考』에는 광서 22년(서기 1896년) 황현(黃縣) 래음(萊陰)에서 〈遇甗〉과 같이 출토되었다고 하며, 李山農과 羅振玉이 소장했었다.

【석문】

隹(唯)十又(有)一月, 師雍父省道至于斁, 甗從.[1] 其父蔑甗曆,[2] 易(賜)
金. 對揚其父休, 用乍(作)寶鼎.

【현대어역】

11월에 사옹보師雍父께서 호斁땅까지 도로를 순찰하였는데, 우甗가 수행
하였다. 기보其父께서는 우甗의 공적를 격려하시고 청동을 하사하셨다. 기
보其父의 아름다운 덕을 드날리며, 이를 가지고 보배로운 정을 만드노라.

【주】

1. 師雍父省道至于斁, 甗從.

  1) 徣道 : 徣은 字書에서 찾을 수 없다. 『大系』는 이에 대해 다음과 같이
    말하였다.

      徣자는 아마도 갑골문에서 여러번 보이는 "𢓊"자일 것이다. 갑골문에서
      "徣伐"이라는 구절을 많이 찾아볼 수 있는데, 나는 直자를 붙여서 쓴 "直
      伐"과 "征徣伐"이 같은 말이며, 이 명문의 "徣導" 또한 征討를 말하는 것
      이라고 생각한다. 나는 처음 명문을 고석할 때 徣을 巡省의 省자로 해석
      하고, 𡴎(導)를 『좌전』「喜公5년」에 나오는 춘추시대의 道國일 것이라고 추
      측했지만 모두 확실하지 않은 것 같다.

      『大系』가 𡴎을 갑골문의 𢓊로 본 것은 착오가 있는 듯하다. 갑골문의
      𢓊은 통상 "德"자로 풀이된다. 𢓊자의 눈 위의 세로획이 丨나 丨가 아
      닌, 丫라야 徣로 볼 수 있다. 따라서 𡴎을 𢓊로 본 것은 틀린 것이지
      만, 徣자로 예정한 것은 옳다. 彳은 구성요소이며 肖은 발음요소이
      다. 肖과 省은 옛날에는 본래 같은 글자였는데, 나중에 다른 글자로

분화되었다. 이 글자에 또 彳을 좌편방으로 더하여 움직인다는 뜻을 나타냈으니, '巡省'의 省을 뜻하는 전용글자라고 생각된다. 省道는 도로를 순찰하고 살피는 것이다. 『銘選』은 한걸음 더 나아가 省道를 전차와 연관시킨다.

道는 도로이니, 徻道는 통행로를 순시하는 것이다. 고대의 전쟁에서는 전차를 사용했기 때문에, 전투를 함에 전차를 몰고 질주하는 통행로를 살피는 것이 필요했다. 『좌전』「성공7년」에 晉땅에 있던 巫臣이 오나라에 사신가기를 청하였고, "오나라에게 전차 타는 것을 가르치고, 전쟁에서 진치는 것을 가르쳤다(敎吳乘車, 敎之戰陳)"라고 했으니, 오나라 임금 이전에는 오나라에서 아직 전차전을 이해하지 못했음을 알 수 있다. 그러므로 전차 통행로를 건설할 수 없었으며, 오나라와 서로 이웃한 淮夷의 여러 방국들도 역시 전차전은 크게 발달하지 않았을 것이다. 그렇지 않다면 오나라가 전차 타는 것을 가까운 나라에서 수입해야 옳은데, 굳이 무신이 먼 길을 와서 가르쳤겠는가?

그러나 徻道를 전차와 연관시키기 위해서는 『銘選』이 더욱 적합한 근거를 들었어야 한다고 생각된다. 전쟁을 하는데 있어서 도로를 살피는 행위는 군대를 기동하기 전의 예비행동일 수도 있으며, 그 외 다른 군사적·정치적 목적을 가졌을 가능성도 배제할 수 없다. 따라서 여기에서는 『銘選』의 견해는 따르지 않고, "도로를 살피다"라는 뜻으로 해석해 둔다.

2) 獸 : 字書에서 찾을 수 없는 글자이다. 『大系』는 다음과 같이 말하였다.

獸國이라는 이름이 자주 보이는데, 바로 "荊과 舒"의 舒이고 또한 "徐와 楚"의 徐에 해당한다. 남쪽 나라 중에 徐와 楚는 큰 나라였는데, 은나라가 멸망한 이래로 여러 대에 걸쳐 주나라와 적대국이었기 때문에, 주나라 사람들이 그 나라이름을 꺼려서 荊과 舒로 불렀던 것이다. 『춘추』「喜公 3년」에 "徐나라 사람이 舒나라를 취했다(徐人取舒)"고 했으니, 徐와 舒는 다른 나라이다. 徐나라 사람이 주나라 사람의 핍박을 자주 받았기 때문에, 淮水유역에 연고하며 거주했다가 나중에 江水의 남쪽으로 이주해 살았다.(徐나라의 기물이 지금의 江西의 서북부에서 많이 출토된다.) 옛 땅에 잔류했던 사람은 주나라에 臣服하는 부락이 되었고, 뒤에 주나라 사람이 부르는 호칭[舒]을 그대로 이어서 쓰게 되었다. 그래서 徐와 舒가 분별되어 둘이 된 것이다. 옛날에는 徐를 盈姓의 나라로 불렀고, 舒의 여러 방국들은 偃姓의 나라로 불렀는데, 盈과 偃은 모두 嬴의 발음이 전이된 것이다.『후한서』「동이전」에 "徐夷가 참람되이 왕을 호칭하고 아홉 이족을 이끌고 宗周를 쳐서 서쪽으로 황하근처에 이르렀다. 목왕이 그 방국이 전화를 입을 것을 두려워해서(그 방국의 세력이 왕성한 것을 두려워하여) 동쪽 방국의 제후들을 나누고 서언왕(서이의 언왕)에게 명해서 다스리게 하였다"고 했다. 지금 여러 기물들의 명문을 살펴보면, 한편으론 정벌에 대해서 말했고, 한편으론 馭侯와 다시 교통하며 왕래했다고 말했으니, 이때의 일과 딱 들어 맞는다.

그러나『大系』는 馭를 舒로 보는 것에 대하여 자형과 발음에 대해서 모두 근거를 대지 못하고 있다. 한편『斷代』는 "馭"를 "甫"라고 추정하면서, 〈遇甗〉을 근거로 다음과 같이 말하였다.

…… 그(즉 우)는 某侯에게 사신으로 갔는데 이 某侯의 "馭"는 "甫"자일 것이다. 〈季宮父簠〉의 簠자가 이 글자를 구성요소로 한다. 甫와 甫侯는 주나라 초기에 남쪽에서 수비의 임무를 담당하던 제후(국)이었다.『설문』「邑部」에 "鄘는 汝南 上蔡亭의 명칭이다(鄘, 汝南上蔡亭)"라고 하고,『설문』「邑部」에 "鄽는 炎帝와 太岳의 후예로 甫侯는 穎川에 봉해졌다. 발음은 許와 같다(鄽, 炎帝太岳之後, 甫侯所封在穎川, 讀若許)"라고 한다.『시경』「王風·揚之水」에 "戍甫", "戍申", "許戍"이 보이는데, 그 毛傳에 "甫는 여러 姜성이다(甫, 諸姜也)"라고 하며,『시경』「崧高」에 "이들 申과 甫는 주나라의 대들보이다(維申及甫, 維周之翰)"라고 하는데, 그 毛傳에 "甫는 甫侯이다(甫, 甫侯也)"라고 한다.『상서』「呂刑」을『예기』,『효경』,『상서대전』,『사기』「주본기」는

"甫刑"이라고 인용하고 있으므로, 呂는 甫이다. 甫(呂), 申, 許는 모두 姜성으로 『국어』「周語 中」, 「周語 下」와 『陰溝水注』가 『世本』을 인용하는 것을 참고하라. 申과 呂 지역은 『국어』「鄭語」가 史伯의 말을 인용하여 "성주는 남쪽에 荊, 蠻, 申, 呂, 應, 鄧, 陳, 蔡 隨, 唐이 있다"라고 하듯이 성주(洛陽)의 남쪽에 있었다. 『사기』「齊世家」의 『집해』가 "徐廣이 말하기를 呂는 南陽 宛縣의 서쪽이라고 한다(徐廣曰, 呂在南陽宛縣西)"라고 인용하고 있으며, 『한서』「지리지」에 따르면 宛은 옛 申伯國이라고 한다. 『後漢書』「郡國志」에는 "新蔡에 大呂亭이 있다(新蔡有大呂亭)"고 하는데 『설문』의 "甫" 설명에 있는 "上蔡"의 설과 유사하여 비교적 믿을만하다. 그 지역은 汝水와 淮水의 사이에 있다. 甫와 淮夷 지역은 서로 가깝기 때문에, 白雍父와 관련이 있는 庚, 辛의 두 명문은 회이와 남이의 내침을 언급하고 있다. 다만 금문의 [옛 한자]는 胡일 가능성이 있고, 금문의 簠도 또한 古의 발음이다. 『좌전』「定公 15년」에 "초가 胡를 멸망시켰다(楚滅胡)"라고 하고, 『한서』「지리지」의 汝南郡에 "汝陰은 옛 胡國이다(汝陰, 故胡國)"라고 하고, "陽安은 應劭가 道國이라 하니, 현재의 道亭이 그것이다(陽安, 應劭曰道國也, 今道亭是)"라고 한다. 『후한서』「郡國志」에 "여음은 본래 호국이었다(汝陰, 本胡國)"라고 하는데, 지금 安徽省 阜陽縣 서북쪽 2리 거리에 胡城이 있다. 여기에서는 [옛 한자]를 甫侯의 甫로 정한다. 甫는 汝南에 있고, 道와 서로 가깝기 때문에 道를 순찰하여 甫에까지 이른 것이다. 이 甫侯는 춘추시대에 이르러서도 찾아 볼 수 있는데, [옛 한자]侯의 자손이 만든 〈陳鼎〉(『貞圖』1/17, 『三代』3/11/2)이 세상에 전해진다. 이 鼎은 춘추시대 만기의 것으로 新鄭을 대표하는 만기의 〈大鼎〉(新鄭28)과 형제, 문양이 유사하다. 甫侯의 자손이 만든 鼎은 스스로 이름 하여 "于"라고 하는데, 춘추시대 郜 · 蔡 · 宋 등의 여러 제후국에서 만든 손잡이와 덮개가 있는 〈大鼎〉이 스스로 "于"라고 이름 하는 것과 같으며(『學報』1956/2/107), 방언일 것이다. 郜 · 蔡는 모두 성주 이남의 나라이므로 甫가 上蔡, 新蔡 사이에 있다는 것은 비교적 믿을만하다. 甲 명문(즉 〈遇

甑)은 6월에 師雍父가 由에서 수자리하였는데, 遇에게 명하여 甫로 가게 하였다고 하고, 乙 명문(즉 〈癲鼎〉)은 11월에 "師雍父가 道를 순찰하여 甫에 까지 이르렀다"라고 하는데 아마도 甫는 由의 남쪽에 있었고 由는 성주의 남쪽에 있었던 것 같다. 庚 명문(즉 〈彔戜卣〉·〈彔戜尊〉)에 회이가 내침하여 왕이 彔에게 成周師氏를 이끌고 由를 지킬 것을 명령하고 있기 때문에 由는 성주의 남쪽이자 회수의 북쪽에 있어야 한다.

『斷代』는 㝬를 甫로 보았지만, 胡일 가능성도 배제하지는 않았다. 현재 이 글자는 다른 기물의 글자와 비교·대조하여 볼 때, 胡로 읽는 것이 타당하다고 생각된다. 이 글자는 害를 구성요소로 하는데, 害는 〈胡簋〉(『集成』4317)의 胡(圖)의 本字다. 夫는 발음요소로 덧붙인 편방이니, 胡로 읽는 것이 타당하다(陳秉新, 「害卽胡簋之胡本字說」) 주나라 厲王의 이름이 胡이다. 〈㝬鐘〉·〈㝬簋〉의 작기자는 㝬로 쓰여 있는데, 그가 바로 厲王이다. 유계익은 「西周穆王時期銅器的初步淸理」에서 다음과 같이 말하였다.

> 1978년 陝西省 武功縣 任北村에서 〈㝬叔簋〉가 출토되었는데, 그 명문에 "㝬叔, 㝬姬가 伯媿媵簋를 만들었다(㝬叔㝬姬乍伯媿媵簋)"라고 하니 㝬 叔이 큰딸을 시집보내고 만든 기물로 그의 큰 딸은 "伯媿"라고 불렸다. 이 것은 㝬가 媿의 姓이지, 嫣의 姓이 아니며, 지금의 安徽省 阜陽에 위치한 舜의 후예의 胡國과는 관련이 없다는 것을 설명한다.

劉啓益의 견해는 고찰해 볼 필요가 있다. 『좌전』 「襄公31년」에 "胡女 敬歸가 낳은 아들 子野를 임금으로 세웠다(立胡女敬歸之子子野)"라 하였는데, 그 杜注에 "胡는 歸姓의 나라이다. 敬歸는 양공의 妾이다(胡, 歸姓之國. 敬歸, 襄公妾)"라고 하였다. 『춘추』 「昭公4년」에 "가을 7월에 楚子·蔡侯·陳侯·許男·頓子·胡子·沈子·淮夷가 吳를 정벌하였다(秋七月, 楚子·蔡侯·陳侯·許男·頓子·胡子·沈子·淮夷伐吳)"라고 하는데, 그 杜注에 "胡國은 汝陰縣 서북쪽에 胡城이 있다(胡國, 汝陰縣西北有胡城)"라

고 하니, 지금의 阜陽市 서북쪽이다. 媿와 歸는 상고음으로 見母 微部이니 금문에서 媿姓의 㝬는 전래문헌에서 歸姓의 胡이다. 劉啓益은 지역이 지금 阜陽에 있는 胡라는 것을 근거로 하여 舜의 후예인 嬀姓이라 여겼는데, 이는 『春秋分記』, 『春秋傳記彙纂』「爵姓篇」의 잘못된 설을 믿었기 때문이다. 胡가 嬀姓이 된다는 견해에 대하여 何浩가 『楚滅國研究』「姬姓胡國與歸姓胡國」에서 자세히 고증하였지만, 여기에서는 세세하게 인용하지 않겠다. 『銘選』 등은 "古自에서 수자리하는 師雍父가 遇를 보내서 㝬侯를 섬기게 한 것은 당연히 군사상의 연락을 취한 것이다. 㝬(胡)國은 회이를 막는 서쪽 수비였기 때문에 전략상의 지위가 중요했다"라고 하는데 이 견해가 타당하다.

3) 寏 : 『설문』「宀部 · 宇」에 "圆는 宇의 籀文이며 禹를 구성요소로 한다 (圆, 籀文宇, 从禹)"라 하였으니, 이 글자는 아마도 寅자의 번문일 것이다. 본 명문의 寏는 인명으로, 〈遇甗〉의 遇와 동일한 사람이다. 6월에 사옹보가 遇를 㝬에 파견했고, 11월에 寏(遇)가 사옹보를 따라 도로를 순찰하면서 㝬까지 이른 것이니, 두 기물에 기록한 것은 같은 해에 일어난 일이다.

2. 其父蔑寏曆

1) 其父 : 『斷代』는 〈遇甗〉을 언급하며 다음과 같이 말하였다.

우리는 이 10개 기물을 통합하여 큰 그룹으로 분류한다.

甲 : 本器(〈遇甗〉)

乙 : 〈寏鼎〉『夢續』6, 『三代』4/13/13

丙 : 〈鼎〉『三代』2/42/8 명문 4字

丁 : 〈卣〉『博古』10/33

　　　　嚣從師雍父戌于由自

戊 : 〈叔尊〉『兩罍』3/13~14

隹十又三月旣生霸，旣從師雍父戌于由自之年……中競父易金

己：〈彔簋〉『泉屋』3/105，『海外』24，『商周』278，『三代』7/35/2

　　　白雍父來自甫，彔乍厥文考乙公障簋

庚：〈彔戈卣〉『陶齋』2/39

　　　〈彔戈尊〉『善彝』127

　　　淮尸敢伐內國，女其以成周師氏戌于由自，白雍父……文考乙公

辛：〈競卣〉『大系』圖 175，『三代』13/44/3-4

　　　隹白屖父以成自卽東，命戌南尸．正月旣生霸辛丑，才坏……

壬：〈競簋〉『大系』圖 64錄37

　　　白屖父蔑御史競曆

癸：〈縣妃簋〉『善彝』57

　　　隹十又二月旣望辰才壬午白屖父休于縣妃日

이상의 10개 명문의 관계는 아래와 같다.

(1) 師雍父　　　甲, 丁, 戊

(2) 白雍父　　　己, 庚

(3) 甫侯·甫　　　甲, 乙, 己

(4) 由自　　　甲, 丁, 戊, 庚

(5) 遇·竊　　　甲, 乙, 丙

(6) 彔 己,　　　庚 (그 밖에 짧은 명문의 궤 2기에도 보인다 『三代』7/19/4,
　　　　　　　　7/35/2)

(7) 中競父·競父　戊 (그 밖에 짧은 명문의 〈中競簋〉에도 보인다 『頌齋』10)

(8) 競　　　　　辛, 壬 (그 밖에 짧은 명문의 여러 기물에 보인다 『단대』79)

(9) 白屖父　　　辛, 壬, 癸

그 중 (1), (7)은 戊의 명문으로부터 동시대의 인물이라는 것을 알 수 있고,

(8), (9)는 壬의 명문으로부터 동시대의 인물이라는 것을 알 수 있으며, (2),

(6)은 己, 庚 두 명문으로부터 동시대의 인물이라는 것을 알 수 있으므로,

(1), (2)는 실은 한 사람이다. (7)의 競은 大를 구성요소로 하고, (8)의 競은 人을 구성요소로 하는데 서로 다른 寫法인 듯하다. 雍父를 "師"로 칭하는 것은 그 관직으로 인한 것이고, "白"으로 칭하는 것은 그 존칭으로 인한 것이다. 己의 명문을 보면 앞에서는 "白雍父"라 하고 뒤에서는 "白"이라고 하였으므로 "雍父"는 獨稱할 수 있다는 것을 알 수 있다. 乙 명문을 보면 앞에서 "師雍父"라고 하고, 뒤에서 두 번 "其父"라고 한 것을 통해 "其"는 "雍"을 가리킨다는 것을 알 수 있고, "父"도 "白"과 같은 존칭임을 알 수 있다. 같은 예로 競, 競父, 中競父, 中競 등은 마땅히 한 사람이며, 구분하자면 자칭일 경우는 競(직접 만든 기물에서는 모두 競이라고 하고 있다), 타인이 존칭할 경우는 競父가 된다. "師雍父", "白雍父"는 모두 타인에게서 불리는 명칭으로 자칭할 경우에는 雍이라고만 쓴다.

즉 『斷代』는 師雍父와 其父를 동일한 인물이라고 보고 있다. 그러나 『雙選』은 "其는 箕로 읽으니, 其父는 인명이다"라고 했으며, 마승원 등도 인명이라고 보고 있다. 龢땅을 수비하는 장수일 가능성도 있다.

【주제어】

[인명] 師雍父, 寁, 其父

[지명] 龢

[시기] 11月

[사건] 寁가 師雍父를 따라 도로를 순찰하여 호龢땅까지 이른 일.

【참고문헌】

『斷代』上·115쪽, 『大系』考 59쪽, 『銘選』3·121쪽, 『文錄』1·29쪽, 『史徵』392쪽, 『雙選』下1·11쪽, 『通釋』17·89

64. 록궤(录簋)

【탁본】

【저록】

『集成』8·4122, 『三代』8·35·2~3, 『從古』15·20, 『攘古』2·3·69, 『愙齋』12·15, 『奇觚』3·27, 『周金』3·48, 『簠齋』3敦5, 『海外吉』24, 『泉屋』3·105, 『日精華』2·108, 『彙編』4·206, 『大系』錄34, 『銘選』錄175

【기물설명】

『集成』에는 〈录作辛公簋〉로 기명을 적고 있다. 높이는 19.4cm, 입구 지금은 18.9cm이다. 기물 본체과 뚜껑에는 동일한 명문이 새겨져 있고, 각각 5행 32자이며, 2개의 중문이 있다. 穆王시기의 기물이다. 陳介祺가 도시에서 얻었고, 지금은 일본 교토 泉屋博古館(Sen-oku Hakuko Kan)에 소장되어 있다.

【석문】
白雍父來自戲, 蔑录曆, 易(賜)赤金.[1] 對揚白伯休[2], 用乍(作)文且(祖)辛
公寶鸞簋.[3] 其子子孫孫永寶.

【현대어역】
백옹보白雍父가 호戲땅에서 돌아와 록录의 공적을 격려하고 구리赤金를
하사하셨다. 록录은 백옹보白雍父의 은혜을 찬양하고, 문덕文德이 있는
조상 신공辛公을 위해 보배로운 장鸞제사에 쓰이는 궤簋를 만드노니, 자
자손손 영원히 보배롭게 여길지어다.

【주】
1. 白雍父來自戲, 蔑录曆, 易(賜)赤金.
   1) 伯雍父 : 〈遇甗〉·〈厰鼎〉의 師雍父와 동일한 인물이다.
   2) 來自戲 : 戲에서 돌아왔다는 뜻이다. 戲에 대해서는 〈厰鼎〉 주석을
      참조하라.
   3) 蔑录歷, 賜赤金 : 伯雍父가 밖으로 나가 순시하던 기간 동안 录이 수
      비하는 일을 대행하였기 때문에, 伯雍父가 순찰하고 돌아와 录의 공
      적을 격려 하고 赤金을 하사한 것이다.
   4) 赤金 : 구리를 가리킨다.

2. 對揚白伯休
   1) 白伯 : 白雍父를 가리킨다.

3. 用乍(作)文且(祖)辛公寶鬺簋

  1) 文祖 : 文德이 있는 조상으로, 周代에는 작고한 선조를 칭할 때 종종 '文'자를 이름 앞에 붙였다.

  2) 辛公 : 『大系』는 〈彔簋〉(『集成』3863)의 명문이 "彔이 文考 乙公을 위하여 보배롭고 존귀한 궤를 만드노니, 자자손손 영원히 보배로이 사용하라(彔作厥文考乙公寶尊簋, 子子孫其永寶)"라고 되어 있으니, 본 명문에 등장하는 彔·辛公과 동일한 인물임을 지적하였다.

  3) 鬺 : 鼎과 肉과 刀로 구성되었고, 爿이 소리를 나타낸다. 鬺의 고자로, 제사 명칭이며, 典籍에는 將으로 쓰여 있다. 『시경』 「我將」에 "내가 鬺제사를 지내며, 내가 제향 한다(我將我享)"는 말이 있는데, 『毛傳』에서는 "將은 크게 받드는 제사이다(將, 大享獻也)"라고 풀이하였다.

【주제어】

[인명] 伯雍父, 彔

[지명] 戜

[사건] 伯雍父가 戜땅을 순시하고 돌아왔을 때의 일.

【참고문헌】

『史徵』396쪽, 『大系』考 62쪽, 『銘選』3·114쪽, 『文錄』3·28쪽, 『雙選』下2·17쪽, 『通釋』17·91

65. 견준(叚尊)

【저록】

『集成』11·6008, 『三代』11·36·3, 『攗古』3·1·34, 『愙齋』13·12·1, 『綴遺』
18·22, 『奇觚』17·7·2, 『周金』5·3·1, 『小校』5·39·1, 『大系』錄 33, 『銘選』
錄 186.

【기물설명】

기물명에 대하여 『攗古』는 〈受尊〉, 『愙齋』는 〈叚尊〉, 『奇觚』는 〈舣尊〉, 『大系』
는 〈叚鱓〉, 『雙選』·『集成』·『銘選』은 〈叚尊〉이라고 했다. 복부는 둥글고, 몸
체는 견실하게 생겼으며, 2개의 단으로 나누어져 있는데, 아래 복부 부분은

약간 밖으로 확장되어 있다. 복부에 짐승머리와 弦紋이 새겨져 있다. 높이는 17cm, 입구 지름은 16.3cm, 바닥 지름은 12.4cm이다. 명문은 5행 53자이고, 중문은 2자이며, 왼쪽으로부터 오른쪽으로 배열되어 있다. 기물의 시대에 대해 劉啓益은 穆王시기로 보고 다음과 같은 견해를 밝힌다.

〈遇甗〉·〈甂鼎甲〉·〈彔尊〉·〈稡卣〉·〈仲甂競方簋〉의 다섯 기물 중 앞의 네 기물에는 "古自에서 수자리했다(戍在古自)"라는 내용과 "甂땅에서 도로를 순찰했다(省道于甂)"는 내용이 있고, 〈仲競方簋〉에는 "仲競"이라는 인물이 있는데, 〈彔尊〉의 "中競父"와 "競父"이다. 그래서 이 기물들은 일련의 동일한 세트로 편성할 수 있는데 여기서는 "古自에서 수자리한(戍在古自)" 기물 세트라고 칭한다. 이 기물들이 존재했던 시대에 대해 成王·康王·昭王·穆王·宣王이라는 여러 설들이 있는데, 穆王설을 주장한 학자는 郭沫若(『大系』考·61)이고, 馬承源도 그 기물들의 시대를 穆王시기로 보았다(馬承源·潘建明, 「新莽無射律管對黃鐘十二律研究的啓示」, 『上海博物館刊』제1기, 上海書畵出版社, 1981년 7월, 30쪽) 이들 관련 銅器들 중의 師雍父는 伯彧 관련 기물 세트와 彔 관련 기물 세트의 伯雍父이고 "古自에서 수자리했다(戍在古自)"는 내용과 "甂에서 왔다(來自甂)"는 내용도 彔관련 기물 세트에서도 보인다. 따라서 이들 관련 銅器들은 彔관련 기물 세트에 기록된 것과 동일한 사건임에 틀림없고 시대 또한 응당 똑같을 것이므로 穆王시기로 보는 것이 합당하다. (劉啓益, 「西周穆王時期的初步淸理」, 『古文字研究』제18집, 中華書局, 1992년 8월, 337~339쪽)

따라서 여기에서도 穆王시기의 기물로 본다. 현재 上海博物館에 소장되어 있다.

【석문】

隹(唯)十又(有)三月旣生霸丁卯,[1] 彔從師雍父戍于珤(古)自(次)之年.[2] 彔蔑歷, 中(仲)競父易(賜)赤金.[3] 彔拜頷首, 對揚競父休, 用乍(作)父乙寶旅彝, 其子子孫孫永用.

【현대어역】

윤달 12월十三月 기생패旣生霸 정묘丁卯는 견臤이 사용보師雍父를 따라 고차珇自에서 지킨 해이다. 견臤이 공적을 격려 받고, 중경보中競父는 구리赤金를 하사하였다. 견臤은 절하고 머리를 조아려 경보競父의 은혜를 찬양하고, 이로써 부을父乙을 위해 보배로운 예기를 만드노니, 자자손손 영원히 사용할지어다.

【주】

1. 隹(唯)十又(有)三月旣生霸丁卯

   1) 十又三月 : 주나라 사람들은 한 해의 끝에 윤달을 두었으니, 十三月은 윤달 12월이다.

   2) 旣生霸 : 서주 금문에 자주 나타나는 月相인 初吉, 旣生霸, 旣望, 旣死霸와 관련된 주요 논의를 살펴보면 四分設과 定點設 두 가지로 나눌 수 있다. 첫 번째로 四分設은 王國維가 『觀堂』「生霸死霸考」에서 제기하였는데, 初吉(1~8일의 上弦), 旣生霸(8·9일~보름), 旣望(16~22·23일의 下弦), 旣死霸(23·24~그믐)라는 네 가지 용어를 각각 한 달 중 7~8일 동안 일정한 모습으로 관찰 가능한 달의 한 분기를 이르는 것으로 파악하는 것이 그 핵심이다. 두 번째로 定點設은 劉啓益이 『歷報』「西周今文月相詞語的解釋」에서 주장하였다. 각각의 네 표시가 달린 순환 중 일정한 한 날을 가리키는 것으로 해석한다. 初吉은 음력 초하루, 旣生霸는 초이틀이나 초사흘, 旣望은 16일(혹은17·18일), 旣死霸는 그믐과 일치한다고 주장하였다. (〈保卣〉 주석을 참조하라)

2. 臤從師雍父戌于珇(古)自(次)之年

   1) 臤 : 『설문』 「臤部」에 "堅이다. 又로 구성되었고 臣은 소리를 나타낸다. '鏗鏘'의 '鏗'과 같이 읽는다. 古文에서는 賢자로 보았다(堅也. 从又, 臣聲.

讀若鏗鏘之鏗. 古文以爲賢字)"라고 한다. 段玉裁 注는 "단단하게 움켜쥔 것을 말하는 것이기 때문에 又를 구성요소로 하였다(謂握之固也, 故从 又)"라고 한다. 『銘選』은 叝에 대해 師雍父를 따라 남방의 淮夷를 막아 국경을 지키던 장수로 보았다.

2) 師雍父 : 『大系』는 師離父로 썼고 師離父라고 했다. 『雙選』도 師離 父로 석문했다.

3) 珇 : 古의 繁文이다. 『大系』는 舐로 쓰고 苦의 初文인 古字로 보고 아래와 같은 견해를 피력한다.

> 수자리하여 지키던 지역이 〈遇甗〉과 〈禚卣〉에는 모두 古라고 되어 있지만 이 기물에서는 '舐'로 쓰여 있고, 〈彔戜卣〉에는 '甴'로 쓰여 있다. 처음에는 苦의 古字에 "丰"로 구성된 것을 보고, 丰는 풀을 나타내는 글자이기 때문에 '丰'로 구성된 글자와 '艸'로 구성된 글자는 같은 뜻이라고 보았다. 지금 다시 생각해 보니 쓴 맛[苦味]의 苦자이지만 자형으로 미루어 보았을 때 형성자라고 말할 수 없으므로, 아마도 古자는 苦의 初文인 듯 하며, 본래 ꙮ자로, 혀를 내뱉는 형상을 본 뜬 것으로 맛이 써서 혀를 내뱉는 모습을 본뜬 것이다. 舐는 甴와 같으니 곧 甴의 繁文으로, 맛이 써서 풀[丰]과 혀를 동시에 내뱉는 형상을 본뜬 것이다. 艸로 구성된 苦자는 "大苦"로, 풀이름이며, 쓴 맛을 나타내는 글자로 가차자에서 나온 것이다.

4) 珇自 : 〈叝尊〉, 〈遇甗〉, 〈禚卣〉 모두 師雍父가 古自에서 수자리한 사건을 말하고 있다. (〈彔卣〉 참조) 于凱는 自를 師로, 珇自를 古師로 보고 다음과 같이 말한다.

> "師"는 대체로 두 가지 종류로 분류된다. 하나는 숫자를 첨가하여 명명한 것으로 "六師"·"八師" 등이 그것이고, 다른 하나는 지명을 붙여 명명한 것으로 闌師·成師·朽師·牧師·鄂師·炎師·䔼師·堂師·古師 등이 그것이다. "六師"와 "八師"는 주왕이 직접 이끄는 국가군대에 속하며, 서주시기 가장 중요한 군사역량 가운데 하나였다. "六師"는 "西六師"라고도 하며, 西土에

주둔하는 주나라 군대를 지칭한다. 이에 대해서는 아직 특별한 이견이 없다. 반면, "八師"는 "殷 八師"·"成周 八師"라고도 하지만, 이 둘의 관계가 어떠한지에 대해서는 여전히 논쟁이 끊이지 않는다. 郭沫若·徐中舒·楊寬·劉雨 등은 成周 八師와 殷 八師가 서로 다른 군대로, 각각 成周 부근을 지키는 군대와 殷나라 옛 지역을 지키는 군대조직으로 판단하고 있다. 于省吾·王玉哲·李學勤 등은 殷 八師와 成周 八師가 같은 군대라고 지적하고 있다. 成周를 근거지로 삼고 있기 때문에 成周 八師라 부르는 것이며, 또 본래 주나라가 은나라를 친 후 은나라의 투항한 군대를 개편하여 만든 것이므로 殷 八師라 명명했다는 것이다. 어느 설이 옳은지 명확치 않다. 아마 당분간 결론 내리기 어려울 것으로 보인다. 하지만 왕이 통치하고 있는 지역 가운데 서토와 동토지역에 주왕의 직접적인 통제를 받는 군대가 각각 주둔하고 수비했다는 것은 분명하다고 할 것이다. "六師"와 "八師" 이외에 "×師"의 형식으로 명명한 것이 무엇인지는 연구자들이 주목할 가치가 있다. 于省吾는 "금문 속에 보이는 '某師'에서 '某'는 지명을 가리키며, 師는 군대가 주둔하고 있기 때문에 붙여진 이름이다"라고 하였다(「略論西周金中文的"六自"和"八自"及其屯田制」, 『考古』, 1964) 일반적으로 서주 왕조의 직속 군대의 주둔지 혹은 군사상 방어의 요충지로, 六師·八師가 주왕 직속 구역 내에서 각각 주둔하던 지명의 구체적 이름이라는 것이다. 〈小臣謎簋〉명문에 "殷 八師"의 명칭이 있고, 또 "遣自冪師, 述東陼, 伐海眉. 厥復歸才牧師"라는 기록이 있는 것으로 보아, 冪師·牧師는 실제 殷 八師가 당시 주둔하거나 수비하였던 지역임을 알 수 있다. 이러한 "某師"로 명명된 군대가 구체적으로 어느 지역에 있었는지는 자세히 상고할 수 없다. 다만 관련된 명문의 분석을 토대로 살펴보면 그 대체적 분포범위를 찾아낼 수 있을 것이다. 예를 들어, 成師의 成은 成周의 成으로, 지금 河南省 洛陽 부근에 속한다. 또 금문 속에 古師에 대한 기록이 많이 있는데, 대부분 주나라와 淮夷 사이의 전쟁기사를 다룬다. "古"는 〈泵戜尊〉·〈敀尊〉에 "𦥑"로 쓰여 있는데, 郭沫若은 이를 "古"로 석문하였다. 관련 명문을 통해 보면, 이 지역이 "獣"와 근접해있으므로, 獣 지역으로 그 범위를 판단할 수 있다. 陳夢家는 獣가 『시경』 「崧高」에서 나오는 "維申及甫"의 "甫"로 주나라의 "呂" 지역이며, 지금의 淮水와 汝水 사이에 해당된다고 보았다. 반면, 李學勤은 獣가 문헌 속의 歸姓 국가인 胡國으로, 지금의 安徽省 阜陽에 있다고 하였다. 비록 두 설이 서로 다르지만 모두 獣를 成周의 남쪽 지역으로 보는 공통점이 있다. 따라서 獣와 인접해 있는 "古"지역은 주나라 세력범위에 있는 成周의 남쪽에 분포하였다고 짐작할 수 있다. 이러한 군대의 주둔지역과 방어지역은 서주시기 주나라 군대의 경로와 기본적으로 일치한다. 東土 成周에 주둔하던 각 "師"의 주둔지는 대체로 두 방향으로 분포되어 있다. 하나는 周初 成周 동북부인 은나라 옛 지역을 중심으로 분포하는 것이며, 하나는 서주 중기 이후 방향을 바꿔 成周 동남과 남방지역을 중심으로 분포되어 있는 것이다. 이러한 분포 국면의 변화는 주나라 동방지역 경영의 핵심지역이 변화되었음을 의미한다. 주나라 초기에는 은나라 유민들을 방어하는데 초점이 있었고, 서주 중기 이후 주나라의 예방 중점지역과 전쟁의 대상은 동남지역의 동이와 남방의 회이세력으로 전환되었다. 西土에 주둔하던 각 "師"의 주둔지는 대부분 주나라 옛 지역의 서북쪽에 분포하였는데, 이는 주나라가 서북지역의 유목부족과 대치하고 있었다는 문헌과 금문속의 기록과 일치 한다. 정리하면, 서주시기 周王의 직속 군대는 "六師"와 "八師"의 두 編制가 있었고, 주왕의 관할지역인 東土와 西土에 분포하여 각 지역을 주둔하고 방어하였다. "六師"와 "八師"의 주둔지역은 금문에서 "某師"로 부르는데, "師"자 앞에 군대가 주둔하던 지명을 붙였다. 이러한 지명으로 명명한 서주의 여러 "師"는 六師나 八師 이외의 독립편제의 군대조직이 아니라, 주왕 직속군대가 유기적으로 조성된 부대였다. 이러한 서주 군대조직과 관련된 기록들은 서주 군대의 주둔지역이 대부분 고정적으로 장기가 주둔하던 곳이고, 서주의 東土와 西土 범위에

산발적으로 주둔하여 병사를 일으켰고, 주왕이 직접 명을 내린 관원에 의

해 관리되었다(于凱「西周金文中的"自"和西周的軍事功能區」, 『史學集刊』, 2004년

7월 제3기)

5) 叡從師雍父戍于珷自之年 : 『銘選』은 이 사건이 〈遇甗〉과 같은 해에

일어난 사건으로 보았다. 『銘選』은 "〈遇甗〉에는 '6월에 師雍父가 古

自를 지켰다(隹六月旣死覇丙寅, 師雍父戍在古自)'는 기록이 있지만, 본 명

문에서는 해[年]에 대한 기록이 없고, 그저 13월이라고만 말하고 있

으니, 아마도 같은 해 연말에 해당하는 기사일 것이다"라고 하였다.

劉啓益은 月相에 기초하여 馬承源의 견해에 동의하며 아래와 같이

말한다.

〈遇甗〉에 기재된 "六月旣死覇丙寅"이라고 했는데, 旣死覇가 29일이거나

30일이라는 데 의거하면 6월은 丁酉이거나 戊戌일 것이며 〈叡尊〉에 "隹

十又三月旣生霸丁卯"라고 했는데, 旣生霸가 초사흘이거나 초나흘이라는

데 의거하면 13월은 甲子이거나 乙丑朔일 것이다. 6월 戊戌朔을 기준으로

그 다음 달들을 배열해 나가면 다음과 같은 干支를 도출해 낼 수 있다.

月	6	7	8	9	10	11	12	13		
朔日	戊戌	戊辰	丁酉	丁卯	丙申	丙寅	乙未	乙丑	甲午	甲子

위의 표에서 보면 〈遇甗〉의 月相에 의거하여 그 다음 달들을 배열해 보면

13월은 乙丑朔이 되는데, 〈遇甗〉과 〈叡尊〉의 乙丑朔이 완전히 서로 일치

하고 日干도 일치하므로, 시대도 응당 일치해야 한다(예컨대 〈遇甗〉을 6월

丁酉로 놓고 배열하게 되면 13월은 甲子朔이 되므로 〈叡尊〉은 13월 甲子朔으로 서로

일치된다) 그래서 月相을 따라 대조해 보면, 〈遇甗〉과 〈叡尊〉이 확실히 동

일한 시기에 제작된 것임을 알 수 있다. 이는 馬承源의 견해가 정확하다

는 것을 입증해 주는 것이다(劉啓益, 「西周穆王時期的初步淸理」, 『古文字硏究』제

18집, 中華書局, 1992년 8월, 339~340쪽)

3. 臤蔑曆, 中(仲)競父易(賜)赤金

1) 蔑 : 명문에는 "穢"로 쓰여 있다. 『집운』에 "莫과 結의 반절음으로, 음은 蔑이며, 禾로 해석된다"라고 하였다. 다른 명문에는 蔑로 쓰여 있는데, 모두 勉으로 읽어야 한다.

2) 蔑曆 : 피동구로, 臤이 공적을 면려 받았다는 뜻이다.

3) 中競父 : 인명으로 中은 仲으로 읽는데, 옛날에 형제, 자매 중 두 번째 항렬에 속하는 사람을 仲이라고 불렀다. 『大系』는 "競은 競의 이체자에 해당하며, 大로 구성되었다. 大를 구성요소로 하는 글자와 儿을 구성요소로 하는 글자는 같은 뜻이며, 大는 사람의 정면을 본뜬 것이고, 儿은 사람이 측면으로 서 있는 형상을 본뜬 것이다"라고 하였다. 競은 이름이며, 父는 남성에 대한 美稱이다. 다음 문장에서는 競父라고 하였다. 〈仲競方簋〉에도 보이는데, 〈仲競方簋〉에서는 仲競이라고 칭하였다. 명문을 통해서 보면 仲競父도 古自를 지킨 장수 가운데 한 사람이라는 것을 알 수 있다.

4) 臤蔑曆, 中競父易赤金 : 『銘選』은 "仲競父가 臤이 보고한 공적을 듣고 金을 하사하였다"고 풀이했다.

【주제어】

[인물] 臤, 師雍父, 仲競父

[지명] 古自(次)

[사건] 師雍父가 古自를 지킨 사건

【참고문헌】

『大系』考 61쪽, 『銘選』3・121쪽, 『文錄』4・11쪽, 『雙選』下2・5쪽, 『通釋』17・90
馬承源・潘建明, 「新莽無射律管對黃鐘十二律研究的啓示」, 『上海博物館刊』제1기, 上海書畵出版社, 1981년 7월

劉啓益,「西周穆王時期的初步清理」,『古文字研究』제18집, 中華書局, 1992년 8월
于凱,「西周金文中的"自"和西周的軍事功能區」,『史學集刊』, 2004년 7월 제3기

66. 종방정2(戒方鼎2)

【탁본】

【저록】

『集成』5·2824, 『陝靑』2·100, 『文物』1976年 第6期 58쪽 그림18, 『銘選』錄
179

【기물설명】

배 부분이 盆과 유사하고, 橫部面이 타원형으로 보이고, 한 쌍의 귀가 달
려있다. 목 부분이 안쪽으로 좀 들어가 있고, 배의 아랫부분은 밖으로 약
간 나와 있다. 입구의 아래에 한 줄의 고개를 돌리고 몸이 굽은 형태의 夔

紋과 한 줄의 弦紋으로 장식되어 있다. 높이는 22.5㎝이고, 입구의 세로 는 21.2㎝, 입구의 가로는 16㎝, 배의 깊이는 13.5㎝이다. 명문은 11행 116자이다. 重文이 3자, 合文이 2자이다. 唐蘭은 伯戓 관련 기물들은 穆 王시기로 파악하고 '伯戓'이 처음으로 淮戎, 즉 후대의 獫狁을 방어하라 는 명령을 받은 것을 기록한 것으로 매우 중요한 사료라고 하였다. 1975 년 陝西省 扶風縣 莊白家村 西周시기 무덤에서 출토되었다.

【석문】

戓曰, "烏虖! 王唯念戓辟剌(烈)考甲公,[1] 王用肇事(使)乃子戓 牽虎臣 御淮戎"[2] 戓曰, "烏虖! 朕文考甲公·文母日庚, 弋休則尙,[3] 安永宕乃 子戓心, 安永襲戓身.[4] 厥復享于天子,[5] 唯厥事(使)乃子戓萬年辟事天 子, 母(毋)又眊于厥身.[6] 戓拜頴首, 對揚王令(命), 用乍(作)文母日庚寶 尊鷺彝, 用穆穆夙夜尊享孝妥福,[7] 其子子孫孫永寶茲剌(烈).[8]

【현대어역】

종戓이 말하였다. "아아! 왕께서 나의 군주이신 찬란한 아버지 갑공甲 公을 생각하셨고, 왕께서 이로써 그 아들 종戓에게 호신虎臣을 거느리고 회융淮戎을 물리치게 하셨다" 종戓이 말하였다. "아아! 나의 문고文考 갑 공甲公과 문모文母 일경日庚은 아름다운 덕을 본받고 전법에 따르시니, 이에 영원히 그 아들 종戓의 마음을 넓고 원대하게 하시고, 이에 영원히 종戓의 육신을 비호하신다. 다시 천자로부터 (아버지의) 봉록을 받아, 그 자손 종戓으로 하여금 영원토록 천자를 섬기게 하시니, 그 몸에 허물이 없기를" 종戓이 절하고 머리를 조아리며, 왕의 명령을 찬양하니, 이로써 문모文母 일경日庚의 보배로운 장鷺제사의 제기를 만들고, 이로써 성대 하게 밤낮으로 제사를 올리고 복을 받을지니, 자자손손 영원히 이 공렬을 보배롭게 여길지어라.

【주】

1. 戒曰, "烏虖! 王唯念戒辟剌(烈)考甲公

1) 戒 : 戒에 관한 논의는 세 부분으로 나누어 첫째 글자의 자형을 예정
   하고, 둘째로는 戒이 어떤 인물인지에 관해 살펴볼 것이다. 그리고 마
   지막으로는 戒과 이 기물에 관한 연대 고찰 부분으로 구분하여 살펴
   보도록 한다. 먼저 戒의 자형을 살펴보면, 본 명문에는 "▨"자로 쓰여
   있다. 이 글자에 대해서는 唐蘭, 羅西章, 白川靜, 馬承源, 王輝 등 여
   러 학자들이 "戜"으로 예정하였다. 그러나 吳大澂, 孫詒讓은 "戎"이라
   해석한 옛 설을 따르고 있다. ▨자는 원래 戈로 구성되며 "夅"(終의 고
   자)이 소리를 나타낸다. 글자의 구성요소 중 ▨ 부분은 한대에 예변
   되면서 발자국이 거꾸로 된 형태인 "夊"로 잘못 변하였고, 전국시대
   에 "▨"자의 아랫부분에 "ﭏ"과 같은 장식이 첨가되면서 자형이나 의
   미와는 상관없는 "冬", "終"으로 잘못 예정된 듯하다. 비록 戒과 같이
   예정하는 것도 완전히 정확한 것은 아니지만 "戜, 戎" 보다는 원래 자
   형에 가깝다고 생각한다. 따라서 본문에서는 戒으로 예정하고 발음은
   종(終)으로 읽으며, 戒과 관련된 학자들의 주장을 인용할 때에는 각각
   의 원문에서 사용한 글자를 그대로 표기하였음을 밝혀둔다.

   둘째, 戒은 어떤 인물인가? 唐蘭은 「用青銅器銘文來硏究西周史」(1976)
   에서 戒은 청동기 명문에서 자주 나타나는데, 〈彔卣〉에 기록된 사건
   을 인용하여 일찍이 成周의 군대를 이끌고 伯雍父를 따라 古次를 방
   어하여 淮夷를 물리친 인물로 파악하였다. 또한 羅西章 역시 「陝西扶
   風出土西周伯簋諸器」에서 본 기물과 〈彔卣〉 명문을 비교하여, 두 기
   물에 등장하는 인물 伯戒은 동일한 인물이며 회이를 정벌한 동일한
   사건을 기술하고 있는 것이라 하였다. 그러나 차이점은 두 기물에 나
   타나는 흠향의 대상이 다르다고 주장하였고, 나아가 傳世品를 통한
   연구를 바탕으로 彔國의 國君이며 穆王시기 주 왕실을 섬긴 인물로

파악하였다. 이와 관련하여 羅西章은 아래와 같이 피력하고 있다.

　두 기물에는 같은 人名이 있는데, 伯戎이외에 伯雍父가 있다. 이 두 기물
이 기록하고 있는 사건은 서로 같으니, 모두 淮夷를 정벌한 사건과 관련
이 있다. 따라서 이 두 기물의 伯戎은 한 사람일 것이다. 다른 점은 한 무
덤의 伯戎이 그 아버지를 "文考甲公" 혹은 "烈考甲公"이라 칭하고, 〈彔戎
卣〉에서는 그 아버지를 "文考乙公"이라고 칭했다. 다른 무덤의 伯戎은 그
祖父를 "文祖乙公"이라 칭하고, 〈彔簋〉는 그 祖父를 "文祖辛公"이라고 칭
했다. 이것은 어떻게 해석해야 하는가? 우리는 商周시대의 사람들은 보통
祖妣 이상은 모두 祖妣라고 칭하고 아버지 항렬은 모두 父로 칭했음을 알
고 있다. 이 때문에 "文祖乙公"과 "文祖辛公"은 마땅히 戎의 조부 항렬이
며, "文考甲公"과 "文考乙公"은 모두 戎의 아버지 항렬이니 반드시 한 사
람이어야 하는 것은 아니다. 傳世品의 연구에 의해 이미 戎은 彔國의 國
君이며(非姬姓 제후국), 穆王시기에 周왕실을 섬겼고, 일찍이 伯雍父와 함
께 淮夷정벌에 참여하였음이 밝혀졌다. 戎의 무덤은 扶風에서 발견된 것
은 戎이 畿內에 采邑을 소유했다는 것을 말해준다.

마지막으로 戎은 어느 시기의 인물인가? 이에 대해 『通釋』은 이 기물
을 소·목왕 시기의 것으로 본다. "戎曰"처럼 작기자의 이름이 나오는 것
은 〈也簋〉·〈孟簋〉 등 소·목왕 시기 기물에 그 예가 있으며, 바로 뒷 문
장에 사용된 '烏虖'라는 표현 역시 〈也簋〉·〈班簋〉 등 소·목왕 시기의 기
물에 보이는 단어라는 것이 그 근거이다. 『銘選』은 "王은 穆王을 가리
킨다. 〈彔卣〉 명문에는 穆王시기에 淮夷가 內國을 침략하자 戎에게
甜自를 지킬 것을 명한 일이 기재되어 있고, 본 명문에는 왕이 戎에
게 淮夷를 물리칠 것을 명한 것이 기재되어 있으니, 모두 穆王 때의
일임에 틀림없다"라고 하여 역시 목왕 시기의 인물로 판정하였다. 지
금까지의 논의를 정리하면 戎은 목왕 시기에 살았던 사람으로 伯雍
父와 함께 회이 정벌에 참여한 인물이며, 彔國의 국군이었을 것으로

파악된다.

2) 烏虖 : 감탄사이며 전래문헌에는 대부분 "嗚乎"라고 쓰여 있는데, 『漢書』「武帝紀」에는 "嗚虖"라고 쓰여 있다. 虖는 『설문』「虍部」에 "울부짖는 것이다(哮虖也)"라고 하니 呼와 통한다.

3) 辟 : 『輯考』는 "辟剌考"를 붙여 읽고, 辟을 밝음이라는 뜻으로 보면서 다음과 같이 말한다.

> 『시경』「大雅」에 "너의 덕을 행함을 밝혀 착하게 하고 아름답게 하라(辟爾爲德, 俾臧俾嘉)"라고 하는데, 馬瑞辰의 『毛詩傳箋通釋』에 "辟은 밝음이다(辟, 亦明也)"라고 하였다. 또한 『禮記』「祭統」에 "悝가 머리를 조아려 절하며 말하였다. '(임금의) 명령을 받들어 펼쳐 보임으로써 이를 분명하게 밝히고, 위대하신 명령을 부지런히 완수하여 烝彝鼎에 명문으로 새겨 넣겠습니다'(悝拜稽首, 曰: "對揚以辟之, 勤大命, 施于烝彝鼎")"라고 하였는데, 鄭玄注에는 "辟은 밝음이다(辟, 明也)"라고 한다.

『輯考』의 독법에 따르면 "辟烈考甲公"은 "밝고 찬란한 아버지 甲公"이라는 뜻이 된다. 한편 羅西章은 "㦬辟烈考甲公"의 "辟"은 君으로, 고대에 봉읍이 있는 군주는 모두 辟이라 칭할 수 있었다고 주장한다. 즉 "㦬辟烈考甲公"은 "㦬의 군주이신 찬란한 아버지 갑공"이라는 뜻이 된다. 여기에서는 羅西章의 독법에 따른다.

4) 剌(烈) : 『銘選』은 "光顯"이라고 해석하고 이것은 선조를 높이고 찬미하는 말이라 한다. 『시경』「周頌」에 "찬란한 先考가 보우해 주시다(旣右烈考)"라고 하는데, 鄭玄 箋에 "烈은 光이다(烈, 光也)"라고 하였다. 또한 『좌전』「哀公2년」의 "찬란한 선조 강숙(烈祖康叔)"이라는 구절의 杜預 注에 "烈은 顯이다(烈, 顯也)"라고 하니, 光과 顯은 모두 先人의 덕을 높이고 찬미하는 뜻이다.

5) 甲公 : 이와 같은 서술 스타일은 은나라의 풍속이다. 『銘選』에서는 "갑공은 㦬의 父考이며, 〈彔卣〉에서는 乙公이라고 하였는데, 이를 통해

주 목왕 시기에도 아직 **娥國** 사람들에게는 아버지 항렬을 같이 제사 지내는 습속이 남아있었음을 알 수 있다. 갑공은 戒의 父이다. 또 다른 예로 〈彔伯戒簋〉의 戒도 그 아버지를 '나의 훌륭하신 아버지 釐王(朕皇考釐王)'이라고 하였다"라고 서술하였는데 조상의 명칭을 干支와 함께 나타내는 것과 아버지 항렬을 같이 제사 지내는 습속은 이 기물을 제작한 戒이 은계열의 인물임을 알려주는 단서다. 또한 白川靜은 "刺考甲公은 아래 문장의 文考甲公이다. '甲'은 갑골 복사의 上甲, 금문의 兮甲의 甲과 동일하며 그 자형은 □ 가운데 十을 쓴 것이다. 刺考甲公 위에 '娥辟'이라는 두 글자를 덧붙인 것은 부자간에도 군신의 구분을 둔 것으로 彔娥 기물에는 皇考釐王이라는 예도 있는 것을 볼 수 있다"라고 한다.

2. 王用肇事(使)乃子戒率虎臣御淮戎.

1) 用 : 『詞詮』에 "이로써(因也)"라 한다.

2) 肇 : 『通釋』은 肇로 보아 肇始·肇繼의 뜻이 있는데, 위 문장에 "皇考甲公"을 언급하고 있기 때문에 여기서는 "승계(肇繼)"의 뜻이라고 하였다. 그러나 陳秉新과 같이 肇로 해석하지만 그 의미는 조사로 이해하는 견해도 있다.

3) 乃子 : 『通釋』은 "乃子"는 〈也簋〉 명문을 이용하여 "네 믿음직한 성실한 아들(兮乃膌沈子)"이라는 구절에 보이는 沈子(성실한 아들)와 같은 예로, 자기 아버지에 대해 아들이 자칭하는 말이라 하였다.

4) 虎臣 : 이 명칭은 金文에서 여러 번 보이는데, 예를 들어 〈詢簋〉 명문에는 "適官邑人, 先虎臣, 後庸"이라 언급한 후에 여러 夷의 이름을 나열하고 있다. 이 虎臣이 곧 전래문헌에 등장하는 虎賁임을 알 수 있는데 『周禮』에 자세한 내용이 서술되어 있다.

『주례』「夏官司馬」에 "왕이 출병할 때 卒과 伍의 군사를 거느리고 앞뒤에 포진하여 호위하는 일을 맡으며, 군대의 일이나 회동에서도 마찬가지로 앞뒤를 호위하고 왕이 출궁하여 막사에 있으면 왕의 막사를 울타리를 둘러 호위하고 왕이 도성에 있을 때는 왕궁을 수호한다. 나라에 큰 변고가 있을 때는 왕궁의 문을 지킨다(掌先後王而趨以卒伍. 軍旅會同亦如之. 舍則守王閑. 王在國則守王宮. 國有大故則守王門)"라 하고『주례』「秋官司寇」에 "校人의 사역을 받아 말을 기르는 일을 담당한다. 왕궁에 있는 자들은 국가의 병기를 가지고 왕궁을 지키고, 야외에 있을 때에는 왕의 행궁에 대한 출입통제의 임무를 담당한다(掌役校人養馬. 其在王宮者, 執其國之兵以守王宮. 在野外則守厲禁)"라 하고,「夷隸」,「貉隸」의 "왕궁 수호와 출입통제구역 수호는 蠻隸의 직무와 동일하다(其守王宮者與其守厲禁者如蠻隸之事)"라고 한다.

위와 같은 내용을 바탕으로 살펴보면, "虎賁"의 직무도 마찬가지로 王閑(왕이 출행 시 거처하던 곳)과 왕궁을 지키는 것이고, 그 지위는 蠻隸의 위였다. 이에 의하면 虎賁은 蠻隸를 통솔하였고, 蠻, 夷, 貉의 여러 隸 또한 자기 병사를 소유하고 있었다. 이는 호신이 등장하는 또 다른 기물〈師酉簋〉명문에 기록된 "너의 선조를 계승하여 邑人, 虎臣, 西門夷, 𩵋夷, 秦夷, 京夷, 㝨身夷를 주관하라(嗣乃且(祖)啻官邑人, 虎臣, 西門尸(夷), 𩵋尸(夷), 秦尸(夷), 京尸(夷), 㝨身尸(夷))"라는 내용과는 서로 일치하지만, 師酉가 관할한 虎臣은 夷隸의 군사를 통솔하는 것에 속한다. 따라서 銘文의 虎臣은 바로『周禮』「夏官司馬」의 "虎賁氏"이다. 唐蘭은 "원래는 虎臣이니, 武將이다.『상서』「顧命」에 '師氏, 虎臣'이라고 하였으니 대체로 師氏의 지위보다 낮았다.〈師寰簋〉에 '左右虎臣'이라는 말이 있다"라 하였다. 白川靜 역시 "虎臣"은 후기 금문에 많이 보이며,『상서』「顧命」에는 "師氏虎臣"이라고 나오는데, 금문에 보이는 예로는 이 시기의 것이 첫 번째라 하였다. 본문에서 호신은 왕실 직속 부대로 淮夷 방위를 위해 戜의 휘하에 있었으며,〈录戜簋〉의 명문에는 "有嗣師氏"라고 쓰인 사례가 있다.

5) 灘 : 唐蘭은 灘戎은 灘 지역의 戎으로, 淮夷로 보는 견해에 반대하면 서 灘戎이 獫狁의 前身이라 확신하고 있다. 또한 이들은 涇水와 洛水 일대에 거주하던 戎, 즉 犬戎이며, 다른 이름으로는 灘戎 혹은 獫狁이 니, 이들은 西周와 시작과 끝을 같이 하였다고 아래와 같이 피력하고 있다.

> 伯戏(終의 발음)이라는 인물은 청동기 가운데 자주 나타나는데, 일찍이 成 周의 군대를 이끌고 伯雍父를 따라 古師를 방어하여 淮夷를 물리쳤다. 〈戏 方鼎2〉는 周王이 처음 戏을 파견하여 灘戎을 물리친 것을 언급하면서, 銘 文 속에서 戏의 文母가 그를 도와 전쟁에서 적들을 물리친 것도 말하고 있 으니 당시 그의 나이가 어렸다는 것을 알 수 있다. 그는 적들을 추격하여 棫林에서 싸움을 벌여 100여명의 적들을 죽였으나 사로잡은 포로는 단 2 사람뿐이었으므로, 큰 전투가 아니었음을 알 수 있다. 棫林은 지금의 陝 西省 涇水 서쪽이고, 灘戎은 응당 焦獲澤에 살던 犬戎이며, 西周 후기에는 獫狁이라고 불렸다. 『죽서기년』에 의하면, 은 왕조 후기에 주나라는 이미 항상 戎과 교전을 벌였다. 周민족은 스스로를 夏族이라고 칭했으며, 殷왕 조를 戎殷이라고 불렀다. 우리나라(중국) 서쪽의 어떤 소수민족은 商代에 方으로 불렸는데, 예를 들면 갑골문 가운데 보이는 犬方과 鬼方도 犬戎과 西雒鬼戎으로 불리었다. 『사기』「흉노전」에 "武王이 紂王을 무찌르고 洛 邑을 경영하였고, 다시 酆鎬에 거하면서 戎夷를 涇水와 洛水이북으로 내쫓 았다. 융이는 철따라 조공을 바쳤고, 그들이 사는 지역을 荒服이라고 불렀 다(武王伐紂而營洛邑, 復居于酆鄗, 放逐戎夷涇洛之北. 以時入貢, 命曰荒服)"라고 하였으니, 周왕조가 처음 세워질 때에야 비로소 그들을 酆鎬에서 멀리 내 쫓았다는 것을 알 수 있다. 이른바 "荒服"이라는 것은 戎이 유목민으로써 갑자기 왔다가 가버리곤 했기 때문에 恍惚無常하다는 뜻이다. 『國語』「周 語」 제1편에는 穆王이 犬戎을 정벌하기를 원하자 祭公謀父가 목왕을 저지 한 내용이 보이는데, 祭公은 목왕의 祖父 항렬로, 당시 아직 죽지 않은 것

으로 보아 穆王의 初年임을 알 수 있다. 이번 정벌에 단지 하얀 이리 4마리와 하얀 사슴 4마리만 얻었다는 설에 근거하여 보면 荒服은 조공을 오지 않았다. 『시경』「六月」에 "獫狁은 예측하지 못한 사이에 焦와 穫 지역에 일제히 진을 친 후, 鎬와 方을 침략하여 涇水의 북쪽에까지 이르다(獫狁匪茹, 整居焦穫, 侵鎬及方, 至于涇陽)"고 하는데, 이는 宣王시기의 詩로서, 焦穫의 澤에 거주하던 戎을 獫狁이라 부른 것은 청동기 명문 가운데 자주 보이며, 다만 犬旁을 따르지 않은 것으로 보아 마땅히 允姓의 戎일 것이며, 幽王 피살 시에 犬戎이라고 불리었다. 涇水와 洛水 일대에 거주하던 戎이 犬戎임을 알 수 있으며, 다른 이름으로는 灘戎 혹은 獫狁이니, 이들은 西周와 시작과 끝을 같이하였다.

『銘選』은 "淮字이니, 〈曾伯霥簠〉 명문에 기록되어 있는 '克狄灘夷'의 淮자와 서로 같다. 淮夷가 淮戎으로 불리는 경우는 이 기물에서만 보인다. 고대 동방의 異族을 戎으로 부른 예는 〈班簋〉 명문의 '東國㾟戎'이라는 구절을 들 수 있다. 문헌 가운데는 『상서』「費誓」의 "지난번에 淮夷와 徐戎들이 함께 일어났다(徂茲淮夷, 徐戎竝興)"라는 문장에서 보이는데, '戎'자는 처음에는 결코 서방의 소수민족만을 지칭하는 것이 아니었다"라고 주장하여, 唐蘭과 다른 견해를 피력하고 있다. 심재훈은 역시 서주 금문에 나타나는 戎에 관해 『周書』의 '戎殷'과 西周 金文의 戎」이라는 글에서 다음과 같이 말하면서, 戎을 서주 서쪽의 이민족으로 한정하지 않는다.

陳初生이 편찬한 『金文常用字典』에서는 병기, 전쟁, 서쪽의 소수민족 등 3가지의 의미로 풀이하고 있다. 이 해석은 중국학계의 일반적인 인식을 보여주는 듯하지만, 필자가 제기한 부정적 형용사로서의 戎에 대한 해석과는 거리가 멀다. 필자는 서주금문에서 나타나는 戎의 용례는 모두 11건으로 용례는 크게 세 가지로 나눌 수 있다고 본다. 첫째 보통명사로서의 융으로 서주의 적을 의미한다. 둘째, 융이 특정 세력을 지칭하는 고유명사로 나타난다. 셋째, 특정 적들에게 모두 적용되는 일반 명사로 융을 해석한다. 또한 필자는 융과 관련된 상당수의 금문들에 언급된 戰役이 방어전의 성격을 띠고 있음에 주목하고 있다. 반면에 서주 금문에 나타난 東夷혹은 회이, 남회이 등과의 전쟁은 대체적으로 장기 군사 원정의 성격을 띤정벌 전쟁이었다. 이는 갑골문과 금문에서 夷(尸)자가 몸을 웅크린 체 굴종하는 모습을 취하고 있으나, 戎은 창과 방패가 합쳐진 무기를 형상화한모양이라는 점과도 무관하지 않을 것으로 본다. 夷와 戎의 명확한 구분에대해서는 더욱 심도 있는 분석이 필요하겠지만, 이 역시 서주 시대 '호전적 反周 세력'을 지칭하는 보통명사로서의 戎의 성격을 알 수 있는 근거를제공한다.

3. 戒曰, "烏虖! 朕文考甲公·文母日庚, 弌休則尙

1) 弌 : 羅西章은 郭沫若의 견해를 인용하여 "'弌'자는 금문에 누차 등장하며, 郭沫若은 '必'로 해석하였지만, 여기서 '弌'은 '翼'의 가차자로 보우한다는 의미다"라고 하였다. 하지만 唐蘭은 朩으로 석문하면서 다음과 같이 말한다.

> 아름답다[美好]는 뜻이 본 명문에서 朩으로 쓰였으며, 菽의 本字이다. 콩은 고대에 菽으로 칭해졌다. 金文의 叔자는 𣂪으로 써서, 朩이 구성되며, 아래 세 개의 점은 콩의 형상이고, 右邊의 손 모양(又)은 콩을 털어내는 모습이니, 『설문』에서 叔을 "줍다(拾)"라고 해석한 이유이다. 朩은 淑과 통하니 아름답다는 의미이다.

『銘選』은 "弌"으로 예정하고 "式"의 가차자로 보면서 다음과 같이 말한다.

> 『說文』「工部」에 "본받는다라는 뜻이다. 工으로 구성되며 弌은 소리요소이다(法也. 从工弌聲)"라고 하였으니, 弌과 式은 같은 部에 속하는 것이다. 『爾雅』「釋詁」에 "則은 본받는다는 뜻이다(則, 法也)라 하였으니, (명문의) 式과

則은 모두 동사로 사용되었다.

『輯考』역시『銘選』과 같은 견해를 취한다. 여기에서도 이에 다른다.

2) 休 :『廣韻』「尤韻」에 "훌륭함이다. 좋은 것이다(美也, 善也)"라고 한다.

3) 則 :『논어』「태백」에 "오직 요임금만이 그것을 본받았도다(唯堯則之)"라
고 하는데, 何晏의『集解』는 孔安國의 풀이를 인용하여 "則은 法이다.
요임금이 하늘을 본받아서 敎化를 행한 것을 찬미한 말이다(則, 法也.
美堯法天而行化也)"라고 하였다. 式과 則은 모두 본받아 따른다는 뜻이
있다.

4) 尙 : 常의 가차자이다.『국어』「越語」에 "나라의 전법을 잊지 말아라(無
忘國常)"라고 하였는데, 韋昭 注에 "常은 典法이다(常, 典法也)"라고 하였
다.『輯考』는 "式休則常"을 "훌륭한 덕을 본받고 典法에 따른다"라는
뜻으로 보았다. 여기에서는 이에 따른다.

4. 安永宕乃子戒心, 安永襲戒身.

1) 安 : 접속사로서 "乃"의 뜻을 가지고 있다.『呂氏春秋』「審分覽」에 "오
늘 폐백을 바치고 신하가 되면 군주는 무게를 더하고, 오늘 인장을 반
납하고 벼슬을 사양하면 그 임금은 경시된다(今日置質爲臣, 其主安重, 今
日釋璽辭官, 其主安輕)"라고 하는데 이때의 "安重安輕"은 곧 "乃重乃輕"
이다.

2) 宕 : 安과 뜻이 가깝고, 자형 역시 모두 廟에서 빌며 고하는(告禱) 의례
행위와 관련된 글자다.

3) 襲 : "襲"字의 古文이다.『광아』「釋詁」에 "襲은 及이다(襲, 及也)"라고 하
였다. 襲은 衣 위에 龍을 두 개 쓰고 있는데 襲의 초문일 것이다. 그 글
자를『설문』에는 籀文이라 하고, 龍을 구성요소로 하는 자를『字彙補』
에는 古文이라 한다. 이 글자는 襲衾을 본의로 하는 글자로 心에 대
하여 尙安永宕이라고 하고, 몸에 대하여 襲이라고 하는 것은 모두 祖

靈이 빙의하여 신변을 보호하는 것을 말한다. 安, 宕, 襲은 모두 그 같은 受靈, 鎭魂 의례에 관한 글자이다. 또한 『史記』「屈原賈生列傳」의 "깊은 연못의 신룡을 본받는다(襲九淵之神龍)"에 대하여 『집해』는 鄧展의 설을 인용하면서, "습은 되풀이하는 것이다(襲, 覆也)"라 하였다. 명문의 이 구절은 文考甲公과 文母日庚이 생전에 아름다운 덕을 본받고 전법을 따랐으니, 이에 영원히 그 아들 戒의 심지(마음씨)를 넓고 원대하게 하며, 이에 영원히 戒의 육신을 비호한다는 의미이다.

5. 厥復享于天子

 1) 復 : "報" 즉 보답이라는 뜻이다. 이 구절은 周나라 천자에 보답하고 받들어 섬기길 수 있다는 뜻이다.

6. 唯厥事(使)乃子戒萬年辟事天子, 母(毋)又賊于厥身.

 1) 母(毋) : 毋의 가차자이다.

 2) 又 : 有의 가차자이다. 이 문장은 길한 결과를 바라며 하는 말로 즉 吉語다. 『銘選』은 "戒 자신에게는 손해가 없을 것이라는 의미인데 여기서 '母又賊'는 즉 '毋有賊'이다. 賊자는 '損'의 뜻으로 〈班簋〉와 〈繁卣〉 명문에 '衣事亡賊'라는 문장이 있는데, '亡賊'는 분명히 周나라 사람들의 吉語이며, '毋有賊'도 마찬가지로 吉語다"라고 하였다.

 3) 賊 : 『輯考』는 다음과 같이 말한다.

 賊는 명문에 "𧵳"로 썼는데 目로 구성되고, 尤를 소리요소로 한다. 『龍龕手鑒』에 "賊는 賊 과 같다"고 하였다. 또한 尤의 발음과 賊의 발음은 거리가 멀며 賊는 결코 賊의 異體字가 아니다. 아마도 賊자는 賊의 古字일 것이다. 賊는 尤를 소리요소로 하고, 賊는 又를 소리요소로 한다. 尤와 又는 모두 상고음이 匣母之部의 글자이다. 『改倂四聲篇海』「目部」에, "賊는 눈병이다(賊, 目病)"라고 하고 음은 汁이라고 한다. 살펴보니 음이 汁이라는 것은 잘못된 것으로, 그 발음을 궁구하면 음은 疣이어야 한다.『玉篇』「疒部」에 "疣는 結病이다. 지금의 사마귀와 혹(疣贅)같은 것이다"라 하고, 孔廣居의『說文疑疑』에 "尤는 옛 肬자이다(尤, 古肬字)"라 하였으니 肬와 疣는 같은 글자이다. 眈는 目과 尤를 구성요소로 하는데, 尤는 또한 소리요소이다. 후에 변하여 目을 구성요소로 하고, 又를 소리요소로 하는 글자가 되었다. 이런 눈병은 바로 俗名으로 다래끼(麥粒腫)라 한다. 본 명문의 眈은 尤로 읽는다.『玉篇』에 "우는 허물이다(尤, 過也)"라고 하였으니 "毋有尤于闕身"은 그 몸에 허물이 없다는 뜻이다. 唐蘭은 "過錯은 본 명문에서 眈로 쓰였다. 目을 구성요소로 하고 尤를 소리요소로 하는 글자로 傷의 가차자이다"라고 하였는데, 지금까지의 논의를 바탕으로 그 의미를 생각해보면 "허물이 없게 하다, 상처를 입지 않다"의 의미로 요약해 볼 수 있다. 이 문장의 전체적인 의미는 부모의 비호 아래 자식 **戜**이 영원도록 천자를 군주로 섬긴다는 것이다.

7. 穆穆夙夜尊享孝妥福

1) 穆穆 :『銘選』은 다음과 같이 말한다.

『禮記』「曲禮」下에 "天子穆穆"이라고 하는데, 그 孔疏에 "위의가 크게 드러난 모습(威儀多貌也)"이라고 하였다. 금문에서 穆穆이라고 말하는 곳은 威儀를 말하지 않고, 威儀를 말하는 곳은 穆穆을 말하지 않는다"라고 하였다. 청동기 금문에는 '穆穆'이라는 표현이 사용된 예가 많이 있다. 몇 가지 예를 살펴보면, 〈番生簋〉에 "크고 밝으신 皇祖考는 성대한 위의로써 그 덕을 밝힌다(不顯皇且考穆穆, 克哲厥德)"라고 하고, 〈邢人**妄**鐘〉에 "**妄**은 문채 나는 선조 皇考가 성대한 위의로써 큰 덕을 지닌 것을 받들어 따르지 않을 수 없다(**妄**不敢弗帥井文且皇考穆穆秉德)"라고 하며, 〈叔向父簋〉에는 "비로소 문채 나는 선조가 밝은 덕을 공경하고 위의를 지니고 계시는 것을 받들어 따른다(肇帥井先文且共明德, 秉威儀)"라 하고, 〈虢叔旅鐘〉에는 "크고 밝으신

皇考 叀叔은 성대한 위의로써 크고 밝은 덕을 지니셨도다(不顯皇考叀叔穆穆, 秉元明德)"라고 하였다. 威儀는 추상명사이다. 穆穆은 성대한 威儀를 형용하는 말이다. 〈大克鼎〉 명문의 "성대하신 위의의 우리 빛나는 선조 師華父(穆穆朕文且師華父)"라는 문장도 같은 의미이다.

2) 孝 : 祭와 같다. 『논어』 「泰伯」에 "음식은 소박하게 하시면서도 귀신에게 지극하게 제사 지내셨다(非飲食而致孝乎鬼神)"라고 하는데, 馬融 注에 "致孝鬼神이란 풍성하고 정결하게 제사 지내는 것이다"라고 한다.

3) 妥 : 綏의 본자이다. 徐中舒는 〈蔡姑簋〉의 "用妥多福"과 〈戜者鼎〉의 "用妥眉祿"의 妥와, 『시경』 「雍」의 "나에게 장수를 내려주신다(綏我眉壽)" 및 「載見」의 "나에게 내려주시길 많은 복으로 써 한다(綏以多福)"의 綏에 대해 아래와 같이 설명하였다(『金文嘏辭釋例』, 『史語集刊』 第6本1分冊, 11-12쪽)

> 『의례』 「士虞禮」의 "祝官은 佐食에게 隋祭를 명한다(祝命佐食隋祭)"의 隋로 읽어야 한다. 鄭玄의 注에 "下祭를 隋라고 하는데, 隋라는 말은 낮춘다는 뜻이다. …… 今文에는 墮가 綏로 되어 있다(下祭曰隋, 隋之言, 墮下也……今文墮爲綏)"라고 한다. …… 墮에는 墮下의 뜻이 있어 墮下는 "내려간다(降)"고 하는 것과 같다. 위에서 언급한 "妥", "綏" 등을 모두 "降"으로 해석한다면 모순되거나 불통하지는 않을 것이다.

이러한 徐中舒의 견해는 타당하다. 『시경』 「周南」에 "복록을 받는구나(福履綏之)"라고 하였는데, 毛傳에서는 綏를 安으로 풀이하였으나 이는 불명확한 해석으로, 이 綏자는 마땅히 墮로 읽어야 하며 그 뜻은 降이다. 본 명문 "用穆穆夙夜尊享孝妥福"의 妥는 墮로 읽고, 밤낮으로 삼가 공경히 제사를 받들어 福祉를 내려주기를 바란다는 뜻이다. "綏福"은 『시경』 「周南」에 "福祿으로 편안히 하다(福履綏之)"라고 한 것과 같은 의미다.

8. 其子子孫孫永寶玆剌(烈).

  1) 寶 : 保의 가차자로 "永寶玆剌(烈)"은 영원히 이 찬란한 功烈을 보
     존 · 유지하는 것이다.

【주제어】

[인명] : 王, 戒

[지명] : 淮戎

[사건] : 王이 戒에게 호신을 이끌고 淮戎을 막게 함

【참고문헌】

『銘選』3 · 117쪽

唐蘭, 「用靑銅器銘文來硏究西周史」, 『文物』1976年 第6期

羅西章 · 吳鎭鋒 · 雒忠如, 「陝西扶豊出土西周伯諸器」, 『文物』, 1976年 第6期

劉啓益, 「西周穆王時期銅器的初步淸理」, 『古文字硏究』第18輯

67. 종궤(戒簋)

【탁본】

【저록】

『集成』8·4322, 『文物』1976年 6期, p. 57, 『陝靑』2·104, 『銘選』錄 176.

【기물설명】

기물의 입구는 매우 넓고 뚜껑이 있다. 복부의 아래 부분은 바깥으로 비스듬히 나와 있다. 기물의 본체와 뚜껑의 장식은 모두 머리에 관을 쓴 새 문양(垂冠鳥紋)이 주조되어 있고, 같은 무늬가 둘씩 대칭되어 있으며, 기물 전체에는 雷紋을 채워 넣었다. 양쪽 두 귀(雙耳)는 몸체를 세워 관을 세우고 머리를 쳐들고 있는 새 모양을 하고 있는데, 새 머리는 기물의 입구 까지 높게 돌출되어 있고, 다리에는 둥근 고리가 달려 있다. 圈足에는 두 줄의 弦紋이 양각되어 있다. 총 높이는 21cm이고, 구경은 22cm, 복부의 깊이는 12.5cm이다. 중앙 상단에는 돌출된 獸頭形 장식이 주조되어 있다. 기물의 뚜껑 꼭대기에는 원형의 손잡이가 있고 뚜껑에도 역시 한 쌍의 큰 새 무늬가 장식되어 있다. 기물과 뚜껑에 각각 11行 134字의 명문이 있고, 重文 2자가 함께 주조되어 있다. 기물과 뚜껑에 있는 명문은 그 내용과 행의 배열 양식이 모두 동일하다. 목왕 시기의 기물이다. 1975년 陝西省 扶風縣 莊白村 서주 시기 무덤에서 출토되었다. 이 기물은 현재 周原博物館에 소장되어 있다.

【석문】

佳(唯)六月初吉乙酉, 才(在)臺自,[1] 戎伐𫄤,[2] 戎達(率)有嗣(司)·師氏
犇追御戎于䣙林, 博戎獸.[3] 朕文母競敏啻行, 休宕厥心, 永襲厥身,
卑克厥啇,[4] 隻職百, 執嘯(訊)二夫, 孚(俘)戎兵[5]: 盾·矛·戈·弓·備
(箙)·矢·鍪·胄, 凡百又(有)卅又(有)五叕, 捋(捋)戎孚(俘)人百又(有)
十又(有)四人.[6] 衣(卒)博, 無眈(尤)于戎身.[7] 乃子戎拜頴首, 對揚文母
福剌(烈),[8] 用乍(作)文母日庚寶尊簋. 卑乃子戎萬年, 用夙夜尊享孝
于厥文母, 其子子孫孫永寶.

【현대어역】

6월 초길初吉 을유일, 당臺의 주둔지에 있었다. 융戎이 칙𫄤을 공격했다. 종戎은 유사有司와 사씨師氏를 이끌고 역림䣙林에서 융戎을 급습하여 막고, 호호(호獻)에서 융융(戎)을 격파했다. 나의 문채나는 어머니께서는 굳건하고 강하시며 총명하고 민첩하시어 길을 열어주셨고, (아들 종從의) 마음을 넓고 원대하게 하며, 영원히 그의 육신을 지켜주시며, 그 적을 이기게 하시니, (적의) 귀 백 개를 취했고, 포로 2명을 사로잡아 심문하였으며, 융의 병장기融兵를 노획하였으니, 방패·창·과·활·전동·화살·화살촉·투구 모두 135개였다. 회융淮戎에 의해 포로가 된 사람 114명을 탈취했다. 전쟁이 끝났고, 종從의 몸에는 허물이 없었다. 아들 종從은 절하고 머리를 조아리며 문채나는 어머니가 공을 세우도록 보우하심을 찬양하며, 이로써 문채나는 어머니 일경日庚을 위한 보배롭고 존귀한 궤簋를 만드노라. 아들 종從은 만년토록 이것으로써 새벽부터 밤까지 그 문채나는 어머니에게 존귀한 제사를 바칠 것이니, 자자손손 영원히 보배롭게 여길지어다.

【주】

1. 隹(唯)六月初吉乙酉, 才(在)龏自,

   1) 初吉 : 초길에 대해 董作賓은 「四分一月說辨」(『華西協合大學中國文化研究所滙刊』2, 1942년 9월)에서 초길은 음력 매월 초하루라고 확정하였고, 黃盛璋은 "初吉은 월상이 아니라 初干 十日이다. 초승달이 떠오르는 것으로부터 上旬 十日의 干支다. 그러므로 월상으로 시간을 나누는 것에 포함할 수 없다"라고 하였다(「晉侯蘇鐘銘在巡狩制度, 西周曆法, 王年與歷史地理研究上的指迷與發覆」, 『中國文化研究所學報』, 新九期, 2000년). 또한 이후에 『補記』1에서도 "초길은 上旬 十日이다"라는 의견을 제시했다. 劉啓益은 定點說을 주장하며, 월상 각각의 네 표시가 달의 순환 중 "일정한 한 날"을 가리키는 것으로 해석했다. 예를 들어 初吉은 음력 초하루, 旣生覇는 초이틀이나 초사흘, 旣望은 16일(혹은 17·18일), 旣死覇는 그믐으로 보았다. 월상에 대해서는 〈保卣〉 주석을 참고하라.

   2) 龏 : 다른 기물에서 "", "", ""과 같은 자형으로 등장하였다. 본

기물에 해당 글자는 "📷"자인데, 기물의 뚜껑에 주조된 동일한 명문에는 "📷"로 쓰여 있다. 또한 같은 묘에서 출토된 다른 기물인 〈戎方鼎〉1에는 📷로 주조되어 있어 좀 더 분명한 자형을 알 수 있다. 이 글자에 대한 학자들의 해석을 살펴보면, 먼저 唐蘭은 "堂"을 원래 "𡎚"으로 쓴다고 보면서, "이 자형 상단의 반은 "𡉞"으로, 하단의 반은 "𡊅"자 즉 "堂"자로 구성되었다. 역시 지명으로 "堂師"라 파악하나 위치는 알 수 없다"라고 주장하였다.

『輯考』역시 堂의 가차자로 보면서 다음과 같이 말한다.

『시경』「定之方中」에는 "저 옛 성터에 올라가 楚丘를 바라보노라. 楚丘와 堂邑을 바라보며 산과 언덕을 해 그림자로 헤아려본다(升彼虛矣, 以望楚矣. 望楚與堂, 景山與京)"라고 하는데, 毛傳에서는 "楚丘는 堂邑이 있는 것이다("楚丘有堂邑者")라고 하였다. 衛의 楚丘는 지금의 하남성 滑縣 동북쪽이며, 堂邑과 楚丘의 거리는 멀리 떨어져 있지 않으니, 당연히 滑縣 경내에 있었을 것이다.

한편 王輝는 『商周金文』에서 이와 다른 견해를 제기한다.

"𡎚"자는 "𡎚"로 쓰었고, 『설문해자』에는 "당(堂)"의 주문(籀文)으로 "𡎚"이 수록되어 있는데, 두 글자는 서로 비슷하면서도 조금 차이점이 있다. 어떤 학자는 직접 "堂"으로 예정하기도 한다. "𡎚"은 동(戎)이 회융(淮戎)을 정벌할 때의 주둔지이다. 『설문해자』에서 "당(鄲)은 지명이다. '邑'으로 구성되며, '臺'은 소리요소이다. '臺'은 '당(堂)'의 고자(古字)이다(鄲, 地名. 从邑, 聲臺. 臺, 古堂字)"라고 하였다. 고대에 지명에 쓰이는 글자는 "邑"의 구성여부에 관계없이 사용될 수 있었다. "鄲"은 마땅히 "堂"자이다. 춘추시기에 초나라 땅에 "堂谿"라는 곳이 있었다. 『사기·초세가(楚世家)』에서 "초나라 소왕 11년, 부개(吳王의 동생)가 패하여 초나라로 달아나자, 〈초나라는 부개를〉당계에 봉하였다(楚昭王十一年, 夫槪敗奔楚, 封之堂谿)"라 하였고, 『漢書』「地理志」에서 "당계의 옛 성은 예주 언성현의 서쪽 85리에 있다(堂谿故城在豫州郾城縣

西八十有五里也)"라고 하였으니, "堂"은 마땅히 "堂谿"를 가리킨다.

지금까지 살펴본 내용을 바탕으로 臺에 대해 정리하면 다음과 같다. 먼저 자형은 상단부의 京은 금문에서 帛, 帛, 帛과 같이 쓰인다. 그러나 〈小臣俞尊〉 명문에서는 (食)와 같이 사용되었는데, 어떤 이는 명문을 주조할 당시 필획이 누락되었다고 파악하기도 하며, 帛의 간체자라 보기도 한다. 〈小臣俞尊〉 명문의 맥락상 왕이 어떠한 지역을 순시하는 내용이므로 (같은 지역은 아니더라도) 지명으로 파악함에는 무리가 없다. 하단부는 "苟"〈尙鼎〉, "苟"〈戒方鼎〉 등과 같이 청동기에 나타나는 尙의 자형의 六 부분과 같은 것을 알 수 있고, 자형상에 미세한 차이가 있지만 臺에 가깝다. 학자마다 字釋의 내용은 조금씩 다르지만 대체적으로 臺字로 석문하는 것에는 동의한다. 따라서 본문에서도 臺字로 보고 지명으로 파악한다. 臺은 臺邑에 위치한 師次로 戒이 군사를 이끌고 가서 東夷를 막던 주둔지이다.

3) 自 : 師次의 '次'로 읽는다.

2. 戒伐,

1) 戒 : 戒은 〈戒方鼎〉에 나오는 淮戒의 축약형으로, 즉 淮夷다. 王輝는 회수 유역의 소수 민족이며, 〈彔戒卣〉 명문에는 淮夷 두 글자가 모두 언급되어 있다고 하였다. 그러나 唐蘭은 이러한 견해에 반대하고 있다. 이러한 논의에 대해 〈戒方鼎〉2 주석을 참조하라.

2) : 『輯考』는 다음과 같이 말한다.

명문에는 ()로 쓰여 있다. "敊"과 "尹"이 구성요소이다. 敊은 곧 옛 敊자의 뜻으로 이것을 탐구해보면, 戳자는 곧 敊의 繁文이다. 『廣雅』「釋詁」에 "敊은 理다. 理는 治다(理, 治也)"라고 하였다. 『설문』「又部」에 "尹은 治다(尹, 治也)"라고 하였다. 理와 治는 동일한 뜻을 가지므로 敊의 번문에 尹자를 덧붙여 意部를 삼았다. 명문의 戳자는 지명으로 읽지만 그 자형에 대해서는 좀 더 고찰할 필요가 있다고 생각된다.

기물에 주조된 명문의 ▨자 보다는 뚜껑에 주조된 명문이 ▨ 더욱 선명하다. 뚜껑에 주조된 명문을 따라 자형 자체를 살펴보면, 글자의 상단부에 위치한 ▨은『金文編』에 보이는 ▨, ▨, ▨, ▨ 등의 "尹"자와 같다. 하단부의 오른쪽 자형은 又다. 하단부 왼쪽 자형 ▨을 唐蘭은 "車"로 보았지만, 무리가 있다. 車는 일반적으로 ▨, ▨, ▨, ▨와 같은 전차의 모습으로 사용되고 혹은 ▨, ▨, ▨와 같이 사용되기 때문이다. 또한 엄밀히 말해 ▨, ▨, ▨의 "束"과도 조금 다르다. 따라서 이 글자는 자전류에 보이지 않으므로 자형 그대로 예정하여 일단 "▨"로 써 둔다.

3. 戒達(率)有嗣(司), 師氏徛追鄲戎于臧林, 博戎戰.

1) 徛 : 명문에는 ▨, ▨와 같이 쓰여 있다. 奔의 고문에 繁文이다. 王輝는『설문』「夭部」에 "奔은 달리는 것이다(走也. 从夭, 賁省聲. 與走同意, 俱从夭)"라 한 내용을 바탕으로 "빠르게 뛰다, 급히 행군하다"라는 의미로 보았다.『銘選』에서는 "徛은 奔자인데, 여기에 彳을 더하여 義部로 삼았다. …… 여기에서의 의미는 '빠르게 행군한다'이다"라고 하였다. 黃德寬은『疏證』에서 "奔이 구성요소며, 의미에 彳이 疊加된 奔의 번문이다. 奔은 ▨〈井侯簋〉, ▨〈效卣〉 등의 기물에도 등장하는데, 금문에는 ▨(走의 初文)과 세 개의 止로 구성된다. 사람이 모여 빠르게 달리는 것(奔走)으로, 예를 들면 '飛'의 의미다. 전국시대 초문자에서도 이 글자를 계승하여 '疾趨'의 의미로 사용하였다"라고 하였다.『金文編』에서도 ▨자를 奔으로 분류했다.

2) 鄲 :『論集』은 다음과 같이 말한다.

이 글자를 구성하고 있는 絲는 聯의 初文이며, 鄲자는 絲를 구성요소로 하며 또한 발음요소이다. 가로막다(遮闌)라는 뜻의 "闌"의 옛 글자일 가능성이 크다. 『설문』「門部」에 "闥은 闌과 같이 읽는다(妄入宮掖也. 從門, 緣聲, 讀若 闌)"라 하였으니, 緣와 闌의 古畜이 서로 가까웠음을 증명할 수 있다. 『廣 雅』「釋詁에 "闌, 閑, 尤, 闐, 徼, 进는 遮이다"라고 하였다. 따라서 이상의 내용을 종합하면 "追闌"은 뒤쫓아 공격하여 친다는 말과 같은 뜻이다(「戰國 璽印文字考釋三篇」「古文字論集」, 中華書局, 1992年, p469-483).

한편 『輯考』는 다음과 같이 말한다.

黃德寬은 〈晉侯對篡〉 명문의 "甚(湛)樂于遼(原)遷"라는 구절의 "遷"을 "隰"으로 읽어야만 하기 때문에 〈戎篡〉의 "遷"과 〈敔篡〉의 "遷"을 "襲"으로 읽어야 한다고 보면서 "襲에 대한 해석과 용례에 대한 문헌을 종합해 보면, 襲이 '옷차림을 가볍게 갖추고 빨리 나가는 것, 신속하게 출병하는 것, 적이 준비하지 못했을 때 공격하는 전법'임을 알 수 있다"라고 하였다. 緣字의 발음은 매우 복잡하다. 黃德寬은 "앞의 濕, 垔, 隰 등의 글자로 보면, 玆(緣)의 音符는 옛 邪母 緝韻에 속하니, 隰과 襲은 동일하게 읽는 것이 분명하다. 고문자 자료로 또한 緣는 확실히 옛 系字이며, 또한 聯으로 읽을 수 있음을 증명할 수 있으니, 이는 일찍이 林澐이 논술한 "한 가지 자형이 여러 가지 의미를 가지는 글자(一形多用字)" 현상으로만 해석할 수 있다(「緣及相關字的再討論」「中國古文字研究」, 吉林大學出版社, 1999年 第 一緝) 이 생각을 확장해 보면, 緣가 隰·遷의 소리요소로 쓰일 때에는 당연히 緝으로 읽어야 한다. 『설문』「糸部」에 "緝은 길쌈을 한다는 뜻이다(績也)"라고 하였고, 『管子』「輕重乙」에는 "한 겨울에는 집 안에서 여자들은 실을 뽑고 길쌈하는 일을 하니, 이것을 겨울의 수확이라 이른다(大冬營室中, 女事紡績 緝縷之所作也, 此之謂冬之秋)"라 하였다. 緝은 형성자이지만, 이것의 초문은 두 줄의 실을 손으로 꼬아 굵은 실(線)을 완성하는 것을 본 뜬 회의자이다. 緝·系·聯의 초문은 모두 緣로 썼는데, 후세에 구별하기 위해 緝·系·聯 세 글자를 만들어 緣자가 나타내는 3개의 의미를 나누어 표시하였다. 緣자는 마침내 폐기되어 사용하지 않으나, 音符로 쓰일 때는 일부 글자의 偏旁에

보존되었다. 鄹는 阝과 緜로 구성되었는데, 사람이 꿇어 앉아 실을 꼬는 형
상을 본 뜬 것이며, 또한 옛 緝字이다. 본 명문에서 鄹字는 마땅히 黃德
寬에 따라서 襲으로 읽어야 한다.

여기에서는 『輯考』에 따른다.

3) 臷林 : 臷과 臷林에 대해 『輯考』는 다음과 같이 말한다.

> 명문에는 "𢦏"로 쓰였으며, 域의 古字이다. 『洪武正韻』에 "域은 구역이다(
> 域, 區域也)"라고 하였다. 이것이 그 本義이다. 이 명문의 글자에는 周를 구
> 성하여, 주변 범위라는 의미를 취한 것으로, 『玉篇』에 域의 古文을 臷으로
> 쓴 것은 이를 바탕으로 변화하였을 것이다. 裘錫圭는 臷林을 『좌전』 「襄
> 公16년」 "여름 6월, 역림에 주둔했다. 경인일에 徐를 치고 函氏에 주둔했
> 다(夏六月, 次于棫林, 庚寅, 伐徐, 次于函氏)"의 역림이라 생각했다. 杜預 注에
> 는 "棫林과 函氏는 모두 許 땅이다(棫林, 函氏, 皆許地)"라 하였고, 당시 葉에
> 許都가 있었다(『좌전』 「成公15년」 『許遷于葉』)고 하였다. 지금의 하남성 葉
> 縣이다. 『春秋大事表 · 列國都邑表』를 보면 域林은 葉縣 동북지역이라 보았
> 는데, 대체적으로 신뢰할 만하다. 淮戎이 침입했던 역림은 당연히 이 域
> 林이다(『論集 · 說戎篇的兩個地名-域林和胡』)

이처럼 唐蘭은 "周原 일대에 있었기 때문에 '周'가 구성된다"라고 하
는데, 唐蘭의 이러한 견해는 戎에 대한 관점의 차이에서 기인하는 것
이다(〈戎方鼎2〉 주석을 참고하라)

4) 博戎猷 : 博에 대해 『輯考』는 다음과 같이 말한다.

> "盾"으로 구성되었으며, "專"가 소리를 나타낸다. "戟"자의 이체자이다. 본
> 래 의미는 격파하다(搏擊)라는 뜻이다. …… "博戎猷"의 의미는 猷(胡)땅에
> 서 淮戎을 격파했다는 뜻이다.

한편 唐蘭은 "戎胡"를 합쳐서 戎으로 보면서, 이 구문을 戎을 棫林에
서 저지하여 막고, 戎胡와 싸웠다고 해석한다. 〈戎方鼎2〉 주석을 참
조하라.

4. 朕文母競敏廟行, 休宕厥心, 永襲厥身, 卑克厥啻.

1) 競 : 『爾雅』「釋言」에서는 "强"이라 하였다.

2) 敏 : 『廣韻』「軫韻」에는 "총명하고 통달한 것이다(聰也, 達也)"이라 하였는데, "競敏"은 "굳세며 영민하다"라는 의미로 사용되었다.

3) 廟 : "攺"(啓의 고자이다)가 소리로 구성되어 있고, "啓"로 읽어야 할 것으로 생각된다. 啓行은 길을 열고, 진영을 돌파하다와 같은 말이다. 『시경』「六月」에는 "병거 十乘으로 먼저 길을 열다(元戎十乘, 以先啓行)"라고 하였다. 이 문장은 戒의 文母는 굳건하고 강하시며 총명하고 민첩하시어, 저세상에서 戒을 위하여 길을 열어 주셨다는 의미이다.

4) 休 : 『시경』「菁菁者莪」에는 "나의 마음은 아름답다(我心則休)"라 하였고, 『釋文』에서는 "休는 아름다움이다(休, 美也)"라고 하였다.

5) 卑 : 俾로 가차된다. 『爾雅』「釋詁下」에 "俾는 使다(俾, 使也)"라고 하였다.

6) 啻 : 敵으로 가차된다.

5. 隻聝百, 執嚜(訊)二夫, 孚(俘)戎兵.

1) 隻 : 獲의 本字다.

2) 聝 : 『輯考』는 다음과 같이 말한다.

> 본 명문에서는 馘으로 쓰였는데, 而가 구성요소이며 或은 소리를 나타낸다. 『설문』「耳部」에는 "聝은 군사들이 전장에서 귀를 자르는 것이다(軍戰斷耳也)"라 말하고 있고, 『春秋傳』에서는 "포로가 된 것이다. 耳가 구성요소이며, 或이 소리를 나타낸다. 馘과 같이 首가 구성요소가 되기도 한다(以爲俘聝. 从耳或聲. 馘, 聝, 或从首)"고 하였다. 『字林』에서는 "귀를 자르면 耳旁으로 쓰고 머리를 올리면 首旁으로 쓴다(截耳則作耳旁, 獻首則作首旁)"라고 하였다. 이 명문에는 而가 구성요소인데『설문』「而部」에서는 "而는 수염이다. 毛의 형상을 본 뜬 것이다(頰毛也. 象毛之形)"라 기록되어 있고, 『周禮』「梓人」

에 "그 비늘과 옆에 난 수염(之)과 아래로 드리운 수염(而)을 일으킨다(而, 須也. 周禮曰作其鱗之而)"라 하였다. 『說文解字注』에서는 "頰毛는 「須部」에서 이른바 수염(鬚鬣)의 종류이다. 입 위(코밑)와 입 아래(턱) (수염)의 총칭이다. 구별해서 살펴보면 입 위(코밑)에 있는 것은 髭, 입 아래(턱)에 있는 것은 鬚다"라고 하였다. 위에 인용한 『周禮』 기사에 "잉어수염을 만들다(作其鱗之而)"라는 구절에 대해 載震은 補注에서 "아래로 드리워진 것을 而라 하고, 鬚髭의 부류다"라 하였다. 위의 내용을 바탕으로 옛 而자의 構形을 살펴보면, 而는 입 아래(턱)의 수염을 가리킨다. 聀의 고자는 而로 구성되었으니, 고대 전쟁에서도 죽인 적의 수염(護鬚)을 살갗과 같이 잘라서 공을 바치는 제도가 있었음을 나타내는 문장이다.

3) [illegible] : 訊의 본자이다. 吳大澂은 "이 글자는 악인을 잡는 형상을 본떴으니, 끈으로 그를 포박했기에 糸가 구성되었고, 말로 신문하기 때문에 口가 구성되었다"라고 하였다(「虢季子白盤」『愙齋』16冊). 王國維는 "訊은 포로를 말한다"하였다(不𡢁敦蓋銘考釋」, 『觀堂』)

4) 戎兵 : 『說文解字注』에는 "戎은 兵이며, 兵은 械이다(兵也. 兵者, 械也)"라고 하였다. 戎兵은 兵器의 총칭이다.

6. 盾·矛·戈·弓·備(箙)·矢·鍏·冑, 凡百又(有)卅又(有)五叙, 寽(捋)戎孚(俘)人百又(有)十又(有)四人.

1) 盾 : 『銘選』은 "十이 구성되었고, 豚이 소리를 나타낸다. 十은 방패(循) 모양으로, 여기에서는 의미부호로 사용되었다"라고 설명하였다. 『輯考』는 조금 더 자세히 다음과 같이 설명하였다.

본 명문에는 "[illegible]"로 쓰였는데, "盾"의 繁文이다. 十은 방패(盾)를 상형한 初文이다(盾의 초문은 [illegible]·[illegible]·[illegible]·[illegible] 등의 형태가 있는데, 十은 네 번째 자형이 조금 변한 것이다) 豚은 소리요소로 덧붙인 것이다.

2) 備 : 箙이다. 『설문』「竹部」에서는 "箙은 화살을 넣는 전동으로 竹이

구성요소이며 服이 소리를 나타낸다(弩矢箙也. 从竹服聲)"라고 하였다. 고대에는 대나무와 나무 혹은 금수의 가죽 등으로 화살을 담는 기구를 만들었다. 『銘選』에서는 "곧 箭囊이다. 전래문헌에서는 모두 箙으로 쓴다"고 주장하였다. 〈毛公鼎〉명문에서도 찾아볼 수 있다.

3) 錍 : 錍의 가차자다. 『方言』에 "무릇 화살촉은 …… 넓으면서 길며 얇은 낫과 같은 것을 錍라 이른다(凡箭鏃 …… 其廣長而薄鎌(者)謂之錍)"라고 하였다. 화살이나 화살촉과 관련된 무기류의 일종이다.

4) 叙 : 『輯考』는 다음과 같이 말한다.

> 『釋林』에 "叙"라고 석문하고, "塞祭"의 "塞"이라고 하였다(『釋林』「釋叙」에 상세하다). 본 명문에서도 역시 塞이라고 읽는다. 『설문』「土部」에 "塞은 隔이다"라고 하였다.

> 한편 『銘選』, 唐蘭, 王輝 등은 이 글자를 款으로 읽는다. 『銘選』은 다음과 같이 말한다.

> > 갑골문에 자주 보이며, 『설문』「又部」에는 "叙"로 쓰였다. …… 여기에서는 款과 같이 읽는다. "凡百又(有)卅又(有)五叙"은 총계가 135건이라는 의미이다.

> 여기에서는 후자의 견해에 따른다.

5) 捋 : 捋의 본자다. 『시경』「芣苢」에서는 "잠깐 훑어 취하노라(薄言捋之)"라고 하였는데, 毛傳에 "捋은 취하는 것이다(捋, 取也)"라 하였다.

6) 孚: 俘의 본자다. 淮戎에 의해 포로가 된 사람 114명을 탈취한 것이다.

7. 衣(卒)博, 無肬(尤)于戎身.

1) 衣 : 『輯考』는 다음과 같이 말한다.

> 唐蘭은 "卒이라 읽으니, 〈郾王喜戈〉에서 萃는 袶로 썼고, 〈寡子卣〉에 誶는 誃자라 쓰여 있는 것에 근거해 논증할 수 있다"라고 하였는데, 唐蘭의 설은 따를만하다고 생각된다. 금문에서 衣는 𧘇로 쓰고, 卒은 𧘇로

쓴다. "衣"와 "卒"은 상고음으로 微物對轉 관계이다. 卒은 발음 때문에 획을 첨가한 지사자이기 때문에 衣를 卒로 읽을 수 있다. "卒搏"의 뜻은 곧 전투가 끝났다는 것이다.

2) 眈(尤) : 王輝는 과오(尤)라 해석하고 "無不成尤"라 석문하여 패전하지 않았다는 의미로 본다. 『銘選』은 전투가 끝나고 戒의 몸에 손상이 없었다는 의미라고 하였다. 이에 대해서는 이미 〈戒方鼎2〉에서 설명하였다. 〈戒方鼎2〉 주석을 참조하라.

8. 對揚文母福剌(烈),

1) 福 : 『설문』「示部」에 "福은 佑이다(福, 右也)"라고 하였다.

2) 剌 : 烈이라 읽는다. 『爾雅』「釋詁」에는 "烈은 業이다(烈, 業也)"라고 하였으니 "福烈"은 "福右의 功"이란 의미이다. 이 문장과 이어지는 문장의 전체적인 의미는 옛 사람들이 미신을 믿었으므로 戒이 명령을 받들어 회융을 급습하여 승리한 것은 文母께서 복으로 도와주신 공이라고 여겼다. 이에 祭器를 만들어서 보답함으로 아름답게 찬양하였다는 뜻이다.

【주제어】

[인명] 戒.

[지명] 堂7, 戎(淮戎), 馘, 椷林, p.

[사건] 戒이 有司, 師氏를 이끌고 椷林에서 戎을 격파한 것.

[시간] 六月初吉乙酉.元勇準, 李舜臣

【참고문헌】

『銘選』3. p. 115.
唐蘭「用靑銅器銘文來硏究西周史」, 『文物』1976年 6期.

羅西章「西周金文中的月相與共和宣幽紀年銅器」,『古文字研究』제 9輯.

劉志基 외 주편『金文今譯類檢』, 廣西敎育出版社, 2003.

王輝『商周金文』, 文物

68. 종방정1(戒方鼎1)

【탁본】

【저록】

『集成』五·2789, 『陝靑』二·99, 『文物』1976년 제6기 57쪽 圖16, 『銘選』錄 178.

【기물설명】

길쭉하고 네모난 형태의 주둥이에 복부의 아랫부분이 바깥으로 경사져 있는 모양을 하고 있다. 기물의 목 부분은 바탕에 가는 雷紋이 장식되어 있고, 그 위에 夔紋이 주조되어 있다. 그 아래는 양각으로 주조된 한 줄의

弦紋이 있고, 복부에는 아무런 무늬도 없다. 뚜껑에는 고리모양의 손잡이가 있고, 네 모서리에 비릉과 같이 다리가 주조되어 있는데 뒤집어 놓으면 도마와 같은 모양이 된다. 立耳와 기둥 모양의 다리가 있으며 입구는 거의 수직이다. 총 높이는 27.5cm, 입구의 세로 지름은 16cm, 가로 길이는 17cm, 복부 깊이는 15.5cm, 귀 높이는 4cm, 뚜껑의 비릉은 4.5cm이다. 기물의 안쪽 벽과 뚜껑 안쪽에 각각 8줄 65자의 명문이 주조되어 있으며 重文은 2자이다. 穆王 시대의 기물이다. 1975년 3월 陝西省 扶風縣 莊白 家村의 서주시대 묘에서 출토되었고, 현재 周原博物館에 소장되어있다.

【석문】

隹(唯)九月旣望乙丑, 才(在)盠自.[1] 王俎(宜)姜事(使)內史友員昜(賜)戒 玄衣朱襮裧.[2] 拜頶(稽)首, 對揚王俎(宜)姜休, 用乍(作)寶鸞尊鼎,[3] 其用 夙夜享孝于厥文且(祖)乙公·于文妣日戊.[4] 其子子孫孫永寶.

【현대어역】

9월 16일 을축일에 당읍堂邑의 사차師次에 있었다. 왕의강王宜姜은 내사 우內史友 원원을 시켜 종戒에게 주홍색 옷깃과 옷섶이 장식된 검은색 관복을 하사했다. 종이 머리를 조아려 절하고, 명을 받들어 왕의강의 은덕을 널리 알리고자, 장제사將祭祀를 지내는 보배롭고 귀한 솥을 만들었는데, 장차 그의 조부祖父 을공乙公과 조모祖母 일무日戊가 사당에서 아침저녁으로 자손들의 효성스런 정성을 흠향하도록 하기 위함이다. 자손대대로 영원히 보물로 삼을지어다.

【주】

1. 隹(唯)九月旣望乙丑, 才(在)盠自.

　1) 盠自 : 堂次로 읽는다. 당차는 堂邑에 있는 師次로써, 戒이 회이를 정벌

하기 위해 군사를 거느리고 주둔한 장소이다. 〈戒簋〉 주석을 참조하라.

2. 王俎(宜)姜事(使)內史友員易(賜)戒玄衣朱襮裣.

1) 俎 :『輯考』는 다음과 같이 말한다.

    명문에는 **劓**로 썼다. **劓**는 刀와 俎를 구성요소로 하며, 칼과 도마를 뜻하는 俎자의 번체자이다. 옛날에는 俎자와 宜자가 같았으므로 여기에서도 宜로 읽어야 한다.

    『銘選』도 **劓**로 석문하고 俎로 해석하면서 인명으로 파악했다.

2) 王宜姜 : 劉啓益은 穆王의 妃라고 판정하면서 〈不壽簋〉에서는 "王姜"이라 부르기도 하였음을 지적하였다(『西周金文中所見的周王后妃』,『考古與文物』1980년 제4기). 羅西章은 「陝西扶風出土西周伯戔諸器」에서 "王**劓**姜"이라 해석하고, 인명으로 周王의 后妃이지만, **劓**자는 알 수 없다고 하였다. 唐蘭은 「用靑銅器銘文來硏究西周史」에서 "王**劓**姜으로, **劓**자는 〈小臣傳卣〉에도 보인다. 왕호강은 목왕의 왕후인 것 같다"라고 하여서 **劓**을 虎가 생략된 자형과 刀로 구성된 글자로 파악하였다. 여기에서는 『輯考』의 의견에 따른다. 이 인물을 신분은 아마도 劉啓益의 말처럼 목왕의 비일 것이다.

3) 內史友員 :『周禮』「春官」에 "內史는 왕의 여덟 가지 신하를 다스리는 방법(爵·祿·廢·置·殺·生·予·奪)을 관장하여, 이로써 왕의 통치를 의 8가지 柄權을 관장하여 왕의 통치를 돕는다(內史掌王之八枋之法, 以詔王治)"라고 하였다. 友는 밑에 딸린 관리를 가리킨다. 內史友는 內史에 딸린 관리이다. 『銘選』은 "『상서』「酒誥」에 太史友와 內史友란 말이 있는데, 孔傳에 '太史와 內史는 나라의 典法을 관장한다'라고 하였으니, 내사에 딸린 관료를 총괄하여 지칭하는 것이다. 內史友는 이런 종류의 관료의 직책을 일컫는 말이다. 內史友는 員의 관직 명칭이다"라고 설명했다. 唐蘭 역시 마찬가지로 파악하면서 "원과 관련된 청동기가 매우 많은데, 아마 같은 사람일 것이다"라고 말하였다.

4) 襮 : 『論集』은 襮를 고서에 나오는 "襮(옷장식 박)"자의 異體字로 보았
   으며, 襮자를 이해하기 위해 이것의 구성요소인 虣를 설명하고 있는
   데 그의 논의는 아래와 같다.

   > 虣자의 古體이며 옛날에는 맨손으로 범과 싸우는 것을 暴라고 불렀다. 고
   > 서에서 가끔 暴자를 虣자로 썼는데, "襮"자는 분명히 衣를 구성요소로 하
   > 고 虣로 발음하는 형성자이므로, 마땅히 고서에 나오는 "襮"자의 異體字로
   > 보아야한다. 『설문』「衣部」에는 "襮은 보령(黼領: 흰실과 검은 실로 도끼무늬를
   > 수놓은 옷깃)이다(黼領也. 从衣暴聲. 詩曰素衣朱襮)"라고 하였다.(『論集』「說玄衣
   > 朱襮裣—兼釋甲骨文虣字」)

   唐蘭도 역시 襮을 襮으로 해석하면서, "옷깃. 명문에는 '朱襮'으로 쓰
   여 있다. 襮자는 衣를 구성요소로 하고 虣를 발음요소로 한다. 虣자
   는 바로 暴자 인데 『周禮』「司虣」에 보인다. 그렇다면 襮자는 바로 『설
   문』「衣部」에서 黼領으로 해석한 襮자이다"라고 주장하였다. 『시경』「唐
   風」에 "素衣朱襮"이란 구절이 있는데, 毛傳에, "박(襮)은 옷깃이다"라
   고 풀이한 문장이 있다.

6) 裣 : 『설문』「衣部」에 "교임(交衽: 포개진 옷섶)이다. 衣를 구성요소로 하
   고 金은 발음요소이다(交衽也. 从衣金聲)"라고 하였다. 오늘날의 襟자
   이다. 『銘選』은 "朱襮裣"이라 해석하고, 주홍색의 옷깃과 옷섶이란
   뜻이라고 보았다.

3. 對揚王俎(宜)姜休, 用乍(作)寶鷈尊鼎

   1) 休 : 好로 읽고 "사여하다(賜)"의 의미로 해석한다. 〈大保簋〉 주석을
      참조하라.

   2) 鷈 : 제사 이름으로, 전래문헌에는 將자로 쓰였다. 〈彔簋〉 주석을 참
      조하라.

4. 其用夙夜享孝于厥文且(祖)乙公·于文妣日戊.

1) 乙公 : 『銘選』은 㝬의 祖父의 廟號로 보았다. "〈彔簋〉 명문에서 조부
를 辛公이라 불렀으니, 신공과 을공은 당연히 㝬의 조부들이다. 이
와 같은 사실을 통해서 볼 때 西周 시기에는 아직도 여러 조부들에게
제사를 지내는 습속이 있었다는 것을 알 수 있다"고 하였다. 자세한
것은 〈戒方鼎2〉 주석을 참조하라.

【주제어】

[인명] 王俎(宜)姜, 內史友員, 戒.

[지명] 堂自(次).

[시간] 九月旣望乙丑.

[사건] 王俎(宜)姜使內史友員賜戒玄衣, 朱襮襟. 元勇準, 李舜臣.

【참고문헌】

『銘選』三·116쪽.

羅西章, 吳鎭鋒, 雒忠如『陝西扶風出土西周伯戒諸器』, 『文物』1976년 제6기.

唐蘭, 『用靑銅器銘文來硏究西周史』, 『文物』1976년 제6기.

陳夢家, 『斷代』, 中華書局, 2004년, 78쪽.

69. 반궤(班簋)

【탁본】

【저록】

『集成』8·4341, 『西淸』31·12, 『古文審』5·1~6, 『文物』1972년 제9기, 文物
出版社, 2쪽, 『大系』錄 9, 『銘選』錄 168.

【기물설명】

전래된 기물로, 본래 淸宮에 소장되어 있었고, 『西淸古鑒』에서는 〈毛伯
彝〉라고 칭하였다. 1972년, 北京市 物資回收公司 有色金屬供應站이 폐기
한 금속 중에서 찾아내었는데, 현재는 首都博物館에 소장되어 있다. 기물

의 배 부분은 盆과 유사하여 아래 배 부분이 밖으로 기울어져있으며, 네 곳에 짐승머리 모양의 귀가 달려 있고 귀 상단과 목은 이어져있다. 圈足에 네 개의 발이 있는데 발굽(足跟)은 안쪽으로 말려 있다. 목 부분은 圓渦 紋으로 장식되어 있고 배 부분은 獸面紋으로 장식되어 있다. 문양은 양각 으로 새겨져 있으며 바탕무늬(地紋)는 없다. 높이는 27.7cm, 입구의 지름 은 26cm, 바닥의 지름은 23.7cm이다. 명문은 20행 197자이고 2개의 중문 이 있다. 이 기물의 연대가 成王, 昭王, 穆王이라는 견해가 있으나 여기에 서는 穆王시기 설을 따른다.

【석문】

隹(唯)八月初吉, 才(在)宗周.[1] 甲戌, 王令(命)毛白(伯)更虢虩(城)公 服.[2] 甹(屏)王立(位), 乍(作)四方瓦, 秉繁·蜀·巢令, 易(賜)铃鋻, 咸.[3] 王令(命)毛公以邦冢君·土馭·戜人伐東或(國)瘠戎, 咸.[4] 王令(命)吳 白(伯)曰, "以乃自(師)左比毛父!" 王令(命)呂白(伯)曰, "以乃自(師)右比 毛父!"[5] 趞令(命)曰, "以乃族從父征, 惎城, 衛父身"[6] 三年靜東或(國), 亡不成.[7] 斻天畏(威), 否畀屯陟.[8] 公告厥事于上, "隹民亡惎才(哉)! 彝 忎(昧)天令(命), 故亡, 允才(哉)覣! 隹敬德, 亡逌(攸)違"[9] 班拜頴首 曰, 烏虐(呼)! 丕杯孔![10] 皇公受京宗懿釐, 毓文王 · 王姒聖孫, 隔于 大服, 廣成厥工(功).[11] 文王孫亡弗襄(懷)井(型), 亡克競厥剌(烈).[12] 班 非敢覓, 隹(唯)乍(作)卲考爽, 益(諡)曰大政.[13] 子子孫孫多世其永寶.

【현대어역】

8월 초길初吉 종주宗周에 있었다. 갑술甲戌날에 왕이 모백毛伯에게 명하 여 괵성공虢城公의 관직을 계승하고, 왕위王位를 보호하고, 사방에 모범 이 되도록 하며, 번繁, 촉蜀, 소巢의 방국方國 정사를 다스리도록 하고, 깃발과 말머리재갈을 하사하였다.

왕이 모공毛公에게 명령하여 방국의 제후와 보병과 전차를 모는 병사, 그리고 잡역에 복역하는 병사를 거느리고 동국東國의 난을 일으킨 융戎을 정벌하도록 하였다. 왕이 오백吳伯에게 명령하여 "그대의 군대가 왼쪽에서(좌군이 되어) 모보毛父를 돕도록 하라"라 하였고, 또 왕이 여백呂伯에게 명령하여 "그대의 군대가 오른쪽에서(우군이 되어) 모보毛父를 돕도록 하라!"고 하였다. 견遣족(견중)에게 명하여 "너희 종족이 모보毛父를 좇아 정벌하고, 성城을 나가면서 모보毛父의 몸을 지켜라"라고 하였다. 목왕穆王 3년,(그후 3년) 동국을 안정시키는 일이 성공하지 않은 적이 없었다. 동국이 하늘의 위엄을 거슬렀기에 하늘이 동국에 순일한 도움을 내리지 않은 것이다. 모공毛公이 그 일을 목왕에게 보고하자, "백성들이 우둔하구나! 항상 하늘의 명령을 무릅쓰고 범하면 망한다는 것은 진실로 명백하구나! 덕행을 공경하게 닦아 이에 위배됨이 없어야 할 것이다"라고 하였다.

반班이 절하고 머리를 조아려 말하였다. "아! 위대하고 지극하도다! 돌아가신 아버지께서 주周 종실宗室의 아름다운 복조福祚를 받아 문왕文王과 태사大姒의 성손聖孫이 감싸 길러주는 혜택을 받았으며, 높은 직위에 오르고 크게 그 공을 이루었도다. 문왕의 후손들이 그(선친의) 전범典範을 생각하지 않은 적이 없으며, 그의 공업功業을 누구와도 견줄 수 없네. 내가 감히 바랄 수는 없으나 소고昭考인 모공毛公을 기리는 상궤虪簋를 만들고 대정大政이라는 시호를 하사받았으니(상궤에 대정이라고 시호를 올렸으니), 자자손손 수많은 세대들이 영원히 보배롭게 여길지어다"

【주】

1. 隹(唯)八月初吉, 才(在)宗周.

   1) 才 : "在"의 가차자이다.

   2) 宗周 : 西周의 도성인 鎬京이며, 옛 터는 지금의 陜西省 西安 灃河의 동쪽 언저리에 있다.

2. 甲戌, 王令(命)毛白(伯)更虢虩(城)公服.

1) 毛伯 : 毛伯이라는 인물에 대해서는 성왕의 숙부라는 설과, 목왕시기
의 毛班이라는 두 가지 설이 존재한다. 『대계』는 모백을 毛公 또는 毛
叔이라 불리우는 사람으로 成王의 숙부라고 하였다.

> "毛伯"은 아래문장에 나오는 毛公, 毛父이다. 본 명문의 왕은 뒷 문장에 나
> 오는 "文王, 王姒의 皇孫"이고 毛公을 父로 칭했으니, 毛公은 『상서』「顧命」
> 의 毛公이며(甲子, 王乃洮頮水, 相被冕服, 憑玉几. 乃同召太保奭, 芮伯彤伯, 畢公衛
> 候毛公, 師氏虎臣, 百尹御事), 文王의 아들 毛叔鄭이다. 『漢書』「古今人表」에서
> 毛公과 毛叔을 구분지어 두 사람으로 보았으나 옳지 않다.

陳夢家도 삼감의 난이 평정된 뒤에 管叔이 다스렸던 東을 대신해 다
스린 中旄父라고 하였다.

> 『漢書』「地理志」에 "東虢은 滎陽(河南省)에 위치해 있었다(東虢 在滎陽)"라고
> 하였고, 이 기물에서는 "왕이 毛白에게 명하여 虢城公의 관직을 대신하게
> 하였다(王令毛伯 更虢城公之服) ……"라고 하였는데, 城은 河南의 鄭 땅에
> 위치해 있었고 이곳은 "東"의 범위에 속하기 때문에, 여기서의 毛伯은 『逸
> 周書』「作雒解」"中旄父를 시켜 東을 다스리게 하였다(俾中旄父宇于東)"에
> 서의 中旄父일 것이다.

한편, 劉心源(『古文審』5·1~6), 于省吾(『穆天子傳新證』,『考古社刊』第6期),
楊樹達(『金文說』p.103「毛伯班簋跋」)은 모두 毛伯을 『穆天子傳』 또는 『今
本竹書紀年』의 毛班, 즉 毛公班으로 보았다. 于省吾는 다음과 같이
말한다.

> 『穆天子傳』「권5」에 있는 "毛公이 幣玉을 올렸다(毛公舉幣玉)"에 대한 郭璞
> 注에서 "毛公은 毛班(毛公即毛班也)"이라고 하였는데 옳은 말이다. 〈班簋〉
> 에 "8월 초길 종주에 있었다. 갑술날에 왕이 모백에게 명하여 괵성공의 관
> 직을 하승하고(隹八月初吉, 在宗周, 甲戌, 王命毛伯更虢城公服)"라고 하였고,
> 또 "班이 절하고 머리를 조아려 말하기를(班拜稽首曰)"이라고 하였으며, 또

"班이 감히 바라지 못하다(班非敢覓)"라고 하였는데, 毛伯의 이름은 班으로 穆王 시기 사람인데도, 郭沫若과 吳其昌은 〈班簋〉가 成王 시기 기물이라고 고증한 것은 잘못되었다.

李學勤도 于省吾·楊樹達의 설과 〈班簋〉의 문양·花紋·글자체·文例에 근거하여 毛伯을 穆王 때의 사람으로 보았다.

〈班簋〉를 穆王 전기에 속하는 기물로 보는 것이 적합하다. 이와 같이 簋의 기물 주인이 『穆天子傳』의 毛班이라는 것은 의문의 여지가 없다. 簋의 명문에 근거하면 穆王이 毛公을 "毛父"라고 칭하였으니, 毛公은 昭王과 같은 항렬이고 班은 穆王과 같은 항렬이다. 毛가 처음 봉해진 것은 文王의 아들 毛叔鄭으로 『좌전』의 文公 元年 注에서 말한 伯爵과 본 簋 명문의 毛伯은 서로 부합한다. 〈班簋〉에서의 毛公은 『상서』「顧命」의 毛公과 비교해 보면 두 세대가 늦지만 毛가 문왕으로부터 나왔기 때문에 文王之孫이라고 칭한 것이다.

馬承源도 『銘選』에서 毛伯은 穆王 시기의 班으로 문왕의 玄孫이라고 하였다.

毛公은 원래 毛伯으로 칭했으며 班은 그 이름인데, 虢成公의 관직을 계승한 이후 公으로 불렸다. 班의 皇公은 昭考인데, 文王과 王姒의 성스런 손자가 길렀다. 毛叔鄭은 毛氏중 처음 봉해진 君이니 문왕의 아들이다. 班의 父考인 皇公은 毛叔鄭의 아들이 길렀으므로 황공은 文王과 王姒의 증손자가 된다. 班은 文王의 玄孫이니 毛叔鄭에게는 曾孫이 된다. 종묘의 昭穆제도를 살펴보니, 毛叔鄭의 아들은 昭에 해당하고, 손자는 穆이고, 曾孫은 또 昭가 되기 때문에, 班이 아버지를 칭할 때 昭考라 한 것이다. 항렬 상 昭王은 文王의 玄孫이지만 시대상으론 서로 인접할 수 있는 것이다.

본 기물의 주인인 班은, 많은 연구자들이 『穆天子傳』의 毛班으로 보고 있다. 『穆天子傳』「卷四」에 "毛班과 逢固에게 명하여 먼저 周에 가서 천자의 명령을 기다리라(命毛班逢固, 先至于周, 以待天之命)"라 했고, 郭璞 注에 "毛

班은 毛伯이니 衛나라의 선조이다(毛班, 毛伯衛之先也)"라 했다. 또 卷五에 "毛公은 폐백과 璧玉을 들어올렸다(毛公舉幣玉)"라 했고, 郭璞 注에 "毛公은 毛班이다(毛公即毛班也)"라 했다.

본고에서는 이 기물을 목왕시기의 기물로 판단하고, 劉心源 등의 설에 따라 毛伯을 毛班이라는 인물로 본다.

2) 更 : 대신하는 것이다. 『銘選』은 이어서 계승한다는 뜻으로 보았다.

更은 이을 갱(賡)이니, 繼續 또는 繼承의 뜻이다. 『國語』「晉語4」에 "姓과 이익은 서로 이어진다(姓利相更)"라했고, 韋昭 注에 "更은 잇는 것이다(更, 續也)"라고 했다.

3) 虢城公 : 䤵은 옛 城자이고, 虢城公은 虢의 통치자이다. 다만 『대계』는 西虢의 통치자이자 班의 상관이라고 하였다.

䤵은 城자의 초문이며 가차해서 成자로 쓰니, 城公은 成公으로, 西虢의 통치자이다. 虢城公은 아래 문장 "䤵令曰"의 䤵이고, 별도로 〈䤵虢趞生簋〉라는 것이 있으니 증명될 수 있다. 또 鳳翔 渭水 유역에서 출토된 〈䤵虢仲簋〉에서도 볼 수 있는데, 봉상은 옛 西虢의 땅이니(『漢書地理志』에서 西虢은 雍州에 있다고 하였다), 이것으로 䤵虢은 西虢임을 알 수 있다. 虢䤵公은 西虢에 처음 봉해진 자일 것으로, 옛날에는 西虢을 䤵虢이라고 칭하였는데, 䤵이라는 칭호를 虢의 앞에 덧붙임으로써 東虢이나 北虢과 구별하였다. 〈趞尊〉이나 〈寏鼎〉 등에서 趞은 바로 虢城公임을 알 수 있으니, 본 기물의 작자인 班은 趞의 신하〈臣屬〉이다.

그러나, 陳夢家는 東虢의 통치자라고 하였다.

城은 河南省 鄭 땅에 있었는데 '東'의 범위에 해당된다. 西周 중기 金文에 〈城虢仲簋〉(『三代』7·14·1)가 있고 〈鄭虢仲簋〉(『西清』27·28, 『三代』8·18·3, 8·18·2)도 있는데 여기에서의 城은 鄭이다.

『銘選』은 虢䤵公을 인명이라고만 밝히고 있다.

4) 服 : 관직의 범칭이다. 『시경』「蕩」에서 "일찍이 정사를 행한다(曾是在

服)"라고 하였으며, 毛傳에서는 "服은 政事를 맡아한다는 것이다(服, 服政事也)"라고 하였다. 여기에서는 虢城公의 西周 왕조에서의 직위를 가리키는 것이다. 『銘選』도 『시경』을 인용하여 관직이라고 하였다.

服은 관직이다. 『시경』「蕩」에 "일찍이 政事를 행한다고 한다(曾是在服)"라고 하였고, 『毛傳』에 "服은 政事를 행하는 것이다(服, 服政事也)"라고 하였다.

3. 甹(屏)王立(位), 乍四方亙, 秉繁·蜀·巢令, 易(賜)铃鋬, 咸.

1) 甹 : 屏의 가차자이다. 『설문』「尸部」에 "屏은 덮어서 가리는 것이다(屏, 蔽也)"라고 하였다. 『대계』도 屏자로 석문하고 자세히 논하고 있다.

甹王位는 〈番生簋〉에서도 보이고, 〈毛公鼎〉에서는 "嘌朕位"라고 했다. 孫詒讓은 〈毛公鼎〉을 고석할 때 "『설문』에 僻僻라는 단어를 쓸 때의 구성요소인 謗자이다"라고 하였으나, 후에 고쳐서 甹이라 해석하면서 "謗자는 뜻이 없으니, 여기에서의 '左嘌朕位'는 甹과 통할 수 있을 것이다. 『설문』「血部에 '甹은 호흡이 안정되었다(定息.)'는 뜻으로, 血을 구성요소로 하고, 甹의 생략형을 소리요소로 하며, 亭과 같이 읽는다(定息也. 从血, 甹省聲, 讀若亭)'고 했으니, '朕의 지위를 안정되게 한다'는 뜻이다. (먼저의 주장은 『古籀拾遺』끝 부록에 있고, 뒤의 주장은 『籀膏述林(籀廎述林)』「卷七」에 있다)"라고 했다. 내가 보기에는 謗로 보는 것이 마땅하다. 『설문』에 謗자나 嘌자는 없지만 우연히 빼놓았을 것이다. 본 기물과 〈番生簋〉의 甹은 분명 甹의 번문이고 가차해서 屏자가 된다. 『좌전』「哀公16年」에 "어지신 하늘이 우리 노나라를 돌보시지 않으시어 이런 훌륭한 분을 남겨 두시지 않으시고, 나 한 사람만 임금의 위에 있게 하시니(旻天不弔 不憖遺一老 俾屏子一人以在位)"의 어법이 이것과 유사하다. 僻僻자는 『시경』「小毖」의 "내 벌을 부리지 말지어다(莫子幷蜂)"에 幷蜂이 쓰여있고, 毛傳에 "幷夆"이라 쓰여있으며, 『爾雅』「釋訓」에 "甹夆"이라 쓰여있다. 幷자 또한 幷으로 구성되고 소리를 내니, 본 기물 명문의 甹, 嘌은 모두 屏으로 가차됨을 알 수 있다.

『雙選』역시 屛으로 보았다.

鄻王位 : 毛公鼎에 '**夢**朕位'라고 하였고, 番生簋에 '**鄻**王位'라고 하였다.
『銘選』에서 屛으로 보았다.

鄻은 甹의 번체자로 가차해서 屛이 되고, 울타리가 되어 보호한다(藩屛, 保衛)는 뜻이다. 『좌전』「僖公二十四年」에 "옛날에 주공께서는 이숙(관숙, 채숙)이 왕실과 불화해서 망한 것을 슬퍼하셨다. 그리하여 친척을 제후로 봉하여 주나라의 울타리가 되어 둘러싸는 나라로 삼았다(昔周公弔二叔之不咸, 故封建親戚以蕃屛周)"고 했다.

2) 立 : 옛날에 立과 位는 같은 글자였으며 여기에서는 位로 본다.

3) 乍四方罡 : 郭沫若은 『대계』에서 罡는 名望의 뜻이라고 하였다.

乍三方罡은 천하의 표본을 말하니, 『좌전』「昭公十三年」의 "우리 선생님은 楚나라의 명망인입니다(吾子 楚國望也)"라고 했는데, 그 望자의 뜻이 이 명문의 罡자와 같다.

『銘選』은 亟으로 판단하고 모범이나 기준의 뜻이라고 했다.

亟은 전서체에서는 가지로 사람을 쳐서 상하에 난간이 있는 陜中(막힌 곳 가운데)에 가두는 것을 본뜬 것으로, 口의 요소로 구성된 것은 놀라서 소리지르는 뜻이니, 亟의 본뜻은 殛(죽일 극)이 마땅할 것이다. 명문에는 丞로 쓰여 있는데, 필획이 약간 간략 되었지만 陜中의 형상은 아직 고쳐지지 않았다. 亟은 極과 통한다. 『시경』「商頌·殷武」에 "商나라 도읍이 잘 정돈되어 있으니, 사방의 표준이로다(商邑翼翼, 四方之極)"라고 하였고, 이를 鄭玄의 箋에서는 "商邑의 예속이 잘 정돈되어 본뜰만하므로, 사방의 중정이 되었다(商邑之禮俗翼翼然可則倣 乃四方之中正也)"라고 했다. 『後漢書』「樊準傳」에 『韓詩』를 인용하여 "수도가 잘 정돈되어있으니, 사방의 표준이로다(京師翼翼, 四方是則)"라고 하였고, 『시경』「大雅·卷阿」에 "개제한 군자라. 사방에서 법으로 삼으리라(豈弟君子, 四方是則)"라고 하였다.

罡은 명문으로는 **罡**로 썼고, 갑골문으로는 **罡**로 썼다. 于省吾는 "亟는 옛 極자이다. 亟은 또한 亟의 初文이다. 가운데에 人을 구성요소로 하고 있고 위·아래에 두 개의 짧은 획이 있는데 위로는 정수리까지 이르고, 아래로는 발꿈치까지 이르고 있어, 極의 본 뜻을 분명하게 볼 수 있다(『騈枝』3·p.27)"라고 하였다. 『시경』 「殷武」에 "商의 도읍이 정연하니 사방의 極이 되네(商邑翼翼, 四方之極)"라고 하였고, 鄭箋에서는 極을 中正으로 새기고 있는데 현대어로는 준칙·모범이라는 말과 같다. 韓詩와 齊詩에 "나라의 도읍이 정연하니 사방의 준칙이 되네(京邑翼翼, 四方是則)"고 하였다. 作四方極은 사방의 준칙으로 삼는다는 의미이다.

4) 秉 : 집정한다는 뜻이다. 『대계』는 "秉은 주관한다(主持)는 말과 같다"고 했으며, 『銘選』에서 "秉은 『管子』 「小匡」에서 '나라를 다스리는 것은 상벌의 자루를 잃지 않는 것이다(治國不失秉)'라고 했는데, 이것은 동사로 쓰인 것으로 잡아서 관장한다는 뜻이다"라고 하였다.

李學勤은 "秉…命"은 "執命"과 같은 뜻이라고 했다.

"秉命"은 『論語』 「季氏」에서 말한 "모시는 신하가 국가의 권력을 장악한다(陪臣執國命)"는 것과 같은 구조로, 그 方國 정사를 장악한다는 의미이다. 繁·蜀·巢는 변두리의 方國이고 주 왕조에 예속되었기 때문에, 周王이 毛公에게 명하여 그 政事를 관리하도록 한 것이다.

5) 繁 : 〈曾伯黍匿〉의 "印(抑)燮繁湯"이라고 한 繁湯으로, 繁陽이라고도 한다. 『좌전』 「襄公4年」에 "楚나라 군사가 陳나라에 배반당했기 때문에 繁陽에 계속 머무르게 되었다(楚師爲陳叛故, 猶在繁陽)"라는 기록이 있는데, 杜預注에서 "번양은 초나라 땅으로, 汝南 鮦陽縣의 남쪽에 있다(繁陽, 楚地, 在汝南鮦陽縣南)"고 했는데, 지금의 河南省 新蔡縣 북쪽에 해당된다. 陳夢家는 "金文에서 曾伯·曾侯·曾姬 등의 기물은 모두 鄭 땅의 曾으로, 淮水 북쪽 繁陽과 淮夷에 인접해 있다. 『路史』 「國名紀丁」에 의거하면 繁은 商氏의 후예이다"라고 하였다. 〈대계〉는

緐은 남쪽의 나라이름이라고 하였다.

緐은 나라이름으로 〈晉姜鼎〉의 "征緐湯譯"과 〈曾伯霥簠〉의 "克狄(遏)淮夷, 印**變蠻**, 湯"에 나오는 글자로 緐은 대체로 남쪽 나라이다.

6) 蜀 : 『銘選』에서 蜀은 巴蜀을 의미하지 않고 魯나라의 蜀일 가능성이 있다고 하였다.

蜀은 巴蜀의 蜀이 아니라 魯나라의 蜀일 가능성이 있다. 『春秋』「成公二年」에 "11월 성공이 초나라의 공자 영제를 촉땅에서 회견하였다. 병신일에 성공이 초나라 사람 및 …… 조나라 사람, 주나라 사람, 설나라 사람, 증나라 사람과 촉에서 회맹하였다(十有一月 公會楚公子嬰齊于蜀. 丙申公及楚人秦人宋人陳人衛人鄭人齊人曹人邾人薛人鄫人盟于蜀)"라 하였으며, 이 지역의 이름이 『國語』「楚語」에도 나오는데 "영왕이 장화대를 만들고 …… 제후와 함께 처음으로 오르기를 바랐으나, 제후들이 모두 멀리 있어서 이르는 사람이 없었다. 뒷날에 태재 계를 시켜 노후(노나라 제후)를 억지로 청하니, 노후가 촉땅에 전쟁이 일으날 것을 두려워해서 겨우 오게 할 수 있었다(靈王爲章華之臺……願得諸侯與始升焉 諸侯皆距 無有至者 而後使太宰啟 彊請於魯侯 懼之以蜀之役 而僅得以來)"라 했고, 韋昭 注에 "蜀은 魯나라 땅이다(蜀, 魯地)"고 했다.

한편, 『집고』에서는 지금의 四川省 巴蜀을 의미한다고 하였다.

商과 周 시기의 方國 이름이다. 『상서』「牧誓」에 "庸·蜀·羌·髳·微·盧·彭·濮나라 사람들(及庸·蜀·羌·髳·微·盧·彭·濮人)"이란 기록이 있는데, 孔傳에서 "여덟 개 나라는 모두 南蠻·東夷·西戎·北狄으로 文王에게 복속되었다(八國皆蠻夷戎狄屬文王者)"라고 풀이하였다. 『史記正義』「周本紀」에서는 『括地志』를 인용하여 "益州와 邑利州 등의 州는 모두 옛 蜀國이었다(益州及邑, 利等州, 皆古蜀國)"라고 하였다. 그 지역은 지금의 四川省 成都 평원 일대에 위치해 있다.

본고에서는 『銘選』의 설을 따른다.

7) 巢 : 고대 나라 이름이다. 『상서』「序」에 "소백이 와서 조회를 함에 예백

이 려소명을 지었다(巢伯來朝, 芮伯作旅巢命)"라는 기록이 있는데, 孔傳에는 "巢는 은나라의 제후이고, 伯은 작위이다. 남방의 멀리 떨어진 방국이다(巢殷之諸侯, 伯爵也, 南方遠國)"라고 하였고, 孔疏에서는 "『상서』「仲虺之誥」에 '成湯이 桀을 南巢로 추방하였다'고 했는데, 이곳을 巢로 보는 것이 옳을 것이다(成湯放桀于南巢, 或此巢是也)"라고 하였다. 『史記』「夏本紀」에 "桀이 鳴條로 도주하였으나 결국은 추방되어 죽었다(桀走鳴條, 遂放而死)"고 하였다. 『상서정의』에서는 『括地志』를 인용하여 "廬州 巢縣에 巢湖가 있는데 바로 『상서』에서 湯임금이 桀을 정벌하고 南巢로 추방한 곳이다(廬州巢縣有巢湖, 卽尙書成湯伐桀, 放于南巢者也)"라고 하였다. 『水經注』「沔水注」에 "巢는 舒國 중의 하나이다(巢, 群舒國也)"라고 하였다. 顧棟高의 『春秋大事表』에서 "巢는 지금의 江南 廬州 府巢縣 동북쪽 5리에 居巢城이 있다(巢城, 今江南廬州, 府巢縣, 東北五里, 有古巢)"라고 하였다. 『대계』는 "巢는 지금 안휘성 소호(巢湖)부근이다"라고 했다.

8) 铃 : 『字書』에 보이지 않으며, 令을 구성요소로 하고 令으로 읽으며 鈴으로 보아야 한다. 『시경』「載見」에 "용그린 깃발은 선명하고, 수레와 깃대에 달린 방울은 화음지며 짤랑거린다(龍旗陽陽, 和鈴央央)"라는 말이 있는데, 毛傳은 "和는 수레앞턱나무에 달려있고, 領은 깃발위에 달려있다(和在軾前, 鈴在旗上)"고 풀이하였다. 金文에 종종 鈴은 旗로 대체되므로 鈴을 하사하는(賜鈴) 것은 곧 깃발을 하사하는(賜旗) 것이다.

9) 鑿 : 재갈을 물리기 위한 말의 머리굴레로 典籍에서는 勒으로 썼다. 『설문』「力部」에 "勒은 말 머리를 얽어매는 재갈이다(勒, 馬頭絡銜)"라고 하였다.
『銘選』에서 "鑿은 말재갈 굴레이다. 글자가 金을 구성요소로 하니 재갈이 동제품인 것을 나타낸다"고 했다.

10) 咸 : 『설문』「口部」에 "咸은 모두(皆)라는 뜻이며, 다한다(悉)는 것이

다(咸, 皆也, 悉也)"라고 하였으니, "완전히 마쳤다"라는 뜻으로 인신된다.

『대계』는 咸자를 앞의 문장과 연결하여 해석해야 한다고 했다.

본 명문 중 2개의 咸자는 모두 앞 문장에 속한 구다. 〈令彝〉의 "旣咸令"과 의미가 같은데, 다만 문장이 간소해졌을 뿐이다. 혹 咸을 뒤의 글자와 이어 "咸王"이라 해서 "成王"으로 풀이하는 것은, 成과 咸의 음이 통하지 않음은 말할것도 없고, 본 명문 중 4개의 "王令"은 각각 두자씩 서로 대응하는 문자인데 가운데 있는 두 구만 ('咸'자를 넣어서) "咸王"이라 칭하고, 처음과 마지막의 두 구는 (咸王이라고) 칭하지 않으니, 이런 문법은 없다. 〈作册般甗〉 의 "王[illegible]尸方無敄,咸. 王賞作册般貝"라는 예가 이것과 같으니, 咸자는 앞 문장에 속한 구로 봐야한다.

4. 王令(命)毛公以邦冢君·土馭·或人伐東或(國)痟戎, 咸.

1) 毛公 : 毛伯으로 虢城公의 직위를 대신하기 전에는 伯(모백)이라고 칭했으며, 虢城公의 직위를 대신하게 된 뒤에는 公(모공)이라고 칭했다. 『銘選』도 "毛公은 班으로 원래 毛伯으로 칭했으며 班은 그 이름인데, 虢成公의 관직을 계승한 이후 公으로 불렸다"고 했다.

2) 邦冢君은 『銘選』은 『상서』를 인용해서 제후라고 하였다.

邦冢君은 『상서』「牧誓」에 "우리 우방의 총군(我友邦冢君)"이라고 했다. 각 동맹 부락의 수장이니 제후이다.

3) 土馭 : 土는 徒의 가차자로 보병을 가리킨다. 馭는 『설문』「彳部」에 "御는 말을 부리는 것이다. 馭는 御의 옛 글자이다(御, 使馬也. 馭, 古文御)"라고 하였다. 고대 전쟁은 전차(兵車)를 사용하였는데 전차를 모는 사람을 御라고 칭했고 金文에서는 馭로 썼다.

『銘選』도 "土馭는 보병과 마부로 보병과 전차병이다. 馭는 전차 마부로 전차병을 통합해서 가리키는 말이다"라고 했다.

4) 戜 :『설문』「戈部」에 "戜은 날카로운(利) 것이다. 일설에는 깎는(剔)

것이다(戜, 利也. 一曰剔也)"라고 하였다. 『銘選』은 부족의 이름이라고

하였다.

> 戜은 부족의 이름이다. 전해져 내려오는 〈戜伯鼎〉, 〈戜者鼎〉, 〈叔夷鐘〉의
> 명문에 "戜徒"라는 구절이 있는데 모두 같은 부족의 이름이다.

한편, 李學勤은 秩로 보고 치중을 담당하는 병사로 보아야 한다고 하

였다.

> '秩'은 『설문』「禾部」에서 "쌓는 것이다(積也)"라고 하였고, 『禮記』「月令」에
> 있는 '秩芻'의 鄭注에서 "秩은 늘상(常)이다"라고 풀이하고 있다. 하지만
> 積이라 새기는 것만 못하다고 본다. 秩人은 아마도 『司馬法』의 '물 긷고 나
> 무하는 사역병(樵汲)'과 유사하거나, 혹은 양식을 운반하는 병사였을 것이
> 다"라고 하였다.

본고에서는 李學勤의 설을 따르기로 한다.

5) 瘄戎 :『玉篇』에 "瘄은 무릎병이다(瘄, 膝病)"라고 하였는데, 본 명문

에서는 猾의 가차이다. 『상서』「舜典」에 "蠻夷가 中國을 어지럽힌

다(蠻夷猾夏)"라고 하였으며, 孔傳에 "猾은 어지럽히는 것이다(猾, 亂

也)"라고 하였다. 역사적인 기록에 穆王이 徐와 戎을 토벌한 내용이

있는데 여기에서 猾戎은 徐와 淮夷가 周를 배반한 일을 가리키는 것

으로 보아야 할 것이다.

李學勤도 "瘄"자를 어지럽힌다(亂)는 뜻으로 보아야 한다고 했다.

> "瘄"자는 『玉篇』에 보인다. 전국 시기의 도장에 이 글자가 있는데, 자형이
> 이 簋의 명문과 동일하다. "瘄"은 滑 또는 猾로 보아야 한다. 『小爾雅』「廣
> 言」에 "滑은 어지럽히는 것이다(滑, 亂也)"라고 하였으므로 "瘄戎"은 亂
> 戎을 이른다고 볼 수 있다.

한편, 『대계』에서 "瘄戎은 奄人이다(奄 : 춘추시기의 魯의 땅. 淮夷옆에 있었

음)"라고 하였다. 『銘選』도 徐國 가운데 한 부족의 이름이라고 하였다.

瘤戎은 東國의 한 방국의 부족이다. 혹자는 瘤자를 厭자의 이체자로도 보니, 厭의 고음이 偃姓의 偃과 같으며 寒의 소리部인데, 徐戎은 偃姓이고, 徐戎은 東國에 있으니 "伐厭戎(厭戎을 정벌한다)"은 "伐徐(徐를 정벌한다)"의 뜻이다.

5. 王令(命)吳白(伯)曰, "以乃自(師)左比毛父!" 王令(命)呂白(伯)曰, "以乃自(師)右比毛父!"

   1) 吳伯·呂伯 : 李學勤은 吳를 지금의 江蘇省에 있던 吳로 보며, 呂는 河南省 南陽에 있던 나라로 본다.

      毛公이 제후들을 인솔하여 동쪽으로 정벌할 때, 吳國은 江蘇의 無錫에 수도를 삼고 있었으므로 왼쪽에 위치하고 있었던 것이고, 呂國은 河南省 南陽에 있어 오른쪽에 위치하고 있었다. 이러한 지리적 배경은 왕이 吳와 呂 두 나라에게 명령하여 각자의 本國 군사들을 이끌고 毛公에게 협력하게 한 원인이 된다. 이를 통해 보면 동국의 亂戎은 長江과 淮水 사이에 있었음을 추론할 수 있다.

      또한 명문 중의 呂伯은 楊樹達이 『상서』「呂刑」의 呂侯라고 밝혔다(梁玉繩의『古今人表考』「권4」참고) 吳伯은『史記』「吳世家」의 가계에 근거하면 柯相 또는 彊鳩夷(熊遂卒, 子柯相立. 柯相卒, 子彊鳩夷立)로 짐작된다.

   『銘選』은 吳伯의 이름은 笨이고 呂伯의 이름은 剛으로 모두 목왕 때의 신하라고 하였다.

      吳伯의 이름은 笨이고, 〈靜簋〉 명문에서 보인다. 吳伯과 아래문장의 呂伯 및 班이 함께 모여 왕의 명령을 받았다. 呂伯의 이름은 剛이고, 〈靜簋〉 명문에서 보인다. 『상서』「周書·呂刑」에 "呂에게 명하니, 穆王이 夏나라의 贖刑을 가르침에 여형을 지었다(呂命, 穆王訓夏贖刑 作呂刑)"라 하고, 孔傳에 주석하기를 "여후가 목왕의 명령으로써 글을 지으니, 하우씨의 속형하는 법을 가르쳐 편 것이다(呂侯以穆王命作書, 訓暢夏禹贖刑之法)"라고 했다. 「呂

刑」에서는 여백을 여라고 단칭한 것이니, 呂伯이 呂가 된다. 전해져 내려

오는 呂의 기물 중에 〈呂齋〉이 있는데 여기서도 呂라고만 칭했다. 〈呂齋〉과

〈靜簋〉는 모두 穆王시기의 기물이다.

2) 比 : 회합하는 것이다. 『國語』「吳語」에 "어린애와 모여 꾀를 내고(而

孩童焉比謀)"라고 하니, 韋昭 注에 "『荀子』「臣道」에 '지혜를 합하고 힘

을 모을 수 있는 사람이 있어서'(荀子臣道 有能比知同力)"라 하였다.

『雙選』은 명문의 "左比·右比"를 풀이하면서 "왼쪽에서 돕고, 오른쪽

에서 돕는 것"이라고 하였다. 여기에서는 이에 따라 "돕는다"라는 의

미로 해석한다.

3) 毛父 : 毛公으로, 毛公이 穆王의 아버지 항렬이기 때문에 毛父라고

칭한 것이다. 『雙選』에서 劉心源의 말을 인용하여 "유심원은 毛伯,

毛公, 毛父가 본래 동일한 인물이라고 말하였다"고 했다.

6. 趞令(命)曰, "以乃族從父征, 徣城, 衛父身"

1) 趞(遣)令(命)曰 : 趞은 옛 遣자이다. "趞命曰"을 "趞이 명령하여 말한

다"고 해석한다면, 위·아래 문장에서 "趞"을 찾아볼 수 없기 때문에,

갑작스럽게 趞이 나타난 것이 된다. 아래 문장에서 "城을 나서면서

毛父의 몸을 호위하라(出城,衛父身)"라고 하였으므로, 이 명령의 대상

은 분명 城虢에 있는 遣족이지 毛班이 아님을 알 수 있다. 따라서 여

기에서 "命"을 행하는 동작의 주체인 주어가 여전히 왕이라는 것을 알

수 있다. 아마도 앞 문장에 왕이 있기 때문에 왕을 생략하였을 것이

다. 遣命은 命遣이 도치된 것으로, 金文에 "某蔑歷", "某賜貝"는 "蔑

某厤", "賜某貝"으로도 쓰이며, 『상서』「說命」에 "부열에게 명하여 모

든 관리들을 총괄하도록 하였다(惟說命總百官)"에서의 "說命"이 "命

說"으로 쓰인 것이 모두 증거가 될 수 있다.

李學勤은 〈孟簋〉에 대해서 기술하면서, 遣은 목왕 때 모공과 같이 정

벌에 나선 趞仲이라고 하였다.

〈孟簋〉의 명문은 "孟日, 朕文考畢毛公, 趞仲征, 無覎(忝), 毛公錫朕文考臣
自厥工"이다. 毛公이 趞과 출정한 일은 유명한 〈班簋〉에 기재되어 있다.
趞과 앞서 언급한 〈趞尊〉·〈趞卣〉의 器主는 한 사람이다. 〈豊尊〉, 〈豊卣〉
와 〈班簋〉, 〈孟簋〉는 銘文의 字體 풍격이 모두 유사하니 같은 시대에 제작
된 것이 분명하다. 〈班簋〉는 어떤 학자가 이미 穆王시기의 기물이라고 주장
하였으니 여기에서 더 분명하게 증명되었다. (李學勤, 「新出靑銅器硏究」, 「文物
出版社, 1990년 6월, 90쪽)

『銘選』에서 遣은 출발(發)의 뜻이라고 하였다.

遣은 출발(發)함이다. 『좌전』「僖公三十二年」에 "강씨와 자범이 서로 상의
하여, 취하게 한 뒤에 떠나게 했다(姜氏與子犯謀, 醉而遣之)"라고 했으니,
遣은 發의 뜻이다.

2) 乃族 : "너희 종족"으로 遣족이다. 『銘選』에서 "주나라 사람은 작전시
에 병사를 이끄는 수장의 宗族 중에서 전투력이 있는 성인은 반드시
전쟁에 참가하게 했고, 이들로써 군대의 골간을 삼았다"고 했다.

3) 徣(出)城 : 徣은 옛 出자이다. 城은 城地를 가리킨다. 出城은 城地에서
출발한다는 것이다. 『銘選』은 "城을 출발하라는 것이다. 부대에게 출
발하여 성문을 나서라는 명령이다"라고 했다.

4) 衛父身 : 여기에서 父는 毛父를 가리키는 말로, 앞 문장에 있기 때문
에 毛자를 생략한 것이다. 『대계』에서 "身자는 몸소 직접하는 것이
다"라고 하였는데, 『雙選』에서 "'衛父身'은 모백의 몸을 호위하는 것
이다"라고 풀이했다. 『銘選』도 "毛父는 主將이니, 좌우의 양부대로
중앙의 부대를 호위하는 것이다"라고 했다.

7. 三年靜東或(國), 亡不成.

1) 三年靜東國, 亡不成 : 三年은 穆王 3년을 가리키는 것 같다. 靜은

靖과 같으며, 『廣雅』「釋詁」에 "편안한 것이다(安也)"라고 하였다. "亡不成"은 성공하지 않은 적이 없다는 뜻으로, 亡은 無와 같다. "穆王 3년 東國을 안정시키는 일이 성공하지 않은 적이 없었다(三年靜東國, 亡不成)"는 것은 毛公이 소요를 평정한 성과를 크게 얻었음을 기술한 것이다.

그러나 『銘選』은 "亡不成"에 대해서는, "亡은 부정사이므로 '亡不成'은 성공하지 못하는 것을 不許한다는 것이다"라고 하였다. 또 아래문장의 敗天畏(威)와 연결하여, "성공하지 못하고 하늘의 위엄을 훼손시키는 것을 불허한다"라고 해석한다.

8. 敗天畏(威), 否畀屯陟.

1) 敗 : 尤로 본다. 『玉篇』에 "尤는 허물이다(尤, 過也)"라고 하였다. 〈戒方鼎〉의 명문 중에 "그 몸에 허물이 없다(毋(母)又敗于厥身)"는 구절에도 나온다.

   『銘選』은 敗로 예정하면서 훼손시키다는 뜻으로 풀이하였다.

   > 敗는 目과 爪로 구성되어있다. 금문에서 爪와 丑은 같은 글자의 형태로 썼는데, 丑은 彐로 쓰며 손에 긴 손톱이 있는 형상이기 때문에 叉도 爪자로 본다. 『설문』「目部」에 "敗는 눈알을 긁어내는 것(揹目)이며, 目과 叉로 구성되었다(揹目也 从目叉)"고 했다. 揹目은 맹인을 만드는 것으로, 그 글자를 인신해서 손톱으로 꺾고 할퀸다(剫揹)는 뜻이 있다. "敗天威"는 하늘의 위엄을 훼손시켰다는 의미이다.

2) 天畏(威) : 畏는 威로 가차된다. 天威는 하늘(上天)의 위엄이다. 고대 帝王들은 天命을 받아 천하를 통치하였는데, 누군가가 그를 배반하면 하늘의 위엄(天威)을 거슬렀다고 여겼다.

3) 否畀 : 否는 不로 읽는다. 畀는 『爾雅』「釋詁上」에 "畀는 하사하는 것이다(畀, 賜也)"라고 하였고, 郭璞 注에서도 "畀는 하사하여 주는 것이

다(畀, 賜與也)"라고 하였다.

4) 屯 : 屯은 純으로 읽는다. 『史記』「漢興以來諸侯年表」에 "周王이 덕을 닦지 않고 순일하게 못하여 형세가 약해진 것이다(非德不純, 形勢弱也)"라고 하였다. 司馬貞은 『史記索隱』에서 "純은 선한 것이다. 또 순일이라고도 한다(純, 善也: 亦云純一)"라고 하였다.

5) 陟 : 『廣韻』「職韻」에 "陟은 나아가는 것이다(陟, 進也)"라고 하였다. 『상서』「舜典」에 "3년마다 관리들의 업무를 고과하고, 세 번 고과하는 동안 혼암한 관리는 내치고 명철한 관리는 승진시켰다(三載考積, 三考黜陟幽明)"고 하였으며, 孔傳에 "그 중에서 명철한 이들을 승진시킨다(升進其明者)"라고 하였다.

6) 否畀屯陟 : 금문에는 "屯右"하는 표현이 여러차례 보인다. 〈小克鼎〉에 "用丐康勵屯右"라고 하였고, 〈微纝鼎〉에는 "用錫康勵魯休屯右"라고 하였다. 徐中舒는 "屯右"를 "純佑"로 보면서 『상서』「君奭」의 "하늘이 순수하게 명을 내려 도왔다(天惟純佑命)", "문왕도 덕을 나라사람들에게 내려주지 못하였을 것이다. 또한 하늘이 순수하게 도와준 것은 덕을 잡은 이들이 정성껏 보좌하며 天威를 알았기 때문이다(文王蔑德, 降于國人, 亦惟純佑秉德, 迪知天威)"라고 한 것이 증거가 된다고 하였다(『金文嘏辭釋例』, 『史語所集刊』第6本1分冊 p.32) 『상서』「多方」에 "하늘이 좋은 복을 내려주지 않는다(惟天不畀純)"라고 하였는데, 孫星衍의 『尚書今古文注疏』에서 "純은 『方言』에 좋은 것이다(好也)"라고 하였으며, 『樊毅修華嶽碑』에 "하늘은 순일하게 만국을 돕는다(天惟醇佑萬國)"라고 하였는데 純과 醇은 소리가 서로 유사하다. 따라서 이 말은 "하늘이 좋은 과보(美報)를 내려주지 않았다"는 것을 말한다. "하늘이 좋은 복을 내려주지 않았다(惟天不畀純)"는 것은 『상서』「君奭」의 "하늘이 순일하게 명을 내려 도왔다(天惟純佑命)"는 것과 상반된다. 『시경』「小明」에 "신명이 보우하고 들으면 그대를 쓰고 기를 것이다(神之聽之, 式穀以女)"는

말이 있는데, 鄭箋에서 "神明이 보우하고 들으면, 그가 착한 사람을 쓰니, 반드시 그대를 쓸 것이다(神明若祐而聽之, 其用善人, 則必用女)"라고 풀이하였으며, 『釋文』에 "祐는 음이 又이며, 판본에 따라 右라고 하기도 하고 佑라고 하기도 하는데, 모두 같은 뜻이다(祐, 音又, 本或作右, 又作佑. 並同)"고 하였다. 『좌전』 「襄公十年」에 "왕이 伯輿를 돕는다(王右伯輿)"고 하였으며, 杜預의 注에 "右는 돕는 것이다(右, 助)"라고 하였다. 純右는 순일하게 돕는다는 뜻이다. 陟은 進이라는 뜻이다. 純陟은 純右와 뜻이 유사하다. 명문에서 말하는 것은, 東國이 하늘의 위엄(天威)을 거슬렀기에 하늘이 좋은 쪽으로 나아가지 못하게 했다는 것으로, 순일하게 도와주지 않았다는 뜻이다.

『銘選』은 "하늘의 도움을 주지 않음이 시간이 갈수록 심해 질 것이다"라고 했다.

> 否(不)畀屯(純)陟은 하늘의 도움을 주지 않음이 시간이 갈수록 심해 질 것이다는 뜻이다. 不畀는 주지 않는다는 것이니, 도와주지 않는다는 뜻이다.
>
> 『상서』 「多方」에 "하늘이 좋은 복을 내려주지 않았다(惟天不畀純)"라고 하였고, 孔傳에 "하늘이 걸에게 도와주지 않는 것이 이미 컸다(惟天不與桀亦已大)"라고 했다.

9. 公告厥事于上, "佳民亡㝅才(哉)! 彝悉(昧)天令(命), 故亡, 允才(哉) 覡! 佳敬德, 亡(攸)違"

1) 公 : 毛公을 가리킨다.
2) 告 : 보고하는 것이다. 『銘選』에서 "모공 반이 일의 성공을 임금에게 보고한 것"이라고 하였다.
3) 厥事 : 東國을 토벌하여 亂戎에게 승리를 거둔 일을 가리킨다.
4) 上 : 周 穆王을 가리킨다.
5) 亡 : 氓의 가차자이다. 『戰國策』 「秦策一」에 "저 나라는 진실로 亡國의

형상이어서 자신의 백성들을 위해 근심하지 않는다(彼固亡國之形也, 而
不憂其民氓)"라고 하였으며, 高誘 注에 "野民을 氓이라고 한다(野民曰
氓)"고 하였다. 여기에서는 배반한 夷에 대하여 얕잡아 부르는 호칭(鄙
稱)이다.

6) 徣 : 『雙選』에서는 "옛날에는 '시작하다(造)'로 해석했다"고 하였다.
出의 古字이고 拙의 가차자이다. 『廣雅』「釋詁3」에 "拙은 우둔한 것
이다(拙, 鈍也)"라고 하였다. 鈍은 우둔하다는 것을 말하며 고집불통이
라는 말과 같다. 『銘選』에서는 亡徣을 謀拙로 읽는다고 했다.

> 謀拙로 읽는다. 亡와 謀는 옛날에 같은 소리이니 가차된다. 徣은 徣로
> 彳을 구성요소로 하고 茁은 소리요소로, 가차해서 拙이 된다. 『楚辭』「離
> 騷」에 "꾀하는 것은 졸렬하고 중매는 어눌하다(理弱而媒拙兮)"라고 했으니,
> 媒와 謀의 옛 글자는 통한다. 謀拙은 우둔함을 말한다.

7) 才 : 哉로 가차되며 語氣詞이다. 『雙選』에서는 "〈師訇簋〉의 '哀才'에
서의 才도 哉로 본다"고 하였다.

8) 彝 : 夷와 같다. 『시경』「瞻仰」에 "해충이 곡식을 해치고 병들게 하듯 항
상 끊임이 없다(蟊賊蟊疾, 靡有夷屆)"라고 하였으며, 毛傳에 "夷는 항상
함이다(夷, 常也)"라고 하였다. (『銘選』)

9) 杗 : 昧의 古字이며 무릅쓰고 범한다는 뜻이다. 『韓非子』「初見秦」에
"제가 죽음을 무릅쓰고 원하는 것은, 대왕을 뵙고서 천하 제후들의
합종을 깨뜨리는 것입니다(臣昧死, 願望見大王, 言所以破天下之縱)"라고
하였고, 『文選』「吳都賦」에 '서로 깊고 험한 것을 무릅쓰고 기이한 구
슬을 찾는다(相與昧潛險, 搜瑰奇)'라고 하였는데, 李善注는 劉逵의 말을
인용하여 "昧는 무릅쓰는 것이다(昧, 冒也)"라고 하였다.

10) 允 : 『설문』「儿部」에 "진실로이다(信也)"라고 하였다. 『雙選』은 "允才(哉)
顯"을 "진실이구나! 그 드러남이 분명하도다(信乎其顯明也)"라고 했으
며, 『銘選』은 "참으로 밝게 드러남이다"라고 하였다.

11) 佳民~允才覰 : "佳民"에서 "允才覰"까지 대체적인 뜻은 "고집 센 백성들이 참으로 어리석구나, 天命을 무릅쓰고 거슬러서 멸망하게 될 것이니 이는 확실하고 분명한 것이다"라는 말이다.

12) 苟(敬) : 郭沫若은 『대계』에서 敬으로 보아야 한다고 했다. 명문에는 苟이라고 되어 있는데 敬의 古字이다. 『玉篇』에 "敬은 삼가는 것이다(敬, 愼也)"라고 하였다. 『論語』「子路」에 "몸가짐을 공손히 하고, 일을 맡으면 공경을 다하고, 남과 사귈 때에는 진심을 다해야 한다(居處恭, 執事敬, 與人忠)"라고 하였는데, 邢昺의 疏에서 "몸가짐을 공손히 하고 삼가며, 일을 맡으면 공경을 다하고, 남과 사귈 때에는 진심을 다해야 한다(居處恭謹, 執事敬慎, 忠以與人也)"라고 하였다.

13) 德 : 『易經』「乾卦」에 "君子는 德에 나아가 業을 닦는다(君子進德修業)"라고 하였는데, 孔疏에서 "德은 덕행을 말한다(德, 謂德行)"라고 하였다. 敬德은 덕행에 공경을 다한다는 말이다.
『銘選』은 "佳苟(敬)德"을 "경건하게 덕을 닦는다"로 풀이하였다.

14) 亡 : 無와 같다.

15) 𠧟 : 卣의 繁文으로 攸로 가차된다. 『상서』「禹貢」에 "해를 따라 옮겨 다니는 기러기 같은 철새들(陽鳥)이 사는 곳이다(陽鳥攸居)"라고 하였고, 『漢書』「地理志」에서는 "해를 따라다니는 철새들이 거주하는 곳이다(陽鳥𠧟居)"라고 하였다. "𠧟"는 "卣"의 變體이다. 『爾雅』「釋言」에 "攸는 자리하는 바이다(攸, 所也)"라고 하였다. 따라서 "無所違"는 덕행을 위배한 바가 없음을 의미한다. 한편 『銘選』에서는 "하늘의 명을 어김이 없다"로 보고, "攸는 어중조사로 특별한 뜻이 없다"고 하였다.
여기까지가 毛公이 왕의 명을 받들어 東國의 亂戎을 토벌한 것과 승리한 후 復命한 일을 그의 아들 班이 나중에 진술한 내용이다.

10. 班拜頴首曰, 烏虖(呼)! 不杯乩!

1) 班拜頴(稽)首 : 班이 돌아가신 毛公에 대하여 절하고 머리를 조아리는
   것으로 "曰" 이하는 자기 아버지의 功과 업적을 찬양하고, 기물을 만
   든 이유를 기술한 것이다. 『雙選』은 "班은 毛伯의 이름"이라고 하였다.

2) 不杯乩 : 郭沫若은 『대계』에서 "不杯"은 "丕丕"로, "乩"은 "朕"으로
   보았다.

> 不杯乩皇公 : 〈秦公簋〉 및 〈秦公鐘〉의 "不顯朕皇祖"와 같은 예이다. 不杯
> 은 다른 기물에서도 보이는데, 용례는 모두 不顯과 같고, 예전에는 杯을
> 顯으로 고석하였다. 許瀚은 "『상서』「大誥」에 '우리의 크고 큰 터전을 도우시
> 려는 때문이다(弼我丕丕基)'라 하고, 『상서』「立政」에서 '이 크나큰 터전을
> 함께 받으시게 되셨던 것입니다(以竝受此丕丕基)'라고 했는데, 『孔氏傳』에
> 서 丕丕基의 訓을 大大基(此大大之基業)라고 했고, 『爾雅』「釋訓」에서는 '丕
> 丕는 크다는 뜻이다(丕丕, 大也)'라고 말했다. 아마도 여기의 不杯는 丕丕일
> 것이고, 丕丕에서 앞의 丕는 不자로 가차되고, 뒤의 丕는 杯로 씀으로써
> 중복된 뜻을 나타냈을 것이다(『攈古錄金文』「3권 2」, 〈師虎簋〉에서 인용)"라고
> 했다. 지금 살펴보니 許瀚의 설이 맞다. 최근 출토된 〈守宮尊〉의 不否자
> 는 不𤣥로 쓰여 있는데, 否를 𤣥로 쓸 수 있으니, 不자도 杯로 쓸 수 있
> 다. 乩은 朕과 같은 뜻으로, 乩과 朕은 한가지 음이 전이된 것이다.

한편 『銘選』에서는 "乩"을 揚"으로 보았다.

> 명문에는 乩으로 쓰여 있는데 揚자의 생략형이다. 〈小子省壺〉와 〈揚簋〉
> 의 "揚"은 乩과 玉으로 구성되어있으니, 사람이 옥을 받들어 공손히 올려
> 바치는 모양의 형상이다. 이 글자는 주조할 때 玉자가 누락되었지만 揚으
> 로 보아야 한다.

"不杯"는 丕丕이다. 『爾雅』「釋訓」에 "丕丕는 큼이다(丕丕, 大也)"라고
하였다. 李學勤은 "楊樹達이 不杯乩은 찬미하는 말이라고 풀이하였
는데 매우 옳다. '乩'은 '極'으로 본다. 『爾雅』「釋詁」에 '지극한 것이다

(至也)'라고 풀이하였다"라고 하였다. 따라서 "丕丕極"은 至大하고 至極하다는 말과 같다.

11. 皇公受京宗懿釐, 毓文王·王姒聖孫, 帰于大服, 廣成厥工(功).

1) 皇公 : 皇은 선대, 또는 돌아가신 부모님에 대한 敬稱이다. 『禮記』「曲禮下」에 "제사 지낼 때에는 할아버지(王父)를 皇祖考라 하고, 할머니(王母)는 皇祖妣라 하며, 아버지는 皇考라고 하고, 어머니는 皇妣라 하며, 남편은 皇辟이라고 한다(祭王父曰皇祖考, 王母曰皇祖妣, 父曰皇考, 母曰皇妣, 夫曰皇辟)"고 하였다. 鄭玄 注에서 "호칭을 다시 설정해서 신을 존중하는 것은 산 사람과 다르다(更設稱號尊神, 異于人也)"라고 하였다. 그래서 『廣雅』「釋親」에서는 "公은 아버지의 호칭이다(公, 父也)"라고 한 것이다. 皇公은 皇考와 같은 말로, 여기에서는 班의 아버지 毛公을 가리킨다.

『銘選』에서도 "황공은 반의 父考(先親)이다"라고 하였다.

2) 京宗 : 京은『爾雅』「釋詁」에 "경은 큰 것이다(京 大也)"라고 하였다. 京宗은 周왕조의 宗室을 가리킨다.

『雙選』에서는 京宗을 종묘로 해석하였고, 『銘選』도 주왕조의 종실이라고 해석하면서 다음과 같이 말한다.

> 『爾雅』「釋詁」에서 "크다(大也)"고 했으니, 京宗은 大宗이다. 가족 중 적장자가 계승되는 世系를 大宗이라고한다. 여기에서는 周왕조의 宗室을 나타낸다.

3) 懿 :『廣雅』「釋詁」에 "아름다운 것이다(美也)"라고 하였다.

4) 釐 :『雙選』에서 釐는 제사지내고 나서 신으로부터 받는 복이라고 해석하였다.

> 『史記』「屈原賈生傳」에 "方受釐"라고 하였으며, 『史記集解』에서는 徐廣의 말을 인용하여 "釐는 祭祀지내고 신으로부터 받는 福胙이다(釐, 祭祀福胙也)"

라고 하였다. 毛伯인 班은 毛公鄭의 후손이므로 그의 선조를 일컬어 "아름다운 釐(神福)를 받았다"고 한 것이다.

『銘選』에서는 "懿釐"를 좋은 복으로 풀이했다.

懿釐는 좋은 복이다. 『설문』「里部」에 "釐는 가문의 복(釐, 家福也)"이라고 했고, 『漢書』「文帝紀」에 "사관이 축복했다(祠官祝釐)"고 했는데, 顔師古의 注에 "여순이 말하기를 '리는 복이다'라고 했다(如淳曰 釐, 家福也)"고 했다.

5) 毓 : 育의 본래 글자이다. 『시경』「蓼莪」에 "나를 쓰다듬고 나를 길러 주셨으며, 나를 키워주시고 감싸주셨다(拊我育我, 長我育我)"라고 하였다. 毛傳에서 "育은 감싸고 길러주는 것이다(育, 覆育也)"라고 하였다.

6) 文王 : 周 文王 姬昌이다.

7) 王姒 : 文王의 后妃인 大姒이다. 『시경』「思齊」에 "大姒가 시어머니 태임의 아름다운 명성을 이어, 백명이나 되는 많은 아들을 낳았다(大姒 嗣徽音, 則百斯男)"라고 하였는데, 『毛傳』에 "大姒는 文王의 妃이다(大姒, 文王之妃也)"라고 하였다. 명문에 姒는 㚶라고 되어있는데 姒의 古字이다.

8) 隓 : 隥의 古字이다. 阜를 구성요소로 하고 异을 소리요소로 하는데 异은 進獻한다는 뜻인 登의 初文이다. 『설문』「昌部」에 "隥은 오르는 것이다(隥, 仰也)"라고 하였는데, 段玉裁 注에 "仰은 올리는 것이며, 오르는 길을 隥이라고 한다(仰者舉也, 登陟之道曰隥)"라고 하였다. 여기에서 隥의 뜻은 돌계단인데 본 명문에서는 登으로 가차되며, 오른다(升)는 뜻이다.

9) 大服 : 大位로 높은 직위이다.

10) 廣 : 『廣雅』「釋詁1」에 "큰 것이다(大也)"라고 하였다.

11) 工 : 功으로 가차된다. "登于大服"은 "虢城公의 직위를 잇는 것(更虢城公服)"을 가리키는 말이며, "크게 그 공을 이루었다(廣成厥功)"는 것은 "3년 동안 東國을 안정시켰다(三年靜東國)"라는 것을 가리키는 말이

다. 『銘選』에서는 "隝(登)于大服"은 "陞次해서 고관이 되었다"로 풀이하고, "廣成乓工"은 "큰 영토를 건립한 것은 그의 공업이다"로 풀이했다.

12. 文王孫亡弗裏(懷)井(型), 亡克競厥剌(烈).

1) 文王孫 : 文王의 후손을 포괄적으로 가리키는 것으로 班도 그 안에 포함된다.

2) 亡 : "亡弗"의 亡자와 "亡克"의 亡자는 모두 無로 본다.

3) 弗 : 부정 부사로, "不"에 相當하는 말이다.

4) 裏 : 段玉裁 注에 의하면 "끼는 것이다(夾也)"라고 하였으니 懷와 통하며, 『설문』「心部」에 "懷는 생각하는 것이다(懷, 念思也)"라고 하였다.

5) 井 : 型으로 가차되며, 기물의 거푸집을 주조한다는 뜻인데, 인신하여서 典型 또는 典範이 된다. "無弗懷型"은 그 典範을 생각하지 않은 적이 없다는 것이다.

　『銘選』에서 다음과 같이 해석했다.

　　"文王孫亡弗裏(懷)井(型)"은 문왕의 후손들은 선조(선친)의 덕을 본보기로 삼아 품지 않는자가 없다는 뜻이다. 이상의 "登于大服, 厥功, 懷型"은 班이 父考를 칭송한 것이다.

6) 競 : 競은 『莊子』「齊物論」에 "경쟁이 있고 다툼이 있다(有競有爭)"고 하였고, 郭象注에 "같은 방향으로 쫓는 것을 競이라고 하고, 서로 마주보면서 변론하는 것을 爭이라고 한다(並逐曰競, 對辯曰爭)"라고 하였다.

7) 亡克競厥剌(烈) : 누구도 그의 功業과 견줄 수 없다는 것이다.

13. 班非敢覓, 佳(唯)乍(作)卲考爽, 益(謚)曰大政.

1) 非敢覓 : 覓은 『廣韻』에 "구하는 것이다(求也)"라고 하였다. "不敢覓"은 감히 바랄 수 없다는 것이다.

『대계』에서 覓을 희망하고 바란다는 뜻으로 풀이했다.

班非敢覓, 隹乍卲考爽益日大政 : 覓자는 脈(흠쳐볼 맥)으로 覭(몰래 볼 맥)자
와 같다. 『漢書』 「揚雄傳」에 "융성한 주나라의 크게 강녕함에서 구해 보네
(脈隆周之大寧)"의 주에 "脈은 覓이다(脈卽覓字)"고 했고, 『爾雅』 「釋詁」에 "艾
歷은 서로 함께 잘 살피는 것(艾歷 覭胥相也)"이라 하고, 『釋文』에서 "脈을 어
떤 판본에서는 覭으로 썼다(覭本作脈)"라고 했다. 여기에서의 覓은 "희망하
고 바란다"의 뜻이다.

2) 卲考 : 卲는 昭로 본다. 昭考는 고대 종묘의 位次로 시조를 가운데 모
시고, 2대조, 4대조, 6대조는 시조의 왼쪽에 모시고 昭라고 칭하며, 3
대조, 5대조, 7대조는 시조의 오른쪽에 모시고 穆이라고 칭하였다. 毛
公은 文王의 4대손이기 때문에 班이 그를 昭考라고 칭한 것이다.

3) 爽 : 郭沫若은 "'爽'은 鬺으로 가차되는 듯 하며, 〈宰𪓐簋〉에 '王𰀀宰
𪓐(甫)貝五朋, 用作寶鬺'이라고 하였는데, 鬺과 爽은 음이 매우 비슷
하다"라고 하였다. 鬺은 『시경』 「我將」에 "내가 鬺제사를 받들고 흠향
함에 양과 소를 잡으니, 하늘이 도와주셨다(我將我享, 維羊惟牛, 維天其
右之)"라고 한 곳에, 毛傳에서 "將은 크게 흠향하고 받드는 것이다(將,
大享獻也)"라고 하였는데, 將의 본래 글자는 鬺이다. 이 〈班簋〉에는
鬺이라고 하였는데 鬺彝라고 기록할 것을 생략한 것일 것이다.
『銘選』에서는 "隹乍卲考爽"를 "昭考와 姁를 위하여 이 簋를 만들었
다"로 풀었다.

4) 益 : 益의 古字이고 謚로 가차되며, 『文選』 「王褒 · 洞簫賦」에 "운 좋게
洞簫라는 시호를 얻음이여! 성왕의 은택을 입음이로다!(幸得謚爲洞簫
兮, 蒙聖主之渥恩)"는 기록이 있는데, 李善의 注에서 "謚는 호이다(謚, 號
也)"라고 하였다.
『대계』에서는 謚의 생략형이라 하였다.

益은 謚의 생략형으로, 襄石磬의 "□之配, 𨙻益日𪤐子"에서 증명된다. (『歷

代鐘鼎彝器款識法帖』「8권 92」) 諡는 호이다. "班이 감히 바라는 바가 있지 아니하여, 그저 昭考의 제기를 만들어 그 이름을 大政이라 했다"는 말인데, 이것은 〈秦公鐘〉의 "作盅龢鐘, 㠯名曰龢邦"와 襄石磬의 "自作𧍧磬, 㠯名曰襄石"의 사례와 같다.

5) 大政 : 大征으로 보아야 한다. 본 簋가 毛公이 동쪽으로 정벌한 후에 만들어졌기 때문에 大征이라고 명명한 것이다. 이 시호에 근거하면 毛公이 동쪽으로 정벌하여 승리를 획득하고 복명한 후 오래지 않아 돌아가셨기에, 毛公의 아들 班이 이 제기를 만들어서 명문으로 자기 아버지의 공을 기록한 것이다.

『銘選』에서 '益(諡)曰大政'을 "尊號를 올리기를 '大政'이라고 했다"로 풀었다.

【주제어】

[인물] 王, 毛伯(毛公, 毛父), 虢城公, 吳伯, 呂伯, 班

[지역] 宗周, 繁, 蜀, 巢, 東國猾戎, 吳, 呂, 城虢

[시기] 8월 初吉 甲戌

[사건] 왕이 모공에게 명하여 東國 猾戎을 정벌함(王命毛公伐東國猾戎)

【참고문헌】

『今譯類檢』253쪽,『斷代』上‧24쪽,『大系』考 20쪽,『銘選』3‧108쪽,『文錄』2‧12쪽,『史徵』346쪽,『史徵』346쪽,『商周金文』100쪽,『雙選』上2‧24쪽,『積微』123쪽,『중국 고대 금문의 이해』1‧263쪽,『通釋』15‧79

劉啓益,「西周穆王時期的初步清理」,『古文字研究』제18집, 中華書局, 1992년 8월

李學勤,「班簋續考」,『古文字研究』제13집, 中華書局, 1986년 6월

郭沫若,「班簋的再發現」,『文物』1972년 제9기, 文物出版社, 1972년 9월

70. 맹궤(孟簋)

【저록】

기물 1 : 『集成』8·4162, 『考報』1962년 제1기, 中國社會科學院 考古硏究
所, 圖版 2, 『張家坡』圖版 5.

기물 2 : 『集成』8·4163, 『考報』1962년 제1기, 中國社會科學院 考古硏究
所, 3쪽, 『張家坡』圖版 6, 『銘選』錄 265.

기물 3 : 『集成』8·4164.

【기물설명】

본 기물은 形制가 동일한 것이 모두 3개가 있는데, 기물을 제작한 사람이 "孟"이므로 〈孟簋〉라고 부른다. 총 높이는 24.5㎝, 口徑은 23.4㎝이며, 사각형 좌대는 가로 세로가 각각 22.5cm이다. 복부 안쪽에 5행 42자의 명문이 있는데, 중문이 2개 있다. 이 기물의 시대에 대해 郭沫若은 成王, 『通釋』은 昭‧穆王, 『銘選』은 懿王, 于省吾와 李學勤은 穆王시기라고 하였는데, 기물의 특징과 명문의 서풍으로 보아 후자의 학설을 따르기로 한다. 1961년 陝西省 長安縣 張家坡 窖藏에서 출토되었다. 현재 陝西省박물관에 소장되어 있다.

【석문】

孟曰: 朕文考罘毛公‧趞中(仲)征無需.[1] 毛公易(賜)朕文考臣自厥工.[2]
對揚朕考易(賜)休, 用宕玆彝,[3] 乍(作)厥子子孫孫其永寶.[4]

【현대어역】

맹孟이 말하였다. "나의 훌륭한 선친文考과 모공毛公‧견중遣仲은 무수無需를 정벌하셨다. 모공은 나의 훌륭한 선친에게 그의 공노工奴 중에서 신臣을 하사하셨다. 나의 선친이 상을 받은 것을 찬양하며, 이로써 이 제기를 주조하노니, 이에 그 자자손손 영원히 보배롭게 여길지어다"

【주】

1. 孟曰: 朕文考罘毛公‧趞中(仲)征無需.

 1) 孟 : 인명으로 이 기물을 만든 사람이다.

 2) 罘 : 『설문』「目部」에 "罘은 눈이 서로 미치는 것이다(罘, 目相及也)"라고 하였다. 高鴻縉은 "눈물의 初文으로 명사인데, 商周시기에는 접속사로 차용되었다. 갑골문과 금문에 모두 그러하다"(『字例』2편 233쪽)

라고 하였는데, 이 설이 옳다. 본 명문에서는 "曁"라고 읽는다. 『爾雅』「釋詁下」에 "曁는 與이다(曁, 與也)"라고 한다.

3) 毛公 : 『輯考』는 다음과 같이 말한다.

> 『廣韻』「豪韻」에 "(毛는) 또한 姓이다. 본래 주나라 무왕의 同腹 아우인 毛公에서 나온 것으로 나중에 氏가 되었다. 본래 鉅鹿에 거주하였는데, 원수를 피하여 榮陽으로 갔다([毛]亦姓. 本自周武王母弟毛公, 後以爲氏. 本居鉅鹿, 避讎榮陽也)"라고 하였다. 『通志』「氏族略3」에 "毛氏는 주나라 문왕의 아들 毛伯明이 봉해 받은 것으로, 대대로 주나라의 卿士가 되었고, 毛 지역을 食邑으로 삼았기 때문에 자손들이 이를 氏로 삼았다(毛氏, 周文王之子毛伯明之所封, 世爲周卿士, 食采于毛, 子孫因以爲氏)"라고 하였다. 본 명문의 毛公은 毛伯明의 후손이다.

4) 趞仲 : 趞은 "遣"의 古字이다. 遣仲에 대해서 李學勤은 "毛公이 遣과 출정하였다"라고 하여 毛公과 遣을 다른 사람으로 보고 있다. 郭沫若은 〈班簋〉 명문의 毛公遣이 "바로 (〈孟簋〉 명문의) 毛公遣仲이다"라고 하여 毛公과 遣仲을 같은 사람으로 보았다. 『銘選』역시 毛公과 遣仲을 같은 사람으로 보면서, "毛는 封國으로, 毛叔鄭의 후예이다. 公은 존칭이고 遣仲은 그의 이름이다. 恭王 12년의 〈永盂〉에 보인다. 遣仲은 孟의 아버지 항렬에 해당되니, 孟은 응당 懿王때의 인물이 된다"라고 말한다. 그러나 〈班簋〉의 "遣命曰"을 다르게 해석하면서 양자를 다른 인물로 파악하는 견해도 있다. 唐蘭은 "遣"을 "遣發"로 해석하고, 黃盛璋은 "왕이 사람을 파견하여 班에게 명령을 내렸다"라고 해석한다. 이렇게 해석한다면 〈班簋〉의 "遣"은 毛公의 이름이 아니며, 〈孟簋〉의 遣仲도 毛公의 이름이라고 단정할 수 없다. 여기에서는 후자의 설을 따른다.

5) 需 : 명문에 "䇓"로 썼는데, 『설문』「雨部」에 "需는 기다림이다. 비를 만나 나아가지 못하고 멈추어 기다리는 것이다. 雨를 구성요소로 하

고, 而가 소리요소이다(需, 䫆也. 遇雨不進止䫆也. 从雨, 而聲)"라고 한다. "而"의 상고음은 之部에 속하고, "需"는 侯部에 속한다. 許愼은 이 訛變한 篆文을 근거로 하여 需는 而를 소리요소로 한다고 하는데, 이는 잘못된 것으로 그 뜻풀이 또한 따를 수 없다. 唐蘭은 "霝"는 "需"로, 濡濕의 "濡"의 본자라고 아래와 같이 피력하고 있다.

霝는 마땅히 需이며, 濡濕의 濡의 本字이다. 天은 곧 大字이니 사람의 모습을 본뜬 것이다. 需는 비가 인체를 적시는 형상이다. 『周易』「需卦」에 "象에 이르기를 구름이 하늘 위에 있는 것이 需이다(象曰, 雲上于天, 需)"라고 한다. "天"과 "而"는 형상이 서로 비슷하니, 『설문』의 小篆에서는 잘못하여 "而"를 구성요소로 하였다. 小篆에는 별개의 "耎"자가 있어, 需와 耎의 두 글자와 이 두 글자를 구성요소로 하는 形聲字들은 많이 혼용되었는데, 아마도 耎 역시 霝의 잘못된 형태가 아닌가 싶다. 無霝는 無畏와 유사한데, 需에는 懦弱의 뜻이 있으니, 『周禮』「考工記·輈人」에 "말은 나약하지 않다(馬不契需)"라고 하는데, 그 注에 "畏需의 需로 읽는다(讀爲畏需之需)"라고 한다.

白川靜은 郭沫若의 설을 인용하여 아래와 같이 기술하고 있다.

無霝에 대해서 郭沫若은 다음과 같이 서술하고 있다. "無霝은 東國의 수령으로 옛날에는 許國의 許를 無로 썼다. 당시 許國 또한 東國의 반란에 참가하였음을 볼 수 있다. 霝자는 雨와 大를 구성요소로 하는데 어떤 글자인지는 알 수 없다. 혹은 霊의 古字로 큰 비이거나 혹은 需일 수도 있다. 그렇지만 확실히 알 수 없다"라고 한다. 郭沫若은 無를 '許'의 初文으로 여기지만, 許는 姜성 4국의 하나로 주나라의 유력한 藩屛國이므로 토벌의 대상으로는 생각하기 어렵고, 본 명문의 정벌이 동정이라고 한다면 無霝는 동방의 邦族의 이름으로 이해해야 한다. 霝는 天을 구성요소로 하는 글자일 것이다. 〈班簋〉에서 작전의 방향을 왕이 毛伯에게 "𠃚四方亟, 秉緐蜀巢令"이라고 명한 것을 통해 추측하면 대체로 회수 유역이었다고 생각된다. 따라서 無霋는 東南夷, 淮夷 중의 하나일 것이다.

이상의 여러 학설을 고찰해 보면, 無霩는 아마도 "無霋"일 것이다. 霩와 霋는 각각 성모가 心과 來로 서로 가까우며 모두 侯部로 첩운이다. 無霋는 東夷의 국명이니, 『路史』「國名紀乙」에 少昊 후예의 紀姓의 나라 "無霋"가 있는데, 그 注에 "(無霋는) 牟霋이다. 본래 牟夷國이었는데 후에 杞에 속하였다. 지금은 密의 諸城에 霋鄕城이 있다(卽牟霋也. 本牟夷國, 後屬杞. 今密之諸城有霋鄕城)"라고 하였으니, 지금 山東 諸城市 서쪽이다. 紀姓은 바로 己姓이니, 『世本』에 "己姓은 少昊에서 나왔다(己姓出自少昊)"라고 한다.

2. 毛公易(賜)朕文考臣自厥工

1) 易：賜로 가차자이다.

2) 臣：노예를 가리킨다. 『周禮』「冢宰」에 "8번째는 신첩이다(八曰, 臣妾)"라고 하는데, 鄭玄 注에 "신첩은 빈천한 남녀를 칭한다(臣妾, 男女貧賤之稱)"라고 하며, 『상서』「費誓」에 "신첩이 도망하다(臣妾逋逃)"라고 하는데, 孔傳에 "사역하는 사람 중에 남자를 신이라 하고, 여자를 첩이라 한다(役人賤者, 男曰臣, 女曰妾)"라고 하였다.

3) 厥工：楊樹達은 "厥은 지시대명사로 '其'이다"라고 하였다. 工이 무엇인지에 대해서는 이견이 있다. 『大系』은 다음과 같이 말한다.

> 옛날에 臣工은 매번 聯用되었다. 예를 들면 『시경』「周頌·臣工」에 "아아! 臣工들아. 그대들이 公家에 있음을 공경하라(嗟嗟臣工, 敬爾在公)"라고 하였다. 신하 가운데에는 몇몇 등급이 있었는데, 工이 그 하나였을 것이다. 自厥工이라는 것은 工 이하의 臣僕을 하사한다는 것으로 〈大盂鼎〉의 "人鬲自馭至于庶人"의 문장과 같다.

하지만 『大系』처럼 이 구절을 이해한다면, 白川靜의 지적처럼 "'厥'이라는 領格의 지시대명사는 거의 필요 없다. 〈大盂鼎〉 명문에는 '厥'자가 쓰이지 않았다" 따라서 『大系』의 견해는 정확하지 못하다. 裘錫圭는 다음과 같은 대안을 내놓았다.

　얼마 전에 출토된 〈孟簋〉의 명문에는 "毛公易(錫)朕文考臣自乇(厥)工"이란 말이 있다. 내 생각에는 이 "自厥工"이란 어절이 설명하는 것은 "臣"의 등급이 아니라 "臣"의 출처이다. "毛公錫朕文考臣自厥工"의 의미는 바로 毛公이 자신의 工奴 가운데 "臣"을 孟의 부친에게 상으로 하사한다는 것이다. 만일 글자대로 직역한다면, "毛公이 孟의 부친에게 그의 工奴 중에서 臣을 상으로 내렸다"이다. 내가 제기한 이 견해는 다른 서주 청동기 명문에 근거가 있다. 〈中觶〉의 명문에는 "王易(錫)中馬自口侯四鷍"(『薛氏鐘鼎彝器款識』卷11)라고 하고, 〈御正衛簋〉의 명문에는 "懋父賞卲(御)正衛馬匹自王"(『三代吉金文存』6.49)라고 한다. 이 두 명문의 "自口侯"와 "自王"은 분명히 모두 상으로 하사받은 말의 출처를 말한다. 아마 왕이 中에게 하사한 말은 "口侯"가 공물로 바친 4필의 鷍일 것이며, 懋父가 衛에게 상으로 준 것도 왕이 懋父에게 하사한 1필의 말일 것이다. 위에 인용한 〈孟簋〉 명문의 용례는 이 두 명문의 용례와 완전히 일치하니, "自厥工"은 당연히 "自口侯", "自王"과 마찬가지다. 앞에 있는 어휘를 대표할 수 있는 사물의 출처를 말하는 것이다. "自"자의 이 같은 용법은 갑골문과 전래문헌 중에서도 종종 찾아 볼 수 있다. 『戰後京津新獲甲骨集』1176에 실린 복사에 "점을 쳐서 물었다. 남쪽으로부터의 안 좋은 일이 있겠는가?(貞, 其屮(有)娸(難)自南)"라고 하는데, "有難自南"의 뜻은 "남쪽으로부터의 안 좋은 일이 있다"라는 것이다. 『시경』「大雅·大明」에 "하늘로부터의 명이 있으니, 이 문왕에게 명하였다(有命自天, 命此文王)"라고 하는데, "有命自天"은 하늘로부터의 大命이 있다는 것이다. 이 두 "自"자의 용법은 위에 인용한 명문들의 "自"자와 기본적으로 일치한다.

여기에서는 裘錫圭의 견해에 따른다.

3. 對揚朕考易(賜)休, 用宮玆彝

1) 考 : 선친이라는 의미로, 본 기물에서는 盂의 아버지이다.

2) 賜休 : 休는 好로 읽고 "사여하다(賜)"의 의미로 해석한다. 〈大保簋〉
주석을 참조하라. 본 명문에서는 "易(賜)休"가 한 단어로 쓰이고 있으
며, 〈效卣〉 명문에 보이는 "休易"과 같은 뜻이라고 생각된다. 따라서
본 역주에서는 "易休"를 하나의 동사, 즉 "사여하다"로 본다. 아마
盂의 先父 생전에 盂에게 상을 내렸으므로, "對揚朕考易(賜)休"라고
하였을 것이다.

3) 宮 : 白川靜은 郭沫若의 설을 인용하여 다음과 같이 말한다.

> 郭沫若은 "宮"을 "宁"로 읽어야 한다고 하면서 아래와 같이 주장한다. "宁는
> 아마도 '鑄'로 읽어야 할 것이다. …… 宁자는 일반적으로 명문에서 休자 대
> 신 많이 쓰이는데, 이 뜻에 의거해 생각하면 아마도 醻의 가차인 듯하다"
> 즉, 보답(醻報)의 뜻으로 여기는 것이다. 그러나 醻의 뜻으로 해석할 수 있
> 는 다른 예는 없으며, 여기에서는 對揚·對命의 뜻으로 사용하였다고 보아
> 야 한다. 〈大豊簋〉의 "每揚王休于尊障"라고 하는 구절의 간략한 어법일 것
> 이다. 〈宰農鼎〉(『三代』2·57·6)에 "宰農宮父丁"이라고 하는 것도 이것과 유
> 사한 용례이다.

白川靜은 宁를 對揚·對命의 뜻으로 읽으면서 〈大豊簋〉〈天亡簋〉라고도
한다)의 용례를 들었다. 하지만 많은 서주 금문의 용례를 살펴보면, 이
부분에는 대체로 "用作寶尊彝"(〈小臣單觶〉), "用作文父癸宗寶尊彝"(〈保
卣〉)와 같이 기물을 제작하였다는 말이 상투적으로 자리한다. 『輯考』
는 "宮는 宁(貯의 본자)의 古文으로, '鑄'로 읽는다"라고 하면서 "주조"
라는 의미로 파악한다. 이에 따른다.

4. 乍(作)厥子·子孫孫其永寶

1) 乍 :『輯考』는 다음과 같이 말한다.

> 作의 古字이며, "則"과 통한다. 『상서』「洪範」의 "공손함은 엄숙함을 만들고 종순함은 다스림을 만든다(恭作肅, 從作乂)"라는 구절의 孔疏에 "용모가 공손하니 반드시 삼가 존경받게 되고, 말이 따를 만하니 정사가 다스려 지게 된다(貌能恭則必肅敬也, 言可從則政可治也)"라고 한다. 則은 불완전 內動詞로, 乃의 의미이다.

2) 作厥子·子孫孫其永寶 : "그 자자손손 영원토록 보배롭게 여길지어다"라는 의미이다.

【주제어】

[인명] 孟, 毛公, 遣仲

[지명] 無需(婁)

[사건] 毛公鼎無需(婁)

【참고문헌】

『銘選』3·191쪽, 『史徵』356쪽, 『通釋』15·79

郭沫若, 「長安縣張家坡銅器群銘文彙釋」, 『考報』, 1962년제1기

裘錫圭, 「"錫朕文考臣自厥工"解」, 『考古』1963년 제5기, 科學出版社, 1963년 5월

李學勤, 『新出靑銅器硏究』, 文物出版社, 1990년, 90쪽

71. 경유2(競卣2)

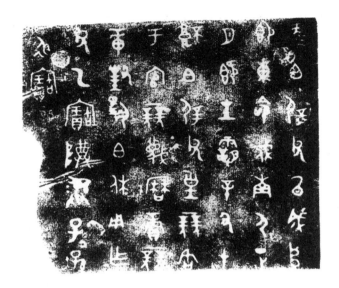

【저록】

『集成』10·5425, 『三代』13·44·3~4, 『貞補』中 12·2~13·1, 『泉屋』2·63,
『海外吉』48, 『彙編』4·131, 『縱覽』280·190, 『大系』錄 36, 『銘選』錄 188.

【기물설명】

1926년 河南 洛陽 邙山 廟溝에서 출토되었다고 전한다. 배는 항아리(罐)모
양이고, 목부분은 조금 안으로 수축되어 있다. 뚜껑의 정수리 부분의 손잡
이는 길쭉한 방형(橢方形)을 띠고 있고, 하복부는 밖으로 확장되어 있다.
뚜껑의 정수리 부분과 그릇의 목 부분에는 마주보고 있는 꼬리가 짧은 새
문양이 장식되어 있는데, 뒷부분에 긴 꼬리가 따로 붙어 있고, 긴 꼬리는

위로 말려져 몸통과 서로 분리되어 있다. 전체 높이는 20cm, 입구의 가로 지름은 13.8cm이다. 그릇과 뚜껑의 명문은 서로 같으며, 각각 8행 51자이다. 劉啓益은 이 기물의 시대를 穆王으로 보고 아래와 같은 견해를 피력한다.

> 白犀父 관련 기물 세트(競 관련 기물 세트 : 〈競簋〉·〈競鼎〉·〈競尊〉·〈競卣甲〉·
> 〈競卣乙〉·〈競方盉〉·〈縣改簋〉)의 시대에 대해 康王·昭王·穆王·宣王이라
> 는 다양한 설이 있는데, 穆王說을 주장한 학자는 郭沫若이고(『大系』
> 考·66) 馬承源도 〈競卣乙〉의 시대를 穆王시기로 보았다(馬承源·潘
> 建明,「新莽無射律管對黃鐘十二律硏究的啓示」,『上海博物館刊』제1기, 上海書
> 畵出版社, 1981년 7월, 30~31쪽) 競 관련 기물 세트의 "競"은 古自에서 수
> 자리한(戍在古自) 기물 세트인 〈戜尊〉의 "競父"이다. 〈競卣乙〉의 形
> 制는 〈彔卣〉와 매우 유사하고 전체적인 무늬도 〈彔卣〉와 똑같으며,
> 〈縣改簋〉의 形制는 〈長甶簋〉와 매우 유사하지만 조금 얕다. 〈戜尊〉,
> 〈彔卣〉, 〈長甶簋〉의 시대는 모두 穆王시기에 속하기 때문에 郭沫
> 若은 競 관련 기물 세트의 銅器의 시대를 穆王으로 보았으니 매우 정
> 확한 견해이다(劉啓益,「西周穆王時期的初步淸理」,『古文字硏究』제18집, 中
> 華書局, 1992년 8월, 342쪽)

여기에서도 穆王시기 기물로 본다. 현재 日本 京都 泉屋博古館에 소장되어 있다.

【석문】

佳(唯)白(伯)犀父以成自(師)即東,[1] 命戍南尸(夷).[2]   正月既生霸辛丑,[3]
才(在)䣣(坏).[4] 白(伯)犀父皇競,[5] 各(格)于官,[6] 競蔑歷,[7] 賚競章.[8] 對揚
白(伯)休, 用乍(作)父乙寶尊彝, 子孫永寶.

백서보伯犀父께서 성사成師를 이끌고 동쪽으로 가서, 남이南夷를 방어하라는 명을 받았다. 정월正月 기생패旣生覇 신축辛丑일, 대비산大伾山에 있었다. 백서보伯犀父께서 경競을 칭송하시고, 관청에 이르러 경競의 공로를 격려하고, 경競에게 장璋을 하사하였다. 백서보伯犀父의 은혜를 찬양하고, 이로써 부을父乙을 위한 보배로운 예기禮器를 만드노니, 자손은 영원히 보배롭게 여길지어다.

【주】

1. 隹(唯)白(伯)犀父以成自(師)即東

   1) 白 : 伯으로 읽는다.

   2) 犀父 : 『설문』「尸部」에 "犀는 지체하는 것이다(犀, 犀遲也)"고 하였고, 徐鍇의 『說文繫傳』에 "犀遲는 나아가지 않는 것이다(犀遲, 不進也)"라고 하였으며, 段玉裁 注에 "『玉篇』에 '犀는 지금은 栖로 쓴다'라고 하였다. 그렇다면 犀遲는 『시경』「衡門」에서 말한 '棲遲'이다. 毛傳에 '棲遲는 한가로이 쉬는 것이다'라고 했다(玉篇曰, 犀, 今作栖. 然則犀遲卽陳風之棲遲也. 毛傳曰, 棲遲, 遊息也)"라고 하였다.

      한편, 『大系』는 犀父를 戎의 字로 보면서 犀는 夷와 통용된다고 하였다. 이 기물의 문양과 形制가 〈㲋戎卣〉와 마치 동일한 틀에서 나온 것 같으므로, 분명 같은 시기의 기물이라는 것은 의심할 여지가 없다. 犀父는 戎의 字인 듯하다. 犀는 夷와 통용된다. 戎은 吳大澂과 孫詒讓 모두 戎자로 석문하였는데 孫詒讓은 이 글자가 戈를 구성요소로 하고 冬을 소리요소로 한다고 하였다. 孫詒讓의 설이 의미와 文例에 매우 부합하므로, 믿을 만하다. 이름은 戎이고 字는 夷이니 王引之가 말한 "連類"의 예이다.

      王引之는 옛날 사람들의 이름과 字의 의미를 同訓, 對文, 連類, 指實, 辨物의 다섯 가지 규칙으로 고찰해 볼 수 있다고 했다. 그 중 "連類"

는 南宮括의 字가 子容이 되고 公子側의 字가 子犯이 되는 것과 같은 종류이다. 예컨대 魯나라 南宮括의 字는 子容이고 일명 韜라고도 하는 데 王引之는 이에 대해 "括이라는 것은 포용하는 것을 일컫는다. 『사기』「秦始皇本紀」에 '秦나라 孝公은 전대를 가지고 있는데, 온 세상의 뜻을 담을 수 있다(秦孝公有囊, 括四海之意)'라고 贊했는데, 張晏이 '括은 전대에 담는다는 것으로 천하를 포함할 수 있다는 것을 말한다'라고 했다. 『후한서』「蔡邕傳」에 '포괄하여 벗어난 것이 없는 것이니 모두 포용하여 받아들인다는 뜻이다'라고 했다(括者, 包容之稱也. 史記秦始皇本紀贊, 秦孝公有囊, 括四海之意. 張晏云, 括, 括囊也, 言其能包含天下. 後漢書蔡邕傳, 包括無外, 皆容受之義也.-『經義述聞』「春秋名字解詁上」)"라고 하였다. 郭沫若은 王引之의 "連類"에 근거하여 彧, 즉 戎의 字는 犀, 즉 夷로 뜻이 유사한 이름과 字로 본 것이다. 그러나 彧과 伯犀父를 동일인으로 볼 수 있는 직접적인 다른 근거는 현재까지 찾을 수 없다. 여기에서는 일단 다른 인물로 파악해 둔다.

3) 伯犀父 : 인명이다. 南夷의 내침을 방어한 주요 장수 중 하나로, 〈競簋〉와 〈縣妃簋〉에도 보인다.

4) 以 : 이끈다는 뜻이다. 『國語』「周語下」에 "富辰이 이에 그 가속들을 이끌고 싸우다 죽었다(乃以其屬死之)"라는 구절이 있는데, 韋昭 注에 "그 무리들을 이끌고 맞서 싸우다 狄의 군대에게 죽었다(帥其徒屬, 以死狄師)"고 하였다.

5) 成自 : 成周六師이다. 한편 馬承源은 成師를 成周 八師로 본다. 馬承源은 "成師가 주둔하던 곳은 아니지만 정 동쪽으로 전진하던 부대였다"라고 하였다(馬承源·潘建明,「新莽無射律管對黃鐘十二律研究的啓示」,『上海博物館刊』제1기, 上海書畵出版社, 1981년 7월, 30쪽) 六師와 八師에 대해서는 여러 가지 이견이 존재한다. 이에 대해서는 〈馭尊〉 주석을 참조하라.

6) 即 : 徐鍇의 『說文繫傳』에 "即은 就와 같다(即, 猶就也)"라고 하였다.

7) 即東 : 동쪽으로 간다는 뜻이다.

2. 命戍南尸(夷)

1) 命 : 피동용법으로, 命을 받는 것을 말한다.

2) 南尸 : 남방의 夷族으로 곧 淮夷이다. 『銘選』은 "成周의 위치에서 말하면 淮夷는 남쪽에 있었기 때문에 南淮夷라고 칭한 것이고, 줄여서 南夷라고도 한다. 淮夷는 中原을 위협하여 항상 주왕실의 근심거리였다"라고 설명하였다.

3) 戍 : 『이아』 「釋言」에 "戍는 막는 것이다(戍, 遏也)"라고 했고, 邢昺 疏에 "遏은 저지하는 것이다(遏, 止也)"라고 하였다. 따라서 戍南夷는 淮夷의 내침을 막는 것으로 보아야 한다. 반면 『大系』는 戍를 伐로 보고 "南夷를 정벌한다(伐南夷)"라고 풀이하였다. 하지만 『斷代』는 이를 반박하여 "'戍南夷'는 師雍父 관련 기물 세트의 '戍許'와 같고 예전에는 戍를 伐로 읽어 伐淮夷로 보았지만 정확하지 않다"라고 하였다. 여기에서는 "戍"로 판독한다.

3. 正月既生霸辛丑

1) 正月既生霸辛丑 : 음력 정월 초승달이 떠서 已生霸(魄) 기간 중 辛丑을 만난 날이다.

4. 才(在)𡕎(坏)

1) 𡕎 : 坏의 고자로 곧 大伾山이다. 『大系』는 〈麥尊〉의 "王令(命)辟井庆出𡕎庆于井"의 𡕎와 〈䴗侯鼎〉의 𡕎도 大伾로 보았다. 『大系』는 𡕎에 대해 "지명으로 〈䴗侯鼎〉의 '唯還自征, 在𡕎'의 𡕎는 𡕎와 자형이 유사하니, 𡕎자는 잘못 새긴 경우에 해당되는 것 같다. 王國維는 〈䴗

侯鼎〉의 **𥏻**은 大伾라고 하였다. 지금의 河南省 汜水縣 서북쪽의 大伾山이다"라고 하였다. 『金文編』에서도 본 기물의 **𥏻**자와 〈𩵥侯鼎〉의 **𥏻**자 모두 坯로 보고 있으므로 大伾山으로 보는 것이 합당하다. 『銘選』은 𠦪에 대해 "淮夷를 정벌하러가는 출정길의 전략적 요충지로, 〈鄂侯馭方鼎〉 명문에 주나라 厲王이 淮夷를 정벌하고 돌아오는 길에 𠦪 땅에 머무른 사실이 기록되어 있다"라고 하였다.

5. 白(伯)犀父皇競

1) 皇 : 『大系』는 衡으로 보고 "여기서는 동사로 쓰였다. 문장의미와 聲類로 추측해 보면 衡으로 가차되며, 천거한다는 의미이다"라고 하였다. 반면, 『斷代』와 『銘選』은 光으로 가차된다고 본다. 『銘選』은 "皇은 光으로 가차한다. 『淮南子』 「俶真」에 '그러나 그들과 동일하게 칭송을 얻을 수 있는 사람은 없다(然莫能與之同光者)'라고 했는데 許愼 注에 '光은 칭송하는 것이다(光, 譽)'라고 하였으니 사람의 훌륭한 면모를 칭송하는 것을 말한다"라고 하였다.

한편, 『輯考』는 貺으로 가차된다고 보고 "皇과 貺의 古音은 성모가 牙喉音의 匣모과 曉모이고, 운부가 陽部의 첩운에 속한다"라고 하였다. 여기에서는 칭송한다는 뜻의 光으로 본다.

2) 競 : 『大系』는 作器者인 競과 〈𢻻尊〉의 仲競父를 동일 인물로 본다.

6. 各(格)于官

1) 各 : 徦의 初文이다. 『方言』권1에 "徦은 이르다(徦, 至也)"라고 하였고, 典籍에는 格으로 가차된다.

2) 官 : 『斷代』와 『輯考』는 館으로 가차된다고 본다. 『輯考』는 『설문』 「食部」에 "館은 객사이다(館, 客舍也)"라고 한 데 근거하여 객사로 풀이하였다. 반면 『銘選』은 관청으로 해석한다. 『銘選』은 "『禮記』 「玉藻」에 '조정 치

사(治事)의 자리에 있으면서 임금의 부름을 받았을 때에는 신발을 신을 사이도 없이 달려간다(在官不俟履)'라고 하였는데 孔疏에서 '官은 조정에서 일을 다스리는 곳이다(官, 謂朝廷治事處也)'라고 하였다"라는 구절에 근거하여 관청으로 본다. 여기에서는 『銘選』의 설을 따라 관청으로 본다.

7. 竸蔑歷

1) 竸蔑歷 : 피동구로 竸의 공적을 격려한다는 뜻이다.

8. 商竸章

1) 商 : 賞의 고자이다.

2) 章 : 璋로 가차되며 일종의 옥으로 만든 信物이다. 『설문』 「玉部」에 "윗부분을 깎아 내면 규가 되고, 규를 반쪽으로 나누면 장이 된다(剡上爲圭, 半圭爲璋)"고 하였다. 『周禮』 「春官宗伯·大宗伯」에 大宗伯은 "赤璋으로 남방에 예를 올린다(以赤璋禮南方)"라고 하였는데, 鄭玄 注에서 "반쪽을 璋 이라고 한다(半圭曰璋)"고 풀이하였다. 『銘選』은 "璋의 모양은 좁고 길며, 玉圭의 반쪽과 유사하다"라고 하였다.

【주제어】

[인명] 伯犀父, 竸

[지명] 南夷, 歝

[시기] 正月 旣生覇 辛丑

[사건] 伯犀父가 成師를 거느리고 南夷를 방어한 사건

【참고문헌】

『今譯類檢』600쪽, 『斷代』上·119, 『大系』考 66쪽, 『銘選』3·122쪽, 『文錄』4·17쪽, 『史徵』389쪽, 『雙選』下3·11쪽, 『積微』136쪽, 251쪽, 『通釋』17·87

馬承源·潘建明, 「新莽無射律管對黃鐘十二律研究的啓示」, 『上海博物館刊』제1기, 上海書畵出版社, 1981년 7월

劉啓益, 「西周穆王時期的初步淸理」, 『古文字硏究』제18집, 中華書局, 1992년 8월

于凱, 「西周金文中的"自"和西周的軍事功能區」, 『史學集刊』, 2004년 7월 제3기

72. 경궤(競簋)

【탁본】

【저록】

기물 1 : 『集成』8·4134, 『三代』8·36·1, 『貞松』5·40·2, 『斷代』(5) 圖版 6
　　　　: 上左, 『彙編』4·208, 『大系』錄 37, 『銘選』錄 187.

기물 2 : 『集成』8·4135, 『三代』8·36·2, 『貞松』5·41·1, 『斷代』(5) 圖版 6
　　　　: 上右, 『彙編』4·207.

【기물설명】

모두 두 개의 기물이 있다. 『大系』는 "이 기물은 圈足이 있고 뚜껑이 없는 궤이어서 예전에는 彝라 불렀다. 하지만 명문을 근거로 簋로 정정하였다"라고 밝혔다. 『大系』·『貞松』·『斷代』·『銘選』은 모두 〈競簋〉라고 하였다. 기물 1은 배 부분이 동이(盆)와 비슷하고, 귀가 있으며, 方座는 없지만 圈足의 아래가 밖으로 꺾여 있다. 귀의 상단과 목 부분은 서로 연결되어 있고, 하복부는 조금 바깥으로 기울어져 있다. 목 부분에는 변형된 龍 무늬로 구성된 獸面紋으로 장식되어있다. 높이는 14.3cm, 입구 지름은 19.9cm이다. 기물2는 높이가 14.3cm, 입구 지름은 20.3cm, 形制와 문양은 기물 1과 같다. 두 기물에 각각 4행 32의 똑같은 銘文이 새겨져 있다. 穆王시기의 기물이다. 1926년 河南 洛陽 邙山廟溝에서 출토되었다. 캐나다의 William Charles White가 소장했었고, 지금은 캐나다 토론토 Royal Ontario Museum에 소장되어 있다.

『大系』는 이 기물에 대하여 다음과 같이 말한다.

> 『集古遺文』은 두 개의 명문을 수록하고 하나는 그릇의 명문이고 하나는 뚜껑의 명문이라고 하였으나, 잘못된 것이다. 기물은 洛陽 북쪽으로 12~3리 쯤 떨어진 곳에 있는 邙山 廟溝에서 출토되었는데, 그 중 14점의 기물인 鼎 1점, 甗 1점, 鬲 2점, 簋 2점, 盤 1점, 觶 1점, 盉 1점, 卣 1점, 爵 1점, 瓿 2점은 모두 캐나다 토론토 Royal Ontario Museum에 소장되었다. 이 簋의 명문이 가장 길고, 다른 기물의 명문은 모두 3~4자일 뿐이다. 〈競卣〉는 일본 住友家가 소장했는데, 아마도 같은 시기에 출토되고 나서 흩어지게 된 것 같다.

【석문】

隹(唯)六月既死霸壬申,[1] 白(伯)屖父蔑卲(御)史(事)競歷,[2] 商(賞)金.[3] 競揚白(伯)屖父休, 用乍(作)父乙寶尊彝簋.

【현대어역】

6월 기사패旣死覇 임신壬申일, 백서보伯犀父께서 어사御事 경競의 공적을 격려하고, 금金을 하사하셨다. 경競이 백서보伯犀父의 은혜를 찬양하고, 이로써 부을父乙을 위한 보배롭고 존귀한 궤簋를 만드노라.

【주】

1. 隹(唯)六月旣死覇壬申

1) 六月旣死覇壬申 : 劉啓益은 〈競簋〉의 月相과 古自에서 수자리한(戍在古自) 기물 세트의 月相을 다음과 같이 연관시켜 이 기물이 古自에서 수자리한(戍在古自) 기물세트인 〈遇甗〉·〈竷鼎〉·〈啟尊〉·〈稒卣〉·〈仲競方簋〉와 같은 시기에 속하는 穆王시기 기물로 본다.

競 관련 기물세트와 古自에서 수자리한(戍在古自) 기물세트의 月相 관계는 매우 흥미롭다. 〈競簋〉에 "六月旣死覇壬申"이라고 했는데 우리가 이해하고 있는 바에 근거하면 6월은 癸卯 또는 甲辰朔이 되어야 하므로 6월 甲辰朔을 기준으로 다음 달들의 朔日을 비교하여 배열하면 다음과 같은 干支를 도출해 낼 수 있다.

月相＼朔日＼月	1	2	3	4	5	6	7	8	9	10	11	12	13
〈競簋〉: 六月旣死覇壬申						甲辰	甲戌	癸卯	癸酉	壬寅	壬申	辛丑	
〈遇甗〉: 六月旣死覇丙寅 〈啟尊〉: 十三月旣死覇丁卯	辛未	庚子	庚午	己亥	己巳	戊戌	戊辰	丁酉	丁卯	丙申	丙寅	乙未	乙丑

위의 표에서 볼 수 있듯이 〈競簋〉의 月相을 배열해 보면 다음해 6월 戊戌朔과 13월 乙丑朔에 이르게 되는데 이는 〈遇甗〉과 〈啟尊〉의 月相이 6월 戊戌朔과 13월 乙丑朔이 되는 것과 완전히 일치하는 것이다. 이는 어떤 문제를 설명해 주고 있는 것인가? 이것은 〈競簋〉의 명문에 기재된 역사적

사실과 〈遇甗〉과 〈叚尊〉에 기재된 역사적 사실이 두 해의 전후에 발생했을 가능성이 있거나 서로 인접한 멀지 않은 해에 발생한 사건일 것이니 이는 月相에서 반영되는 사실에 근거하면 競 관련 기물세트와 古自에서 수자리한(戍在古自) 기물세트의 시대가 동일한 왕조 재위기에 속한다는 것을 말해주는 것이다.(劉啓益, 「西周穆王時期的初步淸理」, 「古文字硏究」제18집, 中華書局, 1992년 8월, 342~343쪽)

2. 白(伯)屖父蔑狊卸(御)史(事)競歷

1) 卸 : 御의 고자이다.
2) 史 : 事로 읽어야 한다.
3) 卸史 : 관직명이다. 『大系』는 御史로 보고, "『周禮』「春官宗伯·御史」에 '御史는 방국과 都鄙, 만민의 治令을 관장하며 명령하여 冢宰를 보좌한다(御史掌邦國都鄙及萬民之治令, 以贊冢宰)'라고 한 부분이 이 御史에 해당한다"라고 하였다. 하지만 『銘選』은 이 견해에 반박하여 御史가 아닌 御事로 보아 아래와 같은 견해를 피력한다.

> 『周禮』「春官宗伯·御史」에 "御史는 방국과 都鄙, 만민의 治令을 관장하며 명령하여 冢宰를 보좌하며, 治者들은 어사에게 그 법령을 받는다. 왕의 명령을 문서로 만드는 일을 돕고 정사에 종사하는 이들의 인원을 헤아린다(御史掌邦國都鄙及萬民之治令, 以贊冢宰, 凡治者受灋令焉, 掌贊書, 凡數從政者)"라고 하였다. 하지만 동일한 作器者의 기물인 〈競卣〉에 기록된 내용을 토대로 보면, 競은 무관이었고 문서 만드는 일을 관장한 文官이 아니었던 것 같다. 그러므로 "史"는 "事"로 보아야 하고, 御史는 御事가 된다. 『상서』「顧命」에 "師氏, 虎臣, 百尹, 御事"라고 하였는데, 孔傳에 "師氏는 大夫官이다. 虎臣은 虎賁氏이다. 百尹은 百官의 우두머리이며 여러 가지 일들을 맡은 관리들이다(師氏, 大夫官. 虎臣, 虎賁氏. 百尹, 百官之長及諸御治事者)"라고 하였다. 御事는 일반적으로 일을 다스리는 관직을 두루 가리키는 것이다.

여기에서는 『銘選』의 견해를 따라 御事로 본다.

4) 蔑钌史競歷 : 御事인 競의 공적을 격려하는 것이다.

3. 商(賞)金

1) 金 : 예전에는 동(銅)을 金이라 칭했다. 본 명문이 기록하고 있는 伯
   犀父가 競의 공적을 격려하며 동을 상으로 하사한 일은 競이 伯犀
   父를 따라 南夷의 내침을 방어한 기간의 일이다.

【주제어】

[인명] 伯犀父, 競

[시기] 6월 旣死覇 壬申

[사건] 伯犀父가 御事 競의 공적을 면려하고 金을 상으로 내린 사건

【참고문헌】

『大系』考 66쪽, 『銘選』3·122쪽, 『文錄』3·28쪽, 『史徵』390쪽, 『雙選』下2·22쪽
『通釋』17·87
劉啓益, 「西周穆王時期的初步淸理」, 『古文字硏究』제18집, 中華書局, 1992년 8월

73. 십삼년무기궤(十三年無異簋)

【탁본】

【저록】

기물 1 : 『集成』8·4225 (1·2), 『三代』9·1·1~2, 『愙齋』9·10·2~11·1, 『周金』
　　　　 3·37, 『夢鄣』上 31, 『小校』8·49·1, 『大系』錄 107, 『銘選』錄 293.

기물 2 : 『集成』8·4226 (1·2), 『三代』9·2·1~2, 『奇觚』4·5·1~2, 『周金』
　　　　 3·38, 『小校』8·48·1~2, 『大系』錄 108.

기물 3 (뚜껑) : 『集成』8·4227, 『三代』9·3·1, 『貞松』6·3, 『周金』3·40·1, 『善

齋』8·87,『小校』8·50·1,『大系』錄 109·1.

기물 4 (뚜껑) : 『集成』8·4228,『三代』9·3·2,『窓齋』9·9,『周金』3·39·1(3·39·2
에도 나옴).『小校』8·49·2,『大系』錄 109·2.

【기물설명】

전해지는 기물은 모두 4개가 있으며, 〈無異簋〉라고도 한다. 본 기물의 높이
는 20.7cm, 口徑은 24.8cm, 바닥의 지름은 25.3cm이다. 기물의 본체와 뚜껑
에 모두 瓦紋으로 장식되었고, 두 귀는 짐승의 머리가 고리를 물고 있는 형
상이다. 기물의 본체와 뚜껑에는 각각 銘文 7행 58자가 주조되어 있다. 이
기물의 시대에 대해 『銘選』은 孝王, 劉啓益은 懿王, 黃盛璋은 厲王이라고
하는데, 여기서는 黃盛璋의 학설을 따라 厲王시기로 판정한다. 현재 中國
歷史博物館과 上海博物館에 나누어 소장되어 있는데, 기물 1은 故宮博物
院에 소장되었다가 현재 중국역사박물관에 소장되었고, 기물 2는 潘祖
蔭이 소장하였다가 현재 상해박물관에 소장되었으며, 기물 3(뚜껑)은 劉體
智과 상해박물관에 소장되었다가 현재 중국역사박물관에 소장되었고, 기
물 4(뚜껑)는 현재 上海博物館에 소장되어 있다.

【석문】

隹(唯)十又(有)三年正月初吉壬寅,[1] 王征南尸(夷),[2] 王易(賜)無異馬
四匹.[3] 無異拜手頴首, 曰: "敢對揚天子·魯休令(命)"[4] 無異用乍(作)朕
皇且(祖)釐季尊簋,[5] 無異其萬年子孫永寶用.

【현대어역】

13년 정월 초길初吉 임인壬寅, 왕께서 남이南夷를 정벌하시고, 무기無異
에게 말 네 필을 하사해 주셨다. 무기無異는 손을 모아 절하고 머리를 조
아리며 말했다. "감히 천자의 아름답고 은혜로운 명령을 찬양합니다." 무

기는 이로써 황조皇祖 이계釐季를 위해 존귀한 궤를 만드노라. 무기는 만년토록 자손 대대로 영원토록 보배로 삼아 사용하리라.

【주】

1. 隹(唯)十又(有)三年正月初吉壬寅

  1) 隹十又三年正月: 劉啓益은 아래와 같이 懿王 13년이라고 피력하고 있다.

  > 〈無異簋〉의 形制는 〈乖伯簋〉(益公), 〈豆閉簋〉(邢伯), 〈卽簋〉(定伯), 〈十七年詢簋〉(益公), 〈元年師虎簋〉(邢伯)와 서로 비슷한데, 이들 銅器의 시대는 共王 때에 속하거나 懿王 때에 속하며, 오직 〈元年師虎簋〉만 孝王 元年이다. 형제 분석에 따르면 〈십삼년무기궤〉가 서주 말기에 속하지 않음은 매우 분명하다. …… 〈無異簋〉 명문의 "隹王十又三年正月初吉壬寅"(정점설로 살펴보면 正月 초하루는 庚子일 혹은 辛丑일이 된다)을 나는 懿王 13년, 기원전 932년으로 본다. 張培瑜의 『中國先秦史年表』를 고찰해 보면, 이 해 正月 초하루 辛丑일은 〈無異簋〉에 반영된 초하루 辛丑일과 완전하게 합치된다. 따라서 이를 근거로 천문학상의 기록을 따라 분석해보면, 〈無異簋〉의 시대를 懿王으로 정하는 것은 역시 적합하다.

  한편, 黃盛璋은 아래와 같이 厲王 13년이라는 견해를 피력하고 있다.

  > 無異를 〈鼾從盨〉에서 "大史無異"라 칭하였으며, 같은 사람이 만든 鼎의 記年에 "왕 32년, 왕은 周 康宮의 徲大室에 계셨다(隹王三十又二年, 王在周 康宮徲大室)"라는 구절이 있는데, "徲大室"은 곧 夷王의 大室이다. 여기에서의 왕은 夷王 이후의 왕이면서, 32년 이상 재위해였으니, 반드시 厲王이다. 盨와 鼎은 모두 重環紋으로 장식되어 있는데, 이러한 특징은 분명 厲王의 시대에 흔히 보이는 紋飾으로, 두 기물은 厲王의 시기에 표준 기물이 되니, 〈無異簋〉는 厲王 때의 기물이며 바로 〈虢仲盨〉와 같은 시기이다. 왕이 정벌한 南夷 또한 〈虢仲盨〉에 보이는 "王南征"의 南淮夷이

니, 이때는 곧 厲王 13년이 된다.

2) 初吉 : 〈保卣〉 주석을 참고하라.

2. 王征南尸(夷)

1) 尸 : "夷"로 읽는다. 여기서 南夷는 淮夷(南淮夷)를 가리킨다.

3. 王易(賜)無異馬四匹

1) 無異 : 異는 본 명문에서는 "🔲"로 썼으니, "🔲"(箕의 初文)의 繁文이며, "己"자를 첨가하여 聲符를 보탠 것이다. "無異"는 "無忌"로 읽는다.

4. 敢對揚天子魯休令(命)

1) 魯 : 아름답다는 뜻이다. 『史記』「周本紀」에 "周公은 東土에서 상서로운 벼를 받고 天子의 命을 찬미하였다(周公受禾東土, 魯天子之命)"라고 하였는데, 『史記』「魯周公世家」에는 "嘉天子命"라고 쓰였다.

2) 休 : 『爾雅』「釋詁 下」에 "아름답다(美也)"라고 하였다. Axel Schuessler 는 休(xjəu)자에 대한 음을 再構하면서(*hjəw(EZ)), "은혜(grace)"라는 의미라고 하였다(《大保簋》 주석 참조) "魯休命"은 "은혜로운 명령을 찬양하다"라는 의미다.

5. 無異用乍(作)朕皇祖釐季尊簋

1) 皇祖 : 고대 사람들이 세상을 떠난 祖父에 대해 붙이는 敬稱이다.

2) 釐季 : 釐는 『설문』「里部」에 "釐는 家福이다. 里로 구성되고, 犛가 소리를 나타낸다(釐, 家福也. 从里犛聲. 里之切)"라고 하는데, 段玉裁의 注에 "釐는 福으로, 집(家)을 말한 것은 里가 구성되었기 때문이라고 하였다. 釐는 제주가 제물로 쓰이는 고기를 받는 과정에(祭酒受胙之誤), 조상에게 복을 받기 때문에 家福이다"라고 한다.

【주제어】

[인명] 王, 無.

[지명] 南夷.

[시대] 十三年正月初吉壬寅.

[사건] 王征南夷.

【참고문헌】

『斷代』上・133쪽, 『大系』考 120쪽, 『銘選』3・211쪽, 『文錄』3・22, 『雙選』下2・23, 『通釋』22・128

劉啓益, 「再談西周金文中的月相與西周銅器斷代」, 『古文字研究』제13집, 中華書局, 1986년 6월

陳佩芬, 「上海博物館新收集的西周青銅器」, 『文物』1981년 제9기, 文物出版社, 1981년 9월

黃盛璋, 「淮夷新考」, 『文物研究』제5기, 黃山書社, 1989년 9월

74. 사밀궤(史密簋)

【탁본】

【저록】

『考古與文物』1989년 제3기 9쪽 圖 3, 『文物』1989년 제7기 65쪽 圖 3·圖 4,
『近出』2·489

【기물설명】

1986년 陝西省 西安市 安康縣 王家壩 유적에서 출토되었다. 이후 비공식적으로 떠돌다가 1988년 安康地區 公安局이 압수하였다.

기물은 안으로 오므라져 있는 입구(弇口), 북과 같이 불룩한 복부(鼓腹), 원형의 바닥(圜底)으로 되어 있다. 입구의 지름은 20.5㎝, 복부의 지름은 25.5㎝, 남아 있는 기물의 높이(殘高)는 13㎝이다. 입구의 가장자리(口沿) 바깥쪽 벽에는 둘레가 2.8㎝인 구름바탕의 절곡문(竊曲紋) 띠가 장식되어 있고, 腹部의 器壁에는 구부러져 한 줄의 瓦紋과 4줄의 棱線으로 되었다. 두 귀는 파손되었고, 圈足도 떨어졌다. 입구의 한 면에는 삼각형으로 파손된 부분이 있다. 바깥쪽 바닥 부분에는 細棱線으로 만들어진 菱形 網絡紋이 있다. 안쪽 밑 부분에는 명문 9행 93자가 주조되어있는데, 合文은 1자이고, 重文은 2자이다. 기물의 연대에 대해『商周金文』은 다음과 같이 정리하였다.

> 기물의 연대에 대하여 장무용(張懋鎔)은 선왕시기로 보았는데, 이는 주로 형제(形製)·문식(紋飾)·자체(字體)·내용(內容)이 〈사원궤(師衰簋)〉와 유사하다는 점에 착안한 것이다. 이계량(李啓良)은 공왕~의왕시기라 보았으며, 그 주요 근거는 사속(師俗), 즉 사속보(師俗父)·백속보(伯俗父)가 공왕~의왕시기의 대신이라는 점이다. 오진봉(吳鎭烽)은 궤의 형제와 문식이 서주중기의 후단 이후에 유행한 것이기 때문에 "의왕시기로 판정하는 것이 비교적 적합하고, 하한선은 늦어도 이왕시기까지 가지 않는다"라고 하였다. 이학근(李學勤)은 사속과 함께 보이는 '사영(師永)'·'사진(師振, 師晨)'·'사마공(司馬共)'의 시대를 분석하고 "기물의 형태는 구연(口沿) 아래에 절곡문(竊曲紋) 띠가 장식되었으며, 복부에는 와문(瓦紋)이 장식되었다. 이러한 풍격은 서주말기에 이르러 크게 성행한 것인데 본 기물은 이미 그 물꼬를 열었다. 이는 본 기물을 효왕시기로 보는 것이 가장 적합함을 말해준다"라고 하였다. 여기서는 일단 효왕시기라는 비교적 절충된 안을 취한다.

【석문】

佳(唯)十又(有)二月, 王令(命)師俗·史密曰: "東征"[1) 餤南尸(夷)·膚·虎·
會·杞尸(夷)·舟尸(夷)·雚·不·所, 廣伐東或(國).[2)] 齊自·族土·述人乃
執啚寬亞.[3)] 師俗達齊自述人左□伐長必.[4)] 師密又達族人·釐·白·瑟屑
周伐長必, 隻百人.[5)] 對揚天子休. 用乍(作)朕文考乙白尊簋. 子子孫孫
其永寶用.[6)]

【현대어역】

12월에 왕께서 사속師俗과 사밀史密에게 명하셨다. "동쪽을 정벌 하라" 남
이南夷·거莒·호虎·회會·기이杞夷·주이舟夷·관觀·비邳·기所가 동국東
國을 널리 침범하였다. 제사齊師·족도族徒·수인遂人이 이에 변경의 수비
를 강화하고 도읍의 성곽을 수리하였다. 사속師俗은 제사齊師와 수인遂
人을 거느리고 좌측을 따라 장필長必을 정벌하였다. 사밀史密은 우측으로
족인族人·래萊·백白·력瑟을 거느리고 후군後軍이 되어, 주나라 군대와 장
필長必을 정벌하여, 적 100명을 사로잡았다. 천자의 은혜에 보답하고 찬
양하노라. 나의 문채나는 아버지 을백乙伯을 위하여 존귀한 궤를 만드노
니, 자자손손 영원히 보배롭게 사용할지어다.

【주】

1. 佳(唯)十又(有)二月, 王令(命)師俗·史密曰, "東征"

  1) 佳 : 佳는 唯와 통가되며, 발어사이다.

  2) 十又二月 : "二月"은 명문에 "𠀐"로 쓰였다. "月"의 상부 획을 공유한
    合文이다. 吳鎮烽은 다음과 같이 말하였다.

      "二月" 두 글자는 필획을 빌린 합문(合文)이다. …… 서주시기 금문에 이러한
      유형의 합문은 매우 많으니 〈麥鼎〉·〈乖伯簋〉에 나오는 "二月"은 모두 이와
      같다. …… 이러한 합문에서 "百"·"月"·"匹"·"朋" 등의 첫 필획은 모두 가로

획으로, 숫자의 마지막 획과 획을 공유한다"

한편 『商周金文』은 "본 탁본에서는 '月(⎪⎪)' 위에는 가로획이 보이지 않는다"라고 하여 11월일 가능성을 배재하지 않는다.

3) 師俗 : 인명으로, 吳鎭烽은 이 인물에 대하여 다음과 같이 말하였다.

> 師俗은 懿王 시대의 〈師晨鼎〉에서 보이는데, 共王 때의 〈永盂〉에서는 師俗父라 칭했으며 〈南季鼎〉에서는 伯俗父라 칭했다. 공왕 5년 正月 사속은 裘衛와 邦君厲의 토지교역과 관련한 일에 참여해 일을 처리하였다. 또 12년에는 周王이 師永에게 田地를 내려주는 出命 의식에 참가했다. 위의 청동기 명문을 예를 살펴보면, 師俗의 주요 활동 시기는 서주 중기의 共王, 懿王의 시대인 것을 알 수 있 다.

師俗의 지위는 매우 높았으며, 군대의 고급 지휘관이었을 것으로 추정된다.

4) 史密 : "史"는 관직명이며, "密"은 인명이다. "密"자는 "⬛(모사본은 ⬛)"로 쓰여있는데, "山"을 구성요소로 하며 "宓(宓)"은 소리요소이다. 1976년 扶風縣 莊白에서 출토된 〈密姒簋〉의 密자와 쓰는 방법이 동일하다. 서주 금문 가운데 史官이 참전한 경우는 〈簋鼎〉에서 "史旞"가 簋를 보좌한 것을 찾아 볼 수 있다. 〈簋鼎〉의 명문에는 "왕께서 동이를 정벌하실 때, 溓公께서 簋와 史旞에게 명하여 말씀하셨다(唯王伐東夷, 溓公令簋罡史旞曰)"라는 내용을 찾아 볼 수 있다. 吳鎭烽은 史密을 〈伯密父鼎〉의 伯密父와 같은 인물로 보며 다음과 같이 말하였다.

> 史密도 인명으로, 이 사람은 금문에서 처음 출현하였다. 『三代吉金文存』卷 3에 수록된 〈伯密父鼎〉은 서주 중기의 유물인데, 아마 史密이 伯密父로, 字가 密父, 항렬이 伯이므로 伯密父라 칭했을 것이며, 주 왕조의 史官직을 맡았기 때문에 史密父라고도 칭하였으며, 史密은 簡稱이었을 것이다.

『商周金文』은 吳鎭烽과 李學勤의 설을 종합하며 다음과 같이 말하였다.

"史密"은 본 명문에서 처음 나타난 사람이다. 오진봉은 〈伯密父鼎〉의 백밀과 같은 사람이라 하였다. "史密"은 "史官"이다. 사관은 하늘의 현상[天象]을 주로 관찰하였으므로 군사 활동에 참여하였다. 그 예로, 〈利簋〉에서 右史인 利가 무왕이 상나라를 멸하는 전쟁에 참가한 것을 들 수 있다. 이에 대하여 이학근(李學勤)은 다음과 같이 말하였다. "『周禮·大史』에서 '大史는 하늘의 때를 품고 대사(大師)와 함께 같은 수레에 탄다(大史抱天時, 與大師同車)'라고 하였는데, 정현의 주에는 鄭衆(鄭司農)의 말을 인용하여 '크게 군대가 출정하면, 태사는 式을 휴대하고 천시를 파악하는 일을 주관하니, 길함과 흉함을 판단하여 머물게 하는 것이다. 사관은 천도를 파악하는 일을 주관하니……(大出師, 則太史主抱式以知天時, 處吉凶. 史官主知天道……)'라고 하였다. 이는 사관이 전쟁에 참여하여 '食盤'과 같은 術數 용구를 사용하여 군대의 진퇴를 판단하는 것으로, 그들의 역할이 후세 軍師와 비슷하였음을 말해준다.

『商周金文』은 史密이 천상을 살피는 등의 역할을 했다고 말하지만, 본 명문에서 師俗과 史密은 각각 병력을 이끌고 좌측과 우측을 나누어 장필을 공략한다고 언급되어 군사 지휘관으로서의 역할이 주로 서술되었다.

2. 㪤南尸(夷)·膚(莒)·虎·會·杞尸(夷)·舟尸(夷)·雚(觀)·不(邳)·斦(䣏)
廣伐東或(國).

1) 㪤 : 李學勤은 다음과 같이 말하였다.

이 구절에서 "會"자가 두 번 나오는데, 자형과 의미가 모두 다르다. 앞의 것은 "合"·"辵"으로 구성되며 "만나다(值, 逢)"라는 뜻이다. 뒤의 것은 "연합"이라는 뜻이다.

이 구절에는 㪤로 예정 되는 𣪘과 會로 예정되는 𣩈(모사본은 𣩈로 되어 있다) 두 글자가 보인다. 㪤는 『설문』「攴部」에 "합쳐 모음이다. 攴으로 구성되며, 合을 구성요소로 하는 동시에 소리요소이다. 古·沓의 반절음이다(合會也. 从亼从合, 合亦聲. 古沓切)"라 하였다. 한편, 曾은『설문』「曾部」에 "모음이다. 亼을 구성요소로 하며 曾의 생략된 형태를 구성요소로 한다. 曾은 더한다는 뜻이다. 무릇 曾部에 속하는 글자는 모두 會를 구성요소로 한다. 佮는 會의 고문으로 이와 같은 자형이다(合也. 从亼, 从曾省. 曾, 益也. 凡會之屬皆从會. 佮, 古文會如此. 黃外切)"라 하였다.『설문』상의 뜻으로 보면 敔와 會는 큰 차이가 없다. 李學勤은 앞의 敔를 개사인 值·逢으로, 뒤의 會는 동사인 聯合이라는 뜻으로 보았다.『商周金文』역시 뒤의 會를 동사로 보면서 다음과 같이 말한다.

> 양수달(楊樹達)은『詞詮』권3에서 "會는 시간을 나타내는 介詞로 만난다(值)는 뜻이다"라고 하였다.『韓非子·外儲說左上』에서 "위문후가 우 사람과 사냥을 약속하였다. 다음날 질풍을 만나자 좌우에서 만류하였으나 문후는 듣지 않았다(魏文侯與虞人期獵. 明日, 會天疾風, 左右止, 文侯不聽)"라고 하였다. '會'의 本義는 모이다(會合)이다. 유종원(柳宗元)은『封建論』에서 "덕이 또한 큰 사람이 방백·연수와 같은 부류이다. 또한 나아가 명에 복종함으로써 사람을 편안케 한 후에 천하가 하나로 모이게 된다(德又大者, 方伯連帥之類, 又就而聽命焉, 以安其人, 然後天下會于一)"라고 하였다.

그러나 이 구절의 두 글자는 뜻을 구분하여 敔는 개사로, 會는 나라 이름으로 보아야 명문의 뜻이 명확히 풀릴 것으로 본다.

2) 南尸(夷) :〈𣊂鍾〉·〈競卣〉·〈無𠭯簋〉에도 보이는데, 바로〈兮甲盤〉·〈虢仲盨〉·〈翏生盨〉·〈駒父盨〉·〈敔簋〉·〈禹鼎〉·〈仲偁父鼎〉의 명문에 나오는 '南淮夷'로, 또한 '淮夷'이다. 淮夷는 본 명문에 기록된 이 전쟁의 주적이다. 吳鎭烽은 다음과 같이 말하였다.

> 尸는 夷다. 南夷는〈𣊂鍾(宗周鐘)〉·〈競卣〉·〈無𠭯簋〉에서도 보인다.〈兮甲盤〉·〈虢仲盨〉·〈翏生盨〉·〈駒父盨〉·〈敔簋〉·〈禹鼎〉·〈仲偁父鼎〉의 명문에서는 南淮夷라 칭했다. 다른 기물들, 예를 들어〈戓方鼎(戓方鼎2)〉에서는 淮

戎라 칭했고, 〈彔戜卣(彔卣)〉, 〈師寰簋〉등의 명문에서도 淮夷라 칭하였는데, 문헌과 동일하다. 淮夷, 南淮夷는 周代에 淮水 유역에 거주했던 方國 부족의 총칭이다. 〈猷鐘〉명문에는 "南夷와 東夷도 함께 왕을 알현하였는데, 26개 邦國이나 되었다(南夷, 東夷具見, 卅又六邦)"라는 구절이 있고, 〈駒父盨〉명문에는 "우리가 淮水에 이르자, 크고 작은 邦國들이 감히 삼가지 않음이 없이, 공손히 王命을 받들었다(我乃至于淮, 小大邦亡敢不敕, 具逆王命)"라고 하였는데, 이 구절들을 통해 南淮夷에는 방국이 많았다고 생각해 볼 수 있다. 南淮夷는 때로는 복종하고 때로는 반란을 일으켜 시종일관 주왕조의 내부에 숨어 있는 치명적인 우환이었다. 금문 중에 기록된 회이 정벌로 가장 이른 것은 穆王 시기의 〈彔戜卣(彔卣)〉다. 〈彔戜卣(彔卣)〉명문에는 "淮夷가 감히 內國을 침범하였으니, 너는 成周師氏를 이끌고 古次에서 수자리하라(淮夷敢伐內國, 汝以成周師氏戍于古次)"라는 기록이 있다. 〈戜方鼎(戜方鼎2)〉에도 周王이 戜에게 명령하여 虎臣을 이끌고 추격하여 淮夷를 械林에서 물리친 사건을 기록하고 있다. 효왕 시기의 〈敔簋〉는 회이가 주왕의 內地 '陰陽洛'을 공격한 내용을 기술하고 있다. 이 일은 심각한 침입이었다. 夷王 때의 〈禹鼎〉명문에는 "噩侯馭方이 南淮夷와 東夷를 이끌고 대규모로 南國과 東國을 정벌하여 歷內에까지 이르렀다(鄂侯馭方率南淮夷・東夷, 廣伐南國東國, 至于歷內)"라 기재되어 있다. 결과는 왕의 군대가 싸워서 패배했고 후에 武公이 군대를 증파하여 禹가 戎車 200승・斯馭 2백, 徒 1000명을 이끌고 가서야 비로소 鄂國을 공격하여 멸망시킬 수 있었다. 宣王 시대에 이르러서도 淮夷와의 전쟁은 여전히 빈번히 발생했다. 〈師寰簋〉의 명문에는 비교적 대규모의 정벌 기록이 있고, 결과적으로 승리한 것으로 기록되어 있다.

3) 膚 : 李學勤은 膚이 옛 廬子國으로 현재의 安徽省 廬江 西南에 있었다고 하였으나, 위치를 安徽省으로 고증한 것은 의문점이 있다. 『설문』「肉部」에 "臚는 가죽이다. …… 膚의 籒文은 臚이다(臚, 皮也, ……

籀文臚)"라고 하였는데, 본 명문에서는 "莒"를 가차하였다. 膚와 莒는 고음이 모두 隸魚部에 속한다. 莒는 옛 나라이름으로, 『좌전』「은공2년」에 "莒나라 사람이 向나라로 들어갔다(莒人入向)"라 하였고, 孔疏에 "『譜』에 이르기를 『尸子』卷下에 '莒는 嬴姓으로 小昊의 후손이다'라고 하였다. 周 武王이 莒에 玆與를 봉해 주었는데, 처음에는 計에 도읍하였다가 뒤에 莒로 옮겼으니, 지금의 城陽 莒縣이 이곳이다.『世本』에 '紀公 이하는 己姓이 된다(『譜』云,『尸子』卷下, '莒, 嬴姓, 小昊之後.' 周武王封玆與于莒, 初都計, 後徒莒, 今城陽莒縣是也.『世本』, '自紀公而下爲己姓')"라고 하였다. 『좌전』「소공17년」에 "郯子가 조회하러 오자 공이 연회를 베풀었다. 昭子가 물어 말하기를 '小皞氏는 새 이름으로 관직명을 삼는데, 무슨 이유에서입니까?(郯子來朝, 公與之宴, 昭子問焉, 曰, 小皞氏鳥名官, 何故也)'라고 하였다"라는 기록이 있는데, 杜注에 "小皞 金天氏는 황제의 자손으로, 己姓의 선조이다(小皞金天氏, 皇帝之子, 己姓之祖)"라고 하였다. 『史記正義』는 『世本』을 인용하여 "己姓은 小皞로부터 나왔다(己姓, 出自小皞)"라고 하였다. 『路史』「國名紀乙」에도 莒를 小昊의 후손인 紀姓이라 하였는데, 己와 紀는 음이 가까워 서로 통가된다. 莒가 처음 도읍한 計는 "計斤"으로, 孫敬明은 지금의 山東 膠縣(현재의 膠州市) 西南 三里河에 있으며, 유적이 아직 남아있다고 하였다. 春秋 초기에 천도한 莒는 지금의 山東 莒縣이다.『사기』「楚世家」에 "(楚)簡王 元年에 북쪽을 정벌하여 莒를 멸망시켰다(簡王元年, 北伐滅莒)"라고 하였는데, 이 때는 기원전 431년이다.

4) 虎 : 『商周金文』은 夷虎로 보며 다음과 같이 말하였다.

> 虎는 夷虎이다.『좌전』「哀公·四年」에 "여름 사월, 초나라 사람이 夷虎를 정벌하고, 북방을 도모하였다(夏四月, 楚人旣克夷虎, 乃謀北方)"라 하였고, 杜注에 "夷虎는 초나라에 반란을 일으킨 蠻夷이다(夷虎, 蠻夷叛楚者)"라 하였다.

孫敬明은 이 虎를 殷周시기의 虎方이라 하였고, 郭沫若은 『大系』考에

서 虎方은 "곧 徐方이니, 徐와 虎는 한 音에서 바뀐 것이다"라고 하
였으며, 李白鳳은 『東夷雜考』에서 郭沫若의 의견에 동의하였다.

5) 會 : 會를 동사로 보는 견해가 있으나, 여기에서는 명사로 본다. 바
로 『路史』「國名紀乙·小昊後偃姓國」의 會이지만, 위치는 자세히 고증
할 수 없다.

6) 杞夷: 많은 학자들이 商周시기 夏의 후손을 봉해주었던 杞로 해석한
다. 吳鎭烽은 다음과 같이 말하였다.

> 杞夷는 杞國으로 은허 갑골문에 보이는데, 본래는 夏禹의 후예이며 은상
> 시기 방국에 봉해졌다. 『大戴禮記』「少閒」에 "성탕이 마침내 천명을 받았다.
> ······ 이에 夏나라 桀을 몰아내고, 그 보좌하는 이들은 흩어졌으니, 이에 姒
> 姓은 杞로 옮겼다(成湯卒受天命, ······ 乃放夏桀, 散亡其佐, 乃遷姒姓于杞)"라 하
> 였다. 『殷墟書契后編』下卷 37.5 武丁 시기 갑골문에는 "丁酉卜, 殼貞, 杞
> 侯**㞢**弗其骨凡有疾"이라는 내용이 있고, 같은 책 上卷 13.1 祖甲시기의 갑
> 골문은 "己卯卜, 行貞, 王其田, 亡**◁◁**, 才杞", "王其步自杞于□" 등의 기록
> 이 있다. 陳夢家는 『卜辭通纂』에서 杞는 지금의 하남성 杞縣이라 고증했
> 다. 주 무왕의 극상 후, 다시 杞에 東樓公을 봉했다. 『사기』「陳杞世家」에
> "東樓公은 夏后 禹의 후예이다. 殷나라 시기에는 제후에 봉해지기도 하였
> 고 제후의 명맥을 유지하지 못하기도 하였다. 周나라 武王이 은의 주를 이
> 기고 우의 후손을 찾으려하였다. 東樓公을 얻어 杞에 봉하고 夏禹氏의 제
> 사를 받들게 하였다(東樓公者, 夏后禹之后苗裔也. 殷時或封或絶, 周武王克殷紂,
> 求禹之後, 得東樓公, 封之于杞, 以封夏后氏祀)"라 하였다. ······『춘추』「희공23
> 년」에 "겨울 11월, 杞子가 죽었다(冬十有一月, 杞子卒)"의 杜注에 "杞나라는
> 춘추시대에 들어 侯로 칭해졌으나, 莊公 27년에 伯으로 낮추어 칭하였는
> 데, 成公에 이르러 夷禮를 사용하니 子로 폄하되어 칭하였다(莊二十七年黜
> 稱伯, 至此用夷禮, 貶稱子)"라 하였다. 『좌전』은 직접 "杞는 夷이다(杞, 夷也)"
> 라고 하였으니, 그 설은 〈史密簋〉와 일치한다. 杞나라가 있었던 곳은 東

國의 남부이자, 황하와 회수의 사이니, 南淮夷가 북쪽을 향하여 발전하는
데, 반드시 경유해야 하는 곳이었다.

『상주금문』은 다음과 같이 말한다.

> 杞夷는 杞로 夏禹의 후손이며 姒姓이다. 『史記』「陳杞世家」에 보이며, 원래
> 현재의 河南省 杞縣에 있었으며 나중에 山東으로 옮겨갔다. 『春秋經』「隱
> 公·四年」에 "莒人이 杞를 치고 牟婁를 취하였다(莒人伐杞, 取牟婁)"의 杜注에
> "杞國은 본래 陳留 雍丘縣에 도읍하였다. 사적을 찾아보면 환공 6년 淳于
> 公나라가 망하니, 杞가 그곳을 병합하고, 淳于로 천도하였다. 희공 14년
> 에 다시 緣陵으로 천도하였고, 양공 29년에 晉人이 杞에 성을 세우니,
> 杞가 다시 淳于로 천도하였다(杞國本都陳留雍丘縣. 推尋事跡, 桓六年淳于公亡
> 國, 杞似并之, 遷都淳于. 僖十四年, 又遷緣陵, 襄二十九年, 晉人城杞之淳于, 杞又遷都
> 淳于. 牟婁杞邑城, 陽諸縣, 東北有婁鄕)"라 하였다. 기가 淳于로 천도하기 전에
> 먼저 魯의 東北으로 천도하였는데, 『大系』에는 〈杞白每刂鼎·壺〉가 수록되
> 어있으며, 山東 新泰에서 출토되었다고 한다.

그러나 『商周金文』과 같이 杞를 姒姓으로 볼 수 는 없다. 지금의 河南
杞縣이다. 『春秋』「僖公·二十三年」에 기재된 "겨울 11월, 杞子가 죽었다
(冬十有一月, 杞子卒)"의 杜注에 "杞나라는 춘추시대에 들어 侯로 칭해졌
으나, 莊公 27년에 伯으로 낮추어 칭하였는데, 成公에 이르러 夷禮를
사용하니 子로 폄하되어 칭하였다(莊二十七年黜稱伯, 至此用夷禮, 貶稱
子)"라 하였다. 『좌전』에 "11월, 杞 成公이 죽었는데, '子'라고 쓴 이유
는 杞가 夷이기 때문이다(十一月, 杞成公卒, 書曰, '子'. 杞, 夷也)"라 하였
다. 『大戴禮』「小閑篇」에 "成湯이 마침내 천명을 받았다. …… 이에
夏나라 桀을 몰아내고, 그 보좌하는 이들을 흩어놓았으니, 이에 姒
姓을 杞로 옮겼다(成湯卒受天命 …… 乃放夏桀, 散亡其佐, 乃遷姒姓于杞)"라
하였다. 『經傳釋文』은 『列子』「天瑞篇」에서 『世本』을 인용하여 "成
湯이 夏나라의 후손을 杞에 봉하였고, 주나라도 다시 봉해주었다(成

湯封夏後于杞, 周又封之)"라 하였으니, 湯이 夏의 후손을 봉해주기 전에
杞가 있었으며, 원래 夷族으로 杞夷라 칭하였으며, 商·周가 夏의 후
손을 杞에 봉해주었으나, 杞夷가 모두 아직 완전히 멸망한 것은 아니
었고, 懿王·孝王시기에 다시 南淮夷 등의 夷族方國과 연합하여 東
國을 널리 침범하였다. 이 명문의 杞는 夷와 연관되므로, 분명 姒姓의
杞가 아니며, 아마도 『路史』 「國名紀丙」에서 말하는 "그러므로 南郡 邔
縣은 己姓의 선조이다(故南郡邔縣, 己姓之祖)"의 邔로, 현재 湖北省 宜城
縣 북쪽일 것이다. 고대 씨족의 厥邑은 일정치 않아서, 西周의 己(즉
商나라가 夏나라를 봉해주기 전의 杞이며, 또한 이 명문의 杞夷이다)가 이곳인
지 아닌지는 또한 좀 더 고찰할 필요가 있다.

己姓은 東夷의 始祖 少昊의 후예이기 때문에 명문에서 杞夷라고 칭
하였다.

7) 舟 : 마땅히 州로 읽어야 한다. 『상주금문』은 다음과 같이 말하였다.

"주(舟)"는 왕휘(王輝)의 『史密簋釋文考地』에서 '주(州)'로 읽었다. 『춘추』·
「환공5년」에서 "겨울, 주공이 조나라에 갔다(冬, 州公如曹)"라고 하였는데,
공영달의 소에서 "『세본(世本)』에 '주는 나라로 강씨 성이다'라 하였다(『世
本』, '州, 國, 姜姓')"라고 기록되었다. 『좌전』에서는 "겨울, 순우공이 조나라
에 갔다(冬, 淳于公如曹)"라고 하였는데, 두예의 주에서 "순우는 주나라가 도
읍한 곳이다(淳于, 州國所都)"라고 하였다. 순우는 지금의 산동성 안구현(安
丘縣) 북쪽이다. 서주중기~말기에 기(杞)나라와 주(州)나라는 서로 이웃하고
있었다. "杞"와 "州"를 오랑캐라 하는 이유는 그들이 오랫동안 오랑캐와 섞
어 살았고, 그들의 풍습에 물들었기 때문이다. 그래서 주나라 사람들은 그
들을 멸시하여 불렀다. 『춘추』·「희공27년」에서 "봄에 기자가 조회하러 왔
다(春, 杞子來朝)"라 하였고, 『좌전』에서 "봄에 기환공이 조회하러 왔는데,
오랑캐의 예를 사용하였기 때문에 '子'라 일컫는다(春, 杞桓公來朝, 用夷禮, 故
曰子)"라고 하였는데, 두예의 주에서 "기나라는 선대로부터 동이와 가까이

거주하여 풍속이 섞이고 무너졌으며, 언어와 의복이 때로는 오랑캐와 같았기 때문에, 기자의 죽음에 대하여『좌전』에서 오랑캐라 말한 것이다(杞先代之後, 迫於東夷, 風俗雜壞, 言語衣服有時而夷, 故杞子卒, 傳言其夷也)"라고 하였다.

『路史』「國名紀乙·小昊後偃姓國」에는 "州는 오늘날 荊南 監利 故華容이니, 옛 州이다(州, 今荊南監利故華容, 古州也. 昔隨·絞·州·蓼伐楚敗郎者)"라 하였다.『일주서』「王會解」에 "白州北闖"라 하였는데, 朱右曾은 校釋에서 孔鼂의 注를 인용하여 "白·州는 동남의 오랑케이다(白·州, 東南蠻)"이라 하였으니, 西周시대의 州와 白은 이웃나라이며, 마땅히 山東 경내에 있었을 것이다.

8) 雈 : 鸛의 本字이다.『설문』「雈部」에 "雈은 작은 참새이다.『시경』에 작은 참새가 낮은 산에서 울도다(雈, 小爵也.『詩』曰, 雈鳴于垤)"라 하였다. 현재『시경』「豳風·東山」에 "황새가 낮은 산에서 울도다(鸛鳴于垤)"로 되어있다. 鈕樹玉은『說文校錄』에서 "小는 응당 '水'이니,『玉篇』에 水鳥라는 뜻이라 하였다"고 하였다. 段玉裁 주에 "爵은 응당 雀이다. 雈은 오늘날 鸛으로 쓴다"고 하였다. 이 명문에서는 응당『路史』「國名紀乙」의 少昊의 후예이며 嬴姓國인 "東雈"으로, 少昊가 새를 가지고 토템을 삼았으니, 東雈의 雈은 본래 雈으로 써야한다.『路史』주에 "斟灌에 있기 때문에 여기에서 東이라 하였다(以有斟灌, 故此爲東)"라 하였고 또『路史』「國名紀丙·己姓國」에 "斟은 己姓이다(斟, 己姓)", "灌은 斟姓으로 斟灌이라 전해지니, 오늘날 靑州의 壽光 동남쪽에 斟灌城·灌亭이 있다(灌, 斟姓, 傳爲斟灌, 今靑之壽光東南有斟灌城·灌亭)"라 하였다. 지금의 山東 壽光縣 東南쪽이다. 東雈은 당연히 거리가 여기에서 멀지 않다.『世本』에 己姓을 少昊의 후손이라 하였는데, 이 명문의 雈 또한 아마도 壽光의 灌일 것이다.

9) 不 : 邳로 읽는데,『좌전』「昭公·元年」에 "商나라 때에 姺나라와 邳나

라의 亂이 있었다(商有姓·邳)"의 杜預 주에 "두 나라는 商나라의 제후로, 邳는 현재의 下邳縣이다(二國, 商諸侯, 邳, 今下邳縣)"라 하였다. 오늘날 江蘇省 邳縣에 있다. 孫敬明은 "山東 繹山에서 출토된 邳伯夏子罍, 滕縣에서 출토된 邳婪簠의 '丕'는 모두 이것과 같이 쓰였다. 문헌에 邳이 상하로 나뉘었다는 기록이 있는데, 上邳는 오늘날 山東省 滕縣이며, 下邳는 현재 江蘇省 邳縣이다. 簠 명문의 邳는 대략 滕縣 부근이다"라 하였다. 그의 설이 따를 만하다.

10) 斦 : 모든 학자들이 斦로 예정하고, 折로 풀었는데, 문장에 뜻에 의거해보면 마땅히 國族名일 것이지만, 실제로 무엇을 가리키는지는 알 수 없다. 孫敬明은 "折과 析은 옛날에 원래 한 글자이다", "오늘날 山東 莒縣의 북쪽 五蓮에 漢代 析泉(縣) 故城 유적지가 있으니, 簠의 명문의 折은 어쩌면 이 '析'에 해당할지도 모른다"라 하였다. 그러나 옛날에 折과 析은 자형이 같지 않고, 발음 또한 서로 멀리 떨어져 있으니, 이 명문의 斦이 후세의 어떤 글자, 어떤 지역에 해당하는지 의문이 남는다.

11) 東國 : 東方의 제후국을 가리킨다.

3. 齊𠂤·族土·述人, 乃執啚寬亞.

1) 齊𠂤 : 齊師로 읽는다. 이 齊師를 무엇으로 보는 지에 대해서는 이견이 있다. 李學勤은 제나라 군대로 보는 관점을 취하며 "제나라의 삼군으로, 鄕里에서 나온 것이다"라 하였으며, 『商周金文』도 이에 동의하였다. 吳鎮烽은 제나라 수도로 보는 관점을 취하며 다음과 같이 말하였다.

> 齊𠂤는 齊師이다. 명문에는 두 개의 齊師가 나오는데, 앞의 것은 지명으로 즉 齊나라의 도성인 營丘로 옛 터는 지금의 山東省 淄博市 동쪽의 臨淄鎭 북쪽에 있었다. 뒤에 나오는 齊師는 군대이니, 바로 齊나라의 군대 혹은

齊의 도성에 주둔한 군대이다. 금문에서 지명을 칭하는 某自는 自 앞의 글 자는 원래 도읍의 명칭이며 自는 군대로, 군대가 항상 주둔했기 때문에 했 기 때문에, 도읍의 명칭과 自자가 하나의 복합 지명으로 만들어졌다.

吳鎭烽이 "某自"에 대하여 해석한 것은 타당하다. 自는 금문의 용례로 군대를 뜻하는 師와 주둔지를 뜻하는 次 어떤 것으로도 해석할 수 있 다. 여기에서 齊自를 달리 해석하는 것은 문장의 구조를 서로 다르게 파악하기 때문이다. 명문의 "廣伐東或齊自族土述人乃執啚寬亞"라는 구절을 해석하는 방식에는 이설이 있다. 이설이 생긴 주요한 원인은 "乃執啚寬"라는 말을 쉽게 이해할 수 없기 때문이다(이에 대해서는 뒷 부분의 주석을 참조하라) 여기에서 齊自는 齊나라의 군사로 본다.

2) 族土 : 李學勤은 族徒·族衆으로 보며 다음과 같이 말하였다.

> 당시의 軍制는 군주와 귀족이 자신의 종족으로 구성한 군대를 많이 가지고 있었다. …… 『좌전』·『국어』에 "楚之良在其中軍五族而已", "欒·范以其族夾 公行"등의 문장이 있는데, 바로 이러한 군대를 가리킨다.

『집고』는 다음과 같이 말한다.

> 『상서』「堯典」에 "능히 큰 덕을 밝혀, 九族을 親和한다(克明俊德, 以親九族)" 라 하였는데, 陸德明의 『經典釋文』에 "위로는 高祖에 이르고, 아래로 玄 孫에 이른다(上至高祖, 下至玄孫, 凡九族)"라 하였다. 『대대예기』「保傳」에 "三 族을 돕는다(三族補之)"라 하였는데, 盧辨의 注에 "三族은 父族·母族·妻 族이다(三族, 父族·母族·妻族)"라 하였다. 이 族은 혈연관계에 있는 친속을 합쳐 가리킨 것이다. 그런데 『주례』「地官·大司徒」에 "네 개의 閭를 묶어 族으로 삼으니, 그들로 하여금 서로 장례를 치러준다(四閭爲族, 使之相葬)"의 鄭玄 주석에 "閭는 25가구이며, 族은 100가구이다(閭, 二十五家, 族, 白家)"라 하였으니, 이로써 族이 행정조직이라는 것도 알 수 있다. 土는 徒와 통가되 니, 〈免簋〉의 "令免乍司土"의 司土가 司徒인 것과 같다. 族土는 마땅히 族 徒로 읽어야 한다. 張懋鎔은 族徒를 國과 野에 분포하는 齊나라 귀족의 采

邑에서 나온 병사로, 私家의 武裝 力量에 속한다고 본다. 장무용의 견해에 따른다.

3) 述人 : 모든 학자들이 述을 逢로 읽었다. 그러나 逢가 무엇인지에 대해서는 이설이 있다. 吳鎭烽은 逢를 나라이름으로 보며 다음과 같이 말하였다.

述은 反書에 해당되는데 朮(𣎳)을 구성요소로 하며 辵을 구성요소로 한다. 朮자 상부의 두 점은 명확히 판별이 가능하며 한쪽 편방의 두 개의 획은 흐리고 갈라져 분명하지 않지만, 기물을 자세히 살펴보면 희미하게나마 볼 수 있으므로 述로 예정할 수 있으며, 逢의 가차자이니, 逢人은 바로 逢땅의 사람이다. …… 『춘추』「장공13년」에 "여름 6월, 제나라 사람이 수를 멸망시켰다(夏六月, 齊人滅遂)"라 하였고, 두주에 "수나라는 제나라 북쪽 사구현 동북에 있다"라 하였는데, 晉나라의 蛇丘縣의 옛 땅은 오늘날 山東省 肥城縣 남쪽이다. 오늘날의 山東省 肥城縣 남부와 寧陽縣의 접경지에는 逢鄕이 있으니, 마땅히 逢나라의 옛 땅이다.

『상주금문』은 逢를 행정조직으로 보며, 다음과 같이 말하였다.

李學勤은 逢人이 『주례』의 정현 주 "逢人은 六逢를 주관하니, 司徒가 六鄕을 주관하는 것과 같다. 六逢의 지역은 遠郊에서부터 畿의 중간이며, 公邑·家邑·大都·小都가 있다(逢人主六逢, 若司徒之于六鄕也. 六逢之地, 自遠郊以達于畿中, 有公邑·家邑·大都·小都焉)"에 보인다고 하였다. 李學勤은 "이것은 주 왕조의 제도이다. 제후국도 이와 유사한데, 『상서』「費書」에는 "魯나라 사람의 三郊와 三逢여(魯人三郊三逢)"라는 말이 있다. 양균여는 『尚書覈詁』에서 "『주례』「소사도」에 천자의 六軍은 六鄕에서 나온다. 大國의 三軍은 三鄕에서 나오며 三逢가 보조한다. …… 즉 郊는 鄕이며, 逢는 鄕의 바깥에 있다"라 하였다. 노나라에 鄕逢제도가 있었으니 제나라도 자연히 있었을 것이다. 「비서」의 기록은 바로 淮夷徐戎을 정벌한 일로, 이 기물과 가깝다. 여기의 '逢人'은 제나라의 三軍의 제도이니, 逢에서 징발된 병사이다.

『주례』「秋官·遂士」에 "遂士는 四郊를 관장한다(遂士掌四郊)"라 하였고, 『상서』「費誓」 "魯나라 백성의 三郊와 三遂여(魯人三郊三遂)"의 蔡傳에 "國外를 郊라 하고 郊外를 遂라 한다(國外曰郊, 郊外曰遂)"라 하였다. 『주례』「地官·遂人」 "다섯 가구가 隣이 되고, 다섯 개의 隣이 里가 되고, 네 개의 里가 酇이 되고, 다섯 개의 酇이 鄙가 되고, 다섯 개의 鄙가 縣이 되고, 다섯 개의 縣이 遂가 된다. 모두 지역에 경계가 있으며, 도랑을 파고 나무를 심는다. 각기 그 정령과 형벌을 관장하며, 1년 4계절마다 그가 관리하는 남녀의 숫자를 헤아리게하니, 그 전야를 나누어 주고, 병기를 시찰하고, 농사짓는 법을 가르치기 위해서이다(五家爲隣, 五隣爲里, 四里爲酇, 五酇爲鄙, 五鄙爲縣, 五縣爲遂. 皆有地域, 溝樹之, 使各掌其政令刑禁, 以世時稽其人民, 以授之田野, 簡其兵器, 敎之稼穡)"의 鄭注에 "遂之軍法, 追胥起徒役, 如六鄕"이라 하였다. 孫詒讓이 말하기를 "'遂之軍法, 追胥起徒役, 如六鄕'이라 한 것은 여섯 개의 遂가 칠만 오천 가구이며, 또한 한 가구에서 한명이 나와, 六軍의 副가 되니, 이는 군제의 遂가 鄕과 또한 다른 것이다"라 하였다. 위에서 서술하여 설명한 遂는 지방 행정 조직이 뿐만 아니라, 지방의 무장 부대이다. 遂人은 제나라의 이러한 무장 역량이라 보는 것이 타당하다.

즉, 齊師·族徒·遂人은 제나라의 주력군·귀족의 병력·제나라의 지방에서 징발된 병력이라는 세가지 유형의 군사력이다.

4) 乃 : 吳鎭烽이 乃를 부사로 보면서 다음과 같이 말한다.

乃 는 금문에 상당히 자주 보이는데, 세 가지 종류로 이 단어의 성질이 구분된다. 하나는 대명사로 領格·주격이며, 둘째는 連詞로 가설·병렬·승접을 나타낸다. 마지막으로는 부사의 용법으로 정도를 나타내는데 이용하고, 현대 중국어의 "竟然(의외로)", "居然(놀랍게도)"에 해당한다. 〈令鼎〉의 명문에는 "왕께서 令과 畜이 놀랍게도 목적을 이루었으니 내가 너희들에게 10家의 臣을 내려준다고 말씀하셨다(王曰, 令奰畜乃克至, 余舍汝臣十家)"라는 구

절을 예로 들 수 있다. 그 외에는 時態를 나태내는 용법이 있으니 현대중국어의 "就", "于是"에 상응한다. 〈鄂侯鼎〉 명문의 "왕께서 연회를 마치시고, 射禮를 거행하셨다(王休宴, 乃射)"라는 구절을 예로 들 수 있다. 乃는 이 명문에서 정도를 나타내는 부사이며, "竟然(의외로)", "居然(놀랍게도)"의 의미로 사용되었다.

吳鎮烽이 乃를 '竟然', '居然'이라는 부사로 보는 것은 "啚寬亞"를 인명으로 보고 있기 때문이다. 여기에서는 "啚寬亞"를 인명으로 보지 않기 때문에 乃를 "竟然", "居然"이라는 부사로 보지 않으며, "於是"・"就"라는 뜻으로 본다.

5) 執啚寬亞 : 이 구절에 관해서는 여러 가지 이설이 있으며, 앞의 구절과도 밀접한 관련이 있다. 『商周金文』은 지금까지의 논란은 다음과 같이 정리하며 자신의 의견을 밝혔다.

> 이 구절은 이해하기 힘들다. 장무용은 啚(圖)・寬・亞를 "마땅히 포로 세 명의 이름이다"라 하였다. 吳鎮烽은 "鄙寡(寬자를 寡로 보았다)는 바로 邊鄙 寡邑이다……亞는 관명으로, 邊鄙를 지키는 武官이다"라 하였다. 나는 나의 논문에서 "鄙寬亞는 邊鄙寬地의 武官이며, 또한 그 땅의 제후이다"라 하였다. 또한 寬을 袁 아니면 爰과 같이 읽어야 할 듯 하기도 한데, 『춘추』「성공2년」에 "齊侯가 國佐를 군진으로 보냈다. 己酉에 國佐와 袁(爰)婁에서 회맹하였다(齊侯使國佐如師, 己酉, 及國佐盟于袁(『좌전』과 『穀梁傳』에는 爰로 되어 있다)婁)"라고 하였는데, 杜注에 "袁婁는 제나라에서 50리 떨어져 있다(袁婁去齊五十里)"라 하였기 때문이다.
>
> 李學勤은 執의 뜻을 守라 하고, 寬의 뜻을 遠이라 하며, 亞를 惡으로 읽어서, 이 구절이 "제나라의 각종 부대가 변읍을 수비하며, 재난을 피했다"라는 뜻이라 하였는데, 너무 왜곡한 듯하다.

『輯考』는 다른 학자들과 견해를 달리하며 다음과 같이 말한다.

> 執에 대해 『예기』「曲禮上」에 "앉음에 반드시 편안하게 하고, 너의 안색을

지켜라(坐必安, 執爾顏)"의 鄭注에 "執은 지킴과 같다(執, 猶守也)"라 하였다. 啚는 圖의 本字이다. 『좌전』「은공원년」에 "이윽고 大叔이 西鄙·北鄙가 己을 배반하게 하라고 명하였다(旣而大叔命西鄙·北鄙貳于己)"의 杜注에 "鄙는 정나라의 邊邑이다(鄙, 鄭邊邑)"이라 하였다. 『商周金文』이 인용한 장무용의 견해는 1989년에 발표한 「安康出土的史密簋及其意義」에 실린 것이다. 그러나 1991년에 발표한 「史密簋與西周鄉遂制度」에서는 견해를 바꾸어, 執啚를 '변경의 수비를 강화하다, 증강하다'라는 뜻으로 풀었으며, 제나라 국도의 바깥이 邊鄙이며, 그 안쪽이 "亞"의 범위라고 해석하였는데 모두 믿을 만하다. 그러나 장무용은 "寬亞"를 "안쪽이 느슨해진다(內弛)"로 해석하여, "군대를 소집하여 변경으로 출동시키기 때문에, 내지를 방비하는 역량이 반드시 감소할 것이니, "변경의 수비를 강화(執啚)"하면 반드시 "안쪽이 느슨해 질(寬亞)"것 이므로, "寬亞"는 "執啚"의 필연적인 결과이다"라 하였는데, 합당한 해석이 아닌 것 같다. 寬은 完으로 읽어야 타당하다고 생각된다. 『집운』에 "寬은 느슨함이다. 옛날에는 完으로 썼다(寬, 緩也. 古作完)"라 하였으니 寬과 緩이 서로 통가됨을 알 수 있다. 『좌전』「은공원년」 "大叔이 성곽을 완성하고 백성을 모은다(大叔完聚)"의 杜注에 "성곽을 보수하고, 백성을 모은다(完城郭, 聚人民)"라 하였다. 『字彙』「宀部」에 "完은 보수함이다(完, 繕也)"라 하였으니, 고친다는 뜻이다. "完亞"는 國內의 城郭을 보수하는 것을 가리킨다.

여기에서는 『輯考』의 견해에 따른다. "齊𠂤族土述人乃執啚寬亞"라는 구절은 "齊𠂤·族土·述人, 乃執啚寬亞"로 표점하며, "제나라의 주력군(齊師)·귀족의 병력(族土)·제나라의 지방에서 징발된 병력(述人)이 제나라 변방의 수비를 강화하고 제나라 도성의 성곽을 보수하였다"는 뜻으로 해석한다.

4. 師俗蠤齊自述人左□伐長必

1) 蠤 : 達자로, 止를 구성요소로 하는 것은 辵을 구성요소로 하는 것과 같은 의미이다. 『설문』「辵部」에 "達은 먼저 인도하는 것이다(達, 先道 也)"라 하였고, 『正字通』에 "達과 率은 같다(達與率同)"라 하였다. 〈禹 鼎〉 명문의 "噩侯馭方이 南淮夷와 東夷를 이끌고 대규모로 南國과 東國을 쳤다(亦唯噩侯馭方達南淮夷·東夷, 廣伐南國)"의 문장구조와 동일 하다. 達은 거느리다, 인솔하다는 뜻이다.

2) 左 : 아래 문장의 "右"와 대구가 된다. 『상주금문』은 여기에 쓰인 "左"· "右"는 단지 문장을 쓰는데 중복을 피하기 위한 것이며, 아울러 깊은 뜻은 없다고 하였다. 그러나 실제로 『상주금문』의 견해와 같은지, 아니 면 군사작전상 좌측과 우측의 공격방향의 구분이 있었는지는 분명히 알 수 없다. 여기서는 좌측이라는 의미를 살려두도록 한다.

3) □伐 : 『商周金文』은 □를 "周"로 추정하며 다음과 같이 말하였다.

> 결손된 한 글자를 아래 문장에 의거하여 보충했다. 周는 『소이아』「廣言」에 "두른다는 것이다(帀(匝)也)"라 하였다. 『국어』「晉語五」에 "제나라 군대가 대 패하니, 추격하여, 華지역과 不注山을 세겹으로 포위하였다(齊師大敗, 逐之, 三周華不注之山)"라 하였다. 周伐은 포위하여 치는 것이다.

4) 長必 : 지명이다. 吳鎭烽은 어느 곳인지 정확히 알 수 없다고 하였다. 『商周金文』은 다음과 같이 말하였다.

> "長必"은 이번 전쟁의 주요 전쟁터이나 구체적 소재는 분명하지 않다. 李 仲操는 제와 노나라 사이에 있는 "長勺"을 가리킨다고 하였는데, 방위는 맞지만 자형과 독음은 모두 거리가 멀다. 왕휘의 『史密簋釋文考地』에서는 "대략적인 방위를 살펴보면, 전쟁 지역은 서쪽으로 제나라 도읍인 臨淄 부 근, 동쪽으로는 平度·卽墨 부근, 북쪽으로는 발해, 남쪽으로는 황화에 이 르는 지역으로, 대략 지금의 濰坊지역과 靑島·癡縛 두 도시의 범위 안이 다. 이 범위 안에 "必"자와 독음이 유사한 곳으로는 "密" 땅이 있을 뿐이

다"라고 하였다. 이 지역에 膠萊河의 지류인 密水가 있고, 또한 高密縣·

下密縣이 있으며, 淳于縣에 密鄕이 있다. "長必도 밀수에서 유래한 지명

일 것이다. …… (때문에) 밀수지역에 있었을 것이다"

전래문헌 중에서는 『춘추』에서 "密"을 찾을 수 있다. 『춘추』「隱公二

年」에 "紀子帛이 莒子와 密에서 회맹했다(紀子帛·莒子盟于密)"의 杜

預 주에 "密은 莒나라의 邑이다. 城陽 淳于縣 동북쪽 密鄕에 있다(密,

莒邑. 城陽淳于縣東北有密鄕)"라 하였다. 이 지역은 아마도 오늘날 山東

昌邑縣 東南 密城일 것으로 추정된다.

5. 師密又(右)堻族人釐(萊)白瞀屆周伐長必, 隻(獲)百人.

1) 又 : 右의 初文이다. 앞 문장의 '左'와 대구가 된다. 우측이라는 뜻을

살려두도록 한다.

2) 釐 : 원래 來를 구성요소로 하며 소리요소로 한다. 이 명문에서는

萊를 가차하였다. 『상주금문』은 다음과 같이 말하였다.

> 釐는 萊로 읽는다. 『戰國策』「魏策四」에 "齊나라가 釐莒를 쳤다"고 하였다.
> 吳師道는 『戰國策校註補正』에서 "「齊策」에 '지난날 萊·莒는 계책 세우기를
> 좋아했다(昔者萊·莒好謀 ……)'라고 하였는데, 여기의 釐자는 萊이다. 『좌
> 전』'公會鄭伯于邾'의 杜注에 '釐城'이라 하였고, 劉向은 '來牟'를 '釐牟'로
> 썼다. 옛날에는 글자가 통하였다"라 하였다. …… 『중국역사지도집』에는
> 萊가 오늘날 平度縣 西南의 膠萊河 하류에 있다고 되어있다.

吳鎭烽에 의하면, 山東 黃縣 동남쪽에 있는 歸城에서 〈釐伯鼎〉이 출

토되었으며, 이것에 의거하여 李學勤은 이곳이 萊國의 옛 성이라고

생각한다고 한다. 여러 의견을 종합해보면, 학자들의 의견이 대체로

일치하며 위치 고증 또한 근거가 있다고 생각된다. 〈鱐侯簋〉·〈救伯

鼎〉·〈履作釐伯簋〉 주석을 참조하라.

3) 白 : 옛 나라 이름으로 『路史』「國名紀乙」에 少昊의 후손으로 李를

姓으로 하는 나라라 하였다. 〈堕方鼎〉에 "周公이 東夷를 정벌하여, 풍국豐國과 백국白國, 그리고 부고국尃古國을 완전히 패배시켰다(唯周公于征伐東夷, 豐·白·尃古, 咸戈)"라 하였다. 『고본죽서기년』에 "后芬이 즉위하였다. 즉위한지 3년에 九夷가 와서 받들었으니, 九夷는 畎夷·于夷·方夷·黃夷·伯夷·赤夷·玄夷·風夷·陽夷의 아홉이다(后芬卽位, 三年, 九夷來御, 曰畎夷·于夷·方夷·黃夷·伯夷·赤夷·玄夷·風夷·陽夷)"라고 하였고, 또 "后泄 21년에 畎夷·白夷·赤夷·玄夷·風夷·陽夷에게 명하였다(后泄二一年, 命畎夷·白夷·赤夷·玄夷·風夷·陽夷)"고 했다. 『일주서』「王會」에 "白民에게는 乘黃(白民乘黃)"라 하였는데, 孔晁의 주에 "白民은 또한 南夷를 말한다(白民亦南夷)"라 하였으며, 『路史』「國名紀乙」에 소호씨의 후예인 李姓의 나라에 白이 있다고 하였는데, 注에 이르기를 "蔡땅 褒信 서남의 白亭이 바로 그것이다. 초나라 평왕이 멸망시키고 封子인 建의 아들인 勝을 세우고 '白公'이라고 칭하였다(蔡之褒信西南白亭是. 楚平滅以封子建之子勝, 曰'白公')"라고 하였다. 白은 바로 『좌전』에 나오는 栢이다. 『좌전』「희공5년」에 "이때에 江·黃·道·柏나라가 齊나라와 화목하였다(於是江·黃·道·柏方"睦于齊)의 杜注에 "柏은 나라 이름이다. 여남 서평현에 白亭이 있다(柏, 國名. 汝南西平縣有柏亭)"라 하였는데, 옛 땅은 현재의 河南 西平縣 서쪽에 있다.

4) ▉ : 모사본에는 '▉'로 되어 있는데, 吳鎭烽은 다음과 같이 말하고 있다.

棘은 棘이다. 『예기』「王制」에 "西方을 棘이라하고, 東方을 奇라 한다(西方曰棘, 東方曰奇)"라 하였다. 鄭注에 "棘은 棘에 해당한다(棘當爲棘)"라 하였다. 『釋文』에는 "棘는 棘로도 쓴다(棘又作棘)"라 하였으니, 棘과 棘는 통한다. 춘추시대 지금의 산동성 경내에는 두 개의 棘邑이 있었는데, 그 중 한 곳은 魯邑이다. 『춘추』「성공3년」에 "叔孫僑如가 군대를 이끌고 棘를 포위하였다(叔孫僑如帥師圍棘)"라 하였는데, 鄭注에 "棘은 汶陽田의 邑이다. 濟

북쪽 蛇丘縣에 있다(棘, 汶陽田之邑. 在濟北蛇丘縣)"라 하였다. 옛 터는 지금의 山東城 肥城縣 동남쪽이다. 다른 한곳은 齊邑이다. 『좌전』「소공10년」을 보면 "晉桓子가 公子 山을 불러 그의 집의 장막과 기물, 거느리는 사람의 의복과 신발을 사적으로 갖추어주고, 棘邑을 돌려주었다(桓子召子山, 私具幄幕, 器用, 從者之衣履, 而反棘焉)"이라 하였고, 鄭注에 "棘은 公子 山의 옛 식읍으로, 齊나라 西安縣 동쪽에 戟里亭이 있다(棘, 子山故邑, 齊國西安縣東有戟里亭)"라 하였다. 동한시대의 西安縣은 오늘날 山東省 淄博市 동쪽이다. 棘邑 두 곳의 지명은 棘國의 명칭에서 나왔다. 魯 지역에 있는 것은 처음에 거주했던 곳이고, 齊 지역에 있는 곳은 훗날 옮겨간 곳이다.

『상주금문』도 吳鎭烽의 의견에 동의한다. 그러나 이 글자는 〈師袁簋〉에 나오는 글자와도 연관이 있는 것 같다. 〈師袁簋〉에는 ▨ · ▨ · ▨(『集成』4313-1 · 2, 4314)의 자형으로 쓰여 있다. 〈師袁簋〉에 보이는 글자의 상부구조는 모두 동일하지만, 하부구조가 다르다. 그러나 같은 이 세 글자는 같은 기물의 동일한 명문에 보이기 때문에 같은 글자임에 의심의 여지가 없다. 이 글자를 본 기물의 글자와 비교하려 한다면, 본 기물의 탁본상태가 깨끗하지 않기에 모사본에 의거할 수 밖에 없는 제한사항이 있다. 모사본은 ▨으로 되어 있는데, 상부구조는 동일하다고 판정할 수 있으나, 하부구조는 명백히 다른 것처럼 보인다. 그러나 본 기물과 〈師袁簋〉의 명문을 살펴보면, 같은 글자일 가능성이 있다. 본 기물의 이 구절에서 "史密은 우측으로 族人·萊·白·▨을 거느리고 後車로써 주나라 군대의 後軍과 함께 長必을 치라(師密右率族人·萊·白·▨周伐長必)"라 하였는데, 〈師袁簋〉에도 "제나라 군사와 萊·▨를 이끌고 後軍이 되라(萊達齊師·萊·▨尸)"라 하고 있다. 이 기물에도 제나라 군사(齊師)와 萊가 등장하며, 공격하는 지역인 長必도 제나라에 인접한 지역으로 추정된다. 때문에 본 기물의 ▨자와 사밀궤의 ▨자는 동일한 글자일 가능성이 매우 높다고 생각된다. 郭

沫若, 吳鎭烽을 비롯한 많은 학자들이 이 글자를 㯷으로 예정하였지만, 이 글자는 秝을 구성요소로 하는 것으로 棘를 구성요소로 하는 것이 아니다. 마땅히 歷으로 해석해야 하며, 옛 鬲나라의 鬲으로 읽어야 한다.

『銘選』은 〈師寰簋〉 고석에서 㯷라고 예정하였지만 해석하지 않았다. 『集成』4314에 쓰인 🔲자는 사람이 歷자의 禾 중간에 있고, 그의 발을 돌출시킨 것을 상형한 글자이니, 歷으로 예정하는 것이 타당하다. 歷은 갑골문에 보이는데, 止와 秝로 구성되며 秝은 또한 발음요소이기도 하다. 예전에 歷의 初文으로 해석하였는데, 확실하여 바꿀 수 없다. 『설문』「止部」에 歷의 뜻을 "지나다(過也)"라 하였지만, 본 명문에서는 나라 이름인 鬲으로 읽어야 한다. 『路史』「國名紀乙 · 少昊後偃姓國」의 "鬲"의 주에 『郡國縣道記』에 '옛 鬲나라는 郾姓이며 皐陶의 후손이다. 漢나라때 縣이 되었고, 齊 天保 7년에 安德으로 편입되었다. 지금은 德州에 예속되어 있으며, 서북쪽에 옛 鬲城이 있다(古鬲國, 郾姓, 皐陶後. 漢爲縣, 齊天保七併入安德, 今隷德州, 西北有古鬲城)'라 기록되어 있다"라고 하였다. 鬲은 원래 夷族 方國이었지만 주나라 초기에 이미 주나라에 신하로 복속되었다. 〈中方鼎〉의 명문에 "이 鬲人이 들어와 섬겨서 武王의 신하가 됨을 하사받았다(兹鬲人入事, 易(錫)于武王作臣)"라는 昭王의 말이 실려 있다. 李學勤은 "'錫'의 의미는 바침(獻)이다. 스스로 武王에게 바치고 신하가 되었으니, 곧 신하로 복종하였다는 뜻이다"라고 하였다. 〈中方鼎〉의 鬲은 곧 偃姓의 鬲이다. 鬲나라는 무왕시기에 주나라에 신하로 복속하였다.

그러므로 본 명문의 🔲은 鬲으로 해석한다. 아마도 당시 주나라에 복속하였던 萊·白·鬲은 이번 전쟁에서 주나라가 南夷 연합부대를 공격하는 것을 도왔을 것이다.

5) 眉 : 『상주금문』은 이 글자에 관하여 다음과 같이 정리하였다.

"屖"자는 〈師袤簋〉에서도 보이지만, 자형이 "𡉈"로 조금 차이가 있다. 張世超는 「史密簋'屖'字說」에서 이 글자는 "尸"로 구성되고 "自"는 소리를 나타내며, 氏羌의 氏라고 하였다. 또 劉釗은 이 글자가 曾侯乙墓에서 출토된 죽간의 𡊅와 자형과 비슷한 것을 인용하여, 臀의 본자이며 殿으로 읽는다고 하였다. 또 陝西省 洛南縣에서 출토된 〈南史𡉈壺〉의 뚜껑 명문의 '𡉈'또한 屎자이다. 劉釗의 설이 옳다고 보여지며, 殿은 殿後의 兵車이다. 『좌전』「양공23년」 "大殿은 商子游가 夏之御寇의 戰車를 몰고 崔如가 車右가 되었다(大殿, 商子游御夏之御寇, 崔如爲右)"라고 하였는데, 杜預 주에 "대전은 후군이다(大殿, 後軍)"라 하였다. 명문은 史密이 族人·萊伯·棘을 거느리고 後軍이 되었다는 뜻이다. 이 문장은 사밀이 族人·萊伯·棘을 거느리고 후군이 되었다는 뜻이다.

劉釗의 설에 동의하며, 그대로 따른다.

6) 獲百人 : 隻은 獲의 初文이다. 獲百人은 적 100명을 사로잡은 것이다.

6. 對揚天子休. 用乍(作)朕文考乙白尊簋. 子子孫孫其永寶用.

1) 對揚天子休 : 천자의 은혜에 보답하고 찬양한다는 뜻이다.

【주제어】

[인물] 王, 師俗, 史密.

[지역] 南夷, 莒, 虎, 會, 杞夷, 舟夷, 雚(觀)·不(邳)·所, 齊, 釐, 白, 瑟(鬲), 長必

[시기] 十二月.

[사건] 동쪽을 정벌한 일, 長必을 공격한 일

【참고문헌】

孫敬明, 「史密簋銘箋釋」, 『故宮學術季刊』제9권 제4기, 1992年

吳鎭烽, 「史密簋銘文考釋」, 『考古與文物』1989年 3期, 1989년

劉釗, 「談史密簋銘文中的"眉"字」, 『考古』1995년 제5기, 科學出版社, 1995년 5월

李仲操, 「史密簋銘文補釋」, 『西北大學學報』1990년 제1기, 1990년

李學勤, 「史密簋銘文所記西周重要史實考」『中國社會科學院研究生院學報』1991년 제2기, 1991년

張懋鎔, 「史密簋與西周鄕遂制度」, 『文物』1991년 1기, 文物出版社, 1991년 1월

張懋鎔·趙榮·鄒東濤, 「安康出土的史密簋及其意義」, 『文物』1989년 7기, 文物出版社, 1989년 7월

『商周金文』197쪽

75. 숙저궤(陬貯簋)

【저록】

『集成』7·4047, 『西淸』27·30, 『大系』錄 85, 『銘選』錄 160.

【기물설명】

〈陬貯簋〉는〈陟貯簋〉·〈啓貯敦〉이라고도 한다.

『西淸古鑑』의 기록에 의하면 높이는 6寸 3分, 입구의 지름은 3寸 8分이다.
명문은 4행 23자이다. 예전에 淸宮에서 소장하였는데, 지금은 소재를 알
수 없다. 이 기물의 시대에 대하여『銘選』에서는 서주 초기라고 하고, 『集
成』에서는 서주 중기라고 하며, 郭沫若은 孝王시기에 속한다고하였다. 여
기서는 郭沫若의 설을 따른다.

【석문】

□陂貯罘子鼓昬鑄旅盤. 隹(唯)巢來伐, 王令(命)東宮追以六自(師)之年.

【현대어역】

□숙저叔貯와 자고子鼓가 경건하게 여궤旅簋를 주조하였다. 소巢나라 군대가 쳐들어와 약탈하자, 왕이 동궁東宮에게 성주成周 육사六師를 이끌고 추격해서 몰아내도록 명령한 해이다.

【주】

1. □陂貯罘子鼓昬鑄旅盤.

1) 陂 : 『輯考』는 다음과 같이 말한다.

> 명문에 陂로 쓴다. 예전에 陂로 많이 예정했는데 부정확하다. 이 글자의 오른쪽 상단은 橛杙(말뚝)의 杙의 본래의 글자인 弋이고(裘錫圭의 『論集』 29~32쪽의 「釋弋」을 참조), 하단은 又로 구성되어 있으니 옛 叔자이다. 叔자는 금문에 叔로 썼다(師摯簋) 郭沫若은 "『설문』 「又部」에 '汝南에서는 收芋(수확한 토란)를 이름 하여 叔이라고 한다(汝南名收芋爲叔)'라고 하였다. 지금 살펴보니 叔은 收芋가 그 처음 뜻이 된다. 又(손)를 구성요소로 하여 그 손이 弋(木杙)을 잡고, 토란을 캐내는 형태인데, ●는 ●과 같으니 토란의 형태를 본 뜬 것이다"(『金考』230쪽 「釋叔」)라고 하였다. 郭沫若의 견해는 옳지만, 다만 弋아래의 작은 점은 다름 아닌 작은 흙덩이를 본뜬 모양으로 郭沫若이 "토란의 모양을 본 뜬 것이다"라고 한 것은 틀렸다. 叔은 又를 구성요소로 하여 그 손이 弋을 쥔 형태로, 작은 점이 있거나 없거나 모두 叔자이다. 陂자는 阜를 구성요소로 하는데, 이것이 形符가 된다. 阜와 土는 종종 대체 할 수 있으므로, 陂은 바로 옛 堾자이다. 『설문』 「土部」에 "堾은 氣가 땅에서 나오는 것으로, 始라고도 한다(堾, 氣出土也. 一曰始也)"라고 한다.

2) 眔 : 曁로 가차되니, 及의 뜻이다.

3) 蟊 : 『廣韻』은 "鳥網(새잡는 그물)"으로 해석한다. 여기서는 敏의 가차
자로, 古音은 모두 明母·之部에 속한다. 『玉篇』에 "敏은 공경함이다.
엄숙함이다(敏, 敬也. 莊也)"라고 한다.

4) 盠 : 옛 簋자의 번문이다. 이 문장은 陝貯와 子鼓가 공경히 旅簋를
주조하였음을 설명하고 있다.

2.隹(唯)巢來姒

1) 巢 : 고대 나라 이름이다. 『상서』「序」에 "소나라 백작이 조회를 왔다(巢
伯來朝, 芮伯作旅巢命)"이라는 기록이 있는데, 孔傳은 "殷나라의 諸侯이
고, 伯은 爵位이다. 남방의 멀리 떨어진 방국이다(殷之諸侯, 伯爵也, 南方
遠國)"라고 하고, 孔疏는 "「仲虺之誥」에 成湯이 桀을 南巢로 追放하였다
고 하는데, 아마도 이 巢가 바로 그것일 것이다(仲虺之誥云, 成湯放桀于
南巢, 或此巢是也)"라고 하였다. 『史記』「夏本紀」에 "桀이 鳴條로 도주하
였으나, 결국은 추방되어 죽었다(桀走鳴條, 遂放而死)"고 한다. 顧棟
高는 『春秋大事表』에서 "巢는 지금의 강남 盧州府巢縣에서 동북쪽으
로 5리 떨어져 있는 곳에 巢成이 자리하고 있다"고 하였다. 李學勤은
"'秉命'은 『論語』「季氏」편에서 말한 '모시는 신하가 국가의 권력을 장악
한다(陪臣執國命)'라는 것과 같은 구조로 그 방국 정사를 장악한다는
의미이다. 繁·蜀·巢는 변두리의 방국이고, 주 왕조에 예속되었기 때문
에 周王이 毛公에게 명하여 그 정사를 관리하도록 한 것이다"라고 하
였다. 郭沫若은 "巢는 〈班簋〉의 '緐, 蜀, 巢의 정사를 주관한다(秉緐
蜀巢)'의 巢이니, 지금의 安徽 巢湖 부근의 옛 나라이며, 또한 淮夷에
속한다"라고 하였다. 『水經』「沔水注」에 "巢는 여러 舒국 중 하나다(巢,
群舒國也)"라고 하는데, 현재 安徽省 巢湖市 東北 지역이다. 『銘選』은
다음과 같이 말했다.

원래 은의 제후이다. 『상서』「序·周書」에 "소나라 백작이 조회를 왔다(巢伯
來朝)"는 孫星衍 注에 鄭玄을 인용하여 "소백은 은의 제후로 伯은 작위이다.
남방의 나라 중에서 당시 첫째로 무왕을 알현하였다(巢伯, 殷之諸侯, 伯爵也.
南方之國, 世一見者)"라고 한다. 『國語』「魯語」에 "걸이 南巢로 망명하였다(桀
奔南巢)"라고 하는데, 그 韋昭 注에 "南巢는 揚州 지역이며 巢伯의 나라이
고 지금 廬江 居巢縣이 이곳이다(南巢, 揚州地, 巢伯之國, 今廬江居巢縣是也)"
라고 하는데, 현재의 安徽 지구 巢湖의 동쪽이며 회이의 나라 중 하나이
다. 회이는 東國의 범주에 속하며 이것은 康王 후기에 동이를 정벌하던 여
러 전쟁 중 하나일 것이다.

2) 伇 : 『大系』는 "伇은 笮迫의 笮으로, 〈鳳羌鐘〉의 '逵征秦迻齊'는 바로
이 '伇'의 뜻이다"라고 하였다. 『銘選』은 "迸 혹은 笮과 통하며 迫의
뜻으로 침략하다는 의미이다. 『후한서』「陳忠傳」에 '서로 함께 압박한
다(共相壓笮)'라고 하는데, 그 李賢 注는 '笮은 迫이다(笮, 迫也)'라고 하
였다"라고 설명한다. 한편 『輯考』는 다음과 같이 말한다.

옛 作자이다. 『正字通』「支部」에 "伇은 作과 같다. 興起한다는 뜻이다(伇, 同作,
興起也)"라고 하였는데 본 명문에서는 擄의 가차자로 쓰였다. 伇과 擄의 상
고음은 각각 聲母가 莊母, 精母의 準雙聲에 속하고 韻部가 鐸部와 魚部인
데 이들은 對轉관계로 통례에 의하면 통할 수 있다. 『廣雅』「釋詁1」에 "擄는
取이다(擄, 取也)"라고 하고, 『集韻』「麻韻」에 "叡는 『설문』「又部」에 '손으로
아래 있는 것을 취하는 것이다'라고 하는데, 혹은 手로 구성되었다(叡, 說
文, 又取也. 或从手)"라고 한다. 『釋名』「釋姿容」에 "擄는 叉이다. 다섯 손가
락으로 긁어모아 취하는 것이다(擄, 叉也. 五指俱往叉取也)"라고 하였으니,
叉取는 바로 지금 말로 움켜쥐어 취한다는 것이다. 『文選』에 수록된 張
衡의 『西京賦』에 "비위를 잡고, 유산을 잡는다(擄狒猥, 抾窳猱)"라고 하였는
데 李善 注에서 薛綜의 말을 인용하여 "擄와 抾는 모두 戟撮을 말한다(擄
抾, 皆謂戟撮也)"라고 하는데 戟撮은 지금의 찔러서 취하는 것과 같은 말이다.

抓取 혹은 刺取는 모두 강제적 성질을 띠고 있다. "惟巢來擄"는 巢나라 사람이 와서 백성·토지·재물을 약탈하는 것이다.

『輯考』의 견해에 따른다.

3. 王令(命)東宮追以六自(師)之年.

1) 東宮 : 人名이니, 또한 孝王시기의 〈元年智鼎〉에 보인다. 郭沫若은 "이 기물에도 동궁이 있으므로, 마땅히 孝王 시기에 속함을 알 수 있다"라고 하였다.

2) 自 : 師의 가차자이다.

3) 六師 : 『銘選』에서는 "成周 六師로 주왕실의 宿衛軍이다"라고 하였다. 『大系』는 "〈禹鼎〉에 보이며, 거기에는 "西六自, 殷八自"라 하였는데 '西六自'는 아마도 '成周 八自' 중 6師일 것이다. 대체로 전쟁이 있을 때에 반드시 전 군대를 모두 이끌고 출정하지는 않았다. 成周(지금의 洛陽)는 殷(지금의 湯陰부근)의 서쪽에 있었기 때문에 '西'라고 칭하였다. 이것으로 周나라가 殷을 이긴 후에도 일찍이 成周와 殷에 거듭 군대를 주둔시켜 殷의 遺民을 다스렸다는 것을 알 수 있다. 이것은 巢나라 사람을 '六自'로 추격한다는 말이니, '六自'가 '成周 八自' 중의 여섯 군대에 속하는지 '殷八自'의 여섯 군대에 속하는지는 알 수 없다"라고 한다. 이 전쟁에서 成周 六師를 동원한 사실은 巢人이 대대적으로 침범하였다는 것을 설명한다. 이 문장은 기물을 만든 연도를 기술한 것이다. 周나라 사람과 殷나라 사람은 모두 큰 사건으로 연도를 기록하는 습관이 있다.

【주제어】

[인명] 陝貯, 鼓, 王, 東宮.

[지명] 巢

[사건] 巢人이 침략하자 왕이 동궁에게 六師를 거느리고 쫓아내도록 명령한 것.

【참고문헌】

『大系』考 100쪽, 『銘選』3·103쪽, 『文錄』3·23쪽, 『雙選』上3·5쪽, 『通釋』16·81, 『論集』「釋弋」
裘錫章「附"□"侯獲巢"鼎銘補釋」, 『考古』1966년 제2기, 考古雜誌社, 1966년 2월
史樹靑「西周蔡侯鼎銘釋文」, 『考古』1966년 제2기, 考古雜誌社, 1966년 2월

76. 괵중수개(虢仲盨蓋)

【저록】

『集成』9·4435, 『三代』10·37·3, 『貞松』6·41, 『十二』雪 11, 『大系』錄 105, 『銘選』錄 418.

【기물설명】

厲王 시기 기물이다. 『後漢書』 「東夷傳」에 "厲王이 無道하여 淮夷가 침략해오자, 王이 虢仲에게 명령하여 淮夷를 물리치도록 하였으나 이기지 못하였다(厲王無道, 淮夷入寇, 王命虢仲征之, 不克)"라고 하였는데, 본 명문의 기록은 바로 이 전쟁을 기록하였다고 생각된다. 높이는 8.1cm, 입구의 세로는 16.8cm, 입구의 가로는 24.5cm, 竊曲紋 한 줄이 장식됐다. 네 다리에는 夔紋이 장식됐다. 명문은 4행 22자. 孫壯과 陳夢家가 소장했었고, 현재는 중국사회과학연구원 고고연구소에 소장되어 있다.

【석문】

虢中(仲)以王南征,[1] 伐南淮尸(夷).[2] 才(在)成周,[3] 乍(作)旅盨.[4] 兹盨友(有)十又(有)二.[5]

【현대어역】

괵중虢仲이 왕과 함께 남방 정벌을 가서 남쪽의 회이를 정벌하였다. 성주成周에서 여수旅盨를 만들다. 이 수盨는 12개가 있다.

【주】

1. 虢中(仲)以王南征

 1) 虢仲 : 주나라 厲王때의 인물이다. 〈何簋〉와 〈公臣簋〉 그리고 〈虢仲乍虢妃鬲〉에도 보인다. 특히 〈公臣簋〉 명문에는 "虢仲이 公臣에게 명하여 '나의 百工을 맡아라. 그대에게 말과 마차, 종 5개, 청동을 내리니 이를 사용하여 일하라'라고 하였다(虢仲令公臣𤔲朕百工. 錫汝馬乘·鐘五·金, 用事)"라고 하였는데, 이로써 虢仲이 厲王때의 중신으로 百工을 통괄했음을 알 수 있다. 『後漢書』「東夷傳」에 "厲王이 無道하여 淮夷가 침략해오자, 王이 虢仲에게 명령하여 淮夷를 물리치도록 하였으나 이기지 못하였다(厲王無道, 淮夷入寇, 王命虢仲征之, 不克)"라고 한다. 今本『竹書紀年』「厲王」에 "3년에 淮夷가 洛陽을 침범하니, 왕이 虢公長父에게 정벌하도록 명하였지만 이기지 못하였다(三年, 淮夷侵洛, 王命虢公長父伐之, 不克)"라고 한다. 『呂氏春秋』「當染」에 "厲王은 虢公長父와 榮夷終에게 물들었다(厲王染于虢公長父·榮夷終)"라 하고, 高誘 注는 "虢과 榮은 두 卿士이다(虢·榮二卿士也)"라고 하였다. 본 명문과 『後漢書』·『竹書紀年』의 기록은 같은 사건이고, 虢仲은 바로 厲王의 卿士인 虢公長父이다.

 2) 以 : 與의 뜻이다. 『상서』「君奭」에 "太保奭! 너는 능히 공경하여, 나와

함께 殷나라가 망한 큰 어지러움을 살펴보아라(保奭, 其汝克敬, 以予監于
殷喪大否)”라 하였고, 孫星衍 注(『尚書今古文注疏』)는 “以는 與의 뜻이다
(以, 與)”라 하였다.

2. 伐南淮尸(夷)

1) 南淮夷 : 淮夷로, 남쪽에 있기 때문에 南淮夷·南夷라고 칭한다. 『路史』
「國名紀乙·少昊後嬴姓國」에 “淮夷는 『世本』에서 ‘嬴姓’이라고 하는데,
아마도 하나가 아닐 것이고, 무왕이 정벌한 것은 그 가운데 하나일 것
이다(淮夷. 世本云嬴姓, 蓋非一, 武王所伐其一也)”라고 하였다.

3. 才(在)成周

1) 才 : 갑골문과 금문에 자주 보이는 글자로 보통 지명 앞에 쓰여서 “~
에 있다”는 의미로 사용된다. 이 글자는 意符인 “土”자가 더해진 “在”
자와 통한다.

2) 成周 : 洛陽부근이다. 이후에 犬戎의 습격을 받자, 周나라는 수도를
宗周(西安 부근)에서 동쪽의 成周로 옮기게 된다.

4. 乍(作)旅𣪘

1) 旅𣪘 : 征伐 중에 사용하는 𣪘이다. 𣪘는 簋와 비슷하면서 보다 긴
데, 이것은 簋가 변한 것이다. 『大系』는 다음과 같이 설명한다.

> 𣪘라는 기물은 장방형이며 네 모서리는 뭉툭하고 덮개가 있으며, 그 형제가
> 簋와 簠의 중간이다. 또한 기물 가운데 형태는 𣪘이지만 명문에는 簋라고
> 쓰인 것이 있는데, 예를 들면 〈華季𣪘〉가 그것이다. 대체로 𣪘는 簋의 變
> 種으로 따로 𣪘로 부르지만, 아울러 簋라고 부르기도 한다.

또한 『銘選』에서는 다음과 같이 설명한다.

> 𣪘는 簋의 몸체가 장방형으로 변한 것으로 어떤 𣪘는 자기의 명문에 簋로

되어 있다. 虢仲이 한 번에 이 12개의 盨를 주조했는데, 이를 통해 盨는 사용할 때에 簋와 마찬가지로 짝수로 조합하여 사용했음을 알 수 있다.

5. 玆盨友(有)十又(有)二

1) 玆 : 此의 뜻이다.
2) 友 : 『斷代』는 盉의 가차자, 즉 盨의 덮개로 보면서 다음과 같이 말했다.

> 友는 盉의 가차인 듯한데, 『설문』「皿部」에 "작은 사발이다. 皿을 구성요소로 하고 有가 발음요소이며 灰와 같은 발음이고, 賄라고도 한다(小甌也, 從皿有聲, 讀若灰, 一曰若賄)"라 하고, 盍로 쓰기도 한다. 『方言』卷5에 "關西지방에서는 盆의 작은 것을 升甌라고 부른다((自關而西, 或謂之盆, 或謂之盎, 其小者謂之升甌)"고 하였다. 友는 아마 盨의 덮개인 듯하다.

그러나 이 글자는 有의 가차자일 것이다. 즉 세트로 만들어진 盨가 모두 12점이라는 뜻이다. 한편 이 자형을 둘러싸고 有자의 본의에 관한 논의가 있었다. 王國維는 有의 본의를 侑食의 侑로 보았지만, 楊樹達은 『積微居』「虢仲盨跋」에서 이에 대해 비판하였다. 그 내용은 다음과 같다.

> 『貞松堂集古遺文』6권에 虢仲盨가 실려 있으며, 銘文은 "虢仲以王南征, 伐南淮夷, 在成周, 凶旅盨, 玆盨友十又二"라고 되어있다. 王國維는 이 銘文에 跋文을 지어 다음과 같이 주장하였다. "이 기물의 友는 가차자로 有이다. 有無의 有는 고대에는 본래 正字가 없이 又, 友, 有 세 글자가 모두 가차되어 쓰였다. 又, 友가 가차자가 되는 것은 사람들이 모두 아는 바이다. 有는 古文에서 又를 구성요소로 하며, (又 즉 손이) 肉을 쥐고 있는 형태인데, 〈盂鼎〉·〈毛公鼎〉이 모두 이와 같다. 그 본래의 의미는 侑食의 侑이며, 후대에 肉이 바뀌어 月이 되었고, 『설문』에서는 『春秋』의 해가 먹히는 일이 있다는 기사를 인용하여(예를 들면 『春秋』「隱公 三年」'春王二月己巳, 日有食之.') 올바르지 않은 바가 있다는 설로 풀이(『설문』「有部」: 有, 不宜有也.

春秋傳曰, 日月有食之. 从月, 又聲. 凡有之屬, 皆从有)하였으나, (有는) 月朔을 의미하는 글자가 아니다"

살펴보건대, 王國維가 有의 잘못된 형태를 考訂하고 『설문』의 잘못된 해석을 규명한 것은 옳으나, 有를 侑食의 侑의 本字라고 한 것은 잘못이다. 나는 有無의 有와 尋, 獲, 取의 글자들은 뜻이 모두 서로 비슷하기 때문에, 문자를 만든 뜻 역시 같다고 생각된다. 尋은 갑골문, 금문이 모두 又를 구성요소로 하여 貝를 쥐고 있는 형태인데, 許愼이 말한 見을 구성요소로 한다는 것은 잘못이다(『설문』 「見部」: 尋, 取也. 从見, 从寸. 寸度之亦手也) 獲은 갑골문, 금문에 隻으로 쓰였으며, 又를 구성요소로 하고 隹를 쥐고 있는 형태이다. 取는 又를 구성요소로 하며 耳를 쥐고 있는 형태로, 古文과 小篆에 다른 형태는 없다. 이 세 글자로 有자를 증명하면 손으로 고기를 쥐고 있는 형태로, 이것이 有無의 有가 되는 것은 매우 분명하며, 侑食의 本字는 아니다.

【주제어】

[인명] 虢仲, 王(厲王)

[지명] 南淮夷, 成周

[사건] 虢仲이 왕과 함께 남정하여 南淮夷를 정벌하다.

【참고문헌】

『大系』考 120쪽, 『今譯類檢』643쪽, 『銘選』3·290쪽, 『文錄』4·5쪽, 『雙選』下3·3쪽, 『積微』144쪽, 『通釋』25·144

裘錫章 「附"□"侯獲巢"鼎銘補釋」, 『考古』1966년 제2기, 考古雜誌社, 1966년 2월

77. 료생수(翏生盨)

【저록】

기물 1 : 『集成』9·4459, 『考古』1979년 제1기, 61쪽 圖 1, 『銘選』錄 417.
　　　　　현재 上海博物館이 소장함.

기물 2 : 『集成』9·4460, 『三代』10·44·1. 현재 旅順博物館이 소장함.

기물 3 : 『集成』9·4461, 現藏鎭江市博物館.

【기물설명】

모두 3점이 전해진다. 전체 높이 21㎝, 입구의 세로 16.6㎝, 입구의 가로

21.8cm, 밑바닥 세로 14.2cm, 밑바닥 가로 19cm이다. 몸체는 길쭉한 방형에 네 각이 둥그렇게 돌아가며, 귀가 붙어있고 배는 깊으며 圈足 네 변에 缺口가 있다. 덮개 위에 곱자(曲尺)모양의 꼭지가 있다. 몸체 전체와 덮개 가장자리는 瓦紋으로 장식했다. 기물의 몸체와 덮개에 있는 銘文의 내용이 같으며 6행 50자이다. 현재 上海박물관·旅順박물관·鎭江市박물관에 각각 소장되어있다. 시대에 관하여 夷王(劉啓益)·厲王(『銘選』)·幽王 등의 설이 있다. 이 기물의 명문에 "角·津을 정벌하고 桐·遹을 정벌했다(伐角·津, 伐桐·遹)"라는 내용이 있는데, 이는 〈噩侯馭方鼎〉 명문의 "角·僑을 정벌했다(伐角·僑)"라는 내용과 같은 사건으로 보인다. 이 때문에 劉啓益은 두 기물의 시대를 모두 夷王 시기로 단정하였다. 여기에서도 서주 중기 말엽의 夷王시기의 기물로 분류한다.

【석문】

王征南淮尸(夷),[1] 伐角·雟, 伐桐· 遹. 翏生從.[2] 執訊折首, 孚戎器, 孚金.[3] 用乍(作)旅盨, 用對剌(烈).[4] 翏生眔大姙其百男百女千孫, 其邁(萬)年釁壽, 永寶用.[5]

【현대어역】

왕께서 남회이南淮夷를 정벌하고, 각角과 진津을 정벌하고, 동桐과 휼遹을 정벌하심에, 요생翏生이 따랐다. 포로를 잡아 머리를 베고, 병기를 노획하고, 청동을 노획하였으니, 이로써 여수旅盨를 만들어 (왕의) 빛나는 공을 찬양하며, 이로써 요생翏生과 (翏生의 부인) 대운大姙은 백명의 남자와 백명의 여자와 천명의 자손이 있기를 기원하며, 만년토록 장수하여 영원토록 보배롭게 쓰기를 기원하노라.

【주】

1. 王征南淮尸(夷)

1) 南淮夷 : 淮夷로, 남쪽에 있기 때문에 南淮夷·南夷라고 칭한다.『路史』
「國名紀乙·少昊後嬴姓國」에 "淮夷는『世本』에서 '嬴姓'이라고 하는데,
아마도 하나가 아닐 것이고, 무왕이 정벌한 것은 그 가운데 하나일 것
이다(淮夷. 世本云嬴姓, 蓋非一, 武王所伐其一也)"라고 하였다.

2. 伐角·隹, 伐桐·遹. 翏生從

1) 角: 옛 나라 이름으로 갑골문과 〈噩侯馭方鼎〉에도 보이며 角城에 있
었을 것으로 짐작된다. 西周초기의 〈禽子甗〉·〈殼子鼎〉은 아마 角나
라의 기물일 것이다. 고문에서 殼, 捔, 禽의 형태로 나타난다. 갑골
문(『합집』18387, 18388)에는 禽로 썼다.『玉篇』과『廣韻』에는 모두 敽을
捔의 異體字라고 하고, 金文에는 또한 殼으로 쓴다.『廣雅』「釋言」에
"捔은 掎이다(捔, 掎也)"라고 한다.『漢語大字典』에 이것을 "짐승의 뿔
을 잡은 채 치고 받으며 싸우는 것(捉住獸角搏鬪)"이라고 해석하였다.
禽는 臼와 牛와 角을 구성요소로 하니, 바로 짐승의 뿔을 취한다는 뜻
일 것이다. 禽 또는 捔, 殼의 본래의 뜻은 짐승의 뿔을 잡고 서로 치
고 받고 싸움으로, 이로 말미암아 角力과 角逐의 뜻이 파생되었으며,
지금은 角으로 통용된다. 본 명문에서는 옛 國名으로 쓰였다. 본 명
문에 "王이 南淮夷를 征伐하고 角과 隹(津)을 정벌하고, 桐과 遹을 정
벌하였다(王征南淮尸, 伐角·隹, 伐桐·遹)"고 하였으니 이것으로 角이 서
주시기에 南淮夷에 속했음을 알 수 있다. 馬承源은 「關于翏生盨和者
減鐘的幾點意見」(『考古』1979년 제1기, 科學出版社, 1979년 1월)에서 角의
위치에 대해서 자세히 논증하고 있다.

　　『수경주』「淮水」의 "淮水와 泗水가 합쳐지는 곳이 角城이다(淮泗之會, 即角
城也)"고 했고,『태평환우기』에는 "角城은 宿迁縣 동남 111리에 있다.『縣

道記』에는 '옛 길은 회수의 북쪽 사수의 서쪽에 있다'고 했고, 또 이르기를 '사수의 泗口城은 晉나라 安帝 義熙연간에 이곳에 淮陽郡을 설치하고 그로 인해 角城縣을 설치하였다(角城, 在宿迁縣東南, 一百十一里, 縣道記云, 舊理在淮之北, 泗水之西, 亦謂之泗口城, 即晉安帝義熙中于此置淮陽郡, 仍置角城縣)'고 했다"라고 하였다. 따라서 먼저 角城이 있었고 그 뒤에 현을 설치한 것으로, 角城이 더욱 옛 지명이 된다. 〈翏生盨〉 명문 중의 각은 각성 부근이 맞을 것이다.

2) 艇 : 『설문』「舟部」에 "古文의 津字로 舟자와 淮자가 구성요소(古文津, 从舟淮)"라 했다. 馬承源은 「關于翏生盨和者減鐘的幾點意見」에서 자세히 고석하고 있다.

津자이다. 『설문』「水部」에 "津은 물을 건너는 곳이다. 水를 구성요소로 하고 聿을 소리요소로 한다(水渡也. 从水聿聲)"고 했으며, 또 말하기를 "古文에서 津은 舟와 淮를 구성요소로 한다(古文津, 从舟从淮)"고 했다. 이 글자는 고문의 津자와 완전히 똑같다. 津은 혹 津湖 곁의 작은 국가이름이다. 『水經注』「淮水」에 "번량호의 북쪽 입구를 뚫어서 아래로 진호의 지름길로 흐르게 하였다(穿樊梁湖北口 下注津湖逕渡)"라 했으니, 옛 터는 현재의 보응현 남쪽 60리에 있다. 角과 津의 두 지역은 회이의 동쪽에 있었다.

3) 桐 : 옛 나라 이름으로 『좌전』「定公2년」에 "桐나라가 楚나라를 배반했다(桐叛楚)"고 하였으며, 두예 注에 "桐은 작은 나라인데, 廬江 舒縣 서남쪽에 桐鄉이 있다(桐, 小國, 廬江舒縣西南有桐鄉)"고 했으니, 지금의 안휘 桐城市 西北이다.

4) 遹 : 『銘選』에서는 遹로 예정하고 遹자의 번체자로 보면서 다음과 같이 말한다.

遹는 通자의 번체자이니, 『설문』「糸部」에 繘字를 籒文에 遹로 쓴 것으로 증명할 수 있다. 遹의 지역은 잘 모르겠으나, 桐과 서로 가까운 지명에 聿霥가 있으니, 회수부근일 것이다. 聿과 遹은 고음이 통한다. 桐과 遹의 두 지역은 회이의 서쪽에 있었을 것이다. 〈악후어방정〉의 명문에 "왕이 남쪽으로 정벌해서 각과 흌을 쳤다(王南征, 伐角僑)"의 角과 僑은 본 명문의 角·津과 桐·通을 뜻한다.

3. 執訊折首, 孚戎器, 孚金

1) 訊: 〈戒簋〉의 명문에 보인다. 吳大澂은 "이 字는 악한(醜)을 잡는 형상을 본 뜬 것으로, 끈으로 그를 포박하였기 系가 구성되었고 있고, 말로 신문하기 때문에 口가 구성되었다"라고 하였다(「虢季子白盤」, 『愙齋』16冊, p11).

2) 折: 『설문』「艸部」에 "끊음이다(斷也)"라 했다. "折首"는 적군의 목을 베었다는 뜻이다.

3) 孚戎器: '孚'는 俘의 古文이다. "戎器"는 병기다.

4. 用乍(作)旅毁, 用對刺(烈).

1) 用 : 앞의 "用"字는 만드는 원인을 말한 것이고, 뒤의 "用"字는 만들어 사용하는 것을 말한 것이다.

2) 刺 : 烈로 읽는다. 『爾雅』「釋詁上」에 "빛남(光也)"이라 했다.

3) 用對烈 : 『銘選』은 "烈은 공훈이 열렬하다는 것이다. '對烈'은 '對揚王休'와 뜻이 비슷하다"라고 하였다.

5. 翏生眔大嬭其百男百女千孫, 其邁(萬)年眉壽, 永寶用

1) 眔 : 暨로 읽는다. 및(及)의 뜻이다.

2) 嬭 : 옛 娟자이다. 『설문해자』「女部」에 "妘은 祝融의 後孫 姓이다. 女가 구성요소이고 云이 聲部이다. 王과 分의 반절음이다.(妘, 祝融之後姓也. 从女云聲. 王分切) 娟은 籒文의 妘字이며 員이 구성요소이다(娟, 籒文妘, 从員)"고 했다. 大妘은 翏生의 배우자이며 妘은 姓이다.

3) 其百男百女千孫 : 자손의 번창을 기원한다는 뜻이다.

4) 邁 : 萬의 가차자이다. 상고음에서 邁과 萬은 明紐 雙聲이며, 月部·元部의 對轉관계이다. 아울러 두 글자가 통용됨이 용례를 통해 확인된다.

5) 靧 : 沫의 古字로서『설문해자』「水部」에 "얼굴에 물을 뿌리며 씻음(洒面也)"라 하였다. 洒面은 즉 얼굴을 씻는 것이다. 李孝定은 "靧壽의 靧를 마땅히 徽로 읽어야 하며, 아름답다는 뜻이다. 따라서 '美善之壽'는 多壽·魯壽·永壽와 같은 말이다"고 하였는데, 이는『儀禮』「士冠禮」 "眉壽萬年"의 鄭玄注에 "古文에 眉는 麋로 쓴다(古文眉作麋)"는 것과「小牢饋食禮」의 "眉壽萬年"아래 鄭注에 "古文에서 眉는 麋로 쓴다(古文眉作麋)"는 것과, 金文에서 "靧壽"는 "魯壽"로도 일컫는 것과, 鄭司農이『周禮』를 注釋할 때 豐字를 徽字로 해석한 것에 근거한 것이다. (李孝定,「釋靧與沫」,『集刊外編』제4종 하책 pp988~992)

【주제어】

[인명] 王, 翏生.

[지명] 南淮夷, 角, 津, 桐, 遹.

[사건] 왕이 南淮夷의 角·津·桐·遹 지역을 정벌한 사건.

【참고문헌】

馬承源,「關于翏生盨和者減鐘的幾點意見」,『考古』1979년 제1기, 科學出版社, 1979년 1월
『銘選』3·290쪽

78. 록백종궤(彔伯戒簋)

【탁본】

【저록】

『集成』8·4302, 『三代』9·27·2, 『攘古』3·2·51, 『愙齋』11·2, 『奇觚』4·16,
『周金』3·18·1, 『小校』8·75·2, 『大系』錄 35, 『銘選』錄 180.

【기물설명】

〈彔伯戒敦〉, 〈彔伯戎敦〉이라고도 한다. 명문은 11행 112자인데, 중문이
2개 있다. 呂堯仙이 예전에 소장하였다. 穆王시기의 기물이다.

佳(唯)王正月, 辰才(在)庚寅,¹⁾ 王若曰: "彔白(伯)戜! 繇自乃且(祖)考又(有)爵(勞)于周邦,²⁾ 右闢四旁(方), 叀畮(張)天令(命).³⁾ 女(汝)肇不矤(墜).⁴⁾ 余易(賜)女(汝)饗鬯一卣, 金車, 桒鞝軙 · 桒畐 · 朱虢㡀 · 虎冟㡌裏 · 金甬 · 畫鬺 · 金厄 · 畫轉, 馬四匹, 鋚勒.⁵⁾" 彔白(伯)戜敢拜手諳首, 對揚天子不(丕)顯休, 用乍(作)朕皇考鰲王寶尊簋.⁶⁾ 余其永邁(萬)年寶用, 子子孫孫其帥井(型), 受茲休.⁷⁾

【현대어역】

왕 정월 경인일에 왕이 이와 같이 말씀하셨다. "녹백彔伯 종戜아! 예부터 너의 선조는 주나라에 공로가 있었으니, 사방을 개척함을 돕고, 천명을 넓혔도다. 너는 부지런하여 직분을 실추시키지 않았다. 내가 너에게 검은 기장으로 빚은 술 1유卣, 청동으로 장식한 수레, 장식물로 덮는 교較, 장식이 있는 거량車梁, 가죽으로 만든 붉은 가슴받이, 호랑이 가죽을 사용하여 만든 수레 휘장, 청동으로 만든 전동, 채색으로 장식된 수레 굴대를 고정하는 가죽 띠, 청동으로 만든 멍에, 청동으로 만든 멍에를 감싸는 가죽, 말 네필, 재갈이 포함된 굴레를 하사 하노라" 녹백彔伯 종戜은 감히 손을 모으고 머리를 조아리며 천자의 크고 아름다운 은혜를 찬양하며, 이로써 나의 황고皇考 이왕鰲王을 위한 보배롭고 존귀한 궤簋를 만드노라. 나는 장차 만년토록 보배롭게 사용할 것이니, 자자손손 그 모범을 따르고, 이 은혜를 받을지어다.

【주】

1. 佳(唯)王正月, 辰才(在)庚寅

  1) 王 : 周 穆王이다.

  2) 才 : 갑골문과 금문에 자주 보이는 글자로 보통 지명 앞에 쓰여서 "~

에 있다"는 의미로 사용된다. 이 글자는 意符인 "土"자가 더해진 "在"
자와 통한다.

3) 辰才(在)庚寅 : 正月 庚寅일이다. 銘文 가운데 "辰才干支"의 사례는
자주 찾아볼 수 있다. 예를 들어 〈剌鼎〉(集成5.2776)의 "王才初. 辰才
丁卯"와 〈高卣〉(集成10.5431)의 "唯還才周, 辰才庚申"등이 그것이다.
이러한 일례는 『金文引得』(殷商西周卷)「靑銅器銘文釋文引得」 44쪽에
서 확인할 수 있다.

2. 王若曰: 彔白(伯)戎! 繇自乃且(祖)考又(有)爵(勞)于周邦

1) 彔伯戎 : 기물을 만든 사람의 이름이다. 彔戎, 戎이라고도 한다.(『銘
選』)

2) 彔 : 옛 나라이름으로 전적에 나오는 "六"이다. 上古音에서 "彔"과 "
六"은 來紐 雙聲이고 屋覺 旁轉의 관계로 음이 가까워 통가될 수 있
다. 六은 皐陶의 후손이며, 옛 國名으로 偃姓을 쓰며, 땅은 현재 安
徽 六安市 東北에 위치한다. 〈大保簋〉 주석을 참고하라.

3) 戎 : 〈彔卣〉·〈戎方鼎2〉·〈戎簋〉의 戎과 같은 인물일 것이다. 해당 기
물의 주석을 참고하라.

4) 繇 : "謠"의 古字이다. 본 명문에서는 "由"로 읽는다. "由自"는 같은 의
미를 두 번 쓴 것이다.

5) 爵 : 이 글자를 王國維는 舊說에 따라 "勞"로 석문하면서 "옛날에 공
로가 있는 사람은 술잔을 받들어 위로하였다. 그러므로 양 손으로 술
잔(爵)을 들고 있는 것이다"라고 하였다(『觀堂』「毛公鼎銘考釋」)『대계』도
"𤔲"으로 석문하면서 대체로 왕국유의 설을 따르고 있다.

𤔲은 〈毛公鼎〉과 〈單伯鐘〉에도 보인다. 두 기물 모두 "𤔲董大命"이라 기록
되어 있다. 예전에는 勞로 석문했으나 설명이 없다. 孫詒讓은 "揩으로 석문
하고 攵와 고문 昏이 구성요소이며 소리부가 생략되었다"고 하였다. 王國

維는 예전의 해석 그대로 勞라고 석문하였다. "양손으로 爵을 받들고 있는 형상을 본 뜬 것이다. 고대에는 공로가 있는 사람은 爵을 들어 올려 그 수고로움을 치하하였으므로 양손에 작을 들어 올린 모양으로 구성된 것"이라고 하였다(『毛公鼎銘考釋』). 勞로 석문하는 것이 옳다. 양손에 爵을 들어 올리고 있는 모양으로 구성되었고, 爵이 또한 소리를 나타낸다. 양손에 爵을 들어 올린다는 말은 마시는 것일 수도 있고 음식을 돌리는 것일 수도 있는데(獻) 반드시 勞가 필요한 것은 아니다. 爵으로 聲部를 삼아야 비로소 그 音讀이 성립될 수 있다.

『輯考』는 이 글자를 바로 "勞"로 석문하는 것에 반대하며 다음과 같이 말한다.

명문에 ꛬ으로 쓰였는데, 収과 爵의 초문으로 구성되었으므로 마땅히 爵으로 석문해야 한다. 爵의 초문은 爵(酒器)의 모양을 본뜬 것으로 金文에서 "ꛬ"이나 "ꛬ"으로 쓰이기도 하는데, "又"(손의 형태)가 爵을 잡고 있다. 여기에서는 "収"이 구성되었는데, "又"로 구성된 것과 의미가 같다. 이 명문의 爵은 勞로 가차되니, 上古音에서 爵과 勞는 精來 鄰紐이고 沃宵 對轉의 관계이다. 『시경』「民勞」에 "너의 공을 버리지 말아 왕의 아름다움으로 여길지어다(無棄爾勞, 以爲王休)"라 하였는데, 鄭箋에는 "勞는 功과 같다(勞, 猶功也)"라 하였다. …… 王國維와 郭沫若 두 사람의 견해는 모두 爵에 원래 又(손의 모양)가 구성된다는 것을 간과하였으니, 이 기물에서 収(양 손)으로 爵을 올리는 자형도 "爵"자이며 勞로 읽을 수는 있지만, 勞로 직접 해석하는 것은 근거가 없다.

3. 右闢四旁(方), 叀(惠)卥(張)天令(命).

1) 右 : 『좌전』「襄公10年」에 "왕께서 伯輿를 도와주셨다(王右伯輿)"라 하였는데, 杜預 注에 "右는 도움이다(右, 助)"라 하였다.

2) 闢 : 명문에 ꛬ(開)로 쓰였는데, ꛬ과 門으로 구성된 글자로 양 손으로

문을 여는 뜻을 가진 회의자이다. 『설문』「門部」에 "闢은 엷이다. 門으로 구성되며 辟은 소리이다. 𦥑은 「虞書」에 '사방을 열었다'라 하였다. 門과 奴을 구성요소로 한다(開也. 从門, 辟聲. 𦥑, 虞書曰, 闢四門. 从門从奴)"라고 하였는데, 段玉裁 注에는 "이 위에(「虞書」를 가리킴)는 마땅히 『匡謬正俗』, 『玉篇』에 의거하여 '古文闢' 세 자를 보충해야 한다(此上, 當依匡謬正俗玉篇, 補古文闢三字)"라고 하였다.

3) 右闢四旁 : 사방의 영토를 개척함을 도왔다는 뜻이다.

4) 叀 : 惠로 읽으며 語首助詞로 의미는 없다.

5) 㐀 : 옛날에 "宏"으로 해석하였으나 잘못된 것으로, 마땅히 裘錫圭와 李家浩의 견해를 따라 "韔"(『설문』「韋部」에 "활집이다(弓衣也)"라 하였다)의 初文으로 해석해야 하며(裘錫圭·李家浩,「曾侯乙墓竹簡釋文與考釋」注 14,『曾侯乙墓』, 文物出版社, 1989年), 본 명문에서는 "張"으로 읽는다. 『廣雅』「釋詁3」에 "張은 큼이다(張, 大也)"라 하였다.

6) 惠張天命 : 천명을 넓혔다는 뜻이다.

4. 女(汝)肇不豕(墜).

1) 女 : 汝로 읽으며, 2인칭 대명사이다.

2) 肇 : 『爾雅』「釋言」에 "肇는 민첩함이다(肇, 敏也)"라고 하였다. (『銘選』)

3) 豕 : 彘의 고자로 墜로 가차되며, 잃는다는 뜻이다. 〈師袁簋〉에는 彖로 쓰였는데, 張亞初는 彘라고 해석하고, "돼지를 활로 쏘는 제사의 전용글자이다", "금문에서는 隊(墜)로 가차되었다"라고 하였다(「甲骨金文零釋」,『古文字研究』第6輯) 上古音으로 彘와 墜는 定紐 雙聲으로 質物 旁轉이다. 『國語』「晉語」에 "경건히 하여 명을 실추시키지 말라(敬不墜命)"고 하였는데, 韋昭 注에 "墜는 잃는 것이다(墜, 失也)"라 하였다. 『대계』는 "汝肇不豕의 肇은 緝으로 읽으며, 너는 그것을 계승하고 이어 실추시키지 말라는 의미다"라 하였다.

5. 余易(賜)女(汝)鬯卣一卣, 金車, 桒䡵較·桒罱·朱虢鞃·虎冟窠裏·金甬·畫鞙·金厄·畫轉, 馬四匹, 鋚勒.

1) 鬯 : 『설문』「鬯部」에 "鬯은 검은 기장이다. 하나의 껍질에서 두 개의 낱알이 있으며, 술을 담그는데 쓰인다. 鬯을 구성요소로 하고 矩는 소리요소이다. 秬는 鬯이니, 禾로 구성되기도 한다(鬯, 黑黍也. 一秤二米, 以釀也. 从鬯矩聲. 秬, 鬯或从禾)"라 하였다. 鬯卣은 검은 기장과 鬱草로 빚는 香酒이다.

2) 金車 : 청동으로 장식한 수레이다.

3) 桒䡵較 : 桒는 전적에 賁으로 썼다. 『설문』「貝部」에 "賁은 장식이다(賁, 飾也)"라 하였다.

4) 罱 : 『설문』「口部」에 "罱는 물음이다(罱, 誰也)"라고 하였고, 『廣韻』「尤韻」에 "물음이다(咨也)"라 하였으며, 『玉篇』「口部」에는 嚋로 쓰고, "물음이다(誰也)"라고 하였다. 본 명문에서는 幬로 가차되었다. 『廣雅』「釋詁2」에 "幬는 덮개이다(幬, 覆也)"라고 하였다.

5) 䡵 : 車를 구성요소로 하고, 攴(敎의 初文)가 소리요소이니, 곧 較의 고자이다. 『설문』「車部」에 "較는 수레 양쪽에 기대는 나무 위의 굽은 구리 장식이다(較, 車騎(段注는 輢로 고쳤다)上曲銅(段注는 鉤로 고쳤다)也)"라 하였는데, 段玉裁 注에는 "較의 제도는 아마도 한나라와 주나라가 달랐을 것이다. 주나라 때에는 較의 높이가 軾보다 더 높았으며, 높은 곳은 정사방형으로 모서리가 있기 때문에 '較'라고 하였다. 較는 모서리라는 말이다. 한나라 때에 이르러 둥글게 만들어 반달모양과 같이 되었기 때문에 허신은 '수레 위의 굽은 청동(曲銅)'이라고 하였다. 曲銅은 가운데가 굽은 갈고리를 말한다. 그것을 둥글게 만들었으니 또한 수레의 귀(車耳)를 이른다. 그 장식에 대해 崔豹는 文官은 푸른 귀(靑耳)로 하고, 武官은 붉은 귀(赤耳)로 한다고 하였다(較之制, 蓋漢與周異. 周時較高于軾, 高處正方有隅, 故謂之較, 較之言角也. 至漢乃圜之如半月然, 故許云車上

曲鉤. 曲鉤, 言句中鉤也. 圜之則亦謂之車耳. 其飾則崔豹云, 文官青耳, 武官赤耳)"
라고 하였다. 고대에는 車箱의 앞에는 서서 탄 사람이 의지하는 횡목
을 만들어 "軾"이라고 일컬었으니, 軾에는 三面이 있어 半框型을 이루
는데, 軾 위의 사각형 청동장식을 "較"라고 부른다.

6) 桒幬軙 : 장식물(가죽 재질)로 덮는 較를 가리킨다.

7) 𩎑 : 韔의 初文이다. 『설문』「韋部」에 "韔은 활집이다(韔, 弓衣也)"라고
하였다. 본 명문에서는 "梁"으로 읽어야 한다. 『시경』「小戎」에 "兵車
는 수레 뒤턱이 얕으니, 다섯 곳을 묶은 梁輈로다(小戎俴收, 五楘梁輈)"
라고 하고, 毛傳에 "梁輈는 끌채위에 굽은 가로대이다(梁輈, 輈上句衡
也)"라고 하였다. 輈는 수레의 끌채이니, 가로대[衡] 위에 있는 수레
끌채의 머리위에 가로댄 나무로 끌채[輈]와 가로대[衡]를 잇는 부품
을 "梁"이라고 한다. 賁梁은 장식이 있는 車梁이다. 『대계』는 "𩎑는
軓의 古字다. 『시경』「韓奕」의 '鞹軓은 얇은 덮개다(鞹軓淺幭)'라고 하
였고, 毛傳에서는 '軓은 수레 손잡이의 式 중앙이다(軓, 式中也)'라고
하였다. 桒𩎑은 손잡이 중간에 장식이 있는 것으로 즉 鞹軓을 말한
다. 또한 文虎軾·熊軾의 종류와 같은 것이다"라 하였다.

8) 𩚖 : 靳의 고자이니, 말의 가슴받이다. 衣를 구성요소로 하고, 冂은
그 모양을 형상한 것이고, 위에 束을 덧붙였으며, 斤은 소리요소이다.

9) 朱虢靳 : 虢은 鞹과 통하니, 가슴받이를 가죽으로 만들었음을 말한
것으로 그 색깔이 붉다는 것이다. (『大系』)『銘選』은 "虢은 郭과 통하
고, 鞹으로 가차된다. 『설문』「革部」에 '鞹은 가죽이다(鞹, 革也)'라고
하였다. 朱鞹은 붉은 색으로 염색해 만든 피혁이다"라 하였다.

10) 虎 : 『시경』「韓奕」에서 "淺은 虎皮다. 幭은 式을 덮는 것이다(淺, 虎
皮也. 幭, 覆式也)"라 한다. (『大系』)

11) 𩜙 : 『설문』「𣎆部」에 "𩜙은 밥이 설익어 딱딱한 것과 부드러운 것이
조화롭지 않게 서로 섞여있는 것이니, 𣎆으로 구성되고, 一은 소리

를 나타내며, '適'이라고 읽는다(𠚍, 飯剛柔不調相著. 从皀冂聲, 讀若適)"라고 하였다. 郭沫若은 "𠚍과 鼏자는 예전에 같은 글자였을 것이다"(『金文叢考』「毛公鼎考釋」)라고 하였다. 『玉篇』에 "鼏은 亡과 狄의 반절이니, 술통(樽)을 덮는 수건이고, 또 鼎의 덮개이다(鼏, 亡狄切, 覆樽巾也, 又鼎蓋也)"라고 하였다.

본 명문의 𠚍은 幦으로 읽는데, 𠚍(鼏)과 幦은 明紐雙聲이고 錫部疊韻의 관계이다. 『廣韻』「錫韻」에 "幦은 수레의 덮개이다(幦, 車覆軨也)"라고 하였고, 『설문』「車部」에 "軨은 수레의 격자창 사이에 가로로 댄 나무이다(軨, 車轖閒橫木)"라고 하였고, 『玉篇』「車部」에 "軨은 수레의 가로대이다(軨, 車闌也)"라고 하였다. 즉 고대 車箱 앞면과 좌우 양면에 나무를 이용하여 만든 큰 격자 난간의 총칭이다. 車覆軨은 수레 문 바깥의 장막을 가리킨다.

12) 窠 : 字書에 보이지 않으나, 硃의 古字로 판단한다. 『廣韻』에 "硃는 붉은모래이다(硃, 朱硃)"라고 하였다. 붉은모래(朱硃)는 종종 동굴에서 얻어지기 때문에 硃의 고자가 穴로 구성된 것이다. "朱"라는 글자는 마땅히 "窠"로 써야 한다.

13) 虎𠚍窠裏 : 호랑이 가죽을 사용하여 만든 수레 휘장으로 붉은색의 안감으로 되어 있다는 뜻이다.

14) 金甬 : 『대계』는 "『後漢書』「輿服志」의 '무릇 轓車 이상의 멍에[軛]에는 모두 吉陽筩이 있다(凡轓車以上, 軛皆有吉陽筩)'라고 하는 吉陽(祥으로 가차됨)筩이다"라고 하였다.

15) 𩌏 : 『대계』는 로 석문하고, 聞자이며 輴자와 가차된다고 하였으며, 伏免 아래의 가죽 덮개는 軸에 뒤가 묶여 있고, 衡에 앞이 묶여 있다고 하였다. 명문에 로 썼으니, 聞의 고자로 轒로 가차된다. 『설문』「車部」에 "轒은 수레의 伏兎아래에 깐 가죽이다. 閔으로 읽는다(轒, 車伏兎下革也.…讀若閔)"라고 하였고, 『集韻』「準韻」에는 이체

자로 "輴"이라 썼다. 車伏兔은 곧 복토(輹)이다. 『周禮』「考工記·總序」에 "軹는 높이가 3尺3寸이니, 수레 뒤턱나무(軫)과 복토(輹)를 더하여 4尺이 된다(軹崇三尺有三寸也, 加軫與輹焉, 四尺也)"라고 하였는데, 鄭玄注에는 鄭司農의 학설을 인용하여 "輹은 伏兔를 이른다(輹, 謂伏兔)"라고 하였으니, 『설문』의 뜻과 같다. 賈公彦 疏에는 "鄭玄이 '伏兔를 이른다'고 한 것은 한나라 때의 명칭으로, 지금은 '車屐'이라 이르는 것이 이것이다(云謂伏兔也者, 漢時名. 今人謂之車屐是也)"라고 하였다. 徐灝의 『說文解字注箋』에는 "대개 輹은 輿의 밑, 軫의 아래에 있으며, 半規形으로 굴대(軸)와 서로 맞물려서 형상이 伏兔와 같고 또 屐齒(나막신 굽의 아랫부분)와 서로 비슷하기 때문에 이름한 것이니, 또한 '鉤心'이라고도 한다(蓋輹在輿底軫下, 爲半規形, 與軸相銜, 狀似伏兔, 又與屐齒相似, 故因名焉, 亦謂之鉤心)"라고 하였다. 阮元의 『車制圖解』에 "輹은 車輿 밑에 있는 것으로 굴대 위를 연결하는 것이니, 그 굴대 위에 있는 높이는 마땅히 끌채의 둘레 지름과 같고, 그 양쪽에 이르러서는 半規形으로 굴대와 서로 부합하며, 다시 2개의 긴 다리가 있어 그 굴대를 조금 자르고 끼워 갈고리를 만들어 굴대가 움직이지 않게 한다. 굴대를 갈고리 한 다음에 또 가죽으로 굳게 한다(輹在輿底而銜于軸上, 其居軸上之高, 當與輈圓徑同, 至其兩旁則半規形與軸相合, 而更有二長足少鍥其軸而夾鉤之, 使軸不轉, 鉤軸後又有革以固之)"라고 하였다.

䩨는 輴이며, 곧 수레 굴대를 고정하는 가죽 띠이다. 畫輴은 그 위에 채색 장식이 있는 것을 이른다.

16) 厄 : 금문에 "㞢"으로 썼으니, 軶의 초문이다. 『설문』「車部」에 "軶은 끌채 앞에 있는 것이다(軶, 轅前也)"라고 하였으니, 곧 말의 잎과 목 위에 멍에를 하는 車具이다. 『시경』「韓奕」에 "털 없는 가죽고삐와 호피로 만든 덮개와 가죽고삐와 청동으로 만든 멍에로다(鞹鞃淺幭, 鞗革金厄)"라고 하였으니, 고문을 쓴 것이다. 金厄은 청동으로 만든 수레의 멍

에이다.

17) 轉 : 『설문』「革部」에 "轉는 수레 아래의 끈이다(轉, 車下索也)"라고 하였는데, 본 명문에서는 "鞃"으로 읽어야 한다. 『설문』「革部」에 "鞃은 멍에를 감싸는 것이다(鞃, 軶裏也)"라고 하였는데, 段玉裁注에 "軶은 끌채 앞에 있는 것이니, 가죽으로 그것을 감싼다(軶, 轅前也, 以皮裹之)"라고 하였다. 鞃은 곧 청동으로 만든 멍에를 감싼 가죽이다. 이상은 청동으로 만든 수레의 일부 부품을 가리킨 것이다.

18) 鋚 : 『설문』「金部」에 "鋚는 철이다. 일설에는 고삐머리의 청동장식이라고 한다(鋚, 鐵也. 一曰轡首銅)"라고 하였다. 본 명문에서 鋚는 곧 고삐머리의 청동장식을 가리킨다.

19) 勒 : 『설문』「革部」에 "勒은 말머리에 씌우는 재갈이다(勒, 馬頭絡銜也)"라고 하였으니, 곧 재갈이 포함된 굴레이다.

20) 余易(賜)女(汝)秬鬯一卣, 金車, 桒鬲軶·桒靣·朱虢䩾·虎冟熏裏·金甬·畫靆·金厄·畫鞃, 馬四匹, 鋚勒 : "내가 너에게 검은 기장으로 빚은 술 1유卣, 청동으로 장식한 수레, 장식물로 덮는 軶, 장식이 있는 車梁, 가죽으로 만든 붉은 가슴받이, 호랑이 가죽을 사용하여 만든 수레 휘장, 청동으로 만든 전동, 채색으로 장식된 수레 굴대를 고정하는 가죽 띠, 청동으로 만든 멍에, 청동으로 만든 멍에를 감싸는 가죽, 말 네 필, 재갈이 포함된 굴레를 하사 한다"라는 의미이다.

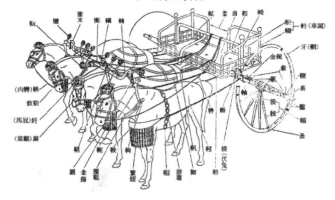

5. 西周四馬戰車

그림 출처: 羅西章 · 羅芬賢,『古文物稱謂圖典』, 三秦出版社, 259쪽.

6. 彔白(伯)戒敢拜手諙 首, 對揚天子不(丕)顯休, 用乍(作)朕皇考釐
   王寶尊簋.

1) 釐王 :『대계』는 다음과 같이 설명한다.

彔戒의 아버지는 乙公이 되는데, 여기에서 다시 釐王이라고 일컬었으니,
그렇다면 乙公은 廟號이고 釐王은 생존시의 호칭일 것이다. 예전에는 甲·
乙(즉 간지)을 살아 있을 때의 이름이라고 많이 이야기 하였으나, 譙周는
廟主라고 하며 '夏殷의 예법에는 살아있을 때는 王이라 하고, 죽으면 廟
主를 일컫는다(夏殷之禮生稱王, 死稱廟主)'(『史記索隱』「殷本紀」에서 인용)라고
하였다. 지금 갑골문으로 고증해 보면, 무릇 祖妣와 父母를 제사지낼 때
모두 甲·乙이라고 일컫고, 諸婦의 祔祭에는 姓字를 일컫는다.(『銘刻彙考續
編』「骨臼刻辭之一考察」에 상세하다.) 대개 婦는 專廟가 없기 때문에 廟號도 없
을 것이다. 지금 譙周의 학설을 따라 바꾼다. 彔伯의 아버지를 釐王이라
고 일컬으니, 위의 〈乖伯簋〉에서 乖伯의 아버지를 幾王이라고 일컫는 것
과 같다. 王國維는 "옛날에 제후는 그 나라에서 스스로 왕이라고 일컫는
풍속이 있었으니, 참람이라고 지목할 수는 없다"(『觀堂別集補遺』「古諸侯稱王

說」)라고 하였으니, 이 견해가 옳다.

　　1975년 출토된 〈戒方鼎〉에서 그 아버지를 "나의 찬란한 공렬이 있는 아버지 갑공(朕辟剌考甲公)"이라고 일컬었으니, 이는 彔伯戒의 아버지를 생전에 釐王이라 일컬었고, 사후에 廟號가 甲公이 된 것이다. 郭沫若은 乙公을 彔戒의 아버지의 廟號라고 하였으니, 이는 〈彔卣〉의 彔과 戒을 한 사람으로 혼동한 오류이다.

2) 頔 : "머리를 조아린다"는 稽의 本字이다. 『설문』에는 "𩒹"로 쓰여 있고, "머리를 내린다"는 의미로 풀고 있다. 머리를 내린다는 것은 머리를 조아리어 땅에 이르는 것을 가리킨다. 徐鍇의 『說文繫傳』에서 "지금의 書傳에는 오히려 이것을 쓰는 경우가 있지만, 대체로 稽로 쓰는 경우가 많다(今書傳猶有作此者, 大約多作稽也)"라고 하였다.

3) 休 : 『爾雅』「釋詁 下」에 "아름답다(美也)"라고 하였다. Axel Schuessler는 休(xjəu)자에 대한 음을 再構하면서(*hjəw(EZ)), 이 명문에서 "은혜(grace)"라는 의미라고 하였다(〈大保簋〉 주석 참조) "丕顯休"는 크게 드러난 은혜라는 뜻이다.

7. 余其永邁(萬)年寶用, 子子孫孫其帥井(型), 受玆休.

1) 帥 : 率과 통한다. 『爾雅』「釋詁」에 "率은 따르는 것이다(率, 循也)"라고 하였다.

2) 井 : "型"으로 읽는다. 『설문』「土部」에 "型은 기물을 주조하는 모형이다(型, 鑄器之法也)"라고 하였으니, 곧 거푸집이다. 段玉裁注에 "型은 인신되어 典型이 되었다(型, 引伸之爲典型)"라고 하였다.

3) 其帥井 : 『銘選』은 "帥帥刑"으로 석문하고 다음과 같이 설명한다.

　　帥帥刑의 帥字의 한 자가 결문이거나 두 개의 帥자로 구성된 繁文으로 본다. 『國語』「周語」에는 "오래된 德을 따라서, 끝까지 純固함을 지키는 것이다(帥舊德而守終純固)"라 하였고, 韋昭 注에서는 "帥는 循이다(帥, 循也)"라고 하였다. 刑은『爾雅』「釋詁」에 "法"이라 하였다. 帥와 刑은 서로 유사한 의미로 帥刑은 儀型(모범)과 같고, "따르다, 본받다"라는 의미다.

4) 子子孫孫其帥型 : 자자손손이 선조의 典範을 따르기 바란다는 뜻이다.

【주제어】

[인명] 王, 彔伯戒

[지명] 彔

[사건] 彔伯 戒의 祖考가 주나라에 공로가 있어, 왕이 彔伯 戒에게 상을 내림.

【참고문헌】

『今譯類檢』208쪽,『大系』考 60쪽,『銘選』3·118쪽,『文錄』3·8쪽,『史徵』397쪽,『商周金文』114쪽, 『雙選』上3·12쪽,『積微』5쪽, 299쪽,『通釋』17·92

II-C
淮夷 후기

79. 악후어방정(噩侯馭方鼎)

【탁본】

【저록】

『集成』5·2810, 『三代』4·32·1, 『奇觚』2·7, 『簠齋』1鼎 2, 『小校』3·23·2,
『周金』2·24·1, 『文物』1981−9, 33쪽 圖 8, 『大系』錄 90, 『銘選』錄 406.

【기물설명】

『雙選』과 『大系』에서는 〈噩侯鼎〉이라 하였고, 『銘選』에서는 〈鄂侯馭方鼎(鄂
侯鼎)〉이라 하였다. 鼎의 높이는 35.3cm이고 구경은 31.1cm다. 복부는 동이
(盆)와 유사하며, 우뚝 선 귀, 말발굽 모양의 다리, 깊은 복부로 되어 있다.

목 부분에는 머리를 돌리고 있는 기룡문(回首夔龍紋)이, 복부에는 한 줄의 弦紋이, 다리 상부에는 獸面紋이 장식되어 있다. 명문은 11행 86자가 주조되어 있으나 파손된 글자가 있다. 이를 살펴보면 명문의 왼쪽 상단에 "角"자는 잔결이 남아 있으므로 결과적으로는 6자가 보이지 않지만, 앞 뒤 문맥의 의미를 따라 석문과 같이 보충했다. 기물의 시대는 穆王, 夷王, 厲王 등의 여러 설이 있는데, 劉啓益은 〈噩侯簋〉명문에 "噩侯가 王姑을 위해 媵簋를 만들었다(噩侯作王姑媵簋)"라는 구절에 근거하여 王姑은 夷王의 妃이고 〈噩侯簋〉와 〈噩侯馭方鼎〉은 夷王 시기의 기물이라 확정하였다. 陳佩芬은 「上海博物館新收集的西周青銅器」에서 서주 厲王시기 기물로 비정하였다. 과거 陳介祺, 陳大年이 소장했다가 후에 陳大年이 기증하였고, 현재는 상해박물관에 소장되어 있다.

【석문】

王南征, 伐角 · 僪, 唯還自征, 才(在)坏.[1] 噩侯馭方內(汭)豊于王, 乃鄭之,[2] 馭方友王. 王休宴, 乃射.[3] 馭方鄉(饗)王射. 馭方休闌. 王宴, 咸酓.[4] 王親(親)易(賜)馭[方玉]五瑴 · 馬四匹 · 矢五[束].[5] 馭方拜手頴首, 敢[對揚]天子丕顯休釐.[6] [用]乍尊鼎, 其邁(萬)年子孫永寶用.

【현대어역】

왕이 남쪽을 정벌하심에, 각角과 휼僪을 토벌하시고, 정벌에서 돌아와 배坏에 계셨다. 악후噩侯 어방馭方은 왕에게 단술을 올리니, 이에 (왕은 악후어방에게) 술잔裸을 하사하였고, 어방은 (술잔을 왕에게) 돌렸다. 왕이 연회를 마치고 이에 활을 쏘았다. 어방은 왕의 활쏘기에 참여하였다. 어방이 활쏘기를 마쳤다. 왕이 연회를 베푸시고 술을 다 마셨다. 왕께서 친히 어방에게 옥 5곡瑴, 말 4필, 화살 5속을 하사하셨다. 어방은 손을 모아 절하고 머리를 조아리며, 감히 천자의 크게 빛나는 은혜로운 하사를 찬양하노라. 이로써 존귀한 鼎을 만드노니, 만년토록 자자손손 영원히 보배롭게 사용할지어다.

【주】

1. 王南征, 伐角·僑, 唯還自征, 才(在)坏.

1) 角 : 옛 국명으로 〈翏生盨〉의 명문에도 "왕께서 남회이南淮夷를 정벌하고, 각角과 진津을 정벌하고, 동桐과 휼遹을 정벌하셨다(王征南淮夷, 伐角·津, 伐桐·遹)"라는 내용이 보인다(〈翏生盨〉 주석을 참조하라) 이를 통해 角이 서주 시기 남회이에 속하였음을 확인할 수 있다.『大系』에서는 "角觀"이라 해석하고 "자세하지 않으나 舒에 속하는 것으로 생각된다"라고 주장하였다.『銘選』과 陳佩芬 역시 〈翏生盨〉 명문에 기록된 내용을 바탕으로 두 기물에 등장하는 족속이 모두 회이의 방국이라 주장하였다. 먼저『銘選』에서는 "角·津을 정벌한 것과 桐·遹을 정벌한 것이다. 〈翏生盨〉의 명문에 '왕이 남쪽을 정벌하심에 角·津를 쳤고, 桐·遹을 쳤다(王南征, 伐角·津, 伐桐·遹)'라 하였으니, '角·津·桐·遹'은 모두 淮夷의 방국들이다. 이 鼎 명문의 '伐角·鄱'은 角·津과 桐·遹을 간략히 일컬은 것이다"라고 하였다. 陳佩芬도 "'王南征伐角鄱'과 〈翏生盨〉 명문에 '角과 津을 정벌하고 桐과 遹을 정벌한다(伐角·津, 伐桐·遹)'는 것은 당연히 같은 사건이다. '角鄱'는 '角津, 桐遹'의 생략된 명칭으로 모두 淮夷의 邦國이다"라고 하여 같은 의견을 개진한다. 나아가 陳佩芬은 厲王 시대 기물인 〈禹鼎〉 명문과 비교하여 이 기물 역시 려왕 시기의 것으로 비정하고 있다. "〈禹鼎〉에는 鄂侯馭方이 南淮夷와 東夷를 이끌고 대병하여 주 왕실의 일차 전쟁에 진격했다는 기록이 있는데 이를 통해 이 명문의 南征이 厲王 시기임을 알 수 있다. 역사에는 厲王이 虢仲에게 회이를 정벌할 것을 명하였으나 이기지 못하였다. 이 기물은 려왕이 일찍이 회이와의 전

쟁에 親征한 역사적 사실을 제공해 준다"라고 하였다.

2) 僑 : 『大系』는 "角趩"은 그 위치가 자세하지 않지만, 舒에 속하는 것으로 생각하였다. 僑은 『玉篇』「人部」에 "夔魖를 없애고 僑狂을 때리다(捎夔魖而抶僑狂)"라고 하였고, 『廣雅』「釋詁」에 "僑은 광인이다(僑, 狂也)"라고 하였다. 본문에서 이 글자는 方國의 명칭으로 사용되었다.

3) 唯還自征 : "남쪽에서 정벌하고 되돌아오다"라는 의미다.

4) 坏 : 먼저 글자의 의미를 살펴보면 『설문』「土部」에 "언덕이 이루어진 것이다(丘一成者也) 혹은 아직 굽지 않은 기와라 하기도 한다(一曰瓦未燒). 土가 구성요소이며 不이 소리를 나타낸다(从土不聲)"라고 하였는데, 지금은 '坏'라고 쓴다. 『大系』에서는 "𥅉"로 보았는데 王國維의 설을 인용하여 〈競卣〉 명문의 "𩏑"와 동일한 글자로 보았다. 또한 한 지역으로 파악하여 "大伾"로 보고 있다. 大伾에 대한 『大系』의 내용을 살펴보면 "大伾는 山의 명칭으로 두 개가 있다. 하나는 河南 汜水縣이고 다른 하나는 河南 濬縣에 있다. 두 기물 모두 南征의 일을 말하고 있는데 하나는 정벌을 떠난 것을 말한 것이고 하나는 돌아온 것을 말한 것이며, 모두 이 坏를 지나갔다. 즉 당연히 汜水의 大伾라는 설이 맞다"라고 하였다. 『銘選』에서는 "砒"자라고 해석하고, "砒는 바로 坏이다. 〈競卣〉에는 𩏑로 쓰였으나, 위치는 알 수 없다. 일설에는 大伾山으로, 成皋에 있다고 하는데, 『水經注』「河水」에 '河水는 다시 成皋 大伾山 아래를 동쪽으로 지나간다(河水又東逕成皋大伾山下)'라 하였다. 또 '成皋縣의 옛 성이 伾 위에 있다(成皋縣之古城在伾上)'라 하였다. 이와 같이 鄂과 大伾는 거리가 매우 멀었으므로 鄂侯가 특별히 가서 알현한 것이다"라고 하였으니, 『大系』의 주장과 거의 일치함을 알 수 있다. 이 두 가지 주장을 바탕으로 살펴보면 河南 河水가에 존재했던 지명으로 파악할 수 있다.

2. 噩侯馭方內(汭)豐于王, 乃鄂之.

1) 噩 : 『大系』에서는 본 명문의 噩侯는 마땅히 殷末 鄂侯의 후예일 것이며, 噩은 바로 姞姓의 나라로 周 왕실과 通婚관계에 있는 인물이라 주장하였다. 그의 글을 인용하면 아래와 같다.

> 噩은 鄂과 같다. 옛 지명의 鄂은 세 곳이 있는데, 하나는 지금의 湖北 鄂城이고 또 하나는 지금의 山西 鄕寧縣 현 남쪽 인근에 鄂侯 故壘가 그것이다. 곧 『좌전』「隱公 6년」에 보이는 鄂侯다. 또 나머지 하나는 지금의 河南 沁陽縣 서북에 있다. 『史記』「殷本紀」에 "서쪽은 伯昌, 九侯, 鄂侯를 三公으로 삼았다(以西伯昌, 九侯, 鄂侯爲三公)"라 하였고 『正義』는 徐廣의 말을 인용하여 "鄂은 혹은 于라고 쓰고 音은 于이다. 野王縣에 邘城이 있다(鄂, 一作于, 音于. 野王縣有邘城)"라 하였다. 『좌전』「僖公24年」에는 "우, 진, 응, 한의 나라는 무왕의 아들을 봉한 나라다(邘, 晉, 應, 韓, 武之穆也)"라 하였는데, 杜預 注에 또한 "河內 野王縣 서북에 邘城이 있다(河內野王縣西北有邘城)"라 하였다. 다른 의미로 邘는 바로 鄂의 子邑이다. 周나라 사람들이 殷을 멸망시키고 邘의 땅에 분봉하였으므로 다시 邘라 불렀다. 沁陽과 汜水는 인접하고 있으며 본 명문의 噩侯는 당연히 殷末 鄂侯의 후예다. 이 噩은 바로 姞姓의 國으로 周 왕실과 通婚 관계였다. 〈噩侯簋〉의 명문에 "噩侯가 王姞을 위한 媵簋를 만드니 王姞은 만년토록 자자손손 영원히 보배롭게 사용할 것이다(噩侯作王姞媵簋, 王姞其萬年子子孫孫永寶用)"라는 예가 따로 있어 이것을 증명할 수 있다.

『銘選』에서는 噩은 나라 이름으로 鄂이니, 바로 西鄂이라 파악하고 있다. 자세한 내용을 인용하면 아래와 같다.

> 옛 西鄂에 대하여서는 두 가지 설이 있다. 하나는 南陽의 북쪽이라는 설인데, 『설문』에 郢에 대하여 "南陽 西鄂의 정자이다(南陽西鄂亭)"라 하였으니, 西鄂은 南陽이 있다. 『漢書』「地理志」에 南陽의 36개의 군현이 기재되어 있는데, 그 중에 西鄂이 있다. 『讀史方輿記要』「河南南陽府 · 南陽縣」에

"西鄂城은 府 북쪽 오십리에 있으며, 옛 楚邑이었다. 漢이 西鄂縣을 철치하고 南陽郡에 귀속시켰다. 應劭는 江夏에 鄂이 있다고 하였다. 그러므로 여기에서 서쪽으로 더 가야할 것이며, 後漢까지 이어졌으나, 宋代에 폐지되었다. 後魏때 다시 설치되었으나, 後周때 폐지되었다"라 하였다. 또 다른 설은 河南 鄧州에 있다는 것으로『史記』「楚世家」에 "熊渠가 江漢 지역 백성들의 민심을 크게 얻고 군대를 일으켜 庸·楊粵을 치고 鄂에 이르렀다(熊渠甚得江漢間民和, 乃興兵伐庸·楊粵, 至于鄂)"라 하였다. 『正義』에 "劉伯莊이 말하기를 '地名으로, 楚의 서쪽에 있다가, 후에 楚로 옮겨갔으니, 지금 東鄂州이다'라 하였다. 『括地志』에 '鄧州 向城縣 남쪽 20리의 西鄂 故城이 楚의 西鄂이다'라 하였다"라고 하였다. 생각컨데, 鄂은 원래 상나라의 舊國이며, 鄂侯는 紂의 三公이었으나 脯刑을 당하였다. 商代 鄂侯의 나라는 원래 野王에 있었으며, 鄂은 邘로도 쓴다. 후에 武王이 자손을 여기에 분봉해주었고, 鄂이 남쪽으로 천도하여 南陽에 이르러, 이곳의 강력한 방국이 되었다. 후에 鄂이 周에 의해 정벌되었는데, 〈禹鼎〉의 명문에 "어른과 아이를 모두 놓아주지 않는다(壽幼勿遺)"라고 하였지만, 그 나머지 族人들이 다시 남쪽 鄧의 向城으로 옮겨간 곳이 西鄂과 일치한다. 鄂이 南國의 중심지에 있다는 점을 생각해보면, 서쪽으로는 淮水를 지키고, 남쪽으로는 江漢을 제어하는 전략적인 위치가 극히 유리한 곳이기 때문에, 諸夷 우두머리가 되었다. 〈禹鼎〉의 명문에 鄂侯 馭方이 南淮夷, 東夷를 거느리고 南國과 東國을 널리 침범하였다고 하니 그 위치의 중요성을 알 수 있다.

마지막으로 陳佩芬은 "鄂侯의 鄂은 당연히 江漢의 鄂을 가리킨다. 오늘날의 湖北 武昌縣이다. 鄂侯馭方은 이 때 회이 정벌에서 개선하던 려왕이 坯 땅에 있을 때 더욱 예우를 두텁게 하였는데 분명 鄂을 통해 남회이를 견제하는 것이 긴요했기 때문일 것이다. 명문은 厲王 시대 주왕실과 남방의 관계를 제공해주는 자료이다"라고 설명하였다.

지금까지 살펴본 내용을 정리해보면 『大系』에서는 邧는 바로 鄂의 子
邑이며, 周나라 사람들이 殷을 멸망시키고 邧의 땅에 분봉하였으므
로 다시 邧라 불렀다라고 하여 邧설을 지지하고 있음을 알 수 있고,
『銘選』은 西鄂으로 商代 鄂侯의 나라는 원래 野王에 있었으며, 鄂은
邧로도 쓴다. 후에 武王이 자손을 여기에 분봉해주었고, 鄂이 남쪽
으로 천도하여 南陽에 이르러, 이곳의 강력한 방국이 된 이래 때로는
주에 복속되고, 때로는 주와 적대적인 세력으로 등장한 사실을 지적
하고 있다. 또한 鄂이 南國의 중심지에 있다는 점에 착안하여, 서쪽
으로는 淮水를 지키고, 남쪽으로는 江漢을 제어하는 전략적인 위치
가 유리한 곳이기 때문에, 諸夷 우두머리가 되었고, 〈禹鼎〉의 명문에
鄂侯 馭方이 南淮夷, 東夷를 거느리고 南國과 東國을 널리 침범하였
다고 하니 그 위치의 중요성을 알 수 있다 피력하고 있다. 마지막으
로 陳佩芬은 江漢의 鄂이며, 오늘날의 湖北 武昌縣이라 주장하고, 려
왕이 坏에서 악후와 회동하여 대사례와 향음을 나눈 것은 악후를 통
해 서쪽으로는 淮水를 지키고, 남쪽으로는 江漢을 제어하는 전략적
인 위치였기 때문이라 하였다. 학자들마다 이 세력이 차지하고 있었
던 위치에 대한 고증에는 조금씩 차이가 있지만 淮夷를 견제하는데
중요한 전략적 중심지로 파악하는 데에는 이견이 없다.

2) 馭 : 명문에는 䭹로 쓰여 있는데, 馭자의 고문으로 夐(옛 鞭字)자가 구
성요소이며, 又가 구성요소를 이루는 자와 의미가 같다. 『雙選』에서
는 "『史記』「魯仲連鄒陽列傳」에 '옛날 九侯와 鄂侯, 文王은 모두 紂
王의 三公이었다'라는 기록이 있는데 徐廣은 鄂侯는 邧로도 쓸 수 있
고『설문』에 邧 나라다(邧, 國也) 지금의 臨淮에 속한다. 邧는 본래 吳
鄂邧에 속한다라고도 하며, 韓이라 말하기도 한다. 馭方은 당연히 즉
商末 鄂侯의 후예다"라고 하였다. 은 계통의 인물이다.

3) 馭方 : 噩侯의 이름이다. 吳鎭烽은 이 인물에 대하여 다음과 같이 소

개한다.

〈噩侯馭方鼎〉과 〈禹鼎〉에도 보인다. 鄂國의 國君이다. 어떤 해에 周王이 남정을 단행하여 角과 遹을 정벌하고 돌아와 坯에 주둔했다. 鄂侯馭方은 왕에게 壺를 바쳤고 왕과 射禮, 飮宴을 거행하였다. 연회가 끝나고 周王은 친히 馭方에게 玉 五瑴과 말 4匹, 화살 5束을 사여했다. 〈禹鼎〉 명문에 기록된 내용에 의하면 鄂侯馭方은 후에 또한 周에 반란을 일으켜 南淮夷, 東夷를 이끌고 南國, 東國을 광대하게 정벌하여 歷內에 이르렀다. 周王은 西六師와 殷八師를 파견하였고 武公은 戎車 百乘, 斯馭 2百, 보병(徒)千人을 빼앗고 鄂國의 國都를 함락하여 鄂侯馭方을 붙잡았다는 내용을 알 수 있다. (吳鎭烽,『金文人名彙編』, 中華書局, 2006年)

4) 內 : 納으로 가차된다.『시경』「召南」鄭箋에 "酒, 漿, 籩, 豆, 俎, 醢를 바친다(納酒漿籩豆俎醢)"라 하였고, 孔疏에 "納은 올리는 명칭이다(納者, 進名)"라고 하였다. 納에는 "進獻"의 의미가 있다.

5) 豊 : 禮의 초문으로 醴로 가차된다.『周禮』「酒正」에 "五劑의 이름을 분별하니, …… 둘째는 醴劑이다(辨五齊(劑)之名 …… 二曰醴齊(劑))"라 하였고, 鄭玄 注에 "醴는 體와 같으니, 완성되면 즙액과 침전물이 서로 조화롭다. 지금의 恬酒와 같다(醴猶體也, 成而滓汁相將, 如今恬酒矣)"라고 하였다. 덧붙여 恬은 甜으로 읽는다.『呂氏春秋』「重己」에 "그 음식과 술을 만드는 것은 맛을 조화롭게 하고 허기를 채우기에 충분하면 그만이다(其爲飮食酏醴也, 足以適味充虛而已矣)"라 하였는데, 高誘의 注에 "醴는 황벽과 기장으로 맛을 조금만 내고 누룩이 없어도 탁해져 단 맛을 낸다(醴者, 以蘗與黍相體, 不以麴也, 濁而恬耳)"라 하였다.

6) 🔲 : 본 명문에는 🔲(🔲)으로 쓰여 있고, 〈不楷方鼎〉에는 🔲로 쓰여 있다. 𩵋자로 예정하고 "祼"의 의미로 이해된다.『大系』는 王國維의 설을 인용하여, "🔲字는 비록 판별이 불가능 하지만 〈毛公鼎〉에 🔲圭와 秬鬯이 쓰여 있는데 모두 鬯圭다. 그러므로 〈噩侯鼎〉에서 말한 '王乃🔲

'는 왕이 駁方에게 祼을 하사한 것이다. 傳자는 곧 專의 번문이고 또한 곧 祼의 고자다(〈庚嬴鼎〉에 보인다). 人과 収자로 구성되었고 圭瓚을 받드는 것을 나나낸다. 옛날에는 또한 僆, 覂자로 해석했고 𦥑, 㒫, 𤔲 등 여러 형태가 있다. 형과 음은 비슷한 듯 하지만, 실제로는 다름이 있고, 구별 된다"고 하였다. 또한 唐蘭은 祼으로 읽어야 하며, 곧 灌이라 하였는데 그의 주장은 다음과 같다.

〈毛公鼎〉에는 卿圭라는 구절이 있는데, 郭沫若은 "『周禮』「典瑞」와『考工記』「玉人」의 祼圭이니, 〈噩侯鼎〉의 '乃卿之'를 王國維는 賓客에게 祼하는 祼으로 읽었는데, 모두 맞는 듯하다"라고 하였다. 祼이라고 해석하는 것이 옳다. 갑골문에는 𩫖, 㒫 등의 형태로 되어 있는데, 郭沫若은 祼으로 해석하였다(『粹釋』p.199, 323).

「집고」는 다음과 같이 말한다.

전자는 酒器를 받들어 示(神主) 앞에서 강신제를 지내는 형상을 본뜬 것이고, 후자는 酒器를 받들어 강신제 지내는 형상을 본뜬 것이다. 금문에서 각 형상은 사람이 꿇어 앉아 酒器를 받들어 강신제 지내는 형상을 본뜬 것이니, 모두 祼자의 초문이다. 王國維, 郭沫若, 唐蘭이 祼으로 해석한 것은 정확한 것이다. 『周禮』「典瑞」에 "이것으로써 先王에게 肆祭를 지내고 빈객에게 祼을 행한다(以肆先王, 以祼賓客)"라 하였는데, 鄭玄의 注에 "술잔(爵)으로 행하는 것을 祼이라 한다(爵行曰祼)"라 하였고, 賈公彦의 疏에 "'爵行曰祼'이라고 한 것은 이『周禮』「玉人」의 祼을 모두 제사에 근거해서 말한 것이다. 살아있는 사람이 술을 마시는 것도 또한 祼이라 한다. 그러므로『投壺禮』에 '술잔(觴)을 받들어 灌을 하사한다(奉觴賜灌)'라고 하였으니, 살아 있는 사람이 술을 마실 때 술잔(爵)으로 행하는 것도 또한 灌이라고 한다"라고 하였다. 祼의 음은 灌과 동일하다. "乃祼之"는 곧 周王이 噩侯 駁方에게 祼을 하사한 것이다.

3. 馭方友王, 王休宴, 乃射.

1) 𩜿 : 명문에는 𩜿로 쓰였다. 侑로 가차된다.『禮記』「玉藻」에 "무릇 식사를 권할 때에는 다 먹지 않는다(凡侑食, 不盡食)"라 하였는데, 孔疏에 "'凡侑食, 不盡食'이라는 것은 지위가 높은 사람에게 식사를 권하는 법을 밝힌 것이다(凡侑食, 不盡食者, 此明勸食于尊者之法)"라고 하였다.『銘選』도 역시 "𩜿는 宥로 쓰이기도 한다. 바로 侑자이다.『爾雅』「釋詁」에 '侑는 보답함이다(侑, 報也)'"라 하였다.『大系』는 "'馭方𩜿王'이라 읽고, 馭方이 왕에게 잔을 돌린 것이다(酢).『周禮』「大行人」侯伯의 禮에 '왕은 한 번 잔을 부어서 돌린다(王禮一祼而酢)'라는 것이 곧 이 일이다.(『觀堂別集』補遺·釋宥) 王國維의 말이 정확하다"라고 하였는데 이 문장의 의미는 향음주례에서 왕에게 술을 하사받은 어방이 다시 왕에게 잔을 올린 것을 나타내는 것이다.

2) 宴 : 명문에는 𩜿이라 쓰여 있으니, 옛 偃자이며, 宴으로 가차된다. "王休宴"은 왕이 飮宴을 마친 것이다.

3) 射 : 옛날 사람들은 향연 할 때에 종종 射禮를 거행하여 흥을 돋게 하였다.

4. 馭方鄉(饗)王射. 馭方休闌. 王宴, 咸嗇.

1) 鄉(饗) :『輯考』는 다음과 같이 말한다.

   𩜿(鄉背의 鄉의 초문)과 合이 구성요소다. 예전에는 合 또는 會로 해석했다.『설문』「會部」에 "會는 古文에는 𦩘으로 쓰였다. 卿 또한 당연히 會로 읽어야 하고 회동한다는 뜻이다(合也. 从스, 从曾省. 曾, 益也. 凡會之屬皆从會. 𦩘, 古文會如此)"라고 하였다.

2) 闌 :『文選』「謝靈運·永初三年七月十六日之郡初發都一首」에 "직책을 기술하니 여름이 다함을 기약하고, 노를 손질하니 변하여 가을이 되었구나(述職期闌暑, 理棹變金素)"라고 하였는데, 李善 注에 "闌은 盡과

같다(闌, 猶盡也)"라 하였다. "馭方休闌"의 의미는 곧 馭方이 射禮를 마쳤다는 것이다. "王宴"은 왕이 재차 자리에 들어 향연을 벌인 것을 가리킨다.

3) 咸 : 『설문』「口部」에 "咸은 皆, 悉의 뜻이다(咸, 皆也, 悉也)"라고 하였으며, 盡으로 引申되었다.

4) 酓 : 『銘選』에서 酓咸이 도치된 것으로, 음주가 끝난 것이라 하였다. 歙(飮의 고자)의 생략형이다.

5. 王窺(親)易(賜)馭[方玉]五瑴·馬四匹·矢五[束].

1) 窺 : 親의 고자다. 『集韻』에는 親을 옛날에 窺으로 썼다고 한다.

2) 瑴 : 『설문』「口部」에 "瑴는 토하는 모양이다(瑴, 歐皃)"이라 했다. 본 명문에서는 瑴으로 가차되었다. 『좌전』「僖公30년」에 "노 희공이 청하기 위해 주 양왕과 진 문공에게 옥을 바쳤는데, 모두 열 쌍이었다(公爲之請納玉于王與晉侯, 皆十瑴)"라는 문장이 있는데, 杜預注에 "쌍옥을 瑴이라 한다(雙玉日瑴)"라고 했다. 『雙選』에서는 "王宴咸酓(飮)王窺(親)錫馭[方玉]五瑴(瑴)"이라 석문하였고, 瑴은 "珏"과 같다고 파악하였으며 雙玉을 珏이라 한다고 하였다. 玉을 의미하는 것이다.

3) 矢五[束] : 『시경』「泮水」에 "束矢가 빠르기도 하도다(束矢其搜)"라 했는데, 毛傳에 "50矢를 1束이라 한다(五十矢爲一束)"하였다. 『銘選』에서는 화살 오백 개이다. "『周禮』「大司寇」에 '관청에 화살 묶음을 납입한다(入束矢於朝)'라는 문장의 鄭玄注에 '옛날에 一弓百矢라 하였으니, 화살을 묶는 것을 백개로 하였을지 모른다(古者一弓百矢, 束矢其百个與)'라 하였다. 五束은 아마도 화살 500개일 것이다"라고 하였다.

6. 敢[對揚]天子不顯休賚.

1) 賚 : 옛 賷자이다. 『설문』「貝部」에 "賷는 하사하다(賷, 賜也)"라 했다.

賚는 來가 구성요소이며 소리를 나타내고, 贅는 敖로 구성되었고 역시 소리도 나타낸다. 옛 敖자도 또한 來가 구성요소이며, 소리를 나타낸다. 敖와 來는 音이 가깝다. 『시경』「江漢」에 "너에게 규찬(圭瓚)과 검은 기장 술 한 동이를 내려준다(釐爾圭瓚, 秬鬯一卣)"라 했는데, 鄭箋에 "釐는 하사하다(釐, 賜也)"라 했다. 釐는 곧 가차이다. 본래는 마땅히 贅로 써야 한다.

【주제어】

[인명] 王, 噩侯馭方.

[지명] 角, 僑, 坏.

[사건] 왕이 남쪽의 角과 僑을 정벌하다.

【참고문헌】

『大系』考 107, 『文錄』1·16, 『雙選』上 2·6, 『通釋』25. 260,

陳佩芬, 「上海博物館新收集的西周靑銅器」, 『文物』1981−9,

唐蘭, 「論周昭王時代的靑銅器銘刻」, 『古文字硏究』제 2輯, 『銘文選』3·280쪽.

80. 우정(禹鼎)

【탁본】

【저록】

기물 1 : 『集成』5·2833, 『錄遺』99, 『陝圖』78, 『考報』1959년 제3기, 中國
社會科學院 考古研究所, 圖版 2, 『銘選』錄 407.
기물 2 : 『集成』5·2834, 『博古』2·21, 『薛氏』97~99, 『嘯堂』13, 『大系』錄
91.

【기물설명】

厲王시기 기물이다. 높이 55cm, 구경 46.8cm이다. 명문은 20행 208자이
며 세 개의 중문이 있고 한 개의 합문이 있다. 1942년 陝西省 岐山縣 任家
村에서 출토되었다. 陝西省博物館에 과거에 소장되어 있었지만 현재는

中國歷史博物館에 소장되어 있다. 宋代에 이미 어떤 기물이 출토되었는데 똑같은 명문이었고 예전에는 〈穆公鼎〉, 〈成鼎〉(『大系』)이라고 칭했다. 『博古』에 "華陰에서 찾았다(得于華陰)"라고 했지만 현재 어디에 존재하는지 알수가 없다. 模本이 宋代 학자들의 著錄에 보이지만 대부분이 불완전하거나 잘못된 것들이다.

일찍이 『大系』는 이 기물에 나오는 인물들의 관계에 주목하고 다음과 같은 평가를 내렸다.

> 이 기물은 宋나라 사람 저록에 보인다. 원래 器名을 〈穆公鼎〉으로 불렀다. 손상된 부분이 너무 심해 통독할 수 없고, 보존된 글자가 명백하다 할지라도 잘못 예정된 부분이 있다. 예를 들어, "亦唯噩侯駁方"의 侯자는 厇로 썼고, 그 다음 "噩侯駁方"의 噩자는 또 𡴎로 잘못 예정하였다. 이를 통해 보면 나머지 문자도 전부 믿기가 어렵다는 것을 알 수 있다. 이에 간략히 보존된 그 대략을 고석하여 비교할 뿐이다. 문장에 비록 손상되어 빠진 부분이 있더라도 기물에서 제시하고 있는 인물의 관계는 매우 중요하다.
>
> 첫째, 이 기물에서 "考幽大叔"을 말하고 있는데, 〈叔向父禹簋〉에도 "祖幽大叔"이란 기록이 있다. 따라서 成과 禹는 부자나 숙부 관계임이 분명하다는 것을 알 수 있고, 이에 두 기물의 연대도 유추할 수 있다.
>
> 둘째, 이 기물에서 말한 "噩侯駁方率南淮夷·東淮, 廣伐南國東國"과 〈噩侯鼎〉이 기록한 내용은 같은 시기의 사건으로, 곧 남이와 동이의 명령을 따르는 자를 이끌고 그 명을 따르지 않는 자를 친 것을 말한다.
>
> 셋째, 이 기물에서 "武公乃遹命我率公朱車百乘乘"을 말하고 있는데, 〈敔簋〉에도 武公이 남쪽으로 정벌나간 같은 기록이 있다. 따라서 두 기물은 같은 시기 기물임이 틀림없다.

【석문】

禹曰: 不顯趑趑皇祖穆公, 克夾噩先王, 奠四方.[1] 肆武公亦弗叚望

(忘)²⁾ 朕(股)聖祖考幽大弔(叔)·懿弔(叔)，命禹肖朕(股)祖·考，政于井(邢)邦.³⁾ 肆禹亦不敢惷，賜共朕(股)辟之命.⁴⁾ 嗚虖(呼)，哀哉! 用天降大喪于下或(國)!⁵⁾ 亦唯噩侯馭方率南淮尸(夷)·東尸(夷)廣伐南或(國)·東或(國)，至于歷內.⁶⁾ 王迺命西六自(師)·殷八自(師)，曰:⁷⁾ "剢伐噩侯馭方，勿遺壽幼!" 肆自(師)彌宋匍匐，弗克伐噩.⁸⁾ 肆武公迺遣禹率公戎車百乘·斯(廝)馭二百·徒千，曰:⁹⁾ "于匡朕(股)肅慕，惠西六自(師)·殷八自(師)，伐噩侯馭方，勿遺壽幼!"¹⁰⁾ 雩禹以武公徒馭至于噩，辜伐噩，休隻(獲)厥君馭方.¹¹⁾ 肆禹又(有)成，敢對揚武公不(丕)顯耿光.¹²⁾ 用乍(作)大寶鼎，禹其萬年子子孫孫寶用.

【현대어역】

우禹가 말하였다. 위엄 있고 용맹스러운 선조 목공穆公은 선왕을 보좌하여 사방을 안정시켰다. 무공武公께서는 성스러운 할아버지와 아버지이신 유대숙幽大叔과 의숙懿叔을 잊지 않으셨으며, 우禹에게 나의 돌아가신 할아버지, 아버지를 이어 형국邢國의 정령政令을 관장할 것을 명하였다. 우禹 또한 감히 어리석게 스스로를 옳다 여기지 못하고, 두렵게 내 군주의 명을 받들었다. 아, 슬프도다! 하늘이 큰 재앙을 아래 세상에 내리셨다. 악후噩侯 어방馭方은 남회이南淮夷와 동이東夷를 이끌고 남국南國과 동국東國을 크게 침범 역내歷內에까지 이르렀다. 왕께서 이에 서육사西六師와 은팔사殷八師에게 "악후噩侯 어방馭方을 쳐서 정벌하여, 노인이든 어린이든 남기지 말라"라고 명령하셨다. 서육사西六師와 은팔사殷八師는 긴 시간 동안 깊이 들어가 (적군을) 포위했지만, 악噩을 정벌하지 못했다. 무공武公이 이에 우禹에게 무공武公의 전차 100 승乘, 시廝와 어馭 200명, 보병 1000명을 인솔하여 파견하시며 말씀하셨다. "나의 병력을 이끌고 악噩의 도읍을 급습하라는 계책을 전달하러 가서, 서육사西六師·은팔사殷八師와 합류하고 악후噩侯 어방馭方을 정벌하여, 노인이든 어린이든 남기지 말라"

우禹는 무공의 병력을 이끌고 악에 도착하여 악을 쳐서 정벌하였으며, 기쁘게도 그 군주 어방馭方을 사로잡았다. 우禹는 전투에서 승리하고, 감히 무공武公의 광대하고 찬란한 광휘를 찬양하노라. 이로써 크고 보배로운 정鼎을 만드노니, 우禹는 만년토록 자자손손 보배롭게 사용할 것이다.

【주】

1. 禹曰, 不顯趄趄皇祖穆公, 克夾讎先王, 奠四方.

   1) 禹 : 『商周金文』은 다음과 같이 말한다.

   > 禹는 기물의 주인으로, 상해박물관에서 소장하고 있는 〈叔向父禹簋〉의 '禹'와 같은 사람으로 모두 그의 조부인 幽大叔을 언급하고 있다. 徐中舒는 '우'의 황조인 목공과 조부인 유대숙이 모두 井邦의 채읍 주인이라 하였다. 금문에서 '우'와 서로 연관이 있는 사람으로는 '噩侯馭方'·'武公'·'榮伯'·'師氂' 등이 있는데 모두 여왕시기 사람들이다. 송나라 사람의 모본은 '禹'자가 이미 잔결되었고, '成'이라 쓴 것도 있지만 잘못된 것이다.

   2) 趄趄 : 桓桓과 동일하다. 『시경』「魯頌·泮水」에 "위엄있고 용맹스럽게 정벌하다(桓桓于征)"라고 했는데 毛傳에 "桓桓은 위엄있고 용맹스러운 모습이다(桓桓, 威武貌)"라고 하였다.

   『商周金文』은 아래와 같이 설명한다.

   > "趄"은 '桓'으로 읽는다. 『尙書』「牧誓」에서 "용감하고 씩씩함을 숭상한다(尙桓桓)"라고 하였는데, 孔氏傳에서 "'桓桓'이란 용감하고 씩씩한 모양이다(桓桓, 武貌)"라고 하였다. 『설문해자』에서 이를 '狟'이라 쓰고 "개가 가는 것으로 '犬'을 구성요소로 하고, '亘' 소리이다. '狟'으로 썼는데, "개가 가는 것으로 '犬'을 구성요소로 하고 亘은 소리요소이다. 『주서(周書)』에서 '용감하고 씩씩함을 숭상한다'라고 하였다(犬行也, 從犬, 亘聲. 周書曰, 尙桓桓)"라고 풀었다. "趄趄"은 〈虢季子白盤〉·〈秦公簋〉 등에도 나오며 금문에서 자주 보이는 어휘이다.

3) 皇祖 : 여기에서는 선조를 가리킨다.

4) 穆公 : 『銘選』은 穆公을 "孝王시기의 王臣이며, 이름이 〈䟒簋〉·〈尹姞鼎〉·〈盠尊〉 등에도 보인다. 본 명문의 禹는 마땅히 孝王과 3세대가 차이난다"라고 하였다. 『商周金文』은 "〈䟒鼎〉·〈尹姞鼎〉·〈盠尊〉 등에 보이며, 穆王·共王 시기 사람이다. 같은 시기에 제작된 走簋에도 井伯이 있으므로, 穆公은 아마도 井伯 만년의 존칭일 것이다"라고 하였다. 양자의 시대 파악에 차이가 있다.

5) 克 : "할 수 있다"는 뜻이다.

6) 夾疋 : 『輯考』는 다음과 같이 말한다.

> 疋는 명문에 ▩로 쓰였다. 갑골문에는 ▩로 쓰였는데, 후에 聲符인 "刀"를 더하여 ▩라고 쓰거나 義符인 "肖"를 더하여 ▩라고 쓰기도 하며, 聲符인 "召", 義符인 "肖"을 더하여 ▩라고 쓰기도 하고, 義符인 "肖"을 '皿'으로 바꾸어 ▩로 쓰기도 한다. 〈禹鼎〉의 이 글자(疋)는 갑골문의 세 번째 자형의 變體이다. 갑골문에서 제사명·악기명·방국명을 쓸 때 예전에는 대부분 召로 해석하였다. ▩·▩·▩·▩·▩는 동일한 글자의 異體로, 자형으로 분석하면 詔의 初文에 해당될 것이라 생각된다. 『集韻』에 "詔는 뜻이 결여되어 있으며 인명이다(詔, 闕, 人名)"라고 하였는데 여기에서 闕이라고 하는 것은 그 뜻이 결여되어 있다는 것을 말한다. 『周禮』「春官」男巫에 "봄에는 招·粔 제사를 지내어, 이로써 질병을 제거한다(春招粔, 以除疾病)"라고 하였는데, 鄭玄 注에 "招는 복을 부르는 것이다. …… 粔는 粎로 읽어야 하니 글자가 잘못된 것이다. 粎는 평안케 하는 것이다. 招·粎는 모두 제사인 衍祭에 있는 禮이다(招, 招福也 …… 粔, 讀爲粎, 字之誤也. 粎, 安也. 招·粎, 皆有祀衍之禮)"라는 구절을 검토해 보면 "招·粔"에서의 "招"의 本字는 "詔"에 해당하며, 예전에는 ▩·▩·▩·▩·▩·▩ 등의 자형으로 썼고, 본래 뜻은 신을 불러들여 복을 받는 제사로 처음에는 두 손을 모아 酉(酒器)를 들고 신을 불러들여 복을 받는 모양을 나타냈으며, 후에 "刀"나

"刍"를 더하여 聲符로 삼거나, 혹은 "皿"나 "皿"을 더하여 義符로 삼았으니, 두 손을 모아 酉(酒器)를 들었다가 皿(甑의 初文으로, 于省吾의『釋林』「釋皿」와 朱芳圃의『釋叢』102-103페이지의「甑」참고)이나 皿 위에 놓아서 신을 불러들인다는 뜻이다. 본 명문에서 讋은 詔로 읽으며『爾雅』「釋古下」에 "詔는 돕는 것이다(詔, 勴也)"라고 하였고『설문』「力部」에 "勴은 돕는 것이다(勴, 助也)"라고 하였다.『周禮』「大宰」에 "여덟가지 방법으로 왕이 여러 신하를 다스림을 돕는다(以八柄詔王馭群臣)"라고 하였고 鄭玄 注에 "詔는 돕는 것이다(詔, 助也)"라고 하였다. 夾詔는 곁에서 돕는다는 뜻이다.

7) 奠 :『尚書』「禹貢」에 "높은 산과 큰 강을 안정시켰다(奠高山大川)"라고 하였고 孔傳에 "奠은 안정시키는 것이다(奠, 定也)"라고 하였다.『商周金文』도 奠을 평정한다는 의미로 풀이하면서 다음과 같이 말한다.

〈叔向父禹簋〉에서 "거듭 계승하여 우리 邦과 家를 안정시켰다(䋣(申)圉(紹)奠保我邦我家)"라고 하였다.『尚書』「禹貢」에서 "높은 산과 큰 산을 안정시켰다(奠高山大川)"라 하였는데, 孔氏傳에서 "奠은 안정이라는 뜻이다"라고 하였다.『史記』「夏本紀」는 이를 "定高山大川"라고 인용하였다.

2. 肆武公亦弗叚望(忘)䠶(朕)聖祖考幽大弔(叔)·懿弔(叔), 命禹㡆䠶(朕)祖·考, 政于井(邢)邦.

1) 肆 :『輯考』는 다음과 같이 말한다.

명문에 𦀚로 쓰였으며, 肆의 古字로, 語首助詞이다. 본 명문에 "肆"자가 다섯 번 보이는데 세 번째, 다섯 번째 "肆"자는 "今"으로 해석하고, 네 번째 "肆"자는 "故"로 해석해야 할 것 같지만 모두 아직 만족할 만한 해석은 아닌 것으로 생각된다. 첫 번째, 두 번째 "肆"자는 "今"으로 해석하든 "故"로 해석하든지 간에 모두 견강부회한 해석이 되고 만다. 우리는 각각의 "肆"자 모두 "夷"로 읽어야 한다고 생각한다.『상서』「多士」에 "予惟奉肆矜爾"라고 하였고,『論衡』「雷虛」에 "肆"를 인신하여 "夷"라고 하였으니 "肆"와 "夷"가 통용된다는 것을 증명할 수 있다. "夷"는 말 머리 혹은 중간에 쓰이는 조사로, 뜻은 없다. 楊樹達의 『詞詮』을 참조하라.

2) 武公 : 武公은 禹의 윗사람으로 噩을 정벌하는데 중요한 공을 세운 인물이다. 『商周金文』에서 武公에 대하여 상세히 설명하고 있다.

> 무공에 대하여 陳進宜는 "衛武公"이라 하고, 徐中舒는 여기서 무공은 〈敔簋〉·〈柳鼎〉에서 보이는 "榮公"·"南宮柳"와 동시대 사람이라 하면서 "'敔'의 지위는 높아서, 왕은 '敔'·'柳'·'武公'에게 명하여 '右'로 삼았으며, 禹는 '井邦'을 계승하여 噩을 정벌하는 역할을 담당하였는데, 모두 무공에게 명령을 들었다. 무공과 동시대의 영공은 즉 여왕시기 중신인 '榮夷公'이고, 무공 또한 여왕시기의 '王官'이다. 따라서 무공은 여왕이 彘로 달아난 이후 여왕 행정을 대신하였던 '衛武公' 혹은 '共伯和'가 아니다"라고 하였는데, 견해가 매우 정확하다..

3) 叚 : 『輯考』는 다음과 같이 말한다.

> 暇로 읽으니 『설문』 「日部」에 "暇는 한가한 것이다(暇, 閑也)"라고 하였다. 𡠗은 荒으로 읽는다. "弗暇荒"은 감히 태만하게 하지 않았다는 뜻이다.

그러나 『銘選』은 이 구절을 武公이 禹의 선조들을 잊지 않았다는 뜻으로 읽으면서 다음과 같이 말한다.

> 遐로 통가된다. 弗叚는 주나라 사람들의 일상용어로, 〈師袁簋〉의 명문에도 "今余弗叚組"라는 기록이 있다. 弗遐忘은 잊은 적이 없다는 말이다.

여기에서는 『銘選』에 따라 읽어둔다.

4) 䞉 : 『集韻』에 "재물을 보낸다(以財贈送)"라고 해석하였다. 본 명문에서는 朕의 가차자이다. 『爾雅』 「釋古下」에 "朕은 나라는 뜻이다(朕, 我也)"라고 하였고 郭璞注에 "옛날에는 신분이 높은 사람이거나 낮은 사람이거나 간에 모두 자신을 朕이라고 불렀다(古者貴賤皆自稱朕)"고 하였다.

5) 聖 : 『商周金文』은 다음과 같이 말했다.

성스럽고 지혜롭다는 것으로 어떤 일도 통하지 않음이 없다는 것이다. 〈中山王譽鼎〉에서 "옛날의 성스러운 임금은 어진 인재를 등용하는데 힘썼다(夫古之聖王, 務在得賢)"라고 하였다.

6) 聖祖考 : 돌아가신 할아버지, 아버지에 대한 敬稱이다.

7) 幽大弔(叔) : 弔는 叔로 가차된다. 幽大叔은 禹의 돌아가신 할아버지로, 〈叔向父禹簋〉의 叔向父禹의 돌아가신 할아버지 또한 幽大叔으로 기록되어 있으니, 禹가 바로 叔向父禹임을 알 수 있다. 禹는 그의 이름이며 叔向父는 그의 字이다.

8) 懿弔(叔) : 禹의 돌아가신 아버지이다.

9) 幽大叔 · 懿叔 : 『商周金文』은 다음과 같이 말한다.

幽와 懿는 모두 시호이다. 『설문』「幺幺部」에서 "幽는 숨긴다는 것이다(幽, 隱也)"라고 하였고, 「心部」에서 "懿는 전일하고 오래되어 아름다운 것이다(懿, 專久而美也)"라고 하였다.

10) 屄 : 屄는 銘文에 𣬉로 쓰였는데, 李家浩는 徒로 석문하고 纂으로 읽으면서, 『禮屄記』「祭統」의 "그러므로 공회의 정 명문에 '네 할아버지의 관직을 계승하라'(故衛孔悝之鼎銘曰: …… '纂乃祖服')"의 鄭玄注에 "纂은 계승하는 것이다(纂, 繼也)"를 인용하였다(俞偉超, 『中國古代公社組織的考察』14쪽, 文物出版社, 1988년) 한편 『銘選』은 "仦"로 석문하면서 다음과 같이 말한다.

字書에는 없다. 어떤이는 俏와 肖의 이체자로 보았다. 人으로 구성된 것과 肉으로 구성된 것은 같은 의미이다. 『설문』肉部에 "肖는 骨肉이 서로 비슷한 것이다(肖, 骨肉相似也)"라고 하였다.

『商周金文』도 "仦"로 석문하면서 다음과 같이 말한다.

徐中舒는 "俏는 小로 구성되었고, 반대로 서있는 사람(反人)으로 구성되었다. 肖 혹은 俏의 이체자임이 분명하다. 仦와 肖는 모두 小를 소리요소로 삼고 있고, 人과 肉으로 구성되어 있으므로, 같은 뜻이다"라고 하였다. 『설

문』「肉部」에서도 "肖는 뼈와 살이 비슷한 것을 이른다(肖, 骨肉相似也)"고
하였다. 따라서 "肖朕祖考"는 우리 조상과 같다는 말이지, 조상의 불초한
자손을 뜻하는 것이 아니다. 一說에는 **尿**자로 예정해야 한다고 하였다. 이
는 纘자의 간체자로 纂 혹은 纘이 된다. 『설문』「糸部」에서 "纘은 계승하는
것이다(纘, 繼也)"라고 하였다.

여기에서는 李家浩의 견해에 따라 읽어둔다.

11) 政 : 『商周金文』은 "정사를 행하는 것으로, 확장하여 나라를 다스린
다는 의미이다"라고 하였다. 『周禮』「天官」小宰에 "궁중의 형벌을 포
고하는 것을 관장하여, 이로써 왕궁의 政令을 다스린다(掌建邦之宮刑,
以治王宮之政令)"라고 하였는데, 孫詒讓의 『正義』에 "시행 하는 것을
政이라고 하고, 포고하는 것을 令이라고 한다(凡施行爲政, 布告爲令)"
라고 하였다. 여기에서는 동사로 쓰였다.

12) 井 : 邢으로 가차자로, 나라 이름이다. 지금의 河北省 邢臺市에 위
치하였다. 『銘選』은 다음과 같이 설명한다.

井은 지명이다. 〈散盤〉의 명문에 밭 경계에 井邑의 밭이 있다고 기록하고
있으므로, 散國과 인접해 있음이 틀림없다. 散國은 지금 寶鷄 남쪽에 있
다. 穆王시기 〈長由盉〉에도 井伯이 있고, 恭王시대 〈趞曹鼎〉에도 井伯이
있으니, 이 穆公은 아마도 井伯일 것이다.

『商周金文』 역시 〈散盤〉〈散氏盤〉을 언급하면서 다음과 같이 말한다.

井은 지명이다. 〈散氏盤〉에서 井邑田과 散田이 인접해 있다고 기록하고
있다. 내가 저술한 『西周畿內地名小記』에서는 井이 지금 陝西省 鳳翔縣 南
部에 있다고 고증한 바 있다.

13) 政于邢邦 : 邢國의 政令을 관장한다는 말이다.

3. 肆禹亦不敢憃, 賜共膌(朕)辟之命.

1) 憃 : 『銘選』은 "忞"으로 석문하고, "心으로 구성되어있고, 생략된 春이

소리요소이다. 『설문』「心部」에 '惷는 어리석은 것이다(惷, 愚也)'라고 하
였다"라고 설명한다.

2) 不敢惷 : 감히 어리석게 자신을 옳다고 생각하지 않는다는 말이다.

3) 賜 : 惕으로 읽는다. 『좌전』「襄公22년」에 "두려워하지 않는 날이 없
으니 어찌 감히 직분을 잊겠습니까?(無日不惕, 豈敢忘職?)"라고 하였는
데, 杜預 注에 "惕은 두려워하는 것이다(惕, 懼也)"라고 하였다.

4) 共 : 供과 동일하다. 『廣韻』「鐘韻」에 "供은 받드는 것이다(供, 奉也)"라
고 하였으며, "명령을 받들어 수행한다", "종사한다"라는 의미로 인
신된다는 말이다.

5) 辟 : 『爾雅』「釋詁1」에 "군주이다(君也)"라고 하였다.

6) 惕供朕辟之命 : 조심스럽고 신중하게 우리 군주의 명을 받들어 수행
한다는 것이다.

4. 嗚虖(呼), 哀哉! 用天降大喪于下或(國)!

1) 用 : 楊樹達의 『詞詮』에 "말미암는다는 뜻이다. 인하여라는 뜻이다(由
也, 因也)"라고 하였다.

2) 喪 : 『설문』「哭部」에 "망하는 것이다(亡也)"라고 하였다. 『漢書』「五行
志」中之下에 "喪은 흉사이다(喪, 凶事)"라고 하였다.

3) 大喪 : 큰 흉사이고, 큰 재앙이다. 한편, 『대계』는 "天降亦喪"으로 석
문하고 亦은 奕으로, 크다는 뜻으로 보았다.

4) 下 : 『商周金文』은 다음과 같이 설명한다.
　　　다소 손실된 부분이 있다. 어떤 이는 四자로 예정하였다. 下國은 사람이
　　　사는 이 세상(下界)으로 천하를 나타낸다. 『시경』「閟宮」에 "모든 나라를 다
　　　스려 백성들이 편안히 농사짓게 하셨네(奄有下國, 俾民稼穡)"라는 말이 있
　　　다. 주나라 사람들은 독실하게 천명을 믿어, 천하가 혼란하게 된 것이 모
　　　두 하늘로부터 비롯된 재앙이라 여겼다.

5) 或 : 國의 本字이다.

6) 下國 : 『商周金文』은 下界, 즉 天下로 보았고, 『輯考』는 땅을 내려받은
   제후국으로 보았는데, 본고에서는 『商周金文』의 견해에 따른다.

5. 亦唯噩侯馭方率南淮尸(夷)·東尸(夷)廣伐南或(國)·東或(國),　至于
   歷內.

1) 噩 : 『商周金文』은 다음과 같이 설명한다.

> 문헌에는 鄂으로 썼다. 『史記』「殷本紀」에서 紂를 일컬으면서 鄂侯가 三公
> 가운데 하나라고 하였다. 서주시기 鄂은 초나라 서쪽 지역에 있었다. 『史
> 記』「楚世家」를 보면 "熊渠는 江漢 사이 백성들의 민심을 두텁게 얻자, 이
> 에 병사를 일으켜 庸·楊·粵를 정벌하고, 鄂에까지 이르렀다(熊渠甚得江漢
> 間民和, 乃興兵伐庸·楊·粵, 至于鄂)"는 기록이 있다. 『正義』는 "鄂은 지명으로
> 초나라 서쪽 지역에 있다. 훗날 초나라로 이주하였고, 지금의 鄂州가 바로
> 이것이다. 『括地志』에서는 鄧州에서 城縣 남쪽으로 20리에 鄂의 古城이 있
> 었다(鄂……地名, 在楚之南. 後徙楚, 今在鄂州是也. 『括地志』云: 鄧州向城縣南二十
> 里西鄂古城)'고 하였는데, 바로 초나라 서쪽의 鄂이다"라고 풀이하였다.
> 噩의 姓은 姑이다. 〈噩侯簋〉에도 "噩侯作王姞媵毁"라는 기록이 있다. 〈噩
> 侯馭方鼎〉에는 王이 噩侯에게 연회를 베풀고 후하게 상을 하사한 내용이
> 기록되어 있다. 초나라가 흥기하기 이전 噩은 남방의 대국이었고, 주왕실의
> 중시를 받았다는 것을 알 수 있다. 馭方은 噩侯의 이름이다. 厲王시기 淮
> 夷가 침입한 것은 〈虢仲盨〉의 "虢仲이 왕명을 받아 남쪽으로 정벌나가 南
> 淮夷를 쳤다(虢仲以王南征, 伐南淮夷)"는 명문에 보인다. 또 『後漢書』「東夷
> 傳」을 보면, "厲王이 무도하게 정사를 행하자, 회이가 침략하였다. 이에 厲
> 王이 虢仲에게 명하여 이를 정벌하도록 하였는데, 승리하지 못하였다(厲王
> 無道, 淮夷入寇, 王命虢仲征之, 不克)"는 기록이 있다.

자세한 것은 〈噩侯馭方鼎〉 주석을 참조하라.

2) 廣 :『廣雅』「釋詁」에 "넓은 것이다(博也)"라고 하였으니 현대어로 광
범위하다는 말과 같다.

3) 廣伐 :『銘選』은 다음과 같이 말한다.

廣은 넓다는 뜻으로 본 명문에서는 공간을 설명하는 말로 쓰였다. 〈不娶
簋〉 뚜껑 명문에도 "厰允廣伐西俞"라는 기록이 있다. 廣伐은 범위가 넓은
지역으로 말한 것이지, 어느 구체적인 지점을 가리키는 것은 아니다.

4) 歷內 :『銘選』은 소재지가 명확치 않은 주나라의 요지라고만 하였고,
『商周金文』은 소재하는 위치는 분명치 않고, 內자를 예전에는 寒으로
석문하였는데 잘못되었다고 하였다. 黃盛璋은 內를 汭로 읽으면서
다음과 같이 말했다.

"歷內"는 歷水의 汭를 표현한 것으로, 西鄂은 白河 유역에 있었는데, 예전
에는 淯水라고 불렀고, 그 하류는 溧河라고도 불렀는데, 歷水는 溧인 것 같
으며, 상류에 北酈이 있으니 "歷內"인 것 같다. 歷·溧·酈의 古音은 같거나
매우 유사했다.

5) 亦唯噩(鄂)侯馭(馭)方率南淮尸(夷), 東尸(夷) 廣伐南或(國)東或(國), 至于
歷內 :『銘選』은 본 명문을 다음과 같이 해석한다.

鄂侯인 馭方이 南淮夷와 東夷를 이끌고 南國과 東國을 침범하여 歷內 땅
까지 도달했다는 것을 이른다. 이 사건은 典籍에 기재되지 않았다. 이 명
문을 통해 보면, 厲王시기 동이와 남회이가 鄂侯의 인솔하에 대규모 반란
을 일으켜 종주를 침범하였다는 것을 알 수 있다. 본 명문과 〈敔簋〉에서
기록하고 있는 淮夷內侵에 관한 사건은 분명 같은 전쟁이고, 당시 회이는
서주 중심부까지 침입하였던 것이다.

6. 王迺命西六自(師)·殷八自(師), 曰:

1) 自 : 師로 읽는다. 西六師와 殷八師는 西周의 서쪽과 동쪽 강토에서
주둔하여 지키던 막강한 군대였다. 西六師는 宗周를 지켰고 殷八

師는 牧野를 지켰으니 〈小臣謎簋〉에도 보인다.

2) 西六師·殷八師 : 『商周金文』은 다음과 같이 설명한다.

徐中舒는 "금문에서 '六自'·'八自'의 '自'는 모두 '自'로 썼지 '師'로 쓰지 않았다. '自'는 '次'와 같다. 『주례』에서 '관백이 팔차·팔사의 직책 일을 제수받았다(官伯授八次八舍之職事)'라고 하였는데, 정현의 주에서는 '왕궁을 호위하는 자는 반드시 사각과 사중에 거하여 순찰하거나 망을 보기에 편하다. 정사농은 서자가 왕궁을 호위하니, 안에는 次가 있고, 밖에는 舍가 있다(王宮者必居四角四中, 于徼候便也. 鄭司農云, 庶子衛王宮, 在內爲次, 外在爲舍)'라고 하였다. 이에 의하면, '次'는 안에서 호위하는 것으로 즉 천자의 '禁軍'이 주둔한 곳이다. 이러한 제도는 한나라에서도 아직 존재하고 있으니 이를 '屯'이라 일컫는다. 『文選』「西京賦」에서 '위위와 팔둔이다(衛尉八屯)'라고 하였는데, 설종의 주에서 '위위는 리(吏)·사(士)를 주나라 궁 밖에서 거느리고 사방의 사각에서 진을 치고 서 있으며, 사는 궁 밖에서 시중들며 숙사에 머문다(衛尉帥吏士周宮外, 於四方四角立屯, 士則傳宮外向爲廬舍)'라고 하였다. 이상을 예를 보면, 이른바 '八次'·'八舍'·'八屯'은 마땅히 '四角'과 '四中'에 있었다. '사각'은 망을 보는 곳이고, '사중'은 사대문 출입을 방비하는 곳이다. 만약 '六自'가 양 문의 방비를 맡은 것이라면 '사각'은 양 가운데 있었을 것이다"라고 하였다. 六自와 八自는 또 〈小臣謎簋〉·〈盠尊〉·〈競卣〉·〈忽壺〉·〈南宮柳鼎〉 등에 보이며, 모두 周代의 호위군이다. 西六自는 왕의 禁衛軍이며, 왕이 직접 지휘하였기 때문에 豐과 鎬 일대에 주둔하였다. 『시경』「棫樸」에도 "周王이 갔는데 六師도 이르렀네(周王于邁, 六師及之)"라는 기록이 있다. 殷八師는 동이를 진압했던 호위군으로 은의 옛 지역인 牧野에 주둔하였다. 〈小臣謎簋〉는 "아! 동이가 크게 반란을 일으켜, 伯武父가 殷八自를 이끌고 東夷를 정벌하였다(叀! 東夷大反, 伯懋父以殷八自征東夷)"라고 기록하고 있다.

〈盠尊〉·〈小臣謎簋〉 주석을 참조하라.

7. "剿伐噩侯馭方, 勿遺壽幼!" 肆自(師)彌罙訇匡, 弗克伐噩.

1) 剿 : 戵과 동일하며, 전래문헌에는 撲으로 쓰였다. 『淮南子』「說林」에 "상서롭지 못한 나무 그늘은 번개에 맞게된다(蔭不祥之木, 爲雷電所撲)" 라고 하였는데 高誘 注에 "撲은 치는 것이다(撲, 擊也)"라고 하였다.

2) 壽 : 노인을 가리키며 『시경』「閟宮」에 "三壽인 사람들과 벗하여 산등성이나 언덕처럼 영원할 것이다(三壽作朋, 如岡如陵)"라고 하였는데, 毛傳에 "壽는 장수하는 것이다(壽, 考也)"라고 하였다.

3) 勿遺壽幼 : 노인이든 어린아이든 모두 남겨두지 않는다는 말이다.

4) 彌 : 『廣雅』「釋詁」에 "오래도록이다(久也)"라고 하였다.

5) 罙 : 『銘選』과 『商周金文』은 "宋"로 석문하였으며, 『설문』「心部」에 "怵은 두려워함이다(怵, 恐也)"에 입각하여 두렵다는 뜻으로 보았다. 한편 『輯考』는 罙로 석문하면서 다음과 같이 말한다.

   『설문』「穴部」에 "깊음이다(深也)"라 하였다. 罙은 깊고 얕다(深淺)고 할 때의 深자의 本字이다. 深에는 깊이 들어간다는 뜻이 있는데, 『좌전』「僖公 15년」에 "진후가 경정에게 말했다. '도적이 깊이 들어왔으니 어찌 해야하는가?(晉侯謂慶鄭曰: "寇深矣, 若之何?")'라고 하였다"라는 기록이 있다. 이것이 명문에서의 의미이다.

   『輯考』의 견해에 따른다.

6) 訇 : 『銘選』·『商周金文』은 "訇"로 석문하였다. 『설문』「勹部」에 "둘러싸는 것이다(匝也)"라 하였고, 『說文解字注箋』에 "匝은 빙 둘러서 서로 만나 합해지는 것이다(匝者, 圍匝而相合也)"라고 하였다.

7) 匡 : 『銘選』은 "匡"으로 석문하고 恇자와 같고, 두렵다는 뜻으로 풀이하였다. 『商周金文』은 "匡"으로 석문하고 다음과 같이 설명한다.

   恇이라는 의미이다. 『설문』「心部」에서 "恇은 크게 두렵게 하는 것이다(恇, 怯也)"라고 하였다. 이 구절은 西六師와 殷八師의 사기가 떨어져 적들에게 보통정도의 공포심을 주었고, 전쟁에서 승리할 수 없었음을 말한 것이다.

噩을 치는데 있어 승리한 것은 온전히 武公 친위군의 힘을 빌려서이다.

한편 『輯考』는 다음과 같이 말한다.

匡에는 둘러싸다(框廓)라는 뜻이 있으니, 『史記』「天官書」에 "天極星을 12개의 별이 둥글게 둘러싸고 지키니, 제후이다. 모두 紫宮이라고 부른다((天極星)環之匡衛十二星, 藩臣. 皆曰紫宮)"이라고 하였다.

『輯考』의 견해에 따른다.

8) 合匡 : 포위한다는 말과 같다.

9) 彌深合匡 : 『銘選』은 "緋白彌宋(㣚)合匡(恇)"을 六師가 많이 두려워한다는 의미로 본다. 『輯考』는 긴 시간 동안 깊이 들어가 (적군을) 포위했다는 의미로 본다.

10) 弗克伐噩 : 噩과의 전투에서 승리하지 못했다는 의미이다.

8. 肆武公迺遣禹率公戎車百乘, 斯(廝)馭二百, 徒千, 曰:

1) 公 : 武公을 가리킨다.

2) 戎車 : 전차이다. 『春秋左傳』「僖公33年」에 "대부 梁弘이 전차를 몰고, 萊駒가 보좌하였다(梁弘御戎, 萊駒爲右)"는 기록이 있다. 전차 1대를 1乘이라고 한다.

3) 斯 : 『商周金文』은 "'斯'는 '廝'로 읽는다. 『옥편』에서 천(賤)이라 하였으니, 즉 천한 노역이다"라고 하였다.

4) 馭 : 『商周金文』은 "'駿'는 고문으로는 '馭'자 이니, 수레를 모는 자이다. 따라서 '廝馭'는 병거에서 일하는 자이다. 『漢書』「嚴助傳」에서 '수레를 모는 병사이다(廝輿之卒)'라고 하였다"라고 설명한다. "廝輿"는 "廝馭"와 같다.

5) 徒 : 步兵이다. 『좌전』「襄公元年」에 "그 도병을 洧水가에서 패배시켰다(敗其徒兵于洧上)"는 기록이 있는데, 杜預 注에서 "徒兵은 보병이다(徒兵, 步兵)"라고 풀이하였다. (『銘選』) 명문에 따르면 西周시대 전차(兵

車)에는 한 乘의 전차마다 廝馭 2명과 보병 10명을 편제하였음을 알
수 있다.

9. "于匩朕(朕)肅慕, 惠西六自(師), 殷八自(師), 伐噩侯馭方, 勿遺壽幼!"

1) 于 : 가는 것이다.

2) 匩 : 『商周金文』은 匩으로 석문하고 다음과 같이 설명한다.

   '匩'자에 대하여 서중서는 다음과 같이 말하였다. "'匩'은 〈史頌鼎〉에서 '날
   마다 천자의 명을 받들었다(日匩天子顯命)'라 하였고, 〈麥彝〉에서도 '드나들며
   명을 받들었다(出入匩命)'라고 하였다. '匩'은 모두 '征'에서 나왔고 '遟'라 하
   니, '遟命'과 '장명(將命)'은 같은 것으로 명을 받든다는 뜻이다" 포산초간 226
   호간에 의하면 "초나라 군사 보병을 거느렸다(遟楚邦之帀(師)徒)"라 하였고,
   228간에서 "초나라 군사 보병을 거느렸다(遟楚邦之帀(師)徒)"라고 하였으는
   데, 何琳儀는 『戰國古文字典』에서 '匩'과 '遟'는 모두 '장(將)'이라 읽으니 거
   느린다는 뜻이이라 하였다. 또한 포산초간 85 뒷면에서 "이미 보내어 거느
   리고 이끌게 하였다(旣爰(發)笥遟以延)"라고 하였는데, 여기서도 역시 '將'으로
   읽는다. 『儀禮』「士相見禮」에서 "청하여 다시 명을 전한 자에게 폐백을 주
   었다(請還贊于將命者)"라고 하였는데, 정현의 주에서 '將'은 전하는(傳) 것과
   같다고 하였다. 黃德寬은 『說遟』에서 이를 전문적으로 논하였다.

3) 肅 : 『商周金文』은 과감하다는 뜻으로 풀이하였다.

   『逸周書』「諡法解」를 보면, "결단성 있게 마음먹는 것을 肅이라 한다(執心
   決斷曰肅)"고 하였는데, 孔晁 注는 "엄격하고 과단성 있는 것을 말한다(言
   嚴果也)"고 하였다.

   한편 『輯考』는 肅을 速의 가차자로 보면서, 두 글자는 心紐 雙聲이며
   屋旁 旁轉 관계이기 때문에 통가 가능하다고 본다.

4) 慕 : 謨로 가차되며 『爾雅』「釋詁」에 "계책이다(謨也)"라고 하였다.

5) 于將朕速謀 : 『輯考』는 이 구절을 "나의 정예 병사(精兵)를 이끌고

囂의 도읍을 급습하라는 계책을 전달하러 가라"라고 풀이한다. 이에 따른다.

6) 叀 :『商周金文』은 이 구절에 대하여 다음과 같이 설명한다.

"肅"은 결정력이 있다(果斷)는 의미이다.『逸周書』「諡法解」에서 "마음을 잡고 결단하는 것을 '肅'이라 한다(執心決斷曰肅)"라고 하였는데, 孔晁의 주에서 과단성을 말한다고 하였다. "慕"는『說文解字繫傳』에서 "사랑이다(愛)"라고 하였고, "叀"는『설문해자』에서 "인애로움이다(仁)"라고 하였다. 따라서 이 구절의 대체적인 의미에 대하여 徐中舒는 "囂을 정벌하는 군사가 이미 매우 두려워하고 있으니 과단성 있는 자가 바로 잡고, 사랑받고 어진 자가 공족(公族)으로 귀속된 (실패한) 六自와 八自를 모두 은혜로움으로써 그들을 결속시켜 사랑과 어질음을 알도록 하여야 한다"라고 하였다. 혹 "慕"자 뒤를 끊어 "慕"를 "謨"로 읽고 "짐의 과단성 있는 계책을 집행하고, 아울러 실패한 西六師와 殷八師에게 어질고 은혜로움을 베푼다"라고 해석하기도 한다.

한편『輯考』는 다음과 같이 말한다.

惠는 繐의 古字로 갑골문·금문에는 대부분 惠로 쓰였다. 본 명문에서는 會의 가차자로, 惠와 會는 匣紐 雙聲이며 質月 旁轉 관계이다.『爾雅』「釋詁上」에 "會는 합하는 것이다(會, 合也)"라고 하였다.『尙書』「禹貢」에 "雷·夏를 호수로 만든 뒤 灘水와 沮水를 그 곳으로 모았다(雷·夏旣澤, 灘沮會同)"라고 하였고 孔疏에 "두 물줄기가 모여 함께 이 호수로 흘러들어간다는 것을 말하는 것이다(謂二水會合而同入此澤也)"라고 하였다.

여기에서는『輯考』의 견해에 따른다.

10. 霅禹以武公徒馭至于囂, 鞏伐囂, 休隻(獲)厥君馭方.

1) 霅 : 于와 동일하며 語首助詞로 뜻이 없다. 楊樹達의『詞詮』을 참조하라.

2) 鞏(敦)伐 :『輯考』는 鞏은 敦으로 가차되며, 敦伐은 토벌한다는 말과 같다고 말한다.

(辜은)『說文』에 "熟이라는 것이다. 발음은 純과 같다"라고 하였다. 갑골문에서는 군사행동에 자주 사용되었으며, 敦으로 읽는다.『詩』「邶風·北門」에 "왕의 부역이 나에게 던져진다(王事敦我)"라 하였는데, 鄭玄 箋에 "敦은 던짐과 같다(敦, 猶投擲也)"라고 하였다. 여기에서 打擊, 撻伐과 같은 뜻이 파생되었다.

3) 休 :『廣雅』「釋詁」에서 "休는 기쁘다는 것이다(休, 喜也)"라고 풀이하였다.『시경』「菁菁者莪」에도 "이미 군자를 보니 내 마음도 절로 즐겁네 …… 이미 군자를 보니 내 마음도 따라 기쁘네(既見君子, 我心則喜……既見君子, 我心則休)"라는 말이 있다.(『商周金文』)

4) 隻 : 獲의 本字이다.

5) 休獲厥君馭方 : 기쁘게도 噩의 군주 馭方을 포획했다는 말이다.

11. 肆禹又(有)成, 敢對揚武公不(丕)顯耿光.

1) 成 :『설문』「戊部」에 "성취하는 것이다(就也)"라고 하였다. 성공이라는 의미로 파생되며, '敗'의 반대말이다.

2) 不 : 丕로 읽는다.『尙書』「君牙」에 "매우 밝도다, 문왕의 계획이시어! (丕顯哉, 文王謨!)"라고 하였고, 孔傳에 "문왕이 도모하는 계획이 매우 뛰어나다는 것을 말하는 것이다(言文王所謀大顯哉)"라고 하였다.

3) 耿 :『설문』「耳部」段玉裁注에서는 杜林의 설을 인용하여 耿은 "빛난다(光)"는 의미로 보았다. 耿光을 붙여 쓰면 빛남(光明) 혹은 찬란함(光輝)의 뜻이 있다.『尙書』「立政」에도 "문왕의 빛나는 덕을 드러내고, 무왕의 큰 업적을 계승하라(以勤文王之耿光, 以揚武王之大烈)"고 하였고, 孔傳에 "四夷를 따르고 복종케 할 수 있기 때문에 선조의 밝은 영예를 드러낼 수 있다(能使四夷賓服, 所以見祖之光明)"라고 하였다.

4) 丕顯耿光 : 광대하고 찬란한 광휘라는 뜻이다.

【주제어】

[인명] 禹, 武公, 噩侯馭方, 王.

[지명] 邢, 噩, 南淮夷, 東夷, 歷內.

[사건] 噩侯馭方이 南淮夷, 東夷를 이끌고 南國과 東國을 정벌하고, 禹가
武公의 보병과 馭로 西六師와 殷八師와 회합하여 噩을 토벌한 사건.

【참고문헌】

『大系』考 108쪽, 『銘選』3·281쪽, 『史徵』486쪽, 『商周金文』214쪽, 『通釋』27·162

郭沫若, 「禹鼎跋」, 『光明日報』, 1951년 7월 7일

徐中舒, 「禹鼎的年代及其相關問題」, 『考報』1959년 제3기, 1959년

張筱衡, 「召禹鼎考釋」, 『人文雜誌』1958년 제1기, 1958년

周勳初, 譚優學「禹鼎考釋」, 『南大學報』1959년 제2기, 1959년

陳世輝, 「禹鼎釋文斠」, 『人文雜誌』1959년 제2기, 1959년

陳進宜, 「禹鼎考釋」, 『光明日報』, 1951년 7월 7일

黃盛璋, 「淮夷新考」, 『文物研究』제5기, 黃山書社, 1989년 9월

81. 어궤(敔簋)

【모본】

【저록】

『集成』8·4323, 『博古』16·36, 『薛氏』141~142, 『嘯堂』55, 『大系』錄 92, 『銘選』錄 411.

【기물설명】

본 기물은 『博古』·『薛氏』·『嘯堂』 등의 송대 저록에 모두 〈敔敦〉이라 하고, 『大系』·『雙選』·『銘選』 등 현대 저록에서는 모두 〈敔簋〉라고 하는데, 송대 에 "敦"이라고 칭한 것은 실은 모두 "簋"를 지칭하는 것이다. 『博古圖』에서 "이 기물의 높이는 5촌 8분, 구경은 6촌 3분이다"라고 기재되어 있다. 복

부는 바리(鉢)과 유사하고, 한 쌍의 짐승머리 손잡이에는 고리가 있다. 圈
足 아래에 세 개의 다리가 있다. 복부 부분 중 가장 넓은 둘레는 중간부분
에 가깝다. 목에는 竊曲紋, 복부에는 瓦紋, 권족에는 重環紋이 장식되어
있다. 명문은 13행 139자로 중문이 2개, 합문이 2개가 있다. 원래의 기물
은 오래 전에 유실되었다. 시대는 夷王·厲王·宣王의 세 가지 설이 있다.
黃盛璋은 "『博古圖』16·3에 수록된 그림에 의하면 목에는 머리를 돌리고
있는 夔紋, 다리에는 重環紋이 장식되어 있어서 이 기물의 형식과 문양이
모두 서주 후기에 속하고, 또한 그 형제가 〈師酉簋〉와 가장 가까운데, 劉
啓益은 이미 〈師酉簋〉가 厲王시기의 기물임을 논증하였다. 右者는 武公인
데, 〈禹鼎〉의 武公과 같은 사람으로 그 시대 또한 이와 같다"라고 한다.

【석문】

佳(唯)王十月, 王才(在)成周.[1] 南淮尸(夷)遷及,[2] 內伐溳·鼎(昴)·參泉·
裕敏·陰陽洛.[3] 王令(命)敔追趲于上洛·炤谷,[4] 至于伊, 班.[5] 長榜載首
百,[6] 執嘓(訊)卅(四十).[7] 襄孚(俘)人四百,[8] 𪊓于燊白(伯)之所,[9] 于炤衣
肆, 復付厥君.[10] 佳(唯)王十又(有)一月, 王各(格)于成周大廟.[11] 武公入
右敔, 告禽.[12] 職百·嘓(訊)卅(四十).[13] 王蔑敔曆, 事(使)尹氏受(授) 嫠
敔圭𪔀·□貝五十朋.[14] 易(賜)田, 于敆五十田, 于早五十田.[15] 敔敢對揚
天子休, 用乍(作)障簋, 敔其萬年子子孫孫永寶用.

【현대어역】

왕 10월에 왕이 성주成周에 계셨다. 남회이南淮夷가 끊임없이 이르러, 명鄍·
묘昴·삼천參泉·유민裕敏·음양락陰陽洛을 내침하였다. 왕이 어敔 에게 상
락上洛·이곡炤谷에서 쫓아가 습격하라 명하셨으며, 이수伊水에 이르러 회
군하였다. 깃발의 긴 자루에 적군의 머리 100개를 걸고, 포로 40명을 잡았
다. 회이에 포로로 잡혔던 400명을 탈취하여, 영백榮伯의 처소에 이르렀

고, 이에서 포로들의 내력을 전부 기술하여 그 주인에게 되돌려 주었다. 왕 11월, 왕이 성주의 태묘에 이르렀다. 무공武公은 어敔를 이끌고 들어가 승리의 의식에서 적의 머리 100개와 포로 40명을 잡았음을 고하였다. 왕은 어敔의 공적을 표창하고, 윤씨尹氏로 하여금 어敔에게 규찬圭瓚과 패화 50붕을 하사하게 하였다. 금錽지역의 토지 50전과 조부지역의 토지 50전을 하사받았다. 어敔는 감히 천자의 은혜를 찬양하며, 이로써 존귀한 궤를 만드니, 어敔는 자자손손 만년토록 영원토록 보배롭게 사용할 것이다.

【주】

1. 隹(唯)王十月, 王才(在)成周.

   1) 王十月 : 王正十月로 周曆 10월이다. 周曆은 동지가 있는 建子의 달(夏曆 11월)을 첫 달로 삼으니, 王 10월은 夏曆 8월에 해당한다.

   2) 成周 : 곧 洛邑이니, 지금의 河南省 洛陽市 동북쪽에 있는 白馬寺의 동쪽이다.

2. 南淮尸(夷)遷及

   1) 遷 : 본 명문에서 "辵"과 "𡢞"로 구성되었다. 陳秉新은 "𡢞는 '叓'의 고자이다. 『설문』「辵部」에 '遷는 계속 이어지는 것이다(遷, 連遷也)'라 하였고, 『玉篇』에 '계속 이어져 끊어지지 않는 것이다(遷, 連遷, 不斷也)'라고 하였다"라고 설명한다. 한편, 『銘選』은 『三體石經』을 인용하여 이 글자를 "遷"로 보고 "搜"로 읽으며, 아래와 같이 피력하고 있다.
      『三體石經』「僖公」에 고문 "叓"는 "𡉈"로 쓴다. 본 명문에는 "𤔔"라고 썼는데, 하부의 구성요소 "中"는 잘못 모사한 것이다. "遷"는 "搜"로 읽는다. 『爾雅』「釋詁」에 "搜는 모이는 것이다(搜, 聚也)"라고 한다. 邢昺 疏에 "郭璞 注에 '搜는 오늘날 말로 拘樓와 같으며, 모이는 것이다'라고 하니, 당시의

驗辭로 말한 것이다"라고 한다. "搜殳"는 "拘樓"의 앞뒤가 바뀐 말로 보인다. 殳는 拘와 같은 韻部이다. 殳는 禪紐이고 拘는 句의 발음이며 羣紐에 속하다. 股는 殳를 소리요소로 하는데, 또한 羣紐에 속한다. 樓, 殳, 拘도 모두 같은 운부이다.

여기에서는 陳秉新의 견해에 따른다.

2) 及 : 본 명문에서 "𢼸"로 쓰는데, 예전에는 郭沫若이 "殳"로 석문한 것을 많이 따랐으나 정확하지 못하다. 于省吾가 "及"으로 석문 하였으니, 마땅히 이를 따라야 한다. 『廣雅』「釋詁一」에 "及은 이르는 것이다(及, 至也)"라고 하니, "遝及"은 계속 이어져 이른다는 뜻이다.

3. 內伐澠·鼐(昂)·參泉·裕敏·隤陽洛.

1) 內伐 : 內侵, 入侵이라는 뜻.

2) 澠 : 『輯考』는 다음과 같이 말한다.

"水"로 구성되어 있고 "冥"가 소리를 나타낸다. 冥은 "皀"(簋의 초문)로 구성되어 있고, "宀"이 소리를 나타낸다. 郭沫若은 冥·鼏이 고문에서는 같았다고 한다. 陳連慶은 "澠은 아마도 漢沔의 '沔'자이다. 『설문』「水部」에 '沔水는 武道 沮縣 東狼谷에서 흘러 나와 동남쪽에서 長江으로 들어간다. 水로 구성되어 있고 丏이 소리를 나타낸다(沔, 沔水出東狼谷, 東南入江. 从水, 丏聲)'라고 한다. 沔자와 澠자의 성모는 모두 明母에 속하며, 그 운부는 각각 沔은 眞部, 澠은 耕部에 속하니, 발음이 가까워서 통할 수 있다. 淮夷는 서쪽에서 와서 漢沔 일대에서 처음 충돌했다"라고 한다. 澠은 冥(鼏)으로 구성되어 있고 소리를 나타내기도 하니, "澠"의 고자이다. 『玉篇』에 "澠은 얕은 물이다(澠, 淺水)"라 하는데, 『廣韻』과 『集韻』에도 보인다. 澠과 冥(鼏)은 상고음이 모두 明母·錫部에 속한다. 澠이 幕의 발음인 것은 잘못으로 鼏의 발음이어야 한다. 명문의 澠은 아마도 '郿'으로 읽어야 하니, 澠과 郿은 明紐 雙聲이고, 錫部과 耕部는 對轉관계로 음이 가까워 통할 수 있다. 『좌전』 「僖公 2年」에 "冀나라가 무도하여 顚軨으로부터 쳐들어 와서 郞邑의 三門山까지 공격하였다(冀爲不道, 入自顚軨, 伐郞三門)"라고 하는데, 그 杜預 注에 "郞은 虞邑이다(郞, 虞邑也)"라고 한다. 江永의 『春秋地理考實』은 『彙纂』을 인용하여 "지금 平陸縣 동북쪽 25리에 옛 郞城이 있다"라고 한다. 平陸縣은 지금의 山西省 平陸縣이다.

3) 昴 : 본 명문에서는 지명으로 쓰였지만, 확실히 고증할 수 없다. 『積微』에서는 "鼎"자가 생략되어 "昴"자가 되었으며, 서방 白虎 7宿에 해당된다고 아래와 같이 피력하고 있다.

> 銘文에 "鼎"자가 있는데, 晶과 卯를 구성요소로 하며, 이는 昴星의 初文이다. 晶은 星의 초문이 되므로, 曡·曑·曟 등의 여러 글자가 모두 晶으로 구성되어 있다. 曡이 생략되어 星이 되었고, 曟이 생략되어 晨이 되었으므로, 鼎도 또한 생략되어 昴가 된 것이다. 『설문』 「日部」에 "昴"자가 수록되어 있고, 서방 白虎 7宿에 해당한다고 풀이하였으나, 「晶部」에는 鼎자가 없으니, (許愼은) 말단은 깨달았으면서 그 근원을 알지 못한 것이다. 昴는 별자리 이름인데, 무슨 근거로 日을 구성요소로 하게 되었는가? 만약 이 銘文이 아니었다면, 이 의문은 영원히 해결되지 못했을 것이다.

한편, 陳連慶은 "昴參泉"을 "三泉"이라고 간주하여 "庾信의 『崔說神道碑』 비문의 地名 중에 三泉이 있고, 王仲犖은 『北周地理志』에 宜陽郡 宜陽縣 아래로 기록한다. 三泉은 昴參川의 약칭일 것이다. 그 지역과 본 명문의 기록이 완전히 일치한다. 王氏는 三泉이 石泉의 오기라고 하였는데 잘못되었다"라고 한다. 北周의 宜陽縣의 관청은 지금의 河南省 宜陽縣에 있다.

4) 裕敏 : 본 명문에서 지명으로 사용되었지만 정확하게 어느 지역인지는 알기 어렵다. 『銘選』에 "湤·昴·參泉·裕敏은 모두 淮夷가 침입한 지역의 이름이다"라고 한다.

5) 隘 : "陰"의 고자이다. 『銘選』은 "陰陽洛은 洛水의 남쪽 하류지역이

다. 아래 글에 '상락까지 추격하다(追禦于上洛)'라는 내용이 보인다"라
고 한다.

4. 王令(命)敔追遹于上洛, 炬谷,

1) 遹 : 襲擊의 "襲"자의 初文으로, 〈戒簋〉에도 보인다. 〈戒簋〉 주석을
참조하라.

2) 上洛 : 『漢書』「地理志」의 弘農郡의 "上雒"이다. 洛과 雒은 통하니, 본
래는 "洛"이라 써야 한다. 『水經』「丹水注」에 『竹書紀年』을 인용하여
"晉烈公 3年에 楚나라 사람들이 우리 南鄙를 쳐서 上雒에까지 이르
렀다(晉烈公三年, 楚人伐我南鄙, 至于上雒)"고 하였는데, 그 땅은 지금 陝
西省 商縣 지역에 있다.

3) 炬 : 본 명문에서는 "炬"로 썼다. 郭沫若은 "惄"로 석문하여 "惄谷"
은 『漢書』「地理志」의 宏農縣 析縣 아래의 鞠水가 나오는 析谷이라 한
다. 郭沫若의 석문은 字形은 부합되지 않는다. 이 글자의 오른쪽 하
단은 "心"으로 구성되었고, 상단은 "尸"로 구성되어 있는데, 원 기물의
명문이 부식되어, 사선 한 획을 적게 모사한 것이다. "忌"자는 字書에
보이지 않지만, "㦻"의 고문일 것이다. 『설문』「心部」에 "㦻는 기뻐하고,
즐거워하는 것이다(㦻, 悅也, 忻也)"라고 한다. "炬"은 "火"로 구성되었
고, 忌(㦻)가 소리를 나타낸다. 즉 "炬"자의 고문으로, 『玉篇』에 "불타
는 모양이다(火燒貌)"라 하고, 『集韻』에 "불붙는 모양이다(火貌)"라고 한
다. 炬와 忌(㦻)는 상고음이 모두 喩母·脂部에 속한다. 炬谷은 지명인
데, 어느 지역인지는 분명하게 알기 어렵다.

5. 至于伊, 班.

1) 伊 : 伊水이다. 陳連慶은 "『水經』「伊水注」에 '伊水는 南陽 魯陽縣 서
쪽의 蔓渠山에서 흘러나오고, 동북으로 흘러 郭落山을 거치며, 또다

시 동북으로 흘러 陸渾縣 남쪽을 거쳐, 북쪽 洛水로 들어간다(伊水出南陽魯陽縣西蔓渠山, 東北過郭落山, 又東北過陸渾縣南, 北入于洛)'라고 하니, 回軍한 곳은 이수 상류와 낙수 중류에 인접한 곳에 있는 지방으로 볼 수 있다"라고 한다.

2) 班 : 郭沫若은 "군대를 되돌린 것이다. 『逸周書』「克殷解」에 '군대에서 기원하고, 이에 회군하였다(禱之于軍, 乃班)'라고 한다"라는 예이다. 『상서』「大禹謨」에 "회군하고 군대를 거두다(班師振旅)"고 하고, 孔傳에 "마침내 군대를 돌리다(遂還師)"라고 한다.

6. 長榜截首百

1) 榜 :『輯考』는 다음과 같이 말한다.

"榜"의 고자이다. 郭沫若은 『逸周書』「克殷解」의 '太白에 매달다(懸諸太白)', '小白에 매달다(懸諸小白)'라는 것은 곧 '긴 깃대에 머리를 매달다(長枋載首)'라는 뜻이다"라고 한다. 郭沫若이 "榜"을 "枋"으로 읽었는데, 枋은 "柄"과 통하며, 『설문』「木部」에 "柄은 도끼자루이다(柄, 柯也)"라고 하였다. 段玉裁注에 "柄의 본의는 도끼의 자루만을 전적으로 칭하는 것이었지만, 일반적인 자루를 칭하는 것으로 파생되었다(柄之本意專謂斧柯, 引伸謂凡柄之稱)"라고 한다. 본 명문의 "長榜"은 곧 긴 깃대를 가리킨다.

2) 截 : "艸"로 구성되었고, 戠(哉의 고문)가 소리를 나타낸다. 곧 "菆"자의 고자로, 『玉篇』에 "菆는 풀이다(菆, 草也)"라고 한다. 본 명문에는 "載"로 가차되는데, 載는 "舉"로 해석되며, "懸"의 뜻과 가깝다. 『墨子』「明鬼下」에 "紂를 참수하고 붉은 올가미에 묶어 흰 깃발에 머리를 매달았다(折紂而繫之赤環, 載之白旗)"라 하고, 『逸周書』「克殷解」에 "흰 깃발 太白에 머리를 매달았다(懸諸太白)"라고 한다. 『禮記』「曲禮上」에 "진군할 때 앞에 강이 있으면, 청색 깃발을 내걸어 알리고, 앞에 흙 먼지가 많으면 우는 솔개를 그린 깃발을 내걸어 알린다(前有水, 則載青旌. 前

有塵埃, 則載鳴鳶)"라고 하느데, 鄭玄 注에 "載는 旌에 올려서 무리를
경계시키는 것이다(載, 謂擧於旌以警衆也)"라고 한다.

3) 首 : 전쟁에서 베어 얻은 적군의 머리이다.

7. 執噸(訊)卌(四十)

1) 訊 : 王國維는 "포로"를 말한다고 하는데, 〈戒簋〉에도 이 글자가 보
인다. 본 명문에서는 "噸"으로 예정하니, "訊"의 本字이다. 吳大澂은
"이 글자는 醜를 잡는 형상을 본 뜬 것으로, 끈으로 그를 포박한 것
이기 때문에 "系"로 구성되었고, 말로 신문하기 때문에 'ㅁ'로 구성되
었다"라고 한다(『愙齋』「虢季子白盤」)

8. 㦵孚(俘)人四百

1) 㦵 : "奪"자의 고자이다. 〈奪簋〉의 奪자는 "奮"로 썼다. 吳大澂은 "이
글자는 雀, 衣, 又로 구성되어 있으니, 奪자의 異文일 것이다"라고 한
다(『愙齋』「奪敦」) 柯昌濟는 "손으로 옷 속에서 참새를 빼내는 모양이다"
라고 한다(『韡華』「奪敦」) 본 명문에는 "奮"로 썼으니, "又"가 생략된 형
태이다.

2) 孚 : "俘"의 初文이다. "俘人"은 淮夷가 사로잡은 주나라 사람을 가
리킨다.

9. 䁈于僰白(伯)之所

1) 䁈 : 『輯考』는 다음과 같이 말한다.

예전에는 盦·稟으로 석문 하였으나 모두 적당치 않다. 아마도 "胄"을 잘
못 모본한 것 같다. 예전에는 대부분 "抵"로 석문 하였는데, 이 명문에서
는 "致"로 읽는다. "抵"와 "致"는 성모가 모두 端紐로 雙聲이고, 脂部와 質
部는 對轉관계로 음이 가까워 서로 통한다. 氏·抵는 예전에 '至'로 해석했

는데, 또한 가차 관계이다. 『설문』「攴部」에 "致는 보낸 것이 이르렀다(致, 送詣也)"라고 한다.

2) 燚 : "熒"의 초문으로, "榮"으로 읽는다. 『呂氏春秋』「當染篇」에 "厲王은 虢公長父와 榮夷終에게 물들었다(厲王染于虢公長父·榮夷終)"라고 하는데, 高誘 注에 "虢과 榮은 두 卿士이다(虢榮, 二卿士也)"라고 한다. 본 명문의 "榮伯"은 곧 『呂氏春秋』「當染篇」에 보이는 "榮夷終"이라는 인물로, 虢公 長父와 함께 厲王의 두 卿士가 되었다.

10. 于焜衣諫, 復付厥君.

1) 衣 : "卒"로 읽으며, 〈戒篹〉에도 보인다. 唐蘭은 "衣는 '卒'이라 읽으니, 〈郾王戠戈〉에 '莘'는 '袳'로 썼고, 〈寡子卣〉에 '諱'는 '詠'라고 쓰여 있는 것으로 근거해 논증할 수 있다"라고 하는데, 唐蘭의 설을 따를만하다. 금문에서 衣는 "𡙃"로 쓰고, 卒은 "𡙃"로 쓴다. 衣와 卒은 古音에서 微物 對轉이다. 卒은 발음 때문에 획을 첨가한 지사자이기 때문에, 衣를 卒로 읽을 수 있다.

2) 諫 : '嘩'의 고자이다. 『集韻』에 "嘩은 소리이다(嘩, 聲也)"라고 하였으며, 본 명문에서는 "律"로 읽는다. 『爾雅』「釋言」에 "律은 서술한다(律, 述也)"라고 한다. "卒律"은 곧 그 내력을 전부 기술하는 것이다.

3) 復付厥君 : 그들의 주인에게 되돌려 주는 것이다.

11. 隹(唯)王十又(有)一月, 王各(格)于成周大廟.

1) 各 : "徦"의 초문이다. 『方言』에 "徦은 이르는 것이다(徦, 至也)"라고 하는데, 전래 문헌에서는 자주 "格"으로 가차하여 쓴다.

2) 大廟 : 太廟이니, 天子의 祖廟이다.

12. 武公入右敔, 告禽.

  1) 武公 : 〈禹鼎〉에도 보이니, 禹의 상관으로 噩을 정벌하는데 중요한
     공을 세운 인물이다.

  2) 右 : 『爾雅』「釋詁」에 "인도한다(導也)"라고 한다.

  3) 告禽 : 전쟁에서 승리한 후 이를 고하는 일종의 의식이다.

13. 職百・訊卌(四十).

  1) 職 : 본 명문에서 "𢦏"로 썼다. 〈戒簋〉를 살펴보면, "𢦏"을 잘못 모
     사하였음을 알 수 있다. 〈戒簋〉 주석을 참조하라.

14. 王蔑敔曆, 事(使)尹氏受(授) 釐敔圭瓚·□貝五十朋.

  1) 王蔑敔歷 : 周王이 敔의 공적을 勉勵한 것이다.

  2) 尹氏 : 관직명이다. 金文에 "內史尹"이 있는데, 內史의 우두머리이
     다. 본 명문의 尹氏는 곧 內史尹이다.

  3) 受 : 受에 예전에는 주고(授) 받다(受)는 뜻이 모두 있었는데, 후에 두
     글자로 분화되었다.

  4) 釐 : '賚'의 고자이다. 『설문』「貝部」에 "賚는 주는 것이다(賚,賜也)"라
     고 하니, "受釐"는 "授賜"・"授予"한다는 의미이다.

  5) 瓚 : "甗"의 初文으로 상형자이다. 郭沫若은 "瓚은 甗의 고자로 상형
     자이다. '圭瓚'은 한 단어로 圭瓚을 말한다"라고 한다. 『시경』「江漢」에
     "너에게 규찬과 검은 기장술 한 동이를 준다(釐爾圭瓚,秬鬯一卣)"라 하
     고, 『상서』「文侯之命」序에 "平王이 晉 文侯에게 검은 기장술과 규찬
     을 하사하였다(平王錫晉文侯秬鬯圭瓚)"라고 하는데, 孔傳에 "圭로 자루
     를 만든 것을 圭瓚이라 한다(以圭爲杓柄,謂之圭瓚)"라 하고, 孔疏에 "제
     사의 처음에, 울창의 술을 떠서 시동에게 부어 준다. 圭瓚이라는 것
     은 울창주를 뜨는 자루로 자루 아랫부분에 槃이 있다. 瓚은 槃의 이

름이다. 이는 圭로 구기의 손잡이를 만들었기 때문에 圭瓚이라 한다
(祭之初, 酌鬱鬯之酒以灌尸, 圭瓚者, 酌鬱鬯之杓, 杓下有槃, 瓚即槃之名. 是以圭
爲杓之柄, 故謂之圭瓚)"라고 한다.

15. 易(賜)田, 于敓五十田, 于早五十田.

1) 敓 : 敆(鈙)자이다. 『集韻』에 "敆, 鈙은 『설문』에 '지키는 것이다'라고
한다. 혹은 金으로 구성되기도 한다(說文, 持也. 或从金)"라고 한다. 敓
은 일찍부터 모두 지명이라고 하는 데, 분명한 위치는 알 수 없다.

2) 田 : 아래에 있는 두 田자는 고대 농지의 단위이다. 『周禮』「考工記·匠
人」에 "전수는 이를 배로 한다(田首倍之)"라고 하는데, 鄭玄 注에 "田은
한 지아비가 경작하는 넓이로 100畝이다(田, 一夫之所佃, 百畝)"라고 한다.

【주제어】

[인명] 王, 敓, 榮伯, 武公.

[지명] 成周, 南淮夷, 㵣, 昂, 參泉, 裕敏, 陰陽洛, 上洛, 焸谷, 伊

[사건] 南淮夷가 침략하자, 王이 敓에게 회이를 追襲하도록 명령한 것.

[시간] 十月-十一月

【참고문헌】

『大系』考 109쪽, 『銘選』3·286쪽, 『文錄』3·8, 『雙選』上3·14, 『積微』68쪽, 『歷朔』4·8, 『通釋』27·164

陳連慶, 「敓簋銘文淺釋」, 『古文字硏究』제9집, 1984년 1월

陳秉新, 「釋罌·觳·般及从𦥑諸字」, 『吉林大學古籍整理硏究所建所15周年紀念文集』, 吉林大學出
版社, 1998

裘錫圭, 「戰國璽印文字考釋三篇」『古文字論集』, 中華書局, 1992年, p469-483

林澐, 「敓及相關字的再討論」『中國古文字硏究』제1집, 吉林大學出版社, 1999年

82. 사원궤(師𡙎簋)

【모본】

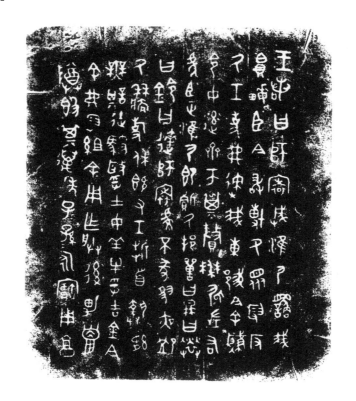

【저록】

기물 1 : 『集成』8·4313(1·2), 『三代』9·28·1~2, 『筠淸』3·35·1~3·36, 『攗
古』3·2·52·2~54, 『愙齋』9·14, 『奇觚』4·25·1~26·2, 『敬吾』下
14·1~2, 『周金』3·16·2~17·1, 『小校』8·76, 『上海』53, 『彙編』2· 30,
『大系』錄135·2, 136·2, 『銘選』錄439

기물 2 : 『集成』8·4314, 『三代』9·29·1, 『陶齋』2·12, 『周金』3·17·2, 『小

校』8·78·1, 『美集錄』R418, 『支古』25, 『彙編』2·32, 『大系』錄137

【기물설명】

기물 본체의 높이는 27㎝, 입구의 직경은 22.5㎝, 바닥의 직경은 24.3㎝
이다. 기물의 본체와 뚜껑에 동일한 명문이 있으나, 글자의 배열과 숫자
에 약간 차이가 있다. 몸체의 명문(『集成』4314)은 11행 117자이며, 중문은
2개이다. 뚜껑의 명문에는 2행 '反'아래 '厥'자, 3행 '迹'아래 '我'자, '率'아
래 '齊'자, 7행 '工'아래 '折'자가 없다. 『銘選』은 宣王시기의 기물이라고 하
였고, 劉啓益은 厲王시기의 기물이라고 하였다. 여기서는 劉啓益의 설을
따른다. 『集成』4313은 葉志銑·三原許氏·潘祖蔭이 소장하였는데, 현재는
상해박물관에 소장되어 있다. 『集成』4314는 端方이 소장하였는데, 현재는
미국 Kansas City Nelson – Atkins Museum of Art에 소장되어 있다.

【석문】

王若曰: "師𡧊! 𢎧淮尸(夷)繇我負晦臣[1], 今敢博厥眾叚, 反厥工吏,
弗速我東郖.[2] 今余肇令女達齊帀(師)·𦖞·𧵝(萊)·𠄂尿, 左右虎臣,
正淮尸(夷)[3], 即𧵝厥邦獸, 曰冉·曰𦉜·曰鈴·曰達[4] 師𡧊虔不惎,[5]
夙夜卹厥牆事.[6] 休既又(有)工(功), 折首執訊, 無諆徒馭, 歐孚士女
羊牛, 孚吉金.[7] 今余弗叚組.[8] 余用乍(作)朕後男𤿥尊𣪘.[9] 其萬年子
子孫孫永寶用享.

【현대어역】

왕이 다음과 같이 말씀하셨다. "아! 사원師𡧊아! 회이淮夷는 예전에 우리
에게 비단과 베(帛賄)를 공납하는 신하였으나, 지금 감히 그 무리들이 일
하지 않토록 강압하고, 그 관리를 배반하여 우리 동국東國을 따르지 않는
다. 지금 내가 비로소 너에게 명하노니, 제齊나라 군사와 기𦖞·래𧵝·력𠄂

세 나라의 부대를 이끌고 후군이 되어 호신虎臣을 도와 회이淮夷를 정벌하되, 그 방국의 우두머리인 염冉·형欒·령鈴·달達을 죽여라" 사원師袁은 경건히 왕명을 실추시키지 않으면서, 밤낮으로 신중히 그 일을 받들었다. 기쁘게도 공훈을 세웠으니, 목을 베고 포로를 잡았으며, 그 저항을 멈춘 사졸을 위로하였고, 남성과 여성 포로, 소와 양을 노획하였으며, 청동을 노획하였다. 이제 나는 게으르고 태만하지 않게 되었다. 나는 나 계승자가 납제臘祭에 쓸 존귀한 궤簋를 만든다. 만년토록 자자손손 영원토록 보배롭게 제사에 사용하라.

【주】

1. 王若曰: "師袁! 叏淮尸(夷)繇我貞晦臣

   1) 師 : 관직명으로 『周禮』의 師氏에 해당한다.

   2) 袁 : 寰의 古字이다. 罷은 원래 袁이 구성되는 동시에 발음요소인데, 聲符로 여겨지는 罷과 袁은 바꿔 쓸 수 있다(裘錫圭의 「釋殷墟甲骨文襄的'遠''狀'(邇)及有關諸字」, 『古文字研究』제12집을 참고하라) 『玉篇』에 "寰은 왕이 畿內에 封한 縣이다(寰, 王者封畿內縣也)"라 하였다. 본 명문에서는 인명으로 쓰였으며 그의 관직은 師이다. 『大系』는 다음과 같이 말하였다.

   > 이 기물과 〈兮甲盤〉 및 〈召伯虎2簋〉는 동시기의 기물이다. 그 문장과 쓰여 있는 사건을 관찰하여 판단할 수 있다. 아마도 당시 회이 정벌에 출정한 것은 召伯 뿐만이 아니었을 것이다. 또한 師袁은 『시경』「小雅·采芑」편에 보이는 方叔이다 『시경』에서 "미련한 저 만형(蠻荊)이 대국(大國)을 원수로 삼네. 方叔은 많이 늙었으나 그 지모는 뛰어나시네. 方叔께서 통솔하시고 많은 적을 사로잡고 목을 잘랐네(蠢爾蠻荊, 大邦爲讐, 方叔元老, 克壯其猶. 方叔率止, 執訊獲醜)"라 하였는데, 시에서 말한 사건과 이 명문이 서로 부합된다. 袁과 方은 한 사람을 뜻하는 같은 글자이다. 袁은 圜의 가차로 名이 圜이

고 字는 方으로 바로 이름과 字가 對文되는 例이다.

『大系』가 지적한 바와 같이 이 이 명문에 기록된 전쟁은 〈兮甲盤〉의 명문에 기술된 전쟁과 동일한 것으로 여겨진다.

또『大系』는 〈召伯虎2簋〉를 언급하고 있는데, 이 기물은 현재 〈六年琱生簋〉로 통칭된다. 『大系』가 〈六年琱生簋〉의 召伯 虎와 연결시키는 것은『시경』「大雅·江漢」편에 의거한다. 「江漢」에는 淮夷를 정벌한 일이 기록되어 있는데, 그 가운데 "강한이 넘실넘실 흐르는데, 무보는 군세고 군세도다. 四方을 경영하여, 왕께 성공을 아뢰도다(江漢湯湯, 武夫洸洸, 經營四方, 告成于王)"라는 구절과 〈六年琱生簋〉의 "召伯虎가 '제가 기쁜일을 고합니다'라고 말하였다(召白虎告曰, '余告慶')"라는 구절의 유사성, 「江漢」의 "산천과 토지를 하사하노니, 周에서 명을 받다(錫山土田, 于周受命)"와 명문의 "나는 이름을 문서에 순서대로 기록하여(余以邑訊有嗣, 余典勿敢封)" 등의 유사성이 그 근거이다. 일부 『시경』의 문장과 일부 청동기 명문이 밀접한 관계가 있다. 吳鎭烽도 『大系』와 같은 견해이며, 宣王 시기의 인물로 파악한다. 『시경』은 근거로 인물을 추정하는 논증방식이 부적절한 것은 아니다. 심재훈은 「大雅·韓奕」의 문장 구조와 형식이 청동기 명문과 대단히 유사하다는 점을 지적하고 있으며, 먼저 명문이 만들어진 후에 다시 시로 편집되었을 것이라는 견해를 내놓기도 하였다(「상생하는 고대사 서술과 대안모색:『시경』「한혁」편 다시읽기」,『동방학지』137호, 2007) 다만『시경』의 인물과 명문의 인물을 동일하게 볼만큼 결정적인 증거가 되는 것은 아니다. 또한 召伯 虎는 〈六年琱生簋〉를 비롯하여 〈五年琱生簋〉·〈五年琱生尊〉에 등장하는데, 이 세 개의 기물은 모두 토지 분배와 관련된 내용을 담고 있기 때문에 본 기물과 내용상 관련이 없다.『大系』가 근거로 하는 "召伯 虎가 '제가 기쁜 일을 고합니다'라고 말하였다(召白虎告曰, '余告慶')"라는 구절은 〈五年琱生簋〉·〈五年琱生尊〉에서 행해진 일련의 토지 분쟁이 해결되었다는 의미로 해석되어야 한다. 더구나 〈五年琱生尊〉이 2006년에 발견된 이후 이 석 점의 청동기는 명문 고석과 시대 판정에 있어서 논란이 있다. 때문에 召伯 虎라는 인물에 대한 판정은 일단 유보해 두도록 한다.

3) 叟 : 『大系』는 다음과 같이 말하였다.

> 父자의 이체자이다. 父자는 본래 斧의 초문으로 옛날에는 ㄱ로 썼는데, 손에 돌도끼를 들고 있는 형상을 본뜬 것이다. 이 자는 戉(구멍이 있는 도끼를 상형한 글자)을 구성요소로 하며 又를 구성요소로 하니, 父자임에 의심이 여지가 없다.

즉, 『大系』考는 손으로 돌도끼를 들고 있는 "ㄱ"와 손으로 도끼를 들고 있는 "叟"가 의미상 동일하기 때문에 "父"자로 보며, 앞의 師寰과 붙여 師寰父로 본다. 그러나 『金文編』에서는 "父"를 이와 같이 쓴 예를 찾을 수 없다. 한편, 『銘選』은 다음과 같이 말하였다.

> 叟은 감탄사이다. 『集成』4314에는 叜로 쓰였는데, 이 기물은 뚜껑이 없다. 叟 자는 又로 구성되며 或이 발음요소이다. 『설문』「欠部」에 歐자가 실려있는데, "氣를 불다(吹氣也)"라고 풀었다.

여기서는 『銘選』의 견해를 따른다.

4) 繇 : 謠와 舊의 가차자이다. 〈史牆盤〉 주석을 참조하라.

5) 貟晦 : 〈兮甲盤〉에 "淮夷는 예전에 우리에게 帛賄를 공납하던 사람들이었다(淮夷舊我貟晦人)"이라 하였는데, 貟은 帛의 고자로, 금문에서는 贖으로 쓰기도 한다. 晦는 畝의 이체자로 『설문』과 『玉篇』에 보인다. 본 명문에서는 賄로 가차되었다. 『玉篇』과 『集韻』에 賄의 이체자를 脢로 썼으며, 晦와 脢는 모두 每로 구성되며 발음요소이기 때문에 용례에 의거하여 통가할 수 있다. 『周禮』「天官·大宰」에 "행상과 시전 상인을 번성하게 하여 귀금속과 베·비단을 유통시킨다(商賈阜通貨賄)"라고 하였는데, 鄭玄의 주에 "베와 비단을 賄라 한다(布帛曰賄)"

고 하였으니, 帛賄은 賄로, 곧 布帛이다. 『尙書』「禹貢」에 "淮夷의 진
상품은 진주조개와 물고기, 그 바구니에 담긴 검은 비단과 하얀 비단
이다(淮夷蠙珠曁魚, 厥篚玄纖縞)"라고 하였는데, 僞孔傳에 "玄은 검은
비단이다. 縞는 흰 비단이다. 纖은 고운 비단이다. 纖이 글자 중간에
있는 것은 두 물건이 모두 고운비단에 해당함을 밝힌 것이다(玄, 黑繒.
縞, 白繒, 纖, 細也. 纖在中, 明二物皆當細)"라 하였다. 따라서 玄·細·縞는
비단의 종류이니, 명문의 帛賄도 또한 布帛과 관련된 정벌임을 알 수
있다. "淮夷舊我帛賄臣"은 淮夷는 예전에 우리에게 帛賄를 공납하는
신하였다는 뜻이다.

2. 今敢博厥眾叚, 反厥工吏, 弗速我東鄹.

1) 博厥眾叚 : 『輯考』는 다음과 같이 말한다.

> 郭沫若은 "博厥眾暇"라고 읽고, "그 무리들이 일을 하지 않도록 강압했다
> (迫其眾使暇)"라고 풀었다. 지금 살펴보건대, 郭沫若의 견해를 따를만하다.
> 叚와 아래 문장 "叚組"의 "叚"는 모두 마땅히 "暇"로 읽어야 한다. 『설문』
> 「日部」에 "한가함이다(閑也)"라고 풀었는데, 게으름(懈怠)·일에 태만하다(怠
> 工)는 뜻으로 引伸되었다.

2) 眾 : 『銘選』은 다음과 같이 말하였다.

> 眾은 眾人이다. 眾의 원래 뜻은 농부이기도 하며 庶人이기도 하다. 『시경』
> 「大雅·仰」에 "뭇 사람들의 근심(庶人之愚)"이라 하였는데, 鄭箋에 "庶는 여
> 럿이다(庶, 眾也)"라 하였다. 庶는 고적에서 많다는 뜻으로 많이 풀이된다.
> 庶人은 서주시대에 농업에 종사하는 노예로, 〈大盂鼎〉에 "車夫에서부터 평
> 민까지 각종 노동력 659인(自馭至于庶人六百又五十又九夫)"이라 하였다. 여기
> 에서는 주 왕실에게 베와 비단을 바치는 노예를 낮추어 가리킨 것이다.

3) 叚 : 暇의 가차자이다.

4) 博厥眾暇 : 주 왕실을 위해 복역하는 노예들이 일을 하지 않도록 강

압했다는 뜻이다.

5) 反厥工吏 : 『大系』는 "옛날에는 王官을 또한 工이라 칭했다"라고 하였다. 『銘選』도 다음과 같이 말하였다.

> 工吏는 신하와 관리이다. 『시경』「周頌·臣工」에 "아아, 여러 신하와 관리들아(嗟嗟臣工)"라 하였는데, 毛傳에 "工은 관리이다(工, 官也)"라 하였다. 工吏는 王臣·王官을 가리킨다.

그러나 『銘選』과 같이 工이 왕에게 소속된 것으로 보는 것은 논거가 다소 부족한 듯이 생각된다. 여기서는 공무를 담당하는 관리로 해석해 둔다.

6) 速 : 『설문』「辵速部」에 "迹은 발자취이다(迹, 步處也)"라 하였고, 籀文을 速로 썼다. 弗迹은 不迹이니, 『詩經』「沔水」에 "저 제후가 법도를 좇지 않는구나(念彼不迹)"라 하였는데, 毛傳에 "不迹은 법도를 따르지 않는 것이다(不迹, 不循道也)"라 하였다.

7) 郕 : 邑과 或으로 구성되었고 或은 또한 발음요소이기도 하다. 或은 國의 초문이며, 邑을 편방으로 더한 것은 古字 國의 이체자이다.

8) 弗迹我東國 : 淮夷가 우리 동방 제후의 통제를 따르지 않았다는 말이다.

3. 今余肇令(命)女(汝)達齊帀(師)·曩·贅·楚尻左右虎臣正(征)淮尸(夷)

1) 達 : 『설문』「辵部」에 "達은 앞에서 이끄는 것이다(達, 先導也)"라 하였다. 오늘날에는 率로 쓰며, 거느린다는 뜻이다.

2) 帀 : 師로 가차된다.

3) 曩 : 『설문』에 "曩는 다리를 펴고 걸터앉는 것이다(曩, 長踞也)"라 하였다. 王獻唐은 曩는 其(箕의 本字)의 繁文으로 己를 첨가하여 聲符가 된 것이라고 생각하였다. 본 명문의 曩는 옛 나라 이름이다. 郭沫若은 "曩도 또한 紀이다. 동일한 紀나라를 曩로 쓰고 己와 같다는 것은 句吳를 工歔로 쓰고 攻吳와 같다는 것과 같다"라 하였다(『大系』考,〈曩公壺〉) 王獻

唐은 異가 莒縣 북부에 위치한 姜姓의 옛 나라로, 紀와 일치하지 않으며, 箕縣은 아마도 異나라의 옛 땅일 것이라고 하였다. 王獻唐의 『山東古國考』 「黃縣異器」에 상세하다.

4) 贅 : 齎의 고자로 여기에서는 나라 이름이니, 곧 萊이다. 『英國所藏甲骨集』593에는 𣏗라고 쓰여 있는데, 攴을 구성요소로 하며 來를 구성요소로 한다. 손으로 몽둥이를 잡고 곡식(來)을 치는 형상의 회의자이며, 來는 동시에 소리를 나타낸다. 『상서』 「禹貢」에는 "海岱에는 青州가 있다. …… (이곳의 공납품은) …… 萊夷가 기른 가축, 광주리에 담긴 산뽕나무 생사이다(海岱惟青州, …… 萊夷作牧. 厥篚檿絲)"라 하고, 『路史』 「國名紀乙」에는 "萊는 少昊氏의 후손으로 李性의 나라이다"라 하고, 「國名紀丁」에는 "옛날의 萊夷는 지금의 文登의 동북쪽 80리에 있는 不夜城이다"라고 하였는데, 이러한 내용에 근거하면 옛 萊國은 지금 산동성 榮城시 북쪽에 있다. 『춘추』 「선공7년」에 "여름에 공이 齊侯와 회동하여 萊을 정벌하였다(夏, 公會齊侯伐萊)"라 하였는데, 杜注에 "萊國은 지금의 산동 萊黃縣이다"라고 하였다. 『通志』 「氏族略」에는 "萊氏는 지금 登州 黃縣 동남쪽 25리에 옛 黃城이 있으니 이것이 萊子國이다. 襄公 6년에 齊나라가 멸망시키니 그 자손들이 나라의 이름으로 氏를 삼았다(萊氏, 子爵, 其俗夷, 故亦謂之萊夷. 今登州黃縣東南二十五里有故黃城, 是萊子國. 襄六年齊滅之)"라 하였다. 吳鎮烽에 의하면, 山東 黃縣 동남쪽에 있는 歸城에서 〈釐伯鼎〉이 출토되었으며, 이것에 의거하여 李學勤은 이곳이 萊國의 옛 성이라고 생각한다고 한다. 여러 의견을 종합해보면, 학자들의 의견이 대체로 일치하며 위치고증 또한 근거가 있다고 생각된다.

5) 䟒 : 郭沫若은 樊자로 읽었으나, 이 글자는 秝으로 구성되었지 棘으로 구성되지 않았다. 『銘選』은 〈師袁簋〉 고석에서 𤼩라고 예정하였지만 해석하지 않았다. 〈史密簋〉(『集成』4314)에 쓰인 ▨자는 사람이 歷자

의 禾 중간에 있고, 그의 발을 돌출시킨 것을 상형한 글자이니, 秝으로 예정하는 것이 타당하다. 秝은 갑골문에 보이는데, 止와 秝로 구성되며 秝은 또한 발음요소이기도 하다. 예전에 歷의 初文으로 해석하였는데, 확실하여 바꿀 수 없다. 『설문』「止部」에 歷의 뜻을 "지나다(過也)"라 하였지만, 본 명문에서는 나라 이름인 鬲으로 읽어야 한다. 『路史』「國名紀乙·少昊後偃姓國」의 "鬲"의 주에 『郡國縣道記』에 '옛 鬲나라는 偃姓이며 皐陶의 후손이다. 漢나라때 縣이 되었고, 齊 天保 7년에 安德으로 편입되었다. 지금은 德州에 예속되어 있으며, 서북쪽에 옛 鬲城이 있다(古鬲國, 偃姓, 皐陶後. 漢爲縣, 齊天保七併入安德, 今隸德州, 西北有古鬲城)'라 기록되어 있다"라고 하였다. 鬲은 원래 夷族 方國이었지만 주나라 초기에 이미 주나라에 신하로 복속되었다. 〈中方鼎〉의 명문에 "이 鬲人이 들어와 섬겨서 武王의 신하가 됨을 하사받았다(玆鬲人入事, 易(錫)于武王作臣)"라는 말이 있다. 李學勤은 "'錫'의 의미는 바침(獻)이다. 스스로 武王에게 바치고 신하가 되었으니, 곧 신하로 복종하였다는 뜻이다"라 하였다. 〈中方鼎〉의 鬲은 곧 偃姓의 鬲이다. 鬲나라는 무왕시기에 주나라에 신하로 복속하였다.

6) 屍 : 郭沫若은 屍로 예정하였지만 의미를 해석하지 않았다. 劉釗는 다음과 같이 말하였다.

> "屍"자는 尸와 爪로 구성되지만, 우리들은 展으로 해석해야 하며, 명문에서는 또한 "殿"으로 읽어야 한다고 생각한다. 戰國시기 曾侯乙墓 竹簡 중에 "展"자를 屍으로 썼으니, 尸·爪·丌로 구성되어 그 윗부분의 구조가 〈師袁簋〉의 屍자와 완전히 동일하다. 曾侯乙墓 竹簡의 글자에는 意符인 "丌"가 늘어났을 뿐이다. 屍자를 展자로 해석하는 것은 자형 상에 근거가 있음을 알 수 있다. 이와 같이 위에서 인용한 〈師袁簋〉의 구절은 '지금 내가 너에게 명하노니 齊나라 군사와 眞·萊·樊 세 나라의 부대를 이끌고 후군이 되어 좌우 虎臣의 뒤에서 淮夷를 征伐하라'로 해석할 수 있다.(『談史密簋銘文

劉釗의 설이 옳다. 屘는 臀의 初文의 이체자로 爪·尸로 구성되니, 대개 손을 내려 엉덩이까지 이르렀다는 뜻을 취한 것이다. 전국문자에는 𣢟으로 쓰고(隨縣簡13), 小篆에는 잘못 변화되어 屘로 썼다.

7) 虎臣 : 『尙書』 「顧命」에 "師氏·虎臣·百尹·御事"라 하고, 그 공안국의 傳에 "虎臣은 虎賁氏이다(虎臣, 虎賁氏)"라고 한다. 『周禮』에 "왕이 출병할 때 卒과 伍의 군사를 거느리고 앞뒤에 포진하여 호위하는 일을 맡으며, 군대의 일이나 회동에서도 마찬가지로 앞뒤를 호위하고 왕이 출궁하여 막사에 있으면 왕의 막사를 울타리를 둘러 호위하고 왕이 도성에 있을 때는 왕궁을 수호한다. 나라에 큰 변고가 있을 때는 왕궁의 문을 지킨다(虎賁氏, 掌先後王而趨以卒伍. 軍旅會同亦如之, 舍則守王閑. 王在國則守王宮. 國有大故則守王門)"라고 한다.

4. 即資厥邦獸 : 日冉·日粦·日鈴·日達"

1) 資 : 『大系』考는 贊로 해석하였는데, 따를 만하다. 『설문』 「奴部」에 "贊은 奴이다. 단단한 것을 찾는다는 뜻이다. 奴과 貝로 구성되었고, 貝는 단단한 보물이다. 槩와 같이 읽는다(贊, 奴, 探堅意也. 从奴, 从貝. 貝, 堅寶也. 讀若槩)"라고 하였다. 『集韻』에 발음은 殘이고 "사물을 손상시키면서 재물을 탐하는 것이다(害物貪財)"라고 하였다. 贊자를 구성하는 奴는 『설문』 「奴部」에 "奴은 살을 발라내고 뼈를 남김이다. 殘과 같이 읽는다(殘穿也. 讀若殘)"라 하였다. 贊은 貝와 奴으로 구성되며, 奴은 또한 발음요소이기도 하니, 마땅히 『集韻』의 발음과 뜻이 맞다. 본 명문의 資자는 斤(徐鍇의 『說文繫傳』에 "나무를 베는 도끼이다(斫木斧也)"라고 하였다)과 歺(『설문』에 "살을 발라내고 남은 뼈이다(剝骨之殘也)"라고 하였다)과 貝로 구성된 회의자로, 사물을 손상시키면서 재물을 탐한다는 의미가 더욱 확실하다. 본 명문의 資는 殘으로 읽는다. 『周禮』 「大司

馬」에 "그 군주를 축출하고 시해하는 사람은 죽인다(放弑其君, 則殘之)"라 하였고, 鄭玄의 주에 "殘은 죽임이다(殘, 殺也)"라 하였다.

2) 獸 : 首로 읽는다. 獸와 首는 古音이 같이 審母와 幽韻에 속하니, 사례의 의거하여 통가할 수 있다. 『大系』는 이를 〈小盂鼎〉에서도 찾아볼 수 있다고 지적하고 있다. 邦首는 淮夷 각 방국들의 우두머리이다.

3) 褮 : 裵의 古字이다. 『설문』「衣部」에 "褮는 귀신의 옷이다. 衣로 구성되며 熒의 생략된 형태가 발음요소이다. 『시경』'칡덩굴과 등나무가 얽혀있도다'의 縈과 같이 읽는다. 일설에는 '정숙한 여성의 그 붉은 옷깃이여'의 袾와 같이 읽는다고도 한다(褮. 鬼衣. 从衣, 熒省聲. 讀若『詩』曰"葛藟縈之". 一曰若"靜女其袾"之袾)"라고 하였다. 葉德輝는 『說文讀若考』에서 "곧 幀이다. 『儀禮』「士喪禮」의 '눈을 가리는 것은 검은 색을 쓴다(幀目用淄)'의 주에 '幀은 葛藟縈之의 縈과 같이 읽는다(幀, 讀若"葛藟縈之"之縈)'라 하였다. 『설문』의 '靜女其袾의 袾'는 마땅히 '靜女其袾의 靜'으로 고쳐야 한다. 褮과 靜은 古音으로 같은 부에 속한다"고 하였다. 『集韻』「徑韻」에 "褮은 옷 주름이다(褮, 衣襇)"라 하였다. 冉·褮·鈴·達는 淮夷 네 방국의 우두머리 이름이다.

5. 師袁虔不彘

1) 虔 : 『廣雅』「釋詁一」에 "공경함이다(敬也)"라 하였다.

2) 彘 : 본 명문에는 𤡮로 쓰였는데, 張亞初는 彘라고 해석하고, "돼지를 활로 쏘는 제사의 전용글자이다", "금문에서는 隊(墜)로 가차되었다"라고 하였다(『甲骨金文零釋』, 『古文字硏究』第6輯) 上古音으로 彘와 墜는 定紐 雙聲으로 質物 旁轉이다. 『國語』「晉語」에 "경건히 하여 명을 실추시키지 말라(敬不墜命)"고 하였는데, 韋昭의 주에 "墜는 잃는 것이다(墜, 失也)"라 하였다. "虔不墜"는 공경하고 삼가하여 잃지 않는다는 뜻이다.

6. 夙夜卹厥牆事

1) 卹 : 王引之의 『經義述聞』「尚書上」에 아버지 王念孫의 말을 기술하여 "「堯典」에 "조심하고 조심하라! 형벌을 삼가하라!(欽哉欽哉! 惟刑之卹哉!)"고 하였으니, 卹은 삼가(愼)하는 것이다. …… 곧 「康誥」에 이른 바 '형벌을 신중히 하라(愼罰)'는 것이다"라고 하였다.

2) 牆 : 將으로 가차된다. 고음으로 牆과 將은 從精旁紐이고 陽部 疊韻이니 사례에 의거하여 통가할 수 있다. 將事는 『좌전』「成公十三年」에 "晉侯가 郤錡로 하여금 군사를 빌려오도록 하였는데, 군주의 명을 받드는 것이 불경하였다(晉侯使郤錡來乞師, 將事不敬)"라 하였는데, 杜預의 주에 "將事는 군주의 명을 다하다(將事, 致君命)"라 하였다. 생각건대, 『儀禮』「聘禮」에 "비단을 묶어 조정에 명을 받든다(束帛將命于朝)"라 하였는데, 鄭玄의 주에 "將은 받듦과 같다(將, 猶奉也)"라 하였다. '夙夜卹厥將事'는 밤낮으로 그 봉행하는 일을 신중히 한다는 뜻이다.

7. 休旣又工, 折首執訊, 無謀徒馭, 毆孚士女羊牛, 孚吉金.

1) 休 : 『廣雅』「釋詁一」에 "休는 기쁨이다(休, 喜也)"라 하였다.

2) 又 : 有로 가차된다.

3) 工 : 功로 가차된다.

4) 無謀徒馭 : 郭沫若은 "謀는 속임(欺)이다. 속임(欺)은 잘못(誤)이다. '無謀徒馭'는 『시경』「小雅·車攻」의 '徒御가 놀라지 않다(不驚徒御不驚)'과 같다"라고 하였다. 吳式芬은 翁祖庚의 말을 인용하여 "諆는 記와 같이 읽는데, 옛날에 其·諆·謀·冀·記자는 함께 통용되었다. 無記는 徒馭를 헤아릴 수 없다는 말과 같다"라고 하였다(『攈古』卷三之二「師寰篤」)『銘選』은 謀를 忌로 해석하며, "無謀徒馭"는 곧 "두려워하지 않는 보병과 車馭"라고 하였다. 각 가설이 전부 명쾌하지 않다. 아마 "無謀"는 "撫其"로 읽어야 하며, 徒馭는 사졸을 널리 가리키는 것으로, "撫

其徒馭"는 그 (저항을 멈춘) 사졸을 위로하였다는 뜻일 것이다.

5) 毆 : 『설문』에 "古文은 驅이다"라고 하였다.

6) 孚 : 俘의 本字이다.

7) 毆孚 : 말을 몰아서 포로를 잡고 노략질함이다.

8) 士 : 장년의 남성이다. 『시경』 「鄭風·女曰雞鳴」에 "여자는 "닭이 울었어요"라 하는데, 남자는 "날이 밝지 않았어요"라 한다(女曰雞鳴, 士曰昧旦)"라고 하였는데, 孔疏에 "士는 남자의 존칭이다(士, 男子之大號)"라 하였다.

9) 吉자의 初文은 𠮷로 쓰는데, 裘錫圭는 "옛사람들은 바탕이 견실한 특징을 가진 굽은 병기(勾兵)를 형상한 부호 위에 구별하는 意符인 口를 더하여 吉자를 만들어 견실에 해당하는 吉자를 표시하였다.······吉金의 吉은 곧 견실의 본뜻이다"라고 하였다.(『論集』「說字小記」)

8. 今余弗叚組.

1) 弗叚組 : 『大系』考는 "拂遐組"로 읽고 "拂征彎", 즉 '정벌하러 가지 않는다'로 해석하여, 전쟁이 끝나 더 이상 전투를 하지 않는다는 뜻으로 풀었다. 여기서는 다음과 같이 본다. 叚는 暇로 읽으니, 『설문』 「日部」에 "한가함(閑)"이라는 뜻이라 하였다. 組는 沮로 읽으니, 『廣韻』 「語韻」에 "沮는 그침이다(沮, 止也)"라고 하였고, 『集韻』 「語韻」에 "沮는 패함이다(沮, 敗也)"라 하였는데, "기운이 없어지다(消沈)"·"낙심하다(沮喪)"는 뜻으로 인신되었다. 三國시기 魏나라 稽康이 「幽憤詩」에서 "비록 옳고 바른 말을 하였지만 정신은 욕되고 뜻은 막혔다(雖曰義直, 神辱志沮)"라고 하였으니, 곧 그 뜻이다. 暇沮는 게으르고 태만하다(懈怠)는 말과 같다.

9. 余用乍(作)朕後男鬜尊簋.

1) 後男 :『銘選』은 다음과 같이 말하였다.

> 後男은 계승자(嫡子)라는 말이다. 옛사람들이 남자가 있어야만 후사가 있
> 는 것이라 여겼다. 『公羊傳』「成公十五年」에 "사람의 후사가 되는 것은 아
> 들이다(爲人後者爲之子也)"라 하였으니, 여기에서 後의 뜻이다. 鬜은 後
> 男의 이름이다.

한편, 于省吾는 다음과 같이 말하였다.

> 朕後男은 우리 後人이라는 말과 같으니, 기물을 만든 사람이 스스로를 지
> 칭한 것이다. 기물을 만든 사람은 臘祭를 준비하면서 그의 조상들에게 말
> 하는 것이기 때문에 스스로 朕後男이라고 칭하였다.

통상 청동예기는 후대의 자손을 위해 만들지는 않는다. 여기서는 우
성오의 설을 따른다.

2) 鬜 :『설문』「囟部」에 "머리털이다(毛鬜也)라고 하였는데, 王筠의『句讀』
에 "毛鬜은 髮과 같은 뜻이다"라고 하였다. 본 명문에서는 臘으로 읽
는다. 孫詒讓은 "臘敦이란 것은 臘祭에 쓰이는 敦이다"라고 하였는데,
殷(簋)를 청대 학자들은 많이 '敦'으로 잘못 해석하였다.

【주제어】

[인명] 왕, 師袁, 冉, 粦, 鈴, 達

[지명] 淮夷, 齊, 眔, 贅, 瑟

[사건] 師袁이 왕명을 받들어 淮夷을 정벌한 일.

【참고문헌】

『今譯類檢』212쪽, 『論集』「設字小記」, 『大系』考 146쪽, 『銘選』3·307쪽, 『文錄』3·9쪽, 『雙選』上
3·14쪽, 『積微』159쪽, 243쪽, 『通釋』29·178
劉釗, 「談史密簋銘文中的"屠"字」, 『考古』1995년 제5기, 科學出版社, 1995년 5월

張亞初, 「甲骨金文零釋」, 『古文字硏究』제6집, 中華書局, 1981년 11월

裘錫圭 「釋殷墟甲骨文裏的'遠'桒'(邇)及有關諸字」, 『古文字硏究』제12집, 中華書局, 1985년 10월

83. 중최보정(中僕父 鼎)

【모본】

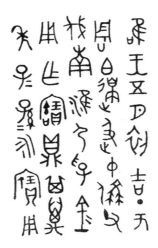

【저록】

『集成』5·2734, 『博古』3·16, 『薛氏』87·1, 『復齋』15, 『嘯堂』15, 『古文審』
2·6, 『積古』4·22, 『擴古』2·3·84, 『奇觚』16·20·1.

【기물설명】

기록만 전하는 기물인데, 제일 앞선 기록은 송대의 저록이다. 『復齋』의 서
사방식과 송대의 기록과는 본이 다른데, 『復古』 등 청대의 저록들은 모두
『復齋』에 의거했다. 『集成』은 『嘯堂』의 모본에 의거했다. 지금은 기물의 소
재를 모른다. 이 기물의 시대를 『集成』에서는 서주 중기로 보았는데, 張亞
初는 려왕 시기로 보면서 정의 명문에 기록된 것이 〈翏生盨〉와 〈噩侯馭
方鼎〉에 기록된 것과 같은 시대 같은 사건이라고 하였다. 여기서는 장아

초의 설을 따른다.

唯王五月初吉丁亥, 周白(伯)邊盉中(仲)儴父伐南淮尸(夷),[1] 孚金, 用
乍(作)寶鼎, 其萬年子子孫孫永寶用.

【현대어역】

왕 5월 초길 정해丁亥일에, 주나라 백변伯邊과 중최보仲儴父가 남회이南
淮夷를 정벌해서, 금을 노획했다. 이를 사용해서 보배로운 정을 만드니,
만년토록 자자손손이 영원히 보배롭게 사용할지어다.

【주】

1. 周白(伯)邊盉中(仲)儴父伐南淮尸(夷)

1) 白(伯)邊 : 인명이다.

2) 盉 : 伋자의 고문이다. 『설문』「彳部」에 "급히 가는 것(急行也)"이라고
   했는데, 及과 같은 뜻으로 쓴다.

3) 儴 : 『輯考』는 다음과 같이 말한다.

   명문에는 "㣫"로 되어 있다. 과거에는 儞으로 해석하였는데 정확하지 않
   다. 陳漢平은 催로 해석하는데, 『古文四聲韻』에 수록된 『義雲章』의 催자는
   𧰼로 되어있다는 것을 지적하면서, "바로 㣫자의 오른쪽 편방과 같다(『古
   文字釋叢』,『出土文獻研究』1)"고 하였다. 살펴보면 이 글자의 우측 편방은
   衰자이다. 『說文』·「彳部」에 "풀로 만든 비옷이다. 진나라 때는 䔽라고 했
   다. 衣를 구성요소로 한 상형자이다. 𧰼는 衰자의 고문이다(衰, 艸雨衣, 秦
   謂之䔽, 从衣象形. 𧰼古文衰)"라고 했다. 王筠은 『說文釋例』에서 "고문의 𧰼
   는 순전히 형상이다. 상부는 덮개의 모양이고, 가운데는 목의 모양이고,
   아래는 묶인 풀이 아래로 늘어져 있는 모양이다"라고 했는데, 왕균의 설

이 대체로 옳다. 명문의 **俵**의 우측 편방은 도롱이(衰)를 상형하였다. 『설문』「衣部」의 고문자는 이 형태가 조금 변형된 것이다. 衰자의 본래의 의미는 풀로 만든 비옷(도롱이)이고, 衰微나 衰落은 가차된 의미이다. 후세에 衰자는 가차한 의미로만 쓰이게 되었고, 또 蓑자를 만들어서 그 본래의 의미로 썼다. 衰는 『集韻』에 '倉과 回의 반절음'으로 발음한다 했으니, 崔·催와 같은 음이고, 『義雲章』에 **㷉**를 催라고 하였으니, 발음을 가차한 것이다. 본명문의 **俵**자는 자서에는 보이지 않는다. 人과 衰를 구성요소로 하고, 衰는 또한 소리요소를 겸하니, 이는 衰(蓑)자의 번문으로 催로 읽을 수 있다. 仲催父는 인명이다.

【주제어】

[인명] 白(伯)邊, 仲俵父

[지명] 南淮夷.

[시기] 5월 초길 정해일.

[사건] 남회이를 정벌함.

【참고문헌】

張亞初,「周厲王所作祭器㝬簋考－兼論與之相關的幾個問題」,『古文字研究』제5집, 中華書局, 1981년 1월

『雙選』下1·17쪽

84. 호종(猷鐘)

【탁본】

【저록】

『集成』1·260,『三代』1·65·1~1·66·1,『西淸』36·4,『故宮』19期,『故圖』
下上 238,『彙編』2·28,『大系』錄 25,『銘選』錄 405.

【기물설명】

예전에는〈宗周鐘〉으로 불렀다. 기물명에 대해 唐蘭은〈周王䚵鐘〉이라고
하면서, "예전에는〈宗周鐘〉이라고 통칭했는데, 최초 저록『西淸古鑑』에
서는〈周寶鐘〉이라고 불렀다. 阮元의『積古齋鐘鼎欵識』은 처음으로 명문
'作宗周寶鐘'이라는 말에 근거하여〈宗周鐘〉이라고 불렀고 후대 사람들이
모두 그 명칭을 따랐다. 여기에서는 종을 만든 사람을 周王 䚵로 보고〈周
王䚵鐘〉으로 기물명을 바꾸어 명명한다"(唐蘭,「周厲王䚵鐘考」,『北平故宮博物
院年刊』, 1936년)라고 하였다. 높이는 65.6cm, 舞의 세로는 23.1cm, 가로는
30cm이다. 篆사이는 머리가 두 개인 獸紋으로 장식되어 있고, 鼓의 윗부
분은 象首紋으로 장식되어 있다. 명문은 17행 122자이고, 중문이 9자, 합
문이 2자이다. 기물의 시대에 대하여 厲王시기로 보는 견해와 昭王시기로
보는 견해가 있다. 여기에서는 厲王시기의 기물로 본다. 과거에『大系』는
"叚子乃適遣間來逆卲王"의 "卲王"을 다음과 같이 昭王으로 보고 昭王시
기 기물로 판정하였다.『大系』는 "이 종은 昭王이 제작한 것이라 생각되며
명문 중에 '叚🔲遹遣開來逆卲王'은 곧 昭王으로 卲는 생전의 號이고 사후
의 시호(諡)가 아니다. 또 명문에 '䚵其萬年, 眅保四或'에서의 䚵 또한 昭
王의 이름인 瑕의 本字로 글자는 夫를 구성요소로 하고 소리요소로 하며
瑕와 同部인데 害를 구성요소로 하고 소리요소로 하며 瑕와 同紐인 것과
같다"라고 하였다. 하지만 唐蘭은 郭沫若이 이 기물을 昭王시기에 제작된
것으로 보는 견해는 잘못된 것으로 보고 厲王시기에 제작된 것으로 판정
한다. 唐蘭은 "기물의 제작에 관하여 말하자면 주대 이전에는 종이 없었
고 주초에 종이 있었다는 사실이 아직 발견되지 않았다. 주대 종 가운데

명문이 있는 것들의 경우 최초의 것이 〈虢弔旅鐘〉, 〈克鐘〉, 〈井人妄鐘〉 등인데 모두 큰 종으로 〈猷鐘〉과 서로 닮은꼴이고 그 시대는 모두 厲王과 宣王시기에 해당되는 것이니 이 종의 시대를 추정해 보는 것은 어렵지 않다"라고 하며 器制와 관련하여 시대고증을 하였다. 또한 猷를 厲王의 이름으로 보았으며, 서체의 경우 "이 명문이 昭王과 穆王 시기 기물처럼 기이하거나 수려하지 않고 비교적 恭王과 懿王시기의 산만한 서체보다 낫고 점차 정제되어서 골격이 넓고 팽팽하니 厲王과 宣王시기 서체의 특색이다"라고 하였다.(唐蘭,「周厲王猷鐘考」,『北平故宮博物院年刊』, 1936년) 예전에는 陳廣寧이 소장했었고 현재 대만 故宮博文院에 소장되어 있다.

【석문】

王肇遹省(省)文武堇(勤)彊(疆)土,[1] 南或(國)艮(服)子敢臽處我土.[2] 王鼕(敦)伐其至,[3] 戠(撲)伐厥都.[4] 艮(服)子乃適遣間來逆卲王,[5] 南尸(夷)·東尸(夷)具見,[6] 廿又(有)六邦. 佳(唯)皇上帝·百神,[7] 保余小子·[8] 朕猷又(有)成亡(無)競.[9] 我佳(唯)司(嗣)配皇天王,[10] 對乍(作)宗周寶鐘.[11] 倉倉恩恩, 離離雝雝,[12] 用卲各不(丕)顯且(祖)考先王.[13] 先王其嚴在上,[14] 豐豐數數,[15] 降余多福, 福余順孫,[16] 參(三)壽佳(唯)珝.[17] 猷其萬年,[18] 毗保四或(國).[19]

【현대어역】

왕이 문왕文王과 무왕武王이 힘쓰셨던 강토疆土를 순시하셨다. 남국南國의 복자艮子가 감히 우리의 영토를 공격하여 점령하였다. 왕은 그곳에 이르시어 정벌하시고, 그 수도를 토벌하였다. 복자艮子는 이에 통역관과 길안내 하는 관원을 보내 왕을 맞이하고 알현하였으며, 남이南夷와 동이東夷도 함께 왕을 알현하였는데, 26개 방국邦國이었다. 상제上帝와 여러 신들이 나소자를 보우하였다. 나의 정책은 성공적이어서 견줄 자가 없

다. 나는 황천皇天을 계승하고 짝하니, 이에 종주의 보배로운 종鐘을 만
들었다. 종소리가 지극히 순수하고 온화하니, 이로써 문채나는 우리 조상
선왕께 이르게 한다. 선왕은 경건하게 하늘에 계시면서, 성대하게 나에게
많은 복을 내리시고, 나 순종하는 자손을 축복하시며, 장수를 누리도록
하였다. 호默는 만년토록 사방의 나라들을 영원히 보우할 것이다.

【주】

1. 王肇通眚(省)文武堇(勤)彊(疆)土

1) 肇 : 肇와 통가된다. 문장 가운데 쓰이는 조사이다. 『銘選』에서도
   肇로 보지만 "길이"라고 해석한다. 『銘選』은 "經籍에는 肇로 되어 있
   는데 뜻은 '길이[長]'이다. 『시경』「江漢」에 '군대 일을 잘 도모한다(肇
   敏戎公)'라고 하였고 毛傳에 '도모한다(謀)'라고 해석하였지만 글의 뜻
   과는 맞지 않으며 陸德明의 『經典釋文』에서 『韓詩』를 인용하여 '긴 것
   이다(長也)'라고 하였는데 문장의 뜻에 들어맞는다"라고 하였다.

2) 通 : 通은 『이아』「釋詁」에 "通은 도는 것이다(通, 循也)"라고 하였다.

3) 眚(省) : 탁본에는 ▮으로 새겨져 있는데 省으로 읽는다. 『大系』도 省으
   로 보고 다음과 같은 견해를 밝힌다.

   眚자는 ▮로 쓰여 있는데 〈大盂鼎〉에는 相자가 ▮로 쓰여 있으니 글자는 다
   르지만 뜻은 같다. 眚은 生의 初文으로 기물들의 명문, 예컨대 〈▮鼎〉, 〈楊
   簋〉에는 '旣生霸'의 生자가 이 자형으로 쓰여 있다. 글자는 씨앗이 막 싹을
   틔우려는 형상을 본뜬 것으로 目을 구성요소로 하지 않고 日을 구성요소
   로 한 글자인데 후대에 오면서 잘못 변화된 것이다. ▮은 분명 目을 구성
   요소로 하고 있으며 눈썹과 눈의 상형자로 모양을 본뜬 글자이다. 두 글
   자의 형태는 매우 유사한데 옛날에는 똑같이 相으로 석문하였고 요즘 사
   람들은 다시 대부분 똑같이 眚으로 석문하고 있지만 옳지 않다. 眚은 省·
   肯·視로 가차된다. 『國語』「晉語」에 "后稷是相"이라고 했는데 〈盂鼎〉의 "通

當先王"의 뜻이다. 여기에서 "通省文武"라고 말한 것도 "通相文武"를 말하는 것으로 요즘 사람들의 언어로는 "본다"라고 하는 말이다.

4) 通省 : 巡省이니 순행 혹은 순시하는 것이다.

5) 文武 : 文王과 武王을 가리킨다.

6) 堇 : 堇은 勤으로 가차된다. 『시경』 「賚」에 "문왕께서 부지런히 일하신 업적을 우리 무왕이 물려받았네(文王旣勤止, 我應受之)"라고 하는데, 毛傳에 "勤은 수고로운 것이다(勤, 勞)"라고 하였다. 『좌전』 「희공28년」에 "令尹이 백성을 위해 힘을 다하지 않으니 실로 실패를 자초한 것이다(令尹其不勤民, 實自敗也)"라고 하는데, 杜預 注에 "마음과 힘을 다하여, 애석하게 여기는 바가 없는 것을 勤이라고 한다(盡心盡力, 無所愛惜爲勤)"라고 하였다. 『銘選』은 덧붙여서 "周代 사람들은 백성과 국토는 上帝로부터 받은 것이기에 문왕과 무왕이 통치하고 노력한 것을 후대 왕들이 반드시 본보기로 삼아야 한다고 여겼다. 〈大盂鼎〉의 명문에 '我其通省先王受民受疆土'라고 하였는데 후대 왕들에게 문왕과 무왕의 훌륭한 덕을 본받아야만 천하를 다스릴 수 있다는 것을 널리 알린 것이다"라고 하였다.

7) 彊 : 疆으로 가차된다.

8) 文武勤疆土 : 文王과 武王이 최선을 다해 이뤄낸 강토라는 의미이다.

2. 南或(國)叚(服)子敢臽處我土

1) 南或 : 『史徵』은 "或은 國으로 읽는다. 『시경』 「四月」에 '넘실거리는 江水와 漢水는 南國의 綱紀를 이루네(滔滔江漢, 南國之紀)'라고 하였다. 『禮記』 「樂記」에 '大武의 樂舞는 처음에는 북쪽으로 나아가고, 두 번째 장을 마치고 商을 멸한 것을, 세 번째을 마치고 남쪽으로 돌아가고, 네 번째 장을 마치고 남쪽나라 다스린 것을 상징한다(武始而北出, 再成而滅商, 三成而南, 四成而南國是疆)'라고 하였다. 『薛氏』는 〈南宮中

鼎〉에 '王令中先省南國貫行'라고 하였는데, 아마도 南國은 商虛의 남쪽이며 江水와 漢水의 북쪽인 것 같다'라고 하였다. 한편 『銘選』은 "주대 왕조의 영역 중 남부를 가리키는 말로 일반적으로 漢水의 북쪽을 지칭하는 것이니 옛날에는 漢陽을 南國이라고 하였다"라고 설명하였다.

2) 𠬝 : 國名이다. 『설문』「又部」에 "𠬝은 다스리는 것이다(𠬝, 治也)"라고 했는데, 곧 정복하다는 "制服"과 제압하다는 "壓服"의 "服"자의 本字이다. 陳直은 "服子는 고대 國名이다. 『鹽鐵論』「備胡篇」을 보면 '南越이 내침하였는데, 滑(蠻夷 猾夏의 猾로 읽어야 한다)服令·氏僰·冄駹·巂唐·昆明의 무리들이다(南越內侵, 滑服令·氏僰·冄駹·巂唐·昆明之屬)'라고 하였고, 『漢書』「南粤傳」에는 服領으로 썼다. 蘇林注는 '험준하게 이어진 산의 이름이다(山領名也)'라고 하였다"라고 밝혔다.

3) 𠬝子 : 陳直은 "服國의 子爵으로, 服令에 거주하였기 때문에 國名으로 삼은 것으로 보인다. 『鹽鐵論』「備胡篇」편에서 거론한 君長들의 본적 모두가 중국 서남 境內에 있는 것은 본 명문에서 말한 南國 服의 子爵(南國服子)과 매우 부합된다"고 하였다. 徐中舒는 "服과 濮은 예전에 모두 重脣音에 해당하는 幫母와 幷母에 속하기 때문에, 服子는 아마도 『상서』「牧誓」에 기록된 '微·盧·彭·濮人'의 濮이라고 생각된다"고 하였다(『殷周之際史迹之探討』) 饒宗頤는 "南國𠬝子는 百濮의 君長이다"라고 하였다(『殷代貞卜人物通考』) 『銘選』도 이와 유사한 견해를 밝힌다. 『銘選』은 "𠬝子는 𠬝國의 君長이다. 蠻夷의 군장은 종종 子라고 불렸으니 『禮記』「曲禮下」에 '東夷·北狄·西戎·南蠻에 있으면 비록 큰 나라라도 子라고 하였다(其在東夷·北狄·西戎·南蠻, 雖大曰子)'라고 하였다. 𠬝의 음은 濮과 매우 유사하므로 𠬝子는 아마도 濮君일 것이다. 『좌전』「소공9년」에 周나라 景王이 詹桓伯을 晉나라에 보내 견책하기를, '武王이 商나라를 정벌하고서는 …… 巴·濮·楚·鄧의 땅이 우리 영토의 남방이 되었다(……及武王克商……巴·濮·楚·鄧, 吾南土也)'

라고 하였으니 濮人의 동족이 많았기 때문에 역사적으로 百濮이라고 칭하였다. 江漢은 周나라의 남쪽 영토였는데 戝子가 국경을 침범하여 江漢의 북쪽으로 이미 침입한 것이다"라고 하였다. 黃盛璋은 "服子의 수도는 鄂과 멀리 떨어져 있지 않았고, 鄧은 鄂의 서남쪽에 있었으므로 鄧과의 거리 또한 멀지 않았다. 이러하다면 服은 濮이고, 바로 鄧과 이웃하며 巴는 최초에 鄧 남쪽에 있었으므로, …… 巴·濮·楚·鄧 네 나라는 서로 이웃한다. 濮이 服子에서부터 수도를 삼은 것과 서주의 같은 시기에 鄂京을 정벌한 것은 服子의 수도(濮)가 鄂과 鄧 사이에 있었다는 것을 증명한다(「濮國銅器新發現」,『文物研究』제7기)"고 하였다.

4) 臽處 : 臽은 陷의 本字로 공격해서 함락시킨다는 뜻이고, 處는 점령한다는 의미이다. 따라서 "臽處"은 공격하여 점령하는 것을 말한다. 한편『史徵』은 "處자는 예전에 모사하는 과정에서 자주 와전되어 이전 사람들은 虐으로 잘못 석문하였기 때문에 '우리 영토를 함락하고 학대하였다(臽虐我土)'라고 하였는데 말이 매끄럽지 못하다. 故宮博文院에 소장되어 있는 기물에 𤴁로 쓰여 있는데 바로 𤴁자이니 處로 석문해야 하며 우리 영토를 함락하여 그 곳에 머물렀다는 것을 말하는 것이다"라고 하였다.

3. 王虡(敦)伐其至

1) 虡 : 敦으로 읽는다.『大系』는 敦으로 보고, "虡는 敦의 異文으로『시경』「常武」에 '淮水의 물가에 진을 친다(鋪敦淮濆)'라고 하였고 또『시경』「閟宮」에 '商나라의 진영에 몰려든 군사(敦商之旅)'라고 했으니 王國維의 설이다"라고 하였다.『시경』「北門」에 "나랏일이 나에게 던져졌네(王事敦我)"라고 하였고 鄭玄箋에 "敦은 던지는 것과 같다(敦, 猶投擲也)"라고 하였다. 인신해서 "친다"·"토벌한다"는 뜻이 된다.

2) 敦伐 : 토벌하다는 의미이다. 『銘選』은 "敦伐은 분노하여 토벌하는 것이다. 『설문』「支轂部」에 '轂는 성내는 것이고 꾸짖는 것이다(敦 : 轂, 怒也, 詆也)'라고 하였다. 敦은 轂과 통하니 敦이다"라고 하였다.

3) 至 : 致로 가차되며, 수여한다는 뜻이다.

4) 敦伐其至 : 其致敦伐의 도치문이다.

4. 戣(撲)伐厥都

1) 戣 : 撲의 고자이다. 『銘選』은 "『一切經音義』권34 撲字注에 『설문』을 인용하여 '치는 것이다(擊也)'라고 하였는데 今本『설문』「手部」에는 '밀치는 것이다(攦, 挨也)'라고 하였으니 '공격하고 등진다(挨 : 攦, 擊背-『설문』「手部」)'는 뜻이다. 『설문』「人部」에서는 또한 擊을 伐(伐, 擊也)로 해석하고 있으므로 撲伐은 같은 뜻을 지닌 두 개의 글자로 이루어진 辭組이다"라고 하였다.

2) 厥 : 본 명문에는 𠦝로 쓰여 있고, 厥로 가차된다. "其"자와 같다.

5. 叚(服)子乃適遣間來逆卲王

1) 遣間 : 통역하고 길안내 하는 사람을 파견한다는 것이다. 『광아』「釋詁」에 "間은 통역하는 것이다(間, 譯也)"라고 하였고, 『예기』「王制」에 "五方의 백성은 말이 서로 통하지 않고, 좋아하는 것과 바라는 것도 서로 달라, 그 뜻을 전하고 바라는 것을 통하게 하는 일을 동방에서는 奇라 하고, 남방에서는 象이라 하며, 서방에서는 狄鞮라 하고, 북방에서는 譯이라 한다(五方之民, 言語不通, 嗜欲不同, 達其志, 通其欲, 東方曰奇, 南方曰象, 西方曰狄鞮, 北方曰譯)"고 하였다. 鄭玄 注에 "모두 세속의 間 명칭으로, 종사하는 일에 따라 부류를 나누었을 뿐이다(皆俗間之名, 依其事類耳)"라고 하였다. 『今譯類檢』에서도 "說客이나 使者를 파견하는 것이다. 閒은 使者이다"라고 하였다.

반면 『銘選』은 '방어를 그만둔다'는 뜻으로 풀이하였다. 『銘選』은 "閉은 閑과 통하며 '방어하여 호위한다(防衛)', '방어하여 제지한다(防禁)'는 뜻이다. 『춘추』「양공21년」에 '晉나라 欒盈이 초나라로 달아났다(晉欒盈出奔楚)'라고 하였고 杜預注에 '欒盈이 자신의 어머니를 막지 못하고 楚나라로 도망가는 길을 택했다(盈不能防閑其母, 以取奔亡)'라고 하였으며 孔疏에 '虎賁氏가 막사에 머물러서 왕궁의 성벽을 지키고, 또 校人이 마구간을 '閑'이라 하니, 곧 閑은 난간으로 방어하는 것을 이른다(虎賁氏舍則守王閑, 又校人謂馬廐爲閑, 則閑是欄衛禁防之名也)'라고 하였다. 遣閑은 방어를 그만둔다는 것으로 투항한다는 뜻이다. 또는 遣의 소리가 棄의 가차자라고 하는 말도 통할 수 있으니 遣棄는 雙聲자로 똑같이 溪紐에 속한다"라고 하였다.

여기에서는 통역하고 길안내하는 사람을 파견한다는 뜻으로 본다.

2) 逆 : 『史徵』은 "阮元은 造로 석문하였고 許瀚과 孫詒讓은 迕으로 석문하였지만 모두 잘못된 것이다. 『설문』「辵部」에 '맞이하는 것이다(迎也)'라고 하였다"고 풀이하였다.

3) 卲 : 『史徵』은 孫詒讓이 『古籀拾遺』에서 "見"으로 본 견해에 동의하며 다음과 같이 밝힌다.

卲는 昭와 통가된다. 『이아』「釋詁」에 "昭는 알현하는 것이다(昭, 見也)"라고 하였다. 孫詒讓의 『古籀拾遺』에 "昭王이라는 것은 왕을 알현하는 것이다. 『맹자』「滕文公下」에 '紹我周王'이라고 했는데 趙岐注에 '周王을 알현하기를 원하는 것이다(願見周王)'라고 하였다"고 말하였다. …… 이 설은 매우 옳다. [孫詒讓은 '紹我周王見休'의 뜻을 『籀膴述林』3권에서는 紹로 해석하고 『이아』「釋詁」에 "詔·亮·左·右·相은 인도하는 것이다(詔·亮·左·右·相, 導也)"라고 한 詔로 보았는데, 이 설은 정확하지 않은 것 같다.]

『銘選』에서도 "見이라는 뜻이 있으니 『이아』「釋詁」에 昭를 '알현한다(見也)'라고 하였다"고 말하였다. 여기에서도 알현한다는 의미로 본다.

6. 南尸(夷)·東尸(夷)具見

 1) 具 : 俱와 같다. 『설문』 「人部」에 "俱는 함께하는 것이다(俱, 偕也)"라고
　 하였다.

 2) 見 : 왕에게 나아가 알현하는 것을 말한다.

7. 隹(唯)皇上帝·百神

 1) 皇上帝 : 天帝를 가리킨다.

 2) 百神 : 여러 神들이다.

8. 保余小子

 1) 余小子 : 厲王이 자신을 낮추어 부른 것이다. 본 명문의 전반부는 사
　 관이 사건을 기록한 어투이지만, 이 아래 문장부터는 厲王이 자술한
　 것이다.

9. 朕猷又(有)成亡(無)競

 1) 猷 : 문장 가운데 쓰이는 조사로, 뜻이 없다. 楊樹達의 『詞詮』에 보인
　 다. 반면 『銘選』은 "계책(謀), 방도(道)이라는 뜻으로 의미는 나라를 다
　 스리는 방도이다"라고 하였다.

 2) 又成 : 又는 有로 읽으며, 有成은 성공하였다는 것이다.

 3) 無競 : 競은 『楚辭』 「離騷」에 "무리들이 모두 어깨를 견주며 나아가 재
　 물과 음식을 탐하네(衆皆競進而貪婪兮)"라고 하였고 王逸 注에 "競은
　 견주는 것이다(競, 並也)"라고 하였다. 따라서 無競은 견줄 자가 없다는
　 말이다. 반면 『銘選』은 "彊이다. 『시경』 「抑」에 '賢人을 얻는 것보다 강
　 력한 것이 없다(無競維人)'라고 하였고 鄭玄 箋에 '競은 강력한 것이다(
　 競, 彊也. 人君爲政, 無彊於得賢人. 得賢人則天下敎化於其俗. 有大德行, 則天下
　 順從其政. 言在上所以倡道)'라고 하였다"고 풀이하였다. 여기에서는 견

준다는 뜻으로 본다.

4) 朕猷又成亡競 : 『今譯類檢』은 "내 치국의 정책이 매우 성공적이었고 대적할 자가 없다는 것이다. 猷는 모략이나 정책을 일컫는다"라고 하였다.

10. 我隹(唯)司(嗣)配皇天王

1) 司 : 嗣로 읽는다. 『이아』「釋詁(上)」에 "嗣는 계승하는 것이다(嗣, 續也)"라고 하였다.

2) 配 : 짝한다는 것이다.

3) 皇天王 : 皇上帝와 같은 의미로, 고대에 통치자들은 天子가 皇天과 서로 짝한다고 하였다.

4) 我隹司配皇天王 : 厲王이 자신이 皇天을 계승하고 짝하게 되었다고 말한 것이다. 곧 왕위를 계승하였다는 의미이다. 『銘選』은 "내가 문왕과 무왕의 덕을 계승하여 천자가 되었으니 순리대로 천명에 응하겠다는 말이다. 이는 厲王이 자신의 덕이 문왕과 무왕에 배합한다고 과시한 말이다"라고 하였다.

11. 對乍(作)宗周寶鐘

1) 對 : 于省吾는 『이아』「釋言」에 '對는 '이에'를 뜻하는 '遂'자다(對, 遂也)"라고 하였다.

12. 倉倉悤悤, 雝雝雍雍

1) 倉倉悤悤 : 鎗鎗으로 새긴다. 『설문』「金部」에 "鎗은 종소리이다(鎗, 鐘聲也)"라고 하였다. 悤은 鏓으로 읽는다. 『설문』「金部」에 "鏓은 종소리이다(鏓, 鎗鏓也)"라고 하였고, 段玉裁注에 "鎗鏓은 종소리를 형상한 말인 것 같다(鎗鏓, 蓋狀鐘聲)"라고 하였다. 따라서 鎗鎗鏓鏓은 종소리

를 나타내는 의성어이다.

2) 離離雍雍 : 陳世輝는 "〈秦武公鐘〉 端자의 구성요소인 耑을 어떤 이
는 者로 석문하기도 하고, 央으로 석문하기도 한다. 그러나 그 구조
를 자세히 연구하면 耑이 확실하다. 鍴鍴雍雍은 〈宗周鐘〉에서도 보
이는데 離離라고 썼고, 〈莒仲平鐘〉에서는 戠戠라고 썼다. 이 글자는
端으로 새겨야 하며, 端은 바르다는 것으로 종소리다 순수하고 바른
것을 표현한 것이다"라고 하였다(「金文音讀續輯」,『古文字研究』제5집) 陳世
輝의 설이 옳다. 離은 鶹의 고자이다. 『字彙』에 "鶹은 새 이름이다(鶹
, 鳥名)"라고 하였다. 본 명문에서는 端으로 가차된다. 『禮記』「樂記」에
"雍雍은 조화로운 것이다(雍雍, 和也)"라고 하였다. 따라서 端端雍雍은
종소리가 순수하고 조화롭다는 것을 형용한 것이다.

13. 用卲各不(丕)顯且(祖)考先王

1) 卲各 : 昭格으로 새기는데, 전적에는 昭假로 쓰여 있다. 『시경』「蒸民」
에 "하늘이 주나라를 굽어보시고, 아래 세상에 이르렀네(天監有周, 昭
假于下)"라고 하였고 毛傳에 "假는 이르는 것이다(假, 至也)"라고 하였
고, 釋文에서도 "假의 음은 格이니, 毛傳 주석과 같다(假音格, 注同)"라
고 하였다. 『시경』「雲漢」에 "대부와 군자들이 하늘의 신을 이르게 하
여 감응의 이치가 조금의 남김도 없네(大夫君子, 昭假無贏)"라고 하였고,
毛傳에 또 "假는 이르는 것이다(假, 至也)"라고 하였다. 陳奐은 『詩毛氏
傳疏』에 "假는 徦로 읽는다(假, 讀爲徦), 『方言』과 『설문』 모두 '假는 이
르는 것이다(假, 至也)'라고 하였다"라고 풀이하였다. 馬瑞辰은 『毛氏
傳箋通釋』에서 "문장의 의미로 본다면, 群臣이 祀典을 공경히 받드는
데 힘쓴다는 뜻으로, 정성이 하늘에게 강림할 수 있게 하여, 그 감응
의 이치가 조금도 오차가 없음을 말한 것이다"라고 하였다. 『字彙』에서
도 "格은 감통하는 것이다(格, 感通也)"고 하였고, 徐灝는 『說文解字注

箋』에서 "格은 이른다는 뜻으로, 감응하여 이르렀다는 의미가 파생된 것이다"고 하였다. 格은 본래 佫으로 써야 하는데, 『方言』에 "佫, 至也"라고 하였다. 徦과 佫는 見紐의 雙聲이고, 魚와 鐸의 對轉이므로, 음이 유사하고 의미는 같다. 佫의 初文은 各으로 쓴다. 금문의 "卲佫"의 "卲"와 전적의 "昭假"의 "昭"는 모두 招로 읽어야 한다. 招는 至 또는 致로 새기고, "格(佫)" 혹은 "假(徦)"와 의미가 같은 복합사이다. 금문의 "卲佫"은 또 "各"자 하나만으로 쓰이기도 하는데, 〈獣簋〉의 "其各前文人"이 그 실례이다. 招徦·招佫·各은 모두 고대의 일상 언어로, 사람들이 祭品과 禮樂 및 경건한 정성스러운 마음으로 천지귀신을 감동시켜 이르게 하는 것을 가리킨다. 『今譯類檢』도 昭格을 昭假로 보고 "밝음이 내리고 정성이 드러낸 것으로, 정성스런 마음이 하늘을 감통하게 하였다는 것을 이른다"라고 풀이하였다.

14. 先王其嚴在上

1) 嚴 : 『玉篇』에 "공경하는 것이다(敬也)"라고 하였다.

2) 上 : 天을 가리킨다.

3) 嚴在上 : 『今譯類檢』에 "조상이 위엄 있게 하늘의 조정에서 자리하고 있다는 것이다. 이 구절은 학자들마다 해석이 다양하다. 郭沫若은 조상의 영혼이 위에 계신다고 하여, '嚴'을 조상의 영혼으로 보았다. 容庚은 조상의 위엄 있게 위에 계신다고 해석하여, '嚴'을 威嚴으로 보았다. 반면 王人聰은 조상이 공경히 상제의 좌우에 있다고 보아, '嚴'을 공경의 의미로, '上'을 상제로 보았다"라고 하였다.

15. 夒夒獣獣

1) 夒獣獣夒 : 〈晉侯穌鐘〉에 "獣獣夒夒"로 쓰여 있다. 『大系』는 "夒자는 예전에는 모두 熊으로 잘못 석문하였다. 唐蘭은 '글자는 泉으로

구성요소로 하고 笵를 소리요소로 한다. 음은『설문』「木部」의 木을 구성요소로 하고 笵를 소리요소로 하는 㯥와 같고, [illegible]으로 薄과 같이 읽어야 하며, 薄薄數數은 쌍성의 對句이다'라고 하였는데 그 설명이 매우 옳다. 䲜䲜數數은 왕성하고 성하며(勃勃蓬蓬) 성대하고 드높은(礴礴磅磅) 것이다. 〈士父鐘〉에도 이런 말이 있는데 䲜자를 𩵦로 썼다. 𩵦은 石鼓文에서 庶·博과 압운 되니, 소리가 魚部라는 것을 알 수 있고, 䲜字의 紐는 數와 같고 소리는 博과 같으니 바로 薄자의 음이 된다"라고 하였다. 郭沫若과 唐蘭의 설은 따를 만하다. 䲜는 溥고자임이 틀림없다. 『집운』「鐸韻」에 "溥潗은 물의 모양이다(薄潗, 水貌)"라고 하였고, 『광운』「緝韻」에는 "潗은 샘이 솟는 것이다(潗, 泉出)"라고 하였으며, 또 "湁潗은 용솟는 모양이다(湁潗, 沸貌)"라고 하였다. 薄潗는 샘이 솟아 나오는 모양을 본뜬 것으로, 샘물이 솟아오르는 것은 용솟음치는 것(沸)과 같으므로, 湁潗은 또 용솟음치는 모양으로 새기는 것이다. 數은 豊의 고자의 번체자로 본래 북치는 소리를 형상한 象聲辭이며, 인신하여 크고(大) 꽉 차다(滿)는 의미로 쓰였다(林澐,「豊豐辨」,『古文字硏究』제12집 참조) 따라서 䲜䲜(礴礴)數數은 선왕이 내린 복이 성대하다는 것을 형용한 말이다.

16. 降余多福, 福余順孫

1) 福 : 아래 福자는 복을 보우하다는 뜻이다.

2) 順孫 : 겸손하고 온순한 자손으로, 厲王은 선왕에 대해 스스로 겸손하고 온순한 자손이라고 한 것이다.

3) 降余多福, 福余順孫 : 『銘選』은 "祖考와 선왕이 하늘에 계시며 우리들에게 많은 복을 내려주시고 우리들의 이 자손들에게 복을 내려준다는 말이다. 여기에서는 厲王이 祖考에게 복을 내려줄 것을 간구하는 말이다"라고 하였다.

17. 參(三)壽隹(唯)㓝

1) 㓝 : 명문에는 ▨로 쓰여 있는데『大系』는 㓝로 보고 다음과 같이 말한다.

> 隹 아래에 있는 글자는 처음 보아 해독하기 어렵고〈晉姜鼎〉에는 隹 아래에 있는 글자가 획이 빠진 듯 한 글자가 있으며 옛날에는 利로 해석하였지만 정확하지는 않다. 許翰이 "㓝과 福은 或韻으로 薛稷은 晉姜鼎의 '三壽是利'와 亟德韻은 古音에서는 之部에 속하니 모두 利자에 부합하는 것이 아니다. 㓝는 工과 刀를 구성요소로 하고 있고 宋는 나무에 彔彔하게 새기는 형상으로 刻자인 것 같다. 刻과 克은 통한다"라고 하였다.(『攈古』3의 2에서 인용함) 刻으로 해석하는 것이 옳은 듯 하며 晐備(갖춘다)의 晐로 읽을 수 있을 것이라 생각한다.

하지만『史徵』은 이러한 견해에 대해 다음과 같이 비판한다.

> 〈晉姜鼎〉에는 利로 쓰여 있으며 이 글자는 工을 구성요소로 하고 刺을 소리요소로 하는데 刺은 또한 利자이다. 〈利鼎〉에 利자를 ▨로 썼는데 예전에는 禾를 구성요소로 하는 글자였지만 종종 木을 구성요소로 하는 글자로 변화되기도 하였다. 許翰은 刻자일 것이라고 하였고 郭沫若도 그 견해를 따랐는데 모두 잘못된 것이다.

따라서 여기에서는 利로 보고, 益으로 새기며, "三壽唯利"는 장수를 더한다는 의미로 풀이한다.

2) 參壽唯利 :『大系』는 아래와 같이 參을 三으로 석문한다.

> "參壽隹㓝"의 參壽는『시경』「閟宮」에 "三壽인 사람들과 벗한다(三壽作朋)"의 三壽이다. 옛 명문에 이 말이 많이 보이며 글자가 參으로 쓰여 있는 것으로는 본 鐘과 者減鐘의 "若▨公壽若參壽"를 들 수 있고 글자가 三으로 쓰여 있는 것으로는 晉姜鼎의 "三壽是▨", 叀仲壺의 "匄三壽整德"과 三壽區의 "三壽是□"(『集古遺文』輔遺下 37을 보기 바람)을 들 수 있다. 參이 本字라고 생각되며 의미는 參星의 높이만큼이나 장수하라는 것이다.

徐仲舒도『시경』「閟宮」의 "三壽와 벗을 삼는다(三壽作朋)"는 구절을 들고 있으며 이 구절에 대해 毛傳에서 "壽는 考이다(壽, 考也)"라고 풀이하였는데, 陳奐은 疏에서 "三考의 뜻은 듣지 못했다. 考는 老의 오자이다(三考義未聞, 考乃老之誤)"라고 한 것을 인용하고, 또 『예기』「文王世子」·「樂記」·「祭義」 등의 각 편에서 기록하고 있는 "三老五更"의 일과, 『좌전』의 '三老'에 대해 杜預注의 "上壽·中壽·下壽는 모두 80세 이상을 말한다(謂上壽·中壽·下壽, 皆八十以上)"는 것을 인용하여, 『시경』의 '三壽'와 금문의 '參壽'는 모두 '장수하길 기원한다는 뜻'이라고 하였다. 『論衡』「正說」의 "上壽는 90세이고, 中壽는 80세이며, 下壽는 70세이다(上壽九十, 中壽八十, 下壽七十)"라는 풀이는 杜預의 설과 다르다.

18. 㝬其萬年

1) 㝬 : 胡簋의 '胡' 고문 번체자이다. 陳秉新은 "이 글자는 '害'로 구성되었는데, 害는 〈胡簋〉에 보이는 胡의 本字이다. 夫는 疊加聲符이니, 당연히 '胡'로 읽어야 한다"라고 한다. 주나라 厲王의 이름이 胡인데, 〈㝬鐘〉과 〈㝬簋〉가 모두 㝬로 쓰고 있으니, 이를 증명하고 있는 것이다. 劉啓益은 "1978년 陝西省 武功縣 任北村에서 〈㝬叔簋〉가 출토되었는데, 그 명문에 '㝬叔과 㝬姬가 伯媿媵簋를 만들었다(㝬叔㝬姬乍伯媿媵簋)'라고 하니, 㝬叔이 큰딸을 시집보내고 만든 것으로 그의 큰 딸은 '伯媿'라고 불렸다. 이것은 㝬가 媿의 姓이지, 嬀의 姓이 아니며, 지금의 安徽省 阜陽에 위치한 舜의 후예의 胡國과는 관련이 없다는 것을 설명한다"라고 한다. 劉啓益의 견해는 검토해 볼 필요가 있다. 『좌전』「襄公 31年」에 "胡女 敬歸가 낳은 아들 子野를 임금으로 세웠다(立胡女敬歸之子子野)"라고 하는데, 杜預 注에 "胡는 歸姓의 나라이다. 敬歸는 양공의 妾이다(胡, 歸姓之國. 敬歸, 襄公妾)"라고 한다. 『春秋』「召公 4年」에 "가을 7월에 楚子·蔡侯·陳侯·許男·頓子·胡子·沈

子·淮夷가 吳를 정벌하였다(秋七月, 楚子蔡侯陳侯許男頓子胡子沈子淮夷
伐吳)"라고 하는데, 杜預 注에 "胡國은 汝陰縣 서북쪽에 胡城이 있다
(胡國, 汝陰縣西北有胡城)"라 하니, 지금의 阜陽市 서북쪽에 있다. 媿와
歸는 모두 見母, 微部이니, 金文에서 媿姓의 猷라는 것은 전래문헌
에서 歸姓의 胡라고 하는 것이다. 『사기』「周本紀」에 "夷王이 죽자 아
들 厲王 胡가 즉위하였다(夷王崩, 子厲王胡立)"고 하였다. 금문에서는
猷로 썼다.

19. 䀠保四或(國)

1) 䀠 : 睃의 고자 이다. 본 명문에서는 가차하여 駿으로 썼다. 『시경』「雨
無正」에 "浩浩하신 昊天은 그 은덕을 오래도록 베풀지 않으셨네(浩浩昊
天, 不駿其德)"라고 하였고 , 毛傳에 "駿은 오래오래의 뜻이다(駿, 長也)"
라고 하였다.

2) 或 : 國의 本字이다.

【주제어】

[인명] 王(厲王 猷), 服子.

[지명] 南國, 服, 南夷, 東夷

[사건] 王이 服子를 벌하고, 南夷·東夷가 감복하여 신하가 된 사건.

【참고문헌】

『今譯類檢』497쪽, 『大系』考 51쪽, 『銘選』3·279쪽, 『文錄』2·1쪽, 『史徵』503쪽, 『商周金文』211쪽,
『雙選』上1·1쪽, 『積微』140쪽, 『중국고대 금문의 이해』1·336쪽, 『通釋』18·76
唐蘭, 「周厲王猷鐘考」, 『北平故宮博物院年刊』, 1936년
馬承源, 「宗周鐘」, 『解放日報』, 1961년 2월 9일
方繼成, 「關于宗周鐘」, 『人文雜誌』1957년 제2기, 1957년
楊紹萱, 「宗周鐘, 散氏盤與毛公鼎所記載的西周歷史」, 『北京師範大學報』1961년 제4기, 1961년

陳世輝,「金文音讀續輯」,『古文字研究』제5집, 中華書局, 1981년 1월

陳直,「讀金日箚·宗周鐘」,『社會科學戰善』1980년 제1기, 1980년

黃盛璋,「濮國銅器新發現」,『文物研究』제7기, 黃山書社, 1991년 12월

85. 진후소편종(晉侯穌編鐘)

‖ 晉侯穌編鐘 1 ‖

【탁본】

【탁본】

‖ 晉侯穌編鐘 3 ‖

【탁본】

‖晉侯穌編鐘 4‖

【탁본】

【탁본】

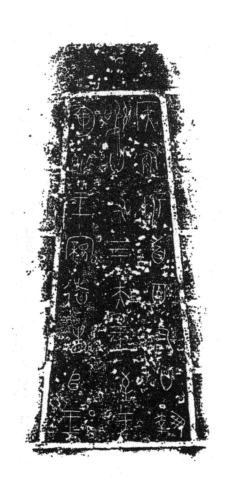

‖ 晉侯穌編鐘 6 ‖

【탁본】

【탁본】

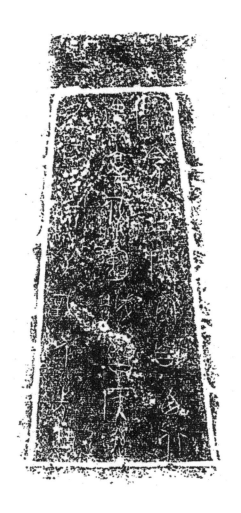

‖ 晉侯穌編鐘 8 ‖

【탁본】

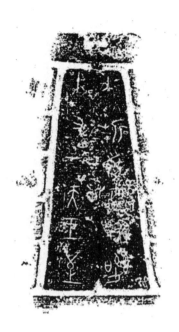

‖ 晉侯穌編鐘 9 ‖

【탁본】

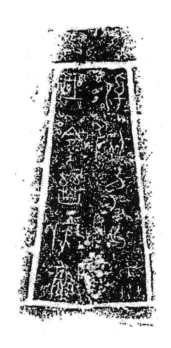

‖ 晉侯穌編鐘 10 ‖

【탁본】

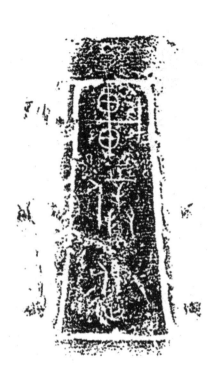

【탁본】

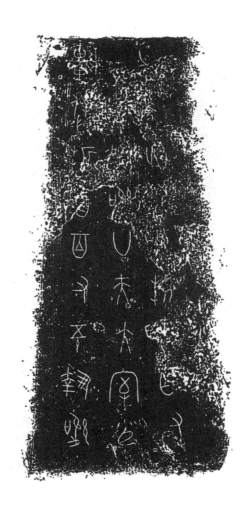

‖ 晉侯穌編鐘 13 ‖

【탁본】

Ⅱ. 淮夷관련 청동기 명문

【탁본】

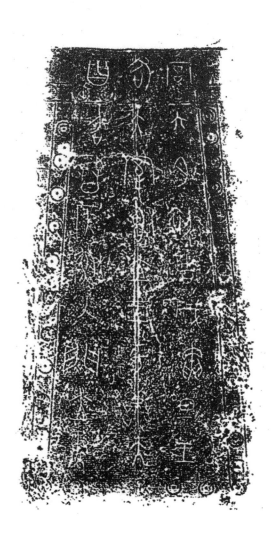

‖ 晉侯穌編鐘 15 ‖

【탁본】

【탁본】

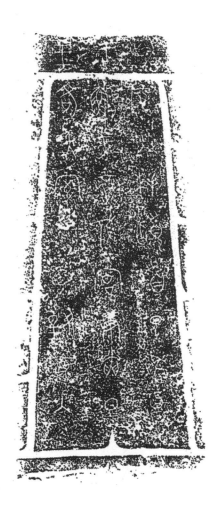

【탁본】

‖ 晉侯穌編鐘 18 ‖

【탁본】

‖ 晉侯穌編鐘 19 ‖

【탁본】

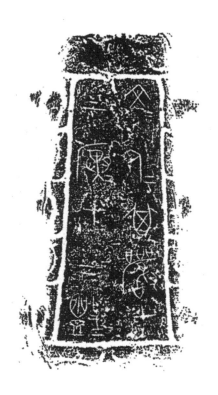

【탁본】

【탁본】

‖ 晉侯穌編鐘 22 ‖

【탁본】

【저록】

『上博集刊』 7기, 上海古籍出版社, 1996년, 2~11쪽 圖 1-11, 『文物』 1994년
제1기, 18쪽, 樂器 I11M 8 : 32·33; 圖 30, 圖 24의 4·5, 『近出』 1·35~50.

【기물설명】

모두 16점인데, 그 중에 14점은 상해박물관이 1992년 12월에 홍콩의 골
동품상으로부터 구입하여 현재는 상해박물관에 소장되어 있다. 나머지 2
점의 작은 편종은 북경대학 고고학과와 산서성 고고연구소가 山西省 曲
沃縣 北趙村 晉侯묘지 8호묘에서 발굴하였다. 홍콩으로 반출된 14점도 이
묘에서 나온 것이다. 馬承源은 편종의 음률은 조화를 이루지만 形制가 일
치하지 않는다고 지적하였다. 李學勤은 다음과 같이 말한다.

각각의 종을 자세히 관찰하면 다음과 같이 5가지 형태로 나눌 수 있다.

(1) 幹이 있고, 旋이 있으며, 무늬가 없고 뾰족한 것 : 1번 종

(2) 幹이 있고, 旋은 없으며, 무늬가 없고 뾰족한 것 : 9번 종

(3) 幹이 있고, 旋이 있으며, 뾰족하며 篆鉦사이에 聯珠紋의 테두리
가 있는 것 : 2번 종

(4) 幹이 있고, 旋이 없으며, 뾰족하며 篆鉦사이에 聯珠紋의 테두리
가 있는 것 : 10번 종

(5) 幹이 있고, 旋이 있으며, 篆隧는 雲紋으로 장식되었고, 右鼓는 鳥
紋으로 장식된 것 : 3~8번 종, 11~16번 종

(5)는 서주후기 中原의 甬鐘에 자주 보이는 형식이다. (1)에서 (4)까지
는 남방지역의 출토품인 듯 하다. (1)에서 (4)까지는 編鐘 2세트의 앞
쪽에 2개씩 배열되는데, 타지에서 획득한 것으로, 나중에 나머지 14
개를 짝지워, 그것으로 함께 연주할 수 있게 하였다고 추측한다.

16점 편종의 명문은 모두 355字자이고, 그 가운데 重文이 9개, 合文이 7개
있다. 편종의 시대에 대해 厲王과 宣王의 두 가지 설이 있다. 『史記』「晉世
家」에 의하면, 獻侯 蘇는 宣王 16년에 죽었다 하였는데, 宣王 33년은 獻
侯가 이미 죽은 지 17년이 된다. 그러므로 李學勤과 馬承源 모두 鐘의 명
문에 기록된 "隹王卅又三年"은 厲王 33년이라고 한다. 그러나 晉의 獻侯
蘇는 宣王 6년에 즉위하였고, 厲王 33년부터 獻侯蘇 元年까지는 24년의
거리가 있다. 이 문제에 대하여 李學勤은 "본 명문의 晉侯 蘇는 그가 즉위
한 후에 追稱되었다. 편종의 일부분은 원래 그가 厲王을 따라 전쟁을 수
행하여 얻은 전리품으로, 이 때문에 그것을 완전한 한 세트로 구성하여
기념한 것으로 추측된다. 노획한 종은 문자를 주조할 수 없어서, 종 위에
새겼고, 칭호도 새길 때의 신분에 맞추어 바꾼 것이다"라고 해석했다. 黃
盛璋은 "晉侯 蘇가 군대를 이끌고 왕의 남국 및 동국 순수를 따라간 것은

晉君의 신분일 경우에만 가능할 뿐으로 절대로 진후의 자손이라는 신분으로는 수행할 수 없다"라고 하였다. 명문의 33년에 초점을 맞춰보면, 宣王 33년은 기원전 794년이다(張培瑜, 『中國先秦史曆表』는 기원전 795年으로 추산하는데, 오차는 1년이다) "蘇鐘의 간지와 관련된 모든 구체적인 날짜는 기원전 794년 曆日과 하나하나 완전하게 부합한다"라 하였고, "蘇鐘은 『史記』에 보이는 晉 獻侯 蘇는 16년에 죽었다는 태사공의 기년 추산에 오류가 있음을 증명한다"라고 한다. 〈진후소편종〉에 대한 역주는 많다(참고문헌 참조) 여기에서는 『輯考』의 견해를 소개한다.

【석문】

佳(唯)王卅又(有)三年, 王覜(親)遹眚(省)東或(國)・南或(國).[1] 正月旣生霸戊午, 王步自宗周.[2] 二月旣望癸卯, 王入各(格)成周. 二月旣死霸壬寅, 王償往東.[3] 三月方死霸, 王至于𩁹, 分行.[4] 王覜(親)令(命)晉侯穌, "達(率)乃𠂤(師)左洀濮・北洀口, 伐夙(宿)尸(夷)"[5] 晉侯穌折首百又(有)廿, 執訊廿又(有)三夫. 王至于匍𩁹(城).[6] 王覜(親)遠眚(省)𠂤(師).[7] 王至晉侯穌𠂤(師), 王降自車, 立(位)南鄕, 覜(親)令(命)晉侯穌, "自西北遇(隅)𣪏(敦)伐匍𩁹(城)"[8] 晉侯達(率)厥亞旅・小子・或人先, 陷入, 折首百, 執訊十又(有)一夫.[9] 王至淖列, 淖列尸(夷)出奔. 王令(命)晉侯穌, "達(率)大室小臣・車僕從, 述(遂)逐之"[10] 晉侯折首百又(有)一十, 執訊廿夫, 大室小臣・車仆折首百又(有)五十, 執訊六十夫. 王佳(唯)反(返)歸, 在成周, 公族整𠂤(師), 宮.[11] 六月初吉戊寅, 旦, 王各(格)大室, 卽立(位), 王乎(呼)善(膳)夫曰: "召晉侯穌"入門, 立中延, 王覜(親)易(賜)駒四匹.[12] 穌拜𩒨首, 受駒以出, 反(返)入, 拜𩒨首. 丁亥, 旦, 王魻于邑伐宮.[13] 庚寅, 旦, 王各(格)大室, 嗣(司)工揚父入右晉侯穌, 王覜(親)儕晉侯穌鬯(秬)鬯一卣, 弓矢百, 馬四匹.[14] 穌敢揚天子不(丕)顯魯休, 用乍(作)元穌揚鐘, 用卲各前文人, 前文人其嚴才(在)上, 廙

才(在)下, 戲戲鬶鬶, 降余多福. 穌其邁(萬)年無疆, 子子孫孫永寶
茲鐘. [15]

【현대어역】

왕 33년, 왕이 친히 동국과 남국을 순시하셨다. 정월 기생패旣生霸 무
오戊午일에 왕이 종주宗周로부터 출행하였다. 2월 기망旣望 계묘癸卯일,
왕이 성주成周에 입성하셨다. 2월 기사패旣死霸 임인壬寅일에 왕이 동쪽
으로 향하였다. 3월 방사패方死霸, 왕이 감闞에 이르러 군대를 두 방향으
로 나누었다.

왕이 친히 진후晉侯 소蘇에게 명하셨다. "너의 군대를 이끌고, 서쪽과 북
쪽으로 우회한 후 포위하여 숙이宿夷를 공격하라" 진후 소는 120명의 목
을 베고, 23명을 사로잡았다. 왕이 훈성熏城에 이르셨다. 왕은 친히 멀리
까지 와서 군대를 시찰하셨다. 왕이 진후 소의 군대로 오셨다. 왕은 수레
에서 내려와 남향으로 위치하여, 진후 소에게 친히 명하였다. "서북쪽 끝
에서부터 훈성熏城을 정벌하라" 진후 소는 그의 아려亞旅·소자小子·사
역병秩人을 이끌 선두가 되었고, 적군의 성에 진입하여 100명의 목을 베
고, 11명을 사로잡았다. 왕이 요열潦列에 이르자 요열의 이夷가 도망갔
다. 왕이 진후 소에게 명하였다. "왕실의 소신小臣과 전차부대를 이끌고,
그들을 뒤쫓으라" 진후 소는 110명의 목을 베고, 20명의 포로를 사로잡았
다. 왕실의 소신과 전차부대는 150명의 목을 베고, 60명을 사로잡았다.
왕은 성주로 돌아가고, 공족公族이 군대를 정비하고 궁宮을 세웠다.

6월 초길初吉 무인戊寅일 이른 아침에 왕이 태실에 들어가 자리하고, 선
부膳夫를 불러 말했다. "진후 소를 부르라"(진후 소가 태실의) 문으로 들어
와 중정中庭에 위치하였다. 왕이 친히 망아지 4필을 하사했다. 소가 머리
를 조아려 절하고 망아지를 받아서 밖으로 나갔다가, 다시 들어가 머리를
조아려 절했다. 정해丁亥일 이른 아침에 왕이 읍벌궁邑伐宮에서 정사를

돌보았다. 경인庚寅일에 왕이 태실로 들어갔다. 사공 司工 양보揚父가 진 후 소를 인도하여 들어오니 왕이 친히 진후 소에게 울창주 한 통, 활과 화 살 100개, 말 4필을 내려주었다. 소가 감히 천자의 크게 빛나고 아름다운 은혜를 드날리고자 아름답고 화음이 좋은 종을 만들어 이로써 빛나는 선 조를 모시니, 문채 나는 선조는 하늘에 엄숙하게 자리하여 후손들을 보호 하여, 조화롭게 나에게 많은 복을 내릴 것이다. 소는 만년토록 무강할 것 이니, 자자손손 영원히 이 종을 보배롭게 여길지어다.

【주】

1. 隹(唯)王卅又(有)三年, 王窺(親)遹眚(省)東或(國)南或(國).

   1) 窺 : 『설문』「宀部」에 "窺은 이르는 것이다(窺, 至也)"라고 하는데, 段玉 裁注에는 "親"과 같다고 한다. 『集韻』에서는 "親"의 고자라고 한다.

   2) 遹 : 『爾雅』「釋詁」에 "遹은 循이다(遹, 循也)"라고 한다.

   3) 眚 : "省"으로 읽는다. "遹省"은 "巡省"이니 "巡視"이다.

   4) 或 : "國"의 本字이다. 黃盛璋은 "'遹眚'은 서주 金文에서 '巡狩'의 전 용어로 사용한다"라고 한다.

2. 正月旣生霸戊午, 王步自宗周.

   1) 步 : 『상서』「武成」에 "왕이 아침에 周로부터 가다(王朝步自周)"라고 하 는데, 孔傳에 "步는 行이다(步, 行也)"라고 하였으니, "王步自宗周"는 왕이 宗周로부터 출행한 것이다. 宗周는 鎬京을 가리키니, 지금의 陝 西省 長安縣 西北 豐鎬村 부근이다. 武王이 이곳으로 遷都하였다. 平 王이 동쪽으로 천도하자 그 지역은 결국 서융이 차지하게 되었다.

3. 二月旣望癸卯, 王入各(格)成周. 二月旣死霸壬寅, 王儥往東.

   1) 二月旣望癸卯 : 李學勤은 "二月에 癸卯와 壬寅이 함께 등장할 수 없

으니, 분명히 오류가 있다. 정월 旣生霸 戊午로부터 미루어보면, 二月 旣望에 다른 癸日혹은 卯日이 있을 수 없기 때문에 가장 가능한 것은 馬承源이 말한 것과 같이, 壬寅과 癸卯는 鐘에 새길 때 실수한 것이다. 이렇게 하여야 鐘銘의 曆日이 周 厲王 33년과 부합되니, 기원전 846년이다. 張培瑜의『中國先秦史曆表』를 살펴보면, 周正 正月 辛亥가 朔이니, 戊午는 8일이 되고, 2월은 辛巳일이 朔이고, 壬寅은 22일, 癸卯는 23일이니, 6月은 己卯일이 朔이지만, 1일 차이가 있으니 마땅히 戊寅일이 朔이 되고, 丁亥일은 10일이 되고, 庚寅일은 13일이다"라고 한다. 黃盛璋은 鐘의 銘文의 癸卯와 壬寅은 분별해서 종에 새겼으니, 실수할 수 없다고 하면서 "蘇鐘 紀年은 기원전 794년이 되고, 2월 癸巳는 16일이 되니 旣望과 정합되고, 辛卯는 14일과 不合한다"라고 하였다. 따라서 癸卯는 癸巳의 실수이기 때문에 한 글자만 수정하면, 蘇鐘에 기록된 간지의 日次는 바로 기원전 794년과 모두 일치한다.

2) 各 : "佫"의 초문이다. 『方言』卷1에 "佫은 至의 뜻이다(佫, 至也)"라고 한다. 문헌에서는 "格"으로 가차되어 쓰인다.

3) 債 : 〈厚趠鼎〉에도 보여 그 명문에 "厚趠又(有)債于溓公"라고 한다. 郭沫若이 "債은 饋자일 것이다. 人과 貝로 구성되고, 崀가 소리를 나타낸다. 崀는 곧 自의 繁文이니, 山으로 구성되었다"라고 한다. (『大系』考 29쪽『厚趠齋』) 郭沫若의 견해는 따를만하다. 이 명문의 "債"는 "歸"로 가차되었다. 『廣雅』「釋詁1」에 "歸는 가는 것이다(歸, 往也)"라고 한다. "歸往"은 같은 뜻을 겹쳐 쓴 것이다.

4. 三月方死霸, 王至于蘽, 分行.

1) 方死霸 : 전래문헌에 "旁死魄"이라고 하는 것이다. 『상서』「武成」에 "1월 壬辰 旁死魄(惟一月壬辰方死魄)"라고 하는데, 孔傳에 "旁은 가까

운 것이다. 매달 2일이 死魄이다(旁, 近也, 月二日, 死魄)"라고 하니, 이는 劉歆의 定點月相說을 사용하였다. 王國維는 처음으로 四分月相說을 제기하여 "旁이라는 것은 溥이다. 뜻은 旣에서 나아간 것이다. 古文 「武成」은 이를 구분하고 있는데, 예를 들어 旣生霸가 8일이 되면 旁生霸는 10일이 되고, 旣死霸가 23일이 되면 旁死霸는 25일이 된다. …… 무릇 初吉·旣生霸·旣望·旣死霸는 각각 7일 또는 8일이고, 哉生魄·旁生霸·旁死霸는 각각 5일인데, 만약 6일이면 제1일이 또한 그 이름을 전적으로 사용한다"라고 하였다(『觀堂』「生霸死霸考」) 黃盛璋은 편종의 명문이 제공한 월상이 시기를 기록한 새로운 자료를 근거로 하여 "四點二段"설을 제시하고, 후에 수정을 가하였다.

2) 篹 : 李學勤은 "弓聲을 따르니 菌자이고 古音은 '談部'에 속하고, 유사한 音으로 찾아보면 바로 『春秋』「桓公11년」의 闞로, 지금 山東 汶上의 서쪽에 있다"라고 한다. 『춘추』「환공11년」의 杜預 注에 "闞은 魯나라 지역이다. 東平 須昌縣 동남쪽에 있다(闞, 魯地. 在東平 須昌縣 東南)"라고 한다. 이 지역은 현재 山東 汶上縣 西南이다. 黃盛璋은 "苊"으로 석문하고 "바로 춘추시대 晉國의 范과 孟子가 머문 范이니, 후에 秦漢의 范縣이 되었다. 그러므로 城이 지금 범현의 동쪽에 있으며, 이곳으로부터 分行하여 夙夷를 정벌하였으니, 지명이 모두 부합된다"라고 한다.

3) 分行 : 군대를 나누어 행진하는 것이다.

5. 王親(親)令(命)晉侯穌, 達(率)乃自(師)左洀瀷 · 北洀口, 伐夙(宿)尸(夷).

1) 穌 : 본 명문에서는 "穌"로 썼으니, "穌"의 고자이다. 『설문』「禾部」에 "穌는 벼를 쥐고 뽑는 것을 형용하였다. 禾를 구성요소로 하고, 魚는 소리요소이다(穌, 把取禾若也. 从禾, 魚聲)"라고 한다. 고문에서

禾와 木은 종종 서로 대체되는데, 예를 들면 〈蘇貉豆〉와 〈侯馬盟書〉의 "蘇"자는 모두 "木"으로 구성되어 있다. 晉侯 蘇는 晉나라 獻侯 蘇이다. 『사기』「晉世家」에 "釐侯 14년에 周 宣王이 즉위하였다. 18년에 釐侯가 죽자 아들 獻侯 籍이 즉위하였다(釐侯十四年, 周宣王初立. 十八年, 釐侯卒, 子獻侯籍立)"라고 하는데, "籍"에 대해 『사기색은』에 "系本 및 譙周는 모두 蘇로 쓴다(系本及譙周, 皆作蘇)"라고 한다. 금문을 통해서 "蘇"로 쓰는 것이 옳음을 알 수 있다.

2) 達 : "奉"의 이체자이다.

3) 泻 : "般"의 고자로, 〈保員簋〉에도 보인다. 『설문』「舟部」에 "般은 辟의 뜻이다. 배가 도는 것을 형상하였다(般, 辟也. 象舟之旋)"라고 하는데, 이 "辟"은 "避"로 읽는다. 段玉裁 注에는 "回"의 뜻으로 풀고 있다.

4) 瀇 : 본 명문에서는 "𣻋"로 쓰는데, "廲"의 고자로 보아야 한다. 명문의 "瀇"은 "尙"의 생략형이 구성되어 있다. 『廣雅』「釋詁4」에 "尙은 높다는 것이다(尙 高也)"라고 한다. 『小爾雅』「廣詁」에 "尙은 오래라는 것이다(尙, 久也)"라고 한다. 高·久와 空遠은 뜻이 서로 연결된다. "瀇"와 "雙"은 상고음이 가깝다. 그래서 廲의 고자는 瀇로 쓴다. 본 명문의 瀇은 "略"으로 가차된다. 『方言』 권2에 "略은 강제로 빼앗는 것이다(略, 强取也)"라고 한다. 徐灝의 『說文解字注箋』에 "略은 또 인신하여 가볍게 가서 노략질하는 것 또한 略이라 이른다(略, 又引申之則輕行鈔略亦謂之略)"라고 한다. "左般略"이란 경무장한 군대가 왼쪽으로 우회하여 포위 공격하는 것이다. "北泻" 아래 글자는 "又"旁이 남아있는데, 瀇의 일부인 듯하다. "北泻瀇(般略)"은 경무장한 군대가 북쪽으로부터 우회하여 포위 공격하는 것이다.

5) 夙 : "宿"으로 읽는다. 『좌전』「僖公 21年」에 "任·宿·須句·顓臾는 風姓이다. 이 성씨의 나라들이 太皞와 有濟의 제사를 담당한다(任·宿·須句·顓臾, 風姓也. 實司太皞與有濟之祀)"라고 한다. 『路史』「國名紀甲」

에 또한 宿이 太昊(大皥와 같다)의 후예로 風姓의 나라라고 한다.『춘추』
「隱公元年」에 "9월에 宋人과 宿에서 회맹하였다(九月, 及宋人盟于宿)"라
고 한다. 杜預 注에 "宿은 작은 나라로, 東平의 無鹽縣이다(宿, 小國,
東平無鹽縣也)"라고 한다. 그러므로 그 지역은 지금 山東 東平縣 同宿
城鎭이다. 宿은 東夷의 方國이 되므로 본 명문에서는 "夙尸(宿夷)"라
고 하였다. 闞지역은 宿夷의 동남쪽에 있다. 왕이 闞지역에서 군대
를 나누고, 晉侯蘇에게 左般略·北般略하여 宿夷를 공격하도록 명령
하였으니, 바로 서쪽(왼쪽)과 북쪽 양방향으로 우회하여 宿夷를 포위
공격하도록 한 것이고, 왕의 군대는 동남방으로부터 대적하였으니
사면을 포위하는 형세를 취한 것이다.

6. 王至于黇瓾.

　1) 黇 : "熏"의 고자의 繁體이니, "勹"(旬자의 고자)으로 구성되고, 여기에
　　聲符를 첨가시켰다. 본 명문에서는 지명으로 쓰였고, "鄆"으로 읽어
　　야 한다. 李學勤은 "춘추시기 노나라에는 동서에 두 鄆이 있었는데,
　　본 명문의 鄆은 西鄆으로 지금 山東 鄆城에서 동쪽으로 16리 떨어진
　　곳에 있다. 鄆은 또한 태호의 후예 風姓이라는 말이 있고,『韻彙』등
　　의 책에 의하면 宿과 같은 성씨의 나라이다"라고 한다.

7. 王窺(親)遠眚(省)自(師)

　1) 瓾 :『설문』「土部」에 보이는 "城"의 籒文이 본 글자와 같다. "鄆城"
　　은 당연히 鄆方의 城을 말한다. 아래 글로부터 이때 왕은 城外에 있
　　었음을 알 수 있다. "王親遠省師"는 왕이 친히 멀리까지 와서 군대를
　　시찰한 것이다.

8. 王至晉侯穌自(師), 王降自車, 立(位)南鄕, 窺(親)令(命)晉侯穌, 自

西北遇(隅)韋(敦)伐鬪馘(城).

1) 王降自車 : 왕이 수레에서 내린 것이다.

2) 立 : 고문자에서 "立"과 "位"는 모두 "立"으로 쓰기 때문에 여기에서
   는 "立"을 "位"로 읽는다.

3) 鄉 : 두 사람이 서로 밥을 향하고 있는 모양을 상형한 것으로, "饗"의
   初文이며, 본 명문에서는 "向"으로 가차되었다.

4) 遇 : "隅"로 가차된다. 『玉篇』에 "隅는 뿔이다(隅, 角也)"라고 한다.

5) 韋 : "敦"으로 가차된다. "敦伐"은 "撻伐"과 같다.

9. 晉侯達(率)厥亞旅·小子·戜人先, 陷入, 折首百, 執訊十又(有)一夫.

1) 亞旅 : 관직의 이름이다. 『좌전』「文公15年」에 "亞旅의 직분으로 명해
   주시기를 청한다(請承命于亞旅)"라고 하는데, 杜預注에 "亞旅는 上大
   夫이다(亞旅, 上大夫也)"라고 한다. 亞旅는 군대의 관직으로, 그 職分은
   上大夫에 상당한다.

2) 小子 : 張亞初는 "西周 銘文에서는 또한 관료의 호칭으로 쓴다(「商代職
   官研究」, 『고문자연구』 제13집)"라고 한다.

3) 戜人 : "秩人"이다. 戜은 『설문』「戈部」에 "戜은 날카로운(利) 것이다.
   일설에는 깎는(剔) 것이다(戜, 利也. 一曰剔也)"라고 하였다. 〈班簋〉의 戜
   에 대하여 『銘選』은 부족의 이름이라고 하였다. 그러나 李學勤은 秩로
   보고 치중을 담당하는 병사로 보아야 한다고 하였다.

   "秩"은 『설문』「禾部」에서 "쌓는 것이다(積也)"라고 하였고, 『禮記』「月令」에 있
   는 "秩芻"의 鄭注에서 "秩은 늘상(常)이다"라고 풀이하고 있다. 하지만 積이
   라 새기는 것만 못하다고 본다. 秩人은 아마도 『司馬法』의 "물 긷고 나무하
   는 사역병(樵汲)"과 유사하거나, 혹은 양식을 운반하는 병사였을 것이다.

4) 先 : "先行"이다.

5) 臽 : 『설문』「臼部」에 "작은 함정이다(小阱也)"라고 한다. 고문자는 사

람이 凵(坎)에 빠진 것을 상형하였는데, "陷"의 초문이다. 陷入이란 공격하여 들어간다는 뜻으로 적군의 城을 공격하여 들어가는 것이다.

10. 王至淖列, 淖列尸(夷)出奔. 王令(命)晉侯穌達(率)大室小臣・車僕從, 述(遂)逐之.

1) 淖列 : 夷의 國名으로 "蔑"인 듯하다. 『路史』 「國名紀乙・少昊侯國」에 "蔑은 혹은 姑蔑(姑는 이끄는 말로 越과 비슷)인데, 지금 兗의 瑕丘에 姑蔑의 故城이 있고(杜預는 卞縣에 있다고 한다), 邾와 魯가 동맹을 맺은 곳(『좌전』 「隱公元年」)이라 하고, 혹은 노나라의 부용국으로 嬴姓이라고 한다(蔑, 一曰姑蔑, 今兗之瑕丘有姑蔑故城, 邾魯盟處. 或云 魯附庸, 嬴姓)"라고 한다. 蔑과 列의 상고음의 성모는 明母와 來母로 서로 가깝고, 운부는 모두 月部로 疊韻이다. 淖와 姑는 모두 발어사이다(『路史』에서 引語라고 하는 것) 蔑의 옛 지역은 지금 山東 泗水縣 동남쪽이다.

2) 大室小臣 : 앞에서는 "率乃師"라 하였으니, "乃師"는 진나라 군대를 가리키고, 여기에서는 "率大室小臣・車僕"이라고 하였으니, 분명히 왕실의 小臣과 車仆이다. 陳夢家는 "小臣은 殷代에 비교적 높은 官職名이다. …… 小臣이 왕의 명령을 받아 정벌을 행하고, 車馬를 관리하고, 卜事를 맡았다"라고 한다(『綜述』 504쪽) 주나라는 은나라 제도를 계승하였으니, 서주시대 小臣의 직무는 은나라의 小臣과 유사할 것이다. 車仆는 전차를 담당하는 官吏이다. 『周禮』 「春官」에 "車仆은 융로의 부관과 광거의 부관과 궐거의 부관과 평거(위장수레)의 부관과 경거(전쟁하는 수레)의 부관을 관장한다. 군대와 관련된 일이 있으면 혁거(군사용 수레)에 각각 부관을 승차하게 하는 일을 관장하고 회동 때도 이와 같이 한다(車仆掌戎路之萃, 廣車之萃, 闕車之萃, 苹車之萃, 輕車之萃. 凡師, 共革車, 各以其萃, 會同亦如之)"라고 한다. 본 명문을 통해 車仆은 정벌 중에 '共革車'를 담당하고, 때로는 명령에 따라 전차부대를 이끌고 전투

에 참가하였음을 알 수 있다.

3) 從 : 『시경』「還」에 "함께 수레를 몰아 두 짐승을 뒤쫓는구나(竝驅從兩
肩兮)"라고 하는데, 그 毛傳에 "從은 뒤쫓는 것이다. 세 살 먹은 짐승을
肩이라 한다(從, 逐也. 獸三歲曰肩)"라고 한다.

4) 述 : "遂"로 가차되니, "述"과 "遂"의 상고음은 성모가 神母와 邪母로
가까우며, 운부가 모두 物部로 疊韻으로 통가할 수 있다. 遂는 부사인
데『集韻』「至韻」에 "遂는 因이다(遂, 因也)"라고 한다.『篇海類編』「人事
類·辵部」에 "遂는 兩事의 말이다(遂, 兩事之辭)"라고 하는데, "이에"의
뜻. "遂逐之"의 앞에는 주어 晉侯蘇가 생략되었다.

11. 王隹(唯)反(返)歸, 在成周, 公族整自(師), 宮.

1) 反 : "返"으로 읽는다. "返歸"는 되돌아오는 것이다.

2) 公族 : 官職名이니 公族大夫를 가리킨다.『좌전』「昭公 5年」에 "韓襄은
公族大父가 되었다(韓襄爲公族大父)"라 하고,『국어』「晉語7」에 "난백이
公族大夫에게 청하다(欒伯請公族大夫)"라고 하였는데, 韋昭 注에 "公族
大夫는 公族과 卿의 子弟들을 담당한다(公族大夫, 掌公族與卿之子弟)"라
하고,『좌전』「宣公 2年」에 "이때부터 진나라에는 공족이 없었다(自是晉
無公族)"라 하고, 杜預 注에 "公子가 없으므로 公族의 관직을 폐하였
다(無公子, 故廢公族之官)"라고 한다.

3) 整師 : 晉侯 蘇가 거느리는 晉의 군대를 정비하는 것이다.

4) 宮 : 동사로 쓰였을 것이고 뜻은 "宮"을 건축하는 것이다.

12. 六月初吉戊寅, 旦, 王各(格)大室, 卽立(位), 王乎(呼)善(膳)夫曰:
"召晉侯穌" 入門, 立中延, 王窺(親)易(賜)駒四匹.

1) 旦 : 이른 새벽이다.

2) 大室 : '太室'이니,『상서』「洛誥」에 "왕이 태실에 들어가 강신제를 올렸

다(王入太室, 祼)"라고 하는데, 孔疏에 "太室은 큰 방이다. 옛날에는 淸廟라 하였는데, 廟에는 다섯 개의 방이 있으니, 중앙의 방이 태실이다 (太室, 室之大者. 故爲淸廟, 廟有五室, 中央曰 太室)"라고 한다.

3) 善 : "膳"으로 읽는다. "膳夫"는 관직명으로, 『周禮』「宗伯」에 "膳夫는 왕의 음식과 음료와 희생고기와 맛있는 찬을 관장하고 왕이나 왕후나 세자를 봉양한다(膳夫掌王之食飮膳羞, 以養王及后世子)"라 하고, 또 "육포를 골고루 나누어 주는 일도 관장한다(凡肉脩之頒賜, 皆掌之)"라고 한다. 膳夫의 지위는 높지 않지만, 왕의 신변 가까운 곳에 있는 신하이며, 때로는 왕명 출납과 물품 하사의 일도 겸하였다.

4) 中延 : 太室의 중앙으로 中庭이다.

5) 駒 :『설문』「馬部」에 "2살 먹은 말을 駒라 한다(馬二歲曰駒)"고 한다.

13. 穌拜𩑶首, 受駒以出, 反(返)入, 拜𩑶首. 丁亥, 旦, 王鄅于邑伐宮.

1) 以 : 순접연사이니, "而"와 같은 용법이다.

2) 反(返)入: 太室로 다시 들어가는 것이다.

3) 鄅 : 字書에 없다. 아마도 "𨚕"의 이체인 듯하다. 마승원은 "御"로 읽고, 다스린다고 풀이하였는데 여기에 따른다.

4) 邑伐宮 : 문헌에 실려 있지 않고, 금문에서도 처음 보이니, 아마도 文王의 큰아들 伯邑의 사당인 듯하다.『좌전』「莊公28년」 "또한 군주의 공을 드날린다(且旌君伐)"의 杜預 注에 "伐은 功이다"라고 하는데, 아마 邑伐의 伐 역시 공을 드날린다는 뜻을 취하였을 것이다.『일주서』「世俘」에 "왕의 烈祖인 太王으로부터 太伯, 王季, 虞公, 文王, 邑考께 차례로 올리고, 殷의 죄를 고하였다(王烈祖自太王·太伯·王季·虞公·文王·邑考以列升, 維告殷罪)"라 하였으니, 伯邑의 사당이 있었음을 알 수 있다.

14. 庚寅, 旦, 王各(格)大室, 嗣(司)工揚父入右晉侯穌, 王窺(親)儕晉
侯穌鬯(秬)鬯一卣, 弓, 矢百, 馬四匹.

1) 司工 : 전래문헌의 "司空"에 해당한다. 서주의 司空은 건축 과정, 수
레·예복·무기의 제작, 수공업 노예의 감독을 주관하는 관리로, 六卿
가운데 하나이다.

2) 右 : 『爾雅』「釋詁上」에 "導이다(導也)"라 하고, 『설문』「寸部」에 "導는 導
引이다(導, 導引也)"라고 한다.

3) 儕 : "齎"로 읽는다. 『설문』「人部」에 "持遺"라고 하니, 뜻은 持賜, 持
與이다.

4) 鬯 : "秬"의 고자로, 금문에는 자주 "䰠"로 쓴다. 『설문』「鬯部」에 "䰠는
검은 기장이다(䰠, 黑黍也)"라고 하며, "秬"로 쓰기도 한다.

5) 鬯 : 『설문』「鬯部」에 "鬯은 기장을 郁草와 섞어서 향기가 스며들게
하는 것이니, 이것으로 신을 내리게 하는 것이다(鬯, 以秬釀郁草, 芬芳
攸服, 以降神也)"라고 하니, 秬鬯은 고대 제사와 연회에 사용하는 술로
욱금초를 검은 기장에 섞어서 만든다.

6) 卣 : 『爾雅』「釋器」에 "그릇이다(器也)"라고 하는데, 郭璞注에 "술을 담
는 그릇이다(盛酒器)"라고 한다.

15. 穌敢揚天子不(丕)顯魯休, 用乍(作)元穌揚鐘, 用卲各前文人, 前文
人其嚴才(在)上, 廙才(在)下, 數數鐾鐾, 降余多福. 穌其邁(萬)年無
疆, 子子孫孫永寶茲鐘.

1) 元 : 『주역』「坤卦」에 "황색 치마가 아름답고 길하다(黃裳元吉)"라고 하였
는데, 干寶 注에 "가장 아름다운 것이 元이다(上美爲元)"라고 한다.

2) 穌 : 『설문』「龠部」에 "조화이다(調也)"라고 하였는데, 지금은 "和"로
쓴다. "元和"는 아름답고 조화로운 것이다.

3) 揚鐘 : 〈楚公豪鐘〉에는 "鍚鐘"이라 썼고, 于省吾는 "鍚"을 "錫"의 繁

文으로 해석하여 "錫은 좋은 銅이다. 좋은 동으로 종을 鑄造하므로 그것을 錫鐘이라고 한다"라고 하였다.

4) 即各 : 전래문헌에는 "昭假"로 쓰여 있다. 사람들이 祭品과 禮樂 및 경건한 정성스러운 마음으로 천지귀신을 감동시켜 이르게 하는 것을 가리킨다. 〈猷鐘〉 주석을 참조하라.

5) 前文人 : 고대에 돌아가신 先人에 대한 존칭으로 사용하던 용어이다.

6) 嚴 : 『玉篇』에 "敬이다(敬也)"라고 한다.

7) 才 : "在"의 가차자로, 개사이며, "於"와 같이 쓰인다.

8) 上 : 하늘을 가리킨다.

9) 廣 : 『설문』「廣部」에 "行屋이다"라고 한다. 본 명문에는 "翼"의 가차자로 쓰였는데, 『正字通』「羽部」에 "翼은 衛이다"라고 하니, 즉 翼蔽, 保護의 뜻이다.

10) 數數㵢㵢 : 〈猷鐘〉에도 보인다. 주나라 사람들은 기물의 명문 중에 그들의 祖考께서 하늘에 계신 성대한 위엄을 형용할 때 이 말을 자주 사용했다.

11) 降 : 『설문』「𨸏部」에 "내려가는 것이다(降, 下也)"라고 하니, 降下의 뜻으로 引伸되어 '降給', '賜子'의 뜻이 된다. 『상서』「伊訓」에 "상제는 일정하지 않아 선한 일을 하면, 백가지 상서로움을 내려주고, 불선한 일을 하면 백가지 재앙을 내려준다(惟上帝不常, 作善降之百祥, 作不善降之百殃)"라고 한다.

【주제어】

[인명] 王, 晉侯蘇, 揚父.

[지명] 宗周, 成周, 菡(闌), 夙(宿)夷, 匓(郫), 淖列夷

[시기] 王33年

[사건] 夙夷와 郫지역을 정벌하고, 淖列夷를 쫓아버리다.

【참고문헌】

『今譯類檢』279쪽

馬承源, 「晉侯蘇編鐘」, 『上博集刊』7기, 上海書畵出版社, 1996년 9월

심재훈, 「晉侯穌編鐘 銘文과 西周 後期 晉國의 發展」, 『중국사연구』, 제10기, 2000년 8월

에드워드 쇼우네시, 「眉縣 單氏 가족 청동기를 통한 膳夫 克 청동기 연대 재고찰-晉侯蘇編鐘 연대 附論-」, 『중국고중세사연구』, 제22집, 2009년 8월

王恩田, 「晉侯蘇鐘與周宣王東征伐魯」, 『中國文物報』, 1996年 9月 8日

王占奎, 「晉侯蘇編鐘年代初探」, 『中國文物報』, 1996년 12월 22일

王暉, 「晉侯穌鐘銘□城之戰地理考」, 『中國歷史地理論叢』, 제21권 제3집, 2006년 7월

李學勤, 「晉侯蘇編鐘的時·地·人」, 『中國文物報』, 1996년 12월 1일

馮時, 「晉侯穌鐘與西周曆法」, 『考古學報』, 1997년 제4기

黃盛璋, 「晉侯蘇編鐘銘在巡狩制度·西周曆法·王年與歷史地理硏究上的指迷與發覆」, 『中國文化硏究所學報』, 新9期, 香港中文大學, 2000년

86. 중구보궤(仲駒父簋)

【모본】

【저록】

기물 1 : 『集成』7·3936, 『博古』16·33, 『薛氏』125·1, 『嘯堂』53·2.

기물 2 : 『集成』7·3937, 『博古』16·30, 『薛氏』124·1~2, 『嘯堂』54·1~2, 『續
考』4·24.

기물 3 : 『集成』7·3938, 『博古』16·32, 『薛氏』124·3~4, 『嘯堂』54·3~4.

【기물설명】

전해져 내려오는 기물이다. 같은 명문이 새겨진 3개의 기물이 『博古』등
에 실려 있다. 『博古』의 기록에 의하면, 제1기는 뚜껑 포함 높이 9촌 1분,
깊이 4촌 3분, 구경 6촌 5분, 복경 9촌 6분, 무게 17근 6량이다. 제2기는
뚜껑 포함 높이 8촌 9분, 깊이 4촌 1분, 구경 6촌 6분, 복경 8촌 9분, 무게
17근이다. 제3기는 덮개만 높이 2촌 8분, 구경 7촌 7분, 무게 2근 14량이
다. 명문은 4행 18자, 중문이 2개 있다. 그릇과 뚜껑은 명문이 같지만 글
자배열이 조금 다르다. 뚜껑의 명문은 왼쪽에서 오른쪽으로 읽고, 그릇의

명문은 오른쪽에서 왼쪽으로 읽는다. 기물의 제작연대를 『集成』에서 西周 후기로 판정하였다. 〈駒父盨〉와 같은 宣王시기로 생각된다.

【석문】

彔旁(方)中(仲)駒父乍(作)中(仲)姜簋,¹⁾ 子子孫孫永寶用享孝.²⁾

【현대어역】

육나라六方의 중구보仲駒父가 중강仲姜을 위해 궤簋를 만들었으니, 자자손손 영원히 보배롭게 제사 지내는데 사용할지어다.

【주】

1. 彔旁中(仲)駒父乍(作)中(仲)姜簋

   1) 旁 : 方으로 읽는다. 殷周시기에 邦國을 方이라 칭했다. 楊樹達은 "方은 殷周시기에 邦國을 칭한 말이다. 그러므로 干寶가 '方은 나라이다'고 한 것이 이것이다"라고 하였다(『述林』「釋尚書多方」)

   2) 彔旁 : 옛 六國이다. 偃姓을 쓰며, 땅은 현재 安徽 六安市 東北에 위치한다. 〈大保簋〉 주석을 참조하라.

   3) 仲駒父 : 〈駒父盨〉 명문의 駒父라 생각된다. 현전하는 〈駒父盨蓋〉의 명문은 비슷한 시기에 駒父가 高父와 함께 남회이와 접촉한 사실을 기록하고 있다. 또한 『通釋』은 駒父가 〈師龏父鼎〉에 보이는 內史 駒일 가능성을 지적한다.

   4) 仲姜 : 『輯考』는 仲駒父의 부인으로 본다. 한편 『博古』는 仲姜에 대해 『禮記』「曲禮上」의 "남편은 처의 제사를 지내지 않는다(夫不祭妻)"에 근거하여 仲姜은 仲駒父의 어머니 혹은 할머니일 것이라고 한다.

2. 子子孫孫永寶用享孝.

  1) 享孝 : 孝는 祭와 같다. 『논어』「泰伯」에 "음식은 소박하게 하시면서
    도 귀신에게 지극하게 제사지내셨다(非飮食而致孝乎鬼神)"라고 하는데
    馬融注는 "致孝鬼神이란 풍성하고 정결하게 제사지내는 것이다(致孝
    鬼神, 祭祀豐絜)"라고 풀이한다. 享孝는 享祭와 같다.

【주제어】

[인명] 仲駒父, 仲姜

[지명] 录旁

【참고문헌】

『博古』16·34, 35

87. 번군력(樊君鬲)

【탁본】

【저록】

『集成』3·626, 『三代』5·26·1, 『夢郼』續 8, 『小校』3·64·2.

【기물설명】

전해 내려온 기물이다. 입구 가장자리는 위로 꺾였고, 잘록한 목, 꺾인 다리에 분당은 오그라들어 있다. 어깨에 두 줄의 환문이 있고 배 부분은 세다리에 대응하는 곳에 각각 하나의 작은 扉棱이 있다. 口沿에 한 바퀴 두른 명문이 주조되어 있다. 모두 10자이다. 예전에 羅振玉이 소장했었다. 『集成』은 시대를 서주말기로 판정한다.

【석문】

樊君乍(作)弔(叔)嬴�膡(媵)器寶鬲(鬲).

【현대어역】

樊나라 군주가 숙영 너의 혼수 그릇으로 보배로운 력鬲을 만드노라.

【주】

1. 樊君乍(作)弔(叔)嬴鷛膡(媵)器寶鬲

   1) 樊 : 고대 國名이다. 徐少華는 "이 鬲은 樊나라 군주가 시집가는 딸
   을 위해 만든 혼수용 그릇으로, 그 딸은 字가 叔嬴이고, 이름이 嬭이
   다. 고대 청동기 혼수 기물의 명문에서 字를 칭하는 관례에 의하면,
   '叔'은 항렬이고, '嬴'은 씨족의 성으로 동이족에 속하며 少皞氏 후예
   이다"라고 한다. 『魏書』「世宗紀」에 "元英이 衍將 王僧炳을 樊城에서
   격파하였다(元英破衍將王僧炳于樊城)"라고 하는데, 그 樊城은 바로 춘
   추시기 樊國의 고성이다. 徐少華는 "고대 義陽城과 명청대의 信陽
   州는 같은 곳이다. 고대의 樊나라, 樊城은 義陽城 남쪽으로 지금 信
   陽市 남쪽에서 멀지 않으며, 樊君의 夫婦墓가 信陽 일대에서 발견된
   사실과도 서로 부합한다"라고 하였다. 『路史』「後紀」 등에 樊은 姬
   姓으로, 虞仲의 支孫인 仲山甫를 봉한 곳이라고 한다. 본 명문의
   樊은 仲山甫가 봉해지기 전의 樊으로 嬴성이며, 춘추시기의 〈樊君夒
   盆〉의 樊과는 다른 姓이다.

   2) 樊君 : 君이라는 호칭에 대하여 徐少華는 다음과 같이 말한다.

   > 樊君 부부 청동기 명문에는 "樊君" "樊夫人"이 보이는데, 黃君 부부 청동
   > 기 명문에 "黃君", "黃夫人"이 있는 것과 서사법이 일치한다. "黃君"이 황나
   > 라의 군주라는 것은 학술계의 공통 인식으로 그 시대, 지역, 형식이 "樊君"
   > 과 매우 가깝기 때문에 "번군" 역시 번나라의 군주임에는 의심의 여지가 없

다. 淮河 중상류 지역에서 나오는 "番君", "蔿君" 청동기를 분석해 보면 서주말에서 춘추 초중기까지 제후국의 군주가 "君"을 칭한 것은 이 지역의 독특한 문화특징과 습속이다. 중원국가들이 公, 侯를 칭하거나 주변 제후들이 王을 칭한 것과는 구분된다. …… 〈樊君鬲〉의 "樊君"과 상술한 "樊君夔"는 동일 樊國의 군주로 격은 信陽 일대에서 나온 듯한데, 번군 부부묘의 발견과 명문의 "번군"이라는 문화적 특징으로 확증할 수 있다.

3) 弔 : 叔으로 읽는다.

4) 嬴 : 徐少華는 다음과 같이 말한다.

> 대만학자 陳槃은 명문을 "樊君作叔能妠媵器 ……"으로 해석하면서, "妠"가 초나라의 성씨 "羋"라고 여기며, 樊을 "초나라와 동성의 나라이다"라고 한다. 대륙에도 이 설에 따르는 학자가 있다. 생각건데, 이 설은 의심스럽다. 먼저, 고문자에서 嬴, 能은 형태가 비슷하여 혼동되기 쉽지만, 용법상으로는 명확한 구분이 존재한다. 嬴은 국명과 항렬의 뒤에 족성을 표시하기 위해 많이 사용된다. 예를 들어 楚嬴(〈楚嬴匜〉), 秦嬴(〈許子妝簠〉), 季嬴(〈黃君簠〉) 등이 있으며, 절대로 다른 의미는 없다. 반면에 "能"은 일반적으로 부사로 사용된다. 예를 들면 〈沈子簋〉의 "多公能福", 〈毛公鼎〉의 "康能四域" 등으로 부녀자의 이름에 사용되는 예는 없다. 이 명문의 "叔嬴"은 황국 청동기의 "仲嬴"(〈黃太子白克盤〉), "季嬴"과 같은 예로 씨족의 성임에 틀림없다. 다음으로 본 명문의 "嬴"은 번군 부부묘에서 나온 기물의 "樊夫人龍嬴"의 "嬴"과 형태가 유사하여 서로 증거로 삼을 수 있다. 따라서 容庚, 于豪亮 등이 "叔嬴"으로 석문한 것은 정확하다.

3) 鬴 : 戴家祥은 "金文의 彌는 彌로 썼으며, 嬭는 孆로 썼다. 鬴는 爾의 이체자임을 알 수 있다"라고 한다(『金文大字典』, 2129쪽)

4) 賸 : 媵으로 읽는다.

5) 鬹 : 郭沫若은 鬹(鬲과 같다)으로 석문하고, "〰은 사실 鬲위의 시루의 형태를 상형한 것이고, ‡는 뚫려 있는 시루 바닥이다"라고 한다(『金

考』223쪽「釋鼛」)

【주제어】

[인명] 樊君, 叔嬴鸞

[지명] 樊

【참고문헌】

徐少華,『樊國銅器及其歷史地理新探』,『考古』1995년 제4기, 科學出版社, 1995년 4월

88. 혜갑반(兮甲盤)

【저록】

『集成』16·10174, 『三代』17·20·1, 『攈古』3·2·67~68·2, 『愙齋』16·13·2
~14·1, 『綴遺』7·7·2~8·1, 『奇觚』8·19·1~2, 『周金』4·2·1~2, 『簠齋』3·
盤1, 『彙編』2·25, 『大系』錄 134, 『銘選』1·437

【기물설명】

夷王시기의 기물로 보는 견해(董作賓)도 있지만 宣王시기의 기물이다. 얕은 바닥에 두 귀가 있으며, 두 귀는 기물의 입구와 두 橫梁으로 연결되어있고, 圈足은 손실되었다. 크기는 알 수 없다. 명문은 13행 133자이다. 重文이 4자("淮尸", "子", "孫" 아래 모두 중문부호가 있다) 〈兮田盤〉(『攗古』, 『奇觚』, 『古籀餘論』), 〈兮伯盤〉(『愙齋』), 〈兮伯吉甫盤〉(『周存』, 『綴遺』), 〈伯吉父盤〉(『紹興』)으로도 불린다. 이 기물은 宋代에 출토되었고, 그 사정이 『紹興內附古器評』에 기록되어 있다. 元代의 李順父가 소장했다가 鮮于樞에게 귀속되었다(『研北雜誌』에 보인다) 후에 保定官庫에 수납되었다. 『通考』上 463에 "濰縣의 陳氏簠齋(陳介祺)가 淸河道庫에서 얻었다"고 한다.

『通考』에 "크기는 알 수 없고, 귀가 붙어있으며 권족은 손실되었다"고 한다. 이 반은 원나라 때부터 알려진 것으로 극히 오래된 전래 기물이지만 당시 수장했던 가문에서 떡을 담는 그릇으로 사용되어 권족을 잃게 되었다고 한다. 기물은 지금 書道博物館에 있는데 권족 부분이 구비되어 있다. 그 명문을 여러 저록과 비교해 보면 泐蝕 부분에 차이점이 보인다. 전래기물과 같은 것인지 다른 것인지 분명하지 않지만, 별도의 기물이라고도 단정할 수 없으며, 어쩌면 보수되었을지도 모른다. 문양은 변형된 夔文이다.

【석문】

隹(唯)五年三月, 旣死霸庚寅,¹⁾ 王初各(格)伐厰(玁)狁(狁)于䣙(彭)盧(衙).²⁾ 兮甲從王, 折首執訊, 休亡(無)敃.³⁾ 王易(賜)兮甲馬四匹, 駒(軥)車.⁴⁾ 王令(命)甲政䚡(司)成周四方賣(積), 至于南淮尸(夷).⁵⁾ 淮尸(夷)舊我𢍰(帛)畮(賄)人, 毋(毋)敢不出其𢍰(帛)·其賣(積)·其進人·其貯,⁶⁾ 毋(毋)敢不卽餗(次)·卽市.⁷⁾ 敢不用令(命), 則卽井(刑)𣂪伐.⁸⁾ 其隹(唯)我者(諸)侯·百生(姓), 厥貯毋(毋)不卽市,⁹⁾ 毋(毋)敢或入䜌(蠻)宄(宄)

貯, 則亦井(刑).[10] 兮白(伯)吉父乍(作)盤, 其釁(眉)壽萬年無疆, 子子
孫孫永寶用.

【현대어역】

5년 3월 기사패旣死霸 경인庚寅일, 왕이 처음으로 팽아彭衙에서 험윤玁
狁을 정벌하였다. 혜갑兮甲이 왕을 따라 출정하여 적의 목을 베고 포로를
생포하였으니 훌륭한 공적이 사라지지 않을 것이다. 왕은 혜갑에게 말 4필
과 수레를 하사하셨다. 왕이 혜갑에게 다음과 같이 명하셨다. "성주 사방의
군수 물자를 모으되, 남회이南淮夷 지역까지 포함하라. 회이는 옛부터 우
리에게 포백布帛을 바치던 신민이니, 감히 누구도 비단·물자·부역·모시
를 감히 내지 않음이 없게 하라. 감히 누구도 주둔지와 시장에 물자를 바
치지 않음이 없게하라. 감히 명령을 따르지 않으면 군사를 일으켜 쳐서
징벌로 다스리리라. 우리 제후·백성들은 그 모시를 시장에 내놓지 않지
말 것이며, 감히 만이蠻夷 지역에 들어가 모시를 수취한다면 역시 형벌로
다스릴 것이다" 혜백길보兮伯吉父가 반盤을 만드니, 장수하여 만년토록
끝이 없고, 자자손손 영원히 보배롭게 사용할 지어다.

【주】

1. 隹(唯)五年三月, 旣死霸庚寅

1) 隹五年三月 : 王國維는 "隹五年三月旣死霸庚寅"을 宣王 5년 3월 26
일로 판정하고 이어서 "長術에 의하면, 宣王 5년 3월은 乙丑일이 朔
(초하루)이라고 하니, 26일 후가 庚寅일이 되어 이 盤에서 말하는 '旣
死覇'와 합치된다"고 한다(『觀堂別補』「兮甲盤跋」) 『商周金文』은 張培
瑜의 『中國先秦史曆表』(齊魯書社, 1987년)에 의거하여 이 해 3월은 丁
卯일이 초하루라서 庚寅일은 24일이라고 본다.

2) 旣死霸 : 月相의 명칭. 〈保卣〉 주석을 참조하라.

2. 王初各(格)伐厰(玁)狁(狁)于啚(彭)膚(衙)

1) 各 : 夋의 가차자다. 『옥편』에 "夋은 싸우는 것이다(夋, 鬭也)"라고 한다. 『篇海類編』「器用類·戈部」에 "夋은 치는 것이다(夋, 擊也)"라고 한다. 전래문헌자료에서는 "格"으로 통용된다. 본 역주에서도 "格"으로 읽는다. 그 의미는 『逸周書』「武稱」에 "융적과 도적을 추적하여 몰아붙이지만 싸우지 않는다(追戎無恪, 窮寇不格)"라고 하는데 孔鼂 注는 "格은 싸우는 것이다(格, 鬭也)"라고 하듯이 "싸운다(鬭)"이다.

2) 厰 : 『설문』「厂部」에 "厰은 험준한 봉우리이다. 혹은 지명이라고 한다(厰, 崟也, 一曰, 地名)"라고 한다. 그러나 白川靜은 이 글자는 산과 관련이 없다고 하고, "嚴"의 초문으로 본다. 즉 嚴은 厰 위에 祝壽를 상징하는 그릇을 두 개 나열한 형태로 그 祝壽가 엄중한 것을 말하는 글자라고 한다(『字統』282쪽)

3) 狁 : 『설문』「夲部」에 "狁은 나아가는 것이다.……『주역』에 '狁升大吉'이라 한다(狁, 進也.……『易』曰, 狁升大吉)"라고 한다. 통행본 『주역』「升卦」는 "允"으로 쓴다.

4) 厰狁 : 전래문헌에 보이는 玁狁이다. 『시경』「采薇」에 "室家가 없음은 험윤 때문이요, 편안히 거처할 겨를이 없음은 험윤 때문이다(靡室靡家, 玁狁之故, 不遑啓居, 玁狁之故)"라고 하고, 毛傳에 "험윤은 北狄이다(玁狁, 北狄也)"라고 한다. 鄭箋에 "北狄은 지금의 흉노이다(北狄, 今匈奴也)"라고 한다. 獫狁으로 쓰기도 한다. 『사기』「匈奴列傳」에 "흉노는 그 선조가 夏后氏의 후예로 淳維라고 불렸다. 요순 이전에는 산융, 험윤, 훈육 등의 여러 종족이 있었는데 北蠻의 지역에 거주하여 유목생활을 하며 이동하였다(匈奴, 其先祖夏后氏之苗裔也, 曰淳維. 唐虞以上有山戎, 獫狁, 葷粥, 居于北蠻, 隨畜牧而轉移)"라고 하고, 裴駰의 『史記集解』는 晉灼의 말을 인용하여 "요임금 때는 훈육이라 하고, 주나라 때는 험윤이라 하고, 진나라 때는 흉노라고 하였다(堯時曰葷粥, 周曰獫狁,

秦曰匈奴)"고 한다. 葷粥은 獯鬻이라고 쓰기도 한다. 『맹자』「梁惠王下」에 "오직 지혜로운 자야만 작은 나라를 소유하고서 큰 나라를 섬길 수 있으니, 그러므로 태왕이 獯鬻을 섬겼고, 句踐이 오나라를 섬겼다(惟智者爲能以小事大, 故太王事獯鬻, 句踐事吳)"라고 하였는데 趙岐注에 "獯鬻은 북쪽 오랑캐 중 강자이니 지금의 흉노이다(獯鬻, 北狄彊者, 今匈奴也)"라고 한다.

5) 罟 : 孫詒讓은 "고대에 罟는 否와 통하였다. 후술하는 〈晉邦盦〉에 '都罟'를 '者否'라고 한다(『攗古』3의 3) 이 罟자는 아마도 罘의 이체자일 것이다"라고 한다(『古籀餘論』三, 『兮田盤』) 孫詒讓의 설은 따를 만하다. 『설문』「网部」에 "罘는 토끼그물이다. 网을 구성요소로 하고 否를 소리요소로 한다(罘, 兔罘也. 从网, 否聲)"라고 하니, 토끼를 잡는 그물이다.

6) 盧 : 『觀堂別補』는 "『주례』「獻人」의 『經典釋文』에 '어떤 판본은 이 글자를 敆로 쓰기도 한다(本或作敆)'고 하여 盧와 敆는 같은 글자가 되므로, 盧와 魚 또한 같은 글자임을 알 수 있다. …… "罟와 彭은 음이 서로 가깝고, 盧와 衙는 같은 音의 글자이다. …… 彭衙는 漢나라 때 左馮翊衙縣이 되니 바로 洛水의 동북이다"라고 하여 罟盧를 춘추시대의 彭衙로 본다. 『通釋』도 『觀堂別補』의 설을 지지한다. 그 고성은 지금 陝西 白水縣 동남쪽에 있다(『通釋』은 동북쪽이라고 한다)

3. 兮甲從王, 折首執訊, 休亡(無)啟

1) 兮甲 : 인명이다. 본 명문 뒤에서는 兮伯吉父라고도 하니 바로 『시경』「六月」의 吉甫다. 그 毛傳에 "吉甫는 尹吉甫다(吉甫, 尹吉甫也)"라고 하고, 『大系』는 "伯吉父는 그의 字이고 甲은 그의 이름이며 兮는 그의 성씨이고, 예전에는 尹吉父라고도 칭하였으니 尹은 그의 관직이다"라고 한다. 『觀堂別補』는 "甲이라는 것은 月의 시작이기 때문에 그 字를 伯吉父라고 하였다. 吉에는 시작의 뜻이 있는데, 고대인들이 月

朔을 吉月[달의 시작]로 삼아 매달의 첫 8일을 初吉이라 부른 것이 바로 그 증거이다.……앞에서는 '兮甲從王'이라고 하고 뒤에서는 '兮伯吉父作般'이라고 하는데, 앞은 왕에 대한 말이기 때문에 이름으로 칭하였고 뒤는 자기가 기물을 만든 것을 기록한 것이기 때문에 자로 칭하였다"라고 한다. 금문에서 이름과 자가 대응하고 있는 예는 이 盤이 가장 확실한 예이다. 이 인물은 본 기물 이외에 〈兮吉父簋〉(『集成』4008)에 "兮吉父가 仲姜을 위하여 보배롭고 존귀한 제기를 만드니 만년 무강하고 자자손손 영원히 보배롭게 제사에 사용하라(兮吉父作仲姜寶尊簋, 其萬年無疆, 子子孫孫, 永寶用享)"라고 하여 "兮吉父"가 보이고, 〈兮伯吉父盨〉(『集成』4426)에는 "혜백길보가 旅尊盨를 만드니 만년토록 끝없이 자자손손 영원히 보배롭게 사용하지어다(兮伯吉父作旅尊盨, 其萬年無疆, 子子孫孫永寶用)"라고 하여 "兮伯吉父"가 보이는데 이들은 모두 兮甲과 동일인물이다.

2) 折首 : 斬首와 같다.

3) 執訊 : 포로를 산채로 잡은 것이다.

4) 亡 : 無로 읽고, 그 "없다"라는 뜻으로 읽어도 의미는 통한다. 그러나 뒤의 敃이 동사로 滅의 뜻이기 때문에 여기에서는 不의 의미로 본다. 王引之『經傳釋詞』에 "無는 不이다(無, 不也)"라고 하였다.

5) 敃 : 泯의 가차자이다. 『설문』「水部」의 新附字에는 "泯은 없어지는 것이다(泯, 滅也)"라고 하니 "休無泯"은 공적이 훌륭하여 없어지지 않는다는 뜻이다. 『商周金文』은 이 글자를 愍으로 읽고, "痛"의 뜻으로 보지만 따르지 않는다.

6) 今本『竹書紀年』에 "(宣王) 5년 여름 6월에 윤길보가 군대를 이끌고 험윤을 정벌하여 太原까지 이르렀다(五年夏六月, 尹吉甫帥師伐玁狁, 至于太原)"라고 한다. 『시경』「六月」에 "유월에 서둘러서 병거는 이미 전열을 갖추었다.……험윤이 매우 소란스러워 내가 이 때문에 조급히 서두

노라. 왕은 이에 출정시켜 왕국을 바로잡으라 하셨다(六月棲棲, 戎車旣
飭. …… 玁狁孔熾, 我是用急. 王于出征, 以匡王國)"라고 하고, 또 "험윤을 정
벌하여 멀리 大原까지 이르니 문무를 겸비한 吉甫여 만방이 모범으
로 삼는구나(薄伐玁狁, 至于大原. 文武吉甫, 萬邦爲憲)"라고 한다. 『시경』에
서 吉甫(吉父)가 험윤을 정벌하였다고 하고, 『紀年』에 宣王 5년에 윤길
보가 험윤을 정벌하였다고 하니 모두 본 기물의 명문과 합치된다. 단
지 본 기물에는 3월로 기록되어 있고 『죽서기년』과 『시경』에는 6월로 기
록되어 있어, 달이 합치되지 않는다. 『觀堂別補』는 "이 기물에 기록한
것은 또한 선왕 5년 3월의 일이다. 그런데 '王初各伐'이라고 한 것은 군
대 운용을 시작한 것으로 아직 그 뜻한 바를 이루지 못하였다고 생각
된다. 아래에 '王命甲政司成周四方績, 至于南淮夷'라고 하였으니 ……
바로 6월에 크게 일어날 계획인 것이다. 이 기물은 분명히 3월 이후 6
월 전에 吉甫가 사명을 받으러 成周에 갔을 때 만들어졌을 것이다"라
고 한다. 이때의 험윤 정벌이 과연 왕국유가 말하는 것처럼 2차례 전
쟁이었는지, 아래 문장에서 말하는 성주, 회이의 委積를 징수하는 것
이 나중의 전쟁을 위한 준비인지는 알 수 없다. 명문에서는 왕이 직접
정벌하였다고 하지만 『죽서기년』에는 親征을 언급하지 않았고, 또 『죽
서기년』은 이듬해에 召伯虎의 회이 정벌을 기록하였다.

4. 王易(賜)兮甲馬四匹, 駒(輈)車

1) 駒車 : 駒는 輈의 가차자이다. 『廣韻』「侯韻」에 "夏后氏의 수레를 輈라
   한다(夏后氏之輅曰輈也)"라고 하고, 鉤로도 쓴다. 『시경』「六月」에 "선봉 병
   거 10대로 먼저 길을 열도다(元戎十乘, 以先啓行)"라고 하였는데, 毛傳은
   "하후씨의 수레를 鉤車라 하니 (법도에) 맞음을 중시한다(夏后氏曰鉤車,
   先正也)"라고 하였다. 『여기』「명당위」에 "鉤車는 夏后氏의 수레이다(
   鉤車, 夏后氏之路也)"라고 하고, 그 鄭玄 注에 "鉤는 車牀의 앞부분을 굽

은 난간으로 장식한 것이다(鉤, 有曲輿者也)"라고 하고, 孔疏에 "曲輿란 굽어 있는 전면 난간이다(曲輿, 謂曲前闌也)"라고 한다.

2) 折首執訊 : 『通釋』은 다음과 같이 말한다.

> 적의 머리를 베고 포로를 사로잡은 공적이 있었다고 기록하고 있지만 하사품이 풍성하지 않다. 이 내용을 〈虢盤〉, 〈不娶簋〉 등의 명문과 비교해 보면 문장은 매우 간소하고, 왕의 기상을 받드는 도도한 기풍을 발하는 곳이 없다. 과연 길보가 主將으로서 이 정벌에 임했는지 예기한 성과를 거둘 수 있었는지 승리한 기술도 없어서 의문을 품지 않을 수 없다. 게다가 하사품도 앞의 두 기물과 비교하여 큰 차이가 있다. 『시경』 「六月」에서 노래하는 바와도 상당히 다른 곳이 있기 때문에 王國維처럼 전후의 두 전쟁으로 풀이하는 해석도 생겼을 것이다. …… 『시경』에서 언급하는 것은 대단히 큰 전쟁의 양상이어서 본 명문의 기술과 일치하지 않는 부분이 많다. 후일 12년에는 〈虢盤〉의 대토벌이 행해지는데 그 사이에 길보의 대규모 정벌도 있었을 것이다.

5. 王令(命)甲政䤤(司)成周四方賣(積), 至于南淮尸(夷)

1) 政 : 『국어』 「晉語1」에 "지휘자의 임무를 버려두고 병졸의 노역을 하는 것은 장군의 직무가 아닙니다(棄政而役, 非其任也)"라고 하는데, 그 韋昭 注에 "政은 관직(임무)과 같다(政, 猶職也)"라고 한다. 『通釋』은 그 의미를 더욱 한정하여 政取를 의미하는 글자로 이 구절에서도 군사 물자를 모으는 것을 말한다고 한다. 본 명문의 내용으로 보아 政이란 정치 일반을 가리키는 것이 아니라 『通釋』이 말하는 것처럼 군사 물자를 모으는 것을 가리킨다.

2) 䤤 : 司의 고문이다.

3) 成周四方 : 成周 밖의 사방 제후국을 가리키니, 淮夷 또한 그 반열에 있다.

4) 賚 : 『輯考』는 다음과 같이 말한다.

責자이다. 『설문』「貝部」에 "賚은 구한다는 뜻이다. 貝를 구성요소로 하고
束를 소리요소로 한다(賚, 求也. 从貝, 束聲)"라고 하고, 『옥편』에 "賚, (責)의
古文이다(賚, (責)古文)"라고 한다. 실은 賚(責)은 積의 本字이다. 『주례』「地
官·遺人」에 "국가의 委積를 관리한다(掌邦之委積)"고 하는데 委積란 어려
움과 가난을 구제하고, 노인과 고아를 보살피며, 賓客을 접대하고, 흉년을
대비하며, 군비를 공급하는 것이다. 『좌전』「僖公33년」에 "하루 밤 머무른
다면 하루 동안의 식료와 연료를 갖춘다(居則具一日之積)"라고 하는데, 그 杜
預注에 "積은 꼴과 쌀과 곡물과 땔나무이다(積, 芻米禾薪)"라고 한다. 『孫臏
兵法』「五度九奪」에 "그러므로 병법서에는 군수물자가 적에 미치지 못한다
면 지구전에 들어가서는 안 된다고 한다(故兵曰, 積弗如, 勿與持久)"라고 한다.

5) 南淮夷 : 아래 문장에 淮夷라고 하고 있으므로 南淮夷가 곧 淮夷라는
것을 알 수 있다. 남방에 있기 때문에 南淮夷라고 하였다. 군사 물자
징발은 국가 군정의 큰 계획과 관계가 있다. 서주 왕조는 玁狁에 대
한 첫 정벌 후에, 대규모 험윤 정벌의 준비에 대량의 군수물자가 필
요하여, 重臣들을 成周 사방의 군수물자를 징수하도록 파견하여 南
淮夷에 이르렀다. 전체 명문으로 보면, 이 징수는 또한 淮夷를 진무
하고, 방비하려는 뜻을 겸비하고 있다.

6. 淮尸(夷)舊我員(帛)畮(賄)人, 毋(毋)敢不出其員(帛)·其賚(積)·其
進人·其貯

1) 員 : 帛자의 古字다.

2) 畮 : 『설문』「田部」에 畝의 或體라고 하는데, 가차되어 賄가 되었다.
帛賄人은 王朝에 布帛을 바치는 臣民을 가리킨다. 〈師袁簋〉 주석을
참조하라.

3) 毋 : 毋의 가차자다. "毋敢은" 감히 누구도 할 수 없다는 뜻이다. 아

래 문장의 "毋不~"은 "~하지 않으면 안 된다"라는 뜻이다.

4) 進人 : 노역하는 사람을 바치는 것이다. 〈保卣〉, 〈保尊〉에는 "을묘일에 왕이 保에게 殷의 東國으로 가라고 명하였다. 五侯 征이 保에게 六品을 선사하였다(乙卯王令(命)保, 及殷東或(國). 五侯征兄六品)"라고 하는데, 이때의 6品도 노역하는 사람을 가리킨다. 다만 〈保卣〉, 〈保尊〉은 정벌과는 관계없고, 주나라의 중앙 관리 保와 동이 방국의 군주 五侯 征이 국가 간의 예를 주고받는 대등한 관계이다.

5) 貯 : 『大系』는 "'其貯'라는 것은 關市의 조세다. '卽市'와 서로 호응한다. 淮夷에게는 부역의 조세가 있으나, 제후의 백성에게는 關市의 세금만 있으니, 대우에 차별이 있었음을 알 수 있다. 제후 백성 중에는 징세를 면하기 위해, 蠻方으로 달아난 사람이 있으니 이른바 '入蠻妥貯'가 이를 가리킨 말이다"라고 한다. 이에 대해 『輯考』는 다음과 같이 말한다.

> 貯를 關市의 조세 징수로 보는 것은 근거가 없다. "妥貯"를 징세를 면하고자 한다고 해석하는 것은 글의 내용과 합치되지 않는다. 앞 뒤 문장을 자세히 보면, 貯는 紵로 읽어야 하고, 帛, 積, 進人 등과 마찬가지로 모두 사방의 貢物을 가리키는 말이다. 金文에 貯는 紵로 읽는 예가 있다. 〈頌鼎〉에 "송이여! 너에게 성주의 모시를 생산하는 20가를 관장하고, 新造貯를 감독할 것을 명하니, 궁의 일에 사용하라(頌! 命汝官司成周貯卄家, 監司新造貯, 用宮御)"라고 한다. 楊樹達은 이에 대하여 "나는 貯는 마땅히 紵로 읽어야 한다고 생각한다. 윗 문장은 왕이 頌에게 成周의 모시 짜는 집 20집을 관리하고, 모시 짜는 일을 새로 만들어내어 관리하여서, 궁중의 비용에 충당할 것을 명한다는 뜻이다. …… 『주례』「典枲」에 '典枲는 베, 가는 삼베, 삼실, 모시풀 등의 삼베류의 재료를 관리하고, 규정된 작업시간에 따라 일을 분배하고 필요한 재료를 공급한다(掌布總縷紵之麻草之物, 以待時頒功而授賚)'라고 한다. 『설문』「糸部」에 '紵는 어저귀 부류에 속하며, 가는 것은 絟이

라 하고 거친 것은 紵라 한다(紵, 枲屬, 細者爲絟, 粗者爲紵)'라고 한다. 紵는 본래 어저귀실의 이름일 것이다. 『시경』「東門之池」1장에 '동문의 연못이여 삼베를 담글 수 있도다(東門之池, 可以漚麻)', 2장에 '동문의 연못이여 모시를 담글 수 있도다(東門之池, 可以漚紵)'라고 하니, 혹은 麻라고 하고 혹은 紵라고 하지만 뜻은 같다. 紵를 가지고 짠 것이 布가 되니, 이 역시 紵라고 부른다"라고 설명한다.(『積微』「頌鼎跋」4~5쪽) 7세기에 비로소 면화가 인도에서 중국으로 전래되었으며 그 이전의 布는 모두 삼베 혹은 풀로 만든 직물이었다. 명주 제품과 갈포 제품은 생산량이 유한하였기에 마직품은 나라에서 민생을 계획하는 중요한 물자였다. 그래서 『주례』에 典枲의 관직이 있고, 『상서』「禹貢」에는 실과 모시의 공물이 있다. 『주례』「太宰」에 "(七日服貢)"이라 하고, 鄭玄 注에 "服貢은 갈포와 모시이다(服貢, 絺紵也)"라고 한다. 絺는 가는 葛布를 말하고, 紵는 紵布를 말한다. 〈駒父盨蓋〉에는 남회이가 그 服을 바쳤다는 명문이 있으니, 본 명문과 서로 부합된다. 『시경』「東門之池」의 孔疏에 陸璣의 『草木疏』를 인용하여 "紵는 또한 삼베다. …… 荊, 揚의 사이에서는 1년에 3번 수확한다. 지금 국가의 농원은 씨를 뿌리고 해마다 두 번 벤다. 베어낸 다음 다시 생으로 껍질을 벗겨서 철이나 대나무에 끼워두면 겉의 두꺼운 껍질이 저절로 벗겨진다. 그 속에서 힘줄처럼 질긴 것을 얻는데 이것을 徽紵라고 한다. 지금 南越의 紵布는 모두 이 麻를 사용한 것이다(紵亦麻也. ……荊揚之間, 一歲三收, 今官園種之, 歲再割. 割便生剝之, 以鐵若竹挾之, 表厚皮自脫, 但得其裏靭如筋者, 謂之徽紵, 今南越紵布, 皆用此麻)"라고 한다. 淮夷는 揚州에 속하고, 그곳에서 紵가 생산되므로 주왕조는 사방의 積을 관리함에 회의 지역에서는 특별히 紵를 바칠 것을 요구하였다.

7. 母(毋)敢不卽鈰(次)·卽市

1) 鈰 : 師次의 次의 本字이다. 『좌전』「莊公 3년」에 "군대가 하룻밤을 숙영하는 것을 舍라하고, 이틀 숙영하는 것을 信이라 하고, 信보다 길게

숙영하는 것을 次라 한다(凡師一宿爲舍, 再宿爲信, 過信爲次)"라고 한다. 그러므로 대개 군대가 머무르는 곳도 次라고 부른다. "毋敢不卽次"와 앞 문장의 "出其帛, 其積, 其進人"이 서로 호응하며, "누구도 감히 師次에 비단, 물자와 부역을 제공하지 않는 자가 없다"는 뜻이다. "毋敢不卽市"는 앞 문장의 "出其紵"는 서로 호응하니 뜻은 아무도 시장에 紵布를 제공하지 않는 자가 없다는 뜻이다.

8. 敢不用令(命), 則卽井(刑)戮伐

1) 不用命 : 명령을 따르지 않는 것이다.

2) 井 : 가차되어 刑이 된다. 『廣雅』「釋詁三」에 "刑은 다스린다는 뜻이다(刑, 治也)"라고 하니, 여기에서는 징벌로 다스리다는 의미다.

3) 戮 : 樸의 古文이다. 厂(石의 初文)을 구성요소로 하는 글자와 玉을 구성요소로 하는 글자는 같은 뜻이다. 본 명문에서는 가차되어 撲이 된다(金文에서는 戮으로도 쓴다)『회남자』「說林」에 "그늘지고 상서롭지 못한 나무는 천둥과 번개를 맞는다(陰不祥之木, 爲雷電所撲)"라고 하고, 그 高誘注에 "撲은 치는 것이다(撲, 擊也)"라고 하니, 여기에서의 뜻은 쳐서 토벌하는 것이다. 卽刑撲伐은 군사를 일으켜 쳐서 징벌로 다스릴 것이라는 뜻이다.

9. 其隹(唯)我者(諸)侯, 百生(姓), 厥貯母(毋)不卽市

1) 者 : 諸로 읽는다. "我諸侯"는 周王朝가 건립한 同姓 제후국, 그리고 혼인관계를 맺은 異姓 제후국을 가리킨다.

2) 百姓 : 『輯考』는 평민으로 노예주 계급에서 분화되어 나온 자유민이라고 하였다. 〈史頌鼎〉에는 "里君百姓"이라는 말이 나온다.

3) "厥貯母(毋)不卽市"는 그들의 紵布를 시장에 제공하지 않을 수 없다는 뜻.

10. 母(毋)敢或入緣(蠻)宄(糾)貯, 則亦井(刑).

1) 緣 :『설문』「言部」에 "緣은 어지럽다는 뜻이다. 한편 다스려진다는 뜻
도 있고, 끊임이 없다는 뜻도 있다(緣, 亂也. 一曰治也. 一曰不絕也)"라고 한
다. 본 명문에서는 蠻으로 읽으며, 고대 華夏族 통치자들이 異族에 대
한 범칭으로 사용하였다. 여기에서는 淮夷를 가리킨다.

2) 宄 :『字彙』에 "宄는 宄의 고문(宄, 古文宄字)"이라고 한다. 본 명문에
서는 糾로 읽는다. 宄와 糾는 상고음이 모두 見母, 幽部의 글자로 통
가 가능하다.『玉篇』에 "糾는 거두는 것이다(糾, 收也)"라고 한다. "母敢
或入蠻宄貯, 則亦刑"은 감히 마음대로 蠻夷에 들어가 紵布를 수취하
지 말라, 이와 같지 않다면 반드시 죄로 처벌될 것이라는 뜻이다. "入
蠻宄貯"는 주왕조의 공납 물자를 탈취하는 행위이므로 죄로써 다스리
겠다는 뜻이다. 이와 같은 일에 대해『通釋』은 다음과 같이 말한다.

> 회이와 근접하고 있던 제후·백성은 종종 荊蠻, 회이 지역에 침입하여 그 貯
> 積를 약탈하는 일이 있었는데 이것이 회이 배반의 주원인이었던 듯하다. 주
> 왕실의 부세 의무가 이미 상당히 과중하였다고 보이는데 게다가 주변의 제
> 후백성에게서 침탈까지 받으면 그들도 얌전히 있을 수만은 없었을 것이
> 다. 그래서 앞 조목에서는 회이의 의무 이행을 엄중히 감독함과 동시에 주
> 변 제후백성에 대해서도 蠻 지역에 침입, 약탈하지 않도록 경고하였을 것
> 이다. …… 이상은 王國維가 말하는 험윤 정벌을 위한 물자의 확보 및 조
> 달을 위해서가 아니라 회이 통치 상, 그 치안을 확립하고 질서를 유지하
> 기 위해 요청되었고, 명령의 대상은 "我諸侯百姓"이다. 그들의 경제활동
> 을 규제함과 동시에 회이 등 주변 이민족에 대한 자의적인 노략질을 금지
> 할 것을 명령한 것이다.

4) 끝으로 본 기물에 대하여『通釋』은 흥미로운 견해를 밝히고 있어 여
기에 소개해 둔다.

> 서주 금문 중 회이에 관한 기술을 포함한 것은 상당히 많아서 그 지역이 주

의 동남방 경영에 있어 중요한 지위를 가진다는 사실을 알 수 있다. 주의 동천, 동방열국의 흥기, 徐楚吳越의 문화라는 춘추기의 주목해야할 문제는 회이의 동향을 제외하고는 생각할 수 없다. 그런 의미로 서주후기의 회이정책은 매우 중요한 문제를 포함하는데, 그 정책을 구체적으로 알 수 있는 것으로는 이 기물 명문을 첫 손에 꼽아야 할 것이다. 王國維가 「兮甲盤跋」에서 이 명문을 〈毛公鼎〉보다도 더 중요한 자료적 가치를 지닌다고 한 것은 아마도 이 점에 착목한 평가일 것이다.

문장은 그다지 길지 않지만 다른 예를 찾아 볼 수 없는 것으로 매우 난해하다. 여기에 시도한 통석도 또한 문제점이 없는 것은 아니라서 이것에 의거해서는 그다지 많은 결론을 기대해서는 안 된다고 생각되지만, 회이의 賦貢 의무와 주왕실의 회이 정책의 방향에 대해서는 그 대강을 추측할 수 있을 것이다.

【주제어】

[인명] 王, 兮甲(兮伯吉父)

[지명] 玁狁, 嗣鹵(彭衙), 成周, 南淮夷

[시기] 王5年 3月 旣死覇 庚寅

[사건] 王이 兮甲에게 成周四方 제후국의 積를 담당하게 하여 南淮夷에 이르도록 명하였다.

【참고문헌】

『古籀餘論』권3·35쪽, 『大系』考143, 『雙選』上3·24, 『文錄』4·26, 『積微』19, 『觀堂別補』「兮甲盤跋」, 『通釋』32·191, 『銘選』3·305쪽, 『이해』383쪽

李學勤, 「兮甲盤駒父簋-論西周末年周朝與淮夷的關係」, 『西周史硏究』『人文雜誌叢刊』第2輯 1984년.

戴家祥, 「兮伯吉甫盤銘考釋」, 『華東師大學報』1955年 第1期.

陳連慶, 「兮甲盤考釋」, 『吉林師大學報』, 1974年 第4期

王輝, 『商周金文』, 「55.兮甲盤」, 文物出版社, 2006년
李奇玖, 「「兮甲盤」銘文과 西周 宣王代의 대외관계」, 『명지사론』14·15합집-冠山 金渭顯敎授 定年紀念 論文集, 명지사학회, 2004년
崔在濬/趙星珍, 「兮甲盤 銘文 新釋」, 『한중언어문화연구』 제10집, 한중언어문화연구회, 2006년

89. 구보수개(駒父盨蓋)

【탁본】

【저록】

『集成』9·4464, 『陝靑』4·133, 『銘選』1·442

『文物』1976년 제5기, 94쪽 圖2, 1976년 5월

【기물설명】

宣王시기 기물이다. 높이 18cm, 입구는 세로 17cm, 가로 25cm. 口沿은
重環紋, 복부는 瓦紋, 윗면은 蟠螭紋, 발은 雲紋으로 장식되어 있다. 윗

면 중앙에 돌출된 타원형 점이 있다. 뚜껑 내부에 명문 9행 82자가 주조되어 있다. 合文 1자. 1974년 陝西 武功縣 回龍村 周代 遺址에서 출토되었으며, 현재 武功縣文化館에 소장되어 있다.

【석문】

唯王十又(有)八年正月,[1] 南中(仲)邦父命駒父, 殷(卽)南者(諸)侯.[2] 達(率)高父視南淮尸(夷), 乓(厥)取乓(厥)服.[3] 堇(謹)尸(夷)俗, 豙(遂)不敢不□畏王命逆視我, 乓(厥)獻乓(厥)服.[4] 我乃至于淮, 小大邦亡(無)敢不敉舁(異)逆王命.[5] 四月, 還至于求, 乍(作)旅盨, 駒父其萬年永用多休.[6]

【현대어역】

왕 18년 정월, 남중방보南仲邦父가 구보駒父에게 남방 제후를 만날 것을 명하였다. (구보는) 고보高父를 이끌고 가서 남회이南淮夷에 조회하자 남회이가 그 복물服物을 취하였다. 이족의 풍속을 삼가 존중하자 남회이도 마침내 왕명을 존경하고 두려워하지 않을 수 없어서 우리들을 맞이하여 복물을 바쳤다. 우리가 회수淮水에 이르자, 크고 작은 방국邦國들이 감히 삼가지 않음이 없이, 공손히 왕명을 받들었다. 4월에 구求로 돌아와 여수旅盨를 만드니, 구보는 만년토록 영원히 다복을 누릴지니라!

【주】

1. 唯王十又(有)八年正月

1) 이 기물에 대하여 吳大焱/羅英傑은 「陝西武功縣出土駒父盨蓋」(『文物』 1976년 제5기)에서 아래와 같은 견해를 피력하고 본 기년을 宣王 18년 正月로 판정한다.

이 盨蓋를 형태와 문양으로 살펴보면 모두 서주 말기의 특징을 보인다. 南仲이라는 인물은 일찍이 宣王시기의 〈鄭炟鼎〉에도 보이는데, 郭沫若은 『시경』「出車」와 「常武」의 南仲으로 고증하였는데(『大系』에 보인다), 본 盨蓋 명문의 南仲邦父와 〈鄩吏鼎〉의 南仲은 같은 사람이니, 기물의 제작연대도 당연히 주나라 宣王 18년이다. 이 盨蓋는 서주 말기에 주나라와 동남방 여러 나라와의 관계, 지리 연혁과 공납 제공에 대한 연구에 실마리를 제공해 준다. 『銘選』, 『商周金文』 역시 이 설에 동의하며 더 나아가 『年表』에 의거하여 이 해가 기원전 810년이라 하여 서력으로 환산하고 있다. 반면에 『通釋』은 다음과 같이 논증하며 이 설을 부정하고 夷王 시기 인물로 판정한다.

"唯王十又八年"을 吳大焱/羅英傑은 宣王 18년으로 삼는다. 이는 명문에서 말하는 南淮夷의 綏撫를 『시경』「江漢」에 보이는 召公의 회이 征討와 관련된다고 생각한 것이겠지만, 남회이에 대한 經略이 가장 강력하게 진행된 것은 夷·厲王 시기로 명문 중의 南中邦父는 〈無吏鼎〉에 보이는 嗣徒南仲일 것이다. 吳大焱/羅英傑도 그 설을 취하지만 〈無吏鼎〉을 선왕 시기의 기물로 보고 「出車」, 「常武」에 보이는 남중으로 하는 郭沫若 『대계』의 설을 인용하고 있다. 〈無吏鼎〉에는 기년이 없어서 그 시기를 추측하기 어렵지만, 문장 머리에 "隹九月旣望甲戌, 王各于周廟, 述于圖室"이라고 하고, 그 圖室은 또한 〈善夫山鼎〉에 "隹卅又七年正月初吉庚戌, 王才周, 各圖室"이라고 보이는 것으로 그 날짜는 夷王의 달력에는 들어갈 수 있지만 厲, 宣王의 달력과는 맞지 않는다. 따라서 남중은 夷王 시기의 사람이라고 생각된다.

『通釋』의 견해는 "圖室"이라는 표현에 근거하는 것이지만 이를 가지고 본 기물을 夷王시기 기물로 판정할 수는 없다. 본 역주에서는 吳大焱/羅英傑 등의 견해에 따라 선왕 18년의 기물로 삼는다. 다만 서주기년을 서력으로 환산하는 것에 대해서는 아직 공인된 기준이 없기 때문에 선왕 18년을 기원전 810년으로 확정하는 설에는 따르지 않는다.

2. 南中(仲)邦父命駒父, 殷(卽)南者(諸)侯

1) 南中邦父 : 인명.『시경』「出車」에 "왕이 南仲에게 명을 내려 북방 가
   서 성을 쌓게 하네.…… 천자가 내게 명을 내려 저 북방에 성을 쌓게
   하네. 빛나고 밝은 南仲이여 玁狁을 물리쳤네(王命南仲, 往城于方.……
   天子命我, 往城朔方, 赫赫南仲, 玁狁于襄)"라 하고, 또 같은『시경』「常武」
   에 "빛나고 밝은 선왕께서 卿士 南仲에게 태조의 묘에서 명하셨네.
   皇父여 大師가 되어 우리 六師를 정비하고 우리 병기를 잘 닦으며 삼
   가 공경하고 경계하여 이 南國에 은혜를 베풀라(赫赫明明, 王命卿士, 南
   仲大祖. 大師皇父, 整我六師, 以修我戎, 旣敬旣戒, 惠此南國)"라 한다. 毛序에
   "召穆公이 宣王을 찬미한 것이다(召穆公美宣王也)"라 하고, 毛傳에 "왕
   이 大祖(태조의 묘)에서 南仲에게 명하여 皇父를 大師로 삼았다(王命南
   仲于大祖, 皇父爲大師)"라고 한다. 다만 鄭箋은 南仲을 文王 때의 인물
   로 본다.『한서』「古今人表」에도 南仲은 宣王시기에 배속되어 있기 때
   문에 본 역주에서는 南仲을 선왕 때의 인물로 파악한다. 이 명문에
   근거하면 南仲의 字는 邦父이고 無叀鼎 명문에 근거하면 南仲의 직
   책은 司徒이다.

2) 駒父 : 본 기물을 만든 사람으로 아래 문장의 高父와 함께 모두 주나
   라의 신하.『通釋』은 駒父가 〈師𡊒父鼎〉에 보이는 內史駒일 가능성
   을 지적한다.『銘選』은 駒父가 南仲의 명을 받들어 남회이에 가서 貢
   賦를 거두어들였다고 하지만, 이는 중화 중심적 시각에 의해 텍스트
   를 오독한 결과이다. 이 점에 대해서는 아래의 주3에서 상세하게 고
   찰하기로 한다.

3) 殷 : 이 글자에 대해서는 여러 견해가 존재한다. 첫째 卽으로 읽는 견
   해, 둘째 糾로 읽는 견해, 셋째 鳩로 읽는 견해다. 첫째 卽으로 읽는 견
   해는 吳大焱/羅英傑을 비롯하여『銘選』,『通釋』, 夏含夷(「從駒父盨蓋銘
   文談商王朝與南淮夷的關係」,『考古與文物』, 1988년 1월 1일),『商周金文』등

대다수의 학자가 따르고 있다. 둘째로 紏로 읽는 견해로 黃盛璋('駒父盨蓋銘文研究」,『考古與文物』, 1983년 4월 1일)은 이 글자가 규합의 뜻이라고 한다. 『輯考』도 상고음에서 卽은 質部이고 簋는 幽部라서 서로 통할 수 없기 때문에 紏로 읽어야 한다고 하여 아래와 같이 주장한다.

> 簋와 紏는 그 상고음이 모두 見母, 幽部의 글자다. 紏에는 督察의 뜻이 있다. 『옥편』에 "紏는 督이다(紏, 督也)"하고, 『주례』 「大宰」에 "다섯째는 刑典이니 邦國을 힐문하고, 百官을 다스리며, 만민을 감독한다(五日刑典, 以詰邦國, 以刑百官, 以糾萬民)"라 하고, 陸德明 『釋文』에 "彈正하고 규찰한다(彈正糾察也)"라 하고, 『한서』「平帝紀」에 "비록 王侯의 屬이나 서로 규찰할 수 없다(雖有王侯之屬, 莫能相糾)"라 한다. "糾南諸侯"는 南方諸侯를 규찰하는 것이다.

셋째로 李學勤('兮甲盤與駒父盨-論西周末年周朝與淮夷的關係」,『西周史研究』,『人文雜誌叢刊』제2집, 1984년)은 '鳩'로 읽고, 『좌전』「정공 4년」의 注 "安集也" 및 『국어』「晉語」의 注 "安也"를 인용하여 "편안하게 하다"의 뜻으로 풀이한다. 본 역주에서는 "卽"의 뜻으로 본다. 『通釋』,『商周金文』이 언급하고 있듯이 "殷"는 "卽"의 오자일 것이다. 〈諫簋〉에도 卽位를 殷立라고 오기한 예가 있다.

4) 南者侯 : 『通釋』은 "南者厌는 南諸侯. 주나라는 아마도 회이와 마주하는 요충지에 많은 제후를 배치하고 있었겠지만, 여기에서는 漢陽에서 淮域에 걸친 방면의 여러 나라를 말하는 것이겠다. 이 일에서는 3개월 후에 觴父는 蔡에 이르렀다고 한다. 蔡는 아마도 소위 上蔡의 지역이라고 생각된다"고 한다.

3. 達(率)高父視南淮尸(夷), 㞢(厥)取㞢(厥)服

1) 達 : 率의 가차자. 해성부가 같기 때문에 통가 가능하다. 『銘選』은 "達"은 "帥"와 통한다고 하고 아래와 같이 서술한다.

『순자』「富國」에 "장수가 유능하지 못하면 군대는 겁약하다(將率不能則兵弱)"의 楊倞 注에 "率과 帥는 같은 뜻이다(率與帥同)"라 한다. "南諸侯帥"는 바로 南國諸侯의 우두머리이다. 『국어』「齊語」에 "五鄕의 우두머리가 통솔한다(五鄕之帥帥之)"의 韋昭 注에 "帥는 우두머리이다(帥, 長也)"라 한다.

이 견해에 따르면 達은 명사가 되며 이 문장은 앞의 南諸侯와 연결시켜서 '남제후의 우두머리 高父'가 된다. 그렇지만 본 명문에서 達은 이끈다, 통솔하다는 率의 뜻으로 동사로서 사용되었다. 『商周金文』역시 "『설문』「辵部」에 '앞서 이끈다(先導也)'라 한다. 아울러 거느리는 것이니 지금의 率과 통한다"라고 설명한다.

2) 高父 : 高父는 본 기물을 제외하면 다른 명문에는 등장하지 않는다. 『通釋』은 이 인물에 대하여 "어쩌면 〈高父乙觶〉(『善齋·禮4·86』)의 高氏의 가문일 것이다. 그 기물은 '高乍父乙彝'라는 명문이 있는데, 은나라 계통의 동방 씨족이다. 媽父가 高父를 거느리고 남회이의 지역에 간 것은 여러 이족의 위문에 이 사람이 필요하였기 때문으로 高父는 이전부터 남회이와 접촉하였을 것이라고 생각된다"고 지적한다. 개연성이 있는 지적으로 본 역주에서도 이 견해에 따른다.

3) 視 : 고문자의 視와 見에는 형태상에 차이가 있으며 그 차이에 대한 裴錫圭의 논증이 있다. 이를 간단하게 요약, 소개하면 아래와 같다.

은허 갑골문에는 🐾자도 있고, 또한 🐾자도 있는데, 전자는 目자 하단에 사람이 꿇어앉은 모습을 하고 있고, 후자는 사람이 서있는 모습을 하고 있다는 차이가 있지만, 예전에는 모두 '見'자로 석문하였다. 張桂光이 80년대에 이 두 글자가 사실은 별개의 글자로 전자는 "見"이고 후자는 "望"의 이체자가 되어야 함을 지적하였다. 郭店楚簡『노자』에 "視"는 🐾, "見"은 🐾으로 쓰고 있는 것을 보면, 갑골문의 🐾자는 "視"로 석문해야 한다는 사실을 알 수 있다. 이 "視"는 형성자 視의 表意初文이다. 서주 금문에서도 "目" 아래 서있는 사람형태를 하고 있는 글자도 당연히 "視"로 석문하여야 한다. 서주금문 중에 이미 "見"을 구성요소로 하고 "氏"를 소리요소로 하는 "視"자가 발견되었으나(『金文編』619쪽 "視"자 참고) "視"의 表意初文은 여전히 사용되었다. (아래에 인용한 명문 가운데 이 글자는 △로 대체하였는데, 그 원형은 대부분 『金文編』618쪽 "見"자 항목에 수록되어 있다.)

〈牆盤〉: 方緣(蠻)亡不覘△.『集成』10175

〈帗伯簋〉: 王命益公征眉敖. 益公至告, 二月眉敖至△, 獻賞.『集成』4331

〈九年衛鼎〉: 眉敖者膚卓吏(使)△于王, 王大絑.『集成』2831

〈㦰鐘〉: □摯迺遣閒來逆邵王, 南夷, 東夷具△廿又六邦.『集成』260

〈駒父盨蓋〉: 南仲邦父命駒父簋南諸侯, 率高父△南淮夷, 厥取厥服, 堇夷
俗, 豙(?)不敢不敬(?)畏王命, 逆△我, 厥獻厥服.『集成』4464

〈雁(應)侯鐘〉: ……雁侯△工遺王于周……◇伯內右雁侯△工………△工
敢對揚天子休……『集成』107, 108

이상의 △자는 과거에는 모두 "見"으로 석문했었다. 〈牆盤〉명문에도 이미이 글자(△字)가 있는데, 또한 하단에는 사람이 꿇어앉아 바치는 형태의 "見"자도 있다("散史剌祖迺來見武王" 구절에 보인다) 은허복사와 초간 가운데 "△"와 "見"이 구별되는 현상을 아울러 생각한다면, 서주 금문의 "△"는 의심할 여지없이 "視"로 석문되어야 하고, "見"의 異體字로 볼 수는 없다.

〈應侯鐘〉의 "△工"은 應侯의 이름으로 위에서 인용한 周原卜甲에 보이는 "視工"에서 뜻을 취했는지는 알 수 없다. 나머지 예들은 모두 주왕조와 蠻夷간의 관계와 관련있다.『주례』「大宗伯」에 "時聘을 問이라 하고, 殷覜를 視라고 한다(時聘日問, 殷覜日視)"고 하고 같은 책 「大行人」에 "왕이 邦國諸侯를 위무하는 것은 1년에 두루 存하고 3년에 두루 覜하고, 5년에 두루 省하고……(王之所以撫邦國諸侯者, 歲徧存, 三歲徧覜, 五歲徧省)"라 한다.『설문』「見部」에 "諸侯三年大相聘을 覜라 한다. 覜는 視이다(諸侯三年大相聘日覜. 覜, 視也)"라 하고, 段注에 "정현(『주례주』)은 殷覜를 말하고, 三年大聘을 말하지 않았다. 許愼은『주례』의 覜가 곧 三年大聘이라 한 것이다. 따라서「大

行人」에서 '王之所以撫邦國諸侯者, 歲徧存, 三歲徧覜, 五歲徧省'이라 한 것이니, 省과 覜는 같은 것이다. 격년으로 거행되므로 三年大聘이라 말하였고, 아랫사람이 윗사람에게, 윗사람이 아랫사람에게 행하는 것을 모두 覜라고 할 수 있으므로 '相'이라고 말한 것이니, 許愼의 견해와 『주례』가 서로 다르지 않다"라 하고, 또 "「小行人」에 存, 覜, 省, 聘, 問은 臣下의 禮이다. 이 다섯 가지는 모두 '視'로 훈석될 수 있다"라 한다. 위에서 인용한 〈牆盤〉 등의 銘中 가운데 "視"는 마땅히 "殷覜曰視"의 "視"여야 하고, 그 뜻은 覜, 省, 聘, 問 等과 서로 유사하다. "下於上, 上於下, 皆得曰覜"라 하였으므로 〈駒父盨蓋〉 명문에도 이미 駒父가 "視南淮夷"한 문장이 있고, 또, 南淮夷가 "逆視我"한 문장이 있다.(『裘錫圭學術文集』「甲骨文中的見與視」)

이상의 裘錫圭의 견해를 요약하면 이 글자는 視이며 그 뜻은 "殷覜"이다. "殷覜"는 『주례』「大宗伯」의 鄭玄 注에 의하면 제후가 경을 사자로 하여 공물을 가지고 천자를 알현하게 하는 것을 말한다. 『通釋』은 "見"은 見事·具見처럼 服事의 의례를 말하는 말이고, 이 경우의 "見南淮夷"는 省視의 의도로써 招見을 행한다는 의미라고 한다. 그리고 "당시 駒父의 사명은 "厥取厥服", "厥獻厥服"이라고 하듯이 그 부역과 조세를 징수하고 또한 이족의 풍속을 바로잡아 주나라에 복종시키는 것이었다"라고 하지만, 裘錫圭처럼 본 글자를 視로 본다면 이렇게 해석할 수는 없다. 여기에 대해서는 후술한다.

4) 氒 : 厥로 읽는다. 앞의 厥자는 語首조사로 뜻은 없다. 그 용법에 대해서는 楊樹達의 『詞詮』을 참고. 뒤의 厥자는 대명사로 "其"의 뜻으로 사용된다. 『이아』「釋言」에 "厥은 其이다(厥, 其也)"라 한다. 여기에서는 南淮夷를 가리킨다.

5) 服 : 『주례』「大宰」에 "일곱째는 服貢이다(七曰服貢)"라고 하고, 鄭玄注에 "服貢은 絺紵이다(服貢, 絺紵)"라 한다. 또 『주례』「大行人」에 "그 服物을 바친다(其貢服物)"의 鄭玄注에 "服物은 검고 붉은 絺纊이다(服

物, 玄纁綺纊也)"라고 한다. 『주례』「大行人」에 "그 服物을 바친다(其貢服物)"의 鄭玄 注에 "服物은 검고 붉은 綺纊이다(服物, 玄纁綺纊也)"라고 한다. 黃盛璋은 "服貢의 주요품목은 布였으니, 곧 綺紵의 류이다"라 한다. 〈兮甲盤〉에 "淮夷毌敢不出其帛·其貯(紵)"라는 구절이 보인다. 〈兮甲盤〉의 구절은 본 명문과 비교하여 고찰하지 않으면 안 된다. 한편 『銘選』은 이 구절을 "그들이 그들의 관직을 받은 것이다"라고 하여 아래와 같이 서술한다.

> 淮夷의 여러 나라들에게 명하여 여전히 옛 관직을 받을 의향을 품게 한 것이다. 取는 受와 뜻이 비슷하다. 『상서』「旅獒」에 "왕의 밝은 덕이 異姓의 나라에 이르러 그 관직을 바꿈이 없다(王乃昭德之致于異姓之邦, 無替厥服)"라고 한다.

이 같은 『銘選』의 견해는 위의 裘錫圭의 지적과 아래의 夏含夷의 설명을 종합하면 잘못된 것이다.

6) 본 문장의 의미에 대해 夏含夷는 아래의 사항을 지적한다.

> "駒父, …… 見南淮夷厥取厥服"의 의미는 주왕의 대표 駒父가 남회이에게 그들의 2가지 공물을 바쳐야만 하였다는 것이다. 이러한 명령을 내린 南仲은 남회이가 주왕의 공물을 받은 이후, 주나라에 그들의 2가지 공물을 교환하는 뜻으로 바칠 것을 미리 예측했기 때문에 "南淮夷 …… 逆見我厥獻厥服"이라 하였다(남회이는 앞 구절에서는 목적어고 뒤 구절에서는 주어가 된다. 같은 예를 宣王시기의 〈多友鼎〉의 명문에서 찾아볼 수 있다) 〈구보수개〉의 명문을 이처럼 해석하여야 문장이 가장 잘 통할뿐만 아니라 자구들도 당시의 상황을 잘 담아내게 된다. 더욱이 전체 명문에서 두 구절을 같은 뜻으로 중복해서 표시할 필요는 없는 것이다. 또한 기록된 역사적 사실도 또한 서주시대 주왕조와 남회이 사이의 실질적 관계에 잘 부합한다. 위에서 서술했듯이, 무왕이 紂를 정벌한 때부터 宣王이 중흥한 2백여년간, 남회이는 줄곧 주왕조의 강력한 견제 세력이었고, 줄곧 정복당하지도 않았다. 본 기

물을 제외한 청동기 명문에서는 주왕조와 기타 이민족들간의 공물교환을 찾아볼 수는 없다. 그렇지만 중국역사에서는 항상 이와 비슷한 사례를 찾아볼 수 있다. 가령 서한 전반기에 한인과 흉노는 항상 貢物 교환관계에 있었다. 『한서』「흉노전」에 "흉노에 한나라 장군이 종종 병사들을 이끌고 투항하였기 때문에 묵돌(冒頓)은 자주 한의 경계를 넘어와 代 지역을 약탈하였다. 이에 高祖가 근심하여 劉敬을 시켜 宗室의 옹주를 바쳐 閼氏로서 單于에게 시집보내고, 매해마다 흉노에게 솜, 명주, 누룩 곡식을 바치고 형제의 연으로 화친하니 묵돌이 침범을 잠시 그쳤다(故冒頓常往來侵盜代地, 於是高祖患之. 迺使劉敬奉宗室女翁主爲單于閼氏, 歲奉匈奴絮繒酒食物各有數, 約爲兄弟以和親, 冒頓迺少止)"고 한다. 다시 2세가 지난 孝文帝 6년(B.C. 174)에 한의 황제가 흉노에게 서한을 남겨 선우의 모든 요구에 동의하고 적지 않은 공물을 바친다.

비록 視를 見으로 파악하고 있지만 夏含夷의 이 견해는 매우 타당하다. 즉, 주나라가 일방적으로 남회이에게서 공물을 받은 것이 아니라 상호 동등한 위치에서 교유하였으며, 본 명문에 의하면 오히려 먼저 선물을 보내고 있는 점에 주의해야 할 것이다. 이렇게 해석하지 않고 주나라가 공물, 또는 세금을 거두어들인 것으로만 해석한다면 본 명문의 전체 내용은 매우 어색해져서 제대로 파악할 수 없다. 지금까지의 학자들이 "視"를 "見"으로 보고 그 의미를 남회이에 시찰하여 공물을 받는다는 쪽으로만 해석해 왔기 때문에 이 명문의 해석이 매끄럽게 되지 않았다. 위에서 살펴본 것처럼 視는 "殷覜"이며 그 뜻은 제후가 경을 사자로 하여 공물을 가지고 천자를 알현하게 하는 것이기 때문에 이 글자의 의미로부터 보아도 夏含夷의 견해가 타당하다는 것이 증명될 것이다.

4. 堇(謹)尸(夷)俗, 豕(遂)不敢不□畏王命逆視我, 氒(厥)獻氒(厥)服.

1) 堇 : 謹으로 읽는다.『설문』「言部」에 "謹은 愼이다(謹, 愼也)"한다. "謹
夷俗"은 夷族의 풍속에 대해 함부로 무시하지 않고 삼가 존중하는 것
이다. 李學勤은 "謹"의 의미를 "嚴禁"으로, "俗"을 "欲"의 뜻으로 보
고 "주나라 측이 회이가 ~하고자 하는 것을 엄격하게 금지시킨 것"
이라고 하지만 이는 앞에서도 지적한 것처럼 주나라가 주변국으로부
터 공물을 받기만 하였다는 편견에서 비롯된 완전히 잘못된 견해다.
王輝(「駒父盨蓋銘文試釋」, 『考古與文物』1982년 제5기)는 이 구절의 의미를
"회이의 풍습을 존중한 것으로 일종의 회유와 우호의 태도"로 보면
서 아래와 같이 서술한다.

> 서주시대에 淮夷와의 관계는 전쟁을 주로하였지만, 어떤 역사조건 아래에
> 서는 서로가 평화공존상태를 유지하였다. 주왕실의 입장에서 말하자면,
> 당연히 南夷와 東夷는 정벌대상이지만, 수시로 회유책도 사용하였다. 특
> 히 南夷와 東夷가 압력에 직면하면 臣服 관계를 표시하였는데, 이는 착취
> 당하는 사정을 감수하겠다는 것을 의미하였다. …… 이러한 회유태도는
> 표면적으로 淮夷에의 착취를 경감시키는 것이지만 실제로는 왕실의 이익
> 을 수호하는 것으로, 왕실과 제후가 동일하게 되는 모순관계를 반영한다.
> "堇夷俗" 또한 이러한 의미로, 표면적으로는 그럴듯하게 보이지만 사신들
> 에게 夷族의 습속을 존중하라고 한 것은 실제로는 사신들이 불법적으로
> 공물을 빼돌리지 않도록 경고한 것이다.

이 견해 역시 李學勤의 의견에 동조하는 형태로 결말을 짓고 있다.『銘
選』은 "南淮夷의 예법을 엄격하게 지킨 것이다. 이 부분은 淮夷가 주
왕실에 공납을 바친 옛 관습을 가리킨다"라고 한다. 즉, 주나라측 인
물들이 남회이의 예법을 엄격하게 지켰는데, 그 예법이 주나라에 공
납을 바치는 것이라는 견해인데 문장을 완전히 잘못 이해한 것이다.
주나라의 사자들이 화평의 뜻을 전달하기 위해 남회이에 선물을 주

고 그들의 관례를 잘 지켰다는 쪽으로 이해해야 한다. 이와 같은 오류가 발생하는 이유는 역시 주왕실은 주변국으로부터 공물을 받기만 했다는 선입관에서 비롯한다.

2) 㒸 : 遂의 가차자. 楊樹達『詞詮』에 "遂는 부사이며, 終竟의 뜻이다(遂, 副詞, 終竟也)"라 한다. '遂' 앞에는 앞 문장의 주어 '南淮夷'가 생략되었다.

3) □ : '畏'자 앞의 한 글자는 마멸되었는데, 黃盛璋, 夏含夷는 敬자로 판정하고 있고, 『銘選』, 『通釋』은 敬자로 추정하고 있으며, 李學勤은 茍로 석문한 후 敬으로 읽고 있다. 문맥상으로 보면 "敬"자일 가능성이 있다.

4) 逆 : 『설문』「辵部」에 "逆은 迎의 뜻이다(逆, 迎也)"라 한다. "厥獻厥服"은 주왕실로부터 선물을 받은 남회이가 다시 응대의 선물을 보낸 것이다.

5) 獻 : 『廣雅』「釋詁」에 "진헌하는 것이다(進也)"라 하니, 곧 進貢, 進奉하는 것이다. 黃盛璋은 "'厥取厥服'과 '厥獻厥服'은 前者는 南仲이 駒父에게 南淮夷를 征服할 것을 명한 것이니, 윗사람이 아랫사람에게서 취하는 것은 '取'라 하고, 後者는 南淮夷의 우두머리가 命을 좇아 헌납하는 것이니, 아랫사람이 윗사람을 받드는 것은 '獻'이라 한다"고 한다.

6) 氒(厥)獻氒(厥)服 : 『銘選』은 "厥貢厥職이다. 貢과 獻은 같은 뜻으로, 간단히 말하면 바로 貢職이다. 그 직책에 공헌하여 왕실에 충성할 뜻을 나타낸 것이다"라고 해석하지만 명문에서 보이는 주왕실과 남회이의 관계는 군신관계가 아니다.

7) 李學勤은 "堇夷俗㒸(遂)不敢不茍(敬)畏王命"으로 끊어 읽고, 이 구절의 의미를 "회이에게 왕명을 경외하도록 엄격하게 금한 것"이라고 하지만, 이는 앞에서 지적한 것처럼 중화 중심적인 입장에서 자구를 자

의적으로 해석한 것이다.

5. 我乃至于淮, 小大邦亡(無)敢不敕䈅(巽)逆王命.

1) 小大邦 : 크고 작은 邦國이다. 小大 2자는 合文이다.

2) 敕 : 䈅자 앞의 한 글자는 拓本이 자세하지 않다. 吳大焱/羅英傑은 㱑에 가깝다고 한다. 『銘選』은 㪿로 판정한 다음 알 수 없는 글자로, 애초 鑄範에서 필획이 빠진 것이라고 한다. 李學勤이 기물을 살펴본 뒤 敕자로 판정하였다. 『廣雅』 「釋言」에 "敕은 謹이다(敕, 謹也)"라 한다. 본 역주에서는 李學勤의 견해에 따라 둔다.

3) 䈅(巽) : 䈅자는 예전에는 "具"로 풀이하였다. 林澐은 "字形은 손으로 鼎을 받드는 모양이니, 곧 『설문』 「食部」에서 '具食'으로 새기는 簋의 初文이다. 『설문』에서 簋은 饌으로 쓰기도 하는데, 算과 巽은 상고음이 모두 從母元部의 글자이다. …… 〈駒父盨〉의 '䈅逆王命'의 䈅은 마땅히 巽으로 읽어야 하며, 順伏의 뜻이다"라 한다(『新版金文編正文釋字商榷』, 1990년) "敕巽"은 경건하게 따른다는 뜻이다.

4) 逆王命 : 왕명에 응대하였다는 뜻. "我乃至于淮, ……逆王命"은 마치 주왕실과 남회이가 군신관계에 있는 것처럼 보인다. 비록 남회이 여러 방국과 주왕실은 군신관계가 아니지만, 駒父는 주나라 신하이기 때문에 자신의 순방 결과에 대해 주왕실 측의 입장에서 이렇게 정리한 것이다.

6. 四月, 還至于求, 乍(作)旅盨, 駒父其萬年永用多休.

1) 求 : 명문은 █로 쓴다. 吳大焱/羅英傑이 '蔡'로 석문한 이래 모두 이 의견을 따라 설명을 붙였다. 『銘選』은 蔡에 대하여 "武王이 아우 度〔蔡叔〕을 蔡에 봉했다고 하니 곧 上蔡이다. 武王 사후에 管叔과 蔡叔이 반란을 일으켰는데, 난이 평정된 후 蔡叔은 추방을 당했고, 후에 다시

度의 아들 胡를 蔡에 봉하여 蔡叔의 제사를 받들게 하였는데, 그가 바로 蔡仲으로 新蔡에 옮겨 살았다"고 한다. 『商周金文』도 蔡로 보고 "본래 주 武王이 아우 度을 봉한 나라로, 지금의 河南 上蔡縣이다. 무왕 사후에 蔡叔이 난을 일으켜 추방당하자, 周公이 그의 아들 蔡仲(胡)을 다시 봉하니, 新蔡에 옮겨 살았다"고 한다. 『通釋』은 蔡를 현 河南省 汝寧의 上蔡 지역으로 비정한다.

그렇지만 이 글자를 蔡로 보는 것은 재고해야 한다. 裘錫圭는 「釋求」(『古文字論集』中華書局, 1992년, 59~69쪽)에서 "1974년 武功에서 출토된 〈駒父盨蓋〉 명문에 '還至于▨'라는 구절이 있는데, 일반적으로 '還至于蔡'로 읽는다. 지금 살펴보건대 이 독법은 문제가 있다"고 지적하였다. 그리고 「釋求」에서 거론한 갑골문자 가운데 "▨"(『合』30175)와 金文에서 寏字의 求를 ▨으로 쓰는 것(『金文編』428쪽)을 비교해보면, 본 명문의 이 글자는 "求"로 석문하여야 한다고 서술한다. 이 견해에 따라 본 역주에서는 이 글자를 "求"로 석문한다. 이 求는 지명으로 구체적으로 어느 곳인지 고증하기 어렵다.

  2) 休 : 『좌전』 「襄公28년」에 "禮로써 하늘의 福祿을 받든다(以禮承天之休)"의 杜預注에 "休는 福祿이다(休, 福祿也)"라고 한다.

【주제어】

[인명] 南仲邦父, 駒父, 高父

[지명] 南淮夷, 淮, 求

[시기] 王十八年

[사건] 駒父가 왕명을 받들고 南淮夷에 가서 선물을 교환하고 화평을 맺음.

【참고문헌】

『銘選』3·311쪽

吳大焱/羅英傑,「陝西武功縣出土駒父盨蓋」,『文物』1976년 제5기, 1976년 5월

王輝,「駒父盨蓋銘文試釋」,『考古與文物』1982년 제5기

尤仁德,「讀金文辨(二則)」,『人文雜誌』, 1982년 제5기.

李學勤,「兮甲盤與駒父盨－論西周末年周朝與淮夷的關係」,『西周史研究』,『人文雜誌叢刊』제2집,
1984년

黃盛璋,「駒父盨蓋銘文研究」,『考古與文物』, 1983년 4월1일

夏含夷,「從駒父盨蓋銘文談商王朝與南淮夷的關係」,『考古與文物』, 1988년 1월 1일/『古史異觀』
(上海古籍出版社, 2005년)에 재수록

黃德寬,「淮夷文化研究的重要發現－駒父盨蓋銘文及其史實」,『東南文化』, 1991년 2월

Ⅲ
기타 夷族관련 청동기 명문

(殷유민, 滕器)

90. 형후궤(邢侯簋)

【탁본】

【저록】

『集成』8·4241, 『三代』6·54·2, 『貞松』4·48, 『小校』7·50·1, 『大系』錄 20, 『歐精華』2·103, 『獻氏』PL 13·14, 『沃森』(1962年)PL 39 FIG 9, 『彙編』3·96, 『銘選』1·66.

【기물설명】

본 기물의 명칭은 학자들마다 가지각색으로, 〈周公簋〉(『大系』), 〈焂作周公簋〉(『集成』), 〈焂簋〉(『通釋』), 〈邢侯簋〉(『銘選』), 〈井侯簋〉(『斷代』)라는 명칭으

로 불려진다. 기물을 만든 사람이 邢侯이므로 본 역주에서는 〈邢侯簋〉라고 부르기로 한다. 높이는 18.5cm. 복부의 주 문양은 코끼리 문양으로 〈大豊簋〉,〈效父簋〉,〈叔德簋〉와 동일한 소용돌이 문양의 형상을 이루고 있다. 圈足은 고개를 뒤로 돌리고 꼬리를 내린 夔鳳 문양으로 장식되어 있다. 이 문양들은 모두 가는 凸線으로 구성되어 있다. 네 귀가 있는데 각 귀의 상단에 짐승 머리가 돌출되어 있고, 아래 부분에는 갈고리 모양으로 드리워진 고리가 있다. 전체적으로 목은 잘록하게 들어갔으며 배는 불룩하게 나와 당당하고 안정감 있다. 기물의 바닥에 8행 68자, 합문 1자의 명문이 있다. 현재 영국 런던 대영박물관에 소장되어 있다. 『大系』, 『通考』, 『麻朔』, 『商周金文』은 康王 시기의 기물로 보고, 『斷代』는 成康시기로 본다. 『斷代』는 본 기물의 명문을 아래와 같은 네 부분으로 나눈다. ① 왕명을 서술한 부분, ② 井侯가 천자의 명을 진술한 부분, ③ 井侯 자신이 맹세한 말, ④ 기물을 만든 이유

【석문】

隹(唯)三月, 王令(命)쑃(榮)眔(暨)內史曰:[1] "蓍(匄)井(邢)侯服, 易(賜)臣三品州人·重人·鄷(酈)人"[2] 拜頡(稽)首, 魯天子潽(頒)厥瀕(頻)福.[3] 克奔走上下, 帝無終令(命)于有周.[4] 追考(孝)對, 不敢豙(墜).[5] 邵(昭)朕福盟, 朕臣天子.[6] 用뾇(典)王令(命), 乍(作)周公彝.[7]

【현대어역】

3월에 왕이 영榮과 내사內史에게 명령하여 말하였다. "형후邢侯에게 관직을 상징하는 명복命服을 내리고, 세 부류의 은殷 유민 노예인 주인州人, 중인重人, 용인鄷人을 하사하노라" (형후가) 손을 모아 엎드려 절하고 무릎을 꿇고 머리를 조아리며, 천자께서 그 많은 복을 내려 주심을 큰 기쁨으로 여겨 찬미하였다. 위 아래로 분주하게 노력하여, 상제上帝께서 주

에 내린 천명命을 영원하도록 하였다. 선조를 추모하여 제사를 지내고, 왕에게 보답함에 감히 실추함이 없도록 하겠노라. 우리의 제사와 맹세를 분명하게 밝혀서, 길이 천자에게 신하로서 복종하겠노라. 이로써 왕의 명령을 간책에 기록하고 주공을 위한 제기를 만드노라.

【주】

1. 隹(唯)三月, 王令(命)焂(榮)眔(暨)內史日

1) 焂 : 『金文編』(392쪽)은 榮의 고자로 보고, 성왕 시기의 卿士에 榮伯이 있었다고 한다. 『설문』「火部」에 "焂은 집안을 비추는 등잔불의 빛이다(焂, 室下燈燭之光)"라고 한다. 본 명문에서는 "榮"으로 읽고 인명으로 취급한다. 〈小盂鼎〉 등 서주 초기의 다른 명문에도 등장하며 금문에 焂白, 焂子, 焂仲 등의 예도 많이 보인다. 따라서 본 글자가 인명으로 쓰였다는 것을 알 수 있다(자세한 용례는 『金文引得-殷商西周卷-』 247~248쪽을 참조)

『大系』는 본 명문의 서체가 〈大盂鼎〉, 〈小盂鼎〉과 일치하며, 코끼리 문양을 장식한 것은 〈臣辰卣〉, 〈臣辰尊〉과 같기 때문에 이 簋의 焂과 〈大盂鼎〉, 〈小盂鼎〉의 焂은 반드시 동일인물일 것이라고 한다.

『사기』「周本紀」에 "성왕이 동이를 정벌하자 息愼이 와서 조회하였다. 왕이 榮伯에게 「賄息愼之命」을 짓게 하였다(成王旣伐東夷, 息愼來賀, 王賜榮伯, 作賄息愼之命)"라고 하고, 『상서』「序」에 "성왕이 동이를 정벌하자 肅愼이 와서 조회하였다. 왕이 榮伯에게 「賄肅愼之命」을 짓게 하였다(成王旣伐東夷, 肅愼來賀, 王俾榮伯作賄肅愼之命)"라고 하고, 그 孔傳에 "榮은 나라 이름이다. 주나라 왕과 같은 성의 제후로 卿大夫의 지위에 있었다(榮, 國名. 同姓諸侯, 爲卿大夫)"라고 한다. 『金文編』의 내용은 이 榮伯에 대한 언급일 것이다. 그리고 『국어』「晉語」에 "문왕은 게다가 주공, 소공, 필공, 영공과도 상담하였다(重之以周, 邵, 畢, 榮)"이라 하고, 그 韋昭 注에 "榮은 榮公이다(榮, 榮公)"라고 한다. 『史徵』은 周公, 昭公, 畢公 등과 같은 항렬로 文王 때에 국정에 참여한 대신이라고 한다. 그리고 『書序』의 榮伯은 成王 시기에 作册의 관직을 담당한 사람으로 榮公의 아들이라고 한다. 그리고 "內史는 作册에 예속되기 때문에 榮은 당연히 榮伯이고 作册尹의 임무를 담당했으며 성왕 시대의 榮伯일 가능성도 있다"고 한다.

2) 眔 : 『史徵』은 "眔는 泉자로 자형과 소리, 뜻이 모두 가깝다. 고대전적에는 泉로 많이 썼는데, 『설문』 「瓜部」에 '여럿을 표기하는 말로 與의 뜻이다(眔詞與也)'라고 한다. 또한 曁자로 상용하는데, 『이아』 「釋詁」에 '曁는 與의 뜻이다(曁, 與也)'라고 한다"라고 한다. 이 설명처럼 이 글자는 갑골문, 금문에서 자주 보이며 병렬할 때의 조사 '와', '과' 의미(及, 與)로 쓰인다.

3) 內史 : 『銘選』은 왕의 策命을 기록하는 임무를 담당하는 관직이라고 한다.

『주례』 「內史」에 "內史는 왕의 8가지 법을 관장하여 왕에게 정치를 보고한다. …… 무릇 왕이 諸侯와 孤卿, 大夫에게 명령을 내리면 그 명령을 간책에 기재한다(內史, 掌王之八枋之灋, 以詔王治. …… 凡命諸侯及孤卿大夫則策命之)"라고 한다. 즉, 왕의 직할 관직으로 책명의 기재를 담당한다. 〈師虎簋〉, 〈趞觶〉, 〈豆閉簋〉 등에는 內史가 命을 간책에 기재하고 있는 예가 보인다.

2. 藭(勾)井(邢)侯服, 易(賜)臣三品州人, 重人, 矗(鄘)人

1) 藭 : 이 글자를 포함한 본 구절(藭井侯服)에 대하여 『大系』는 아래와 같이 설명한다.

藭는 薯의 繁文이다. 『方言』에 "蘇는 겨자다. 沅水와 湘水의 남쪽에서는 薯이라고도 한다(蘇, 芥草也, 沅湘之南或謂之薯)"라고 하였는데, 바로 이 글자다. 이 글자는 여기에서 更의 가차자로 쓰였다. …… "更井侯服"이라 한 것은 井侯의 內服을 잇는다는 뜻이다. 井侯의 자리가 비게 되었기 때문에 燮에게 그 직책을 맡긴 것이다. 燮도 주공의 후손이라는 사실을 이 명문을 통해 분명히 알 수 있다. 燮도 豊京 근처에 封邑을 가지고 있었는데, 이는 〈卯簋〉의 명문을 통해 증명할 수 있다

여기에서 "薈"이 석문은 적절하다고 생각되지만 "이 글자는 여기에서 更의 가차자로 쓰였다"라는 설명은 오류이다. 상고음에서 薈의 韻部는 月部에 속하고, 更의 韻部은 陽部에 속하기 때문에 서로 가차할 수 없다. 『史徵』은 "여기에서는 '匃'로 읽어야 한다. 害의 발음은 割처럼 읽어 匃와 서로 가깝다. 『廣雅』「釋詁3」에 '匃는 준다는 뜻이다(匃, 予也)'라고 한다"라고 한다. 『斷代』도 "본 글자는 芥의 번문이다. …… 動詞로 사용되었고 匃로 가차할 수 있다. 『시경』「七月」의 '以介眉壽'라는 구문이 금문에는 '用匃眉壽'라고 쓰여 있다. 『廣雅』「釋詁3」에 '匃는 준다는 뜻이다(匃, 予也)'라고 한다. '賜予하다'의 의미로 사용되었다"고 하여, 『史徵』과 견해를 같이 한다. 본 역주에서도 『史徵』과 『斷代』에 따라 해석한다. 한편 『銘選』은 『史徵』·『斷代』와 거의 같은 취지를 논하지만, 그 설명 방법이 약간 다르다. 아래에 소개해 둔다.

割의 고자로 "나누어 준다"는 뜻이다. 『전국책』「秦策 1」의 "반드시 땅을 분할해서라도 왕에게 교우를 구하고 있는 것입니다(必割地以交於王矣)"라고 하는데, 그 韋昭 注에 "割은 나눈다는 分과 같은 뜻이다(割, 猶分也)"라고 한다. 『사기』「項羽本紀贊」에 "천하를 나누어 왕후를 봉하였다(分裂天下而封王侯)"라 하며, 『한서』「食貨志 上」에 "州郡을 나누고, 직분을 고쳐 관직을 만든다(分裂州郡, 改職作官)"라고 한다. 여기에서 分裂은 모두 나눈다는 뜻으로 후세에 分裂이라는 글자가 쓰이면서 나눈다는[割] 뜻은 숨어버렸다. 일설에 薈를 害로 읽고 匃, 曷과 뜻이 통하며 준다[賜與]의 의미라고 한다.

2) 井 : 『좌전』「僖公24年」에 "凡, 蔣, 邢, 茅, 胙, 蔡는 주공의 후손이다
(凡,蔣,邢,茅,胙,蔡,周公之胤也)"라고 하는데, 이 "井"자는 바로 「희공24
년」의 "邢"이다. 본 기물은 邢의 군주가 주공을 위해 만든 祭器이니,
『좌전』의 기록과 부합된다. 『좌전』「僖公25年」에 "25년 봄에 衛나라
사람이 邢을 쳤다. …… 정월 丙午일에 위나라 후작 燬가 邢을 멸망
시켰다. 같은 성씨의 나라를 멸망시켰기 때문에 위나라 후작의 이름
을 명기하였다(二十五年春, 衛人伐邢. …… 正月丙午, 衛侯燬滅邢. 同姓也, 故
名)"라고 하는 것도 참고가 된다. 『좌전』「宣公6年」에 "가을에 赤의 夷
狄이 晉나라를 쳐서, 懷와 邢丘를 포위하였다(秋, 赤狄伐晉, 圍懷及邢
丘)"라고 하기 때문에 그 당시(대략 기원전 597년 전후)에 邢丘邑은 晉에
속해있었다. 傅振倫은 「殷帝祖乙遷都邢臺說」(『邢臺歷史文化論叢』, 河北
人民出版社, 1990년)에서 아래와 같이 설명한다.

> 周公의 막내아들을 邢侯로 봉하였는데, …… 秦나라 때에는 信都縣으로
> 배치되었고, 項羽는 張耳를 "常山王"으로 삼아 그 지역을 다스리게 하고,
> 또 (그 땅을) 襄國이라 하였다. 襄國의 故城은 지금의 邢臺 동남쪽 百泉 일
> 대에 위치하고 있다. …… 춘추시기의 邢國 故址는 唐宋시기 유적에서 여
> 전히 발견할 수 있다. 『括地志』에는 "邢州 성안 서남 모퉁이에 있다(在邢州
> 城內西南隅)"라고 하였고, 『元和郡縣志』에는 "지금의 邢州 성안 서남쪽 古
> 城이 바로 이것이다(今州城內西南, 古城是也)"라고 하였는데 …… 종합해보
> 면, 邢丘, 邢國, 邢都는 河北 邢臺에 위치하고 있었던 것이 맞다.

아마도 邢國의 위치는 河南省 溫縣 혹은 河北省의 邢臺 근처인 듯하다.

3) 服 : 관직이다. 『시경』「蕩」에 "일찍이 政事에 복무함이 있었다(曾是在
服)"라고 하는데, 그 毛傳에 "服은 정사에 복무하는 것이다(服, 服政事
也)"라고 설명한다. 『상서』「酒誥」에 "그리고 조정 안에서 일하는 관리
百僚, 庶尹, 惟亞, 惟服, 宗工들(越在內服, 百僚·庶尹·惟亞·惟服·宗工)"
이라고 한다. "匄邢侯服"은 邢侯에게 관직을 수여한다는 뜻이다. 『斷

代』는 命은 命服이라고 하여 아래와 같이 해설한다.

『좌전』「僖公 28年」에 周王이 晉侯에게 명하기를 "큰 수레와 그 수레꾼의 관복을 하사하였다(錫之大輅之服)"라 하였고, 『국어』「周語」에는 "太宰가 왕명에 따라 冕服을 입도록 명하다(太宰以王命命冕服)"라고 한다. 여기에서는 井侯에게 命服을 내렸고, 아울러 세 종류의 신하도 하사하였다는 뜻이다.

4) 臣 : 『銘選』은 臣을 노예로 본다. 『상서』「費誓」에 "신첩이 달아났다(臣妾逋逃)"라고 하는데, 孔傳에 "役人 중에 천한 사람으로, 남자를 '臣'이라 하고 여자는 '妾'이라 한다(役人賤者, 男曰臣, 女曰妾)"라고 한다. 『通釋』은 "臣에게는 伯·家를 가지고 칭할 때와 人·夫라고 칭할 때가 있어서 같은 臣隸이지만, 신분적으로 차등이 있었던 듯하다. 某人이라는 것은 그 출신 씨족명을 가지고 칭하는 것으로 徒隸의 부류라고 보아도 좋다"라고 한다. 徒隸는 노예와는 조금 다른 것으로 원래는 형벌을 받아 부역을 담당하는 자를 가리킨다. 『통석』은 뒤의 州, 東, 鄘에 대해서 설명을 부가한 후 은나라 멸망을 그 지역에서 옮겨와서 徒隸로 되었다고 설명한다.

5) 品 : 『설문』「口部」에 "品은 여러 가지라는 뜻이다(品, 衆庶也)"라고 하고, 『廣韻』에 "品은 종류다(品, 類也)"라고 한다. 于省吾는 "三品은 세 가지 종류라고 말하는 것과 같다(三品, 猶言三種)"라고 한다. 『銘選』은 "州人·東人·鄘人을 가리킨다. 씨족으로 구별하여 상으로 내린 것으로, 즉 종족 노예이다"라고 한다.

6) 州 : 고대 국가이다. 小皞의 후예로 偃姓의 나라였다. 『좌전』「桓公11년」에 "鄖나라 사람이 蒲騷에서 군진을 치고, 隨, 絞, 州, 蓼나라와 함께 楚나라 군대를 치려하였다(鄖人軍于蒲騷. 將與隨絞州蓼伐楚師)"라고 하는데, 杜預 注에 "州나라는 南郡 華容縣 동남쪽에 있다(州國在南郡華容縣東南)"라고 한다. 『路史』「國名紀乙·少昊後偃姓國」에 "州는 지금의 荊南 監利이니, 그러므로 華容이 옛 州이다(州, 今荊南監利, 故華容

古州也)"라고 한다. 또『좌전』「昭公3년」에 "子豐이 晉나라에 공로가
있었는데, 내가 듣고서 잊지 않았다. 그대에게 州의 땅을 하사하여
옛 공훈을 갚으려 한다(子豐有勞於晉國, 余聞而弗忘. 賜女州田, 以胙乃舊
勳)"라고 하는데, 杜預 注는 그 州에 대해 "州縣은 지금 河內郡에 속
한다(州縣, 今屬河內郡)"라고 설명한다. 지금의 河南省 沁陽縣이다.
商나라 때의 州나라는 이곳에 있었을 것이다.『大系』는 州人·斟人·
章人을 渭水 연안의 부락씨족으로 본다.『通釋』은 "아마도 옛날 은나
라 지역으로 은 멸망 후 그 주민은 徒隷가 되었을 것이다"라고 한다.

7) 重 : 역시 고대 국가의 이름으로, 少皞의 아들 重의 후예의 나라였을
것이다.『좌전』「昭公29年」에는 "少皞氏는 4명의 자식이 있었는데, '重',
'該', '脩', '熙'라고 하니, 이들이야말로 金, 木과 水의 일을 감당할 수
있었다. 소호씨는 重을 句芒(木을 담당하는 관직)으로 삼았다(少皞氏有四
叔, 曰重, 曰該, 曰脩, 曰熙, 實能金, 木及水. 使重爲句芒)"라고 한다.『춘추』「襄
公25年」에 "제후들이 重丘에서 동맹을 맺었다(諸侯同盟于重丘)"라고
하였는데, 杜預注에 "重丘는 齊나라 땅이다(重丘, 齊地)"라고 한다. 고
대 重나라의 옛 땅은 아마도 이곳에 있었을 것이다.

8) 臺 : 墉의 고자인데, 본 명문에서는 鄘으로 읽으니, 나라 이름이다.
鄭玄의『詩譜』에 "紂城으로부터 북쪽을 邶라고 하고, 남쪽을 鄘이라
이른다(自紂城而北謂之邶, 南謂之鄘)"라고 하는데, 顧棟高는『春秋大事
表』에서 "지금의 河南省 新鄕縣 서남 32里에 鄘城이 있다(在今河南新
鄕縣西南三十二里有鄘城)"라고 하였다.

9)『通釋』은 "州, 臺가 은나라의 王畿 부근의 땅이라는 점에서 말하면 斟
도 또한 이 근처의 지명으로 주는 은을 멸망시킨 후, 이들 여러 지역
에서 사람들을 이주시켜 徒隷로 만들고 그 출신 지명을 씌워 某人이
라고 칭한 것이다"라고 한다. 당시 주나라의 은 유민 정책의 일면을
살펴볼 수 있는 내용이다.

10) 본 명문에서 상하 문맥의 의미에 근거하면 "拜頴首"로부터 아래 문
    장은 기물을 만든 邢侯가 말하는 어조이고, 위의 문장과 이어지기
    때문에 '邢侯'를 생략한 것이다.

3. 拜頴(稽)首, 魯天子㳽(頒)厥瀕(頻)福.

1) 頴 : 稽首(머리를 조아림)의 稽에 本字다. 『銘選』은 "拜는 꿇어 앉은 후
   에 두 손은 가슴 앞에 모으고, 머리를 손 위까지 내리는 것이다. 頴
   首는 양 손을 모아 땅에 대고 머리를 손 앞쪽까지 잠시 조아리는 것으
   로, 이는 옛 사람들이 행하는 가장 공경스러운 禮拜이다"라고 한다.

2) 魯 : 嘉로 읽는다. 『사기』「周本紀」의 "주공이 동쪽 땅에서 곡물을 받
   고, 천자의 명을 진술하였다(周公受禾東土, 魯天子之命)"와 동일하다. 『사
   기』「魯世家」에는 "嘉"로 쓰여 있고, 『상서』「序」에는 "旅"로 쓰여 있다.
   『大系』가 지적하고 있듯이 여기의 魯는 嘉라는 뜻으로, 경축, 찬양한
   다는 뜻이다. 『상서』「서」의 "旅"는 가차자로 『설문』「放部」에 "旅의 古
   文은 魯衛라고 할 때의 魯자로 쓰였다(古文以爲魯衛之魯)"라고 한 것은
   이 때문이다.

3) 㳽 : 『銘選』은 이 글자를 "受"로 읽고, "타동사로 쓰여서 授與한다는
   授로 해석한다. 〈令簋〉 명문의 "이로써 왕을 환영하는 향연을 하였
   다(用鄕王逆逳)", 〈麥尊〉 명문의 "이로써 덕을 받아, 친구와 화합하였
   다(用逳德, 妥多友)"는 모두 舟를 구성요소이자 소리요소로 한다"라고
   한다.
   이 글자는 사전에는 없는데, 宀를 구성요소로 하고, 洀(발음은 '반')이
   소리요소이다. 『管子』「小問」에 "박마를 타고 돌아다니다(乘駁馬, 而洀
   桓)"라고 하는데, 그 尹知章 注에 "洀는 盤의 고자이다(洀, 古盤字)"라
   고 하므로 洀는 "盤"의 발음임을 알 수 있다. 여기에서는 반열을 뜻
   하는 班으로 쓰였다. 班의 本字이거나 가차자일 것이다. 位次는 본래

조정, 종실에서의 반열을 가리키는 말이기 때문에 ⼧을 구성요소로
삼았을 것이다.『좌전』「文公6년」에 "趙孟이 '辰嬴은 지위가 천하고,
반열이 아홉 번째인 사람이니, 그의 아들이 무슨 위세를 가지고 있
겠는가?'라고 하였다(趙孟曰, 辰嬴賤, 班在九人, 其子何震之有)"라고 하는
데, 杜預 注에서는 "班은 지위다(班, 位也)"라고 풀이한다.『文選』「東
京賦」에 "높음과 낮음을 班이라 한다(尊卑以班)"라고 하였는데, 薛綜
注에 "班은 서열이다(班, 位次也)"라고 하였다.『설문』에 의하면 班의
본래 의미는 "瑞玉을 나누다(分瑞玉)"라는 뜻이고, 㑞의 본래 의미는
"서열(位次)"로 후에 㑞자를 班으로 가차하였는데, 班이 유행하자 㑞
을 대체하게 된 듯하다. 본 명문의 㑞는 頒으로 읽는다.『설문』「玨
部」 '班' 항목의 段玉裁注에 "주례에는 頒으로 班을 삼는다. 고대의
頒과 班은 같은 韻部였다(周禮以頒爲班. 古頒班同部)"라고 하고 있으므
로 본 글자를 頒으로 읽을 수 있다.『廣韻』「山韻」에 "頒은 하사하다
는 뜻이다(頒, 賜也)"라고 한다.

4) 瀕 : 이 글자에 대해『銘選』은 아래와 같이 설명한다.

> 厚福과 같다. 瀕은 頻仍(자주, 거듭)의 뜻으로 重厚의 의미.『이아』「釋詁」郭
> 璞注에 "頻仍・埤益・腜輔는 모두 重厚하다는 뜻이다(頻仍・埤益・腜輔皆重
> 厚)"라 하였다. 郝懿行『爾雅義疏』는 "『小爾雅』에 仍은 거듭의 뜻이라고 한
> 다(『小爾雅』云, 仍, 再也)"라 하고,『국어』「周語」의 주에 "仍은 자주이다(仍, 數
> 也)"라 하며,『한서』「武帝紀」顏師古注에 "仍은 자주이다(仍, 頻也)"라고 한
> 다. 모두 厚와 뜻이 가깝다.

여기에서도『銘選』의 견해를 따라 頻으로 읽고 厚의 의미로 본다.『銘
選』의 인용이외에도『廣韻』「眞部」에는 "頻은 자주라는 뜻이다(頻, 數
也)"라 하고,『字彙』「頁部」에는 "頻은 이어진다는 뜻이다(頻, 連也)"라
고 하는 것이 있다. 요컨대, 頻福은 多福과 같다.

4. 克奔走上下, 帝無終令(命)于有周.

1) 上下 : 명문에서는 '🔲'로 쓴다. 上과 下의 合文으로 보는 견해도 있지
   만(『輯考』), 본 역주에서는 두 글자로 보기로 한다. 『大系』, 『史徵』, 『銘
   選』 등은 "上下帝"를 한 단어로 보고 위의 문장에 연결하여 읽었으나
   잘못된 것이다. 먼저 『大系』의 견해는 아래와 같다.

   > 세 글자를 이어서 써서 🔲로 쓰는데, "三帝"로 해석하는 것은 틀렸다. 이
   > 명문에서 三이 두 번 나오는데 모두 🔲로 써서 세 획의 길이가 모두 같기
   > 때문에 이 글자와는 구별 된다. 上帝는 하늘의 신을 가리키며, 下帝는 인간
   > 세계의 왕을 가리킨다.

   다음 『銘選』의 견해는 아래와 같다.

   > 上下帝는 하늘의 上帝와 여러 天神을 가리키는 것 같다. 上帝는 天神의 수
   > 장으로 지극히 높은 존재이며, 下帝는 上帝에 상대되는 말로 天神 가운데
   > 다른 帝를 호칭한 것이다. 〈猷鍾〉의 명문에 "皇上帝와 여러 신(隹皇上帝百
   > 神)"이라 하는데, 百神이란 하늘의 上帝 밑의 여러 신이다. 『주례』 「小宗伯」
   > 에 "四郊에 五帝의 제단을 설치한다(兆五帝于四郊)"라 하였는데, 여기서 五
   > 帝는 바로 하늘의 사방과 중앙의 신으로 上帝가 아니다. 下帝란 바로 이
   > 러한 종류의 신들을 지칭한다.

   『大系』가 🔲를 上下로 본 것은 정확하지만, 上下帝를 한 단어로 본 것
   은 잘못되었다. 上下와 帝는 끊어서 읽는 『斷代』의 설이 정확하다.

2) "克奔走上下"는 위아래로 분주하여 朝廷에 효력이 있음을 말한 것이
   다. 屈原의 『離騷』에 "나는 분주히 달려 임금님의 앞뒤에서 도와 옛
   聖王의 발자취 따르려 하였네(忽奔走以先後兮, 及前王之踵武)"라고 하는
   데, 본 명문의 "奔走上下"와 『離騷』의 "奔走先後"는 같은 의미이다.
   "克奔走上下"의 奔走와 上下는 아래 열거한 예에서도 보인다.

   『시경』 「淸廟」 : 駿奔走在廟

   〈大于鼎〉 : 享奔走畏天畏

〈效卣〉：效不敢不萬年奔走揚公休

『상서』「君奭」：大弗克恭上下

『상서』「召誥」：毖祀于上下

『상서』「洛誥」：惟公德明光于上下

〈大克鼎〉：肆克智于皇下，瑗于上下

〈毛公鼎〉：虩許上下若否雩四方

3) 無終令 : 無는 명문에는 "🈀"로 쓰여 있다. 『史徵』은 "無終" 2자로 보는 것은 잘못으로 "𣲼"자로 석문해야 하며 "撫"와 같이 읽는다고 한다. 그렇지만 여기에서는 역시 "𣲼終命"일 것이다. 『銘選』은 본 구절에 대해 "끝이 없는 命으로, 영원한 命[永命]이다. 永命은 天命을 가리킨다. 『상서』「召誥」의 '하늘의 영원한 명을 받는다(受天永命)'와 같다"라고 한다. 『銘選』이 인용하고 있는 것 이외에도 『상서』「盤庚 上」에는 "하늘이 이 新邑에서 우리 命을 영원하게 하셨다(天其永我命于茲新邑)"라고 하고, 또 「召誥」에는 "하늘이 이미 큰 나라 殷의 命을 멀리 끊으시다(天旣遐終大邦殷之命)"라고 한다. "永命"과 "終命"은 고대에 자주 사용되던 말이므로 당연히 "上下"부분에서 끊어 읽어야 한다. "帝無終命于有周"는 上帝가 주나라에 내린 命을 영원토록 하겠다는 의미이다.

4) 有周 : 周나라를 가리키는 말. 有는 어조사로 의미를 가지지 않고 붙는 말이다. 王引之『經傳釋詞』「권3」에서는 "有는 어조사다. 한 글자로 말이 성립되지 않는 경우 有자는 붙여서 두자로 엮는다. 예를 들어 虞, 夏, 殷, 周는 모두 국명인데 有虞, 有夏, 有殷, 有周라고 하는 것이 바로 이것이다"라고 한다.

5. 追考(孝), 對, 不敢豕(墜).

1) 追 : 『正字通』에 "追는 선조를 제사하여 영원히 생각하고 잊지 않는 것이다(追,祭先而永思不忘也)"라고 한다. 『논어』「學而」에 "장례를 정성

껏 모시고 먼 조상까지 추모하여 제사 지내면, 백성의 인정이 두터워
질 것이다(愼終追遠, 民德歸厚矣)"라고 하였는데, 邢昺 疏에 "때에 맞추
어 어버이를 생각하고, 추모하여 제사지내니, 그 공경을 다하는 것이
다(感時念親, 追而祭之, 盡其敬也)"라고 한다. 여기에서의 追도 이러한 의
미로 쓰였다.

2) 考 : 孝로 읽으니, 祭享한다는 의미다. 『논어』「泰伯」에 "음식은 소박
하게 하시면서도 귀신에게 지극하게 제사지내셨다(菲飮食而致孝乎鬼
神)"라고 하는데 馬融 注는 "致孝鬼神이란 풍성하고 정결하게 제사지
내는 것이다(致孝鬼神, 祭祀豐潔)"라고 풀이한다. 따라서 본 기물의 "追
孝"는 즉 "追祭"로 정성을 다하여 제사지낸다는 의미다. 『상서』「文侯
之命」에 "조상들을 잘 제사지냈다(追孝於前文人)"라고 한다.

3) 對 : 보답하다(酬答)라는 의미. 追孝는 先祖考에게 말한 것이고, 酬
答은 時王(康王)에게 말한 것이다. 邢侯의 先祖先考는 모두 康王의 손
위 항렬이므로 먼저 "追孝"라고 말하고 뒤에 "對"라고 말한 것이다.

4) 豙 : "彘"로 석문하기도 한다. 隊로 읽고, 失로 풀이한다. "不敢隊"는
감히 실추한 것이 있을 수 없는 것이다. 『國語』「晉語」에 "공경히 명
을 실추시키지 않는다(敬不隊命)"라 하였고, 韋昭 注에 "隊는 잃음이
다(隊, 失也)"라고 한다. 그 직분에 맡겨진 명(職命)을 실추하지 않았다
는 뜻이다.

6. 邵(昭)朕福盟, 朕臣天子.

1) 邵 : 昭로 읽는다. 밝게 밝힌다는 의미.

2) 朕 : 『銘選』은 "'邵朕福盟'의 朕은 盈으로 읽는다. 朕과 盈은 상고음이
모두 喩紐에 있어서 통가될 수 있다"고 하지만, 두 발음은 聲母는 관
련성이 있다고 하더라도 韻部가 각각 侵部와 耕部로 거리가 멀고 통가
관계를 인정하기 어렵다. 본 역주에서는 如字로 읽는다.

2) 福 :『史徵』은 〈德方鼎〉의 주석에서 "제사의 일종으로, 畐은 본래 술 따르는 꼭지[流]가 있는 술동이(尊)의 형상을 본뜬 것이다. 양손을 사용하여 畐을 받들어 제사 지내는 제단 위에 술을 붓는 것을 "福"이라 한다"고 한다.

3) 盟 : 誓盟이다. '昭朕福盟'은 우리의 제사와 맹서를 밝게 밝힌다는 의미다. 이 글자를『大系』는 "血"로 보고 본 구절의 의미를 "나의 제사를 밝힌다는 뜻이다. 福은 제사지낸 고기[胙肉]이고, 血은 선지[血臠]이다"라고 한다.

4) 朕臣天子 : 아래의 "朕"자를『大系』는 恒으로 읽고, "'朕臣天子'는 〈頌鼎〉, 〈克盨〉, 〈追簋〉의 '畯臣天子'와 동일한 예이다. 畯은 峻이 가차된 것이며, 길다(長)는 뜻이다. 朕은 恒이 가차된 것으로, 역시 길다(長)는 뜻이다. 〈師兪簋〉에도 '兪는 만년토록 장구히 보존할 것이며, 천자에게 臣服할 것이다(兪其萬年永保, 臣天子)'라고 한다. '臣天子'는 천자에게 신하노릇을 한다는 뜻이다"라고 한다.『銘選』은 "여기에서의 朕은 畋으로 읽는데, 喻紐으로 또한 통가될 수 있다. 〈梁其鍾〉의 명문에 '畋臣天子'라 하였는데, 畋은 바로 駿으로 오래되고 길다(久長)는 뜻이다. 畋과 駿은 동일하게 允을 소리요소로 한다"고 한다. 본 구절에 대해『斷代』는 아래와 같이 말한다.

이 두 구문의 對句이다. 앞의 두자는 모두 동사고 뒤에 두자는 모두 명사다. 두 개의 朕자는 여기서는 대명사 용법으로 쓰일 수 없다. 邵朕은 超騰의 의미로 읽어야 한다고 생각한다. 福盟은 盟祀이다. 朕臣天子는 臣天子이고 서주 금문의 용례는 아래와 같다.

朕臣天子 : 本器

畋臣天子 : 〈頌鼎〉, 〈追簋〉, 〈克盨〉, 〈梁其鼎〉, 〈白梁其盨〉

農臣先王 : 〈梁其鍾〉

臣天子 : 〈師兪簋〉

이와 같은 예를 통해 朕, 畎, 農은 동일한 의미임을 알 수 있다. 그러므로 이 명문에서는 朕을 생략하고 다만 '臣'만을 신하로서 섬기다라는 동사로 보았다.

7. 用盟(典)王令(命), 乍(作)周公彝.

1) 盟 : 典의 고자. 『설문』「丌部」에 "典은 五帝의 책이다. 구성요소인 册이 책상(丌) 위에 있으니, 그것을 높여서 보관하는 것이다(典, 五帝之書也, 從册在丌上, 尊閣之也)"라고 한다. 莊都는 "典은 위대한 책이다(典, 大册也)"라고 하였고, 于省吾는 "그 명칭의 시초를 헤아려보면 册자로부터 파생되어 典이 되었고, 따라서 두 자로 갈라지게 되었다.……契文의 工 灋이란 工은 貢으로 읽어야 하고, 灋은 곧 典의 고자이니, 典도 册이다"라고 하였다(『駢續』「釋工灋」) 典은 고대에 제왕의 事迹, 詔命을 기록한 큰 책이다. 『銘選』이 말하는 것처럼 이곳에서는 동사와 같이 사용되어 서사 기록하다의 의미를 나타낸다. "用典王命, 作周公彝"는 왕명을 기록하고, 周公을 위한 제기(彝)를 만들었다는 의미이니, 곧 周公을 위한 제기를 만들어 왕명을 기록한다는 의미이다.

『銘選』은 본 구절을 "王命을 書册에 기록하고, 주공을 위하여 기물을 만들었다는 뜻이다. 이 기물의 주인은 마땅히 왕명을 받은 邢侯이지만, 이 명문에는 邢侯의 이름이 나오지 않는데, 이는 保卣의 명문과 비슷하다"라고 한다.

『斷代』는 "이 명문에서는 동사로 사용되었다. 册王令은 왕의 명령을 기록한다는 의미로 이때의 왕명이란 관복을 하사한 것과, 세 가지 종류의 臣을 하사한 것을 가리킨다. 册은 원래 왕명을 기록하는 죽간이므로 의미를 인신하여 書寫, 策命하다의 의미로 사용된다"고 한다.

2) 乍周公彝. : 『斷代』는 다음과 같이 설명한다.

이 기물을 만든 사람은 왕명을 받은 井侯이다. 井侯는 주공의 후예이고 그의 아들 항렬일 가능성이 매우 높다. 여기에서 두 가지 문제가 존재하는데 첫째, "乍周公簋"는 周公의 일상생활의 기물인지, 아니면 제사 지내는기물인지. 만약 전자라면 成王시기이고, 후자라면 周公이 이미 사망한 후여야 가능하다.

즉 '周公簋'라는 단어를 그 용도가 주공이 사용한 것이냐? 주공을 추모한 것이냐? 어느 쪽으로 해석하느냐에 따라 기물 제작시기가 달라진다고 한다. 그렇기 때문에 『斷代』는 성왕이나 강왕 어느 한 쪽의 시기로 확정하지 못하고 成康 시기라고 판정하고 있는 것이다. 『이해Ⅰ』은周公을 주공 旦으로보고 주공 旦은 邢侯의 아버지라고 한다.

【주제어】

[인명] 王, 榮, 邢侯, 周公.

[지명] 邢, 州, 重, 鄘.

【참고문헌】

『大系』考39, 『文錄』3·4, 『雙選』上2·25, 『積微』89쪽, 『斷代』上 81쪽, 『考報』1956년 제1기, 『史徵』159쪽, 『通釋』11·59, 『銘選』3·45쪽, 『이해Ⅰ』

于省吾, 「井侯簋考釋」, 『考古社刊』제4기, 1936년

譚戒甫, 「周召二簋銘文綜合研究」, 『江漢學報』, 1961-2

杜迺松, 「榮簋銘文考釋及其意義」, 『古宮博物院院刊』, 1982-3

傅振倫, 「西周邢侯簋銘」, 『文物春秋』, 1997-1

陳平, 「邢侯簋再研究」, 『三代文明研究(一) : 1998年河北邢臺中國商周文明國際學術硏討會論文集』, 科學出版社, 1998년

91. 십칠사순궤(十七祀詢簋)

【저록】

『集成』8·4321, 『文物』1960년 제2기, 8쪽, 『銘選』1·220.

【기물설명】

본 기물은 郭沫若(「弭叔簋給詢簋考釋」, 『文物』1960년 제2기), 『通釋』, 『集成』, 『銘

選」,『商周金文』등 거의 모든 선행연구가 기물의 이름을 〈詢簋〉, 혹은 〈旬簋〉라고 한다. 그렇지만 기년이 元年 2년인 〈師詢簋〉가 따로 존재하고 있기 때문에 혼동의 우려가 있어서 본 역주에서는 〈十七祀詢簋〉라고 한다. 기물의 높이는 21cm이다. 명문은 10행 132자이며 중문은 2자이다. 1959년 陝西省 藍田縣 城南 寺坡村 북쪽의 도랑에서 출토되었다. 현재 섬서성 박물관에 소장되어 있다. 이 기물의 제작 시기에 대하여 郭沫若은 宣王 17년에 만들어진 기물로 보고,『通釋』은 孝王 시기로 본다. 唐蘭은 1960년『青銅器圖釋』에 쓴「序言」에서 厲王시기의 기물이라고 보았는데, 훗날『史徵』에서 다시 共王시기로 견해를 바꾸었다. 李學勤(「西周青銅器研究的堅實基礎-讀『西周青銅器分期斷代研究』,『文物』, 2000년 제5기)도 共王 17년에 만들어진 기물로 보았다.『商周金文』은 본 기물에 보이는 益公이 共王, 懿王 시기의 인물이기 때문에, 郭沫若의 견해는 시기를 너무 늦게 잡은 오류가 있다고 하고『史徵』의 견해에 찬성한다. 본 역주에서도 공왕 시기의 기물로 보기로 한다.

【석문】

王若曰 : "旬(詢)! 不(丕)顯文武受令(命),[1] 則乃且(祖)奠周邦.[2] 今余令(命)女(汝)啻(適)官嗣(司)[3]邑人·先虎臣·後庸[4]·西門尸(夷)·秦尸(夷)·京尸(夷)·夒(蒲)尸(夷)[5]·師笭·側(職)新(薪)·□華尸(夷)·由勝(緐)尸(夷)[6]·甂(盂)人·成周走亞·戍·□人·降人·服(濮)尸(夷).[7]易(賜)女(汝)玄衣黹屯(純)·載市·冋(絅)黃(衡)·戈琱威·歔(緱)弋(柲)·彤沙·鑾(鑾)旂·攸勒, 用事"[8] 旬(詢)頣首, 對揚天子休令(命), 用乍(作)文且(祖)乙白(伯)同姬障(尊)簋.[9] 旬(詢)僴(萬)年, 子子孫孫永寶用. 唯王十又(有)七祀, 在射日宮, 旦, 王各(格), 益公入右旬(詢).[10]

【현대어역】

왕께서 이와 같이 말씀하셨다. "순훤아! 문왕과 무왕께서 천명을 받으심이 크게 드러남에, 너의 조상은 주나라를 안정시켰다. 지금 내가 너에게 명하노니, 읍인邑人과 선호신先虎臣, 후용後庸, 서문이西門夷, 진이秦夷, 경이京夷, 포이蒲夷, 사령師笭, 직신職薪, □화이□華夷, 유요이由繇夷, 우인盂人, 성주주아成周走亞, 수□인戍□人, 강인降人, 복이濮夷를 주관하라. 너에게 자수로 장식한 의복, 검붉은 보불, 붉은 형대衡帶, 장식된 창, 무기 자루의 장식 술, 방울로 장식한 깃발, 재갈이 포함된 굴레를 하사하니, 이를 직무에 사용하라" 순훤은 머리를 조아려 절하고 천자의 아름다운 명을 찬양하고, 문채 나는 조상 을백乙伯과 을희乙姬를 위한 존귀한 궤를 만드노라. 순훤은 이 제기를 만년토록 자자손손이 길이 보배롭게 사용하겠노라. 왕의 재위 17년, 사일궁射日宮에서 아침에 왕께서 이르러 오시고 익공益公이 들어와 순훤을 도왔다.

【주】

1. 訇(詢)! 不(丕)顯文·武受令(命)

   1) 訇 : 명문에는 🐚으로 쓰여있는데, 言을 구성요소로 하며 勹(旬의 초문)이 소리요소로, 詢의 古字다. 詢은 인명으로 〈師詢簋〉에서도 찾아볼 수 있으며 관직은 師이다.

   2) 不 : 丕로 읽는다.

   3) 丕顯 : 『상서』「君牙」에 "크게 드러나도다! 文王의 계획이시어. 크게 이어 받으시도다! 문왕의 공렬이이여(丕顯哉, 文王謨. 丕承哉, 武王烈)"라 하였는데, 僞孔傳에 "문왕의 계획한 바가 크고 밝게 드러난 것을 감탄한 것이다(歎文王所謨大顯明)"라 한다.

   4) 文武受命이라는 것은 文王과 武王이 천명을 받아 천하를 통치한다는 것을 가리킨다. 『논어』「泰伯」에 "문왕이 천하를 삼분하여 그 가운데

둘을 소유하고도 은나라를 섬겼다. 주나라 문왕의 덕은 지극한 덕이라고 할 수 있다(三分天下有其二, 以服事殷. 周之德, 其可謂至德也已矣)"라고 하여 文王이 비록 은나라를 멸망시키지는 못했지만, 이미 천하의 3분의 2를 차지하였다고 할 정도에 이르렀으며, 중국을 통일하는 기초를 닦아놓았다. 여기에 대하여 『銘選』은 아래와 같이 설명한다.

『사기』「周本紀」에 文王이 천명을 받은 군주라는 기록이 실려 있는데, 그 일은 虞나라의 송사를 해결한데서부터 시작한다. "西伯이 남몰래 선행을 하였으므로 제후들은 모두 그에게 와서 공정한 판결을 청했다. 이때 虞와 芮의 사람들에게 송사가 있었는데, 양자가 해결하지 못하자 주나라로 찾아갔다. 그들이 주나라 경내에 들어서보니 농부들은 서로 밭의 경계를 양보하고, 백성들이 모두 연장자에게 양보하는 풍속을 따르고 있었다. 그러자 虞, 芮의 사람은 아직 서백을 만나기도 전에 부끄러워하며, '우리처럼 싸우는 것은 주나라 사람들이 부끄러워하는 바이니, 가서 뭐하겠는가? 부끄럽게만 될 텐데'라며 그냥 되돌아가서 서로 양보하고 헤어졌다. 제후들이 이 소문을 듣자 '서백은 아마도 천명을 받은 군주인가보다'라고 말하였다"라고 한다. 武王이 天命을 받은 일도 역시 「周本紀」에 보인다. 武王이 군사를 이끌고 孟津에 당도하여 「太誓」를 지으면서 여러 사람에게 殷나라 왕 紂의 죄를 낱낱이 알리면서 "그러므로 오늘 나 發은 천벌을 공경히 집행하노라"라 하였다. 주를 토벌하고 다음날, 무왕은 도로를 정비하고 사당과 紂의 궁궐을 수리했다. 그리고 사당에서 尹佚이 "은의 마지막 자손 紂는 선왕의 밝은 덕을 모조리 없애버리고 신령을 모욕하여 제사를 지내지 않았으며 상의 백성을 혼미하고 난폭하게 다루었으니, 그 죄상을 상제께 명백히 알리나이다"라고 축문을 읽었다. 이에 무왕이 재배하고 머리를 조아리며 "다시 큰 命을 품고 殷나라를 개혁하여, 밝은 명을 받겠나이다"라고 하였다. 이상이 문왕과 무왕이 천명을 받은 대략이다.

2. 則乃且(祖)奠周邦.

1) 則 : 楊樹達의『詞詮』에 "則은 承接連辭로 하나의 일을 시작할 때 쓰인다. '乃'·'於是'와 의미가 같다. '乃'와 '於是'의 어감은 느릿하지만 '則'의 어감은 빠른 것이 다를 뿐이다"라 하였다.『商周金文』은 則을 效法(본받다)으로 보았다. 여기에 따라 번역하면 "너희 조상이 주나라를 안정되게 한 것을 본받아라"가 된다. 본 역주에서는 承接連辭로 보아 해석한다.

2) 乃 : 이인칭 대명사로『廣雅』「釋言」에 "乃는 너이다(乃, 汝也)"라 하였다.

3) 且 : 祖로 읽는다.

4) 奠 :『玉篇』에 "奠은 정함이다(奠, 定也)"라 하였다.『銘選』은 다음과 같이 설명한다.

> "奠周邦"은 周 왕실을 안정시킴이다. 奠은 定이다.『周禮』「職幣」에 "모두 그 사물을 분별하고, 그 작록을 정한다(皆辨其物而奠其錄)"라고 하는데, 鄭玄注에 "奠은 定이다(奠, 定也)"라고 풀었다. 奠의 자형은 기물이 丌위에 있는 것으로, 本意는 置이며, 확장되어 定이라는 뜻이 된다. 무왕이 주를 牧野에서 정벌하고 맹서를 지었는데, 맹서의 말 중에 이 일에 참여한 이들을 "우리 우방의 여러 군주들, 御事, 司徒, 司馬, 司空, 亞旅, 師氏, 千夫長, 百夫長 및 庸나라, 蜀나라, 羌髳나라, 微나라, 盧나라, 彭나라, 濮나라 사람들이여!(我有邦冢君, 御事, 司徒, 司馬, 司空, 亞旅, 師氏, 千夫長, 百夫長及庸, 蜀, 羌髳, 微, 盧, 彭, 濮人)"라고 일일이 언급하고 있는데, 이들이 모두 주나라 왕실을 안정시킨 공신이다.

3. 今余令(命)女(汝)啻(適)官嗣(司)

1) 啻 : 適으로 읽는다. 啻와 適의 상고음은 모두 審母, 錫部로 통가 가능하다.『增韻』「錫部」에 "適은 오로지함이다(適, 專也)"라 하며,『篇海類編』「人事類·辵部」에 "適은 전적으로 주관함이다(適, 專主也)"라 하

며, 『시경』「伯兮」에 "어찌 몸에 바를 기름이 없으리오. 어찌 깨끗이 목욕할 수 없으리오. 누구를 위해서 단장을 해야 하나요?(豈無膏沐, 誰適爲容?)"라 하는데 그 毛傳에 "適은 주관함이다(適, 主也)"라고 풀이한다.

2) 嗣 : 司의 古字이다. "適官司"는 주관한다는 뜻이다.

3) 이하의 관직 및 여러 이족의 명칭은 〈元年師酉簋〉에 보이는 것과 상당수 일치한다. 참고로 〈元年師酉簋〉 명문의 관련부분을 소개하면 아래와 같다.

> 왕이 史牆을 불러 師酉에게 册命하여 말하였다. "너의 선조를 계승하여 邑人, 虎臣, 西門夷, 䙴夷, 秦夷, 京夷, 㝈身夷를 주관하라(王乎史牆冊命師酉, "嗣乃且啻官邑人, 虎臣, 西門尸, 䙴尸, 秦尸, 京尸, 㝈身尸)"

4. 邑人·先虎臣·後庸

1) 邑人 : 관직명이다. 『銘選』은 〈元年師酉簋〉 항목에서 邑人에 대해 "읍리에서 사무를 담당하는 관리다. 이 관직도 일종의 고정적 신분이었다. 마치 師氏가 무관이면서 기타 각종 직무를 겸임할 수 있었던 것과 같다. 〈五祀衛鼎〉 명문에는 '參有嗣, 嗣徒邑人趞'라고 하여 趞는 邑人으로 嗣徒를 겸하고 있었다. 邑人은 읍의 거주민과는 다른 뜻으로 즉 邑里의 장관이다. 고대 邑里 기층 조직의 속에서 군사와 행정 사무에 통달했으므로 邑人은 행정과 군사 조직의 수장이었다"라고 한다.

2) 虎臣 : 전래문헌에서 虎賁이라고 한다. 왕실을 호위하는 호위군. 『상서』「顧命」에 "師氏·虎臣·百尹·御事"라 하고, 그 孔傳에 "虎臣은 虎賁氏이다(虎臣, 虎賁氏)"라고 한다. 『주례』「虎賁氏」에 "왕이 출병할 때 卒과 伍의 군사를 거느리고 앞뒤에 포진하여 호위하는 일을 맡으며, 군대의 일이나 회동에서도 마찬가지로 앞뒤를 호위하고 왕이 출궁하여 막사에 있으면 왕의 막사를 울타리를 둘러 호위하고 왕이 도성에 있

을 때는 왕궁을 수호한다. 나라에 큰 변고가 있을 때는 왕궁의 문을 지킨다(虎賁氏, 掌先後王而趨以卒伍. 軍旅會同亦如之, 舍則守王閑. 王在國則守王宮. 國有大故則守王門)"라고 한다. 『銘選』은 〈炎方鼎二〉의 주석에서 아래와 같이 설명한다.

虎臣이라는 명칭은 金文 가운데 여러 번 보이는데, 〈詢簋〉명문에는 適官邑人, 先虎臣, 後庸을 언급한 다음에 諸夷의 이름을 나열하고 있다. 이 虎臣이 곧 전래문헌의 虎賁임을 알 수 있다. …… 『주례』「秋官司寇·蠻隷」에 "校人의 사역을 받아 말을 기르는 일을 담당한다. 왕궁에 있는 자들은 국가의 병기를 가지고 왕궁을 지키고, 야외에 있을 때에는 왕의 행궁에 대한 출입 통제의 임무를 담당한다(掌役校人養馬. 其在王宮者, 執其國之兵以守王宮, 在野外則守厲禁)"라 하고, 「夷隷」, 「貉隷」의 "왕궁 수호와 출입통제구역 수호는 蠻隷의 직무와 동일하다(其守王宮者與其守厲禁者如蠻隷之事)"라 한다. 虎賁의 직무도 마찬가지로 王閑(왕이 출행 시 거처하던 곳)과 왕궁을 지키는 것이고, 그 지위는 蠻隷의 위였다. 이에 의하면 虎賁은 蠻隷를 통솔하였고, 蠻, 夷, 貉의 여러 隷 또한 자기 병사를 소유하고 있었다.

3) 庸 : 고용인(傭僕)의 傭으로 읽는다. 『銘選』은 아래와 같이 설명한다.

庸과 虎臣은 선후의 관계에 있으니, 『주례』「司隷」의 五隷로 보는 것이 타당하다. "司隷는 五隷의 법을 관장하여, 그 기물을 분별하며, 그 정령을 관장한다. 그 백성을 이끌어 도적을 체포하며, 나라의 험한 일에 동원되며, 여러 관리가 사용하는 물건을 모으며, 잡힌 사람을 구금한다. 나라에 祭祀, 賓客, 喪事가 있으면 번거롭고 천한 일에 동원된다. 四翟의 노예의 통솔을 관장하는데, 모두 그 지방의 옷을 입히고, 그 지방의 병기를 주어 왕궁을 지키고 숙영지의 수비를 돕는다(司隷, 掌五隷之灋, 辨其物而掌其政令. 帥其民而搏盜賊, 役國中之辱事, 爲百官積任器, 凡囚執人之事. 邦有祭祀·賓客喪紀之事, 則役其煩辱之事. 掌帥四翟之隷, 使之皆服其邦之服, 執其邦之兵, 守王宮與野舍之厲禁)"라 한다. 이는 모두 천한 이들이 맡은 일이다. 또한 이 五隷는 노역에 복무할 뿐 아니라 모두 왕궁을 호위하는 임무를 가지고 있지만, 虎賁은 단지 王門을 수비할 뿐이니, 양자의 임무는 관련이 있지만 앞뒤와 존비의 차이가 있다.

5. 西門尸(夷)·秦尸(夷)·京尸(夷)·彙(蒲)尸(夷)

1) 尸 : 이하의 尸는 모두 夷로 읽는다.

2) 西門夷 : 西門을 호위하는 夷를 지칭하는 듯하다.

3) 秦夷 : 秦은 柏翳(伯益)의 후예로 嬴姓이며 또한 夷族이다. 『사기』「秦本紀」에 자세히 실려 있다. 『路史』「國名紀乙」에 "秦은 非子가 처음 봉해진 秦亭으로, 오늘날 隴의 汧原으로 隴의 西鎭에 秦亭, 秦城이 있다. 그러나 非子가 처음 봉해진 곳은 실제로 秦谷으로 현재 秦州 隴城 漢隴縣이다. 襄公때 제후가 되었다(秦 …… 非子初封秦亭, 今隴之汧原, 隴西鎭有秦亭·秦城. 然非子初封實秦谷, 在今秦州隴城漢隴縣. 襄公始侯)"라 하였다. 이 명문의 秦夷는 바로 분봉 받기 전의 秦나라 사람이 주왕실에 복역한 것이다.

4) 京夷 : 〈京叔盤〉의 "京叔이 孟嬴을 위한 혼수용 盤을 만드노라(京叔作孟嬴媵盤)"라는 명문에 근거하여 京 또한 夷族이면서 嬴姓의 나라라는 것을 알 수 있는데, 이 명문을 통해서 서로 상호 증명할 수 있다.

5) 彙 : 溥의 古字. 〈默鍾〉에는 "彙彙數數"라는 표현이 보이고, 〈晉侯穌鐘〉에는 "數數彙彙"이 보인다. 이 彙자에 대하여 郭沫若은 "彙자는 예전에 모두 熊으로 잘못 석문하였다. 唐蘭은 '글자가 泉을 구성요소로 하고 皀이 소리요소이다. 음은 마땅히 『설문』「木部」의 木을 구성요소로 하고 皀이 소리요소인 槃과 같으니, 彙은 薄과 같이 읽어야 하며, 薄薄數數은 쌍성의 對句이다'라고 하는데 그 설명이 매우 옳다. 彙彙數數은 왕성하고 성하며 성대하고 드높은 것이다. 〈士父鐘〉에도 이 말이 있는데 彙자를 燮로 썼다. 燮은 石鼓文에서 庶, 博과 압

운하고 있으므로, 韻部가 魚部에 속하고, 鸁자는 聲母가 敷와 같아서 그 소리가 博과 같고, 바로 薄의 음이 된다"고 하였다. 본 역주에서는 郭沫若과 唐蘭의 설을 따라 鸁을 溥의 古字로 보기로 한다.

한편, 『路史』 「國名紀乙」에 小昊의 후예인 李姓國 중에 蒲가 있다고 하고, 주석에 "『晉志』에 이르기를 隰의 蒲子로 오늘날 隰川縣 북쪽 45리에 옛 蒲城이 있다(『晉志』云, 隰之蒲子, 今隰川縣北四十五故蒲城)"고 한다. 鸁이 溥의 古字라면 溥는 蒲와 음이 같기 때문에 鸁夷는 蒲나라일 가능성도 생긴다. 여기에서는 일단 나라이름 蒲로 보기로 한다.

6. 師筹 · 側(職)新(薪) · □華尸(夷) · 由𦝫(絲)尸(夷)

1) 筹 : 『설문』 「竹部」에 "수레 앞의 난간이다(車筹也)"라 한다. 車筹은 수레 난간(車欄)이다. 또 軨과도 통하는데 『文選』 중에서 揚雄의 「劇秦美新」에 "軨, 軒, 旐, 旗를 써서 드러낸다(式軨軒旐旗以示之)"라 하는데, 李善注에 "軨, 軒은 모두 수레이다(軨 · 軒 皆車也)"라 풀이한다. 師筹은 軨師로, 수레바퀴를 만드는 기술을 가진 工隸인 듯하다.

2) 側新 : 職薪으로 읽어야 하며, 그 직책은 대략 委人에 해당한다. 『주례』 「委人」에 "(大宰의) 九式의 法에 따라 제사에 쓰는 연료나 목재를 제공하고, 빈객에게는 말먹이와 연료를 제공하며, 喪事에 쓰는 연료나 목재를 제공하고, 군사훈련에는 그 委積로 연료나 말먹이를 제공한다(以式灋共祭祀之薪蒸木材, 賓客共其芻薪, 喪紀共其薪蒸木材, 軍旅共其委積薪芻)"라고 한다.

3) □華夷 : 탁본의 글자 하나가 뭉게져 있어 읽을 수 없다. 어떤 이족인지 명확하지 않다.

4) 𦝫 : 郭沫若, 『通釋』, 『商周金文』 등은 판독 불가능한 글자로 보고, 석문을 만들지 않고, 『銘選』은 본 글자의 우방이 豸라고 하지만, 좌변은 예정하고 있지 않다. 아마도 이 글자는 貎의 초문인 듯하다. 본 명문에

서는 繇로 읽는데, 繇는 小皥의 후손인 偃姓의 나라이다. 이 글자는 은대의 기물인 〈亞媵父乙爵〉에도 보인다. 〈亞媵父乙爵〉의 亞자 안의 글자는 **緣**의 형태로 되어있는데, 옛 貂자로, 오른쪽의 방은 貂자의 초문이고, 〈籴侯鼎〉과 〈尹姞鬲〉에도 보인다. 본 기물의 글자는 **予**의 형태를 하고 있고, 이 글자의 오른쪽 방은 담비의 몸을 간략히 형상한 것으로, 삼각형의 귀 형태가 두드러지고 있기 때문에 "담비 貂"자의 초문으로 보아도 될 듯하다. 貂는 옛 나라이름이니, 『路史』에서 말하는 謠에 해당한다. 『路史』「후기7」에 고요가 "자식이 셋이 있었는데, 큰 아들은 伯翳이고, 둘째는 仲甄이다. 둘째를 偃에 봉하니 언을 성씨로 삼았다. 언씨의 후예에 州·絞·貳·軫·謠·皖·參·會·阮·柴·鬲·酈·鄖·止·舒庸·舒鳩·舒龍·舒蓼·舒鮑·舒龔가 있었는데, …… 뒤에 각기 나라 이름으로 성씨를 삼았다(有子三人, 長伯翳, 次仲甄. 次封偃, 爲偃姓. 偃匽之後, 有州·絞·貳·軫·謠·皖·參·會·阮·柴·鬲·酈·鄖·止·舒庸·舒鳩·舒龍·舒蓼·舒鮑·舒龔. …… 後各以國命氏)"라고 한다.

7. 甌(盂)人·成周走亞·戌·□人·降人·服(濮)尸(夷).

1) 甌 : 匚을 구성요소로 하고, 舒(雅의 古字이다. 『字彙補』「隹部」에 雅의 발음은 移와 居의 반절로, 于와 음이 같다. 『篇韻』에 보인다)가 소리요소로, 盂자의 이체자인 것 같으며, 여기서는 于로 읽는다. 『후한서』「東夷列傳」에 "夷에는 9개의 부족이 있는데, 畎夷, 于夷, 方夷, 黃夷, 白夷, 赤夷, 玄夷, 風夷, 陽夷이다(夷有九種, 曰畎夷, 于夷, 方夷, 黃夷, 白夷, 赤夷, 玄夷, 風夷, 陽夷)"라 하였다. 李賢 注에는 "『竹書紀年』에 '(夏나라 임금)相이 즉위하고 2년 후에 黃夷을 정벌하였고, 7년에 于夷가 빈객으로 왔다((夏)后相卽位二年, 征黃夷, 七年, 于夷來賓)'라 하였다"라는 기록이 있다. 楊樹達의 『甲文說』에는 "于는 바로 갑골문의 盂方이다"라 하였다. 郭沫若은 "소위 盂方이라고 하는 것이 殷 동쪽의 나라라는 것을

알 수 있다. …… 宋나라의 지명에도 盂라는 곳이 있다. 『春秋』「僖公 23年」에 '宋公·楚子·陳侯·蔡侯·鄭伯·曹伯이 盂에서 회합하였다(宋公·楚子·陳侯·蔡侯·鄭伯·曹伯會于盂)'라 하고, 杜預 注는 盂를 '宋나라의 땅으로, 襄邑 서북쪽에 盂亭이 있다'라고 설명한다. 이 지역은 현재의 河南省 睢縣이다'(『卜通考釋』127쪽)라 하였다. 이 𠤔은 아마도 『竹書紀年』의 于夷인 듯하며, 갑골문의 盂方이다.

2) 成周走亞 : 張亞初는 "馬, 亞는 비슷한 성격의 관직이다. 馬는 走馬이니, 走馬와 亞는 원래 다른 직책이나, 두 직책의 성격이 서로 가깝기 때문에 후에는 종종 走馬亞라고 합쳐서 지칭하였고, 생략해서 馬亞라고 하였는데, 어떤 때는 走亞라고 하기도 하였다"라고 하였다(『商代官職研究』, 『古文字研究』 제13집, 中華書局, 1988년)

3) 戍 : 『설문』「戈部」에 "戍은 변방을 지킴이다(戍, 守邊也)"라 하였다. 이 명문에서는 변방의 병사를 가리킨다.

4) 降人 : 항복한 사람을 가리킨다.

5) 服夷 : 濮夷로 읽는 것이 타당하다. 『설문』「又部」에 "𠬝은 다스리는 것이다(𠬝, 治也)"라고 하는데, 곧 정복하다는 "制服"과 제압하다는 "壓服"의 "服"자의 本字이다. 본 명문의 服은 나라 이름이다. 『鹽鐵論』「備胡篇」을 보면 "南越이 내침하였는데, 滑(蠻夷猾夏의 猾로 읽어야 한다)服令·氐僰·冉駹·巂唐·昆明의 무리들이다(南越內侵, 滑服令·氐僰·冉駹·巂唐·昆明之屬)"라고 하고, 『漢書』「南粵傳」에는 服領으로 쓴다. 蘇林 注는 "험준하게 이어진 산의 이름이다(山領名也)"라고 한다. 徐中舒는 "服과 濮은 예전에 모두 重脣音에 해당하는 幫母와 并母에 속하기 때문에, 服子는 아마도 「牧誓」에 기록된 '微·盧·彭·濮人'의 濮이라고 생각된다"고 한다(『殷周之際史迹之探討』) 饒宗頤는 "南國𠬝子는 百濮의 君長이다"라고 한다(『殷代貞卜人物通考』) 黃盛璋은 "服子의 수도는 鄂과 멀리 떨어져 있지 않고, 鄧은 鄂의 서남쪽에 있었으므로 鄧과의 거리

또한 멀지 않다. 이와 같다면 服은 濮이고, 바로 鄧과 이웃하며 巴는 최초에 鄧 남쪽에 있었으므로, …… 巴·濮·楚·鄧 네 나라는 서로 이웃한다. 濮이 服子에서부터 수도를 삼은 것과 西周의 같은 시기에 鄂京을 정벌한 것은 服子의 수도(濮)가 鄂과 鄧 사이에 있었다는 것을 증명한다"라고 한다.(「濮國銅器新發現」, 『文物研究』 제7기)

8. 易(賜)女(汝)玄衣黹屯(純)·載市·同(絧)黃(衡)·戈琱祓·厰(緱)弋(柲)·彤沙·縊(鑾)旂·攸勒, 用事

1) 玄 : 『설문』 「玄部」에 "검으면서 붉은 기운이 있는 것을 玄이라고 한다(黑而有赤色者爲玄)"고 한다.

2) 黹 : 『설문』 「黹部」에 "실로 바느질하여 옷을 꿰매는 것이다(箴縷所紩衣)"라 하였다. 王筠은 "'衣'는 衍文인 것 같은데, 어쩌면 '也'자가 잘못 변한 것일 수도 있다. 또 黹자의 자형으로는 刺繡라는 뜻만으로 쓰이는 글자로도 생각된다"고 하였다.

3) 屯 : 純으로 읽는다. 『예기』 「曲禮」에 "관과 의복의 소매에 흰색을 사용하지 않는다(冠衣不純素)"라고 하고 그 鄭玄注에 "純은 소매이다(純, 緣也)"라고 풀이한다.

4) 玄衣黹純 : 가장자리를 자수로 장식한 옷이다.

5) 載 : 孫詒讓은 「尤彝」(『餘論』 卷3)에서 "載는 韋와 戈를 구성요소로 하는데, 발음요소로 미루어보면 纔와 서로 가깝다. 『설문』 「系部」에 '纔는 帛雀의 머리 색깔이다. 糸를 구성요소로 하고 毚이 소리요소이다(纔, 帛雀頭色, 從糸毚聲)'라고 한다. 載가 纔로 되는 것은 경전에서 纔가 才로 되는 것과 같다. 雀은 禮經에서 爵으로 쓰였다. …… 아마도 비단실을 꼬아 만들었을 것이며, 爵色의 비단을 纔라고 하였을 것이다. 市은 가죽으로 만들었으니, 爵色 市이 바로 載이다. 두 뜻은 각각 正字가 있으니, 더욱 명확히 분별하였다"라고 하였다. 경전에서 爵이라고

쓴 것은 雀을 가차한 것이다. 『설문』 「糸部」 纔의 段玉裁 注에 "『주례』 「巾車」의 주석에 雀은 대체로 검으면서 붉은 기운이 조금 있는 색이다. 내가 생각하기에, 雀頭의 색깔이 붉으면서 약간 검은 것을 눈으로 볼 수 있는 것 같다(巾車注曰, 雀, 黑多赤少之色. 玉裁按, 今目驗雀頭色, 赤而微黑)"라고 한다.

6) 同 : 禎으로 읽는다. 『이아』 「釋器」에 "두 번째 염색하는 것을 禎이라 한다(再染爲之禎)"라고 하고, 그 郭璞注에 "禎은 옅은 붉은색이다(禎, 淺赤)"라고 한다.

7) 黃 : 衡으로 읽는다. 『예기』 「玉藻」에 "一命이 사용하는 것은 적황색의 불과 검은색의 패옥이고, 再命이 사용하는 것은 붉은색의 불과 검은색의 패옥이고, 三命이 사용하는 것은 붉은색의 불과 옅은 초록색의 패옥이다(一命縕韍·幽衡, 再命赤韍·幽衡, 三命赤韍·葱衡)"라 하였고, 鄭玄 注에는 "衡은 佩玉의 衡이다(衡, 佩玉之衡也)"라고 한다. 禎衡은 옅은 붉은색의 패옥으로 만든 衡帶이다.

8) 戉 : 명문에는 █으로 쓰여 있다. 郭沫若은 "戉은 戛의 本字로 보는 것이 타당하며, 또한 棘자이다"라고 하고, 또 "戛은 마땅히 戈의 援이니, 戈의 가장 오래된 것에는 援과 內만 있을 뿐 胡가 없다. ……

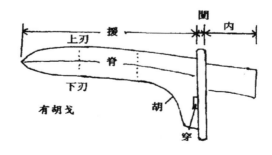

서주 동기 戈의 각 부분 명칭
(羅西章 외, 『古文物稱謂圖典』[三秦出版社, 2001년, 279쪽]에서 채록)

胡가 없는 戈는 그 援이 옆으로 돌출된 刺의 부류이니, 棘을 援의 옛 명칭이라고 보는 것이 타당하며, 명문에는 肉과 戈를 구성요소로 하여 이루어진 戚자가 이에 해당한다. 戈의 肉은 바로 戈의 援이다. …… 棘이 戟으로 되는 것은 戟이라는 병기가 생겨난 이후의 일이다. …… 그러므로 戈珊戚이라는 것을 나의 관점에 따라 해석해보면, 戈의 援에 장식이 있는 戈이며, 간략히 珊戈라고 한다(戈珊戚戲必彤沙說「殷周靑銅器銘文硏究」)"라고 한다. 郭沫若의 해석을 따를만하다고 생각한다. 戰國文字의 戟은 𣂁(陶彙3·323)로 쓰기도 하는데, 戚위에 屯가 더하여져 소리부분이 되어있으니, 마땅히 棘으로 읽어야함을 알 수 있다.

9) 歃 : 字書에는 보이지 않는데, 발음요소로 생각해보면, 歈의 古字로 생각된다. 『銘選』은 다음과 같이 설명한다.

> 여기서는 緱로 읽는데, 『설문』「糸部」에 "緱는 도검을 감은 것이다. 絲를 구성요소로 하고 侯가 소리요소이다(緱, 刀劍緱也, 從絲侯聲)"라고 한다. 『사기』「孟嘗君傳」에 "풍선생은 매우 가난하여, 칼 한 자루만을 가지고 있을 뿐인데, 더욱이 칼자루를 띠풀로 묶은 것입니다(馮先生甚貧, 猶有一劍耳, 又蒯緱)"라고 하는데, 裴駰의 『사기집해』에 "緱는 侯음으로 候라 쓰기도 하는데, 검을 쥐는 부위가 된다(緱音侯, 亦作候, 爲把劍之處)"라고 설명한다. 緱는 쥐는 부분을 묶는 끈이다.

『集韻』「侯韻」에 "歈는 목에 난 병으로, 바람이 나오는 모습이다(歈, 歈歃, 氣出貌)"라 하였다. 이 명문에서는 緱로 읽는다. 『廣韻』「侯韻」에 "도검의 칼자루를 실로 감은 것을 緱라 한다(刀劍頭纒絲爲緱)"라고 한다.

10) 弋 : 柲로 읽는다. 『설문』「木部」에 "柲은 欑이다(柲, 欑也)"라 하였는데, 徐鍇의 『說文繫傳』에 "欑은 戈과 戟의 손잡이다(欑卽戈戟柄)"라 하였다. 『銘選』은 "緱柲은 戈의 손잡이를 묶은 끈으로, 손이 미끄러지는 것을 방지한다. 戈는 손잡이가 긴 병기로, 楚지역에서 출토되는

보존이 잘된 戈의 손잡이에는 실로 만든 끈을 두른 후에 옻칠을 하여 잡기 쉽게 한 것이 자주 발견된다"라고 한다.

11) 彤 : 『玉篇』「丹部」에 "彤은 붉은색이다(彤, 赤也)"라 하였다.

12) 沙 : 郭沫若은 沙는 緂 혹은 綏와 통한다고 한다(「戈珊戚戢必彤沙說」 『殷周靑銅器銘文硏究』) 반면 『銘選』은 아래와 같이 설명한다.

　　붉은색 장식용 술이다. 〈師兪簋〉의 명문을 들어보면, 沙자를 㷼로 썼으니, 㷼는 彤沙의 沙의 本字이다. 㷼는 바로 蘇이다. 『사기』「司馬相如列傳」에 "蒙鶡蘇"라 하는데, 『사기집해』는 "蘇는 꼬리이다(蘇, 尾也)"라 하였다. 『集韻』「模部」의 蘇의 항목에 "새의 꼬리이다. 流蘇라고 하는 것이니, 새의 꼬리를 모아서 흘러내리듯이 드리우는 것이다(鳥尾也. 所謂流蘇者, 緝鳥尾垂之若流然)"라고 한다. 㷼는 流蘇의 本字로 보는 것이 타당하다. 沙는 그 가차자이다. 일설에 沙는 緂를 가차한 것이며, 綏와 통가된다고 하는데, 綏는 소의 꼬리로 만든 깃발 장식이다. 商周시기의 戈柲은 길지 않았는데, 𢦏의 자형에 의거하면, 戈의 內의 털 장식이 매우 짧기 때문에 소의 꼬리는 戈를 장식하는데 적합하지 않다. 沙자는 여전히 새의 꼬리로 만들어서 아래로 늘어뜨린 蘇로 해석하는 것이 타당하니, 彤沙는 붉은색 流蘇이다.

13) 綴 : 鑾으로 읽는다. 鑾旂는 방울로 장식한 旗幟이다.

14) 攸勒 : '攸勒'은 말 머리의 고삐와 재갈이다. 〈元年師酉簋〉와 〈彔伯戒簋〉에도 같은 표현이 등장한다.

9. 用乍(作)文且(祖)乙白(伯)同姬障(尊)簋

1) 郭沫若은 "고대에 부인에게는 字가 없었기 때문에 남편의 字를 가지고 자신의 字로 삼았다. '同'이라는 것은 '乙'을 함께 쓴다는 것이다. 〈頌鼎〉의 '皇考龏叔, 皇母龏似'를 예로 들 수 있다. …… 어머니가 姬성을 쓰기 때문에, 匍이 姬성을 쓰지 않는다는 것을 알 수 있다"라고 한다. 반면 容庚은 同을 씨족명으로 보았다.

10. 唯王十又(有)七祀, 在射日宮, 旦, 王各(格), 益公入右訇(詢).

 1) 射日宮 : 궁궐의 이름이다.

 2) 各 : 格과 통하니 "이르다(至)"는 뜻. 『상서』「堯典」에 "格于上下"라고 하
　는데 이 구절을 孔傳은 "至于天地"라고 하고, 그 孔疏에 "格은 이른다
　는 뜻이다(格, 至)"라고 한다. 자형은 약간 다르지만 금문에서 格이
　至의 뜻으로 쓰이는 용례로는 〈利鼎〉에 "왕이 般宮에 이르렀다(王客
　于般宮)"고 하고, 〈庚嬴鼎〉에 "왕이 ▆宮에 이르러 殷祀를 거행하였다
　(王格▆宮衣事)"라고 하고, 〈庚嬴卣〉에 "왕이 庚嬴의 궁실에 이르렀다
　(王逢于庚嬴宮)"라고 한다.

 3) 十又七祀 : 이는 17년이니 共王 시기의 연대로 보는 것이 타당할 듯
　하다. 이 점에 대하여 『銘選』은 다음과 같이 논증하고 있다.
　　〈師酉簋〉의 명문에 기록된 제사 대상은 文考乙伯의 共王 元年의 기물이
　　다. 〈詢簋〉(즉 본 기물) 명문에서 책봉되는 관직과 관명은 〈師酉簋〉와 비슷
　　한 점이 많으며, 제사의 대상이 文祖乙伯이다. 이것으로 〈師酉〉가 〈詢〉의
　　아버지임을 알 수 있다. 그러나 〈詢簋〉는 詢이 책명을 받을 때 들어온 右
　　者를 益公으로 기록하고 있는데, 益公이라는 인명은 共王 시기의 기물에
　　자주 보인다. 〈十七年牧簋〉의 명문에 제사대 상이 文考益伯이라고 기록되
　　어 있기 때문에, 〈十七年師詢簋〉와 〈十七年牧簋〉는 다른 왕의 재위시기이
　　다. 〈十七年牧簋〉는 懿王시기의 기물로, 책명을 받은 사람은 內師 吳이고,
　　〈吳方彝〉는 懿王 2년의 기물이기 때문에, 〈詢簋〉의 十七年은 共王시기를
　　기록한 것이라고 보는 것이 타당하다. 이로 보아 師酉는 共王 15년 이전
　　에 사망하였고, 詢은 아버지의 상을 최소한 3년간 치른 후에야 관직에 올
　　랐음을 알 수 있다.

 4) 唯王十又七祀, 在射日宮, 旦, 王各, 益公入右詢 : 記年에 記事를 합
　쳐서 사건이 일어난 때를 기록한 방법이다. 이렇게 사건이 일어난 때
　를 뒤에 배치하는 명문은 殷末과 西周 초기의 청동기에 많이 보인다.

【주제어】

[인명] 王, 詢, 益公.

[지명] 秦, 京, 彙(蒲), 由膝(緜), 匭(盂), 成周, 降, 服(濮)

[시기] 17祀

[시기] 왕이 詢에게 邑人, 虎臣 및 여러 이족을 다스리도록 명령

【참고문헌】

『通釋』31·182,『史徵』425쪽,『商周金文』164쪽,『今譯類檢』223쪽

郭沫若,「弭叔簋給詢簋考釋」,『文物』1960년 제2기, 1960년 2월

李學勤,「西周靑銅器硏究的堅實基礎－讀『西周靑銅器分期斷代硏究』」,『文物』, 2000년 제5기, 2000년 5월

92. 원년사유궤(元年師酉簋)

【탁본】

【저록】

기물 1 : 『集成』8·4288, 『三代』9·21·2−9·22·1, 『積古』6·23·1(蓋), 『攈古』
3·2·28·2−29·1(器), 『二百』3·1(器), 『兩罍』6·15·1(器), 6·17·1(蓋),
6·17·1(器), 『愙齋』9·12·1(器), 『寄觚』4·22·1−2(蓋), 4·24·2(器), 『古
文審』7·11, 『周金』3·20·2(蓋), 『小校』8·69·2−70·2, 『大系』錄
76·1−77·2, 阮元, 吳云, 金香圃가 과거에 소장, 현재는 古宮博物
院에 소장.

기물 2 : 『集成』8·4289, 『三代』9·22·2-9·23·1, 『攈古』3·2·27·1-2(器), 3·2·30·2-31·1(蓋), 『兩罍』6·17·2(蓋), 『㤅齋』9·13·2(蓋), 『周金』 3·20·1-3·21·1, 『小校』8·70·1-8·71·1, 『大系』錄76·2-77·1, 『銘 選』錄193, 阮元, 吳云, 陳受笙, 朱筱漚가 과거에 소장했었고, 후에 古宮에 귀속되었다가 현재는 中國歷史博物館에 소장되어 있다.

기물 3 : 『集成』8·4290, 『三代』9·23·2, 『積古』6·26·1(蓋), 『攈古』3·2·32·2- 33·1, 『周金』3·22·2, 『陶齋』2·14, 『寄龕』4·23·2-24·1, 『小校』 8·72·1, -70·2, 『大系』錄78·1, 端方, 顧壽康, 馮怒가 과거에 소장 하였었고, 현재는 古宮博物院에 소장되어 있다.

기물 4 : 『集成』8·4291, 『三代』9·24·1, 『攈古』3·2·31·2-32·1, 『周金』 3·22·1, 『小校』8·69·1, 『癡庵』16, 『大系』錄78·2, 朱筱漚, 徐乃 昌이 과거에 소장했었고, 현재는 古宮博物院에 소장되어 있다.

【기물설명】

모두 4점으로 기물의 형식과 체제는 서로 같다. 기물의 높이는 22.3cm, 입구 지름은 19.2cm, 바닥 지름은 19.9cm이다. 입구의 아래와 뚜껑의 테 두리에는 동일하게 橫鱗紋이 한 바퀴 둘러 장식되어 있고, 복부에는 瓦 紋이, 圈足에는 한 줄의 橫鱗紋이 장식되어 있다. 두 개의 귀 상단에 나선 형 뿔을 단 짐승의 머리가 있고, 아래에는 코끼리 코처럼 늘어진 귀고리 가 있다. 세 개의 다리는 짐승의 머리모양을 하고 있고, 다리 끝부분은 조 금 밖으로 말려있다. 기물과 뚜껑에는 동일한 명문이 있는데, 각 11행 106 자로 重文은 2자이고 자구의 배열은 조금 차이가 있다. 현재 고궁박물원 에 3점, 중국역사박물관에 1점이 소장되어 있다. 시대는 懿王 시기에 해 당한다.

【석문】

佳(唯)王元年正月, 王才(在)吳.[1] 各(格)吳大廟.[2] 公族⿰⿱𠂤見簋鬴鐅入右師酉,
立中廷.[3] 王乎(呼)史牆冊命師酉,[4] "䰗(嗣)乃且(祖)啻(適)官邑人, 虎
臣, 西門尸(夷), 𧮫(蒲)尸(夷), 秦尸(夷), 京尸(夷), 㝅身尸(夷).[5] 新易
(賜)女(汝)赤市, 朱黃, 中絅, 攸勒.[6] 敬夙夜, 勿灋(廢)朕令(命)"[7] 師酉
撵(拜)頴(稽)首,[8] 對揚天子不(丕)顯休命, 用乍(作)朕文考乙白(伯)㝅姬
尊簋.[9] 酉其萬年子子孫孫永寶用.

【현대어역】

왕 원년 정월에 왕은 오吳 지역에 계셨다. 오대吳大의 묘廟에 이르셨다.
공족公族⿰⿱𠂤見리鐅가 들어와서 사유師酉를 인도하여 중정中庭에 섰다. 왕
이 사장史牆을 불러 사유師酉에게 책명冊命하여 말하였다. "너의 선조를
계승하여 읍인邑人, 호신虎臣, 서문이西門夷, 박이𧮫夷, 진이秦夷, 경
이京夷, 㝅身夷를 주관하라. 새롭게 너에게 붉은 슬갑과 주홍빛 형대衡
帶와 제복祭服 안에 입는 옷과 말고삐를 사여하노라. 이른 아침부터 늦은
밤까지 공경하고 삼가며, 나의 명령을 폐기하지 말라." 사유師酉는 손을
모으고 머리를 조아리며, 천자의 크고 아름다우신 은혜로운 명령을 높이
찬양하며, 이로써 나의 문채 나는 아버지 을백乙伯과 구희㝅姬를 위한 존
귀한 궤簋를 만드노라. 유酉는 만년토록 자자손손 영원히 보배롭게 사용
하겠노라.

【주】

1. 佳(唯)王元年正月, 王才(在)吳

   1) 王元年正月 : 『銘選』은 본 명문의 元年을 共王 元年으로 보지만, 懿王
      元年 正月이다. 史牆盤의 기록에 의하면 牆은 恭王시기에 史官이었는
      데, 恭王의 재위기간은 29년이고, 懿王 원년에도 牆은 여전히 (관직에)

재직하고 있었다.

恭王과 懿王의 재위 연대

	『斷代工程』	「Shaughnessy」	『죽서기년』
共王	B.C 922~900(23)	B.C 917/915~900(18/16)	12
懿王	B.C 899~892(8)	B.C 899/897~873(27/25)	25

※ 『斷代工程』: 『夏商周斷代工程1996~2000年階段成果報告(簡本)』
※ 「Shaughnessy」: Edward L. Shaughnessy(1991), "The Absolute Chronology of the Western Zhou Dynasty," *Sources of Western Zhou History: Inscribed Bronze Vessels*, Berkeley: University of California Press, pp.217-287.

2) 吳 : 『雙選』은 虞라고 읽었다. 『銘選』은 "여기서 말하는 吳는 바로 北吳다"라고 하였다. 『한서』 「地理志」에 "太伯이 죽고, 仲雍이 즉위하였다. 증손 周章에 이르러 武王이 은나라를 멸망시키고서 이곳에 분봉해 주었다. 또 河北에 周章의 동생 虞仲을 분봉하였는데 이것이 北吳로 후대에는 虞라 불렸다(太伯卒, 仲雍立, 至曾孫周章而武王克殷, 因而封之. 又封周章弟虞仲于河北, 是爲北吳, 後世謂之虞)"고 한다. 『사기』 「吳太伯世家」에 "이에 주나라의 북쪽 옛 夏虛에 周章의 동생 虞仲을 분봉하였다(乃封周章弟虞仲於周之北故夏虛)"고 하는데, 裴駰은 『史記集解』에서 徐廣의 말을 인용하여 "河東의 大陽縣에 있다(在河東大陽縣)"고 한다.

2. 各(格)吳大廟.

1) 各 : 格과 통하니 "이르다(至)"는 뜻. 『상서』 「堯典」에 "格于上下"라고 하는데 이 구절을 孔傳은 "至于天地"라고 하고, 그 孔疏에 "格은 이른다는 뜻이다(格, 至)"라고 한다. 자형은 약간 다르지만 금문에서 格이 至의 뜻으로 쓰이는 용례로는 〈利鼎〉의 "왕이 般宮에 이르렀다(王客于般宮)" 〈庚嬴鼎〉의 "왕이 ▨宮에 이르러 殷祀를 거행하였다(王格▨宮

衣事)", 〈庚嬴卣〉에 "왕이 庚嬴의 궁실에 이르렀다(王逢于庚嬴宮)" 등
을 들 수 있다.

2) 大：太로 읽는다. 吳太廟는 곧 北吳(虞) 太伯의 廟이다. 『大系』는 "'各
吳大廟'는 吳大의 廟에 이르렀다는 것이고, 吳의 大廟에 이르렀다는
것이 아니다. 吳大는 곧 〈同簋〉 명문의 吳大父이다"라고 하며 『通釋』
또한 이 견해에 찬성하고 있다. 또한 『通釋』은 "廟라고 칭하는 것은
周廟, 康廟, 穆廟의 예와 같이 주왕실에 국한되며, 신하의 궁묘는 大
師宮, 師彔宮, 師汓父宮, 혹은 師戲大室처럼 宮이나 大室이라고 칭하
는 것이 통례이므로 이 점에서는 의문이 생긴다. 그렇지만 일단 〈同
簋〉에 보이는 吳大의 궁묘라고 해 둔다"라고 한다.

3. 公族[衛]釐入右師酉, 立中廷.

1) 公族：〈晉侯穌編鐘〉, 〈中觶〉, 〈牧簋〉, 〈番生簋〉, 〈毛公鼎〉에도 보인
다. 전래문헌자료에 보이는 "公族"의 용례를 모아보면 다음과 같다.
『좌전』 「昭公5년」에 "韓襄은 公族大父가 되었다(韓襄爲公族大父)"라고
하고, 특히 같은 책 「宣公 2년」에는 "전에 여희의 소란 때에 여희는
군주, 대부들의 공자를 기르지 않겠다고 맹세하여 이때부터 진나라
에는 공족이 없어졌다. 그러나 성공이 즉위하게 되자 경의 적장자에
게 관직을 주고 토지를 내려서 공족으로 삼았다. …… 그해 겨울에
趙盾은 旄車族이 되었고 屏季에게 故族을 통솔하여 공족대부가 되게
하였다(初, 麗姬之亂, 詛無畜羣公子, 自是晉無公族. 及成公卽位, 乃宦卿之嫡而
爲之田, 以爲公族. …… 冬, 趙盾爲旄車之族, 使屏季以其故族爲公族大夫)"라고
한다. 이 기사의 杜預 注에 "公子가 없었기 때문에 公族의 관직을 폐
하였다(無公子, 故廢公族之官)"라고 하고, 『좌전정의』는 "공족의 관직은
공의 자제를 교육하는 일을 담당한다(公族之官, 掌教公之子弟)"라고 한
다. 또 『국어』 「晉語7」에 "난백이 公族大夫에게 청하다(欒伯請公族大

夫)"라고 하고 그 韋昭 注에 "公族大夫는 公族과 卿의 자제들을 담당한다(公族大夫, 掌公族與卿之子弟)"라고 한다.

한편 금문의 용례를 보면 〈番生簋〉에서는 "王이 함께 公族, 卿事, 大史寮를 다스리도록 명령하였다(王命, 釐司公族, 卿事, 大史寮)"라고 하고, 〈毛公鼎〉에서는 "왕이 말하였다. '父厝이여! …… 너에게 명하노니 公族, 參有司, 小子, 師氏, 虎臣과 나의 執事를 함께 관리하라(王曰, 父厝, …… 命汝釐司, 公族, 雩參有司, 小子, 師氏, 虎臣, 雩朕執事)"라고 하여, 公族이 다른 관직과 함께 열거되고 있다.

이처럼 公族은 전래문헌자료에 보이는 성격과 금문에 보이는 성격에 차이를 보인다. 여기에서는 금문의 용례에 입각하여 "公族"을 관직명으로 본다.

2) 琅 : 『輯考』는 "琅"로 보아 『설문』 「玉部」의 "琅은 옥돌로 진주와 비슷하다. 玉을 구성요소로 하고 良이 소리요소다(琅, 琅玕, 似珠者. 從玉, 良聲)"를 인용한다. 여기에서는 예정하지 않고 琅로 두기로 한다. "琅釐"는 인명.

3) 右 : 『이아』 「釋詁」에 "右는 이끈다는 뜻이다(右, 導也)"라고 한다.

4) 師酉 : 師는 그의 관직이고 酉는 그의 이름이다.

5) 中廷 : 묘당의 중앙을 말한다.

4. 王乎(呼)史牆册命師酉

1) 史牆 : 〈史牆盤〉에 보인다. 史는 관직이며, 牆은 이름. 서주 중기 전반부에 살았던 사람으로 微氏 가족의 구성원이며 豐의 아들이다. 微伯의 부친으로 주왕조에서 史官의 직을 담당하였다. 〈史牆盤〉 주석을 참조하라.

2) 册命 : 『상서』 「顧命」에 "太史는 서책을 들고 서쪽 섬돌로부터 올라와서 임금을 맞이하여 册命(임금의 명을 읽는 것)하였다(太史秉書, 由賓階躋, 御

王策命)"라고 하였는데, 孔疏에서 鄭玄 注를 인용하여 "太史는 동쪽으로 향하고 殯의 서남쪽에서 策書를 읽어 왕이 왕위를 계승하는 일을 명한다(太史東面, 於殯西南而讀策書, 以命王嗣位之事)"라고 하였다.

3) "王呼史牆册命師酉"는 곧 왕이 史牆을 불러 史酉에게 封賜한다는 策書를 읽어 공표하도록 한 것이다.

5. 嗣(嗣)乃且(祖)啻(適)官邑人, 虎臣, 西門尸(夷), 纂(蒲)尸(夷), 秦尸(夷), 京尸(夷), 舁身尸(夷)

1) 〈十七祀詢簋〉에는 "지금 내가 너에게 명하노니, 邑人과 先虎臣·後庸·西門夷·秦夷·京夷·蒲夷·師答·職薪·□華夷·由緐夷·孟人·成周走亞·戌□人·降人·濮夷를 주관하라(今余命汝啻官嗣邑人·先虎臣·後庸·西門夷·秦夷·京夷·纂夷·師答·側薪·□華夷·由膝夷·厩人·成周走亞·戌·□人·降人·服夷)"는 구문이 있어 본 명문의 邑人, 虎臣 및 여러 이족들의 동일한 명칭이 보이고 있다. 〈十七祀詢簋〉 주석을 참조하라.

2) 嗣 : 여기에서는 嗣로 읽는다. 『이아』 「釋詁上」에 "嗣는 계승한다는 뜻이다(嗣, 續也)"라고 한다.

3) 啻 : 適으로 읽는다. 상고음에서 啻와 適은 모두 審母, 錫部의 글자로 통가 가능하다. 『增韻』 「錫韻」에 "適은 전임한다는 뜻이다(適, 專也)"라고 하였다. 『篇海類編』 「人事類·辵部」에는 "適은 전적으로 주관한다는 뜻이다(適, 專主也)"라고 한다. "適官"은 主管한다는 의미다.

4) 邑人 : 관직명이다. 『銘選』은 邑人에 대해 "읍리에서 사무를 담당하는 관리다. 이 관직도 일종의 고정적 신분이었다. 마치 師氏가 무관이면서 기타 각종 직무를 겸임할 수 있었던 것과 같다. 〈五祀衛鼎〉 명문에는 "參有嗣, 嗣徒邑人趙"라고 하여 趙는 邑人으로 嗣徒를 겸하고 있었다. 邑人은 읍의 거주민과는 다른 뜻으로 즉 邑里의 장관이다. 고대 邑里 기층 조직의 속에서 군사와 행정 사무에 통달했으므로

邑人은 행정과 군사 조직의 수장이었다"라고 한다. 금문에 보이는 읍인의 예는 아래와 같다.

금문(『集成』편호)	내 용	기 타
〈師晨鼎〉(5·2817)	王乎乍册尹册令師晨, 疋帀俗嗣邑人, 佳小臣, 膳夫.	책명금문
〈此鼎〉(5·2821)	王乎史翏册令此, 曰, 旅邑人善夫, 易女玄衣黹屯, 赤市, 朱黃, 絲旂.	책명금문
〈五祀衛鼎〉(5·2832)	事屬誓, 廼令參有嗣, 嗣土邑人趙, 嗣馬頪人邦.	
〈師瘨簋〉(8·4283)	王乎內史吳册令師瘨, 曰, 先王旣令女, 今余唯申先王令, 令女官嗣邑人, 師氏.	책명금문
〈此簋〉(8·4303)	王乎史翏册令此曰, 旅邑人, 善夫, 易女玄衣黹屯, 赤市, 朱黃, 絲旂.	책명금문
〈詢簋〉(8·4321)	王若曰, 詢, 不顯文, 武受令, 則乃且奠周邦, 今余令女嗇官嗣邑人, 先虎臣, 後庸.	
〈裘衛盉〉(15·9456)	單白廼令參有嗣, 嗣土微邑, 嗣馬單旟, 嗣工邑人服眔受田.	
〈永盂〉(16·10322)	公廼命酉嗣徒凶父, 周人嗣工眉, 敄史, 師氏, 邑人奎父, 畢人師同, 付永厥田, 厥逨履, 厥彊宋洰.	

5) 虎臣 : 전래문헌에서 虎賁이라고 한다. 왕실을 호위하는 호위군. 『상서』 「顧命」에 "師氏·虎臣·百尹·御事"라 하고, 그 孔傳에 "虎臣은 虎賁氏이다(虎臣, 虎賁氏)"라고 한다. 『주례』 「虎賁氏」에 "왕이 출병할 때 卒과 伍의 군사를 거느리고 앞뒤에 포진하여 호위하는 일을 맡으며, 군대의 일이나 회동에서도 마찬가지로 앞뒤를 호위하고 왕이 출궁하여 막사에 있으면 왕의 막사를 울타리를 둘러 호위하고 왕이 도성에 있을 때는 왕궁을 수호한다. 나라에 큰 변고가 있을 때는 왕궁의 문을 지킨다(虎賁氏, 掌先後王而趨以卒伍. 軍旅會同亦如之, 舍則守王閑. 王在國則守王宮. 國有大故則守王門)"라고 한다. 『銘選』은 〈夨方鼎二〉의 주석에

서 아래와 같이 설명한다.

虎臣이라는 명칭은 金文 가운데 여러 번 보이는데, 〈詢簋〉 명문에는 適官
邑人, 先虎臣, 後庸을 언급한 다음에 諸夷의 이름을 나열하고 있다. 이 虎
臣이 곧 전래문헌의 虎賁임을 알 수 있다. ……『주례』「秋官司寇·蠻隸」에
"校人의 사역을 받아 말을 기르는 일을 담당한다. 왕궁에 있는 자들은 국
가의 병기를 가지고 왕궁을 지키고, 야외에 있을 때에는 왕의 행궁에 대
한 출입 통제의 임무를 담당한다(掌役校人養馬. 其在王宮者, 執其國之兵以守王
宮, 在野外則守厲禁)"라 하고, 「夷隸」, 「貉隸」의 "왕궁 수호와 출입통제구역
수호는 蠻隸의 직무와 동일하다(其守王宮者與其守厲禁者如蠻隸之事)"라 한
다. 虎賁의 직무도 마찬가지로 王閑(왕이 출행 시 거처하던 곳)과 왕궁을 지
키는 것이고, 그 지위는 蠻隸의 위였다. 이에 의하면 虎賁은 蠻隸를 통솔
하였고, 蠻, 夷, 貉의 여러 隸 또한 자기 병사를 소유하고 있었다.

6) 西門尸 : 西門을 수위했던 夷를 가리키는 것으로 생각된다.

7) 虡尸 : 溥의 古字. 〈默鍾〉에는 "虡虡敷敷"라는 표현이 보이고, 〈晉
侯穌鐘〉에는 "敷敷虡虡"이 보인다. 이 虡자에 대하여 郭沫若은 "虡
자는 예전에 모두 熊으로 잘못 석문하였다. 唐蘭은 '글자가 泉을 구
성요소로 하고 皀이 소리요소이다. 음은 마땅히 『설문』「木部」의
木을 구성요소로 하고 皀이 소리요소인 枲과 같으니, 虡은 薄과 같
이 읽어야 하며, 薄薄敷敷은 쌍성의 對句이다'라고 하는데 그 설명
이 매우 옳다. 虡虡敷敷은 왕성하고 성하며 성대하고 드높은 것이
다. 〈士父鐘〉에도 이 말이 있는데 虡자를 虡로 썼다. 虡은 石鼓文에
서 庶, 博과 압운하고 있으므로, 韻部가 魚部에 속하고, 虡자는 聲
母가 敷과 같아서 그 소리가 博과 같고, 바로 薄의 음이 된다"고 하
였다. 본 역주에서는 郭沫若과 唐蘭의 설을 따라 虡을 溥의 古字로
보기로 한다.

한편, 『路史』「國名紀乙」에 小昊의 후예인 李姓國 중에 蒲가 있다고

하고, 주석에 『晉志』에 이르기를 隰의 蒲子로 오늘날 隰川縣 북쪽 45리에 옛 蒲城이 있다(『晉志』云, 隰之蒲子, 今隰川縣北四十五故蒲城)"고 한다. 隺이 溥의 古字라면 溥는 蒲와 음이 같기 때문에 隺夷는 蒲나라일 가능성도 생긴다. 여기에서는 일단 나라이름 蒲로 보기로 한다.

8) 秦尸 : 秦은 栢翳의 후예로 嬴姓이며 또한 夷族이다. 『사기』 「秦本紀」 에 자세히 보인다. 『路史』 「國名紀乙」에 "秦은 …… 非子가 처음 봉해진 秦亭으로, 오늘날 隴의 汧原으로 隴의 西鎮에 秦亭·秦城이 있다. 그러나 非子가 처음 봉해진 곳은 실제로 秦谷으로 현재 秦州 隴城 漢隴縣이다. 襄公때 제후가 되었다(秦 …… 非子初封秦亭, 今隴之汧原, 隴西鎮有秦亭·秦城. 然非子初封實秦谷, 在今秦州隴城漢隴縣. 襄公始侯)"라고 한다. 이 명문의 秦夷는 바로 분봉 받기 전의 秦나라 사람이 주 왕실에 복역한 것이다.

9) 京尸 : 〈京叔盤〉에 "京叔이 孟嬴을 위한 塍盤을 만드노라(京叔作孟嬴塍盤)"라는 내용에 근거하여 京 또한 夷族 嬴姓國임을 알 수 있다.

10) 鼻身尸 : 夷族의 하나라고 생각되지만 구체적으로 어떤 족인지 알 수 없다.

6. 新易(賜)女(汝)赤市, 朱黃, 中絅, 攸勒

1) 新 : 『通釋』은 "새롭게"의 뜻으로 보고, 『銘選』은 『광아』 「釋言」의 "初也"를 인용하여 첫 번째라는 뜻으로 본다. 여기에서는 『通釋』을 따른다.

2) 赤 : 『예기』 「月令」에 "붉은 빛 수레를 타고 털이 붉고 갈기가 검은 말에 멍에를 맨다(乘朱路, 駕赤騮)"라 하였는데, 孔疏에는 "색이 옅은 것을 赤이라하고 색이 진한 것을 朱라고 한다(色淺曰赤, 色深曰朱)"라고 하였다.

3) 市 : 『설문』 「市部」에 "市은 韠(조복을 입을 때 무릎까지 늘어뜨리는 슬갑)이다. 상고시대의 옷은 앞부분만 가릴 뿐이었기 때문에, 市은 이것

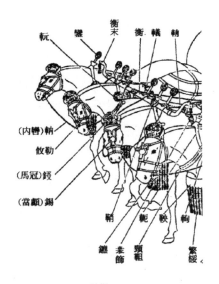

攸勒

(羅西章 외, 『古文物稱謂圖典』[三秦出版社, 2001년, 259쪽]에서 채록)

을 본뜬 것이다. 천자는 주홍빛 市을 제후는 적색 市을 입었다. ……
韍은 篆文 市이다(市, 韠也. 上古衣蔽前而已, 市以象之. 天子朱市, 諸侯赤
市……韍, 篆文市)"라고 하였다. 市은 삶은 가죽으로 제작한 슬갑이다.

4) 黃 : 여기에서는 衡으로 읽는다. 『예기』 「玉藻」에 "一命이 사용하는 것
은 적황색의 불과 검은색의 패옥이고, 再命이 사용하는 것은 붉은색
의 불과 검은색의 패옥이고, 三命이 사용하는 것은 붉은색의 불과 옅
은 초록색의 패옥이다(一命縕韍·幽衡, 再命赤韍·幽衡, 三命赤韍·葱衡)"라
하였고, 鄭玄의 주석에는 "衡은 佩玉의 衡이다(衡, 佩玉之衡也)"라 하였
다. 赬衡은 옅은 붉은색으로 만든 패옥에 쓰는 衡帶이다.

5) 絧 : 본 명문에는 㬥으로 쓰여 있고, 絧자의 고자이다. 『大系』는 "'中
㬥'은 연한색의 中衣(祭服 안에 입던 옷)이다. 고대의 祭服과 朝服은 반드
시 中衣가 있었다. 『예기』 「深衣」의 鄭玄 注에 '深衣는 윗도리와 아랫

도리가 이어져 있고 순색으로 되어있으며 겉옷이 있으면 中衣라고
이른다'(連衣裳而純之以朵也, 有表則謂之中衣)"라고 한다. 이와 같다면
絅은 당연히 赬으로 읽어야 한다. 『이아』「釋器」에 "거듭 염색한 것을
赬이라 이른다(再染謂之赬)"라고 하였는데, 郭璞 注에 "赬은 옅은 붉
은 색이다(赬, 淺赤)"라고 하였다.

  6) 攸勒 : '攸勒'은 말 머리의 고삐와 재갈이다. 〈十七祀詢簋〉와 〈彔伯
     戒簋〉에도 같은 표현이 등장한다.

7. 敬夙夜, 勿灋(廢)朕令(命)

  1) 敬夙夜 : 이른 아침부터 늦은 밤까지 공경하고 삼가는 것.

  2) 灋 : 法의 本字. 『설문』「廌部」에는 法은 이 글자의 생략형이라고 하
     며, 그 전서체가 금문과 동일하다. 금문에서는 法은 廢의 의미로 많
     이 쓰이는데, "勿灋朕命"은 그 대표적인 사례 중 하나이다. 즉 "짐의
     명을 폐기하거나 소홀히 하지 말라"라는 뜻.

8. 師酉撵(拜)頢(稽)首

  1) 撵 : 『字彙』「手部」에 "撵은 拜자의 고자다(撵, 古拜字)"라 하였다.

  2) 頢 : 稽首의 稽의 本字.

9. 用乍(作)朕文考乙白(伯)宛姬尊簋

  1) 宛 : 究자의 고자로, 금문에서 宮, 九를 구성요소로 쓰기도 한다. 宀
     는 宮의 생략형으로, 宀를 구성요소로 하는 것은 宮을 구성요소로 하
     는 것과 같다.

  2) 究姬는 師酉의 先父 乙伯의 배우자다.

【주제어】

[인명] 王, 𩵋釐, 史牆, 師酉.

[지명] 纝(蒲), 秦, 京, 𦥑身夷.

[시간] 元年 正月

[사건] 왕이 師酉를 邑人, 虎臣 및 여러 夷人들을 관리하는 직분에 册命한 것.

【참고문헌】

『大系』考 88, 『雙選』下 2·20, 『通釋』29·173, 『銘選』3·125쪽

93. 경영정(庚嬴鼎)

【탁본】

【저록】

『集成』5·2748,『西淸』3·39,『大系』錄 22,『銘選』1 60.

【기물설명】

『西淸』에 "높이 7촌 8분, 깊이 5촌, 귀높이 1촌2분, 폭 2촌 2분, 구경 8촌 1분, 배둘레 2척 7촌 4분"이라고 한다. 배는 盆처럼 생겼고 서있는 귀, 柱足, 束頸이며 특히 아랫배는 밖을 향하여 늘어져 있다. 목은 작은 새 무늬로 다리는 獸面紋으로 장식하였다. 명문은 6행 37자, 합문이 하나있다. 『大系』,『庲朔』,『銘選』은 康王 때의 기물로 규정한다. 또 다른 이름으로 〈丁子鼎〉(『西淸』)이라고도 부른다(『銘選』)

【석문】

佳(唯)卄又二年四月旣望己酉,[1] 王宿(格)■宮衣事.[2] 丁子(巳), 王蔑庚

嬴麻(曆),³⁾ 易(賜)盠(祼)靮(璋),⁴⁾ 貝十朋. 對王休, 用乍(作)賓鼎(鼎).⁵⁾

【현대어역】

22년 4월 기망旣望 기유己酉일, 왕이 ▉궁에 이르러 의사衣祀를 거행하셨다. 정사丁巳일, 왕이 경영庚嬴의 공적을 격려하시고, 관장祼璋과 패화 10붕을 하사하였다. 왕의 은혜를 찬양하고, 이로써 연회 그릇賓鼎을 만드노라.

【주】

1. 佳(唯)卄又二年四月旣望己酉

   1) 이 기년은『銘選』은 다음과 같이 말한다.

      서주 康王 22년 4월 旣望의 己酉日이다.『年表』에 의하면 기원전 1049년 4월은 戊子일이 朔이므로 22일이 己酉가 되며 月相 '旣望'과 부합된다.『大系』는 "이 '22년 4월 기망 기유'와 〈小盂鼎〉의 '25년 8월 旣望 甲申'은 중간에 윤달 한 달을 두면 서로 어긋남이 없다"라고 하였다.

   2) 旣望 : 月相의 이름이다. 이에 대해서는 〈保卣〉 주석을 참고하라.

2. 王客(格)▉宮衣事

   1) 客 : 格의 고자이다. "이르다(至)"는 뜻.『商周金文』은 다음과 같이 말한다.

      "客"자는 "宀"과 "卩"을 구성요소로 하며 "各"이 소리요소로 〈仲義父鼎〉에 동일한 자형의 글자가 보인다. 客은 格과 통하니 至의 뜻이다.

      『상서』「堯典」에 "格于上下"라고 하는데 이 구절을 孔傳은 "至于天地"라고 하고, 그 孔疏에 "格은 이른다는 뜻이다(格, 至)"라고 한다.

   2) ▉ : 甹을 잘못 모사한 것으로 의심된다. 甹宮은 宮의 이름이다(『銘選』)『通釋』은 "이 글자는 未詳.『古文審』에 于의 繁文으로 삼지만 아마도 宮名일 것이다"라고 하였다.『商周金文』은 다음과 같이 말한다.

이 글자는 琱로 석문한다. 琱는 周와 통한다. 〈函皇文盤〉에 "函皇文이 琱娟을 위해 盤, 盃의 존귀한 그릇을 만들었다(函皇文乍(作)琱娟盤盃障器)"라고 한다. 琱娟은 〈函皇文匜〉에는 "周娟"으로 쓴다. "琱宮"은 〈小盂鼎〉의 "王各宗廟"의 宗廟로 주왕조의 종묘일 것이다.

3) 衣 : 『雙選』, 『銘選』은 殷으로 읽는다. 『雙選』, 『銘選』이 생각하는 "殷事"는 殷祭를 거행한다는 뜻인 듯하다. 그렇지만 『通釋』은 "'衣事'는 '衣祀'와 같다. '衣祀'는 〈大豐簋〉에도 보여서 祖考를 합사하는 것을 말한다"라고 한다. 衣를 일부러 殷으로 가차할 필요는 없기 때문에 여기에서는 『通釋』의 견해를 따라 衣事를 제사의 명칭으로 본다.

3. 丁子(巳), 王蔑庚嬴㽅(曆)

1) 庚嬴 : 嬴姓國의 여성으로 본 기물을 만든 사람이다. 『斷代』는 "庚嬴은 王姜, 庚姜의 호칭과 같은 것으로, 嬴姓의 여자로 庚에 시집온 사람이다"라고 한다. 『銘選』도 이 의견에 찬동하고 있다. 『通釋』은 庚嬴이 公侯의 배우자라고 주장하며 다음과 같이 말한다.

丁巳는 己酉부터 9일째에 해당한다. 제사가 끝난 후 포상을 받았다. 庚嬴이 멸력을 받은 것은 말할 것도 없이, 윗글의 衣事에 참여하였기 때문이다. 庚嬴의 부군은 아마 〈嬴氏方鼎〉(『文選』下1·16)에 公이라고 불리는 사람으로 庚嬴은 公侯의 부인으로서 제사를 도왔을 것이다. 그러나 庚嬴이 이로 인해 왕의 멸력을 받고 예기나 貝朋이라는 두터운 포상을 받고 있는 것은 이 일이 일반적인 부인의 助祭와는 달리 아마도 그 집안이 제사에 관하여 중요한 직분을 가지고 있었기 때문은 아닐까라고 생각된다. 이는 다음의 하사품에서도 추측된다.

그런데 본 명문에서 庚嬴은 왕으로부터 직접 공로를 격려받고 하사품을 받았을 뿐 아니라, 〈庚嬴卣〉 명문의 "왕이 庚嬴의 궁에 이르렀다(王格于庚嬴宮)"라는 언급을 통해 자신의 궁을 독자적으로 소유한 사람

이었다. 따라서 그녀가 주나라 왕의 배우자였을 가능성을 배재할 수
없다.

4. 易(賜)鬲(祼)鞞(璋)

1) 鬲:『大系』는 鄩로 예정하고 "그 형상으로 추측해보면 瓚의 고자로
보인다.『주례』「典瑞」에 "圭를 손잡이로 하는 국자로 상제에 肆제를
올리고, 손님의 술잔을 따른다(祼圭有瓚, 以肆上帝, 以祼賓客)"라고 한다.
그 鄭玄 注에 "鄭司農은 '圭의 머리를 국자처럼 사용하여 울창주를 떠
서 祼 제사를 지내는데, 이것을 瓚이라고 한다. 그래서『시경』「旱麓」에
청결한 저 玉瓚이여 누런 술이 그 속에 담겼네(卹彼玉瓚, 黃流在中)라고
한다.『국어』「魯語上」에는 鬯圭라고 한다.' …… 漢나라 예에 瓚槃은
크기가 5升이며 구경이 8촌, 아래에는 槃이 있고 구경이 1척이다(鄭
司農云, 於圭頭爲器, 可以挹鬯祼祭謂之瓚. 故詩日, 卹彼玉瓚, 黃流在中. 國語謂
之鬯圭. ……漢禮瓚槃大五升口徑八寸下有槃口徑一尺)"라고 한다. 또한『주
례』「玉人」에 "祼圭는 1척 2촌으로 瓚이 있으며 종묘에 제사 지낼 때
사용한다(祼圭尺有二寸, 有瓚以祀廟)"라고 하고 그 鄭玄 注에 "瓚은
盤과 같다. 그 손잡이에는 圭를 사용하며 流가 있어 앞으로 따르게 되
어 있다(瓚如盤. 其柄用圭有流前)"라고 한다. 또『주례』같은 편에 "大璋,
中璋은 9촌이고 邊璋은 7촌이다. 射는 4촌이고 두께가 2촌이며 황동
으로 勺을 만들고 청동으로 외측을 두르고 작의 안에는 주칠을 하였
고 瓚의 鼻는 1촌이며 지름은 4촌이다(大璋中璋九寸, 邊璋七寸, 射四寸, 厚
寸, 黃金勺, 靑金外, 朱中, 鼻寸, 衡四寸)"라고 한다. 鄭玄은 "鼻는 勺의 流[물
이 나오는 곳]이다. 流는 모두 龍口로 되어 있다. 衡은 橫의 고문으로
가차자다. 衡은 勺의 지름을 말한다. 세 璋의 勺은 형태가 圭瓚과 흡
사하다(鼻, 勺流也. 凡流皆爲龍口也. 衡, 古文橫, 假借字也. 衡, 謂勺徑也. 三璋之
勺, 形如圭瓚)"라고 한다. 이것으로 瓚이라는 물건은 바로 손잡이가 있

는 盤으로 盤 속에는 勺이 있고 勺 앞에는 流가 있으며 盤의 손잡이가 圭로 만들어져 있는 것을 圭瓚이라고 하고 半圭로 만들어져 있는 것을 璋瓚이라고 한다는 것을 알 수 있다. 〈史獸鼎〉(『集成』5·2778) 명문에 보이는 ▣는 본 글자▣와 자형이 유사한데, 그 상단에 流가 보이며 그것은 동일 기물에 있는 "爵"의 流와 형태가 서로 같다. 流 아래에 盤을 겹쳐놓은 형태가 보이는데 하나는 옆에서 본 모습이고 하나는 위에서 본 모습이다. 위에서 본 盤에는 손잡이가 있으니 이것이 瓚의 형태이다. 본 글자 釁은 아래에 다시 韠자로 연결되는데, 이 글자는 章聲으로 가차하여 璋이 된다. 따라서 釁韠은 곧 瓚璋이다. 郭沫若이 瓚 및 瓚璋의 형태와 구조를 풀이한 것은 모두 해박하다고 할 수 있다. 다만 이 글자는 祼의 初文으로 보아야 하며 가차하여 瓚이 된다. 〈鄂侯馭方鼎〉의 주를 참고. 『銘選』은 爵으로 석문하고 주석을 달고 있지 않다. 『通釋』은 다음과 같이 말한다.

> 釁는 난해한 자로서 『西淸』은 석문을 하고 있지 않고 『古文審』에는 爵으로 쓰고 있다. 그러나 〈史獸鼎〉에는 "尹賞史獸▣"이라고 하고 아래 글에 별도로 爵자가 보여서 문명히 다른 글자이다. 본 기물에서의 "釁韠" 2자는 연문으로 禮器의 이름이라고 생각된다. …… 陳夢家도 이 견해에 따라 "瓚璋"으로 풀이하고 있다. 내가 보기에 이 자형을 流 아래에 重盤이 있고, 옆에서 본 모습 위에서 본 모습을 겹쳤다고 보기에는 무리가 있다. 郭沫若은 〈史獸鼎〉의 글자를 瓚의 초문으로 본 것이지만 금문에서 瓚璋을 말할 때에는 대부분 屬자를 사용한다. 〈卯簋〉에는 屬章, 〈敔簋3〉·〈毛公鼎〉·〈師詢簋〉에 圭屬이라는 말이 있어서 대개 기장술[秬鬯]과 함께 하사하고 있다. 또한 〈毛公鼎〉에서는 圭屬의 위에 鄪자가 첨가되어 있어서 "鄪圭屬"이라고 한다. 郭沫若은 이것을 祼이라고 석문하고 있는데 이 글자는 본 명문의 釁에 가깝다. 이로 보면 釁韠이란 祼璋이다. 祼은 나중에 생긴 형성자이다.

2) 韠은 乩과 章을 구성요소로 하니, 璋의 고자일 것이다. 『通釋』은 "章은

그 재질 혹은 용도에 의해 堇章(〈頌鼎〉), 琼章(〈師遽方彝〉), 屬章(〈卯簋〉), 㸚章(〈大簋2〉), 大章(〈瑂生簋1〉) 등의 명칭이 있다. 祼章은 典瑞에 말하는 祼圭와 같고 제사에 사용한다. 㸚은 㸚章의 뜻을 함유한 자형일 것이다"라고 한다. 『商周金文』은 "㸚은 예전에는 대다수가 璋으로 읽어 왔지만 최근에는 贛으로 예정하고 貢으로 읽는 학자도 있다"고 한다.

5. 貝十朋. 對王休, 用乍(作)賓鼎(鼑)

1) 貝十朋 : 『史徵』은 〈小臣單觶〉의 주석에서 "貝는 화폐의 성격을 띠고 있으며 주대 초기는 銅과 貝가 모두 사용되던 시기였다. 朋은 貝의 수량을 세는 단위로 청동기 명문에서 가장 적게 준 상은 1朋이며 가장 많이 준 상은 100朋이었다. 圖畫文字에 貝를 사람들의 목에 걸어 주고 양 끝이 아래로 드리우게 하였는데, 꽤 긴 한 줄이 1朋이다"라고 한다.

2) 庚嬴이 직접 王休에 對하여 기물을 만들었다는 점에 주의하고 싶다. 단순히 제사를 보조한 것은 아니라고 보아야 할 것이다. (『通釋』)

3) 鼑 : 鼎자의 異體字로 貞을 구성요소로 한다. 갑골문에서는 貞자를 鼎의 형태로 쓰며 따라서 이 두 글자는 서로 혼용된다. (『通釋』)

【주제어】

[인명] 王, 庚嬴.

[시기] 22년 4월 旣望己酉

[사건] 王이 庚嬴을 蔑曆하였다.

【참고문헌】

『大系』考 43쪽, 『雙選』下1·8, 『銘選』3·36쪽,
劉啓益, 「再談西周金文中的月相與西周銅器斷代」, 『古文字研究』제13집, 中華書局, 1986년 6월
黃盛璋, 「晉侯蘇鐘銘在巡狩制度·西周曆法·王年與歷史地理研究上的指迷與發覆」, 『中國文化研究所學報』제9기, 香港中文大學, 2000년

94. 경영유(庚嬴卣)

【탁본】

【저록】

『集成』10·5426,『三代』13·45·1-2,『二百』3·1,『兩罍』6·1,『愙齋』19·3·2-
4, 『綴遺』12·25·2-26·1, 『周金』5·18·1-2, 『小校』4·66·1-2, 『彙編』
4·129,『大系』錄21·3-22·1,『美集錄』R380,『三代補』380,『綜覽』279·179,
『銘選』1·61

【기물설명】

기물 전체 높이는 29.1cm, 입구의 세로 지름은 17.8cm, 가로 지름은

28.8cm이다. 뚜껑과 그릇에 모두 대칭적인 크고 아름다운 벼슬을 가진(花冠) 봉황무늬가 꽉 차게 장식되어있고, 圈足은 민무늬 바탕이고, 손잡이 양 끝에 짐승머리 장식이 있다. 뚜껑과 그릇의 명문은 동일한데 그릇의 명문은 5행이고 뚜껑의 명문은 7행이며, 각 53자이고 2개의 중문이 있다. 吳雲이 예전에 소장하고 있었으나, 현재는 미국 하버드 아트 뮤지엄(Arthur M. Sackler Museum)에 소장되어있다. 기물의 제작 연대를 郭沫若은 康王시기로 판정하였고, 劉啓益은 穆王시기로 판정하였다.

【석문】

隹(唯)王十月旣望, 辰才(在)己丑,[1] 王逆(格)于庚嬴(嬴)宮.[2] 王蔑庚嬴(嬴)歷(曆), 易(賜)貝十朋, 又丹一栞.[3] 庚嬴(嬴)對揚王休, 用乍(作)厥文姑寶尊彝,[4] 其子子孫孫萬年永寶用.

【현대어역】

왕 10월 기망旣望 기축己丑일, 왕이 경영庚嬴의 궁실에 이르렀다. 왕이 경영庚嬴의 공적을 격려하고, 패화 10朋과 단사丹砂 1관管을 하사하였다. 경영庚嬴은 왕의 은혜를 찬양하고, 이로써 문채 나는 시어머니를 위해 보배로운 제기를 만드노니, 자자손손 만년토록 영원히 보배로이 사용할지어다.

【주】

1. 隹(唯)王十月旣望, 辰才(在)己丑

   1) 辰在己丑 : 10월 旣望 己丑일이다. 銘文 가운데 "辰才干支"의 사례는 자주 찾아볼 수 있다. 예를 들어 〈剌鼎〉(集成5.2776)의 "王才初. 辰才丁卯"와 〈高卣〉(集成10.5431)의 "唯還才周, 辰才庚申"등이 그것이다. 이러한 일례는 『金文引得』(殷商西周卷)「青銅器銘文釋文引得」 44쪽에

서 확인할 수 있다.

2. 王逄(格)于庚贏(嬴)宮.

1) 逄：格과 통하니 "이르다(至)"는 뜻. 『상서』「堯典」에 "格于上下"라고 하는데 이 구절을 孔傳은 "至于天地"라고 하고, 그 孔疏에 "格은 이른다는 뜻이다(格, 至)"라고 한다. 자형은 약간 다르지만 금문에서 格이 至의 뜻으로 쓰이는 용례로는 〈利鼎〉의 "왕이 般宮에 이르렀다(王客于般宮)", 〈庚嬴鼎〉의 "왕이 □宮에 이르러 衣祀를 거행하였다(王格□宮衣事)" 등을 들 수 있다.

2) 庚贏：〈庚嬴鼎〉 주석을 참조하라.

3) 庚贏宮：庚嬴의 궁실이다. 본 명문에서 왕이 庚嬴의 궁실에 이르렀다고 말하고 있어서, 庚嬴이 주나라 왕의 배우자라는 근거가 된다.

3. 王蔑庚贏(嬴)歷, 易(賜)貝十朋, 又丹一柝.

1) 王蔑庚贏歷：蔑曆은 드러내어 표창한다는 뜻이지만, 이 명문에는 무슨 일을 표창하는 것인지 보이지 않는다. 〈庚嬴鼎〉에 "22년 4월 旣望 己酉일에 왕이 □궁에 이르러 衣祀를 거행하였다. 丁巳일에 왕이 庚嬴을 蔑曆하고, 祼璋과 패화 10붕을 하사하였다(隹廿又二年四月旣望己酉, 王[illegible]□宮衣事. 丁子, 王蔑庚嬴厤, 易釁瓤, 貝十朋)"이라고 하여, 庚嬴이 왕의 제사를 도왔다고 하는데, 본 기물에서도 비슷한 사정이 아니었을까 추측된다. 『通釋』은 부인으로 蔑曆을 받은 것을 기록한 기물은 〈尹姞鼎〉, 〈公姞鼎〉 등 모두 제사에 관한 것이라고 한다.

2) 丹：丹砂이다. 이 점에 대해 『通釋』은 아래와 같이 설명한다.

> 패화 10붕은 상당히 많은 양으로 후한 하사다. 게다가 丹을 더하여 주고 있는 것은 특별히 이유가 있기 때문일 것이다. 丹은 丹砂로 『상서』「禹貢」에 "礪砥砮丹"이라는 것이 보이는데, 荊州의 중요한 물산이다. …… 丹은 『설

문, 「丹部」에 "파월의 붉은 돌이다(巴越之赤石也)"라고 하고, 『한서』「地理志」에 "단은 붉은 돌이다. 이른바 丹沙라고 하는 것이다(丹赤石也. 所謂丹沙者也)"라고 한다. 『순자』「王制」, 「正論」에 의하면 …… 단사는 관곽을 칠하는 데에 사용되었다. 卜辭의 刻文에는 붉은 색으로 칠하고 있고, 지금도 붉은 빛이 찬연한 것이 존재하는데, 은묘의 관곽 주변에도 당시 사용되고 있던 붉은 색의 흔적이 남아있다. 즉 朱는 성스럽게 하는 방법으로서 제기, 예기 등에 사용된 것으로 이 기물 명문에서 말하는 丹의 하사도 아마도 장례의 예와 관련되는 바가 있었을 것이다.

3) 桿 : 본 명문에는 ▩로 쓰여 있다. 『大系』는 "▩자는 木을 구성요소로 하고, 斥을 소리요소로 하므로, 管의 이체자인 듯하다. 丹砂를 세는 단위는 桿으로 하는데, 이는 화폐(貝)를 朋으로, 수레(車)를 輛으로 말(馬)을 匹로 표기하는 것과 같다"고 하였다. 지금 살펴보면, ▩는 桿로 예정해야 하며, 杆의 古字로 管으로 읽어야 한다. 예전에는 槾(柝)으로 석문하기도 하였으나, 이 글자의 자형과 맞지 않는다. 『銘選』은 "干은 聲符가 된다. 가차해서 管이 되고, 干과 管은 같은 韻部로 전주자이다"라고 한다. 『순자』「王制」에 "남해에는 새의 깃털, 상아, 가죽, 銅綠, 단사가 나오는데, 중국에서는 이것들을 손에 넣어 재보로 삼는다(南海則有羽翮齒革曾靑丹干焉, 然而中國得而財之)"고 하고, "비록 진주와 옥으로 전신을 휘감고, 화려한 문양으로 수놓은 비단이 관을 채우고, 황금이 곽을 채우며, 그 위에 단사와 녹청으로써 채색하고, 무소와 코끼리 상아로 나무를 삼고, 琅玕, 龍玆, 華觀과 같은 보옥으로 열매를 삼아도 아무도 이를 파내려고 하지 않는다(雖珠玉滿體, 文繡充棺, 黃金充槨, 加之以丹矸, 重之以曾靑, 犀象以爲樹, 琅玕龍玆華觀以爲實, 人猶且莫之抇也)"고 하는데, 『大系』는 丹砂 한 관을 부를 때 "丹干" 혹은 "丹矸"이라 한다고 설명한다.

4. 庚嬴(嬴) 對揚王休, 用乍(作)厥文姑寶尊彝,

   1) 文 : 고대에는 先人에 대한 敬稱으로 文이라고 하였다.

   2) 姑 : 『이아』「釋親」에 "지아비의 어머니를 일컬어 姑라고한다(稱夫之母日姑)"고 하였다. 『銘選』에는 "고대에는 지아비의 부모를 舅姑라 칭했다"라고 한다.

【주제어】

[인명] 王, 庚嬴

[사건] 王이 庚嬴宮에 가서, 庚嬴을 멸력하였다.

【참고문헌】

『大系』考43, 『觀堂』896쪽 「庚嬴卣跋」, 『積微』193, 『通釋』16·80, 『銘選』3·37.

劉啓益, 「再談西周金文中的月相與西周銅器斷代」, 『古文字研究』제13집, 中華書局, 1986년 6월

95. 성백손보력(成伯孫父鬲)

【저록】

『集成』3·680,『文物』1976년 제5기 43쪽 圖28,『陝靑』1·18,『三代補』938

【기물설명】

기물은 束頸과 平襠의 형태이며, 넓은 입구 가장자리(寬沿)가 수평으로 밖을 향해 꺾여있다. 다리 반은 채워져 있으며, 그 하단은 약간 말 발굽형(蹄形)을 드러내고, 세 발 위에 각각 한 줄의 비릉(扉棱)이 있다. 어깨는 크기가 같은 重環紋이 장식되어있고, 복부에는 직선무늬가 장식되어 있다. 襠

部는 한 층의 연기 그을음이 묻어 있는데 분명 실제 사용한 기물이었을 것이다. 전체 높이는 11.3cm, 입구 둘레의 바깥지름은 16.4cm이다. 입구 둘레에 명문이 한 바퀴로 16자, 중문이 2자가 주조되어 있다. 1975년 陝西省 岐山縣 董家村 窖藏에서 출토되었다. 현재 陝西岐山縣博物館에 소장되어 있다. 기물의 제작 연대는 『集成』에서는 서주 후기로 판정하였다.

【석문】

成白(伯)孫父乍(作)糕嬴尊鬲, 子子孫孫永寶用.[1)]

【현대어역】

성백郕伯 손보孫父가 침영糕嬴을 위하여 존귀한 역鬲을 만드노니, 자자손손 영원히 보배로이 사용할 지어다.

【주】

1. 成白(伯)孫父乍(作)糕嬴尊鬲, 子子孫孫永寶用.

  1) 成 : 고대 國名으로, 姬姓이며, 典籍에는 郕으로 쓰여 있다. 『좌전』 「僖公 24년」에 "管, 蔡, 郕, 霍, 魯, 衛, 毛, 聃은 文王의 아들에게 봉한 나라이다(管·蔡·郕·霍·魯·衛·毛·聃 …… 文之昭也)"라고 하였고, 「隱公 5년」에 "衛나라가 혼란한 틈을 타 郕나라 사람들이 衛나라를 침략하였기 때문에 衛나라 군대가 郕나라를 쳤다(衛之亂也, 郕人侵衛, 故衛師入郕)"라고 하였다. 杜預 注에서도 "郕은 나라이름이다. 東平 剛父縣 서남쪽에 郕縣이 있었다(郕, 國也. 東平剛父縣西南有郕縣)"라고 하였다. 顧棟高는 『春秋大事表』에서 郕은 文王의 아들 叔武가 처음 봉해진 곳으로, 西周시기 郕國은 지금 山東省 汶上縣 서북쪽에 있었다고 보았다.

  2) 成伯 : 成國의 군주로 伯爵이며, 孫父가 그의 이름이다.

  3) 糕嬴 : 『輯考』는 다음과 같이 말한다.

糒은 米를 구성요소로 하고, 帚를 소리요소로 하며, 『字書』에는 없다. 糒의 古字이다. 甲骨文의 侵자는 𥅽로 쓰기도 하고 𢝊로 쓰기도 하는데 唐蘭은 "牛를 구성요소로 하고, 帚를 소리요소로 하는(혹은 疊을 소리요소로 하는) 글자로 읽어야 한다. 卜辭에서는 가차하여 侵이 된다"고 하였고,(『文字記』 30쪽) 또 『설문』에서 濅로 쓰며 '寑는 籒文의 濅이다'라고 하였는데, 寢자는 甲骨文에서는 𡧤로 썼다"고 하였다(『前』 1·305) 疊는 『설문』에서 偏旁에는 보이지만 正編에는 없다. 甲骨文에 疊자가 있는데 侵으로 읽는다. 앞에서 살펴본 𥅽자와 寑자는 疊를 聲符로 삼고 있거나, 혹은 帚를 구성요소와 소리요소로 삼고 있는데, 이는 帚와 疊의 上古音이 매우 유사했음을 증명한다. 古音에서 帚는 照母 幽部에 속하고 侵은 淸母 侵部에 속하는데 照와 淸은 鄰紐이며 幽와 之가 對轉 관계이다. 甲骨文에서 婦는 帚로 쓰는데 婦는 之部字이고 之와 侵도 通轉관계에 있다. 疊(侵)과 糒은 淸心 旁紐이며 侵部 疊韻이므로 糒의 古字는 米를 구성요소로 하고 帚를 구성요소로 한다.(疊를 구성요소로 하는 글자도 동일하다.) 糒嬴는 成伯의 배우자로 嬴姓國의 여자이다. 〈大鼎〉·〈大簋〉에 '왕이 歸辰宮에 계셨다(王在歸辰宮)'라고 하였다. 歸는 당연히 糒의 번체로, 皿과 米를 구성요소로 하고 帚를 소리요소로 하여 쌀(米)과 국(羹)의 뜻이 더욱 명확하다. 劉心源은 寢으로 읽었는데 이것은 옳다. 아쉬운 점은 그가 자형에 대해 아직 깊이 있는 분석을 하지 않았고, 또 歸자가 후대에 어떠한 글자의 초문이었는지 설명하지 않았다는 것이다.

【주제어】

[인명] 成伯孫父, 糒嬴.
[지명] 成.

96. 영유사칭력(榮有司再鬲)

【저록】

『集成』3·679, 『文物』1976년 제5기 43쪽 圖25, 『陝靑』1·179, 『銘選』錄382

【기물설명】

기물은 束頸과 平襠 형태이며, 넓은 입구 가장자리(寬沿)가 수평으로 밖을 향해 꺾여있다. 다리 반은 채워져 있으며, 하단은 발굽모양(蹄形)을 나타내고, 세 발 위에 각각 한 줄의 扉棱이 있다. 기물의 상단에는 크기가 같은 重環紋이 장식되어있고, 복부에는 직선무늬가 장식되어 있다. 전체 높이는 11.2cm, 입구 둘레의 바깥지름은 16.3cm이다. 입구 안쪽에 주조된 명문은 1행 12자이며〈成伯孫父鬲〉과 함께 1975년 陝西省 岐山縣 董家村 窖藏에서 출토되었다. 현재 陝西岐山縣博物館에 소장되어 있다. 기물의 제작 연대는 서주 후기에 속한다.

【석문】

燚又(有)嗣(司)爯乍(作)鬶鬲,¹⁾ 用朕(媵)嬴龖母.²⁾

【현대어역】

영국榮國의 유사有司인 칭爯이 자력鬶鬲을 만드노니, 이로써 영용모嬴龖母의 혼수를 보낸다.

【주】

1. 燚又(有)嗣(司)爯乍(作)鬶(盉)鬲,

   1) 燚 : 燚의 고자로 榮으로 읽는다. 고대의 國名이다. 『사기』「周本紀」에 "成王이 東夷를 정벌하자, 息愼이 와서 慶賀하였다. 이에 왕이 榮伯에게 명하여「賄息愼之命」짓도록 하였다(成王旣伐東夷, 息愼來賀, 王賜榮伯, 作賄息愼之命)"라고 하였고, 『史記集解』는 馬融의 말을 인용하여 "榮伯은 周와 同姓으로 畿內의 제후이며 卿大夫가 되었다(榮伯, 周同姓, 畿內諸侯, 爲卿大夫也)"라고 하였다. 榮國은 지금의 陝西省 戶縣 서쪽에 있었다.

2) 又 : 有로 읽는다.

3) 嗣 : 司의 古字이다. 『廣雅』「釋詁」1에 "有司는 관직이다(有司, 官也)"라고 하였다.

4) 再 : 『설문』「冓部」에 "再는 함께 드는 것이다(再, 並擧也)"라고 하였다. 稱의 고자이다. 榮國 有司의 이름이 再이다. 『銘選』에서는 "燚은 榮으로 西周시대 國名이며 관직을 설치하고 있었기 때문에 有司라고 칭한 것이다. 이는 榮氏가 采邑이 아니었음을 증명한다"라고 주장하였다.

2. 用朕(縢)嬴龓母.

1) 齍 : 盨로 읽는다. 『설문』「皿部」에 "齍는 찰기장과 메기장(黍稷)을 그릇에 담아 제사지내는 것이다(齍, 黍稷在器所以祀者)"라고 하였으니 곡물을 담는 祭器이다.

2) 齍鬲 : 곡물을 담아서 귀신에게 제사지내는 데 쓰이던 鬲이다.

3) 朕 : 縢으로 읽는다.

4) 龓 : 何琳儀와 徐在國은 이 글자는 "左旁은 '帔'이 생략된 글자이고 右旁은 '龍'자인데 龍으로 聲符를 더한 것으로 보인다. 龓은 襲의 이체자이다"라고 하였다. (何琳儀·徐在國, 「釋帉及其相關字」, 『中國文字』新27期, 臺北藝文印書館, 2001년 12월)

5) 嬴龓母 : 嬴姓이고, 龓母는 이름이다. 이 鬲은 榮國의 有司인 再이 딸의 혼수품으로 보낸 祭器이며 再이 嬴姓이라는 것을 증명해 준다.

【주제어】

[인명] 榮有司再, 嬴龓母.

[지명] 榮.

【참고문헌】

『銘選』3·262쪽

龐懷淸·鎭烽·忠如·志儒, 「陝西省岐山縣董家村西周銅器窖穴發掘簡報」, 『文物』 1976년 5기 26
쪽, 『陝一』179.

何琳儀·徐在國, 「釋㠔及其相關字」, 『中國文字』 新27期, 臺北藝文印書館, 2001년 12월

97. 임작주영작(妊作粊嬴爵)

【탁본】

【저록】

『集成』9·4422, 『三代』10·35·6-5, 『綴遺』9·11·1-2, 『周金』3·158·1-2, 『貞松』6·40·1-2, 『希古』4·13·2-3, 『小校』9·34·1-2, 『銘選』錄252

【기물설명】

〈妊爵〉이라고 부르기도 한다. 두 개의 기물로 명문은 동일하다. 1981년 山東省 滕縣 莊里西村에서 출토되었으며, 현재 滕縣博物館에 소장되어 있다.

【석문】

妊乍(作)粊(邾)賆(嬴)爵[1].

【현대어역】

임妊이 주영粊嬴을 위한 작爵을 만드노라.

【주】

1. 妊乍(作)䊕(邾)羸(嬴)爵羸.

　1) 妊 : 王國維는 다음과 같이 말했다.

　　　　여성의 字를 쓸 때, 금문에서 모두 女가 구성되어 쓰인다. 하지만 선진 이
　　　　후에 경전을 서사한 데에는 왕왕 女 편방이 생략되어 있다. …… 任姓은
　　　　금문에 妊로 쓰였지만, 오늘날 『詩』와 『左傳』·『國語』·『世本』에는 모두 任으
　　　　로 쓰였다.(『觀堂集林』「鬼方昆夷獫狁考」)

　　　이 명문의 妊은 아마 邾羸의 시어머니일 것이다.

　2) 䊕 : 『輯考』는 다음과 같이 말한다.

　　　　字書에서 찾을 수 없으나, 마땅히 牧의 고문이다. 의미요소인 攴과 支은
　　　　바꾸어 쓸 수 있다. 『改倂四聲篇海』「支部」는 『類篇』의 “牧는 발음이 呪이
　　　　다(牧, 音呪)”를 인용하였다. 『字彙補』「支部」는 “牧는 知와 鬪의 반절음이
　　　　다. 의미는 상세하지 않다(牧, 知鬪切. 義未詳)”라고 하였다. 지금 생각하건
　　　　데 䊕와 牧는 모두 誅戮의 誅의 옛 자형이다. 이 명문에서 䊕는 邾로 읽으
　　　　며, 옛 나라 이름으로, 曹姓이다. 『春秋左傳』「隱公원년」에 “공과 邾儀父가
　　　　蔑에서 회맹하였다(公及邾儀父盟于蔑)”이라 하였다. 두예주에 “邾는 지금
　　　　노나라 추읍이다(邾, 今魯國鄒邑也)”라고 하였다.

　3) 羸 : 『說文』「羸」에 “혹자는 짐승이름이라고 한다. 상형자이다. 鬪(或曰
　　　獸名. 象形. 鬪)”이라고 하였다. 여기에서는 嬴으로 읽는다. 『설문』「嬴」에
　　　“嬴은 少昊氏의 姓이다. 女가 구성되었고, 羸의 생략된 자형이 소리요
　　　소다(少昊氏之姓也. 从女羸省聲)”라고 하였다. 또 『說文』「羸」에 “파리하
　　　다는 뜻이다. 羊이 구성되었고, 羸는 소리요소이다(瘦也. 从羊羸聲)”라
　　　고 하였다. 그러므로 嬴자는 역시 구성된 羸이 발음요소다. 邾羸은
　　　邾나라에서 시집온 嬴姓의 여자다.

【주제어】

[인명] 妊, 邾嬴

[지명] 邾

【참고문헌】

『金文說』91, 『銘選』3·248

98. 순백대보작영기수(筍伯大父作嬴改盨)

【탁본】

【저록】

『集成』9·4422, 『三代』10·35·6~5, 『綴遺』9·11·1~2, 『周金』3·158·1~2,
『貞松』6·40·1~2, 『希古』4·13·2~3, 『小校』9·34·1~2, 『銘選』錄 252.

【기물설명】

〈筍伯大父作嬴改盨〉는 〈筍伯大父盨〉라고도 한다. 높이는 17.7cm, 입구
세로 지름은 15.9cm, 입구 가로 지름은 23.8cm, 바닥 세로 지름은 20cm,
바닥 가로 지름은 21.2cm이다. 기물과 뚜껑은 동일한 명문으로 3행 17자
이며 重文은 1자이다. 松江 金氏가 예전에 소장했었다. 현재 上海博物
館에 소장되어 있다. 기물의 제작 연대를 『銘選』에서는 西周 中期로 판정
하였다.

【석문】

筍白(伯)大父乍(作)嬴改鑄旬(寶)盨,[1] 其子子孫永旬(寶)用.

【현대어역】

순筍의 백대보伯大父가 영기嬴改를 위하여 주조한 보배로운 수盨를 만드노니, 자자손손 영원히 보배롭게 사용할지어다.

【주】

1. 筍白(伯)大父乍(作)嬴改鑄旬(寶)盨

 1) 筍 : 『설문』「目旬部」에 "旬은 눈이 흔들리는 것이다. …… 眴, 旬은 혹은 旬을 구성요소로 한다(旬, 目搖也. …… 眴, 旬或從旬)"고 한다. 筍는 竹을 구성요소로 하고 旬을 소리요소로 하는 筍의 古字이다. 본 명문에서는 郇으로 읽는다. 『설문』「邑部」에 "郇은 周 武王의 아들에게 봉해진 나라로 晉 땅에 있었다(郇, 周武王子所封國, 在晉地)"라고 하였다. 鈕樹玉은 『說文解字校錄』에서 "'武'는 '文'임에 틀림없다(武, 當是文)"고 하였다. 朱駿聲은 『說文通訓定聲』에서 "郇은 지금의 山西 蒲州 府猗氏縣 서북쪽에 위치해 있었다"라고 하였다.

 2) 白 : 伯으로 읽어야 한다.

 3) 白大父 : 인명이다. 長安縣 張家坡 출토물 중에 〈筍侯盤〉(吳十洲, 『兩周禮器制度硏究』 : 筍侯作叔姬縢般(盤), 其永寶用饗)이 있다. 郇君은 侯로 칭했기 때문에 이 명문에서는 '郇伯'으로 이어서 읽으면 안 된다.

 4) 改 : 『銘選』은 다음과 같이 설명한다.

  이 글자는 妃자가 아니다. 『설문』「女部」에 "改는 여성의 字이고 女를 구성요소로 하며 己를 소리요소로 한다(改, 女字也, 從女己聲)"라고 하였다. 妃에 대해서도 女를 구성요소로 하고 己를 소리요소로 한다고 하였다. 改는 己를 소리요소로 하는 글자는 아닌 듯하다.

5) 嬴改 : 인명이다. 嬴姓國의 여자로 伯大父의 배우자이다.

6) 㔬 : 寶로 읽는다. 뒤의 문장의 㔬자도 마찬가지다.

7) 鑄 : 보배로운 盨의 수식어로, "鑄寶盨"는 주조한 보배로운 盨이다.

【주제어】

[인명] 伯大父, 嬴改.

[지명] 郇.

【참고문헌】

『銘選』3·248쪽, 『積微』109

99. 등공궤개(鄧公簋蓋)

【탁본】

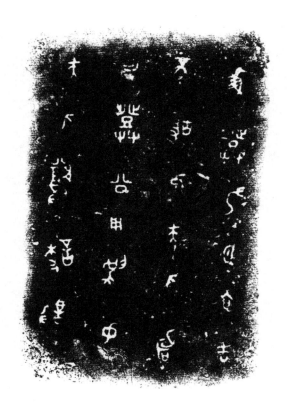

【저록】

『集成』7·4055, 『三代』8·16·2, 『陶齋』2·18·1, 『周金』3·62, 『韡華』丙4, 『夢郭』續 21, 『小校』8·17·2, 『三代』8·16, 『大系』錄 191, 『銘選』錄 771.

【기물설명】

『雙選』은 〈夫人釢簋〉라 하였다. 『陶齋』에 "높이는 3寸 4分이며 입구 지름은

9寸 5分이고 頂徑은 5寸 1分이다"라고 기록되어 있다. 명문은 4행 23자이다. 端方과 羅振玉이 예전에 소장했었다. 현재는 中國歷史博物館에 소장되어 있다. 시대는 『集成』에서 西周 말기로 판정하였고, 『銘選』에서는 春秋 초기로 판정하였다.

【석문】

隹鐏(鄧)九月初吉,[1] 不故中夫人毘乍(迮)鐏(鄧)公,[2] 用爲中夫人尊醝簋.[3]

【현대어역】

등鄧 9월 초길初吉, 박고薄姑 출신의 중부인中夫人이 등공鄧公에게 비로소 시집가니, 이로써 중부인中夫人의 존귀한 초궤酢簋를 만드노라.

【주】

1. 隹鐏(鄧)九月初吉

1) 鐏 : 鐙자의 古字로 본 명문에서는 鄧으로 가차하였다. 고대의 國名이고 曼姓이며, 지금의 河南 鄧縣에 위치해 있다.

2) 鄧九月 : 鄧曆 9월이다.

3) 初吉 : "初吉" 뒤에 干支의 명칭을 붙이지 않았는데, 董作賓의 견해에 따르면 음력 초하루가 된다.

2. 不故中夫人毘乍(迮)鐏(鄧)公

1) 不故 : 『大系』는 다음과 같이 설명한다.

不故는 薄姑인 것 같다. 『한서』 「地理志」에 "殷나라 말기 薄姑氏가 제후가 되었고, 周 成王 시기 薄姑氏가 주변 국가와 난을 일으키자, 成王은 이들을 멸망시키고 師尙父를 봉하였다(殷末有薄姑氏爲諸侯, 周成王時薄姑氏與四國共

作亂, 成王滅之以封師尚父)"라고 하였다. 『좌전』「昭王9년」의 "우리 周나라는 夏나라가 后稷을 봉한 이래로 魏·駘·芮·岐·畢이 우리 서쪽 영토로 되었고, 武王이 商나라를 정벌하게 되어서는 蒲姑·商奄이 우리 동쪽 영토가 되었으며, 肅慎·燕·毫은 우리 북쪽 영토로 되었다(我自夏以后稷, 魏駘芮岐畢, 吾西土也, 及武王克商, 蒲姑商奄, 吾東土也, 肅慎燕毫, 吾北土也)"는 기록에서, 蒲姑를 확인할 수 있다. 『漢書』「地理志」에서는 琅琊郡 아래 부분을 姑幕이라 썼는데, 지금의 山東 博興縣 동북지역에 해당한다. 아마도 薄姑氏가 쇠약해지긴 했지만, 후대 자손들이 여전히 그 조상의 제사를 지켜 끊어지지 않게 하였기 때문에, 薄姑氏가 鄧과 혼인 맺을 수 있었던 것 같다.

『銘選』은 『사기』를 인용하여 설명한다.

> 薄姑이다. 『사기』「周本紀」에 成王이 "동쪽으로 淮夷를 정벌하고 奄을 멸한 후 그 임금을 薄姑로 추방하였다(東伐淮夷, 殘奄, 遷其君薄姑)"라고 하였는데 이 때 薄姑의 임금이 쫓겨났지만 그의 자손들은 상존하였다. 春秋 초기에 와서도 薄姑氏의 후예들은 여전히 小國들과 혼인관계를 맺었다.

薄姑는 東夷의 方國名이다. 〈塱方鼎〉 명문에는 "尃古"가 언급되는데, 典籍에서는 薄姑 또는 蒲姑라고 쓴다. 〈塱方鼎〉 주석을 참조하라.

2) 中夫人 : "中"은 명문에 𦅂로 쓰여 있다. 郭沫若은 屯으로 해석하였으나 字形과 부합되지 않으므로 마땅히 中자의 이체자로 보아야 한다. 〈王子中府鼎〉의 中자도 𦅂으로 되어 있고 『陶齋』3·320의 中자도 𦅂으로 되어 있으니, 토대로 비교할 만하다. 아마 "中夫人"은 不故 출신이었기 때문에 "中夫人" 앞에 "不故"라는 두 글자를 덧붙인 것 같다. 한편 『雙選』은 "中夫人"을 "屯夫人"으로 석문하고 있다.

3) 㠯 : 옛 似자로 『대계』는 始로 읽었다. 『雙㠯選』은 㠯으로 석문하였다.

4) 乍 : 『大系』에서 "㠯乍登公은 叔姬簠의 '叔姬靁乍黃邦'과 동일한 예로 乍는 迮의 생략형이며 시집간다(嫁也, 適也)는 말이다"라고 하였는데, 『大系』의 설을 따를 만하다. 『시경』「常武」에 "왕은 천천히 편안히 가

네(王舒保作)"라고 하였고, 鄭玄의 箋에 "作은 가는 것이다(作, 行也)"라고 하였으므로, 作의 本字는 마땅히 迮이 되어야 한다. 金文의 "用征以行"을 申鼎에서는 "用征以迮"로 썼으니, 그 증거가 된다. 『廣韻』에 "行은 시집가는 것이다(行, 適也)"라고 하였다. 『시경』「蝃蝀」에서는 "여자가 시집을 가게 되면 부모형제와 멀어진다네(女子有行, 遠父母兄弟)"라고 하였으니 行은 시집간다(適)는 뜻이다. 迮는 行으로 해석하고 行은 適으로 해석하기 때문에 迮도 適으로 해석할 수 있다. 『玉篇』에 "適은 여자가 출가하는 것이다(適, 女子出嫁)"라고 하였다.

3. 用爲中夫人尊譆簋

1) 譆簋 : 譆는 명문에 𧮫로 쓰여 있다. 劉釗는 "言과 𢆍을 구성요소로 하는데 𢆍은 羞를 반대로 쓴 것이고, 𢆍로 쓸 수 있는 差자와 동일하다. 글자는 言과 差를 구성요소로 하며 '譆'로 석문해야 한다. 『설문』「言部」에 '譆는 탄식하는 것이다. 일설에는 매우 애석하게 여기는 것이라고 하였다. 言을 구성요소로 하고 差를 소리요소이다(譆, 㗚也. 一曰痛惜也. 從言差聲)'라고 하였다"라고 하였다(「『金文編』附錄存疑字考釋」, 中國古文字研究會 第8屆年會論文, 1990年) 본 명문에서는 酢로 읽어야 한다. 譆와 酢는 精從旁紐이고 歌鐸通轉이다. 『상서』「顧命」에서는 "손을 씻고 다른 同으로 璋을 잡고 술을 따라 마셔 제사에 보답하였다(盥, 以異同秉璋以酢)"라고 하였고, 孔傳에서는 "제사에 보답하는 것을 酢라 한다(報祭曰酢)"고 하였다. 따라서 '譆簋'는 酢簋로 제사에 보답할 때 쓰이는 簋이다. 『銘選』은 '□簋'라 하여 □자의 뜻은 확실치 않다고 하였다. 또한 『銘選』은 '用爲' 뒤에 屯자를 쓰고 있지 않은데 아마도 잘못된 것 같다.

【주제어】

[인명] 中夫人, 鄧公.

[지명] 鄧, 不故(薄姑).

【참고문헌】

『大系』考 177쪽, 『銘選』4·497쪽, 『文錄』3·39쪽, 『雙選』下2·26쪽

劉釗, 『『金文編』附錄存疑字考釋』, 中國古文字研究會 第8屆年會論文, 1990年

100. 작백정(柞伯鼎)

【저록】

『文物』2006년 5期.

【기물설명】

이 기물은 2005년 중국국가박물관에서 입수한 중요한 사료적 가치를 지닌 서주 말기 청동기이다. 『文物』 2006년 5期에 수록되었고, 朱鳳瀚이 최초로 「柞伯鼎與周公南征」이라는 글을 발표하였다. 이 기물은 복부가 둥근 盆의 형태를 하고 있는 鼎이다(圓盆形腹鼎). 밧줄 모양의 立耳가 주조되어 있고, 복부는 비교적 얕고 腹壁은 직각에 가까우며, 바닥은 편평하다. 3

개의 짧고 가느다란 기둥형(細柱形) 다리가 있고, 足根은 조금 거칠다. 다리의 안쪽에 凹자 홈이 있다. 鼎의 구연 아래 한 줄의 竊曲紋이 있고 복부의 중심 가까운 곳에는 볼록하게 튀어나온 한 줄의 弦紋이 있다. 복벽 내부에 12行 112字의 명문이 있는데 合文 2字가 포함되어 있다. 총 높이 32cm, 무게 10.02kg이다. 기물의 연대는 厲, 宣王 시기의 것으로 추정된다.

【석문】

隹(惟)四月旣死覇, 虢中(仲)令柞白(伯)曰:[1] "才(在)乃聖且(祖)周公繇又(有)共于周邦,[2] 用昏無及, 廣伐南或(國).[3] 今女(汝)殹(其)率蔡侯左至于昏邑"[4] 旣圍輯(城), 令蔡侯告遝(徵)虢中(仲),[5] 趯(遣)氏曰: "旣圍昏" 虢中(仲)至.[6] 辛酉專(搏)戎.[7] 柞白(伯)叙(執)噒(訊)二夫, 隻(獲)或(馘)十人.[8] 譙(其)弗敢悉(昧)朕皇且(祖), 用乍(作)朕刺(烈)且(祖)幽叔寶障(尊)鼎, 譙(其)用追育(享)孝, 用旂(祈)臀(眉)壽邁(萬)人(年).[9] 子子孫孫其永寶用.

【현대어역】

4월 기사패. 괵중虢仲이 작백柞伯에게 "그대의 성조聖祖 주공周公은 오래전 주방周邦에 공업功業이 있었으니, 그 근면함을 따라올 이가 없었으며, 남국南國을 널리 정벌하였도다. 이제 너는 채후蔡侯를 이끌고 혼읍昏邑의 좌측으로 진군하라"고 명하였다. (작백은) 이미 城을 포위하였고, 채후에게 명령하여 괵중에게 보고하도록 하였다. 파견된 채후가 "이미 혼昏을 포위했습니다"라고 보고했다. 괵중이 이르렀다. 신유일辛酉日에 융戎을 공격했다. 작백은 부남俘男 2夫를 사로잡아 심문했고, (적) 10人의 귀를 잘라 거두었다. 감히 나의 황조皇祖의 도우심을 감사하며 이에 나의 열조烈祖 유숙幽叔을 위한 보배롭고 존귀한 정鼎을 만드노니, 향효享孝를 올리는데 사용할 것이며, 영원한 장수를 기원하는데 사용하라. 자자손손 영원히 보배롭게 사용할 것이다.

【주】

1. 虢中(仲)令柞白(伯)曰

   1) 柞 : 회이방국의 이름이며, 胙라고도 쓴다. 柞國은 지금의 河南 延津
     縣 북쪽이고 蔡國은 지금의 河南 上蔡縣이다. 柞伯은 蔡侯를 이끌고
     蔡國 즉 지금의 上蔡縣 부근 汝水유역에 이르러 회합하였고, 다시 함
     께 昏邑으로 진군하였다. 蔡에서 다시 남하하여 멀지 않은 곳 즉 淮
     水 유역에 도달했다. 지금 河南 上蔡縣은 서주시기 蔡國으로 서주 왕
     조가 위치한 중원 지구를 통하는 淮水와 南淮夷가 접촉하기 위해 반
     드시 거쳐야하는 길이었을 것이다. 〈駒父盨盖〉 명문을 통해 살펴보면
     蔡國은 서주 왕조와 회이가 접촉하고 회수유역을 통치함에 있어 중요
     한 지리적 위치였음을 알 수 있다(蔡侯가 昏邑의 전쟁에 참가한 이유이기
     도 함). 昏邑의 대략적인 위치 또한 지금의 하남성 부근의 회수유역이
     었을 것이다. 곧 지금의 信陽지구이다.

   2) 柞伯 : 胙伯이다. 柞은 또한 『좌전』「僖公24年」에 "凡, 蔣, 邢, 茅, 胙,
     祭는 周公의 후예다(凡, 蔣, 邢, 茅, 胙, 祭周公之胤也)"라고 한 구절의 胙인
     데, 杜預 注에서는 "胤은 嗣다(胤, 嗣也)"라고 하였다. 본 명문의 아래
     문장에서 虢仲이 周公의 사적(周公이 周邦을 위해 힘써 일한 내용)을 이용
     하여 柞伯을 勉勵한 것을 기록하고 있으니, 柞(胙)은 즉 周公의 후예
     이다. 柞(胙)伯이 제작한 기물은 본 기물 이외에 1993년 河南 平頂山
     應國 묘지 M242에서 출토된 〈柞伯簋〉가 있다. 簋의 연대는 대략
     康, 昭王 시기의 것으로 簋 명문 중에 보이는 柞伯은 본 명문에 등장
     하는 柞伯의 직계 선조이다.

2. 才(在)乃聖且(祖)周公繇又(有)共于周邦

1) **繇** : 문장의 앞에 쓰인 **繇**자는 『金文編』에 **繇, 繇, 繇, 繇, 繇, 繇**와 같
은 자형으로 나타나는데, 문자의 의미는 "舊" 혹은 "句首發語詞"로
보며 실질적인 의미는 없다(楊樹達, 『積微居金文說』). 여기에서도 이 의
미가 적합하다. 繇는 『설문』「系部」에 "繇는 따르는 것이다. 系가 구성
요소이고, 書는 발음요소이다(繇隨從也. 从系·書聲)"라 하였고, 또 『설
문』「言部」에 "유행하는 노래이다. 言과 肉으로 구성된다(書, 徒歌. 从言·
肉)"라 하였는데, 段玉裁 注에 "書는 예전에 사용된 글자이고 謠는 오
늘날 사용되는 글자로, 謠는 사용되고 書는 폐기되었다(書·謠古今字,
謠行而書廢矣)"라고 하였으니, 繇는 謠의 古字임이 확실하다. 이 명문
에 쓰인 **繇**은 言으로 구성되며, 腸(初文은 貂자로 〈亞腸父乙爵〉에 상세하
다)는 발음요소로, 隸變되어 繇가 되었으니, 書는 繇가 생략된 자형
이며 謠는 뒤에 생겨난 異體의 형성자이다. 본 명문의 謠는 舊로 읽
는다. 古音으로 謠는 宵部에 속하는 글자이다. 舊는 古韻學者들이 之
部로 귀속시켰다. 舊은 원래 臼로 구성되며 발음요소로 하는 글자이
며, 臼는 幽部에 속한다. 宵之와 宵幽는 모두 旁轉관계에 속한다.
謠는 喻母 三等에 속하며, 喻三은 匣에 귀속된다. 舊는 群母 三等에
속하며, 匣과 群은 旁紐이다. 그러므로 謠와 舊는 통가될 수 있다. 그
러나 **繇**는 서주 금문의 문장 중에서 어떠한 때를 나타내는 의미와도
유사한데 예를 들어 〈師袁簋〉 명문의 "淮尸(夷)**繇**我員略人"과 〈兮甲
盤〉의 "淮尸(夷)舊我員略人"이란 문장을 비교해보면 〈師袁簋〉 명문의
繇와 〈兮甲盤〉 명문 중의 舊는 글자의 뜻(字意)이 서로 유사하다. 또
는 "原本", "當初", "曾經"의 의미이다. 본 명문에서는 虢仲이 柞伯에
게 周公의 사적을 술회하고 있기 때문에 "**繇**又(有)共于周邦"의 **繇**는
당연히 시간 개념을 나타내는 단어이고, 본 명문에서 그 의미는 "일
찍이(曾經)"라고 풀이하는 것이 옳다고 생각된다.

2) 共 : 共은 본 명문에서는 𝄞로 쓰여 있는데 이것은 서주 중기 이후에
출현한 共(원래는 𝄞와 같은 형태)자의 이체자 중 하나다. 𝄞자는 共자
의 표의부호 중에서 구성되었음을 알 수 있는데 𝄞(収)의 형상은 두
손을 모은 형태의 부호가 주를 이루고 공양하는 물건을 나타내는 부
분에서 다른 점이 있다. 본 명문의 구문과 유사한 문장이 아래 기물
들의 명문에서도 보인다.

〈录伯戜簋盖〉: "王若曰 录伯戜, 繇自乃(厥)且(祖)考, 又(有)𝄞于周邦,
　　　　　右(佑)闢四方, 叀(惠)圂(弘)天命(『集成』4302)"

〈師克盨〉: "王若曰 師克 …… 則繇隹(惟)乃先且(祖)考, 又(有)𝄞于周
　　　　　邦, 干(捍)吾王身, 乍(作)爪牙(『集成』4467)"

〈柞伯鼎〉 명문과 위에 제시한 두 개의 명문 중에 동일한 구문을 서로
비교할 수 있다. 특히 각 명문 중에는 본 명문의 뒤에 이어지는 문장
과 다시 관계가 있어, 이야기 하는 바의 의미가 서로 같거나 혹은 서
로 비슷한 것임을 알 수 있다. 예를 든 두 기물의 "于"자 앞에 등장
하는 𝄞자는 여러 학자들이 많은 해석을 내놓았는데, "揩(音讀 '勲')",
"勞" 또는 "爵"자로 석문하기도 한다. 여기서 참고로 爵에 대한 고석
을 살펴보면 아래와 같다.

　　𝄞은 또한 〈毛公鼎〉과 〈單伯鐘〉에도 보인다. 두 기물 모두 "𝄞堇大命"이라
기록되어 있다. 예전에는 勞로 석문했으나 설명이 없다. 孫詒讓은 "揩으로
석문하고 収와 고문 昏이 구성요소이며 소리부가 생략되었다"고 하였다. 王
國維는 예전의 해석 그대로 勞라고 석문하였다. "양손으로 爵을 받들고 있
는 형상을 본 뜬 것이다. 고대에는 공로가 있는 사람은 爵을 들어 올려 그
수고로움을 치하하였으므로 양손에 작을 들어 올린 모양으로 구성된 것"
이라고 하였다.(『毛公鼎銘考釋』) 勞로 석문하는 것이 옳다. 양손에 爵을 들
어 올리고 있는 모양으로 구성되었고, 爵이 또한 소리를 나타낸다. 양손에
爵을 들어 올린다는 말은 마시는 것일 수도 있고 음식을 돌리는 것일 수도

있는데(獻) 반드시 勞가 필요한 것은 아니다. 爵으로 聲部를 삼아야 비로소 그 音讀이 성립될 수 있다. (郭沫若, 『兩周金文辭大系圖系考釋』〈彔伯簋〉, 1957) 그러나 모두 문제가 있다. 揩으로 읽을 경우 爵의 구성요소 와 聞(音讀 昏)자의 구성요소(人形)가 뒤섞여 있는 것처럼 보인다. "勞"로 석문할 경우에는 자형이 爵을 받들고 있는 형태로부터 만들어졌고, 뜻도 자형에서 만들어졌다. 자형과 자음의 확실하고 밀접한 근거가 없는 것 같다. "爵"으로 자형을 해석하는 것은 최근의 해석이다. 그러나 𤔲자 아래 부분은 収이 구성요소인데, 商周 고문자의 "爵"의 형태와는 구별이 있다.

字	『金文編』字形
揩(爵+聞1926)	(盂鼎)
勞(2215)	
爵(0832)	

따라서 본 명문의 "𤔲又(有)共于周邦"이라는 문장의 文意에 따라 추측해보면 이미 𤔲자에 대한 여러 가지 해석이 있지만 (위에서 제시한 세 개의 명문) 모두 '共'으로 읽어야 할 듯하다. 𤔲자는 爵과 収이 구성요소로 두 개의 요소가 하나의 뜻을 나타내며(會意) 또한 収자가 소리요소이다. 고문자 가운데 収을 구성요소로 하는 글자와 이 자는 유사한데, 예를 들어 殷墟 卜辭 중에서 많이 보이는 𪾔자 또한 臼과 収이 구성요소로 두 개의 요소가 모여 하나의 뜻을 나타내고, 収이 소리요소이다. 즉 音이 共(拱)이다. 복사에서 말하는 "𪾔衆人"은 곧 "聚合衆人", "征聚衆人"이다. 師克盨 명문에 𤔲자는 윗부분에 凡자가 있는

데 音符가 될 수 없다. 참고로 〈何尊〉 명문에 "有￼于天"이라는 구문
이 있는데 有 뒤에 글자는 爵과 凡이 구성요소로 두 개의 요소가 모
여 하나의 뜻을 나타낸다. 爵이 소리요소이다. 따라서 "有￼于天"은
"有爵于天"이고 爵은 "綠位"로 해석할 수 있을 듯하다. 당연히 이 자
는 형성자이고 爵이 구성요소이며 凡이 소리요소이다. 이것은 일종
의 爵의 형태 혹은 爵類 酒器의 명칭이다. "有￼于天"에서 ￼자를
范으로 音讀하기도 하는데 法이라 해석한다(常規, 法則). "取法于天"의
의미다. 凡은 ￼의 音符와 같고, ￼자를 구성하고 있는 凡은 音符가
될 수 없다. 따라서 ￼자는 共으로 읽어야하며 '功'과 통한다. ￼는 당
연히 収에서 音을 얻었고, 共과 통한다. "縣又(有)共于周邦"과 같은 구
문에서 共자는 功으로 읽어야 한다. 共과 功은 상고음의 聲韻이 병합
되고, 모두 見紐, 東部 韻이다. "縣又(有)共于周邦"은 "曾有功績于周邦"
이다. 『설문』 「力部」에 "功은 힘써 나라를 안정시키는 것이다(功, 以勞定
國也)"라 하였다. 『사기』 「高祖功臣侯者年表」에서는 "힘쓰는 것을
功이라 한다(用力曰功)"이라 하였다. 이러한 내용에 따라 본 명문의 내
용을 이해해보면 周公은 일찍이 周邦(의 政事)에 힘써, 전력을 다하였
다(用力于, 致力于)라는 의미다. 예를 들면 〈師￼簋〉 명문에 伯龢父가
師￼에게 "乃且(祖)考又(有)￼于我家"라 말한 기록이 있는데, ￼자는
자연히 위에서 共으로 읽었던 글자로 功으로 읽어야 함을 알 수 있
다. 또한 〈毛公鼎〉 명문에서 말한 "￼堇(勤)大命"과 〈單伯昊生鐘〉 명
문에 언급된 "堇(勤)大令(命)"의 '￼'자 역시 共(功)으로 읽으며 文意 역
시 서로 합치된다. "￼堇(勤)"은 同義詞 또는 義近詞로 연독되고 '勤
勉', '勉力'과 같다. '有' 뒤에 동사가 오는 경우는 서주 문자에서 드문
예가 아니다.

3. 用昏無及, 廣伐南或(國).

1) 用 : 서주 금문에서 자주 위의 문장을 이어주며 "因而(그러므로, 그런 까닭에, 따라서)", "而"의 의미로 사용되고, 즉 윗 문장의 문의에 따라 어떠한 행위를 하는 것이다. 예를 들어 왕이나 상급 귀족에게 賞賜, 褒獎을 받아 "用作尊彝(이에 보배로운 기물을 만든다)"에서의 用은 곧 "因(因而)", "而"의 의미다.

2) 昏 : 이전에는 서주 금문에서 자주 볼 수 없었던 글자로, '暋'으로, '노력하다, 진력하다'의 의미로 읽는다. 예를 들어 『尙書』 「盤庚」에 "게으른 농부가 스스로 편안해하며 힘써 수고로운 일을 하지 않는다(惰農自安, 不昏作勞)"라 하였는데 석문에는 "원래 暋으로 쓰고, 敏으로 읽는다(本或作暋, 音敏)"라고 하였다. 『爾雅』에는 "昏, 暋 모두 强으로 풀이한다(昏, 暋皆訓强)"라 하였다. 이 구문은 위의 문장을 잇고 있으며, 대략의 의미는 周公이 周邦에 전력을 다하였으니 그의 근면함에 이를만한 사람이 없음을 이야기 한 것이다.

3) 𢜒 : '及' 또는 '殳'으로 해석되는 글자로 李學勤은 "이에 오랑캐들이(閩) 공납을 바치지 않음이 없었다"라는 의미로 해석하였다. 1961년 섬서성 張家坡에서 발견된 〈孟簋〉명문의 "朕文考 毛公, 趠仲征無需"라는 문장과 宋代의 저록에 실린 〈敔簋〉의 "南淮夷遷殳, 內(入)伐溟"라는 문장이 있다. 이 문장들 가운데 "需"와 "殳"는 각각 禪母侯部, 心母侯部에 속하는데 이 명문에서는 書母侯部의 "輸"로 읽어야 한다. 輸는 委輸이고 蠻夷가 周 왕조에 담당한 공납을 가리킨다. "無輸"는 "공납을 불입하다", "遷輸"는 "공납을 변경하다"라는 것인데 왕조의 입장에서는 모두 죄상이며 따라서 토벌이 가해진다. 이러한 예는 서주 말기의 기물인 〈兮甲盤〉에서 잘 나타난다. (李學勤, 「從柞伯鼎與談"世俘"」, 『江海學刊』 2007년 제5기)

4) 廣伐南或(國) : 유사한 문장이 서주 말기 다른 기물에서도 몇 건 보인

다. 예를 들어 〈禹鼎〉의 "亦唯噩侯駁方率南淮尸(夷), 東尸(夷), 廣伐南或(國), 東或(國)"와 〈多友鼎〉의 "用嚴(玁)允(狁)放(方)𤞤(興), 廣伐京師" 등의 "廣伐"은 전쟁하여 정복한 지역이 광활함을 말하는 것이다. 南國에 대한 논의는 朱鳳瀚의 「柞伯鼎與周公南征」에 자세하다.

서주시기 南國의 지리 범위로, 柞國은 지금의 河南 延津縣 북쪽이고 蔡國은 지금의 河南 上蔡縣이다. 柞伯은 蔡侯를 이끌고 蔡國 즉 지금의 上蔡縣 부근 汝水유역에 이르러 회합하였고, 다시 함께 昏邑으로 진군하였다. 蔡에서 다시 남하하여 멀지 않은 곳 즉 淮水 유역에 도달했다. 지금 河南 上蔡縣은 서주시기 蔡國으로 서주 왕조가 위치한 중원 지구를 통하는 淮水와 南淮夷가 접촉하기 위해 반드시 거쳐야하는 길이었을 것이다. 〈駒父盨盖〉 명문을 통해 살펴보면 蔡國은 서주 왕조와 회이가 접촉하고 회수유역을 통치함에 있어 중요한 지리적 위치였음을 알 수 있다(蔡侯가 昏邑의 전쟁에 참가한 이유이기도 함). 昏邑의 대략적인 위치 또한 지금의 하남성 부근의 회수유역이었을 것이다. 곧 지금의 信陽지구이다. 이외에도 본 명문은 南國 범위에 속하는 지명들의 지리적 위치를 소개하고 있다.『逸周書』「作雒」에 등장하는 熊, 盈도 회수 유역에서 정벌하였고, 厲王 시기의 기물인 禹鼎 명문에 등장하는 "噩地"는 서주 말기 지금의 하남성 서남부 南陽지구의 鄭州 일대에 위치하고 있었다. 이 외에도 北宋시기에 출토된 安州 六器 중의 하나인 中方鼎 명문은 昭王이 楚(당시에는 이미 漢水 하류지역에 위치)와의 전쟁에 친람한 내용을 기록하고 있으며 "南國貫行"이라는 구절을 통해 漢水 유역 북쪽, 지금의 호북성 북부 또한 주나라 사람들이 南國의 범위 내에 두었음을 알 수 있다. 1902년 섬서 岐山에서 출토된 大保玉戈 명문에 등장하는 南國은 "帥漢"이라는 구절을 통해 지금의 호북 북부와 하남 서남부 지역에 위치하고 있었음을 알 수 있다.

위에 서술한 내용을 바탕으로 종합해보면 서주 시기 주나라 사람들이 생각했던 南國의 주요 지역은 동쪽으로는 지금의 江蘇 북부와 安

徽 북부, 하남 동남부(지금의 信陽지구)의 일부분, 서쪽으로는 지금의
하남 서남부(지금의 南陽지구), 서남으로는 지금의 湖北 북부지구로 대
체적으로는 회수유역과 남양분지, 漢水와 淮水 사이의 평원 일대를
가리킨다.

4. 今女(汝)殷(其)率蔡侯左至于昏邑.

1) 左 : 昏邑의 좌측 지역에 도달했다는 것을 가리킨다. 柞伯이 命을 받
들어 蔡侯를 이끌고 진행한 전쟁은 南征인데, 南은 전진방향 즉 正方
向이므로 '左'는 곧 남하 후 昏邑의 동쪽 지역에 도달했다는 것이다.
당시 군사용어는 또한 '左', '右'를 이용하여 군대의 위치 혹은 전진 방
향을 나타내는 것을 좋아했다. 예를 들어 穆王 시기 〈班篹〉 명문에는
"王令吳伯曰, '以乃自(師)左比毛公'(왕이 오백에게 명하여 이르기를 '그대의
師를 거느리고 毛父의 좌측에서 보좌하라')", "王令呂伯曰 '以乃自(師)右比
毛公(왕이 여백에게 명하여 이르기를 '그대의 師를 거느리고 毛父의 우측에서
보좌하라')"라고 하였는데 "左比", "右比"라 한 것은 바로 毛公이 이끌
고 있는 中軍의 左, 右편 師로써 협력하는 작전을 세운 것이다.

2) 昏邑 : 昏邑은 구체적으로 지금의 어느 지점인지 상세히 알 수 없고,
대체적으로는 지금의 河南 남부 淮水 유역으로 추정한다.

5. 旣圍馘(城), 令蔡侯告遷(徵)虢中(仲)

1) 旣圍馘(城) : 좌면(즉 동쪽)에서부터 昏邑에 도달하여 이 城을 포위한
후에 蔡侯를 虢仲에게 보내어 전쟁의 상황을 보고하도록 명령한 것
이다.

2) 徵 : 徵召의 의미가 있지만 이것은 일반적으로 윗사람이 아랫사람에
게 사용하는 것으로 柞伯이 虢仲에게 徵했다는 것은 적합하지 않은
것 같다. 그러므로 『儀禮』「士昏禮」의 "納徵의 徵"과 같이 읽어야 한다.

이에 대해 鄭玄注에는 "徵은 이룸이다. 使者가 납폐를 가지고 오면 혼례가 이루어진다(徵, 成也, 使使者納幣以成昏禮)"라 하였다. 徵의 상고음과 登의 음은 서로 가깝기 때문에 자연히 登으로 읽어야 한다. 『爾雅』「釋詁」에서는 "登은 成이다(登, 成也)"라고 하였다. 『시경』「崧高」에는 "南邦을 이루게 하셨다(登是南邦)"라는 구문이 있는데 毛傳에도 역시 "登은 成이다(登, 成也)"라 하였다. 예를 들면 "告徵"은 즉 "告成"이다. "告成" 또한 『시경』「江漢」에 그 문례가 보이는데 "江漢은 넘실넘실 흐르고 武夫는 군세고 군세도다. 四方을 경영하여 王에게 성공을 아뢰도다(江漢湯湯, 武夫洸洸. 經營四方, 告成于王)"이라는 구절이 그 것이다. 따라서 본 구문은 柞伯이 蔡侯에게 명하여 虢仲에게 가서 "昏邑의 왼쪽 지역에 이르렀고(左至于昏邑)"라고 하였으며, 아울러 포위의 임무를 이미 완성하였음을 보고하도록 한 것이다. 이와 같이 읽으면 하나의 문제가 발생한다. 명문의 "告徵" 뒤에 介詞 "于"가 빠져 있는 것 같은데 누락되거나 생략된 것으로 생각된다.

6. 趞(遣)氏曰 "旣圍昏" 虢中(仲)至.

1) 遣 : "派遣하다"의 의미다. 뒤에 나오는 "氏"와 나누어 읽으면 안 된다. 氏는 서주 금문에서 單稱으로 사용되는 예는 매우 적다. 遣氏는 인명이고 虢仲의 부하이다. 서주 중기 금문 〈遣小子簋〉 명문에는 '遣小子', 〈禹簋〉, 〈易冋簋〉, 〈永盂〉, 〈穿鼎〉, 〈孟簋〉 명문에는 "遣伯", "遣姬", "遣叔", "遣仲"이 등장한다. 이처럼 遣氏도 연독해서 읽으면 문제될 것이 없다고 생각된다. (袁俊傑,「柞伯鼎銘補論」『中原文物』2008년 제1기)

2) 氏 : 이 명문에서 氏는 柞伯의 명으로 虢仲에게 가서 汇報(상황을 종합하여 상급자에게 보고하는 것)한 蔡侯이다. 氏가 서주 금문에서 單稱으로 사용되는 경우는 매우 적다. 본 명문에서는 당연히 "侯氏"(즉 蔡侯)의

생략된 칭호이고, "侯氏"라 칭한 경우는 〈侯氏盤〉과 〈黼鏄〉등의 기물이 있다.

7. 辛酉專(搏)戎.

1) 戎 : 서주 시기 夷에 대한 칭호는 서주 왕조의 東國과 南國 범위 내 토착민을 총칭하는 용어로 사용한 것은 확실하지만 그러나 戎과 夷의 방위가 분명하게 구분된 것은 東周(춘추)시기 이후의 일이다. 그러나 西周人들이 夷라고 부르던 대상을 반드시 戎이라 부르지 않은 것도 아니다. 다른 하나의 가능성도 있다. 주나라 사람들이 공격한 昏邑의 사람들이 원래는 周나라 사람들이 戎이라 칭하던 사람들로, 즉 기타 지역에서 이곳으로 옮겨온 본래는 淮夷에 속하지 않는 집단일 가능성이다. 유사한 정황으로 徐의 예를 들면 『尚書』「費書」에 "예전에 淮夷와 徐戎이 함께 일어났었다(徂兹淮夷, 徐戎并興)", "甲戌일에 나는 徐戎을 정벌할 것이다(甲戌, 我惟征徐戎)"라는 구문이 있다. 이 문장에서는 특별히 회이를 徐人과 구분하여 칭하고 있는데, 이것은 서주 초기 徐가 淮地에 있지 않았고, 또한 주나라 사람들은 그들을 戎이라 부르는 습관이 있었기 때문이다. 또한 東夷에 속하지도 않는다. 穆王 시기의 〈班簋〉 명문에는 왕이 毛公에게 邦冢君, 土(徒)馭, 戜人을 이끌고 "東國瘖戎"을 벌하라 명령한 부분이 있는데, 학자들은 穆王 시기에 徐를 벌한 일을 기록한 것으로 생각했다. 〈班簋〉 명문의 "瘖戎"은 바로 戎을 칭한 것이고, 따라서 이 문장에서 東國의 異族을 夷라 칭하지 않았기 때문에 戎이라 말하고 夷라 부르지 않은 것이다. 이러한 이유는 주나라 사람들의 눈에 그들과 夷의 사이에 어떤 종류의 종족 또는 문화의 모습에 차이가 있었기 때문이었을 것이다. 본 명문의 '昏'邑의 戎 또한 이미 회수 유역에 살고는 있지만 본래는 회이가 아니었을 가능성이 있다.

8. 柞白(伯)**毅**(執)**噽**(訊)二夫, 隻(獲)**戜**(馘)十人

1) **訊** : 吳大澂은 "이 字는 醜를 잡는 형상을 본 뜬 것으로, 끈으로 그것
을 포박한 것이므로 系로 구성되어 있고, 말로써 신문하기 때문에
口로 구성되었다"라고 하였다.(『虢季子白盤』, 『愙齋』16册, p11). 왕국유는
'訊은 포로를 말한다'고 하였다.(「不X敦蓋銘考釋」, 『觀堂』, p2056~2057.) 〈戒
簋〉의 명문에 보인다.

2) **戜**(馘) : 본 명문에서 "**戜**"로 썼는데, 곧 "聝"이다. "聝"자는 "而"로 구
성되었고 "或"이 소리를 나타낸다. 『설문』「耳部」에 "聝은 군사들이 전
쟁에서 귀를 자르는 것이다. 『春秋傳』에 '포로가 되었다'라고 한다. 耳로
구성되었고, 或이 소리를 나타낸다. 馘은 聝이니, 혹은 '首'로 구성되
기도 한다(聝, 軍戰斷耳也. 『春秋傳』曰 '以爲俘聝.' 从耳或聲. 馘, 聝, 或从首)"라
고 한다. 『字林』에 "귀를 자르면 '耳' 편방을 쓰고, 머리를 올리면 '首'
편방을 쓴다(截耳則作耳旁, 獻首則作首旁)"라고 한다. 본 명문에는 "而"로
구성되었는데, 『설문』「而部」에 "而는 수염이다. 毛의 형상을 본 뜬 것
이다. 『周禮』「梓人」에 '그 비늘과 옆에 난 수염(之)과 아래로 드리운
수염(而)을 일으킨다. 무릇 而와 관련된 글자는 모두 而로 구성되었
다(而, 頰毛也. 象毛之形. 『周禮』曰 '作其鱗之而.' 凡而之屬皆从而)"라고 하는
데, 段玉裁의 注에 "頰毛는 「須部」에서 이른바 수염의 종류이다. 입
위(코밑)와 입 아래(턱) 수염의 총칭이다. 구별해서 살펴보면 입 위(코
밑)에 있는 것은 '髭', 입 아래(턱)에 있는 것은 '鬚'이다"라고 한다. 위
에 인용한 『周禮』의 '作其鱗之而'에 대해 戴震은 補注에서 "아래로 드
리워진 것을 而라 하니, 鬚髭의 부류다"라고 한다. 而의 고자의 자형
을 살펴보면, 而는 입 아래(턱)의 수염을 가리킨다. 聝의 古字는 而로
구성되었으니, 아마도 고대 전쟁에서 죽인 敵의 수염을 살갗과 같이
잘라 공을 바치는 제도가 있었을 것이다.

9. 諆(其)弗敢杏(昧)朕皇且(祖), 用乍(作)朕剌(烈)且(祖)幽叔寶陣(尊)
   鼎, 諆(其)用追亯(享)孝, 用旂(祈)釁(眉)壽邁(萬)人(年).⁹⁾

1) 杏 : 昧의 古字이며 무릅쓰고 범한다는 뜻이다. 『韓非子』「初見秦」에
   "제가 죽음을 무릅쓰고 원하는 것은, 대왕을 뵙고서 천하 제후들의
   합종을 깨뜨리는 것입니다(臣昧死, 願望見大王, 言所以破天下之縱)"라고
   하였고, 『文選』「吳都賦」에 "서로 깊고 험한 것을 무릅쓰고 기이한 구
   슬을 찾는다(相與昧潛險, 搜瑰奇)"라고 하였는데, 李善注는 劉逵의 말
   을 인용하여 "昧는 무릅쓰는 것이다(昧, 冒也)"라고 하였다.

2) 剌 : 烈로 읽는다. 『爾雅』「釋詁上」에 "빛남(光也)"이라 했다.

3) 陣 : "尊"의 異體字로, "존귀하다"는 뜻이다.

4) 孝 : 祭와 같다. 『논어』「泰伯」에 "음식은 소박하게 하시면서도 귀신에
   게 지극하게 제사 지내셨다(非飲食而致孝乎鬼神)"라고 하는데 馬融注는
   "致孝鬼神이란 풍성하고 정결하게 제사 지내는 것이다(致孝鬼神, 祭祀
   豐絜)"라고 풀이한다.

5) 享孝 : 享祭와 같다.

6) 釁 : 沫의 古字로서 『설문해자』「水部」에 "얼굴에 물을 뿌리며 씻음(洒
   面也)"라 하였다. 洒面은 즉 얼굴을 씻는 것이다. 李孝定은 "釁壽의
   釁를 마땅히 徽로 읽어야 하며 아름답다는 뜻이다. 따라서 '美善之壽'
   는 多壽·魯壽·永壽와 같은 말이다"고 하였는데, 이는 『儀禮』「士冠
   禮」"眉壽萬年"의 鄭玄 注에 "古文에 眉는 麋로 쓴다(古文眉作麋)"는
   것과 『小牢饋食禮』의 "眉壽萬年"아래 鄭注에 "古文에서 眉는 麋로
   쓴다(古文眉作麋)"는 것과, 金文에서 "釁壽"는 "魯壽"로도 일컫는 것
   과, 鄭司農이 『周禮』를 注釋할 때 釁字를 徽字로 해석한 것에 근거한
   것이다. (李孝定, 「釋釁與沫」, 『集刊外編』 제4종 하책 pp988~992)

【주제어】

[인명] 周公, 虢仲, 柞伯, 蔡侯, 戎

[지명] 昏邑

[시간] 4月 旣生覇. 辛酉日

[사건] 虢仲, 柞伯, 蔡侯의 南征 즉 昏邑 정벌. 柞伯의 戎 정벌.

【참고문헌】

李孝定, 「釋覺與沬」, 『史語所集刊外編』(慶祝董作賓先生六十五歲論文集), 第4期, 1961년
朱鳳瀚, 「柞伯鼎與周公南征」, 『文物』 2006년 제5기
李凱, 「柞伯鼎與西周晚期周和東國淮夷的戰爭」, 『四川文物』, 2007년 제2기
李學勤, 「從柞伯鼎與談'世俘'」, 『江海學刊』 2007년 제5기
袁俊傑, 「柞伯鼎銘補論」, 『中原文物』 2008년 제1기
張再興, 「也說柞伯鼎銘'無殳'一詞」, 復旦大學出土文獻與古文字研究中心
(http://www.guwenzi.com/), 2010년 4월 28일 初稿, 2010년 5월 4일 修改

동아시아 문명의 기원에 있어서
동이문화의 지위

동아시아 문명의 기원에 있어서 東夷文化의 지위[*]

김성기(金聖基)

I. 서론

본 논문에서는 중국 고고학의 발전에 따른 동아시아 문명의 기원에 대한 활발한 논의에 주목을 하고 특히 東夷文化의 지위에 대한 인식의 변화와 그 의미에 대하여 상론코자 한다.

최근 중국의 고고학의 비약적 발전은 중국상고사 연구에 획기적 변화를 가져오게 되었다. 그 결과 중국상고사 연구는 이미 전통경전이나 문헌에만 의존할 수 없는 새로운 단계로 접어들었다. 고고학 자료가 신석기 시대와 그 이전의 단계에까지 확대되어 발굴되면서 동아시아 문명의 기원에 관한 연구 방면에 획기적 변화를 가져오게 된 것이다. 그래서 오늘날 경전과 문헌사료에만 근거한 文明의 起源, 三皇五帝, 夏殷周, 그리고 秦漢에 관한 사실들은 신빙성을 결여하게 되었다. 중국의 전통적 상고사의 기술에 고고학은 필수불가결의 자료로 등장하게 되었다.

---

* 이 논문은 한국유교학회, 『유교사상문화연구』 60집, 2015에 게재된 것을 수정한 것입니다.

이러한 고고학의 발전은 동아시아 문명의 기원에 대한 연구에도 많은 변화를 가져오게 되었다. 특히 문명의 기원에 있어서 동이민족의 지위에 관하여서도 획기적 재인식이 진행되고 있다. 본문에서는 고고학의 연구 업적을 바탕으로 동이문화의 재인식에 대하여 상세히 논하고자 한다.

이를 위하여 먼저 동아시아 문명의 기원에 있어서 동이문화의 재인식이 일어나게 된 문명사적 의의를 서술하고자 한다. 고고학의 발전이란 영향아래서 문명의 다원론적 관점이 대두하게 된 배경을 살펴보겠다. 다음으로는 전통의 동이문화 열등론을 화이론적 시각에서 살펴보고 최근에 동이문화의 재인식에 대하여 살펴보려고 한다.

다음으로는 중국 고대의 신화와 전설상에 있어서 동이문화의 인식에 어떤 변화가 있었는지 살펴보고자 한다. 여기서는 고대의 신화와 전설상의 화하 중심사관을 극복하고 동이문화의 재인식에 관하여 논하고자 한다. 사마천의 황제-전욱-제곡-요-순의 오제가 화하계의 계보였다면 최근의 연구에 의하면 이 중 전욱과 순은 물론 소호 태호 치우 계통이 모두 동이계열이었음을 밝히겠다. 또 고고학의 연구결과에 따른 동이계열에 속하는 문화의 계보를 밝혀서 문명의 창조에 있어서 주역으로서의 동이문화의 재인식을 환기시키고자 한다. 마지막으로 동이문화의 찬란한 유적을 통해 문명의 기원상 동이문화의 역사적 공헌을 밝혀보기로 한다.

Ⅱ. 동아시아 문명의 기원과 동이문화의 재인식

고고학 자료가 신석기 시대와 그 이전의 단계에까지 확대되어 발굴되면서 동아시아 문명의 기원에 관한 연구 방면에 큰 변화가 불가피하게 되었다. 그래서 오늘날 문헌사료에만 근거한 文明의 起源, 三皇五帝, 夏殷周, 그리고 秦漢에 관한 사실들은 신빙성을 결여하게 되었다. 중국의 전

통적 상고사, 특히 秦대 이전의 역사를 기술하는데 많은 난제가 생겨나게
된 것도 역시 고고학의 발전에서 기인한 것이다.

이와 관련하여 張光直은 고고학적 성과가 先秦史연구에 미치는 영향
을 다음과 같이 말한다.

20세기 초기이래로 고고학적 발견이 쌓이면 쌓일수록, 많으면 많을수록 엄청
난 이전에 전혀 볼 수 없었고, 들을 수 없었고, 상상도 할 수 없었던 신문화, 신
민족과 새 문제들이 출현하는 것이었다. ······ 우리들은 20세기의 후기와 21세기
의 초입에서 신학문을 창조할 절호의 기회를 맞고 있다. 우리는 아래에서 이 새
로운 학문을 그려보기로 하자. 그 묘사이전에 우리는 먼저 한 가지 할 일이 있으
니 과거의 고사─古史란 학과, 우리들이 어릴 때부터 배워 온 바의 古史의 내
용─을 잠시 완전히 포기해야 하는 것이다.[1]

이 글을 통하여 장광직은 고고학이 선진사와 고대사, 경학사에 미친
영향을 매우 중요하게 생각하고 있다는 것을 알 수 있다. 1900년대 초의
은나라 갑골문의 발견 등을 통하여 시작된 고고학의 성과는 1970년대를
지나면서 또 한번 눈부신 발전을 하게 된다. 蘇秉琦는 총괄적으로 고고학
의 區系類型 이론을 내놓는다.[2] 俞偉超의 九集團說(伊洛의 夏文化 · 발해만
의 동이집단 · 태행산이동의 商 · 연산남북 長城 내외의 北狄 · 涇渭의 周 · 甘青의
羌戎 · 長江 중류의 苗蠻 · 동남 남해의 百越 · 삼협의 巴蜀)[3] 등의 이론이 속속 나
왔다. 장광직도 遼河流域 紅山文化의 牛河梁과 東山嘴, 太湖區域 良渚文
化의 反山과 瑤山, 四川 成都平原廣漢의 三星堆와 江西 長江下流 新干의

---

1) 張光直, 「對中國先秦史新結構的一個建議」, 『中國考古學與歷史學之整合研究』, (臺北: 民國86
年7月), 1쪽 참조.

2) 蘇秉琦, 『中國文明起源新探』(北京: 三聯書店, 1999年6月) 참조.

3) 俞偉超, 「早期中國的四大聯盟集團」, 『香港中文大學中國文化研究所學報』 19期, 1988.

大洋洲문명들을 통하여 고고학의 문명의 다원론적 특징을 주목하고자 하였다.[4]

　고고학적 연구의 발전은 문명의 다원론적 시각을 제공하였는데 이에 고대사학자들은 점차 새로운 고고학적 발굴과 전통문헌의 전적에 기재된 내용 사이에 중첩되는 부분이 많다는 것을 알고 그 정합성여부에 주목하게 되었다. 따라서 이 시기의 중국문화연구에 있어서는 이러한 출토자료와 종래의 문헌자료를 대조하는 것이야말로 오늘날 가장 긴급한 과제로 인식하기에 이르렀다. 즉 출토자료와 종래의 문헌자료를 대조하면서 출토자료에 근거한 현대적 관점에 입각하여 종래의 문헌자료나 그것을 이용하여 묘사되어 온 중국고대문화연구를 전면적으로 재검토하는 작업, 그리고 이상의 서로 상반되는 양자를 말하자면 변증법적으로 통일해가는 작업의 중요성은 아무리 강조해도 지나치지 않다.[5] 학자들은 점차 고고학과 문헌에 기재된 역사학, 이 둘 사이의 정합성에 있어서 큰 간극을 발견하게 되었다. 장광직은 다음과 같이 말하였다.

　중국의 역사학은 세계에서 가장 긴 역사를 가지고 있다. 이에 반해 고고학은 1930년대 초에야 비로소 전입되었다. 고고학 70여년의 연구결과 중국 상고시대 역사 연구에 대한 일대 혁명을 가져왔다. ……그러나 70년대 초부터 20여년 동안 상고사학자와 고고학자들은 새로 발견된 자료들을 전통적 상고사의 틀에 넣을수록 더욱 이상한 현상을 발견하게 되었다. 즉 새로 발견된 자료들은 상고사에서 그 종적을 찾아볼 수가 없었다.[6]

---

4) 張光直, 『中國考古學與歷史學之整合研究』(臺北, 民國86年7月), 1135쪽 致詞 참조.

5) 池田知久, 『馬王堆漢墓帛書五行篇研究』(汲古書院, 1993年), pp.1~3 참조.

6) 張光直, 『中國考古學與歷史學之整合研究』臺北: 民國86年7月, 1135쪽 致詞참조.

한편, 문명의 기원연구에 있어서 고고학과 역사학의 "정합성"의 문제는 五帝시기 부분에 초점이 맞추어져 있고 그 중에서도 "족속문제"에 핵심이 있다고 할 것이다. 그러나, 문명의 기원과 족속문제의 정합에 있어서 난점은 생각보다 깊은 것이다. 이점에서 石興邦은 張光直선생의 말을 인용하여 그 난점을 다음과 같이 예상하였다. "중국고사연구와 고고학적 발굴성과 간의 간격은 대륙-대만 양안의 거리보다 더 멀다. 우리 양안학자는 우리들의 작업을 통하여 그 둘을 "정합"시켜 양자간의 거리를 단축시키고 더욱 정합시켜나가야 할 것이다."[7] 그러나, 郭大順은 "사전고고의 발굴과 연구성과들은, 고사전설상 오제시대와의 정합이 이미 점점 성숙한 단계에 이르렀고 이것은 문명의 기원에 대한 연구를 깊이 진행한 결과이므로 금후 중화문명기원연구의 중점과제로 삼아야 할 것"[8]을 주장하였다.

李先登도 그의 논문에서 문헌자료와 고고자료의 상관성을 중시하여야 한다고 하였다.

중국고대문명의 기원과 형성에 관한 연구는 반드시 고대문헌기록에 의거하고 반드시 고고자료를 운용하여 문헌사료와 고고자료를 정확히 결합시켜야 비로소 정확한 결론을 얻을 수 있을 것이다. 단순히 문헌사료나 고고자료만을 사용하면 모두 단편적이고 전반적이면서 정확한 결론을 얻을 수는 없을 것이다. 구체적으로 오제시대의 문헌기재는 비록 기록된 시대는 비교적 늦어서 서주, 춘추, 전국 및 한대에 걸쳐 이루어졌지만 이는 필연적이고 믿을만한 부분도 있다. 이런 문헌기록은 매우 중요한 것으로 이 문헌기록들이 오제시대 역사발전의 진행과정을 알게 해주고 역사사건과 역사인물 및 사회성질 등에 관한 내용

---

7) 石興邦,「中國新石器時代考古文化體系研究的理論與實踐」,『考古與文物』2002年第1期.
8) 郭大順,「考古追尋五帝蹤迹續論」,『中原文物』, 28~31쪽 參照.

등을 제공해 준다.[9]

이것은 오제시대를 연구하는 가장 기본적이고 가장 중요한 근거이기도 한데, 고고학 자료에서는 제공하기 힘든 것이다. 그러나 이 문헌기록들 역시 한계성을 갖고 있으니 자료도 매우 적지만 당시사회생산과 경제생활에 관한 기록 등이 결핍되어 있어 결코 연구의 기본 욕구를 만족시키기 힘들다. 고고학은 오히려 대량의 당시 인간들의 생산과 생활의 실물사료를 대량으로 제공하여 오제시대의 역사배경을 묘사할 수 있게 하고 문헌사료의 부족한 면을 보충하여 준다. 그러나 고고학도 한계성을 갖고 있으니 오제시대의 구체적 역사사건, 역사인물과 총체적이고도 전면적인 역사의 진행과정을 제공해주기 어렵다는 것이다.[10]

결론적으로 오제시대를 연구하는데 반드시 문헌사료와 고고자료를 충분히 결합시켜야만 하는 과제가 생기게 된 것이다. 고고학의 발전은 이전의 전통사학과의 괴리를 낳게 되었고, 이 괴리를 토론하고 "정합"을 모색하는 시기가 필연적으로 다가왔다는 것이다.

Ⅲ. 이하관계신론과 동이문화의 재인식

1. 동이문화 낙후론

이상에서 고고학과 문헌자료의 정합성은 문명의 기원기에 해당하는 五帝 시기에 집중되고 있다. 오늘날 학계에서 동아시아 문명의 기원은 매우 중요한 화두이다. 그 중에서도 東夷文化 및 그 史前文化에 대한 관심은 갈수록 뜨거워져가는 실정이다.

---

9) 李先登,「五帝時代與中國古代文明的起源」,『中原文物』2005年 第5期 8~9쪽.

10) 李先登,「五帝時代與中國古代文明的起源」,『中原文物』2005年 第5期 8~9쪽 參照.

東夷 및 그 史前文化는 동아시아 문화의 기원에 있어서 도대체 어떤 지위를 갖는 것일까? 東夷文明에 관하여서는 동아시아에 오랜 고정관념이 있어왔다. 西周이래로 "萬世一系皆源於黃帝"의 사상적 영향아래 사람들은 中原民族과 그들이 창조한 문화만이 중화민국 고문명의 요람이고 기타지역은, 예를 들면 東夷人과 東夷人이 거주한 산동지구 등은 낙후된 것으로 간주해왔다. 그들의 안목에서 東夷人은 中原에서 왔고 동이인의 문화도 中原文化의 영향아래서 비로소 발생 발전한 것으로 보았다. 이런 사상적 영향아래서 西周, 특히 春秋이래의 문헌자료들은 東夷人에 대한 歷史文化의 기록은 매우 적다. 그 내용 또한 폄하하는 내용으로 가득하다. 이처럼 東夷 및 그 文化의 '落後論'은 수천년을 내려오게 되었다.[11]

전통적 화이관의 인식에 의하면 東夷文化는 중원문화에 비해 落後의 대명사로 알려져 있다.

夷狄에게 임금이 있는 것이 中國에 임금이 없는 것만 못하다.[12]

이는 춘추시대의 동이문화와 화하문화의 거대한 차이를 표현하고 있다. 『左傳』에서도 많은 東夷文化 낙후에 관한 기록을 볼 수 있다. 서주와 춘추시대에도 東夷文化는 華夏족의 禮樂文明과 비교하면 저급하고 열등하게 인식되어 왔다. 그런데 이런 東夷落後론은 西周이후에 형성된 華夷觀에 바탕을 두고 있다는 것이 중론이다.[13]

먼저 전통화이관을 살펴보자. 上古시대 황하중류지구에 살던 민족을 '華夏'라 한다. 그리고 華夏이외의 기타 민족을 蠻, 夷, 戎, 狄으로 불렀

11) 逄振鎬, 「东夷及其史前文化试论」, 『历史研究』 第3期, 1987, p.54.

12) 『論語』, 「八佾」: 夷狄之有君, 不如諸夏之亡也.

13) 王奇伟, 「东夷集团在中国上古时代的地位应予重新认识」, 『徐州师范大学学报』 第34卷 第2期, 2008, p.61.

다. 이 설의 최초의 기록은 『禮記』, 「王制」편에 나타난 五方관념에서 찾아볼 수 있다. 이 내용에 따르면 당시의 중국을 五方으로 나누고 구분을 시도한다. 여기서 '五方'은 지방의 분포에 대한 분류이면서 오행설과 같은 성격을 띠는 것이기도 하다. 즉 중국은 中央에 자리 잡게 되고 나머지는 四方은 '戎夷'로 둘러싸고 있다는 세계관을 볼 수 있다. 구체적인 내용은 한난조습과 광곡대천 등의 기호와 지리조건상의 차별을 근거로 하고, 동시에 각 민족의 풍속과 습속 등의 생활방식의 차이에 대하여 서술하고 있다. 이는 중국고대 지리환경에 대한 그들의 관념을 보여주는데 여기서 자연스레 중국의 우월감을 확인할 수 있다.[14]

그 중 夷는 대부분 華夏族의 동부에 분포하였고, 東夷라 불리웠다. 『後漢書』, 「東夷傳」에서도 구체적으로 상고시대 동이집단의 많은 부락에 대해 기록하고 있다. "東方曰夷, 夷有九種, 曰畎夷·于夷·方夷·黃夷·白夷·赤夷·玄夷·風夷·陽夷" 또 "東夷率皆土著"라고 하여 외부에서 온 것이 아님을 밝혀두고 있다.

동이의 구체적 분포는 傅斯年의 연구에 따르면 "지금의 山東省 전지역, 河南省의 東部, 강소성의 북부, 안휘성의 동북부 혹은 河北省의 발해안"에 걸치는 광범위한 지역이다.[15] 고고학적인 인정을 받아 학계에서 보편적으로 二里頭文化가 夏文化로, 岳石文化는 東夷集團의 文化로 인정하고 있다. 夏文化와 岳石文化의 분계선이 "황하남안의 杞縣에서 淮河北岸의 安徽臨泉을 잇는 선으로 이 선의 동쪽은 모두 동이집단의 분포구에 해당된다.

---

14) 葛志毅, 東夷考論, 古代文明, 2012年1月, 第6卷 第1期, p.28 참조

15) 傅斯年, 『夷夏东西说』史料论略及其他, 沈阳: 辽宁教育出版社, 1997, p.165.

2. 대일통사관의 극복과 동이문화의 재인식

그런데 이 수천년의 편견이 금세기에 엄청난 규모의 도전을 받게 되었다. 1930년대 초 山東城子崖, 兩城鎮, 龍山文化의 발견이 실현되면서 사람들이 비로소 위의 東夷文化 落後論이란 전통적 인식에 의심이 들기 시작하였다. 1950년대 이후 山東의 고고학 자료들이 대량으로 발굴이 되면서 특히 1959년 산동 秦安大汶口墓葬의 발굴을 통한 大汶口文化의 실체가 드러나면서 東夷人의 文化는 갈수록 사람들의 주목을 끌기 시작하였다. 연구자들도 갈수록 늘어나고 東夷文化 '落後論'의 편견은 점차 벗겨지게 되었다. 商代이전, 더욱이 考古學上의 신석기시대와 銅石병용시대에는 東夷文化는 화하문명과 비교하여 손색이 없을 뿐 아니라 심지어 화하文化를 능가한 찬란한 文化로 재인식되고 있다.

오늘날 東夷文化가 갖는 의미가 걷잡을 수 없이 확대될 뿐만 아니라 새로운 文明史의 기술이 긴요한 과제로까지 확산되고 있다는 것이 중론이다.

이상의 학문적 환경의 변화는 문명의 기원에 대한 학술적 관점에도 많은 영향을 미치게 되었다. 무엇보다 이전에 고대문화의 연구가 중국 혹은 중화라는 커다란 개념으로 일관적으로 논의되어 온 것에 대한 재검토가 활발히 진행되고 있다. 중국이 단일한 사상문화를 갖고 직선적으로 발전되어 온 것이 아니라, 서로 다른 문화권이 교류하고 영향을 주고받음으로써 총체로서의 동아시아의 사상 · 문화가 발전되어 왔다는 관점이 형성되고 발전되어 나갔다. 이러한 새로운 중국 고대사상 · 문화 연구의 다원론적 시각은 황화문명일원론을 극복하고, 중국문화를 지역성이라는 견지에서 보는 다원적인 시각을 제공하여, 동아시아 문명을 보다 종합적 · 입체적으로 재구성하는 획기적인 계기로 다가왔다.

이런 시각의 변화는 기존의 夏殷周삼대의 문화에 대한 인식에 큰 변화를 불러왔다.

첫째, 1972년부터 시작된 중국 고고학계에서 얻어낸 대량의 탄소동위 원소에 근거하면 중원이외의 변경문화는 중원문화에 비하여 시기적으로 결코 늦지 않으며, 심지어 간혹 빠른 경우도 있다. 둘째는, 7·80년대에 발견한 중원이외의 문화유적은 중원에 비하여 시기적으로 늦지 않을 뿐만 아니라 수준도 더욱 화려하고 웅장하다. 이러한 유적들 중에 비교적 유명한 것으로는 遼河流域 紅山文化의 牛河梁과 東山嘴, 太湖區域 良渚文化의 反山과 瑤山, 四川 成都平原廣漢의 三星堆와 江西 長江下流 新干의 大洋洲이다. 이 중 홍산문화와 양저문화의 신석기 문화는 어느 면으로 비교하거나 황하유역의 仰韶文化에 비하여 뒤지지 않는다. 또 삼성퇴와 대양주의 청동기 문화는 중원의 夏·商·周 문명과 같은 점과 다른 점을 동시에 가지고 있다. 그러나 그 수준에 있어서는 거의 비슷하다.[16]

장광직은 이어서 기존의 화하일변도의 대일통사관에 대하여 다음과 같이 서술하고 있다.

그래서 우리들은 몇 십대의 조상들부터 주나라 사람들로부터 속아왔다는 생각을 하기 시작하였다. 즉 주나라 사람들은 중원은 華夏로 문명이 발달하였고, 중원의 남북은 미개한 蠻夷였다고 하는 문자를 남겼다. 蠻夷는 자신들을 알릴 수 있는 문자를 남기지 못했기 때문에, 화하와 오랑캐를 나누어 우열을 나누었던 전통적 상고사를 금과옥조로 여기고 공부했던 지식인들은 고고학 연구의 덕택에 수많은 세월동안 주나라 사람들로 속임을 받아왔다는 것을 크게 깨닫게 된 것이다.[17]

장광직은 하버드 대학의 인류학 교수로 殷商 연구의 세계적 권위자임

---

16) 張光直,『中國考古學與歷史學之整合硏究』(臺北, 民國86年7月), 1135쪽 致詞 참조.
17) 張光直,『中國考古學與歷史學之整合硏究』(臺北, 民國86年7月), 1135쪽 致詞 참조.

은 많이 알려져 있다. 그는 고고학의 발굴을 통해 중국고대사의 서술에 일대 수정을 요하게 된 내용을 잘 요약하고 있다. 그는 황하문명 중심의 사관이 어떻게 도전을 받게 된 것인지를 잘 알고 있다. 그는 중국고대사 의 가장 심각한 문제를 지적하고 있는 것이다. 그동안 여러 經典과 사마 천의 『史記』 등의 역사서를 통해서 왜곡된 동아시아 고대사에 대한 관점 을 엄격히 비판하고 화하문명 중심주의의 華夷觀을 근본적 재검토 할 것 을 직언하고 있는 것으로 판단된다.

蘇秉琦도 그의 『中國文明起源新探』에서 중국역사를 올바르게 인식하 는데 가장 큰 장애물로 大一統史觀을 들었다.

수십년내 우리들의 역사교육에 있어서 두 개의 괴물(怪圈)이 있어 왔다. 하 나는 뿌리 깊은 중화대일통관념이고, 또 하나는 마르크스가 주장한 사회발전법 칙을 역사의 본질로 본다는 것이다. 중화대일통관념은 우리들의 漢族史를 正 史로 보고 기타 역사는 正史 이외로 취급하는데 습관이 되었다. 본래 다른 문 화간의 관계는, 예를 들면 하·상·주·진·한 등이 함께 엮어져 사탕수수 엮듯이 한 줄에 꿰어서 일맥상승의 開祖換代로 만들어 놓고, 소수민족과 국경을 맞대고 있는 주변지구의 역사는 몇 마디 말로 지나치니 이것이 중국사와 세계사의 관 계에 명암을 드리우는 것이다.[18]

張光直 역시 하은주 연구를 진행한 결과 기존의 상고사 인식에 큰 결 점을 가진 사관이 존재함을 알게 되었다. 그는 하은주 삼대의 기록에 대 한 기존의 편견에 새로운 해석의 틀을 내놓는다.

최근 십여년의 고고학의 발전에 따라 우리는 夏殷周 삼대역사의 연구에 있

---

18) 蘇秉琦, 『中國文明起源新探』(北京, 三聯書店, 1999年), 4쪽.

어서 새로운 전환의 단계에 들어섰다. 과연 지금 우리는 결론을 내릴 시간과는 아직 한참 멀었지만 내가 느끼기에 우리는 이미 三代연구의 새로운 방향에 관하여 인식할 수가 있다. …… 나는 과거 夏殷周 삼대의 古代史에 대한 시각 중 두 가지 요소는 이제 근본적인 수정을 거쳐야 할 것이라고 생각한다. 이 두개의 요소 중 하나는 夏殷周 삼대의 수직적 계승관계에 대한 강조이다. 두번째는 三代역사를 일맥상승의 문명발전의 관점에서 보고 중국이 고대 야만사회 속의 문명고도에서 이루어진 고립된 발전의 관점에서 보는 것이다.[19]

이어서 그는 "최근의 고고연구는 우리들에게 新舊사료에 대한 새로운 검토를 거친 결과 이 두 가지 요소가 바로 古代史의 眞相을 이해하는데 중대한 장애가 된다는 것을 알게 되었다. 夏商周 삼대를 횡적 관계로 보는 것이야말로 비로소 중국고대국가 형성과정을 바르게 이해할 수 있는 관건이다."라 하여 삼대관계의 단순한 수직계승 관계를 부정한다. 따라서 그는 三代관계에 대한 문헌사료를 재해석할 필요성을 주장한다.

이상에서 고고학과 역사학의 가장 두드러진 괴리가 삼대문명과 문명의 기원을 바라보는 시각, 즉 대일통사관에 기인한다는 것을 알 수 있었다. 이제 대일통사관의 문제점을 지적해보자.

중국은 고대로부터 자국을 문명의 중심, 곧 中華라고 자부하였다. 또 주변 국가들에 대하여는 문명이 미개한 야만인이라는 뜻으로 '夷'라 칭하였다. 화이질서란 이처럼 중국이 자국의 문화와 문명 그리고 민족(한족)을 세계의 중심으로 삼는 중화사상을 바탕으로 주변 국가들을 자국의 질서 속에 편입시켜 국제 관계를 주도하려는 것이다.

이러한 華夷觀은 고대 중국 周나라에서도 엿볼 수 있다. 姬氏가 지배

---

19) 張光直,「從夏商周三代考古論三代關係與中國古代國家的形成」『中國青銅時代』(臺北, 聯經, 民國80年), 31~32쪽, 참조.

한 춘추시대의 주나라는 그들과 혼인 또는 동맹을 통하여 유대를 다진 집단 이외의 주변 종족들은 夷·蠻·戎·狄, 곧 오랑캐라 부르며 배척하였다. 이와 같은 혈연 및 종족 중심의 화이관은 전국시대로 내려오면서 禮로써 오랑캐를 동화시켜 포섭하려는 문화적 화이관으로 변모하였다. 과거 화이질서의 국제관계는 구체적으로는 조공과 책봉의 형태로 나타났다. 주변 국가들은 중국 황제의 은혜를 받기 위하여 조공을 바쳤으며, 중국 황제는 직접 통치하지는 않으면서도 일종의 종주국 형태로서 해당 국가를 외교적으로 승인하는 형태를 취한 것이다.[20] 이처럼 중국이 주변 국가들을 대하는 자세는 예로부터 줄곧 화이관이 그 근저에 깔려 있고, 주변 국가들은 강대국인 중국의 영향으로부터 자유로울 수 없었다. 조선의 경우, 중국에서 비롯된 유학을 숭상하여 스스로 작은 중화, 곧 小中華라고 여기며 문화의 우수성을 자부하기도 하였다.

동이집단 및 그들이 창조한 문화는 중국 上古史상 매우 중요한 지위를 차지하고 있다. 그 중요한 결론은 東夷文化는 '낙후된 文化'라는 관점은 역사적 실제에 부합되지 않는다는 점이다.[21] 이와는 반대로 최근의 고고학적 연구는 동이문화에 대한 관심이 날로 높아지고 있음을 알 수 있다. 蒙文通은 "중국의 文化는 泰族에서 창시되고 東方에서 비롯되었다"고 하였다. 현재 동이는 중화민족 발전사와 文明史상 선진의 지위를 부여하고 있기도 하다.[22]

학계에서 太昊시대는 이미 文明시대에 진입하였고 이는 文獻上으로뿐 아니라 考古學적으로도 증명되고 있는 실정이다. 고고학상 신석기시대와 青銅器시대의 東夷文化에 대한 인식이 새롭게 전개되는 양상이다. 中原

---

20) 두산백과, 화이질서 [華夷秩序]조 참조.

21) 王奇伟, 「东夷集团在中国上古时代的地位应予重新认识」, 『徐州师范大学学报』 第34卷 第2期, 2008, p.62.

22) 蒙文通, 『古史甄微』 中国现代学术经典·廖平蒙文通卷, 石家庄:河北教育出版社, 1996.

文化, 文明은 단지 中原 하나의 중심지, 하나의 씨족부락에서 발원했다는 민족 창조의 一元論的 주장은 考古발굴의 실제와는 부합되지 않는 것임이 밝혀진 것이다.

Ⅳ. 신화-전설상의 동이문화 재인식

다음으로는 중국 고대의 신화와 전설상에 있어서 동이문화의 인식에 어떤 변화가 있었는지 살펴보자.

사마천은 史記 五帝本紀에서 기존의 신화와 전승기록을 근거로 전설상의 신화를 역사로 재창조해냈다. 그가 말하는 五帝는 黃帝, 顓頊, 帝嚳, 堯, 舜이다. 그는 전국시대 이래 秦漢의 통일을 맞아 제국의 이데올로기를 재창조했다고 할 수 있다. 그는 이미 尚書에서 역사화 되었던 요, 순, 우의 인물 계보 위에다 황제, 전욱, 제곡을 더 붙여 오제의 계보를 일원화한 것이다.

좀 더 자세히 살펴보면 사마천의 오제본기의 첫 작업은 少典과 黃帝로 시작되는 신화를 역사로 재창조하는 것이다. 그는 儒家經典과 전설자료에 근거해서 원고 단계의 역사를 정리하면서 황제를 '천자'라고 칭했다. 사마천은 또한 전설 속의 顓頊, 帝嚳, 堯, 舜, 禹로부터 하 상 주의 고제왕들이 모두 하나의 공통된 조상, 황제에게서 나온 것으로 정리해냈다. 그것은 '대일통'에 대한 후인들의 공통된 의식을 반영한 것이다.

그는 진나라 역시 전욱을 통해 황제와 연결하였는데 이로써 중국의 역사는 오제·하·은·주·진·한이라는 하나의 연속적인 형태로 연결되었다. 삼대와 진 한 이래로 전해져 온 신화전설을 질서 지워 그것들로 하여금 순서를 갖게 하고 역사의 범주 안에 들어가게 한 것은 물론 신화전설과 역사의 관계를 건립한 것이다. 그러나 사마천이 목적을 가지고 신화전설을

선택하도록 제어한 것은 바로 대일통 의식이었다.[23]

황제를 중심으로 하는 계보, 그것은 결국 다양한 민족의 다양한 신화
와 역사를 단일한 중화민족의 역사로 만들고자 하는 욕망, 대일통의 욕망
이자 일원론의 욕망이다. 顧頡剛은 중국역사 연대기의 시작을 위해 중국
신화는 철저히 역사화되고 도구화되었다고 본다.

그들은 상제를 끌어다 人王으로 삼아 신의 계통을 인간의 계통으로 바꾸었
을 뿐만 아니라 사방 소종적의 선조들을 배열하여 횡적 계통을 종적 계통으로
바꾸었다. …… 이렇게 해서 어떠한 이종족·이문화의 고인이라도 모두 諸夏민족
과 중원문화의 계통안으로 연결하여 엮음으로써 '지도'를 '연표'로 작성하였다.[24]

'신적계통→인적계통, 횡적계통→종적계통, 지도→연표, 이러한 과정
을 거치면서 고대의 신화는 일원화되고 그 인물들은 어떤 역사적 의도하
에 중심화되어갔다는 것이다.[25] 하나의 질서만 인정되는 일원론에 용광로
처럼 인근의 역사와 삶의 자취는 사라지는 그들의 어떤 의도 하에 대일통
사관의 실체는 견고히 자리잡기 시작한 것이다. 신화 주인공이었던 蚩尤·
共工·鯀…그리고 黃帝·顓…頊·帝嚳·堯·舜·禹는 신화역사화의 결과 윤리
의 양극단인 선악의 전형으로 철저히 개조되었다.[26]

한편, 최근의 고고학의 발전은 동아시아 상고문화상의 신화와 전설을
재해석해야 할 상황을 필연적으로 봉착하게 되었다. 실은 이러한 시각이

---

23) 張强張强, 司馬遷與宗教神話 (陝西人民敎育出版社, 1995), 168쪽,

24) 顧頡剛,「戰國秦漢間人的造僞與辨僞」(古史辨 第7冊,上編上海 : 開明書店,1941), 9-10쪽 참조.

25) 이유진,「중국신화의 역사화와 대일통의욕망」,「중국어문학논집」 제25호, (제9권 4호 2003),
499쪽.

26) 김성기,「考古學和歷史學之整合性問題與儒家經典詮釋」유교사상연구, 제34집, 한국유교학
회(2008년 12월) pp.7-29 참조.

현재 중국 상고사학계에서도 열띤 토론의 주제가 되고 있음은 사실이다.

여러 해 동안 우리나라 고사학계에는 주목할 만한 현상이 존재해왔다. 즉 대다수 사람들이 더 이상 사기 등의 고적에 기재된 삼대 공동조상의 고사계통을 인정하지 않게 되었으며 여러 종류의 다원론이 출현했다는 점이다. 예를 들자면 傅斯年의 '夷夏東西說' 徐旭生의 '三大集團說', 그리고 하나라는 羌에서 비롯되고 상나라는 夷에서 비롯되고 주나라는 狄에서 비롯되었다는 설 등등이다. 이것들의 공통된 특징이라면 하상주의 선조인 우·설·직이 하나의 조직 속에서 일했고 모두 황제에서 비롯되었다는 역사를 부인하는 것이다. 그 실질은 바로 황제세계를 해체하고 화하족의 존재를 부정하는 것이다.[27]

서욱생은 중국의 고대 전설 시대에 관한 보존 자료를 검토하고 이전의 화하족 일원론적 사고를 전환하는 三集團說을 내놓았다.[28] 그는 기존의 화하족에다 동이족과 묘만족을 더하여 삼집단설을 내놓는다. 2천년 동안 중국은 '華夏'족이라고 말하지만 고대에는 화하 이외에 또 다른 두 집단이 있었다는 것을 모르고 있었다고 지적하고 있다.

그는 伏羲와 女媧의 전설은 남방의 苗蠻계통, 太皞와 少皞의 전설은 東夷계열로, 여기다 西北方의 華夏계열로 분류하여 중국문명의 기원을 다원화하였다. 徐旭生은 이 세 집단이 서로 왕래하고 투쟁하면서 동아시아의 문명이 형성된 것으로 파악하고 있는 것이다.

그에 의하면 東夷集團은 비교적 오래된 족속으로, 그는 우리가 알고 있는 大皞 혹은 太昊, 혹은 少昊, 蚩尤등을 여기에 분류하였다. 그의 주장에 따르면 大皞씨족은 동쪽의 東夷集團에 속하고, 복희와 여와는 동일한

27) 景以恩,「跨越疑古思潮重建黃帝世系」『東南文化』, 1997年第3期, 57쪽.

28) 徐旭生,「杜正勝」편, 中國上古史論文選集 (華世出版社) 참조.

씨족이라 남쪽의 苗蠻集團에 속한다. 소호의 遺虛는 魯에 있는데 지금의 산동 곡부현 경내에 있다. 서욱생의 주장 중 관심을 끄는 것은 蚩尤를 동이족으로 분류하였다는 것이다. 대체로 기존의 학자들은 치우를 묘만의 首長으로 파악하였다.

여기서 신화와 고전 속의 인물들이 다원론적 시각으로 방향 전환되고 있음을 알 수 있다. 太昊, 太皞, 少昊, 蚩尤는 동이집단에 속하고, 祝融과 苗民등이 다시 苗蠻族으로 분류되어 다양한 인물에 대한 일원론적 사관을 벗어날 수 있는 관점을 제기했다는 점에서 큰 의미가 있다.

고고학의 발전으로 신화전설에 대한 인식에도 매우 중대한 변화가 일어나고 있다는 것이다. 한편, 중국신화전설을 크게 양대 계통으로 분류하는 견해도 있는데 하나는 곤륜신화전설 계열로 서부를 중심으로 고사가 전개된다. 다른 하나는 봉래신화계통으로 동부를 중심으로 형성되었다. 그런데 이전의 신화인식은 양대 신화 중에서 서부계열의 신화를 선진으로 보고 동부신화 전설은 서부에서 전해온 것으로 생각하였다. 최근의 역사인식에 의하면 이런 신화인식은 오히려 본말이 전도된 것임을 알게 되었다. 원래 중국의 가장 오래된 신화전설은 동부에서 기원을 하였고 바로 東夷人들이 창조한 것이었다. 三皇 · 五帝의 전설에 나타나는 여러 인물들도 동이계열의 전설인물 등으로 밝혀졌다.

기존의 문헌에는 三皇,五帝 등의 기록이 서로 달리 나타나고 또한 華夏族의 고사들로 엮어놓았다. 사마천은 사기·오제본기에서 皇帝·顓頊·帝嚳·唐堯·虞舜를 五帝로 보았고 그 공통점은 삼황·오제 모두를 대일통사관에 입각하여 화하족 위주로 엮어놓았음은 이미 살펴 본 바이다. 그런데, 이런 신화전설에 대한 인식에 획기적인 변화가 일어나고 있다. 삼황오제 중에서 복희, 여와, 소호, 전욱, 우순 등은 동이계 계통임을 공인하는 단계에 이르렀다. 이제 이들과 관련된 동이전설을 중심으로 경전과 문헌에 나타난 '역사'화된 내용을 살펴보기로 하자.

1. 태호집단

최근의 신화 전설을 연구하는 학자들 간에 복희씨가 東夷人의 시조라는 것은 공인된 정론으로 정착되고 있다. 복희란 칭호는 고적에서는 伏羲·伏犧·庖犧씨 등 다양하게 나타난다. 복희란 칭호는 문헌상으로는 비교적 늦게 출현한다. 전국중기 및 이전의 전적인 논어 묵자 좌전 국어 맹자 등에는 언급되지 않았다. 심지어는 『山海經』에서도 복희에 대한 고사는 없다. "복희" 란 칭호가 최초로 출현하는 문헌은 『莊子』이다.[29]

王儉은 "장자는 저서가 10여만자에 이르는데 대체로 寓言종류이다. 복희를 말할 때는 거짓 같기도 하고 사실인 듯도 하고, 신인 듯 인간인 듯 모두 이름을 빗대어 비유로 살기도 하니 信史라고 하기는 힘들다"[30]고 하였다. 복희에 관한 기록이 매우 많은 곡절을 겪으면서 정착되어 온 것을 알 수 있다.

『莊子』외의 문헌으로는 『易傳』 중 복희에 관한 기록이 비교적 상세하다.

옛날에 복희씨가 천하에 왕노릇을 할 때에 우르러서는 천을 보고 엎드려서는 땅을 본받았다. 조수가 남긴 무늬와 땅의 이치를 관찰하여 가까이로는 자신에게서 취하고 멀리로는 만물에게서 취하였다. 이에 처음으로 팔괘를 지었고, 신명의 덕에 통달하였고, 문물의 실정을 유추하게 되었다.[31]

이 고사는 복희씨의 공적에 대한 매우 상세한 기록을 한 것으로 후대에 많은 영향을 미치게 된다.

이상에서 보면 복희씨의 기록은 전설의 상태에서 점차 황제로 자리 잡게

---

29) 『莊子』「人間世」 참조
30) 王儉,「伏羲劃卦的神話學考察」,『주역연구』(山東大 2004(1)) 참조.
31) 주역, 계사하전 2장 참조.

된 것임을 알 수 있다. 그 방향은 이상적 제왕의 상징으로 그려지고 있다.

중국의 古史전설 시대에서 太昊씨는 고대 東夷부족의 領袖인물이나 족단의 대표였고 신화 전설 중에서는 그는 동이부족이 숭배하는 태양신 이기도 하였다. 태호와 복희가 하나의 의미로 정초된 것에 대해 葉舒憲은 일찍이 "인간은 신석기 시대부터 진화하여 농목 정착시대에 이른 후 원시 종교의 중심은 수렵 무술토템 숭배에서 자연숭배로 전환되었다. 예를 들면 일월성신과 풍우 등은 농축유목 생활과 불가분의 관계에 있는 자연 현상인데 단지 이때에 이르러 비로소 인간들이 경외하고 숭배하는 대상이 된 것이다. 그리고 각종 자연현상에서 가장 쉽게 발견할 수 있는 것은 인간의 생활과 가장 밀접한 관련을 맺고 있는 것이 바로 '태양'이다. 그래서 대다수 수렵과 채집을 주요 생활방식으로 삼는 인간들에게는 약속한 듯이 태양에 대한 숭배사상을 낳게 된다.[32] 古東夷人들은 태양에 대한 숭배와 자기부족에 대한 영도자 숭배를 합쳐서 하나로 만들었고 태호는 부족의 태양신으로 정착하게 되었다.

태호는 태양신을 상징하는데 이 태양신은 새의 형상으로 출현하기도 한다. 태호 風姓의 風은 곧 鳳으로 연결된다. 태호는 鳳을 성씨로 하는데, 이는 태호와 鳳鳥가 밀접한 관계가 있음을 알 수 있다. 태호는 태양신이고 그 형상이 봉조로 나타난다. 동이족의 태양숭배 신화에 대한 직접적 증거는 문헌자료보다 고고학의 자료에서 많이 찾아볼 수 있다. 신화에서 태호와 봉황 태양신은 그 형상과 상징이 상호 연결됨을 볼 수 있다.[33]

이상으로 신화와 전설 속의 복희씨와 관련된 내용을 살펴보았다. 이로써 우리는 복희씨가 동이계의 인물로 분류되고 있는 내용을 알 수 있으며

---

32) 葉舒憲, 中國神話哲學, 北京, 中國社會科學出版社, 1992, p.160

33) 복희와 관련된 문헌 기록들은 다음 예에서 볼 수 있다. 『左傳』「昭公」17年 : 大皞氏以龍紀, 故 爲龍師而龍名. 『左傳』「昭公」17年 : 陳, 大皞之虛也. 『左傳』「僖公」21年 : 任, 宿, 須句, 顓臾, 風 姓也, 實司太皞與有濟之祀, 以服事諸夏.

태호의 유적지는 陳, 현재의 河南 汲境內에 있고 그 후인들의 封地가 任·宿·須句·顓臾 등으로 현 산동 태산 부근이다. 이곳은 동이계열의 故地에 해당된다.

2. 소호의 鳥 토템신화

전설 신화의 분석에서 동이계열의 다른 인물로 少昊를 들 수 있다.

少昊는 少皞라고도 한다. 기록에 의하면 少昊族은 空桑之野의 曲阜에 거주하였다.[34] 少昊의 후손 등은 嬴·偃·己氏姓 등이다. 그 가운데 嬴姓 國으로 商末의 奄, 淮夷의 徐, 西方의 秦, 趙, 東南의 江, 黃등 偃姓은 皋陶의 후예이고, 英, 六, 群舒는 그 후예들이 세운 국가이고, 현재의 安徽 淮河南邊, 春秋시대의 莒國은 己姓의 나라이다.[35]

少昊란 명칭도 太昊란 명칭과 같이 古夷족의 首領의 칭호였다는 점에서 이미 公認된 사실이다. 또 이 두 명칭은 단지 두 사람의 人名에 그치는 것이 아니라 실제는 上古東夷집단을 대표하는 의미의 부족명으로 본다.[36] "昊"는 태양의 지나는 길 즉 元氣漢大의 "昊天"이다. 古籍에서는 "皓", "皓" 등으로 쓰여지는데, 본래 日出을 상징한다. 그래서 太昊, 少昊의 名稱은 원래 태양숭배 사상에서 나오고, 태양숭배의 炎帝, 黃帝의 명칭이 출현하는 시기와 동시대에 해당된다.[37] 太昊, 少昊가 東夷에서 나오고 동시에 동이文化공동체 형성의 표식이기도 하다. 단지 양자는 구별이 되는데 顧頡

---

34) 『左傳』「昭公十七年」: 郯子来朝, 公与之宴, 昭子问焉, 曰: '少皞氏鸟名官, 何故也?' 郯子曰: '吾祖也,…『左傳』「定公四年」因商奄之民, 命以伯禽, 而封於少皞之虛

35) 王奇伟,「东夷集团在中国上古时代的地位应予重新认识」,『徐州师范大学学报』第34卷 第2期, 2008, p.57.

36) 張富祥,「東夷古史探討"絕地天通"」 p.8

37) 위의 주.

剛 선생이 "大태양신"과 "少태양신"으로 불리운다는 점이다.[38] 이 두 명칭 은 후일 東夷집단의 실재존재의 상징으로 정착해간다.

太昊와 少昊집단의 존속기간은 대체로 考古學의 大汶口文化중만기 단 계(B.C. 3500~2600년)로, 이 단계의 大汶口文化는 양 집단 문화의 물질적 유 산이다. 太昊집단은 비교적 일찍 일어났는데, 원래 魯中南의 汶泗유역을 활동중심으로 삼고 중심지역은 현 曲阜일대로 밝혀지고 있다. 그 세력은 동으로는 黃海연안, 남으로는 蘇北, 후일 그들은 계속 서쪽으로 中原을 공략하여 현재 河南 淮陽 일대를 활동중심으로 삼고 그 세력을 皖北에 까 지 미쳤다. 少昊집단은 원래 현 산동 북부에서 渤海만연안, 후에 西進, 南 下하여 점차 太昊집단을 대신하고 東夷의 주도 세력이 되어 曲阜일대를 그들의 활동 중심이 된다. 少昊가 강성할 때에는 그 세력이 거의 현 黃河 하류 전지역을 장악하고 淮北에까지 미쳤다. 黃帝와 蚩尤 전쟁시에 이 세 력은 점차 쇠퇴의 길로 들어선다.

3. 顓頊과 舜

사마천『史記』,「五帝本紀」에서 顓頊은 화하집단의 일원으로 기록하였 다.[39] 그에 의하면 전욱은 황제의 손자이며 五帝中의 第二帝이다. 이와 같 은 五帝이래 모두 黃帝자손이라는 관점은 戰國시대 이후에 형성된 사관이 다. 그리고 그 성격은 "전국시대의 史家들이 당시 人民들의 통일을 갈망하 는 요구에 근거하여 도출한 것"[40]으로 결론지을 수가 있었다. 그러나 일 찍이 삼국시대 사람들에게는 "五帝非一族"이란 관념이 형성되고 있었다.

徐旭生은 전욱을 "華夏集團에 속하지만 동이집단의 영향을 아주 크게

---

38)『顧頡剛學術文化隨筆·龍鳳』, 中國靑年出版社, 1998年版, p.68.

39)『史記』「五帝本紀」"帝顓頊高陽者, 黃帝之孫, 而昌意之子也."

40) 徐中舒,『先秦史論稿』成都:巴蜀書社, 1992.

받았다"고 하였다. 그러나 오늘날 대부분의 학자들은 전욱이 東夷계에 속한다고 보았다. 초기의 문헌에는 전욱의 동방에서 생활하고 東夷집단에 속한다는 내용이 매우 많다.[41] 이 기록에 의하면 顓頊의 거주지는 空桑, 帝丘에 있었다는 것과 少昊와의 부자관계를 보면 전욱은 東夷집단에 속하지 화하집단이 아님을 알 수 있다. 傅斯年도 "顓頊은 東北方 부락의 宗神"이라고 결론지었다. 이와 관련하여 舜을 보면 그는 전욱의 후예이므로 당연히 東夷집단에 속한다.[42] 사마천은 전욱을 黃帝의 孫으로 보고 순을 "冀州之人"이라 하여 華夏集團으로 간주하였다. 실은 舜이 東夷집단에 속한다는 것을 사마천보다 훨씬 앞선 孟子는 말한 바 있다.[43]

이상의 논의에 따르면 舜의 활동지역이 東夷지역이거나 中原지역이기도 한데, 이는 활동영역이 여러번 옮겨다닌 것임을 증명한다. 따라서 顓頊과 舜은 동이집단의 人物이고 후에 中原지역으로 이동한 것으로 생각된다.

4. 蚩尤집단

치우의 종족문제는 의견이 분분한데 苗蠻의 종족에 속하고 九黎의 후예라고 생각하기도 하고[44] 華夏集團으로 黃帝의 후예라[45] 인식하기도 하였다. 그러나 대부분의 문헌은 치우가 東夷집단에 속한다는 것으로 기록되어 있다.

『史記』「五帝本紀」集解는 『皇覽』을 인용하여 "蚩尤塚은 東平郡 壽張縣

---

41) 『呂氏春秋』「古樂篇」: "帝顓頊生自若水, 實處空桑, 乃登爲帝." 『山海經』「大荒東經」: "東海之外
大壑, 少昊之國, 少昊孺帝顓頊於此." 『左傳』「僖三十一年」: "衛遷于帝丘"

42) 『史記』「五帝本紀」: "舜, 冀州之人也." "虞舜者, 名曰重華. 重華父曰瞽叟, 瞽叟父曰橋牛, 橋牛
父曰句望, 句望父曰敬康, 敬康父曰窮蟬, 窮蟬父曰帝顓頊." 참조.

43) 『孟子』「離婁下」: "舜生於諸馮, 遷於負夏, 卒於鳴條, 東夷之人也." 漢代 趙岐 "諸馮, 負夏, 鳴
條, 皆地名也. 負海也, 在東方夷服之地."

44) 『尚書正義』「呂刑」鄭玄注.

45) 『路史』「蚩尤傳」

闕鄕城中에 있다.…전언에 의하면 황제와 치우가 涿鹿之野에서 전투를 벌였고 황제가 그를 살해하였다."고 하였다. 치우가 少昊의 지역에서 활동하였으며 蚩尤塚은 오늘날 山東 東平에 해당되므로 그 족속은 반드시 東夷族에 속한다고 보았다. 이 밖에도 대다수의 학자들이 치우를 東夷민족으로 보고 있을 뿐 아니라, 殷商民族도 東夷와 관계에 있음을 논증하고 있다.

이상에서 동이집단과 그들이 창조해낸 신화전설은 동아시아 상고사상에 있어 매우 중요한 지위에 있음을 알 수 있고 선진시기 이래로 형성되어 온 이하론과, 사마천이 서술한 대일통사관에 의한 일원론적 관점이 점차 수정되고 있음을 알 수 있다.[46]

Ⅴ. 고고학상 동이문화의 재인식

최근 중국에서는 전국 각지에서 수많은 고고학적 발굴성과가 있었다. 비교적 유명한 것으로는 遼河流域 紅山文化의 牛河梁과 東山嘴, 太湖區域 良渚文化의 反山과 瑤山, 四川成都平原 廣漢의 三星堆와 江西長江下流新干의 大洋洲 등을 꼽을 수 있다. 이 중 홍산문화와 양저문화의 신석기 문화는 어느 면으로 비교하거나 황하유역의 仰韶文化에 비하여 뒤지지 않는다. 또 삼성퇴와 대양주의 청동기 문화는 중원의 夏·商·周문명과 같은 점과 다른 점을 동시에 가지고 있다. 그러나 그 수준에 있어서는 거의 비슷하다.[47]

---

46) 王奇伟, 「东夷集团在中国上古时代的地位应予重新认识」, 『徐州师范大学学报』第34卷 第2期, 2008, p.62.

47) 中國考古學與歷史學之整合硏究 (臺北, 民國86年7月), 1140쪽. 張光直, 致詞 참조..

또 1950년대 이후 거듭 발전된 고고학의 발견에 따라 東部 沿海 일대에 山東 지방의 黃河 하류 유역에 土生土長의 독립적으로 발전한 古文化 중심지가 있었다. 이 古文化의 중심지의 主人이 바로 東夷人이었다. 東夷人은 中原地區 및 그 주변지구의 모든 선진 신석기 시대 문화의 주인이 함께 동아시아 古代 문명을 창조한 주인공으로 判明된 것이다. 그렇다면, 동이문화의 고고학적 측면을 살펴보자.

考古의 자료들은 갈수록 동이문화의 주요발원지가 魯中泰沂山區에서 발원하는 것으로 밝혀지고 있다. 沂源猿人화석과 그 후의 연결된 구석기 유적지에 비추어보면 거의 전부가 泰沂산맥 중간에 집중되고 있다는 것이다. 이후에 수십만년의 진화과정에서 東夷人은 점점 山中에서 평지로 이동하고 기원전 3~1만년 전후에 신석기 시대가 전개된다.

고고학의 발견에 의하면 東夷民族의 신석기 문화는 크게 北辛文化, 大汶口文化, 山東龍山文化 3개의 전후로 이어진 단계로 파악된다. 지금으로 부터 약 8000년 전의 后利文化와 약 7000년 전의 北辛文化에서부터 東夷族은 장구한 세월 속에서 독특한 東夷文化의 전통을 일구어왔던 것이다.

특히 산동의 동이민족의 지역에서 출토된 대량의 아름다운 黑陶器는 감탄을 금치 못하였고, 더욱이 "黑如漆, 明如鏡, 薄如紙, 硬如瓷"의 명예로운 蛋殼黑陶와 발달된 돌림식 도예기술은 龍山文化시대의 山東 동이민족의 생산기술의 수준을 여실히 보여주었다.

山東地區(海岱文化區)의 史前文明의 발견은 后李文化(기원전 약 8500~7500년전)-北辛文化(기원전 약 7500~6200)-大汶口文化(기원전 약 6200~4600전)-龍山文化(기원전 약 4600~4000년)-岳石文化(기원전 약 4000~3500년전)의 순서로 계통적으로 망라되어 온 것으로 밝혀졌다.

그중에서도 北辛文化, 大汶口文化, 龍山文化가 가장 대표적으로 꼽힌다. 그렇다면 東夷人은 동아시아 古文明의 기원에 어떠한 공헌을 한 것일까? 史前 시기의 山東 및 그 주변지역은 中國古文明의 요람이며, 황하유역 신석기 시대 4개 문화 중심지 중 하나, 중국 古文明의 기원지 중의 하나로 밝혀진 것이다. 동이인은 동아시아 古文明의 기원 과정에서 자기만의 특수한 공헌을 하였던 것이다.

특히 東夷人의 史前文化가 단순히 신석기 문화의 중심지중 하나일 뿐만 아니라 中原 지역 및 그 주변지역의 문화와 상호 교류 영향 측면에서도 특이한 공헌을 해왔음이 밝혀지고 있다.[48]

대량의 고고학 발굴자료를 통해서 신석기 전시대를 통해서 동이인의 史前文化는 주변문화에의 전파에 있어서는 主流였다.[49] 특히 大汶口-龍山文化 시기에는 東夷人의 文化는 東에서 西로(중원지구로) 발전해나갔고 동시에 직접 중원지구 문화 창조에 직접 참여한 것이다. 예를 들면, 大汶口文化는 단순히 山東 및 그 주위 지구에서만 발견되는 것이 결코 아니고, 오늘날의 河南 洛陽, 許昌, 信陽, 平頂山 등지에서도 최근 모두 大汶口문화의 유적과 묘지가 발견되고 있다. 大汶口문화의 유적지와 무덤터가 중원지역에서 대량으로 발견되는 것은 분명히 기원전 4300년~기원전 2400년간의 大汶口文化 시기에 東夷人들은 이미 직접 東에서 西로 南으로 발전해나갔고, 나중에는 中原의 洛陽과 信陽 지역까지 발전해나갔다. 龍山文化 시대에 이르면 그 분포 범위가 더욱 넓어져 河南에서 대량의 龍山文化 유적지가 발굴된 것 외에도 오늘날의 河北, 山西南部, 陝西, 湖北北部 등지에까지 용산문화의 유적지가 발견된다. 비록 이 지역의 龍山文化는 山東 龍山文化의 전형적 특징을 잃고 현지의 특징을 띠고 있기는 하지만 龍山文化시기의 많은 동이인의 흔적이 중원 및 그 주변 지역에까지 미쳤음을 증명하는 것이다. 大汶口-龍山文化 유적지와 묘장터가 중원지역에서 대량으로 발굴되고 있다는 사실은 東夷人이 직접 中原文化와 中原文

---

48) 逄振镐,「东夷及其史前文化试论」,『历史研究』第3期, 1987, p.39.

49) 逄振镐,「东夷及其史前文化试论」,『历史研究』第3期, 1987, p.39.

明의 건설에 참여하고 있었음을 확증하는 자료이기도 하다.

고고학의 눈부신 발전에 의한 동아시아 문명의 기원과 동이문명의 실체에 관한 인식도 매우 달라질 수밖에 없었다.[50] 그리고 그 의미에 대한 평가는 갈수록 커져가고 있다. 동이문화는 대략 다음의 단계를 거치면서 형성 정립되어 온 것으로 공인하고 있다. 즉 后利文化, 北辛文化, 大汶口文化, 山東龍山文化 및 하상주시대의 岳石文化 진주문문화(상주문화) 등으로 일맥상승의 문화를 이룩해왔는데 이를 "동이문화의 발전 과정"이라고 하기도 한다.[51]

1. 后李文化

后李文化는 山東대지에서 발견된 가장 최초의 신석기문화이다. 1988년 산동성 문물고고현구소는 臨淄后李官莊 유적에서 后利문화를 발견하였다. 이후에도 여러 곳에서 후리문화를 발견하였고 그 독특한 면모를 발견하게 되었다. 발견된 대량의 도기, 석기 등 생산·생활용구, 광대한 주거지 및 집중된 基地 등으로 미루어 볼 때 농경 정착 생활이 이루어진 시대였고, 모계씨족 사회의 번성기로 추정되고 있다. 이 신석기 시대초기의 문화현상을 후리문화라고 칭하게 되었다.

후리문화의 가옥의 평면모양은 장방형이고 가옥의 면적도 큰 편에 속한다. 묘장은 수혈식이고 부장품이 거의 없다. 후리문화의 도기는 제작방식이 비교적 원시적 陶器상의 문양은 거의 素面형식이다. 후리문화의 기구는 석기위주였고 그 중에는 마제석기도 섞여 있었다.

후리문화를 고고학의 입장에서 분석해 보면 이는 북신문화에 비하여 한층 더 원시적 신석기 시대 문화였다는 것이다. 그리고 그 중에는 많은

---

50) 席望, 東夷文化的考古學分析, 黑龍江史誌, 2014,21, 總334期, p.71 참조

51) 席望, 東夷文化的考古學分析, 黑龍江史誌, 2014,21, 總334期, p.71 참조

점에서 북신문화의 특징들을 공유하고 있다는 점이다. 그래서 학자들은
후리문화가 북신문화의 전신이었을 것으로 추측하고 있다.

2. 北辛文化

北辛文化는 古滕州 지방에 해당되는데, 평원과 구릉이 이어진 지대로
지세는 평탄하고 토지는 비옥한 곳이었다. 1964년 중국사회과학원 고고
연구소가 山東滕縣(지금의 滕州) 北辛村에서 古代 씨족부락의 취락지 유적
을 발견하였다. 이것은 중국 黃淮지구에서 발견된 최초의 신석기시대 유
적이다. 이를 "北辛文化"라 부르게 되었다. 주로 泰沂山脈 남북양측, 膠
東半島 이외의 山東 大汶口文化 지역과 분포가 비슷하다. 考古學에 의하
면 北辛文化는 농경생활의 발전에 따라 男子의 사회적 지위가 점점 높아
지고 사회형태는 모계사회에서 부계사회로 이행되는 단계에 해당된다.

3. 大汶口文化

大汶口文化는 北辛文化에서 연원한다. 먼저 泰山남쪽 기슭에서(태안시
에서 60km) 大汶口에서 발견되어 명명되었다. 주로 산동 태산주변지역, 북
으로 渤海, 남으로 蘇皖, 서로는 河南에 걸쳐 분포한다. 大汶口文化는 신
석시시대 중반기 중요 유적 가운데 하나이다. 독특한 도기와 도기文字의
출현으로 특징을 삼는다. 大汶口文化의 발전시기는 사회발전이 명확하고
그 중 · 만기 사회로 이내 모계씨족사회에서 부계씨족사회로 이행해가는
과도기였다. 야만사회에서 문명사회로 비약적 대전환의 충족조건을 제공
했다. 원시씨족공유제가 와해되고 사유제를 기초로 한 새로운 계급사회
가 막 시작되고 있었다.

대문구문화의 명명은 80년대 초인데 여러 곳의 고고연구를 거쳐 상동
용산문화 계통의 전문화에 속한다는 것을 알게 되었다. 용산문화는 대문
구 문화와 유사한 특징을 많이 가지고 있다.

대문구 문화의 도기는 흑도위주이고 도기의 표면에는 약간의 문양이 출현하고 있다. 동시에 채도도 발견되기도 한다. 묘장에는 다인 二次 합장묘나 성인 二人墓 가 출현하기도 하였다. 여기서도 여전히 后利문화의 전통을 잇고 있고 부장품들도 많지 않다.

고고학 분석에 따르면 대문구문화시기에는 사회적 생산 수준이 제고되었고 사회적 조직구조에도 거대한 변화가 발생하였다. 사회분화가 출현하였고 부락도 이미 나타났다. 성격은 노예제 사회로 진입한 것으로 판단된다.

사료의 기재 및 고고학계의 추측에 근거하면 대문구문화는 蚩尤부락의 문화에 속하는 것으로 판단된다.[52] 치우부락은 당시에 少昊지역에 위치하였다. 이 지역은 산동성의 豫東·魯西南 일대이며 동이문화의 지역이다. 따라서 대문구문화는 치우부락에 속한다고 보았다.[53]

당연히 동이문화 산동 용산문화의 단계도 포괄하고 있다.

4. 龍山文化

용산문화는 황하 중하류 지역 신석기 시대 만기의 문화유적을 이른다. 山東章丘龍山鎭에서 발견되어 龍山文化라 부르게 되었다. 山東의 壽佻, 章丘, 鄒平, 臨淄, 陽谷, 五蓮, 日照 등지도 모두 성터가 발견되었다. 龍山文化는 발달된 농업 또 수공업도 거의 초고의 수준을 자랑한다. 龍山文化 유적이 출토유물을 풍부하고 다양하며 가치가 매우 높게 평가됨은 물론이다. 龍山文化시기는 이내 계급과 국가형성의 文明시대에 해당된다.

---

52) 席望, 東夷文化的考古學分析, 黑龍江史誌, 2014,21, 總334期, p.71 참조

53) 席望, 東夷文化的考古學分析, 黑龍江史誌, 2014,21, 總334期, p.71 참조

5. 岳石文化

商代 甲骨文 岳石文化는 山東 平度 東岳石村 유적지에서 발굴되어 이를 악석문화라 하였다. 산동 신석기 문화의 여파로 夏王朝와 商初의 수백년 동안 夏·商文化와 竝存하면서 또한 독립된 체계를 가진 東夷文化이다. 교동반도지구 및 汶泗유역, 沂沐河유역, 동시에 江蘇북부, 하남동부, 河北동부 및 遼東반도에까지 분포되어 있다. 岳石文化유적의 중요한 文化적 특징은 첫째, 청동기물이 발견되었다는 것이다. 둘째, 신형석제공구가 출현했고, 셋째, 도기가 독특한 독립체계를 갖고 있다는 점, 마제卜骨과 卜甲이 발견되었다는 것이다.

산동지구의 신석기 고고문화는 오늘에 이르기까지 중국에서 발견된 가상 이른 시기, 가장 긴 시간에 걸친, 범위가 매우 광범하다는 특징이 있다. 또 유적지가 비교적 밀집되어 있고 출토 문물이 비교적 풍부하고 반영된 사회적 현황이 비교적 선진의 신석기 文化이다. 史前山東文化의 황하 중류문화, 長江하류문화, 商代 靑銅鉞로부터 중화문명의 최초의 원천지에 해당된다. 대량의 고고발견과 사료에 의하면 文字기록, 도시발전, 금속야금, 공구제조 등 문명 수준을 판단하는 측면 등에서 東夷文化는 모두 선진에 해당되고 동이문화는 중화문화의 形成에 거대한 공헌을 하였다.[54]

이상에서 동이집단 및 그들이 창출한 문화는 중국 상고사상 매우 중요한 지위를 차지하고 있음이 밝혀지면서 그 의미에 한층 관심이 집중되고 있음을 알 수 있다.

---

54) 「東夷文化及對中華文化的貢獻」 p.3

VI. 동이문화의 빛나는 유산과 역사적 공헌

1. 도기제조업의 공헌

동이인의 도기제조 능력은 고고학상 이미 검증이 된 단계로 그 수준이 동아시아 최고의 수준이다. 대문구문화 시기에 이미 전문적으로 도기제작에 종사하는 수공업자가 있었고 용산문화시기에 동이인의 도기제작 기술은 높은 수준에 도달해 있었다. 逢振鎬는 "이 시기에 동이인은 이미 전체적으로 정묘하고 숙련되고, 陶土의 선택과 처리, 성형 등 매우 고도의 제작과정을 거치고 있었다."고 평가한다.

특별히 대문구문화에서 용산문화에 이르러 크게 발전한 두께가 매우 얇고, 투명하고, 흑색의 도색이 칠흑과도 같은 정교한 미관을 지닌 "단고도" 등은 정말 놀랄만한 수준이었다. 동이인의 蛋殼陶는 제작의 정교함과 기술의 고급적 모습, 기술의 정교함 등의 측면에서 전국적인 발굴자료 중에서도 최고의 수준으로 평가받고 있다.[55]

2. 銅器제조업의 발전

대문구·용산문화 시기의 동이인은 고도의 銅器의 제련기술을 보유하고 있었던 것으로 밝혀지고 있다. 산동성 태안의 대문구묘장에서 발견된 동기에서는 함유된 동량이 9.9%에 달했다고 보고하고 있다.[56]

동기유적지만도 7곳에서 발굴되었다. 이는 동이인들이 이미 자신만의 제련기술과 청동공업기술을 보유하고 있는 것으로 판단된다. 또 악석문화시기에도 청동이 발굴되기도 하였다. 이는 岳石文化시기의 동이족은 이미 청동기 단계로 진입한 것으로 파악된다.

---

55) 逢振鎬,「东夷及其史前文化试论」,『历史研究』第3期, 1987, p. 40 참조
56) 大汶口新石器時代墓葬發掘報告, 文物出版社, 1974版.1期

동이인의 동과 청동기의 발굴출토는 동아시아문명 특징의 하나인 청동기의 기원에 새로운 자료를 제공해 주고 있다고 평가된다.[57]

3. 방직업에 대한 공헌

북신문화 유적에서는 방직에 사용되는 공구 등이 발굴되었다. 동이인의 방직업은 당시에 북신문화시기에 이미 시작되었다. 이는 약 7000여년의 역사를 갖는다. 대문구문화 시기에 동이인의방직업은 이미 상당한 수준에까지 발달하였다. 그 발굴된 유적지만도 6곳 이상에 달한다는 것이다. 대문구문화시기의 細布紋은 밀도가 매우 촘촘하였고 용산시기에도 동이인의 방직업은 큰 발전을 이루게 된다. 즉 용산시기에는 금속방직 공구(銅錐)가 출현한다. 밀도면에서도 대문구문화 시기보다 더욱 촘촘해 진 것으로 밝혀졌다.

4. 문자기원사의 공헌

동이인들의 공헌은 문자학 방면에서도 새롭게 조명되고 있다.

이미 대문구시기에 동이인은 가장 원시적 문자, 즉 圖象文字가 발견되었다. 이 도상문자들은 陶器상에 새겨져 있었기에 도문문자로 불린다.

황하유역에서는 이미 위의 도상문자의 신석기시대 문화들로 青海 馬家窯문화, 西安 半坡仰韶文化 등에서도 발굴되었다. 이 도상문자들은 갑골문과도 분명한 연결고리가 있을 것으로 추정된다. 이는 동이인이 대문구문화 시기에 출현한 도상문자는 뒤에 갑골문자의 주요한 기원일 가능성이 높다는 것이다.[58]

갑골문은 최초에는 복골에서 비롯되었다. 복골은 최초 연원을 알 수

---

57) 逄振鎬,「東夷及其史前文化試论」,『历史研究』第3期, 1987, p.40 참조

58) 逄振鎬,「東夷及其史前文化試论」,『历史研究』第3期, 1987, p.40 참조

없지만, 현재의고고학 자료로 보면 동이인에서 기원을 찾을 있을 것으로 추측한다.[59] 동이인은 대문구문화 시기에 龜甲을 사용하였고 이를 수장품으로 삼았다. 대문구시대에 동이인이 비록 귀갑을 사용하였으나, 이미 발견된 최초의 복골은 용산문화시기에 해당된다. 동이인의 문자학상의 공헌은 점복에서 발전하여 갑골문과의 연결과정에 이르는 과정을 일맥상승의 관계로 파악하고 있기도 하다.[60]

5. 청동기 최초의 雲雷문양 창시

청동기문화의 발달은 청동기에 새겨진 문양의 측면에서도 동이인들의 공헌을 평가하고 있다.

이 청동기 문화의 문양들 중에서 위엄과 권세 공포들을 나타내는 운뢰문과 饕餮文, 獸面文 등이 대표적이다. 여러 발굴 결과를 종합하면 운뢰문은 산동용산문화 시기에 시작되었다. 산동일조 양성진의 용산문화 유적에서 장방형의 도끼모양(石鉞)의 유적이 발굴되었다. 이 유물의 양면에 수면과 유사한 문식이 새겨져 있었다.[61] 이 운뢰문은 이 옥기에만 있는 것이 아니다. 양성진 유적지 용산문화의 도편에서도 여러차례 배우 복잡한 운뢰문이나 수면문이 발굴되었다.

운뢰문은 후에 상주시기의 청동예기에서 유행하게 되어 청동기의 전통문양으로 자리잡는다. 용산문화의 도기와 옥기상의 운뢰문이 바로 상주시기 청동예기엣 나타난 문양의 시조라 할 것이다. 운뢰문 옥부와 도편의 발견은 용산시기에 이미 상징적인 예기가 출현했음을 증명해준다. 상징성과 권위성을 의미하는 예기의 출현은 동이문명 사회의 서광이 비춰

59) 逄振鎬,「東夷及其史前文化试论」『历史研究』第3期, 1987, p.40 참조
60) 逄振鎬,「東夷及其史前文化试论」『历史研究』第3期, 1987, p.40 참조
61) 劉敦原, 沂梁城鎮遺址發現的兩件玉器, 考古, 1972年 4期.

지고 있음을 보여준다.[62)]

　이상의 考古학 자료를 분석해 보면 東夷文化는 장기간에 걸쳐 놀라울
정도로 정체성을 이어오면서 다양한 형태로 발전되어 왔음을 알 수 있다.
동이문화는 오랫동안 共同적 특징을 유지하면서 발전하여 오면서 東夷文
化의 전체적 발전맥락의 정합성을 유지하고 있다는 것이다. 그 공통적 특
징은 다음과 같다.

　1) 共同의 활동영역
　동이문화의 발전지역은 주로 山東과 그 부근으로 집중되고 있다. 이
지역은 지리환경이 비교적 안정적이고 이로 인해 문화적 토양이 수천년
간 기본적으로 불변한다는 점이 東夷文化가 여기에서 일맥상승하여 전해
질 수 있고 연속성을 가질 수 있다.[63)]

　2) 前後 계승관계가 뚜렷하고 序列이 비교적 완전한 考古學文化
　後李文化로부터 東夷文化는 完整한 문화의 발전 과정을 보여주고 중
간에 단절도 없다. 이는 선진시대의 山東지역이 상대적으로 평온하였고 文
化적으로도 중단이 없었다는 것이다. 이는 후에 中原文化의 융합에 있어서
중요한 작용을 하게 되고 동아시아 文明의 형성에도 중요한 推動작용으로
작용한다. 선진시기의 東夷文化의 전후 연결은 文化의 전향적 발전에도
유리하고 동아시아 文明의 융합발전에 주도적 역할을 하게 된다.[64)]

---

62) 逢振鎬,「東夷及其史前文化試論」『历史研究』第3期, 1987, p.41참조.

63) 席望,「东夷文化的考古学分析」『黑龙江史志』第21期(总第334期), 2014, p.71.

64) 王建华,「新夷夏东西说商権」『东方论坛(青岛大学学报)』第1期, 2004, p.107.

3) 共同의 文化習俗

동이문화는 사람들의 風俗습관에도 매우 유사한 共同點을 지니고 있다. 예를 들면, 后李文化든 大汶口文化든 출토된 墓穴에서는 부장품이 매우 적다는 점이다. 또 竪葬형식이 많고 器物조합의 형식도 비교적 비슷하다. 陶器는 素面磨光위주이고 부분적으로 장식되었으며 장식된 紋絡은 비교적 간단한 점이다.[65]

결론적으로, 東夷人의 史前文化는 山東 및 그 주변지역을 중심으로 그 자신의 발전과정에서 土生土長한 독특한 文化에 속하는 것으로 東夷人은 중국고문명의 기원에 있어서 거대한 공헌을 하였다. 동이족과 중원 및 그 주변지구에서 최초로 발달한 신석기시대문화의 창조의 주역으로 동아시아 고대의 문명을 창조했던 것이다.

VII. 결론

이상에서 우리는 동아시아 문명의 기원에 있어서의 동이문화의 지위에 대하여 살펴보았다. 오늘날 고고학의 발전으로 인한 학문풍토의 변화는 매우 근원적이고 광범위하게 전개되고 있다. 이는 문명의 기원과 관련된 중국상고사 연구에 획기적 변화를 가져오게 되었고 그 결과 중국상고사 연구는 이미 전통경전이나 문헌에만 의존할 수 없는 새로운 단계로 접어들었음에 주목하고 있다. 즉, 고고학 자료가 신석기 시대와 그 이전의 단계에까지 확대되어 발굴되면서 동아시아 문명의 기원에 관한 연구 방면에 이 두 가지의 자료를 동시에 운용해야만 하게 되었다. 특히 본문에서는 동아시아 문명의 다원론적 기원론의 대두에 주목하고 종전의 화하

---

65) 席望,「东夷文化的考古学分析」,『黑龙江史志』第21期(总第334期), 2014, p.72.

중심사관에서 벗어나 동이문명의 지위에 대한 인식변화를 논하였다.

이러한 새로운 중국 고대사상·문화 연구의 다원론적 시각은 황화문명일원론을 극복하고, 중국문화를 지역성이라는 견지에서 보는 다원적인 시각을 제공하여, 동아시아 문명을 보다 종합적·입체적으로 재구성하는 획기적인 계기로 다가왔다.

다음으로 신화와 전설의 인식에 있어서 새로운 인식변화를 주목하였고, 이를 통하여 사마천이래로 형성되어온 대일통사관이 극복되고 있음을 살펴보았다.

또한 새롭게 문명의 기원 창출에 중요한 역할을 하였던 동이문화에 대한 재인식에 주목하였다. 東夷人이 창조한 史前文化는 동아시아 문명의 기원에 있어서 화하족과 대등하거나 더욱 선진적인 수준의 역할을 하였다는 것을 알 수 있었다. 東夷人은 중국고문명의 기원에 있어서 거대한 공헌을 했다. 특히 종래의 사마천에 의한 황제‒전욱‒제곡 고신‒요‒순으로 이어지는 화하중심사관에서 벗어나 전욱과 소호, 태호, 치우 등의 신화 상의 수령들이 동이계열임을 논증하였다.

한편, 고고학의 발굴과 연구는 동이문화가 남긴 공헌을 구체적으로 보여준다. 考古學上의 신석기시대와 銅石병용시대에는 東夷文化는 화하문명과 비교하여 손색이 없을 뿐 아니라 심지어 화하文化를 능가한 찬란한 文化로 재인식되고 있다. 王奇伟는 그의 논문에서 1. 伏羲作八卦 2. 顓頊"绝地天通" 3. 韶樂與東夷的舞 4. 制陶業的高度發達 5. 陶文的發現 등을 동이문화의 주요한 공헌으로 들고 있다.[66] 또한 逢振鎬도 東夷人의 문명의 기원상의 공헌을 여러 측면에서 확인하고 있다. 그 주요 내용은 ① 陶器製造業의 공헌 ② 銅器造業의 공헌 ③ 紡織造業의 공헌 ④ 文字 기원상의 공헌 ⑤ 父權制의 확립 ⑥ 사유제의 起源과 貧富分化의 加速 ⑦ 奴

---

66) 王奇伟, p.62.

隷制의 기원 ⑧ 城市의 기원 등이다.[67]

　이상의 연구를 통해 동아시아 문명의 기원 문제에 있어서 東夷人의 중대한 공헌이 얼마나 중요한 것이었는지를 확인할 수 있다. 동이집단과 그들이 창조해낸 문화는 동아시아 상고사상에 있어 매우 중요한 지위에 있음을 알 수 있고, 東夷文化 낙후론은 歷史적 실제에 부합되지 않는 것임을 알 수 있다.

　결론적으로 東夷人의 史前文化는 山東 및 그 주변지역을 중심으로 그 자신의 발전과정에서 土生土長한 독특한 文化에 속하는 것으로 동아시아 문명의 건설의 주역이었음을 확인 할 수 있다. 따라서 동이문화의 인식에 관한 연구는 더욱 강조되어서 동아시아 문명의 기원에 대한 새로운 패러다임이 형성되어야 할 것이다.

---

67) 逢振鎬,「論中國古文明的起源與東夷人的歷史貢獻」,『中原文物』1991年,第2期, pp.39-42참조

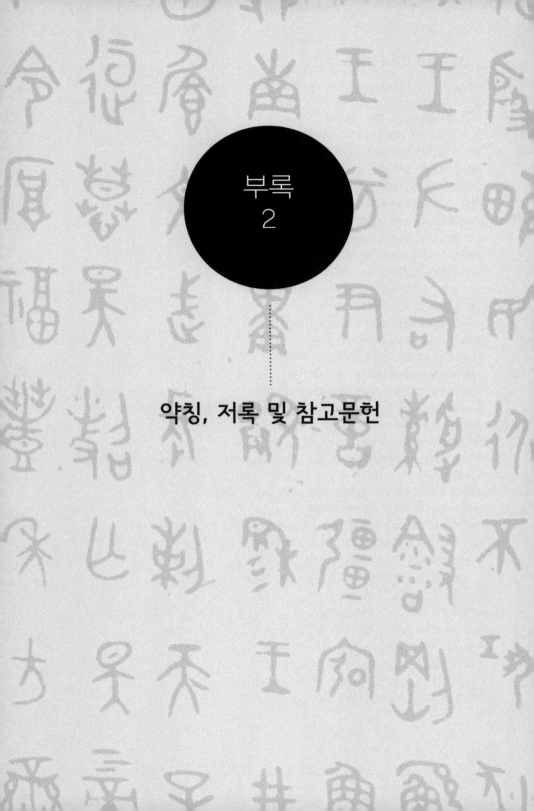

부록
2

약칭, 저록 및 참고문헌

〈금문 관련 주요저록 목록 및 약칭〉

약칭 저록 및 참고문헌

考古 呂大臨『考古圖』10권, 1092년(自序)

博古 王黼等『博古圖錄』30권, 1110년 전후

薛氏 薛尚功『歷代鐘鼎彝器款識法帖』20권, 1144년

續考古 趙九成『續考古圖』, 1162년 전후

復齋 王厚之(復齋)『鐘鼎款識』, 1166년 전후

嘯堂 王俅『嘯堂集古錄』, 1176년(跋)

西淸 梁詩正等『西淸古鑑』40권, 1751~2년(1755년간)

寧壽 乾隆勅 編『寧壽鑑古』16권, 1781(1913년간)

續甲 王杰等『西淸續鑑甲編』20권 1793년(1910년간)

續乙 王杰等『西淸續鑑乙編』20권, 1793년(1931년간)

十六 錢坫『十六長樂堂古器款識考』4권, 1796년(開雕)

拾遺 吳東發『商周文拾遺』3권, 1803년전

積古 阮元『積古齋鐘鼎彝器款識』10권, 1804년

萃編 王昶『金石萃編』160권, 1805년(序)

求古 陳經『求古精舍金石圖』初集 4권, 1813년

金索 馮雲鵬 · 馮雲鵷『金石索』12권, 1821년

淸愛 劉喜海『淸愛堂家藏鐘鼎彝器款識法帖』, 1838년

懷米 曹載奎『懷米山房吉金圖』, 1839년, 『文石堂重刊曹氏 吉金圖』, 1882년(和刻本)

長安 劉喜海『長安獲古編』2권, 1840년 전후(刻)

筠淸 吳榮光『筠淸館金文』5권, 1842년

小山林 市川米庵『小山林堂書畫文房圖錄』, 제8권 銅器 1848년, 『日本書論集成』(汲古書院) 제4,5권중에 復刻, 1978년간

淸儀 張廷濟『淸儀閣所藏古器物文』10권, 1848년 이후(1925년간)

攗錄 吳式芬『攗古錄』20권, 1850년 전후

攗古 吳式芬『攗古錄金文』3권, 1850년 전후,(1895년간)

從古 徐同柏『從古堂款識學』16권, 1854년 이전(1886년간)

敬吾 朱善旂『敬吾心室彝器款識』, 1854년 이후(1908년간)

二百蘭 吳雲『二百蘭亭齋收藏金石記』4권, 1856년(開雕)

志存 李光庭『吉金志存』4권, 1859년

簠釋 陳介祺『簠齋金石文考釋』, 1871년

攀古 潘祖蔭『攀古樓彝器款識』2권, 1872년

兩罍 吳雲『兩罍軒彝器圖釋』12권, 1872년(서)

古籀 孫詒讓『古籀拾遺』3권, 1872년(1888년간)

簠齋 陳介祺『簠齋吉金錄』8권(陳氏, 1884년 몰)(1918년간)

張叔未 張廷濟『張叔未解元所藏金石文字』, 1884년(서)

恒軒 吳大澂『恒軒所見所藏吉金錄』, 1885년

全上古 嚴可均『全上古三代秦漢三國六朝文』741권, 1887년

釋銘 呂調陽『商周彝器釋銘』6권, 1894년

綴遺 方濬益『綴遺齋彝器攷識考釋』30권, 1894년(1935년간)

愙齋 吳大澂『愙齋集古錄』, 1896년(1918년간)

奇觚 劉心源『奇觚室吉金文述』20권, 1902년

餘論 孫詒讓『古籀餘論』3권, 1903년(敍)(1929년간)

帝室 東京帝室博物館編『帝室博物館鑑賞錄古銅器』中井敬所・高田忠周『同解說』, 1906년

白鶴帖 I 嘉納治兵衛『白鶴帖』2책, 1907년

陶齋 端方『陶齋吉金錄』8권, 1908년

陶齋續 端方『陶齋吉金續錄』2책, 1909년

橃林 丁麟年『橃林館吉金圖識』, 1910년(重刊)

泉屋 I 住友家編・秦藏六解說『泉屋清賞』古銅器類 1-3, 1911-5년

國朝 王國維『國朝金文著錄表』6권, 1914년

周存 鄒安『周存文存』6권, 1915-21년

述林 孫詒讓『籀膏述林』10권, 1916년

雙王 鄒安『雙王璽齋金石圖錄』, 1916년전후

韡華 柯昌濟『韡華閣集古錄跋尾』15권, 1916년전후(1935년간)

夢郼 羅振玉『夢郼草堂吉金圖』3권, 1917년(序)

殷存 羅振玉『殷文存』2권, 1917년(序)

夢郼續 羅振玉『夢郼草堂吉金圖續編』, 1918년(序)

永壽 高田忠周『永壽靈壺齋吉金文字』3권, 1919년(?)(不記刊年 法書會『書苑』9-15(1919년 4월)의 '吉金文會' 기사에 이 책 8권을 간행예정이라 되어있다)

泉屋 II 濱田耕作『泉屋清賞』, 1919년(序)

陳氏十鐘 濱田耕作『陳氏舊藏十鐘-泉屋清賞別集-』, 1922년(序)

大村 大村西崖『獲古圖錄』, 1923년, だるまや書店(나중에 大村西崖『支那古美術圖譜』1925년으로 柏林社에서 重刊)

觀堂 王國維『觀堂集林』, 1923년

新鄭圖志 蔣鴻元等『新鄭出土古器圖志』初編, 續編, 附編, 1923년

董盦 齋藤悅藏『董盦吉金圖』, 1924년(序)

方氏 方子聽『定遠方氏吉金彝器攷識』, 1925년

泉屋 II續 濱田耕作『泉屋清賞續編』, 1926년

夢坡 鄒壽祺『夢坡室獲古叢編』12권, 1927년

寶蘊 容庚『寶蘊樓彝器圖錄』, 1929년

新鄭圖錄 關百益『新鄭古器圖錄』2권, 1929년

存僞表 容庚「西清金文眞僞存僞表」燕京學報 제5기, 1929년

有鄰 藤井善助『有鄰大觀』6책, 1929년-42년

白鶴帖 II 濱田靑隆・長尾雨山等『白鶴帖』6책, 1930년

貞松 羅振玉『貞松堂集古遺文』16권, 1931년

貞松補 羅振玉『貞松堂集古遺文補遺』3권, 1931년

三代表 王國維著 羅福頤校補『三代表漢文文著錄表』8권 補遺, 1931년

大系 郭沫若『兩周金文辭大系』, 1932년(郭沫若,『兩周金文辭大系圖錄巧釋』, 1935년 개정신판 1957년,『大系』錄과『大系』考로 나누어 약칭)

鼄氏 徐中舒『鼄氏編鐘圖釋』, 1932년

工藝 帝國工藝會編『支那工藝圖鑑』제1집, 1932년

周漢 帝室博物館編『周漢遺寶』, 1932년

頌齋 容庚『頌齋吉金圖錄』, 1932년

歐華 梅原末治『歐美蒐儲支那古銅精華』, 1932년

杙禁 梅原末治『杙禁の考古學的考察』, 1932년

雙選 于省吾『雙劍誃吉金文選』2권, 1932년

河南志圖 關百益『河南金石志圖』正編 제1집, 1932년

文錄 吳闓生『吉金文錄』4권, 1932년(跋)

武英 容庚『武英殿彝器圖錄』, 1934년

善齋金 劉體智『善齋吉金錄』, 1934년

白鶴 嘉納治兵衛『白鶴吉金集』, 1934년

删訂泉屋 濱田耕作『删訂泉屋清賞』, 1934년

貞松續 羅振玉『貞松堂集古遺文續編』3권, 1934년

雙劍金 于省吾『雙劍誃吉金圖錄』2권, 1934년(序)

朋來 鹽原又策『朋來居清賞』不記刊年(內藤湖南〔~1934년몰〕題簽)

十二家 商承祚『十二家吉金圖錄』3권, 1935년

貞松圖 羅振玉『貞松堂吉金圖』3권, 1935년

鄴初 黃濬『鄴中片羽初集』2권, 1935년

續殷存 王辰『續殷文存』2권, 1935년

海外 容庚『海外吉金圖錄』2권, 1935년

衡齋 黃濬『衡齋吉金圖錄』2권, 1935년

評注 黃公渚『周秦金石文選評注』, 1935년

小校 劉體智『小校經閣金文拓本』18권, 1935년(序)

厤朔 吳其昌『金文厤朔疏證』, 1936년

尊古 黃濬『尊古齋所見吉金圖初集』4권, 1936년

善齋器 容庚『善齋彝器圖錄』, 1936년

安徽 徐乃昌『安徽通志金石古物考稿』, 1936년

三代 羅振玉『三代吉金文存』20권, 1936년(序)

戰國式 梅原末治『戰國式銅器の研究』, 1936년

鄴二 黃濬『鄴中片羽二集』2권, 1937년

金村 梅原末治『洛陽金村古墓聚英』, 1937년

濬縣 孫海波『濬縣彝器』, 1937년

新鄭彝器 孫海波『新鄭彝器』, 1937년

頌齋續 容庚『頌齋吉金續錄』, 1938년

河南謄稿 孫海波『河南吉金圖志謄稿』, 1939년

著錄目 福開森『歷代著錄吉金目』, 1939년

聚英 오사카市立美術館編『支那古美術聚英』, 1939년

鄭冢 關百益『鄭冢古器圖考』12권, 1940년

癡盦 李泰棻『癡盦藏金』, 1940년

雙劍誃 于省吾『雙劍誃古器物圖錄』2권, 1940년

西淸拾遺 容庚『西淸彝器拾遺』, 1940년

遺寶 梅原末治『河南安陽遺寶』, 1940년

山東 曾毅公『山東吉金文集存·先秦編』3권, 1940년(序)

讀詞 馬敍倫『讀金器刻詞』, 1940년 단행본 1962년

通考 容庚『商周彝器通考』, 1941년

癡盦續 李泰棻『癡盦藏金續集』, 1941년

形態 梅原末治『古銅器形態の考古學的研究』, 1940년

靑山 梅原末治『靑山莊淸賞』古銅器篇 1942년

鄴三 黃濬『鄴中片羽三集』2권, 1942년

巖窟 梁上椿『巖窟吉金圖錄』2권, 1943년(序)

海外銅器 陳夢家『海外中國銅器圖錄』제1집, 1946년

冠斝 梅原末治『冠斝樓吉金圖』3권, 1947년(序)

冠斝補 梅原末治『冠斝樓吉金圖補遺』1권 1947년(序)

白鶴撰 嘉納治兵衛『白鶴吉金撰集』, 1951년

積微 楊樹達『積微居金文說』7권 1952년(『積微居金文說(增訂本)』, 2007년 12월, 湖南敎育出版社 重刊)

平凡『書道全集』(平凡社) 제1권, 1954년

楚文物 歷史博物館編『楚文物展覽圖錄』, 1954년

楚器 安徽省博物館編『楚器圖錄』, 1954년

全國 全國基本建設工程中出土文物展覽會工作委員會編『全國基本建設工程中出土文物展覽會圖錄』, 1955년

斷代 陳夢家「西周銅器斷代」(1)-(6), 考古學報 제9집 1955년 同제10책, 1955년, 同1956년제1-4기, 王夢旦編『金文論文選』제1집 1968년 所收(陳夢家『西周銅器斷代』上/下, 中華書局, 2004년 重刊)

河出『定本書道全集』(河出書房) 제1권, 1956년

壽縣 安徽省博物館編『壽縣蔡侯墓出土遺物』, 1956년

錄遺 于省吾『商周金文錄遺』, 1957년

松蘿 綿貫榮『松蘿居聚粹』, 1957년

通論 容庚·張維持『殷周靑銅器通論』, 1958년

故宮 國立故宮中央博物院院聯合管理處編『故宮銅器圖錄』, 1958년

五省 五省出土重要文物展覽籌備委員會編『陝西·江蘇·熱河·山西五省出土重要文物展覽圖錄』, 1958년

觀堂別集 王國維『觀堂集林·別集』, 1959년

觀堂別補 王國維『觀堂別集補遺』,『海甯王忠慤公遺書』

積微餘 楊樹達『積微居金文餘說』2권, 1959년

銅玉 水野淸一『殷周靑銅器와 玉』, 1959년

上村嶺 中國科學院考古硏究所編『上村嶺虢國墓地』, 1959년

山東文物 山東省文物管理處·山東省博物館編『山東文物選集』, 1959년

盂鼎克鼎 上海博物館編『盂鼎克鼎』, 1959년

日華 梅原末治『日本蒐儲支那古銅精華』, 1959-64년

稿本 赤塚忠『稿本殷金文考釋』, 1959년(序)『中國古代의 宗敎와 文化』, 1977년 所收

陝西 陝西省博物館·陝西省文物管理委員會編『陝西省博物館·陝西省文物管理委員會藏靑銅器圖釋』, 1960년

竹石 三杉隆敏『竹石山房中國金石陶瓷圖鑑』, 1961년

泉屋新收 梅原末治『泉屋淸賞新收編』, 1961년

古文物 人民美術出版編『中國古文物』, 1962년

分類 中國科學院考古硏究所編『美帝國主義劫掠의 我國殷周靑銅器集錄』1962년, 복각개편본, 陳夢家編·松丸道雄改編『殷周靑銅器分類圖錄』, 1977년

通釋 白川靜『金文通釋』白鶴美術館誌 제1-52집, 1962-80년

侯家莊 梁思永·高去尋『侯家莊』제2-8본, 1962-76년

扶風 陝西省博物館·陝西省文物管理委員會編『扶風齊家村靑銅器群』, 1963년

二玄 白川靜『金文集』1-4(書跡名品業刊), 1963-4년

上海 上海博物館編『上海博物館藏靑銅器』, 1964년

觚形器 李濟·萬家保『殷墟出土靑銅觚形器의 硏究』, 1964년

辛村 郭寶鈞『濬縣辛村』, 1964년

張家坡 中國科學院考古硏究所編『長安張家坡西周銅器群』, 1965년

平凡補『書道全集』(平凡社) 제26권·中國補遺, 1966년

出光選書 杉村勇造『中國古銅器』(出光美術館選書), 1966년

爵形器 李濟·萬家保『殷墟出土靑銅爵形器의 硏究』, 1966년

天理『天理參考館圖錄』中國編, 1967년

古代美 杉村勇造『古代中國의 美』, 1967년

朝日 水野淸一『東洋美術』(朝日新聞社) 제5권·銅器, 1968년

斝形器 李濟·萬家保『殷墟出土靑銅斝形器의 硏究』, 1968년

熱海 箱根美術館· 熱海美術館編『箱根美術館· 熱海美術館名品圖錄』제1집, 1968년. 개정판, 1963년

孔讀 孔德成『金文選讀』, 1968년

李讀 李棪『金文選讀』제1집, 1969년

寧樂 中村準佑『寧樂譜』, 1969년

故宮選萃 國立故宮博物院編『故宮銅器選萃』, 1970년

鼎形器 李濟·萬家保『殷墟出土靑銅鼎形器의 硏究』, 1970년

新修泉屋 梅原末治『新修泉屋淸賞』, 1971년

伍拾參件 李濟·萬家保『殷墟出土伍拾參件靑銅容器の研究』, 1972년

新出土『新中國出土文物』, 1972년

文革文物 出土文物展覽工作組編『文化大革命其間出土文物』제1집, 1972년

講談社 樋口隆康『中國美術』(講談社) 제4권·銅器·玉, 1973년

故宮選萃續 國立故宮博物院編『故宮銅器選萃續輯』, 1973년

講談故宮 關野雄他『故宮博物院』(講談社), 1975년

松岡 松岡美術館編『松岡美術館名品圖錄』, 1975년

古器選 文物出版社編『中國古靑銅器選』, 1976년

平凡上海 上海博物館編『上海博物館-出土文物·靑銅器·陶磁器』(平凡社), 1976년

白鶴英華 白鶴美術館『白鶴英華』, 1978년

出光美術 出光美術館編『中國古代の美術』, 1978년

廣西 廣西壯族自治區文管會編『廣西出土文物』, 1978년

彙編 巴納·張光裕『中日歐美澳紐所見所拓所摸金文彙編』, 1978년

黑川展覽 黑川古文化硏究所編『中國古代靑銅器展覽』, 1979년

陝靑 陝西省考古硏究所·陝西省文物管理委員會·陝西省博物館編『陝西出土商周靑銅器』
(1)1979년(2)(3) 1980년, (4)1984년

三代補 周法高『三代吉金文存補』, 1980년

婦好墓 中國社會科學院考古硏究所編『殷墟婦好墓』, 1980년

河北出土 河北省博物館文物管理處編『河北省出土文物選集』, 1980년

河南出土 河南出土商周靑銅器編輯所編『河南出土商周靑銅器』(1), 1981년

簡目 孫稚雛『金文著錄簡目』1981년

陝西博 陝西省博物館 編『陝西省博物館』(中國の博物館 제1기·1), 1981년

湖南博 湖南博物館 編『湖南省博物館』(中國の博物館 제1기·2), 1981년

遼寧博 遼寧博物館 編『遼寧省博物館』(中國の博物館 제1기·3), 1982년

南京博 南京博物院 編『南京博物院』(中國の博物館 제1기·4), 1982년

歷博 中國歷史博物館 編『中國歷史博物館』(中國の博物館 第1期·5), 1982년

天津博 天津市藝術博物館 編『天津市藝術博物館』(中國の博物館 第1期·6), 1982년

馬靑銅器 馬承源『中國古代靑銅器』, 1982년

淡交 貝塚茂樹·伊藤道治 他『中國の美術 ⑤銅器』淡交社, 1982년

河南博 河南省博物館 編『河南省博物館』(中國の博物館 第1期·7), 1983년

上海博 上海博物館 編『上海博物館』(中國の博物館 第1期·8), 1983년

三代釋文 羅福頤『三代吉金文存釋文』, 1983년

分域簡目 中國社會科學院考古硏究所編『新出金文分域簡目』(考古學傳刊乙種 第22號), 1983년

總集 嚴一萍『金文總集』全10冊, 1983년

趙硏究 趙英山『古靑銅器銘文硏究 冊一 段器』, 1983년

百選 樋口隆康·圓城寺次郎『中國靑銅器百選』, 1984년

林綜覽一 林巳奈夫『殷周時代靑銅器の硏究-殷周靑銅器綜覽·一一』, 1984년

四川集錄 徐中舒 主編·四川大學歷史硏究所 編『殷周金文集錄』, 1984년

集成 中國社會科學院考古研究所 編『殷周金文集成』全18册, 1984년~1994년

築盛器 國立故宮博物院 編輯委員會 編『商周青銅築盛器特展圖錄』, 1985년 7월

殷墟青銅器 中國社會科學院考古研究所 編『殷墟青銅器』, 1985년

北京圖書館拓本 北京圖書館金石組 編『北京圖書館藏青銅器銘文拓本選編』, 1985년

美術全集 中國美術全集 編輯委員會 編『中國美術全集 工藝美術編 ④青銅器(上)』, 1985년
『中國美術全集 工藝美術編 ⑤青銅器(下)』, 1986년

銘選 上海博物館商周青銅器銘文選編寫組 編『商周青銅器銘文選』전4책, 1986년~1990년

高彙考 高木森『西周青銅彝器彙考』, 1986년

擷英 吳鎭烽 編『西周金文擷英』, 1986년

林綜覽二 林巳奈夫『殷周時代青銅器紋樣の研究-殷周青銅器綜覽·二-』, 1986년

殷周文物 天理大學·天理教道友社 編『殷周の文物』(ひとものこころ 第1期 第4卷), 1986년

邱釋 邱德修『商周金文集成釋文稿』5册, 1986년

史徵 唐蘭,『商周青銅器銘文分代史徵』, 中華書局, 1986년

珍品選 文化部文物局 故宮博物院 編『戰國出土文物珍品選 1976-1984』, 1987년

殷墟發掘報告 中國社會科學院考古研究所 編『殷墟發掘報告 1958-1961』, 1987년

駱新攷 駱賓基『金文新攷 上·下』, 1987년

臺北歷博 國立歷史博物館(臺北) 編『中國古代銅器』, 1987년

安徽銅器 安徽省博物館 編『安徽省博物館藏青銅器』, 1987년

新疆博 新疆위구르自治區博物館 編『新疆ウイグル自治區博物館』(中國の博物館 第2期·1),
1987년

雲南博 雲南省博物館 編『雲南省博物館』(中國の博物館 第2期·2), 1988년

吉林博 吉林省博物館 編『吉林省博物館』(中國の博物館 第2期·3), 1988년

四川博 四川省博物館 編『四川省博物館』(中國の博物館 第2期·4), 1988년

安徽博 安徽省博物館 編『安徽省博物館』(中國の博物館 第2期·5), 1988년

洪注釋 洪家義『金文選注釋』, 1988년

湖北出土 湖北省對外文化交流協會·湖北省博物館 編『中國湖北出土文物』, 1988년

出光工藝 出光美術館 編『出光美術館藏品圖錄 中國の工藝』, 1989년

林綜覽三 林巳奈夫『春秋戰國時代青銅器の研究-殷周青銅器綜覽·三-』, 1989년

湖北博 湖北省博物館 編『湖北省博物館』(中國の博物館 第2期·6), 1989년

陝西金文 吳鎭烽 編著·陝西省考古研究所·陝西省古籍整理辨公室 合編『陝西金文彙編』上下,
1989년

酒器特展 國立故宮博物院 編『商周青銅酒器特展圖錄』, 1989년

秦器 王輝『秦銅器銘文編年集釋』, 1990년

侯選編 侯志義 主編『西周金文選編』, 1990년

法書選 松丸道雄 輯『中國法書選--甲骨·金文 殷·周·列國-』, 1990년

法書가이드 松丸道雄 輯『中國法書ガイド--甲骨·金文 殷·周·列國-』, 1990년

微氏 陝西周原考古隊·尹盛平 主編『西周微氏家族青銅器群硏究』

西泠 曹錦炎『商周金文選』, 1990년

湖北輯證 黃錫全『湖北出土商周文字輯證』, 1992년

吳越徐舒 董楚平『吳越徐舒金文集釋』, 1992년

選注 秦永龍『西周金文選注』, 1992년

論集 裴錫圭『古文字論集』, 1992년

書法 劉正成『中國書法全集』②商周 金文, 1993년 4월, ③商周 春秋戰國金文, 1997년 4월 ⑨ 秦漢 金文·陶文, 1992년 10월

戰國銘文選 湯餘惠『戰國銘文選』, 1993년

史徵器影 唐復年輯『西周靑銅器銘文分代史徵器影集』, 1993년

靑銅兵器 王振華『商周靑銅兵器』臺北, 1993년

銅器全集 同編集委員會 編『中國靑銅器全集』(1)~(16), 1996年~1998년

精華大全 國家文物局 編『中國文物精華大全』靑銅卷, 1994년

巴蜀 四川省博物館 編『巴蜀靑銅器』成都, 1994년

李陝西 李西興『陝西靑銅器』, 1994년

歷博法書 史樹靑 主編『中國歷史博物館藏法書大觀』

 第1卷 甲骨文·金文1, 1994년 12월

 第2卷 金文2, 1997년 3월

歐州遺珠 李學勤·艾蘭『歐州所藏中國靑銅器遺珠』, 1995년

李槪說 李學勤『中國靑銅器槪說』, 1995年

商金圖錄 張光遠 作·國立故宮博物院 編『商代金文圖錄』, 1995년

楚系器 劉彬徽『楚系靑銅器硏究』(楚學文庫) 1995년

朱銅器 朱鳳瀚『中國古代靑銅器』, 1995년

銘文檢索 周何等『靑銅器銘文檢索』6冊, 1995년

佩芬銅器 陳佩芬『上海博物館 中國古代靑銅器』, 1995년

唐蘭論集 故宮博物院 編『唐蘭先生金文論集』, 1995년

館藏 國立歷史博物館 編『館藏靑銅器圖錄』, 1995년

秦漢匯編 孫慰祖·徐谷甫『秦漢金文匯編』, 1997년

山西 張頷等『山西文物館藏珍品·靑銅器』간행년 미상

集成引得 張亞初『殷周金文集成引得』中華書局, 2001년

金文引得 華東師範大學中國文字硏究與應用中心 編,『金文引得(殷商西周卷)』『金文引得(春秋戰國卷』, 廣西敎育出版社, 2001년~2002년

集成釋文 中國社會科學院考古硏究所 編『殷周金文集成釋文』전6책, 香港中文大學中國文化硏究所, 2001년

近出 劉雨/盧岩 編,『近出殷周金文集錄』전4책, 中華書局, 2002년

今譯類檢『金文今譯類檢』, 廣西敎育出版社, 2003년

輯考 陳秉新/李立芳『出土夷族史料輯考』, 安徽大學出版社, 2005년

商周金文 王輝,『商周金文』, 文物出版社, 2006년

이해 I 박원규/최남규,『중국고대 금문의 이해』, 신아사, 2009년

摹釋 張桂光 주편『商周金文摹釋總集』전8책, 中華書局, 2010년

이해 II 최남규,『중국고대 금문의 이해(II)』, 신아사, 2010년

〈갑골문 관련 주요저록 목록 및 약칭〉

약호 저록 및 참고문헌

甲骨文錄 孫海波『甲骨文錄』, 1938년(臺北에서 1971년 재발행)

屯 中國社會科學院考古研究所, 『小屯南地甲骨』, 1980년/1983년

甲編 董作賓『殷虛文字甲編』, 1948년(臺北에서 1976년 재발행)

乙編 董作賓『殷虛文字乙編』, 1948~1953년

存眞 關百益『殷虛文字存眞』, 1931년

合集 中國社會科學院歷史研究所『甲骨文合集』, 1982년

林 林泰輔『龜甲獸骨文字』, 1921년(臺北에서 1970년 재발행)

明 明義士『殷虛卜辭』(원제 : Oracle records from the waste of Yin), 1917년

明續 明義士『殷虛卜辭續編』, 1972년

金 方法斂『金璋所藏甲骨卜辭』(원제 : The Hopkins collection of inscribed oracle bone), 1939년

寧滬 胡厚宣『戰後京津新獲甲骨集』, 1951년

京 胡厚宣『戰後京津新獲甲骨集』, 1954년

南北 胡厚宣『戰後南北所見甲骨錄』, 1951년

續存 胡厚宣『甲骨續存』, 1955년

英 李學勤/齊文心/艾蘭『英國所藏甲骨集』, 1985년

前編 羅振玉『殷虛書契前編』, 1913년(上海에서 1932년 재발행)

後編 羅振玉『殷虛書契後編』, 1916년

菁華 羅振玉『殷虛書契菁華』, 1914년

哲庵 曾毅公『哲庵甲骨文存』

庫 方法斂『庫方二氏藏甲骨卜辭』, 1935년(臺北에서 1966년 재발행)

丙編 張秉權『小屯殷虛文字丙編』, 1957~1972년

通 郭沫若『卜辭通纂』, 1933년(北京 科學出版社에서 1983년 재발행)

清暉 陳鐘凡所藏

摭續 李亞農『殷契摭佚續編』, 1941년

綴 曾毅公『甲骨文綴合編』, 1950년

宗圖 陳夢家『殷虛卜辭宗述 · 圖版』, 1956년

遺 金祖同『殷契遺珠』, 1939년(臺北 藝文印書館에서 1974년 재발행)

簠 王襄『簠室殷契徵文』, 1920년

懷 許進雄『懷特氏所藏甲骨集』

續編 羅振玉『殷虛書契續編』, 1933년

外編 董作賓『殷虛文字外編』, 1956년

卜通考釋 郭沫若『卜辭通纂考釋』, 1933년

天壤文釋 唐蘭『天壤閣甲骨文存考釋』, 1939년

文字記 唐蘭『殷虛文字記』, 1981년

文字編 朱方圃『甲骨學文字編』, 1983년

甲釋 屈萬里『小屯殷虛文字甲編考釋』, 1961년

甲研 郭沫若『甲骨文字研究』, 1962년

甲文說 楊樹達『積微居甲文說』, 1986년

求義 楊樹達『耐林廎甲文說·卜辭求義』, 1986년

集釋 李孝定『甲骨文字集釋』, 1970년

集刊 歷史語言研究所『集刊』, 1928년~

新詮 魯實先『殷契新詮』, 2003년

宗述 陳夢家『殷虛卜辭宗述』, 1956년

粹釋 郭沫若『殷契粹編考釋』, 1937년(개정판 1965년, 臺北에서 1971년 재발행)

增考 羅振玉『增訂殷虛書契考釋』

論集 裘錫圭『古文字論集』, 1992년

駢枝 于省吾『雙劍誃殷契駢枝』, 1940년

駢續 于省吾『雙劍誃殷契駢枝續編』, 1941년

駢三 于省吾『雙劍誃殷契駢枝三編』, 1941년

辨疑 陳邦福『殷契辨疑』, 2000년

釋林 于省吾『甲骨文字釋林』, 1979년

觀堂 王國維『觀堂集林』, 1923년

觀堂別集 王國維『觀堂集林·別集』, 1959년

觀堂別補 王國維『觀堂別集補遺』,『海甯王忠慤公遺書』

拾掇 郭若愚『殷契拾掇』, 1951년

鄴三 黃濬『鄴中片羽三集』 2권, 1942년

類纂 姚孝遂/肖丁『殷虛甲骨刻辭類纂』, 1989년

人文 貝塚茂樹『京都大學人文科學研究所藏甲骨文字(圖版/本文編)』, 1959년(『甲骨文字研究 圖版/本文編』, 1980년으로 재발행)

佚存 商承祚『殷契佚存』, 1933년

綜覽 松丸道雄/高嶋謙一『甲骨文字字釋綜覽』, 1993년

綜類 島邦男『殷虛卜辭綜類』, 1971년

綴新 嚴一萍『甲骨綴合新編』, 1975년

綴合 郭若愚/曾毅公/李學勤『殷虛文字綴合』, 1955년

부록
3

관계논저

〈金文 관계논저〉

1. 도록

中國社會科學院 考古研究所 編, 『殷周金文集成』全18册, 中華書局, 1984년~1994년

嚴一萍, 『金文總集』全10册, 藝文印書館, 1983년

中國社會科學院 考古研究所 編, 『殷周金文集成釋文』, 香港中文大學 中國文化研究所, 2001年

馬承源, 『商周靑銅器銘文選』1~2, 文物出版社, 1986년~1990년(3~4는 銘文考釋)

劉雨 等, 『近出殷周金文集錄』, 中華書局, 2002년

中國考古學會, 『中國考古學年鑑』, 1984년~2004년(기재된 내용은 출간 전년도의 내용)

浦野俊則, 『近出殷周金文集成』1~5, 二松學舍大學 東洋學研究所, 1989년~1995년

張桂光 主編, 『商周金文摹釋總集』, 中華書局, 2010년

2. 도록 및 석문의 검색

福開森, 『歷代著錄吉金目』, 商務印書館, 1939년

孫稚雛, 『金文著錄簡目』, 中華書局, 1981년

王國維, 『三代秦漢兩宋金文著錄表』, 北京圖書館出版, 2003년

王國維, 『宋代金文著錄表』, 北京圖書館出版, 2003년

王國維, 『淸代金文著錄表』, 北京圖書館出版, 2003년

王國維, 『國朝金文著錄表』, 北京圖書館出版, 2003년

汪中文·季旭昇, 『金文總集與殷周金文集成銘文器號對照表』, 藝文印書館, 2001년

張亞初, 『殷周金文集成引得』, 中華書局, 2001년

華東師範大學中國文字研究與應用中心 編, 『金文引得(殷商西周卷)』, 廣西敎育出版社, 2001년

華東師範大學中國文字研究與應用中心 編, 『金文引得(春秋戰國卷)』, 廣西敎育出版社, 2002년

3. 字書 및 辭典

容庚, 『金文編』, 1985년 수정 제4판, 中華書局

陳漢平, 『金文編訂補』, 中國社會科學出版社, 1993년

董蓮池, 『《金文編》校補』, 東北師範大學出版社, 1995년

嚴志彬, 『四版《金文編》校補』, 吉林大學出版社, 2001년

張桂光, 「金文編"校補"·"訂補"略議」, 『古文字研究』 제24집, 中華書局, 2002년

陳初生, 『金文常用字典』, 陝西人民出版社, 1987년

張世初, 『金文形義通解』, 中文出版社, 1996년

種旭元·許偉建, 『上古漢語詞典』, 海天出版社, 1987년

許偉建, 『上古漢語詞典』, 吉林文史出版社, 1998년

周法高 編, 『金文詁林』, 香港中文大學, 1975년

周法高 編, 『金文詁林補』, 中央研究院歷史語言研究所專刊之十七, 1982년

李圃, 『古文字詁林』1~12, 上海敎育出版社, 1999년

黃德寬 主編,『古文字譜系疏證』, 商務印書館, 2006년

吳鎭烽,『金文人名彙編』, 中華書局, 2006년

4. 說文 및 音韻 관계

許慎 撰, 徐鉉 校定,『說文解字—附檢字』, 中華書局, 1963년 제1판, *一篆一行本

許慎 撰, 段玉裁 注,『說文解字注』, 上海古籍出版社, 1988년 제2판

염정삼,『설문해자주—부수자 역해—』, 서울대학교출판부, 2007년

董同龢,『上古音韻表稿』, 中央研究院歷史語言研究所, 1944년 초판, 1991년 영인 제4판

朱駿聲 編著,『說文通訓定聲』, 中華書局, 1984년 제1판

郭錫良,『漢字古音手册』, 北京大學出版社, 1986년

郭錫良,『漢字古音手册』(增訂本), 商務印書館, 2010년

陳復華/何九盈,『古韻通曉』, 中國社會科學出版社, 1987년

全廣鎮,『兩周金文通假字研究』, 學生書局, 1989년

高亨 纂著, 董治安 整理,『古字通假會典』, 齊魯書社, 1989년 제1판

曹述敬 主編,『音韻學辭典』, 湖南出版社, 1991년

William H Baxter, A Handbook of Old Chinese Phonology, Mouton De Gruyter, 1992

王輝,『古文字通假釋例』, 藝文印書館, 1993년

李玉,『秦漢簡牘帛書音韻研究』, 當代中國出版社, 1994년

李珍華/周長楫 編撰,『漢字古今音表(修訂本)』, 中華書局, 1999년

鄭張尙芳,『上古音系』, 上海敎育出版社, 2003년

王輝,『古文字通假字典』, 중화서국, 2009년

5. 단대

陳夢家,『西周銅器斷代』, 中華書局, 2004년

〈기타 출토자료 관계논저 (戰國楚簡을 중심으로)〉

1. 도판, 석문, 주석

李學勤 主編,『淸華大學藏戰國竹簡(壹)』中西書局, 2010년

2. 字書, 字典, 文字, 文字編

中國社會科學院考古研究所 編輯,『甲骨文編』(中華書局, 1965년 제1판)

郭忠恕/夏竦 編, 李零/劉新光 整理,『汗簡·古文四聲韻』(中華書局, 1983년)

容庚 編著,『金文編』(中華書局, 1985년 제1판)

李零,『長沙子彈庫戰國楚帛書研究·索引』(中華書局, 1985년)

高明,『古文字類編』(東方書店, 1987년)

黃錫全, 『汗簡註釋』(武漢大學出版社, 1990년)

張光裕/袁國華, 『包山楚簡文字編』(藝文印書館, 1992년)

曾憲通, 『長沙楚帛書文字編』(中華書局, 1993년)

商承祚 編著, 『戰國楚竹簡匯編』(齊魯書社, 1995년)

滕壬生 編著, 『楚系簡帛文字編』(湖北教育出版社, 1995년 제1판, 1996년 제2차 인쇄)

張守中, 『包山楚簡文字編』(文物出版社, 1996년)

張光裕/滕壬生/黃錫全 主編, 『曾侯乙墓竹簡文字編』(藝文印書館, 1997년)

何琳儀, 『戰國古文字典』上/下 (中華書局, 1998년)

張光裕, 『郭店楚簡研究 第一卷 文字編』(藝文印書館, 1999년)

古文字詁林編纂委員會, 『古文字詁林』全12册(華東師範大學出版社, 1999년~2004년)

張守中, 『郭店楚簡文字編』(文物出版社, 2000년)

徐在國, 『隸定古文疏證』(安徽大學出版社, 2002년)

何琳儀, 『戰國文字通論(訂補)』(江蘇教育出版社, 2003년)

李守奎 編著, 『楚文字編』(華東師範大學出版社, 2003년 12월)

邱德修, 『上博楚簡(一)(二)字詞解詁』上/下 (臺灣古籍出版 有限公司, 2005년)

李守奎/曲冰/孫偉龍 編著, 『上海博物館藏戰國楚竹書(1-5)文字編』(作家出版社, 2007년)

3. 출토자료 연구 관련 인터넷 사이트

簡帛研究 http://www.bamboosilk.org/ 또는 http://www.jianbo.org

簡帛 http://www.bsm.org.cn/

孔子2000 http://www.confucius2000.com/

簡帛資料文哲讀書會 http://homepage.ntu.edu.tw/~d93124002/

郭店楚簡資料庫 http://bamboo.lib.cuhk.edu.hk/

中央研究院歷史語言研究所 文物圖象研究室資料庫
http://saturn.ihp.sinica.edu.tw/~wenwu/ww.htm

戰國楚簡研究會 http://www.let.osaka-u.ac.jp/chutetsu/sokankenkyukai/

出土資料學會 http://www.ricoh.co.jp/net-messema/ACADEMIA/SHUTSUDO/

復旦大學出土文獻與古文字研究中心 http://www.guwenzi.com/

〈東夷관련 관계논저〉

1. 東夷 관련 논문

王富仁, 河南文化與河南文學──梁鸿《在邊緣與中心之間──20世紀河南文學》序, 渤海大學學報(哲學社會科學版), 2008/05

張全新, 探索適合本地實際的文化事業文化產業發展之路──在青州東夷文化研討會上的講話, 理論學習, 2008/5

張建民, 東夷文明在中華文明形成過程中的地位, 連云港師范高等專科學校學報, 2008/01

王奇伟, 東夷集團在中國上古時代的地位應予重新認識, 徐州師范大學學報(哲學社會科學版),

2008/02

李若晖, 東周時期中華正統觀念之形成, 政治學研究, 2008/01

楊伯達, 黃帝受命有云瑞 夷巫事神琢瑞云, 故宮博物院院刊, 2008/01

謝鈞祥, 百家姓血緣尋根, 黃河科技大學學報, 2008/01

徐水, 后羿神話故事重解, 作家, 2008/04

孫新周; 岩畫·鹿石·贏秦民族尋根, 天津師范大學學報(社會科學版), 2007/04

陆招英, 漢語的文化源流, 科教文汇(上旬刊), 2007/09

代生, 楚辭所見東夷習俗二事考, 民族藝術, 2007/03

王京龍, 東夷文化對中國早期体育活動蘊生的影響, 管子學刊, 2007/03

侯霞, 追夷簋賞析, 收藏界, 2007/10

徐基, 夏時期岳石文化的銅器補遺——東夷式青銅重器之推考 中原文物, 2007/05

蔡自新, 瑶族的起源應爲舜帝后裔, 湖南科技學院學報, 2007/11

曲金良, 中國海洋文化的早期歷史與地理格局, 浙江海洋學院學報(人文科學版), 2007/03

符鴻基, 試述黃帝熊湘山文化的特征, 船山學刊, 2007/04

冉无盐, 青銅的眼泪, 青年文學家, 2007/07

王淑霞, 先秦齊國民俗基本特征論, 社會科學家, 2007/06

曹松罗, 《舜典》用五及其文化區域, 揚州教育學院學報, 2007/04

朱继平, 從考古發現談商代東土的人文地理格局, 社會科學, 2007/11

彭晓云, 儒學精神及其現代价值, 作家, 2007/14

徐刚, 《詩經·齊風》的地域文化特色管窺, 現代語文(文學研究版), 2007/08

汪启明, 東夷非夷證詁 西南民族大學學報(人文社科版), 2007/07

王铁钧, 史笔日本考語述略, 史學月刊, 2007/07

薛瑞泽, 河洛文化對東北亞地區的影响, 中州學刊, 2007/04

張越, 彩陶壶, 管子學刊, 2007/02

石艳艳, 也論二里頭類型二期遺存的变化——兼與王克林先生商榷, 中原文物, 2007/03

江林昌, 五帝時代中華文明的重心不在中原——兼談傳世先秦秦漢文獻的某些觀念偏見, 東岳論叢, 2007/02

李晟, 論神仙思想的起源地, 宗教學研究, 2007/01

叶修成, 黃帝神話傳說與東夷文化, 湖北民族學院學報(哲學社會科學版), 2007/01

高恒天, 秦漢時代東夷之道德生活, 東疆學刊, 2007/02

杜靖, "太陽三足鳥"新釋, 創新, 2007/01

范正生, 將軍崖岩畫與大汶口陶符考釋——史前泰山文化追踪之一, 泰山學院學報, 2007/01

石朝江, "九黎"考, 凯里學院學報, 2007/01

張乃格, 卵生徐偃王傳說試解 江蘇地方志, 2007/02

潘悟云, 上古漢語的韵尾*-l與*-r 民族語文, 2007/01

李兆禄, 《詩經·齊風》歡快愉悦的感情基調及其成因, 九江學院學報(社會科學版), 2007/01

彭安湘, 論《左傳》中齊鲁两國女性的風貌及其文化内蕴, 湖南商學院學報, 2007/01

宗源, 黃姓的祖先在哪里, 中國地名, 2007/01

颜逸卿, 數字風俗六七八, 報林, 2006/11

李倍雷, 紅山文化中玉鸟的图像學意义與藝術風格, 藝術探索, 2006/04

汤其领, 試論東晉南朝時期的佛儒道之争, 揚州大學學報(人文社會科學版), 2006/06

姜义華, 超越"夷夏之防"思維模式, 河北學刊, 2006/06

田青刚, 論炎黄時代華夏族與東夷·苗蛮之融合, 贵州民族研究, 2006/06

沈鸿, 論先秦文學中的少數民族使者形象, 北方論叢, 2006/06

應骥, 從火崇拜民俗看夷越文化傳播, 四川外語學院學報, 2006/05

栾云, 赢秦族源简考, 黑龍江生態工程職業學院學報, 2006/05

劉云涛, 從出土文物試析莒人對鸟图騰的崇拜, 管子學刊, 2006/03

耿玉琴, 多元混成 踽踽独行——論先秦時期信陽民歌的文化背景和生存環境, 樂府新声(沈陽音樂學院學報), 2006/02

林坚, 中華民族的起源與流变, 長江學術, 2006/03

王青, 從大汶口到龍山:少昊氏迁移與發展的考古學探索, 東岳論叢, 2006/03

王振中, 姜太公是山東土著姜姓吗——與焦安南·李建义二位先生商榷, 新乡師范高等專科學校學報, 2006/01

朱鳳瀚, 柞伯鼎與周公南征, 文物, 2006/05

石冬梅, 唐前期的東夷都护府, 青海社會科學, 2006/01

景惠西, 從虞舜看商部族的起源在河東, 沧桑, 2006/01

楊大忠, 『史記』「秦本紀」"鸟身人言"刍议, 文史雜志, 2006/01

劉延常, 試論東夷文化和日本考古學文化的關系, 華夏考古, 2005/04

劉子敏, "嵎夷"與"朝鮮", 北方文物, 2005/04

程紅, 試論先秦時期東夷文化與華夏文化的關系, 烟台師范學院學報(哲學社會科學版), 2005/04

劉維之, 楚藝術鳳鸟精神的研究, 台声·新視角, 2005/07

李岩, 姑蔑與越文化散論, 丽水學院學報, 2005/04

王万荣, 文山苗族族源探討, 文山師范高等專科學校學報, 2005/02

伏元杰, 人方考, 四川職業技術學院學報, 2005/02

吴國桂, "夏后氏之任國"說, 濟宁師專科學校學報, 2005/02

周光華, 東夷齊文化與華夏文化的融合發展, 管子學刊, 2005/01

金白铉, 由神明看庄子思想與新羅傳統, 宗教學研究, 2004/04

王克林, 從后羿代夏論二里頭二期文化的变化, 中原文物, 2004/04

杜勇, 蚩尤非東夷考, 天津師范大學學報(社會科學版), 2004/04

孫海洲, 從地下考古看華夏文明的起源, 安徽史學, 2004/05

孫海英, 中國古代早期文明研究的思考, 山東行政學院·山東省經濟管理干部學院學報, 2004/04

徐杰舜, 先秦民族互動過程論——中國民族團結歷史轨迹研究之一, 廣西民族學院學報(哲學社會科學版), 2004/04

楊文山, 青銅器麦盉與"邢侯征事"——两周邢國歷史綜合研究之四, 文物春秋, 2004/02

盘福東, 蚩尤族團兴亡與三苗氏盈虚文化考, 東南文化, 2004/03

張崇琛, 論琅邪文化, 兰州大學學報(社會科學版), 2004/03

劉敬源, 台湾原住民與大陆東夷太陽神話之比较, 贵州文史叢刊, 2004/02

李炳海, 昆侖神話: 多部族文化融會的结晶, 民族文學研究, 2004/01

朱建君, 東夷海洋文化及其走向, 中國海洋大學學報(社會科學版), 2004/02

王剑, 陳楚文化及其在中華傳統文化中的地位, 周口師范學院學報, 2003/06

楊東晨, 古史傳說時代研究中涉及的問題考辨, 南通師范學院學報(哲學社會科學版), 2003/03

李治仲, 简议陳州布老虎, 華夏文化, 2003/01

鄭建明, 從房县七里河诸遺址看史前東夷族的西迁, 華夏考古, 2003/02

侯强, 再談齊"巫儿"婚俗, 管子學刊, 2003/03

陳碧仙, 《九歌·山鬼》和東夷文化之關系, 福建教育學院學報, 2003/04

王克奇, 齊魯宗教文化述論, 東岳論叢, 2003/04

劉宝山, 傳說中的三大氏族集團在考古學上的反映, 東南文化, 2003/05

張富祥, 海岱歷史文化區與東夷族形成問題的考察, 山東師范大學學報(人文社會科學版), 2003/06

劉宗迪, 《海外經》《大荒經》地域及年代考——兼論先王"封禅"之真相, 民族藝術, 2003/02

侯文學, 齊宋鄭卫之音的東夷文化特征——兼論季札、子夏、師乙的審美觀, 克山師專學報, 2002/04

許竟成, 炎黄氏族——中華多民族的源頭, 中州今古, 2002/03

李丽娜, 也談新砦陶器盖上的兽面纹, 中原文物, 2002/03

逄振鎬, 從图像文字到甲骨文——史前東夷文字史略, 中原文物, 2002/02

栾丰實, 論"夷"和"東夷", 中原文物, 2002/01

羅骧, 論漢族主体源于東夷, 云南民族學院學報(哲學社會科學版), 2002/01

李興斌, 齊文化研究的一部总结性學術力作, 理論學習, 2002/03

戈志强, 試論夏的起源及其與東夷的關系, 蘇州大學學報(哲學社會科學版), 2002/02

崔昌源, 從图騰文化痕迹看中韓古代民族之關系, 内蒙古師范大學學報(哲學社會科學版), 2002/ 06

許如貞, 沂蒙文化简論, 临沂師范學院學報, 2002/04

楊東晨, 帝舜家族史迹考辨——兼論傳說遺迹和帝舜生平事迹的關系, 零陵師范高等專科學校學報, 2002/01

王恩田, 甲骨文中的濟南和趵突泉, 濟南大學學報(社會科學版), 2002/01

邱文山, 齊、魯文化及其交融與整合, 管子學刊, 2002/03

詹子慶, 姑蔑史證, 古籍整理研究學刊, 2002/06

張國硕, 論夏末早商的商夷联盟, 鄭州大學學報(哲學社會科學版), 2002/02

應骧, 日本大和民族探源, 中南民族大學學報(人文社會科學版), 2002/02

叶文宪, 新夷夏東西說, 中國史研究, 2002/03

王健, 儒道傳播與文化地缘——以古代徐州區域爲中心, 中國歷史地理論叢, 2002/01

范立舟, 伏羲、女娲神話與中國古代蛇崇拜, 烟台大學學報(哲學社會科學版), 2002/04

張碧波, 漢唐郡望觀念與渤海大氏——渤海大氏三考, 學習與探索, 2002/01

叶林生, "華夏族"正义, 民族研究, 2002/06

李炳海, 夫余神話的中土文化因子——兼論夫余王解慕漱系中土流人 民族文學研究, 2002/01

羅骧, 論漢語主体源于東夷, 古漢語研究, 2002/03

湯开建, 中國現存最早的欧洲人形象资料——《東夷图像》, 故宮博物院院刊, 2001/01

張富祥, "殷"名号起源考, 殷都學刊, 2001/02

梁刚, 涂山再考, 唐都學刊, 2001/S1

陳碧仙, 從東夷文化的鬼魂归宿觀念看《九歌·山鬼》, 黔東南民族師專學報, 2001/01

孫玮, 古帝王尧、舜、禹東夷考, 临沂師范學院學報, 2001/03

于联凯, 鳳文化琐談, 临沂師范學院學報, 2001/02

徐北文, 齊文化在中國文化史上的地位——《齊文化與齊長城》序言, 濟南教育學院學報, 2001/03

紀達, 《齊文化通論》建构了"齊文化學科"的基本理論框架, 濟南大學學報, 2001/01

楊東晨, 論西周時期河南地區的民族與文化, 河南大學學報(社會科學版), 2001/04

谷因, 布依族神話史詩《安王和祖王》與舜、象故事, 贵州民族學院學報(哲學社會科學版), 2001/02

張爲民, 黄帝族源東夷說, 東方論坛, 2001/02

徐南洲, 試論巴、越關系, 重慶師院學報(哲學社會科學版), 2001/03

董万崙, 華夷、華夏、漢人在東方, 北方文物, 2001/04

張發颖, 鳳图腾東夷人及其文化貢獻, 社會科學輯刊, 2001/02

任重, 東夷文化的歷史沿革, 山東大學學報(哲學社會科學版), 2001/01

張富祥, 東夷樂舞源流综述, 山東師大學報(人文社會科學版), 2001/01

李鸿宾, 論唐朝的民族觀念, 内蒙古社會科學(漢文版), 2001/05

林继来, 論春秋黄君孟夫妇墓出土玉器, 考古與文物, 2001/06

王健, 道家與徐州考論——兼論漢初黄老政治與劉邦集團之文化地緣背景的關系, 江蘇社會科學, 2001/04

蔡英杰, "皇"字本义考, 辭书研究, 2001/05

王宁, 太昊、少昊與上古的東夷民族, 枣庄師專學報, 2000/04

王恩田, 山東商代考古與商史诸問題, 中原文物, 2000/04

徐金法, 華夏古老文明的源頭——太昊伏羲東夷部落管理思想钩沉, 周口師范高等專科學校學報, 2000/04

余全有, 龍文化探源, 天中學刊, 2000/03

郭墨兰, 齊魯文化的整合與中華文化一統, 山東社會科學, 2000/02

李锦山, 八角形纹饰與太陽神崇拜, 农業考古, 2000/01

孫玮, 也談龍鳳形象的塑造及東夷文化的歷史地位, 临沂師范學院學報, 2000/01

郁知非, 炎帝之谜, 岭南文史, 2000/01

王宁, 《五藏山經》記述的地域及作者新探, 管子學刊, 2000/03

楊東晨, 論伯益族的歷史貢獻和地位, 中南民族學院學報(人文社會科學版), 2000/02

張富祥, 海岱文化與中原文化, 史學月刊, 2000/02

, 徐州民俗择要, 江蘇政协 1999/01

陶陽, 新采集的泰山神故事启示录, 民間文化 1999/01

王克奇, 齊魯文化和儒道二家, 中國哲學史 1999/03

王福银, 齊國《韶》樂蠡測, 淄博學院學報(社會科學版) 1999/03

張步天,《山海經》远古時代史内涵, 益陽師專學報 1999/03

劉付靖, 東夷, 楚與南越的文化關系, 廣西民族研究 1999/01

辛玉璞, 蚩尤也是漢族的祖先, 民族團结 1999/07

楊東晨, 論春秋以前辽宁地區的部族和文化, 辽宁師范大學學報(社會科學版) 1999/01

李玉洁, 少皞部族的活動與迁徙述論, 河南大學學報(社會科學版) 1999/05

李伯齊, 也談齊鲁文化與齊鲁文化精神, 管子學刊 1999/04

龔維英,《天问》和初民变形神話, 贵州文史叢刊 1999/06

陳德远, 陳姓祖源考辨──對《中華姓氏通书》陳姓尋根问祖章的质疑, 贵州文史叢刊 1999/01

钟翰, 中韩文化與現代化研究新成果交流的一次盛會, 当代韩國 1999/01

王燕, 简析先秦時期山東人的性格, 滨州教育學院學報 1999/03

易谋远, 彝族的民族再生始祖笃慕之族属爲昆夷試析, 中央民族大學學報(哲學社會科學版)
1999/04

應骥, 試探土家族淵源──兼談巴人源流, 中南民族學院學報(人文社會科學版) 1999/03

孟天运, 齊文化通論, 社會科學战线 1999/02

孟天运, 远古到周初齊鲁两地文化發展比較, 史學集刊 1999/02

吳晓東, 苗瑶語族洪水神話:苗蛮與東夷战争的反映, 民族文學研究 1999/04

邓淑苹, 晋、陕出土東夷系玉器的启示, 考古與文物 1999/05

石宗仁, 苗蛮東夷相连重合的地域及同母語地名, 贵州民族研究 1999/03

孫玮, 商族起源新探, 安徽史學 1999/04

劉士林, 兴詩考源, 湛江師范學院學報 1998/01

張富祥, 東夷文化随想, 走向世界 1998/03

許慶山, 山東水神谱, 走向世界 1998/01

贾雯鹤, 徐偃王神話傳說辩评, 中華文化論坛 1998/02

李惠生, 中華海洋文化的歷史及其辉煌成就──從远古時代至公元1433年的考察及评价, 中國
海洋大學學報(社會科學版) 1998/01

王大有, 盖天宇觀──中華文明與美洲古代文明亲緣關系图證(6), 尋根 1998/06

劉凌, 漢代封禅的文化特色, 泰安師專學報 1998/03

田敏,《山海經》巴人世系考, 四川文物 1998/05

魏筌, 龍山文化中的舜崇拜, 管子學刊 1998/02

, 古代東方秽與貊研究的反思, 北方論叢 1998/03

李修松, 三代時期淮河流域經濟發展简論, 安徽大學學報(哲學社會科學版) 1998/02

陳平, 從"丁公陶文"談古東夷族的西迁, 中國史研究 1998/01

秦永洲, 東晋南北朝時期中華正統之争與正統再造, 文史哲 1998/01

任之, 殷民入周后的变與不变, 社會科學战线 1998/05

李德山, 貊族的族源及其發展演变, 社會科學战线 1998/01

那炎, 東北古民族史研究的新成果──《東北古民族與東夷淵源關系考論》略评, 黑龍江民族叢刊
1998/03

姚义斌, 洪水傳說與中國早期國家的形成, 史學月刊 1997/04

任相宏, 鄭州小双桥出土的岳石文化石器與仲丁征蓝夷, 中原文物 1997/03

張英基, 齊地語言簡論(之二), 淄博學院學報(社會科學版) 1997/04

張富祥, 說"夷" 淄博學院學報(社會科學版) 1997/03

張富祥, 商先與東夷的關系, 殷都學刊 1997/03

叶林生, 禹的真相及夏人族源, 蘇州大學學報(哲學社會科學版) 1997/04

程恭让, 分别夷夏──儒家傳統面對异质文化的接受心態, 首都師范大學學報(社會科學版) 1997/06

, 皋陶和皋陶文化 内江師范學院學報 1997/03

罗建中, 商以"(?)"爲族徽說, 樂山師范學院學報 1997/02

劉高潮, "風狂"語源新考, 淮阴師范學院學報(哲學社會科學版) 1997/03

罗建中, 商以"□"爲族徽說──兼議郭沫若對"丙"、"妾"、"辛"的考釋, 郭沫若學刊 1997/04

李纯蛟, 读《乌丸鲜卑東夷傳》二题, 四川師范學院學報(哲學社會科學版) 1997/03

王钧林, 論邹鲁文化, 東岳論叢 1997/01

吳加安, 「安徽北部的新石器文化遺存」, 『考古』1996년 제9기

薄吾成, 試論中國家鵝的起源, 農業考古 1996/03

李立, 社稷五祀與東夷农耕文化, 蒲峪學刊 1996/01

楊守森, 重振泱泱齊風, 走向世界 1996/05

诸焕灿, 虞舜故里在余姚, 宁波師院學報(社會科學版) 1996/02

張幼林, 從中原走向世界各地的大姓──張氏, 档案管理 1996/02

梁志龍, 高句丽名称考釋, 辽海文物學刊 1996/01

李绍连, 涿鹿之战與華夏集團, 中州學刊 1996/01

韩建業, 苗蛮集團来源與形成的探索, 中原文物 1996/04

文會堂, 陳楚文化的内涵與价值, 周口師范學院學報 1996/S3

王剑, 太昊與伏羲──陳楚文化散論, 周口師范學院學報 1996/S3

翟江月, 浅析羿的神話及其蕴涵, 淄博學院學報(社會科學版) 1996/01

姚治中, 皋陶文化與巫觋活動(上), 皖西學院學報 1996/01

李立, 從箕星、風師到風伯神──論漢代風神崇拜模式的建立, 松辽學刊(人文社會科學版) 1996/04

李立, 東夷族猪崇拜及其相關文化現象, 绥化師專學報 1996/04

李立, 社稷五祀與東夷农耕文化, 克山師專學報 1996/01

王瑞功, 從龍鳳形象的塑造論東夷文化的歷史进程, 临沂師專學報 1996/04

張帆, 鸟图腾信仰與孔子祖籍文化渊源考, 开封教育學院學報 1996/04

方何, 黃帝的歷史功绩, 華夏文化 1996/03

逄振鎬, 略論東夷文化的基本特点, 管子學刊 1996/03

魏建, 齊鲁文化渊源論, 東方論坛 1996/02

吳兴勇, 爲中華民族源流史研究笔耕不辍──访歷史地理學專家何光岳, 學術月刊 1996/02

賈雯鶴, 巴蜀神話始源初探, 社會科學研究 1996/02

韩建業, 中國上古時期三大集團交互關系探討──兼論中國文明的形成, 北京大學學報(哲學社會科學版) 1996/01

劉德增, 漢字的發祥地──山東, 走向世界 1995/04

譚笑風, 电网围起的特殊世界, 心理世界 1995/03

姚漢荣, 楚文化因子的歷史考辨, 華東師范大學學報(哲學社會科學版) 1995/01

趙清, 關于龍山文化的考古學思考 中原文物 1995/04

孫大知, 《九歌》是巫文化的代表作, 玉溪師范學院學報 1995/06

茅冥家, 舜的出生地在馬渚, 尋根 1995/02

劉宝山, 青海"蛙纹"溯源——論東夷族與青海蛙纹的關系, 青海社會科學 1995/05

張润棠, 炎帝與中華民族 華夏文化 1995/01

劉斌, 齊文化對孔孟思想的影响, 管子學刊 1995/04

于嘉芳, 試論齊文化的三个主要来源, 管子學刊 1995/03

龔維英, 龍鳳性別象征符号的源流变迁, 贵州文史叢刊 1995/01

龔維英, 中國式的《金枝》故事——由民俗神話學训释"逄蒙杀羿", 贵州社會科學 1995/02

張立新, 從神話到歷史——浅釋中國古代文明的起源, 贵陽師范高等專科學校學報(社會科學版) 1995/04

逄振鎬, 東夷土著民族論, 東岳論叢 1995/02

李炳海, 周族灵魂归宿觀念及相應文化現象, 北方論叢 1995/02

楊東晨, 論徐夷的遷徙和融合, 中南民族學院學報(哲學社會科學版) 1995/05

郭墨兰, 齊魯文化發展論略, 文史哲 1995/03

龔維英, 龍鳳性別象徵的原始内涵及其轉換, 社會科學辑刊 1995/04

农學冠, 瑶族神話的文化因子剖析, 廣西民族學院學報(哲學社會科學版) 1995/03

李德山, 東北古民族源于東夷論, 東北師大學報(哲學社會科學版) 1995/04

龔維英, 對皋陶與其裔族的族属和史實的辨识, 安徽史學 1995/04

李國慶, 《大清一統史略》题识, 文獻 1994/03

劉德增, 奇特的鸟夷文化, 走向世界 1994/02

江林昌, 從"長翟"、"鲥鱼"看"防風氏"的起源——兼論《天问》有關問題, 民間文學論坛 1994/04

朱活, 泰山之阴齊币論, 中國钱币 1994/02

宣兆琦, 試談齊文化的渊源與形成, 山東理工大學學報(社會科學版) 1994/03

何光岳, 薄姑的来源及其南迁, 益陽師專學報 1994/02

叶林生, 帝颛顼考, 學海 1994/06

叶林生, 少昊考, 蘇州大學學報(哲學社會科學版) 1994/03

李炳海, 楚辭與東夷成仙術, 求索 1994/04

逄振鎬, 史前東夷人的音樂及其樂器, 齊魯艺苑 1994/01

張启成, 蚩尤與红山文化的归属問題——與晨光同志商榷, 临沂師專學報 1994/02

李德山, 《古本竹书紀年》之白、方、畎、蓝诸夷考略, 古籍整理研究學刊 1994/05

傅道津, 論龍山文化的傳播, 東岳論叢 1994/06

劉蔚華, 齊魯文化在現代化建設中的价值, 發展論坛 1994/01

何光岳, 先秦的来源和迁徙, 船山學刊 1994/02

張崇根, 台湾少數民族的神話與傳說, 中南民族學院學報(哲學社會科學版), 1994/01

沈長云, 夏后氏居于古河濟之間考, 中國史研究動態, 1994/09

珂文, 一部齊文化研究的开創性力作──《齊文化概論》评介, 中國史研究動態, 1994/01

方詩銘, 唐·唐人·大唐街──読史札記之一, 學術月刊, 1994/05

逢振鎬, 齊魯文化体系比较, 文史哲, 1994/02

李炳海, 東夷族灵魂归山觀念及相關文學事象, 社會科學战线, 1994/03

李德山, 試論研究東北古民族起源的方法, 東北師大學報(哲學社會科學版), 1994/05

杜金鵬, 「試論大汶口文化潁水類型」, 「考古」, 1992년 제2기

2. 東夷 관련 단행본

(중국)

逢振鎬, 『東夷文化研究』, 齊魯書社, 2007년 1월

董貽安, 『浙東文化論叢(第二輯)』, 上海古籍出版社,

李白鳳, 『東夷雜考』, 河南大學, 2008년 / 齊魯書社, 1981년 9월

王迅, 『東夷文化與淮夷文化研究』, 北京大學出版社, 1994년

李德山, 『東北古民族與東夷淵源關係考論』, 東北師范大學出版社, 1996년 10월

逢振鎬, 『東夷文化史』, 中國社會科學出版社, 1995년 1월

逢振鎬, 『東夷古國史論』, 成都電訊工程學院出版社, 1989년 3월

陳秉新/李立芳, 『出土夷族史料輯考』, 安徽大學出版社, 2005년 12월

(일본)

臼杵勳, 『鉄器時代の東北アジア』, 同成社, 2004년 1월

西嶋定生博士追悼論文集編集委員會編, 『東アジア史の展開と日本 : 西嶋定生博士追悼論文集』, 2000년 3월

村上恭通, 『東夷世界の考古學』, 青木書店, 2000년 2월

岡村秀典, 『三角緣神獸鏡の時代』, 吉川弘文館, 1999년 5월

大貫静夫, 『東北アジアの考古學』, 同成社, 1998년 10월

東北學院大學史學科編, 『歷史のなかの東北 : 日本の東北·アジアの東北』, 河出書房新社, 1998년 4월

滕知文, 『東夷周覧』, 図書裡會, 1969년

伊能嘉矩, 『遠野の民俗と歷史』, 三一書房, 1994년 10월

松崎壽和, 『黄河·シルクロードの考古學』, 雄山閣出版, 1985년 7월

3. "서주시기 이족관련 청동기" 연관 국내논문

양동숙, 「西周甲骨文의 考察」, 『중국어문학』 제17집, 영남중국어문학회, 1990

전광진, 「中國 靑銅器 〈史牆盤〉 銘文에 대한 文獻學的 研究」, 『중어중문학』 제24집, 한국중어중문학회, 1999

심재훈, 「晉侯穌編鐘 銘文과 西周 後期 晉國의 發展」, 『중국사연구』 제10집, 중국사학회, 2000. 8

오제중, 「卜辭斷代與字形演變關係探究」, 『중국언어연구』 제13집, 한국중국언어학회, 2001

이기구, 「〈兮甲盤〉銘文과 西周 宣王代의 대외관계」, 『명지사론』 제14·15합집, 2004

문병순, 「『上博(四)·東大王泊旱』에 보이는 몇 가지 官名에 대한 고찰」, 『중국언어연구』 제21집, 한국중국언어학회, 2005

박혜숙, 「西周 靑銅器 〈逨盤〉 銘文 硏究」, 『중국문화연구』 제7집, 중국문화연구학회, 2005.12

최재준·조성진, 「〈兮甲盤〉銘文 新釋」, 『한국언어문화연구』 제10집, 한국현대중국연구회, 2006.3

김경일, 「〈小臣謎簋〉 銘文 註釋」, 『중국어문논총』 제38집, 중국어문연구회, 2008

김신주, 「金文 嘏辭 '永令(命)'·'壽考'·'壽老'에 대한 재고」, 『중국문학연구』 제39집, 한국중문학회, 2009

Edward L. Shaughnessy, 김석진, 「眉縣 單氏 가족 청동기를 통한 膳夫 克 청동기 연대 재고찰」, 『중국고중세사연구』 제22집, 중국고중세사학회, 2009.8

최남규, 「臺灣 故宮博物館 所藏 西周 金文 疑難字 考」, 『건지인문학』 제4집, 전북대학교 인문학연구소, 2010

지은이 김성기 金聖基

성균관대학교 유학과에서 학사, 동 대학원 동양철학과에서 석사, 臺灣 中國文
化大學 哲學硏究所에서 박사를 취득하였다. 박사학위 논문은 『易經哲學中人
之硏究』이다. 현재 성균관대학교 유학대학에 재직하고 있으며, 유학대학장,
유학대학원장, 유교문화연구소장, 유교철학·문화콘텐츠연구소장 등을 역임
하였다. 한국유교학회 회장, 동양철학연구회 회장을 역임하였으며, 현재 國際
儒學聯合會 부회장을 맡고 있다. 『주역』, 동아시아 문명의 기원, 동이 문화 등
에 관심을 가지고 연구하고 있다. 「유가경전 재해석을 위한 해석학적 입장의
정초 시론」, 「이하관계(夷夏關系)를 다시 논함」, 「동이문화의 재인식과 민족
정체성 문제」, 「한민족의 기원과 형성과정에 대한 재인식」, 「이하선후설」 등
다수의 논문과 저서가 있다.

동이족과
동아시아
문명의 기원
: 서주편

1판 1쇄 인쇄 2021년 6월 25일
1판 1쇄 발행 2021년 6월 30일

지은이 김성기
펴낸이 신동렬
펴낸곳 성균관대학교 출판부
등록 1975년 5월 21일 제1975-9호

주소 03063 서울특별시 종로구 성균관로 25-2
대표전화 02)760-1253~4
팩시밀리 02)762-7452
홈페이지 press.skku.edu

ⓒ 2021, 김성기

ISBN 979-11-5550-479-6 94150
     979-11-5550-481-9 (세트)